1위	2026 변화되는 출제 기조에 완벽하게 대비하기 위한 필수 훈련
가장 많은 수험생들이 선택하는 공무원 국어	인혁처 문제와 가장 유사한, 풍부한 기출문제와 실전 문제
공단기 국어 과목 패스 수강생 기준	시간을 단축하기 위한 유형별 강훈련 문제집

2026 선재국어
예장기출져
기출과 실전 훈련

이선재·선재국어연구소 편저

출제 기조 전환, 신유형을 완벽하게 대비하라

**시간 단축을 위한
약점 체크와 유형 강화 훈련**

수비니겨

머리말

지금은 약점을 확인하여 **유형별 집중 훈련**을 할 때!
기출이 부족한 우리에게는 《예상 기출서》가 절실히 필요합니다.

'나.또.나, 틀.또.틀'

수업 시간에 제가 종종 하는 말입니다. '나온 문제가 또 나오고, 틀린 문제를 또 틀린다.'

시험을 치러 본 수험생들은 당연히 공감하는 말이기도 합니다. 그렇다면 어떻게 하면 나올 문제를 예상하여 철저히 대비할 수 있을까요. 그리고 어떻게 하면 매번 틀리는 문제를 완벽히 정복하여 또 틀리지 않을 수 있을까요.

방법은 **'약점을 체크한 뒤, 유형별 집중 훈련을 하는 것'**이고, 이를 실행하기에 가장 좋은 책이 바로 기출문제집입니다. 기출문제집이 수험에서 중요한 이유는 출제의 방향성을 정확하게 알려 주는 것뿐만이 아니라, 단원별·유형별로 문제 풀이 훈련을 가능하게 한다는 데 있습니다. 그런데 출제 기조가 전환된 이후 공개된 문제는 1·2차 예시 문제와 2025 국가직 9급·지방직 9급 시험을 포함하여 현재 80문제에 불과합니다. 물론 이 문제들은 앞으로의 학습 전략을 세우는 데 큰 도움이 되겠지만, 문제 풀이 훈련용으로 쓰기에는 양적으로 많이 부족한 것이 사실입니다.

그리하여 지금 우리에게 절실히 필요한 것은 **변화된 출제 기조를 반영한 양질의 훈련용 문제들**, 특히 유형별로 집중 학습을 할 수 있는 체계적인 훈련서입니다. 《예상 기출서》는 이러한 고민으로 기획된 책입니다.

기출을 철저히 분석하여 출제될 문제를 예상하라

출제 문항 분석표

출제 영역		2025 국가직 9급	2025 지방직 9급
공문서 바로 쓰기		1	1
논리		3	3
어휘		2	2
문법 지문 독해		3	1
독해	기본 독해	9	11
	강화·약화	2	2

최고 난도 분석표

2025 국가직 9급		2025 지방직 9급	
출제 영역	정답률	출제 영역	정답률
문법 지문 독해	67%	내용 일치 독해	61%
논리	77%	논리	66%
한자 어휘	83%	논리	68%
공문서 바로 쓰기	84%	공문서 바로 쓰기	77%
언어학 지문 독해	84%	한자 어휘	80%

위의 출제 문항 분석표(왼쪽)에서 알 수 있는 것처럼, 공무원 시험에서 가장 많이 출제되는 영역은 독해입니다. 따라서 독해력을 향상하지 않고서는 이제 공무원 시험에서 좋은 점수를 받을 수 없습니다. 그러나 우리는 다른 영역의 중요성을 간과해서는 안 됩니다. 2025년 국가직 9급과 지방직 9급 시험의 최고 난도 분석표(오른쪽)를 보면 알 수 있듯이, 수험생들이 가장 어려워하는 영역은 주로 논리, 공문서, 한자 어휘 등에 집중되어 있습니다. 즉 2025년의 시험은 독해가 평이하게 나와 합격선이 높아진 시험이었기 때문에 나머지 영역에서 고득점이 결정되었던 것입니다. 따라서 공무원 시험의 합격을 위해 우리가 명심해야 할 것은 **독해를 중심으로 훈련하되, 논리 등을 비롯한 변별력 있는 유형의 문제를 놓치지 말아야 한다는 것**입니다.

약점을 확인하고 유형별 집중 훈련을 하라

기본 이론을 학습하고 본격적인 문제 풀이가 시작되는 지금, 우리에게 필요한 것은 전 영역의 약점을 체크하고 이를 보완해 줄, 유형별 집중 훈련서입니다. 《예상 기출서》를 만들면서 가장 많이 신경을 쓴 것은, **인사 혁신처 예시 문제의 철저한 분석을 바탕으로 한 효율적인 학습 방법론의 제시**, 그리고 **충분한 문제 풀이 훈련이 가능한 양질의 문제 제공**이었습니다. 《2026 예상 기출서》는 다음과 같은 내용으로 구성되었습니다.

- ☑ 인혁처 1·2차 예시 문제, 2025 국가직 9급·지방직 9급 기출문제를 철저히 분석함.
- ☑ 2025 타 직렬의 기출문제들 중, 변화된 출제 기조가 반영된 문제를 선별하여 수록함.
- ☑ 기존의 공무원 시험 기출문제, 대학수학능력시험, PSAT 등에서, 인사 혁신처의 예시 문제와 유사하거나 풀이 과정에 도움을 주는 문제들을 엄선함.
- ☑ 논리와 강화·약화, 공문서 수정하기 영역은 기출문제가 거의 없기 때문에, 다양한 실전 문제를 제작·수록하여 충분한 문제 풀이가 가능하도록 함.

독해 영역은 기존의 공무원 시험에서도 이미 유사한 유형의 문제가 충분히 출제되었습니다. 다만 강화·약화를 비롯한 논증 평가 영역은 기출문제가 매우 부족하기에, 새롭게 실전 문제를 제작·수록하여 충분한 훈련이 가능하도록 하였습니다. 또한 **신영역인 논리 영역, 공문서 수정하기 영역**은 기출문제와 변형 문제를 모두 수록하여, 어떠한 문제가 나와도 수험생들이 당황하지 않고 대비할 수 있도록 구성하였습니다. 이와 함께 **문법 독해와 어휘** 역시도 기출문제와 실전 문제를 함께 수록하여, 수험생들이 자신의 약점을 충분히 대비할 수 있도록 세심하게 구성하였습니다.

유형별 집중 훈련으로 시간을 단축하라

수험생 여러분, 국어 학습의 올바른 전략을 찾지 못해 불안함과 막막함을 느끼고 있다면, 변화되는 시험에서 누구보다 앞서고 싶다면, 그리고 약점을 체크해서 이에 빠르게 대비하고 싶다면, 양질의 문제를 통해 충분히 훈련하여 문제 풀이 시간을 단축하고 싶다면, 지금 바로 《예상 기출서》를 펴십시오.

양질의 문제를 통한 훈련만이 문제 풀이 시간을 단축하고 정확도를 높일 수 있습니다. 기출문제가 부족한 지금, 《예상 기출서》는 합격을 위해 가장 필요한 수험의 동반자가 될 것이라 확신합니다.

여러분의 합격을 앞당기기 위해, 항상 제자리에서 묵묵히 최선을 다하겠습니다.

2025. 8. 노량진 연구실에서

이선재 씀

커리큘럼

개념의 최소화, 문풀의 일상화
선재국어 훈련형 커리큘럼

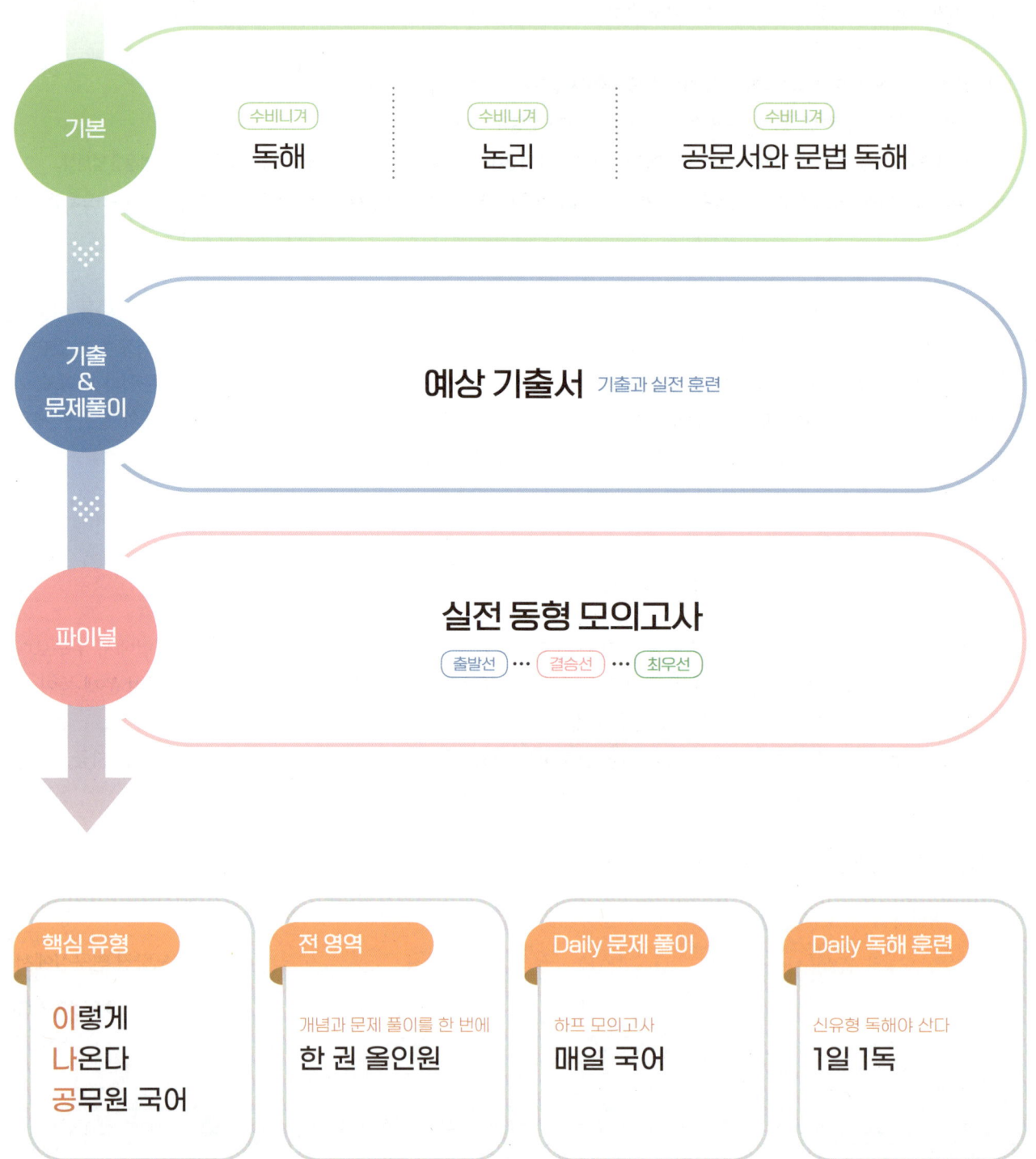

차례

PART 1 추론 강화 **독해**

01 제목·중심 내용 찾기 ························· 010
    01 글의 제목 파악하기 ····················· 011
    02 중심 내용(핵심 논지) 파악하기 ········· 012

02 내용 일치 ·· 016

03 내용 추론 ·· 040

04 논증 평가 — 강화·약화 및 견해 평가 ······ 056
    01 강화·약화 ··································· 057
    02 견해 평가 ··································· 070

05 논리 형식의 지문 적용 ······················· 074

06 생략된 내용 추론 ······························· 084
    01 생략된 단어의 추론 ···················· 085
    02 생략된 정보의 추록 ···················· 088

07 문맥적 의미 추론 ······························ 096

08 글의 표현과 수정 ······························· 104

09 내용 배열 ·· 110
    01 순서 배열 ··································· 111
    02 생략된 문장의 배열 ···················· 123

10 개요 작성 ·· 126

11 글의 전개 방식 ·································· 130

12 화법 ··· 134

PART 2 사고의 힘 **논리**

01 명제 논리와 추론 규칙 ························ 148
    01 연역 논증과 귀납 논증 ················ 149
    02 진릿값 판별 ······························· 150
    03 추론 규칙 — 함축 규칙과 동치 규칙 ··· 152
    04 충분조건과 필요조건 ·················· 155
    05 명제들의 대당 관계 ···················· 157
    06 명제 논리 — 타당한 결론의 도출 ··· 159
    07 명제 논리 — 생략된 전제 찾기 ······ 172

02 술어 논리와 복합 문제 ······················· 178
    01 술어 논리 — 타당한 결론의 도출 ··· 179
    02 술어 논리 — 생략된 전제 찾기 ······ 188

03 논리의 오류 ····································· 194

PART 3 개념 중심 **문법 독해**

01 음운론 ·· 200
    01 음운의 개념과 종류 ···················· 201
    02 음운의 변화 ······························ 202

02 형태론 ·· 206
    01 형태소와 단어 ··························· 207
    02 단어의 형성 ······························ 213

03 통사론 ·· 216
    01 문장 성분의 이해 ······················· 217
    02 문장의 종류 ······························ 219
    03 시제 표현 ································· 222
    04 사동 표현과 피동 표현 ··············· 223
    05 높임 표현 ································· 226

PART 4 실무 중심 **공문서 수정하기**

01 공문서 수정 ····································· 230

PART 5 유추의 힘 **어휘**

01 단어의 문맥적 의미 ···························· 258

02 독해와 함께 나오는 주요 한자 어휘 ······ 274

공무원 국어의 독보적 기준
2026 예상 기출서

선재국어

PART 1

추론 강화 독해

독해, 이렇게 대비하라

1. 공무원 독해 시험의 특성

◆ 공무원 9급 국어 vs PSAT · 한국어 능력 시험 · LEET

*2023년 시험을 기준으로 분석함(예외: 2024 LEET).

종류	문항 수	시험 시간	독해 비율	지문 길이	지문 특징(공백 제외)
인혁처 예시 문제	20	25분 안팎 문항당 약 1분	60% (12문/총 20문)	중단문 309~526자	- 짧은 지문 - 지문 난도와 선택지 난도 반비례 - 지문 1개당 문제 1~2개
7급 PSAT (언어논리)	25	60분 안팎 문항당 약 2~2.5분	100%	중단문 539~1,088자	- 지문 난도 중/중상/상 혼합 - 지문 1개당 문제 1~2개
5급 PSAT (언어논리)	40	90분 문항당 약 2~3분	100%	중단문 500~1,284자	- 지문 난도 중상/상 위주 - 지문 1개당 문제 1~2개
수학능력시험 (국어영역)	45	80분 문항당 약 1.5~2분	약 33% (15문/총 45문)	중단문 671~1,821자	- 중장문 중심 - 독해 전체 세트 문제 - 지문 1개당 문제 3~6개 (화법과 작문, 언어와 매체 제외)
한국어 능력시험	100	120분 문항당 약 1~1.5분	30% (30문/총 100문)	중단문 435~1,286자	- 중장문 중심 - 독해 전체 세트 문제 - 읽기 30문제 중 독해 25문제, 창안 10문제 중 독해 5문제 - 지문 1개당 문제 2~4개
LEET	30	70분 문항당 약 2~2.5분	100%	장문 1,373~1,695자	- 장문 중심 - 제재별 난도 있는 지문 사용 - 전체 세트 문제 - 지문 1개당 문제 1~3개

특성 1 가장 짧은 풀이 시간 – 문항당 약 1분 정도

9급 공무원 시험은 5과목을 110분 안에 풀어야 하기 때문에, 산술적으로 계산하면 총 20문을 약 20분 안팎으로 풀어야 합니다. 그러나 인혁처의 예시 문제는 독해 비율이 60%나 되고 논리 등의 생소한 영역이 등장함에 따라, 실제 수험생들은 25분 이상의 시간을 사용했습니다(공단기 수강생 시험 결과 기준).

이에 비해 PSAT 등의 다른 시험들은 문항당 2분 정도의 시간이 배정되는데, 이는 공무원 시험과 여타 시험의 차이점을 가장 뚜렷하게 보여주는 부분입니다. 즉 **가장 짧은 풀이 시간이 배정되었다는 것은 빠르게 문제를 푸는 능력이 매우 중요하다는 것**이지요. 그리고 이러한 점은 **공무원 시험의 독해와 타 시험과의 차이를 결정**짓게 합니다. 풀이 시간이 짧기 때문에 다른 시험과 비교할 때 지문의 길이와 난도, 문제 구성 방식 등이 달라지게 되는 것입니다.

특성 2 중단문 위주의 지문 구성, 적은 세트 문제

PSAT과 수능은 중장문 위주, LEET는 장문 위주로 지문이 구성되며 지문은 중상에서 최상까지의 난도로 출제됩니다. 또한 수능과 LEET는 세트 문제를 위주로 문항이 구성됩니다. 이와는 달리 **공무원 시험은 중단문 위주이고, 지문의 난도도 중하부터 중상까지가 주를 이루며, 세트 문제가 적은 특성**을 지닙니다.

2. 독해 정복을 위한 전략

◆ 인혁처 1·2차 예시 문제 & 2025 국가직 9급·지방직 9급 문항 분석표

	인혁처 1차 예시 문제	인혁처 2차 예시 문제	국가직 9급	지방직 9급
제목·중심 내용 찾기	0	2	1	0
내용 일치	2	2	1	3
내용 추론	1	3	3	2
논증 평가 — 강화·약화 및 견해 평가	2	4	2	2
논리 형식의 지문 적용	0	0	0	1
생략된 내용 추론	2	1	0	1
문맥적 의미 추론	1	2	2	0
글의 표현과 수정	1	1	1	1
내용 배열	1	1	1	1
개요 작성	1	0	1	0
글의 전개 방식	0	0	0	0
화법	1	0	1	1

인혁처의 1차·2차 예시 문제, 2025 국가직 9급, 2025 지방직 9급 시험에서 출제된 독해 문제는 12~16문항으로, 전체 국어 문제 중에서 60~80%에 달하는 높은 비율을 차지합니다. 이는 곧 독해를 대비해야만, 특히 **추론형을 강화해서 대비해야만 공무원 시험에서 고득점을 얻을 수 있다는 것을 의미**합니다.

전략 1 문제 유형별로 약점을 체크하라

《예상 기출서》는 출제 기조 전환 이후의 독해 문제를 유형별로 분류한 뒤, 기출문제 및 변형 문제를 실었습니다. 실제로 시험을 본다는 느낌으로 유형별 문제를 풀고, 틀린 문제를 체크해 두세요. 이렇게 자신의 약점을 정확히 확인한 뒤, 이후 그 유형을 집중적으로 대비하시기 바랍니다.

전략 2 추론형을 집중적으로 대비하라

출제 기조 전환 이후의 문제에서는 논증 평가를 비롯한 신유형의 문제가 다수 출제되었으며, 이 문제들이 모두 오답률이 높았습니다. 그런데 기존의 공무원 시험에서는 이러한 유형의 문제가 거의 없어서, 해당 PART에는 기출문제뿐만 아니라 예상 문제를 함께 수록했습니다. 엄선된 문제를 통해 신유형을 집중적으로 대비하여, 이를 고득점의 발판으로 삼으시길 바랍니다.

전략 3 쉬운 문제와 어려운 문제를 동시에 대비하여 시간을 단축하라

앞으로 독해는 2~3 문항 정도의 어려운 문제, 지문 난도가 높은 문제나 논증 등의 신유형에서 고득점이 좌우될 확률이 높습니다. 따라서 고득점을 위해서는 추론형 문제, 특히 신유형과 난도 높은 문제를 보다 집중적으로 학습하는 것이 필요합니다.

그러나 **잊지 말아야 할 것은 전체 독해 문제의 60% 이상이 난도가 낮은 평이한 문제**라는 사실입니다. 따라서 **난도가 높은 문제와 함께 쉬운 문제를 빨리 푸는 훈련을 병행하여 전체적인 속도를 높이는 연습**을 하는 것이 중요합니다.

제목·중심 내용 찾기

풀이 전략
- 제시문을 읽을 때 주지와 뒷받침 내용, **주된 정보와 부차적인 정보를 구분하여 읽는 연습**을 한다.
- 제시문의 화제나 주제와 관련되어 **제시문 속에서 반복되는 핵심어**를 찾는다.

대표 다음 글의 중심 내용으로 가장 적절한 것은?　　　　　　　　　　　　　　　　　　　　　　2025 국가직 9급

> 　동물이 신체의 내부 온도를 정상 범위 안에서 유지하는 과정을 '체온 조절'이라고 한다. 체온 조절을 위하여 동물은 신체 내부의 물질대사를 통해 열을 발생시키거나 외부 환경에서부터 열을 획득한다. 조류나 포유류는 체내의 물질대사에 의하여 생성된 열로 체온을 유지하기 때문에 '내온 동물'이라고 부른다. 대부분의 내온 동물은 외부 온도가 변화해도 안정적으로 체온을 유지한다. 추운 환경에 노출되어도 내온 동물은 충분한 열을 생성해서 주변보다 더 따뜻하게 체온을 유지할 수 있다.
> 　이와 달리 양서류나 많은 종류의 파충류와 어류는 열을 외부에서부터 획득하기 때문에 '외온 동물'이라고 부른다. 외온 동물은 체온 조절을 위한 충분한 열을 생성하지는 않지만 그늘을 찾거나 햇볕을 쬐는 것과 같은 행동을 통해 체온을 조절한다. 외온 동물은 열을 외부에서 얻기 때문에 체내의 물질대사를 통해 큰 에너지를 생성할 필요가 없어서 동일한 크기의 내온 동물보다 먹이를 적게 섭취한다.
> 　한편 체온의 안정성을 기준으로 동물을 '항온 동물'과 '변온 동물'로 구분하기도 한다. 주위 환경과 관계없이 비교적 일정한 체온을 유지하는 동물을 항온 동물, 주위 환경에 따라서 체온이 변하는 동물을 변온 동물이라고 부른다. 한때는 내온 동물과 외온 동물을 각각 항온 동물과 변온 동물이라고 부르기도 했다.
> 　그런데 체온 조절을 위해 열을 획득하는 방식과 체온의 안정성을 유지하는 것은 별개의 문제이다. 외온 동물에 속하는 많은 종류의 해양 어류는 일정한 온도가 유지되는 물에서 서식하기 때문에 체온이 크게 변하지 않는다. 반대로 어떤 내온 동물은 체온의 변화가 급격하게 일어나기도 한다. 예컨대 박쥐 중에는 겨울잠을 자면서 체온을 40℃나 떨어뜨리는 종류도 있다. 내온 동물과 외온 동물을 구분하는 방식과 항온 동물과 변온 동물을 구분하는 방식 사이에는 어떠한 상관관계도 없다.

① 내온 동물과 외온 동물의 특징을 통해 항온 동물과 변온 동물의 특징을 밝힐 수 있다.
② 체온 조절을 위한 열 획득 방식과 체온의 안정성은 동물을 분류하는 서로 다른 기준이다.
③ 동물을 내온 동물과 외온 동물로 구분하는 기준은 항온 동물과 변온 동물로 구분하는 기준보다 모호하다.
④ 체온 조절을 위한 열 획득 방식보다 체온의 안정성을 유지하는 방식이 동물을 분류하는 더 적합한 기준이 된다.

✓ SOLUTION

해설 앞에서 체온 조절을 위해 열을 획득하는 방식과 체온의 안정성을 기준으로 동물을 구분하는 방식에 대해 설명한 뒤, 이 두 방식 사이에는 어떤 상관관계도 없다고 결론 내리고 있다. 따라서 '체온 조절을 위한 열 획득 방식과 체온의 안정성은 동물을 분류하는 서로 다른 기준이다'가 중심 내용으로 가장 적절하다.

오답 풀이 ① 제시문의 내용과 배치된다.
③·④ 동물 구분의 두 방식 중 무엇이 더 모호하고 적합한지에 대한 내용은 제시문에 나오지 않는다.

정답률 93%　　**정답** ②

01 | 글의 제목 파악하기

001 다음 글의 제목으로 가장 적절한 것은? 2022 군무원 7급 변형

당시 영국의 곡물법은 식량 가격의 인상을 유발하지 않으면서도 자국의 농업 생산을 장려하고자 하는 목적에서 제정된 것으로, 이 법에 따라 영국 정부는 수입 곡물에 대해 탄력적인 관세율을 적용하여 곡가(穀價)를 적정하게 유지하고자 하였다. 그런데 나폴레옹 전쟁 이후 전시 수요는 크게 둔화된 반면, 대륙 봉쇄가 풀리면서 곡물 수입이 활발해짐에 따라 식량 가격은 하락하기 시작했다. 이에 농부들은 수입 곡물에 대해 관세를 더욱 높일 것을 요구하였다. 아울러 이러한 요구는 국력의 유지와 국방의 측면을 위해서도 국내 농업 생산 보호가 필요하다는 지주들의 주장에 의해 뒷받침되었다. 이와는 달리, 공장주들은 수입 곡물에 대한 관세 인상을 반대하였다. 관세가 인상되면 곡가가 오르고 임금도 오르게 되며, 그렇게 되면 이윤이 감소하고 제조품의 수출도 감소하여 마침내 제조업의 파멸을 초래하게 된다는 것이었다. 이에 공장주들은 영국의 미래는 농업이 아니라 공업의 확장에 달려 있다고 주장하면서 곡물법의 즉각적인 철폐를 요구하기에 이르렀다.

① 영국 곡물법의 개념
② 영국 곡물법의 철폐
③ 영국 곡물법에 대한 다양한 의견
④ 영국 곡물법의 제정과 변화

SOLUTION

[해설] 영국 정부가 곡물법을 제정하였는데, 나폴레옹 전쟁 이후 식량 가격이 하락하기 시작하자, 농부들과 지주들은 수입 곡물에 대해 관세를 더 높일 것을 요구하고 공장주들은 곡물법의 철폐를 주장했다는 것이 제시문의 내용이다. 따라서 이 글의 제목으로는 '영국 곡물법에 대한 다양한 의견'이 가장 적절하다.

[오답풀이] ② 영국 곡물법에 대한 서로 상반된 의견 중 하나인 공장주들의 요구이므로, 전체 내용을 아우르는 제목으로 적절하지 않다.
④ 영국 곡물법의 제정에 대한 내용은 나오지만, 곡물법의 변화에 대한 내용은 제시문에 나오지 않으므로 적절하지 않다.

[정답] ③

002 다음 글의 제목으로 적절한 것은? 2021 국회직 8급 변형

철로 옆으로 이사를 가면 처음 며칠 밤은 기차가 지나갈 때마다 잠에서 깨지만 시간이 흘러 기차 소리에 친숙해지면 그러지 않는다. 왜 그럴까? 귀에서 포착한 소리 정보가 뇌에 전달되는 과정에서 물리학적인 음파의 속성은 서서히 의미를 가진 정보로 바뀐다. 이 과정에서 감정을 담당하는 변연계에도 정보가 전달되어 모든 소리는 의식적이든 무의식적이든 감정을 유발한다. 또 소리 정보 전달 과정은 기억 중추에도 연결되어 있어서 현재 들리는 모든 소리는 기억된 소리와 비교된다. 친숙하며 해가 없는 것으로 기억되어 있는 소리는 우리의 의식에 거의 도달하지 않는다. 그래서 이미 익숙해진 기차 소음은 뇌에 전달은 되지만 의미 없는 자극으로 무시된다. 동물들은 생존하려면 자기에게 중요한 소리를 들을 수 있어야 한다. 특히 즉각적인 반응을 보여야 하는 경우에는 더욱 그렇다. 그래서 동물들은 자신의 천적이나 먹이 또는 짝짓기 상대방이 내는 소리는 매우 잘 듣는다. 사람도 같은 방식으로 반응한다. 아무리 시끄러운 소리에도 잠에서 깨지 않는 사람이라도 자기 아기의 울음소리에는 금방 깬다. 이는 인간이 소리를 듣는다는 것은 외부의 소리가 귀에 전달되는 것을 그대로 듣는 수동적인 과정이 아니라 소리가 뇌에서 재해석되는 과정임을 의미한다. 자기 집을 청소할 때 들리는 청소기의 소음은 견디지만 옆집 청소기 소음은 참기 어려운 것도 그 때문이다.

① 소리의 선택적 지각
② 소리 자극의 이동 경로
③ 소리의 감정 유발 기능
④ 인간의 뇌와 소리와의 관계

SOLUTION

[해설] 인간을 포함한 동물은 자기에게 중요한 소리는 매우 잘 듣고, 친숙하며 해가 없는 소리는 무시한다(잘 듣지 못한다)는 점을 여러 사례를 들어 설명한 글이다. 따라서 '소리의 선택적 지각'이 제목으로 가장 적절하다.

[오답풀이] ②·③ 인간이 소리를 선택적으로 지각한다는 점을 설명하기 위한 부분적 진술이다.
④ 범위가 너무 넓어, 제시문에 한정된 제목으로는 적절하지 않다.

[정답] ①

003 다음 글의 화제로 가장 적절한 것은? 2020 소방직

> '낯선 그림'의 대명사인 르네 마그리트가 우리에게 아주 친숙한 미술가로 자리 잡았다. 십여 년 전 서울의 한 백화점 새 단장 당시 그의 작품 〈골콘다〉가 커다란 가림막 그림으로 사용된 것과 〈르네 마그리트〉전이 서울의 미술관에서 대규모로 열려 많은 관람객을 불러 모은 것이 중요한 계기가 되었다.
> 초현실주의 화가 마그리트가 관심을 끌게 되면서 그의 주된 창작 기법인 데페이즈망(déaysement)도 덩달아 관심의 대상이 되었다. 특히 창의력과 상상력이 시장과 교육계의 화두가 되어 버린 요즘, 데페이즈망은 창의력과 상상력을 높여 주고 잠재력을 개발해 주는 의미 있는 수단으로 받아들여지고 있다. 어린이 미술 교육에 활용되고 있고, 기업인을 위한 창의력 교육에도 심심찮게 도움을 주고 있다.
> 데페이즈망은 우리말로 흔히 '전치(轉置)'로 번역된다. 이는 특정한 대상을 상식의 맥락에서 떼어 내 전혀 다른 상황에 배치함으로써 기이하고 낯선 장면을 연출하는 것을 말한다. 초현실주의 문학의 선구자 로트레아몽의 시에 "재봉틀과 양산이 해부대에서 만나듯이 아름다운"이라는 표현이 있는데, 바로 이것이 전형적인 데페이즈망의 표현법이다. 해부대 위에 재봉틀과 양산이 놓여 있다는 게 통념에 맞지 않지만, 바로 그 기이함이 시적·예술적 상상을 낳아 논리와 합리 너머의 세계에 대한 심층의 인식을 일깨운다.

① 르네 마그리트의 생애
② 초현실주의 유파의 탄생
③ 현대 미술과 상상력의 소멸
④ 데페이즈망에 대한 관심과 의의

02 중심 내용(핵심 논지) 파악하기

004 다음 글의 중심 내용으로 가장 적절한 것은? 인혁처 2차 예시 문제

> 플라톤의 《국가》에는 사람들이 살아가면서 가장 중요하게 생각하는 두 가지 요소에 대한 언급이 있다. 우리가 만약 이것들을 제대로 통제하고 조절할 수 있다면 좋은 삶을 살 수 있다고 플라톤은 말하고 있다. 하나는 대다수가 갖고 싶어 하는 재물이며, 다른 하나는 대다수가 위험하게 생각하는 성적 욕망이다. 소크라테스는 당시 성공적인 삶을 살고 있다고 사람들에게 잘 알려진 케팔로스에게, 사람들이 좋아하는 재물이 많아서 좋은 점과 사람들이 싫어하는 나이가 많아서 좋은 점은 무엇인지를 물었다. 플라톤은 이 대화를 통해 우리가 어떻게 좋은 삶을 살 수 있는지를 보여 준다.
> 케팔로스는 재물이 많으면 남을 속이거나 거짓말하지 않을 수 있어서 좋고, 나이가 많으면 성적 욕망을 쉽게 통제할 수 있어서 좋다고 말한다. 물론 재물이 적다고 남을 속이거나 거짓말을 하는 것은 아니며, 나이가 적다고 해서 성적 욕망을 쉽게 통제할 수 없는 것은 아니다. 그렇지만 누구나 살아가면서 이것들로 인해 힘들어하고 괴로워하는 경우가 많다는 것은 분명하다. 삶을 살아가면서 돈에 대한 욕망이나 성적 욕망만이라도 잘 다스릴 수 있다면 낭패를 당하거나 망신을 당할 일이 거의 없을 것이다. 인간에 대한 플라톤의 통찰력과 삶에 대한 지혜는 현재에도 여전히 유효하다.

① 재물욕과 성욕은 과거나 지금이나 가장 강한 욕망이다.
② 재물이 많으면서 나이가 많은 자가 좋은 삶을 살 수 있다.
③ 성공적인 삶을 살려면 재물욕과 성욕을 잘 다스려야 한다.
④ 잘 살기 위해서는 살면서 가장 중요한 것이 무엇인지 알아야 한다.

005 다음 글의 핵심 논지로 가장 적절한 것은? 인혁처 2차 예시 문제

> 판타지와 SF의 차별성은 '낯섦'과 '이미 알고 있는 것'이라는 기준을 통해 드러난다. 이 둘은 일반적으로 상반된 의미를 갖는다. 이미 알고 있는 것은 낯설지 않고, 낯선 것은 새로운 것을 의미하기 때문이다.
>
> 판타지와 SF에는 모두 새롭고 낯선 것이 등장하는데, 비근한 예가 현실에 존재하지 않는 괴물의 출현이다. 판타지에서 낯선 괴물이 나오면 사람들은 '저게 뭐지?'하면서도 그 낯섦을 그대로 받아들인다. 그렇기에 등장인물과 독자 모두 그 괴물을 원래부터 존재했던 것으로 받아들이고, 괴물은 등장하자마자 세계의 일부가 된다. 결국 판타지에서는 이미 알고 있는 것보다 새로운 것이 더 중요한 의미를 갖는다. 이와 달리 SF에서는 '그런 괴물이 어떻게 존재할 수 있지?'라고 의심하고 물어야 한다. SF에서는 인물과 독자들이 작가의 경험적 환경을 공유하기 때문에 괴물은 절대로 자연스럽지 않다. 괴물의 낯섦에 대한 질문은 괴물이 존재하는 세계에 대한 지식, 세계관, 나아가 정체성의 문제로 확장된다. 이처럼 SF에서는 어떤 새로운 것이 등장했을 때 그 낯섦을 인정하면서도 동시에 그것을 자신이 이미 알고 있던 인식의 틀로 끌어들여 재조정하는 과정이 요구된다.

① 판타지와 SF는 모두 새로운 것에 의해 알고 있는 것이 바뀌는 장르이다.
② 판타지와 SF는 모두 알고 있는 것과 새로운 것을 그대로 인정하고 둘 사이의 재조정이 필요한 장르이다.
③ 판타지는 새로운 것보다 알고 있는 것이 더 중요하고, SF는 알고 있는 것보다 새로운 것이 더 중요한 장르이다.
④ 판타지는 알고 있는 것보다 새로운 것이 더 중요하고, SF는 알고 있는 것과 새로운 것 사이의 재조정이 필요한 장르이다.

SOLUTION

해설 2문단에 따르면, 판타지에서는 알고 있는 것보다 새로운 것이 더 중요한 의미를 갖는다. 또한 SF에서는 새로운 것을 인정하면서도 그것을 이미 알고 있던 인식의 틀로 끌어들여 재조정하는 과정이 요구된다는 사실을 알 수 있다.

오답 풀이 ① 판타지에서 새로운 것인 '괴물'은 등장인물과 독자에게 있는 그대로 받아들여져 세계의 일부가 된다. 한편 SF에서는 새로운 것인 '괴물'과 이미 알고 있던 인식의 틀 사이의 재조정이 일어난다.
② 새로운 것을 그대로 인정하는 것은 판타지이고, 알고 있는 것과 새로운 것 사이의 재조정이 필요한 것은 SF이다. ②는 이 내용을 잘못 혼용한 것이다.

정답률 88% **정답** ④

---

006 다음 글의 중심 내용으로 가장 적절한 것은? 2025 군무원 9급

> 외국인 학습자에게 발견할 수 있는 한국어 발음의 오류는 크게 두 부류로 나누어 볼 수 있다. 그중 하나는 의사소통의 실패로 이어지는 발음 오류들이다. '오'와 '어'의 구별이 어려워서 '이촌'과 '이천'을 잘못 발음하거나 'ㄱ'과 'ㅋ'의 구별이 어려워서 '그림'과 '크림'을 반대로 발음하게 되면 의사소통에 문제가 생기게 된다.
>
> 그런데 우리가 오류 혹은 정확하지 않은 발음이라고 생각하는 것 중에는 무슨 말인지 알아들을 수는 있지만, 외국인 특유의 발음이 느껴지는 것도 있다. 영어의 'C' 발음과 한국어의 '씨' 발음이 그러한 예가 된다. 외국인이 '철수 씨'를 '철수 C'라고 발음한다면 듣기에 어색하기는 하지만 그렇다고 우리가 'C'를 '씨'가 아닌 다른 발음으로 들을 가능성은 전혀 없으므로 의사소통에 문제가 생기지는 않는다.
>
> 이렇게 두 가지 오류를 구별하는 것은 발음 교육의 목표 설정에 큰 영향을 미친다. 만약 발음 교육의 목표를 한국 사람처럼 발음하는 것으로 정하게 되면, 앞서 언급한 외국인 말투도 교육의 대상이 된다. 그런데 외국인 말투는 특별히 의사소통에 문제가 생기는 것은 아니므로 의사소통에 문제가 되는 요소들에 집중하여 발음을 교육해야 한다고 하면 우리는 한국 사람이 듣고 이해하는 데 문제가 되지 않는 수준의 발음, 의사소통에 문제가 되지 않는 수준의 발음을 발음 교육의 목표로 삼게 된다. 성인이 되어 외국어를 배울 때 그 언어의 모어 화자처럼 발음하는 능력을 기르는 것은 거의 불가능하다고 알려져 있다. 이런 점을 고려한다면 발음 교육의 목표 또한 재고할 필요가 있다.

① 의사소통의 실패로 이어지는 발음 오류를 우선으로 하여 발음 교육이 이루어져야 한다.
② 성인이 된 후에는 외국어 학습에서 모어 화자와 같은 발음 능력을 가지기 어렵다.
③ 외국인 특유의 발음도 발음 교육의 목표에 포함시킬 필요가 있다.
④ 한국어 발음 교육의 목표는 관점에 따라 계속 바뀌어 왔다.

SOLUTION

해설 글쓴이는 외국인 학습자에게 발견할 수 있는 한국어 발음의 오류를 크게 두 부류로 나누고 있다. 하나는 의사소통의 실패로 이어지는 발음 오류이고, 다른 하나는 외국인 말투 때문에 생기지만 의사소통에는 문제가 없는 발음 오류이다. 글쓴이는 이 중 의사소통에 문제가 되는 요소들에 집중하여 발음을 교육해야 한다고 주장하고 있다. 따라서 이 글의 중심 내용으로는 '의사소통의 실패로 이어지는 발음 오류를 우선으로 하여 발음 교육이 이루어져야 한다'가 적절하다.

오답 풀이 ② 주장의 근거로 제시된 내용일 뿐이다.
③ 글쓴이의 주장과 배치되는 내용이다.
④ 제시문에 나오지 않는 내용이다.

정답률 58% **정답** ①

007 다음 글의 중심 내용으로 가장 적절한 것은? 2024 지방직 9급

범죄 소설이 지닌 이데올로기의 뿌리는 죽음에 대한 공포이다. 범죄 소설의 탄생은 자본주의의 출현이라는 사회적 조건과 맞물려 있다. 자본주의가 출현하자 죽음을 대하는 태도가 근본적으로 변화했다. 원시 사회에서는 죽음이 자연스러운 결과로 받아들여졌다. 죽음은 사람들이 스스로 준비해야 하는 것이면서, 가족과 사회로부터의 관심과 도움이 필요한 것이었다. 그러나 부르주아 사회에서는 인간이 소외되고, 소외된 인간은 노동을 하고 돈을 버는 데 없어서는 안 될 도구인 육체에 얽매이게 된다. 그에 따라 인간은 죽음에 강박 관념을 갖게 되었다. 게다가 죽음은 불가피한 삶의 종결이 아니라 파국적 사고라는 견해를 갖게 된다. 죽음은 예기치 않은 사고라고, 강박적으로 바라보게 되면 폭력에 의한 죽음에 몰두하게 되고, 결국에는 살인과 범죄에 몰두하게 된다. 범죄 소설에서 죽음은 인간의 운명이나 비극이 아니라 탐구의 대상이 되어버린다.

① 범죄 소설은 자본주의의 출현 이후 죽음에 대한 달라진 태도에 기반을 두고 있다.
② 범죄 소설은 부르주아 사회의 인간 소외와 노동 문제를 다루는 문학 양식이다.
③ 범죄 소설은 원시 사회부터 이어져 온 죽음에 대한 보편적 공포로부터 생겨났다.
④ 범죄 소설은 죽음을 예기치 못한 사고가 아닌 자연스럽고 불가피한 것으로 받아들인다.

SOLUTION

해설 원시 사회에서 자연스러운 결과로 받아들여진 죽음이 자본주의의 출현 이후 파국적 사고로 받아들여진 것이 범죄 소설의 탄생 배경이라고 설명하고 있다. 따라서 '범죄 소설은 자본주의의 출현 이후 죽음에 대한 달라진 태도에 기반을 두고 있다'가 중심 내용으로 가장 적절하다.

오답 풀이 ② 제시문의 핵심 내용은 범죄 소설이 탄생하게 된 배경 또는 원인이다. 따라서 범죄 소설의 개념은 중심 내용으로 보기 어렵다. 또한 '부르주아 사회에서는 ~ 육체에 얽매이게 된다'는 자본주의 출현 이후 죽음에 대한 태도가 변화한 이유를 설명하기 위해 제시한 것이지, 이것 자체를 범죄 소설에서 다룬다는 것이 아니다.
③ 원시 사회에서 받아들여진 죽음에 대한 태도가 자본주의 사회 출현 이후 변화되었고, 이것이 범죄 소설에 반영되었다는 제시문의 내용과 배치된다.
④ 죽음을 자연스럽고 불가피한 것으로 받아들인 것은 범죄 소설이 탄생하기 전인 원시 사회의 특징에 해당한다.

정답률 93% **정답** ①

008 다음 글의 중심 생각으로 가장 적절한 것은? 2024 지방직 7급

남성 이름의 경우, 한국 전쟁이 끝난 1950년대에는 첫 글자로 장수와 영화로움을 뜻하는 '영(永/榮)'이 선호되었다. 전후 어려운 환경 속에서, 오래도록 영화롭게 살기를 바라는 부모의 바람이 반영된 것으로 '영수, 영철' 등의 이름이 대표적인 예이다. 경제 발전기에는 선호 글자에 변화가 있었다. 1980년대에는 '성(成/盛)'이 선호되었고 1990년대에는 '준(俊/埈)'이 많이 사용되었다. 그 시대의 부모들은 아들이 사회에서 성공을 거두고 높은 자리에 올라가기를 원하는 마음에서 '성훈, 성호, 준영, 준혁' 등의 이름을 지어 주었던 것이다.

여성 이름의 경우에도 연대별로 이름 첫 글자에 대한 선호도가 달랐다. 1950년대에는 남성과 마찬가지로 '영(榮/泳)'이 선호되었다. 세상을 잘 헤쳐 나가면서 영화롭게 살기를 바라는 마음을 담아 '영숙, 영희' 등의 이름이 지어진 것이다. 1960년대에는 '미숙, 미영'과 같이 '미(美)'의 사용 빈도가 높았는데 여성의 외적인 아름다움에 높은 가치를 두기 시작한 사회적 상황이 반영된 것이다. 1980년대 여성 이름 가운데 높은 빈도를 차지한 이름은 '지혜'인데, 이는 문자 그대로 여성의 지혜나 지성을 높은 사회적 가치로 삼았음을 보여 주는 것이다.

① 경제 상황에 따라 이름에 대한 선호도가 달라진다.
② 이름을 통해 그 사람이 태어난 시기를 알 수 있다.
③ 이름으로 선호하는 글자에는 그 시대마다 중시하는 가치가 반영된다.
④ 성별에 따른 사회적 차별 현상이 이름으로 선호하는 글자에 드러난다.

SOLUTION

해설 연대마다 다른, 부모의 바람이 담긴 선호 글자를 이름에서 많이 사용했다는 내용의 글이다. 따라서 '이름으로 선호하는 글자에는 그 시대마다 중시하는 가치가 반영된다'가 중심 내용으로 가장 적절하다.

오답 풀이 ① 경제 발전기인 1980년대의 남성 이름에만 해당하는 내용으로, 글 전체를 아우르지 못하므로 적절하지 않다.
② '이름을 통해 그 사람이 태어난 시기를 알 수 있다'는 것은 특정 이름이 특정 시기에만 사용되었음을 의미한다. 그러나 연대마다 사용 빈도가 높은 이름 글자가 있다는 것이 이를 의미하지는 않는다.
④ 남녀 각각에 선호하는 글자가 있었다는 것을 성별에 따른 사회적 차별 현상으로 일반화하여 말할 수 없으므로 적절하지 않다.

정답 ③

009 다음 글의 중심 내용으로 가장 적절한 것은? 2023 지방직 9급

> 교환 가치는 거래를 통해 발생하는 가치이며, 사용 가치는 어떤 상품을 사용할 때 느끼는 가치이다. 전자가 시장에서 결정된다는 점에서 객관적이라면, 후자는 개인에 따라 다르다는 점에서 주관적이다. 상품에는 사용 가치와 교환 가치가 섞여 있는데, 교환 가치가 아무리 높아도 '나'에게 사용 가치가 없다면 해당 상품을 구매하지 않을 것이다.
>
> 하지만 이 같은 상식이 통하지 않는 경우를 종종 볼 수 있다. 예를 들어 보자. 인터넷 커뮤니티에서 백만 원짜리 공연 티켓을 판매하는데, 어떤 사람이 "이 공연의 가치는 돈으로 환산할 수 없어요." 등의 댓글들을 보고서 애초에 관심도 없던 이 공연의 티켓을 샀다. 그에게 그 공연의 사용 가치는 처음에는 없었으나 많은 댓글로 인해 사용 가치가 있을 것으로 잘못 판단한 것이다. 안타깝게도, 그는 그 공연에서 조금도 만족하지 못했다.
>
> 이 사례에서 볼 때 건강한 소비를 위해서는 구매하려는 상품의 사용 가치가 어떤 과정을 거쳐 결정된 것인지 곰곰이 생각해 봐야 한다. '나'에게 얼마나 필요한가에 대해 고민 없이 다른 사람들의 말에 휩쓸려 어떤 상품의 사용 가치가 결정될 때, 그 상품은 '나'에게 쓸모없는 골칫덩이가 될 수 있다.

① 사용 가치보다 교환 가치가 큰 상품을 구매해야 한다.
② 상품을 구매할 때 사용 가치와 교환 가치를 두루 고려해야 한다.
③ 상품에 대한 다른 사람들의 평가를 반영해서 상품을 구매해야 한다.
④ 상품을 구매할 때 사용 가치가 자신의 필요에 의해 결정된 것인지 신중하게 따져야 한다.

SOLUTION

[해설] 구체적 사례를 통해 주지를 제시하는 글이다. 따라서 이 글의 중심 내용은 사례 다음에 제시된 내용, 즉 건강한 소비를 위해서 남이 아닌 '나'를 기준으로 사용 가치를 따져 봐야 한다는 것이다.

[오답 풀이] ② 상품 구매 시 사용 가치를 잘 고려해야 한다고 주장한 것이지, 교환 가치와 사용 가치를 두루 고려해야 한다고 주장한 것은 아니다.
③ 글쓴이는 상품 구매 시 다른 사람들의 평가에 휩쓸리면 안 된다는 점을 말하고 있으므로, 제시문과 반대되는 내용이다.

정답률 92%   정답 ④

010 다음 글의 결론으로 가장 적절한 것은? 2021 지방직 9급

> 인공 지능[AI]은 비즈니스 패러다임을 획기적으로 바꾸고 있다. 인공 지능은 생물학 분야에도 광범위하게 영향을 미칠 것이며, 애완동물이 인공 지능[AI]으로 대체될 수도 있을 것이다. 인공 지능[AI]은 스스로 수학도 풀고 글도 쓰고 바둑을 두며 사람을 이길 수도 있다. 어느 영화에서처럼 실제로 인간관계를 대신할 수도 있다. 인공 지능[AI]은 배우면서 성장할 수도 있다. 인공 지능[AI]이 사람보다 똑똑해질 수 있을지도 모른다.
>
> 인공 지능[AI]이 사람보다 똑똑해질 수 있는지는 차치하고, 인공 지능[AI]이 사람을 게으르게 만들 수도 있지 않을까? 이 게으름은 우리의 건강과 행복, 그리고 일상생활의 패턴을 바꿔 놓을 수도 있다.
>
> 인공 지능[AI]이 앱을 통해 좀 더 편리한 삶을 제공하여 사람의 뇌를 어떻게 바꾸는지를 일상에서 보여 주는 대표적 사례가 바로 GPS다. 불과 몇 년 전만 해도 지도를 보고 스스로 거리를 가늠하고 도착 시간을 계산했던 운전자들은 이 내비게이션의 등장으로 어디에서 어떻게 가라는 기계 속 음성에 전적으로 의존하기 시작했다. 예전의 방식으로도 충분히 잘 찾아가던 길에서조차 습관적으로 내비게이션을 켠다. 이것이 없으면 자주 다니던 길도 제대로 찾지 못하고 멀쩡한 어른도 길을 잃는다.
>
> 이와 같이 기계에 의존해서 인간이 살아가는 사례는 오늘날 우리의 두뇌가 게을러진 것을 보여 주는 여러 사례 가운데 하나일 뿐이다. 삶을 더 편하게 해 준다며 지름길을 제시하는 도구들이 도리어 우리의 기억력과 창조력을 퇴보시키고 있다. 인간을 태만하고 나태하게 만들어 뇌의 가장 뛰어난 영역인 상상력을 활용하지 않도록 만드는 것이다.

① 인간의 인공 지능[AI]에 대한 독립성은 지속적으로 증가하게 될 것이다.
② 인공 지능[AI]으로 인해 인간의 두뇌가 게을러지는 부작용이 발생하게 될 것이다.
③ 인공 지능[AI]은 인간을 능가하는 사고력을 가질 것이다.
④ 인공 지능[AI]은 궁극적으로 상상력을 가지게 될 것이다.

SOLUTION

[해설] 글의 결론은 제기되는 문제에 대한 답이다. 따라서 문제 제기에 해당하는 '인공 지능[AI]이 사람을 게으르게 만들 수도 있지 않을까?'를 보면 답을 찾을 수 있다. 이 문제에 대한 답은 마지막 문단에 인공 지능에 의존하는 삶은 인간의 뇌를 게을러지게 한다고 제시되어 있다.

[오답 풀이] ① 제시문과 반대되는 견해이다.
③ 1문단에 제시된, 부분적인 내용일 뿐이다.
④ 인공 지능이 사람보다 똑똑해질 수도 있다는 견해가 있을 뿐, 상상력을 가지게 될 것이라는 내용은 제시문에 나오지 않는다.

정답률 93%   정답 ②

내용 일치

풀이 전략

- '발문 확인 → 선택지 확인 → 제시문 독해' 순으로 문제를 푼다. 단, 선택지는 제시문 독해 방식을 결정하기 위한 것이므로, 자세히 읽지 말고 2~3초 안에 빠르게 훑는다.
- 제시문의 범위에서 벗어나는 내용을 자의적으로 추론하지 않아야 하며, 제시문에 근거한 진술만을 선택해야 한다.
- 제시문의 내용을 다른 용어나 표현으로 바꾸는 것, 내용의 차례나 위치를 서로 뒤바꾸어 놓는 것, 원인과 결과를 바꾸어 놓는 것, 선후 관계를 바꾸어 놓는 것, 행위 주체를 바꾸어 놓는 것 등을 주의해야 한다.

대표 다음 글을 이해한 내용으로 가장 적절한 것은? 2025 국가직 9급

> 20세기에 접어들면서 우리는 새로운 시대의 변화를 다양한 영역에서 확인할 수 있게 되었다. 문학 영역도 마찬가지였다. 이전과 뚜렷이 구별되는 유형과 성격의 문학 작품이 등장하였고, 이에 따라 다양한 독자층이 새롭게 형성되었다. 20세기 초 우리나라의 문학 독자층은 흔히 두 가지로 구분되었다. 하나는 구활자본 고전 소설과 일부 신소설의 독자인 '전통적 독자층'이고, 다른 하나는 이 시기 새롭게 등장하여 유행하기 시작한 대중 소설, 번안 소설, 신문 연재 통속 소설을 즐겨 봤던 '근대적 대중 독자층'이다. 전통적 독자층에는 노동자와 농민, 양반, 부녀자 등이 속하고, 근대적 대중 독자층에는 도시 노동자, 학생, 신여성 등이 속했다.
>
> 그런데 20세기 초 문학 독자층 중에는 전통과 근대의 두 범주에 귀속시키기 어려운 독자층도 존재했다. 이 시기 신문학의 순수 문학 작품, 일본을 비롯한 외국의 순수 문학 소설 등을 향유했던 사람들이 바로 그들이다. 문자를 익숙하게 다루고 외국어를 지속적으로 습득한 지식인층은 근대적 대중 독자층과는 다른 문학적 향유 양상을 보여 주었던 것이다. 이들은 '엘리트 독자층'이라고 부를 수 있다.

① 근대적 대중 독자층에서 엘리트 독자층이 분화되어 나왔다.
② 20세기 초의 문학 독자층을 구분하는 기준은 신분과 학력이었다.
③ 엘리트 독자층에 속한 사람들은 우리나라 문학 작품 외에도 외국 소설을 읽었다.
④ 근대적 대중 독자층에 속한 사람들은 전통적 독자층에 속한 사람들보다 경제적으로 부유했다.

SOLUTION

해설 20세기 초 우리나라의 문학 독자층을 구분하여 설명한 글이다.
2문단에 따르면, 엘리트 독자층은 신문학의 순수 문학 작품과 일본을 비롯한 외국의 순수 문학 소설 등을 향유했다. 따라서 엘리트 독자층에 속한 사람들은 우리나라 문학 작품 외에도 외국 소설을 읽은 것이다.

오답 풀이 ① 2문단에 따르면, 엘리트 독자층은 전통과 근대의 두 범주에 귀속시키기 어려운 독자층이다. 따라서 근대적 대중 독자층에서 엘리트 독자층이 분화되어 나온 것은 아니다.
② 1문단에 따르면, 독자들이 즐겨 봤던 문학 작품을 기준으로 20세기 초 우리나라의 문학 독자층을 구분하였다. 각각의 독자층을 이루는 사람들의 신분과 학력은 부차적으로 언급된 내용으로, 신분과 학력 자체가 구분 기준이 된 것은 아니다.
④ 근대적 대중 독자층에 속한 사람들이 전통적 독자층에 속한 사람들보다 경제적으로 부유했다는 내용은 제시문에 나오지 않는다.

정답률 94% **정답** ③

011 다음 글을 이해한 내용으로 가장 적절한 것은?
2025 지방직 9급

김삿갓으로 알려진 김병연의 집안은 그의 할아버지인 김익순이 죄를 짓고 사형당하기 전까지 괜찮은 편이었다. 김병연의 5대조 할아버지 김시태가 경종 초에 신임사화에 연루되었지만, 영조가 즉위한 뒤 그것이 조작된 것임이 밝혀지고 명예가 회복되었다. 김익순은 김시태의 후광을 입어 여러 관직에 나아갔다. 1811년 그가 선천 부사로 재직 중일 때 홍경래의 난이 일어났다. 이때 그는 반란군에게 항복했을 뿐만 아니라, 반란이 수습될 무렵에는 반란군 장수의 목을 베어 왔다는 거짓 보고까지 했다. 김익순의 이러한 행적이 드러나 결국 그는 모든 재산이 몰수되고 사형을 당했다. 이후 김병연은 대역죄로 사형당한 인물의 후손이라는 오명을 쓰고 살아갈 수밖에 없었다. 그가 당대의 주류 세력과 관계를 맺지 못한 것도 이 때문이었다. 그는 20세 전후로 부모가 모두 숨지자 자신의 신세를 한탄하며 세상을 떠돌게 되었다.

① 김시태의 후손은 아무도 관직에 나아가지 못했다.
② 김익순은 김시태의 죄상이 드러나 재산이 몰수되었다.
③ 김병연은 자신의 조상이 신임사화에 연루되어 세상을 떠돌게 되었다.
④ 김병연은 대역죄인의 후손이어서 당대 주류 세력과 관계를 맺을 수 없었다.

012 다음 글을 이해한 내용으로 적절하지 않은 것은?
2025 지방직 9급

천상계와 지상계로 나누어진 영웅 소설의 세계 구조에서 서사적으로 중요한 것은 지상계의 일이지만 인과론적 구도로는 천상계가 우위에 있다. 천상계의 의지나 그 대리자의 개입에 의해서 지상계의 서사가 결정되기 때문이다. 천상계는 지상에서 일어나는 모든 사건의 발생과 귀결을 지배하는 초월적 세계로서, 일시적으로 고난에 빠졌던 주인공이 세상에 창궐한 악을 물리치고 승리하도록 해 주는 근거로 작용한다. 지상의 혼란이나 세계 질서의 모순은 일시적인 것일 뿐 현실의 구체적 갈등에 뿌리를 둔 것이 아니어서 초월적 세계가 이미 설계한 바에 따라 쉽사리 해소된다. 이런 모습의 세계 구조를 '이원적 세계상'이라고 부른다.

반면에 판소리계 소설의 세계상은 대체로 일원적이고 경험적이다. 판소리계 소설에는 초월적 세계가 지배적 장치로 나타나는 경우가 극히 드물며, 현실의 경험적 인과 관계에 의해 서사가 전개된다. 예컨대 변학도의 횡포로 인한 춘향의 수난, 흥부의 가난과 고난, 심청과 심봉사의 불행, 유혹에 넘어간 토끼의 위기 탈출, 배비장의 욕망과 봉변, 장끼의 죽음 등은 초월적 세계의 의지나 그 대리자의 개입 없이 현실적 삶의 인과에 따라 이루어지는 것이다.

① 영웅 소설은 이원적 세계상을 잘 보여 주는 문학적 갈래이다.
② 판소리계 소설에서 서사의 인과 관계는 경험적 현실에 바탕을 둔 경우가 많다.
③ 천상계의 대리자가 지상계의 서사를 결정하는 작품에서는 이원적 세계상이 발견된다.
④ 영웅 소설에 비해 판소리계 소설에서는 초월적 세계가 현실의 문제를 해결하는 양상이 두드러진다.

013 다음 글을 이해한 내용으로 가장 적절한 것은?
2025 지방직 9급

이광수와 김동인은 한국 근대 문학 초기의 대표적인 소설가로, 이 둘의 작품은 표준어와 사투리의 사용에서 두드러진 차이를 보인다. 이광수의 대표작 〈무정〉에서는 작중 배경과 등장인물의 출신지가 서울이 아닌데도 인물들이 주고받는 대화가 표준어로 되어 있다. 반면 김동인의 대표작 〈배따라기〉에서 인물들의 대화는 출신지와 작중 배경에 맞는 사투리로 이루어진다. 작품의 리얼리티를 얼마나 잘 구현했는가를 기준으로 본다면, 〈무정〉보다 〈배따라기〉가 더 뛰어나다고 볼 수 있다.

그러나 이광수의 〈무정〉을 리얼리티의 구현 정도를 기준으로 낮잡아 평가하는 것은 곤란하다. 근대 국민 국가 형상 과정에서 다양한 지방의 사투리를 통일하는 것은 중요한 화두였다. 이로 인해 표준어와 사투리의 위계가 공고해졌다. 당대의 지식인들은 표준어가 교양, 문화, 지식, 과학, 공적 영역 등의 근대적 가치를 나타내는 것으로, 사투리는 야만, 비문화, 무지, 비과학, 사적 영역 등의 전근대적인 가치를 나타내는 것으로 인식하였다. 이광수가 계몽주의의 신봉자였음을 떠올리면, 그가 〈무정〉에서 표준어를 사용한 것은 근대적 가치를 실현하기 위한 의도적인 선택이었다.

이처럼 표준어의 사용은 작가의 의도를 드러내는 기능을 한다. 이는 현대 문학 안에서도 찾아볼 수 있다. 박경리의 〈토지〉에서 대부분의 인물들은 경상도나 함경도 사투리를 사용한다. 하지만 주인공 '서희'는 사투리를 구사하지 않는다. 이는 작품의 리얼리티 형성에 방해가 되지만 해당 인물의 고고함과 차가움을 드러내는 데에 더할 수 없이 적절한 기능을 한다. 〈토지〉에 사용된 표준어는 인물의 성격을 뚜렷하게 보여 주는 효과를 지닌다.

① 〈배따라기〉는 표준어를 사용하여 작품의 리얼리티를 확보하였다.
② 〈무정〉에는 근대적 가치의 실현과 관련된 작가의 의도가 담겨 있다.
③ 〈토지〉는 '서희'의 사투리 사용을 통해 작품의 리얼리티를 구현하였다.
④ 작품의 리얼리티를 기준으로 할 때, 〈무정〉이 〈배따라기〉보다 더 뛰어나다.

SOLUTION

[해설] 이광수, 김동인, 박경리의 작품에 나타난 표준어와 사투리의 사용 양상과 그 효과를 설명한 글이다.
2문단에 따르면, 〈무정〉의 작가인 이광수는 계몽주의의 신봉자로서, 〈무정〉에서 의도적으로 표준어를 사용하여 근대 국민국가 형성 과정에서 표준어가 지닌 근대적 가치를 실현하고자 하였다.

[오답 풀이] ① 1문단에 따르면, 〈배따라기〉는 인물들의 대화를 출신지와 작중 배경에 맞는 사투리로 제시하여 리얼리티를 구현했다.
③ 마지막 문단에 따르면, 〈토지〉에서 '서희'는 사투리를 구사하지 않는다.
④ 1문단에 따르면, 작품의 리얼리티를 얼마나 잘 구현했는가를 기준으로 본다면 〈무정〉보다 〈배따라기〉가 더 뛰어나다.

정답률 94% | **정답 ②**

014 다음 글을 이해한 내용으로 적절하지 않은 것은?
인혁처 1차 예시 문제

한국 신화에 보이는 신과 인간의 관계는 다른 나라의 신화와 견주어 볼 때 흥미롭다. 한국 신화에서 신은 인간과의 결합을 통해 결핍을 해소함으로써 완전한 존재가 되고, 인간은 신과의 결합을 통해 혼자 할 수 없었던 존재론적 상승을 이룬다.

한국 건국 신화에서 주인공인 신은 지상에 내려와 왕이 되고자 한다. 천상적 존재가 지상적 존재가 되기를 바라는 것인데, 인간들의 왕이 된 신은 인간 여성과의 결합을 통해 자식을 낳음으로써 결핍을 메운다. 무속 신화에서는 인간이었던 주인공이 신과의 결합을 통해 신적 존재로 거듭나게 됨으로써 존재론적으로 상승하게 된다. 이처럼 한국 신화에서 신과 인간은 서로의 존재를 필요로 한다는 점에서 상호 의존적이고 호혜적이다.

다른 나라의 신화들은 신과 인간의 관계가 한국 신화와 달리 위계적이고 종속적이다. 히브리 신화에서 피조물인 인간은 자신을 창조한 유일신에 대해 원초적 부채감을 지니고 있으며, 신이 지상의 모든 일을 관장한다는 점에서 언제나 인간의 우위에 있다. 이러한 양상은 북유럽이나 바빌로니아 등에 퍼져 있는 신체 화생 신화에도 유사하게 나타난다. 신체 화생 신화는 신이 죽음을 맞게 된 후 그 신체가 해체되면서 인간 세계가 만들어지게 된다는 것인데, 신의 희생 덕분에 인간 세계가 만들어질 수 있었다는 점에서 인간은 신에게 철저히 종속되어 있다.

① 히브리 신화에서 신과 인간의 관계는 위계적이다.
② 한국 무속 신화에서 신은 인간을 위해 지상에 내려와 왕이 된다.
③ 한국 건국 신화에서 신은 인간과의 결합을 통해 완전한 존재가 된다.
④ 한국 신화에 보이는 신과 인간의 관계는 신체 화생 신화에 보이는 신과 인간의 관계와 다르다.

SOLUTION

[해설] 한국 신화와 다른 나라의 신화에서 드러나는 신과 인간의 관계의 대조적 면모를 설명한 글이다.
2문단에 따르면, 신이 지상에 내려와 왕이 되는 것은 한국 무속 신화가 아니라 건국 신화에서이다.

[오답 풀이] ① 마지막 문단의, 히브리 신화에서 신은 지상의 모든 일을 관장한다는 점에서 언제나 인간의 우위에 있다는 내용에서 알 수 있다.
③ 1~2문단에 따르면, 한국 건국 신화에서 신은 인간 여성과의 결합을 통해 결핍을 해소함으로써 완전한 존재가 된다.
④ 한국 신화에서 신과 인간은 상호 의존적이고 호혜적인 관계이다. 반면 신체 화생 신화는 신의 희생 덕분에 인간 세계가 만들어질 수 있었으므로 인간과 신은 위계적이고 종속적인 관계이다.

정답률 75% | **정답 ②**

015 다음 글을 이해한 내용으로 가장 적절한 것은?

인혁처 1차 예시 문제

> 이육사의 시에는 시인의 길과 투사의 길을 동시에 걸었던 작가의 면모가 고스란히 담겨 있다. 가령, 〈절정〉은 크게 두 부분으로 나누어지는데, 투사가 처한 냉엄한 현실적 조건이 3개의 연에 걸쳐 먼저 제시된 후, 시인이 품고 있는 인간과 역사에 대한 희망이 마지막 연에 제시된다.
> 우선, 투사 이육사가 처한 상황은 대단히 위태로워 보인다. 그는 "매운 계절의 채찍에 갈겨 / 마침내 북방으로 휩쓸려" 왔고, "서릿발 칼날진 그 위에 서" 바라본 세상은 "하늘도 그만 지쳐 끝난 고원"이어서 가냘픈 희망을 품는 것조차 불가능해 보인다. 이러한 상황은 "한발 제겨디딜 곳조차 없다"는 데에 이르러 극한에 도달하게 된다. 여기서 그는 더 이상 피할 수 없는 존재의 위기를 깨닫게 되는데, 이때 시인 이육사가 나서면서 시는 반전의 계기를 마련한다.
> 마지막 4연에서 시인은 3연까지 치달아 온 극한의 위기를 담담히 대면한 채, "이러매 눈감아 생각해" 보면서 현실을 새롭게 규정한다. 여기서 눈을 감는 행위는 외면이나 도피가 아니라 피할 수 없는 현실적 조건을 새롭게 반성함으로써 현실의 진정한 면모와 마주하려는 적극적인 행위로 읽힌다. 이는 다음 행, "겨울은 강철로 된 무지갠가보다"라는 시구로 이어지면서 현실에 대한 새로운 성찰로 마무리된다. 이 마지막 구절은 인간과 역사에 대한 희망을 놓지 않으려는 시인의 안간힘으로 보인다.

① 〈절정〉에는 투사가 처한 극한의 상황이 뚜렷한 계절의 변화로 드러난다.
② 〈절정〉에서 시인은 투사가 처한 현실적 조건을 외면하지 않고 새롭게 인식한다.
③ 〈절정〉은 시의 구성이 두 부분으로 나누어지면서 투사와 시인이 반목과 화해를 거듭한다.
④ 〈절정〉에는 냉엄한 현실에 절망하는 시인의 면모와 인간과 역사에 대한 희망을 놓지 않으려는 투사의 면모가 동시에 담겨 있다.

SOLUTION

해설 〈절정〉을 통해 시인의 길과 투사의 길을 동시에 걸었던 이육사의 면모를 드러낸 글이다.
마지막 문단에서 알 수 있다. 즉 시인 이육사는 마지막 연에서 극한의 위기를 담담히 대면하고 "겨울은 강철로 된 무지갠가보다"라며 현실적 조건을 새롭게 성찰하고 있다.

오답 풀이 ① 〈절정〉에는 '겨울'이라는 계절을 배경으로 투사가 처한 극한의 상황이 드러나지만, 그것이 계절의 변화로 드러나지는 않는다.
③ 〈절정〉은 시의 구성이 두 부분으로 나누어지지만, 투사와 시인이 반목과 화해를 거듭하는 것은 아니다. 1문단에 따르면 〈절정〉은, 투사가 처한 냉엄한 현실적 조건이 제시되는 1~3연과, 시인이 품고 있는 인간과 역사에 대한 희망이 제시되는 마지막 연으로 나누어진다.
④ 〈절정〉의 1~3연에 투사가 처한 냉엄한 현실적 조건이 나오지만 시인이 절망하는 모습은 나오지 않는다. 또한 마지막 연은 인간과 역사에 대한 희망을 놓지 않으려는 면모를 담고 있지만, 이것은 투사의 면모가 아니라 시인의 면모이다.

정답률 74% **정답** ②

016 다음 글을 이해한 내용으로 가장 적절한 것은?

인혁처 2차 예시 문제

> 언어의 형식적 요소에는 '음운', '형태', '통사'가 있으며, 언어의 내용적 요소에는 '의미'가 있다. 음운, 형태, 통사 그리고 의미 요소를 중심으로 그 성격, 조직, 기능을 탐구하는 학문 분야를 각각 '음운론', '문법론(형태론 및 통사론 포괄)', 그리고 '의미론'이라고 한다. 그 가운데서 음운론과 문법론은 언어의 형식을 중심으로 그 체계와 기능을 탐구하는 반면, 의미론은 언어의 내용을 중심으로 체계와 작용 방식을 탐구한다.
> 이처럼 언어학은 크게 말소리 탐구, 문법 탐구, 의미 탐구로 나눌 수 있는데, 이때 각각에 해당하는 음운론, 문법론, 의미론은 서로 관련된다. 이를 발화의 전달 과정에서 살펴보자. 화자의 측면에서 언어를 발신하는 경우에는 의미론에서 문법론을 거쳐 음운론의 방향으로, 청자의 측면에서 언어를 수신하는 경우에는 반대의 방향으로 작용한다. 의사소통의 과정상 발신자의 측면에서는 의미론에, 수신자의 측면에서는 음운론에 초점이 놓인다. 의사소통은 화자의 생각, 느낌, 주장 등을 청자와 주고받는 행위이므로, 언어 표현의 내용에 해당하는 의미는 이 과정에서 중심적 요소가 된다.

① 언어는 형식적 요소가 내용적 요소보다 다양하다.
② 언어의 형태 탐구는 의미 탐구와 관련되지 않는다.
③ 의사소통의 첫 단계는 언어의 형식을 소리로 전환하는 것이다.
④ 언어를 발신하고 수신하는 과정에서 통사론은 활용되지 않는다.

SOLUTION

해설 언어학에 대해 설명한 글이다
1문단에 따르면, 언어의 형식적 요소에는 '음운', '형태', '통사'의 3가지가 있으며 언어의 내용적 요소에는 '의미' 1가지가 있다. 따라서 언어는 형식적 요소가 내용적 요소보다 다양하다는 것이 적절한 이해이다.

오답 풀이 ② 2문단에 따르면, 언어의 각각의 탐구에 해당하는 음운론, 문법론, 의미론은 서로 관련된다. 따라서 언어의 형태 탐구인 형태론과 의미 탐구인 의미론은 서로 관련된다.
③·④ 의사소통의 첫 단계는 화자의 발신이다. 2문단에 따르면, 화자의 측면에서 언어를 발신하는 경우에는 의미론에서 문법론을 거쳐 음운론의 방향으로 가므로, 언어의 의미를 형식으로 전환하는 것이다. 청자의 측면에서 언어를 수신하는 경우에는 반대의 방향으로 작용한다. 이때 문법론(형태론 및 통사론 포괄)을 거치므로, 언어를 발신하고 수신하는 과정에서 통사론도 활용된다.

정답률 31% **정답** ①

017 다음 글을 이해한 내용으로 적절하지 않은 것은?

인혁처 2차 예시 문제

> 조선 시대 기록을 보면 오늘날 급성 전염병에 속하는 병들의 다양한 명칭을 확인할 수 있는데, 전염성, 고통의 정도, 질병의 원인, 몸에 나타난 증상 등 작명의 과정에서 주목한 바는 각기 달랐다.
>
> 예를 들어, '역병(疫病)'은 사람이 고된 일을 치르듯[役] 병에 걸려 매우 고통스러운 상태를 말한다. '여역(癘疫)'이란 말은 힘들다[疫]는 뜻에다가 사납다[癘]는 의미가 더해져 있다. 현재의 성홍열로 추정되는 '당독역(唐毒疫)'은 오랑캐처럼 사납고[唐], 독을 먹은 듯 고통스럽다[毒]는 의미가 들어가 있다. '염병(染病)'은 전염성에 주목한 이름이고, 마찬가지로 '윤행괴질(輪行怪疾)' 역시 수레가 여기저기 옮겨 다니듯 한다는 뜻으로 질병의 전염성을 크게 강조한 이름이다.
>
> '시기병(時氣病)'이란 특정 시기의 좋지 못한 기운으로 인해 생기는 전염병을 말하는데, 질병의 원인으로 나쁜 대기를 들고 있는 것이다. '온역(溫疫)'에 들어 있는 '온(溫)'은 이 병을 일으키는 계절적 원인을 가리킨다. 이밖에 '두창(痘瘡)'이나 '마진(痲疹)' 따위의 병명은 피부에 발진이 생기고 그 모양이 콩 또는 삼씨 모양인 것을 강조한 말이다.

① '온역'은 질병의 원인에 주목하여 붙여진 이름이다.
② '역병'은 질병의 전염성에 주목하여 붙여진 이름이다.
③ '당독역'은 질병의 고통스러운 정도에 주목하여 붙여진 이름이다.
④ '마진'은 질병으로 인해 몸에 나타난 증상에 주목하여 붙여진 이름이다.

018 다음 글을 이해한 내용으로 적절하지 않은 것은?

2025 군무원 9급

> 각하라는 단어는 '폐하', '전하', '저하', '합하' 등과 함께 조선 시대에 사용되었던 경칭 중 하나였다. 먼저 '황제'에게는 '폐하'라는 경칭이 사용되었다. '폐하'란 '돌계단 아래'라는 뜻이다. 황제를 만나는 사람은 폐하라는 호칭을 통해 자신이 돌계단 아래 있다는 것을 황제에게 알린다. 즉, '폐하'를 통해 "저는 돌계단 아래 있습니다."라고 황제에게 아뢰는 것이다. 이렇게 폐하라는 경칭은 화자가 청자를 직접 높여 부르는 것이 아니라, 스스로 자신을 부름으로써 결국은 상대를 부르게 되는 간접적 방법으로 작동하는 경칭이다. '하' 자가 들어가는 경칭은 모두 이렇게 자신을 불러 결국은 상대를 부르게 되는 간접적인 방법으로 작동하는 경칭들이다.
>
> '전하'라는 경칭은 왕이나 왕후 등에게 사용되었다. 이들이 '전하'라고 불린 이유는 궁궐 내에 '전'으로 끝나는 이름을 가진 전각들이 바로 이들의 공간이었기 때문이다. 즉 왕이나 왕후는 '전 위'에 있고 이 경칭을 사용하는 사람들은 '전 아래'에 있기 때문에 '전하'라는 경칭이 사용된 것이다. '전하' 다음은 '저하'였다. 저하의 '저'는 궁궐 내의 전각의 명칭은 아니고 단지 세자가 사는 큰 집을 의미한다. 저하는 조선에서만 사용된 표현으로 세자의 신분을 가진 사람에 대한 경칭으로 사용되었다.
>
> 다음 위계의 경칭은 '합하'였다. 합하는 왕족 중 서열이 높은 사람이 기거하거나 정승이 집무를 보는 건물인 '합'의 아래라는 뜻이다. 귀족의 경칭 중에서 가장 낮은 위계를 가진 것은 '각하'였다. 각하의 '각' 또한 궁궐의 건물 중 하나로 왕세손이 기거하거나 정2품 이상의 고위 관료가 업무를 볼 때 사용했던 건물이다. 왕족이 아닌 사람에게 쓰는 가장 높은 경칭은 합하였고, 각하는 그 다음 위계를 가진 사람에게 쓰는 경칭이었다.

① '폐하'는 '황제'를 간접적으로 높여 부르는 호칭이다.
② '저하'는 '폐하, 전하' 등과 같이 궁궐의 전각 명칭에서 비롯된 호칭이다.
③ '합하'는 왕족이 아닌 사람에게 쓰는 호칭 중 가장 높은 경칭이다.
④ '각하'는 '폐하, 전하, 저하, 합하' 중 가장 위계가 낮은 호칭이다.

019 다음 글의 내용에 대한 설명으로 적절하지 않은 것은?

금융 회사가 영업 정지나 파산 등으로 고객의 예금을 지급하지 못하면 해당 예금자의 가계 생활이 불안정해지고 국가 금융 제도 안전성도 큰 타격을 입는다. 이러한 사태를 방지하기 위해 우리나라에서는 '예금자 보험 제도'를 실행한다. 이는 예금 보험 공사가 평소에 금융 기관으로부터 보험료를 받아 기금을 적립한 후, 금융 기관이 예금을 지급할 수 없게 되면 일정 금액의 한도 내에서 예금 보험금을 지급하는 제도이다.

1997년 외환 위기로 여러 은행이 문을 닫으면서 금융 시장의 불안감이 커졌다. 정부는 금융 시장의 혼란을 막기 위해 예금자 1인당 2천만 원이던 종전의 보장 한도를 높여 2000년 말까지 한시적으로 예금의 원금 전액을 보장해 주기로 하였다. 원래 예금자 보호 제도가 다수의 소액 예금자를 보호하되 부실 금융 기관을 선택한 예금자에게도 책임을 묻는다는 차원에서 예금 전액이 아니라 일정 금액만을 보장하는 것이 원칙인데 이를 깬 것이다. 외환 위기에서 벗어난 2001년부터는 1인당 5천만 원으로 보장 한도를 올렸는데 이후 저축 은행 부실 사태가 발생하면서 저축 은행의 보장 한도를 낮추어야 한다는 주장이 제기되기도 하였다. 보장 한도가 높으면 금융 기관이 예금자 보호 제도에만 의존해 무분별하게 예금을 늘려 부실하게 운용할 수도 있다는 지적 때문이다.

① 예금자 보험 제도란 금융 회사가 여러 이유로 고객의 예금을 지급하지 못하면 일정 금액 한도 내에서 예금 보험금을 지급하는 제도이다.
② 예금자 보험 제도의 보장 한도가 높으면 금융 기관이 이에 너무 의존해서 부실하게 예금을 운용할 수도 있다.
③ 예금자 보험 제도는 외환 위기 이후 금융 시장의 불안감이 커지면서 한시적으로 예금 전액을 보장해 준 적이 있다.
④ 예금자 보험 제도에 의해 지급되는 예금 보험금은 예금자가 입금한 금융 회사가 지급한다.

020 다음 글에 대한 설명으로 적절하지 않은 것은?

갈퉁(J. Galtung)은 폭력을 인간의 기본적인 욕구를 모독하는 모든 것으로 정의하면서 물리적, 직접적 폭력 외에 구조적 폭력, 문화적 폭력이 존재함을 지적하고, 평화를 소극적 평화와 적극적 평화로 구분한다.

소극적 평화란 전쟁, 테러, 범죄와 같은 물리적 폭력이 없는 상태이다. 이는 직접적으로 폭력을 제거한다는 점에서 의미가 있으나, 빈곤이나 인권 침해 같은 다양한 차원의 폭력을 고려하지 않는다는 한계가 있다. 따라서 갈퉁은 물리적 폭력뿐만 아니라 구조적 폭력과 문화적 폭력까지 사라진 상태인 적극적 평화를 추구해야 한다고 본다. 이는 가난, 차별, 억압, 환경 파괴 등이 제거되어 사람들 간의 협력과 조화, 그리고 정의가 실현된 상태를 의미한다.

① 폭력은 구조적, 문화적 폭력 등의 소극적 폭력과 물리적, 직접적 폭력과 같은 적극적 폭력으로 구분된다.
② 소극적 평화의 단점은 빈곤이나 인권 침해 같은 다양한 차원의 폭력을 고려하지 않는 점이다.
③ 적극적 평화란 가난, 차별, 억압, 환경 파괴 등이 제거되어 정의가 실현된 상태를 말한다.
④ 폭력은 인간의 기본적 욕구를 모독하는 모든 것이다.

021 다음 글을 이해한 내용으로 가장 적절한 것은?

2025 군무원 7급

한글 전용이냐 한자 병용이냐 하는 논쟁은 한글 전용 쪽으로 승부가 난 듯하다. 이러한 결과는 지극히 실용적인 판단에 의한 것이다. 타자를 통해 한자를 입력하는 것이 불편할 뿐만 아니라, 어려운 한자를 굳이 쓰지 않아도 쓰기, 읽기 모두 큰 문제가 없으니 자연스럽게 한글 전용을 택한 것이다.

그러나 이것은 단지 '한자의 불편함' 때문이 아니라 '한글의 충분함' 때문이다. 한글의 충분함은 한글 '한 글자'가 담고 있는 정보가 꽤 많다는 것으로 뒷받침된다. 우리나라를 '韓國'으로 쓰든 '한국'으로 쓰든 모두 두 글자다. 한자는 더 나눌 수 없지만 '한국'은 'ㅎㅏㄴㄱㅜㄱ'으로 나눌 수 있기 때문에 글자 수로는 여섯이라고 할 수도 있다. 이 여섯 개의 글자를 '한국'과 같이 다시 두 글자로 모아쓰니 '한 글자'가 가지고 있는 정보가 꽤 많은 것이다. 로마자로 'KOREA'라고 쓰면 다섯 글자인데 이는 더 나눌 수도 없고 모아쓸 수도 없다.

한글의 이러한 특성을 활용하여 요즘 젊은 세대들은 한자가 아닌 한글만으로 단어를 만든다. '집에서 먹는 밥'이란 뜻의 단어를 젊은 사람들은 '집밥'으로 줄여 쓰고 있다. 한자에 익숙한 사람들은 '家食(가식)'이나 '家飯(가반)' 정도로 만들었을 것이다. '혼자서 먹는 밥'이나 '혼자서 가는 여행'도 '혼밥, 혼행'으로 쓴다. 굳이 한자를 쓰지 않아도 한글 두 글자에 충분한 정보를 담을 수 있기 때문에 가능한 것이다.

① 한글 전용이 이긴 것은 젊은 세대들의 한글 사랑에 의한 것이다.
② 한글 한 글자에 많은 정보를 담을 수 있는 것은 모아쓰기 방식 덕분이다.
③ 컴퓨터의 발달로 인한 한자 입력의 불편함이 한글 전용이 이기게 된 주된 요인이다.
④ 젊은 세대들이 새로운 단어를 만드는 방식은 한자에 대한 지식의 유무와 관련이 깊다.

SOLUTION

해설 한글 전용을 선택하게 한 한글의 충분함에 대해 설명한 글이다.
2문단의, 한글은 여러 개의 글자를 모아쓰는 것이기 때문에 '한 글자'가 가지고 있는 정보가 꽤 많다는 내용에서 알 수 있다.

오답 풀이 ① 한글 전용이 이긴 것이 젊은 세대들의 한글 사랑에 의한 것이라는 내용은 제시문에 나오지 않는다. 글쓴이는 한글 전용이 이긴 것을 '한글의 충분함' 때문으로 보고 있다.
③ 2문단의, 한글 전용이 이긴 이유가 '한자의 불편함' 때문이 아니라 '한글의 충분함' 때문이라는 내용과 배치된다.
④ 젊은 세대들이 새로운 단어를 만드는 방식이 한자에 대한 지식의 유무와 관련이 깊다는 내용은 제시문에 나오지 않는다. 마지막 문단에 따르면, 요즘 젊은 세대들은 한자가 아닌 한글만으로 줄임말을 만들어 사용하고 있다.

정답 ②

022 다음 글을 이해한 내용으로 가장 적절한 것은?

2025 군무원 7급

공정한 기회균등 원칙에 입각한 교육이 불평등을 조장한다는 주장은 공정한 기회균등 원칙을 보상 제도로 오해하는 데서 기인한 것으로 보인다. 그래서 공정한 기회균등 원칙은 재능 있고 우연성이 좋은 사람과 그러지 못한 사람이 경쟁할 수 있게 하기 위해 전자의 교육을 제한하려는 원칙으로 오해한 듯하다.

존 롤즈(John Rawls)가 말하는 공정한 기회균등 원칙은 능력이 있는 사람이든 그렇지 않은 사람이든 자신의 재능을 실현하는 것에 초점을 맞춘다. 교육과 관련해서 롤즈가 우선적으로 생각하는 부정의(不正義)인 불공정함은 자신의 능력을 사회적인 여건으로 인해 계발할 기회를 얻지 못하는 것이다. 따라서 자연적 우연성에서 유리한 사람, 즉 천부적 능력과 재능이 상대적으로 높은 사람에게 더 많은 재화를 투여하는 것은 공정성을 훼손하지 않는다. 이러한 공적 재화 투여가 자연적 우연성에 토대를 둔 교육 혜택에서 더 많은 격차를 나타낼 수 있겠지만, 롤즈는 이러한 격차 자체가 문제라고 생각하지 않는다. 다만 이러한 격차가 교육에 머물지 않고 사회적·경제적 특권으로 전이되어 불평등을 야기한다면 부정의하다는 것이 롤즈의 입장이다. 예를 들어 교육을 통해 더 많은 교육을 받은 사람이 그러한 많은 교육이 필요한 직업을 갖는 것 자체는 문제가 아닐 수 있지만 그러한 직업을 통해 지나치게 큰 경제적 혜택을 독점하고 사회적 권력을 갖는 것은 부정의할 수 있는 것이다. 따라서 롤즈의 민주주의적 평등은 공정한 기회균등의 원칙의 이러한 부수 효과를 차등 원칙을 통해 교정하고자 한다.

① 사회적인 여건 때문에 자신의 능력을 계발할 기회를 얻지 못하는 것은 불공정하다.
② 천부적인 능력과 재능이 부족한 사람의 교육에 더 많은 재화를 투여해야 한다.
③ 교육을 많이 받은 사람이 그 결과로 경제적·사회적 특권을 갖는 것은 문제가 되지 않는다.
④ 공정한 기회균등의 원칙이 잘 지켜진다면 교육은 불평등을 초래하지 않는다.

SOLUTION

해설 롤즈가 주장한 공정한 기회균등에 대해 설명한 글이다.
2문단의, 존 롤즈는 사회적인 여건으로 인해 자신의 능력을 계발할 기회를 얻지 못하는 것은 불공정하다고 주장했다는 내용에서 알 수 있다.

오답 풀이 ② 2문단의, 천부적 능력과 재능이 상대적으로 높은 사람에게 더 많은 재화를 투여하는 것은 공정성을 훼손하지 않는다는 내용과 배치된다.
③ 2문단의, 교육을 많이 받은 사람이 직업을 통해 지나치게 큰 경제적 혜택을 독점하고 사회적 권력을 갖는 것은 부정의할 수 있다는 내용과 배치된다.
④ 2문단의, 롤즈는 자연적 우연성을 토대로 교육 혜택에서 격차가 나타날 수 있는 것을 인정하고 이는 문제가 아니라고 본다는 내용과 배치된다.

정답 ①

023 다음은 소설가 이해조가 〈화의 혈(花의 血)〉이라는 소설을 연재하면서 썼던 후기이다. 이에 대한 설명으로 적절하지 않은 것은?

2025 서울시 기술직 변형

> 소설이라는 것은 대개 허구적인 이야기를 통해 사람의 감정에 맞게 구성하여, 세상의 풍속을 바로잡고 사회를 일깨우는 것을 가장 중요한 목적으로 삼는 것이다. 그런데 실제로 이 이야기와 비슷한 사람이나 사건이 있다면, 이 글을 읽는 모든 부인과 신사들은 더욱 진지하고 깊이 있는 재미를 느낄 수 있을 것이다. 나아가 그 인물은 반성할 수 있고, 그 사실을 경계하는 데에도 좋은 영향을 줄 수 있을 것이다. 따라서 이 글을 쓴 나는 이 소설이 그런 재미와 영향력을 지니기를 간절히 바란다.

① 이해조는 소설이 허구적인 이야기라는 사실을 잘 이해하고 있다.
② 이해조는 소설 속 이야기가 현실과 비슷하면 비슷할수록 독자의 재미가 한층 더 생긴다고 본다.
③ 이해조는 소설 속 내용을 통해 풍속을 교정하고 사회를 일깨우는 좋은 영향을 줄 수 있다고 본다.
④ 이해조는 소설이 담고 있는 메시지보다, 있을 법한 사실을 다뤄 독자의 재미를 일으키는 것이 더 중요하다고 본다.

024 〈보기〉의 '환상 공간'에 대한 설명으로 옳지 않은 것은?

2025 서울시 기술직

> 보기
>
> 정신 분석에서 환상은 현실의 편에 존재합니다. 현실에서 안 되는 게 환상에서 이루어지는 게 아니라, 현실 속에서 출구를 찾을 수 있게 돕는 게 바로 환상입니다. 환상 공간이란 나만의 공간, 내가 좋아하는 공간, 내가 꿈꿀 수 있는 공간을 뜻합니다. 그 반대편에 빅 브라더가 감시하는 감옥 같은 공간이 있을 거예요. 그냥 명령에 따라야 하는 곳, 심지어 불합리한 명령도 일상이 되는 곳, '나', '내 삶'이 사라지는 곳이 있다면, 반대편에는 나다워지는 곳, 내 잠재력이 발휘되는 공간, 내가 힘을 받는 장소가 있겠죠. 영화 〈트루먼 쇼〉에서 주인공은 처음부터 끝까지 계속 피지에 가야 한다고 말합니다. 피지는 그가 사랑하는 여인이 있는 곳인데, 피지가 바로 환상 공간이에요. 그가 행복해지는 곳, 그를 기쁘게 만드는 장소죠. 이 환상 공간이 있기에 그가 모든 것을 견디며 앞으로 나아갑니다. 나 자신이 될 수 있는 곳은 어디든 '환상 공간'이라고 부를 수 있습니다. [중략]
>
> 환상 공간에서 보호받는 내가 있다면 그 반대편, 카프카적인 어둠 속에 있는 나도 있습니다. 후자는 우리의 '그림자'입니다. 꿈은 우리가 그림자와 이야기를 나누어야 한다고 말합니다. 그리고 언젠가 그림자를 내 환상 공간에 초대할 수 있어야겠죠. 그 절망과 우울을 가로지르지 않는다면, 나는 내 환상 공간을 지어내고 지켜 낼 수 없습니다. 밝은 모습 아래 길게 늘어져 있는 그림자가 어떻게 지내고 있는지, 왜 그렇게 악을 쓰고 분노하고 치를 떨고 있는지, 그의 이야기를 들어 보아야 합니다. 물론 내 그림자를 만나는 장소는 '꿈'입니다.

① 환상 공간은 현실에서 출구를 찾을 수 있게 돕는다.
② 환상 공간은 나를 나답게 만들어 주는 역할을 한다.
③ 환상 공간에 절망과 우울함을 위한 자리는 없다.
④ 환상 공간은 현실을 견디며 앞으로 나아갈 수 있게 한다.

025 다음 글을 이해한 내용으로 가장 적절한 것은? 2024 국가직 9급

A가 주장한 다중 지능 이론은 기존 지능 이론의 대안으로 제시되었다. 그는 기존 지능 이론이 언어 지능이나 논리 수학 지능 등 인간의 인지 능력에만 초점을 맞추고 있다고 비판하면서 이뿐 아니라 신체와 정서, 대인 관계의 능력까지 포괄한 총체적 지능 개념을 창안해 냈다. 다중 지능 이론은 뇌 과학 연구에 일정 부분 영향을 받았는데, 뇌 과학 연구에 따르면 인간의 좌뇌는 분석적, 논리적 능력을 담당하고, 우뇌는 창조적, 감성적 능력을 담당한다. 다중 지능 이론에서는 좌뇌의 능력에만 초점을 둔 기존의 지능 검사에 대해 반쪽짜리 검사라고 혹평한다.

그런데 다중 지능 이론에 대해 비판적인 연구자들은 다음과 같은 점들을 지적한다. 우선, 다중 지능 이론에서 주장하는 새로운 지능의 종류들이 기존 지능 이론에서 주목했던 지능의 종류들과 상호 독립적일 수 있는가 하는 점이다. 그들에 따르면, 전자는 후자의 하위 영역에 속해 있고, 둘 사이에는 유의미한 상관관계가 있으므로 서로 독립적일 수 없으며, 따라서 '다중'이라는 개념이 성립하지 않는다. 다음으로, 다중 지능을 정확하게 측정할 수 있는 도구가 만들어질 수 있겠는가 하는 점이다. 그들은 지능이라는 말이 측정 가능한 인지 능력을 전제하는 것인데, 다중 지능 이론이 설정한 새로운 종류의 지능들을 정확하게 측정할 수 있는 도구가 만들어지기는 어려울 것이라 주장한다.

① 논리 수학 지능은 다중 지능 이론의 지능 개념에 포함되지 않는다.
② 대인 관계의 능력과 관련된 지능을 정확하게 측정할 수 있는 도구의 개발 가능성에 대해 회의적인 사람들이 있다.
③ 다중 지능 이론에서는 인간의 우뇌에서 담당하는 능력과 관련된 지능보다 좌뇌에서 담당하는 능력과 관련된 지능에 더 많이 주목한다.
④ 다중 지능 이론에 대해 비판적인 연구자들은 인간의 모든 지능 영역들이 상호 독립적이라는 이유에서 '다중' 개념이 성립하지 않는다고 주장한다.

026 다음 글에서 알 수 있는 내용이 아닌 것은? 2024 지방직 9급

'저작권'이란 인간의 사상이나 감정을 창의적으로 표현한 저작물을 보호하기 위해 저작자에게 부여한 권리를 말한다. 저작물은 '인간의 사상 또는 감정을 표현한 창작물'이며 저작자란 '저작 행위를 통해 저작물을 창작해 낸 사람'을 가리킨다. 그러므로 숨겨져 있던 다른 사람의 저작물을 발견했거나 발굴해 낸 사람, 저작물 작성을 의뢰한 사람, 저작에 관한 아이디어나 조언을 한 사람, 저작을 하는 동안 옆에서 도와주었거나 자료를 제공한 사람 등은 저작자가 될 수 없다. 저작물에는 1차적 저작물뿐만 아니라 2차적 저작물과 편집 저작물도 포함되어 있으므로 2차적 저작물 또는 편집 저작물의 작성자 또한 저작자가 된다.

저작권 보호와 관련하여 "거인의 어깨 위 난쟁이는 거인보다 멀리 볼 수 있다."라는 말이 있다. '거인'이란 현재의 저작자들보다 앞서 창작 활동을 통해 저작물을 남긴 선배 저작자를 가리키는 것인데, 이 말은 창작자는 다른 사람이 만들어 놓은 저작물을 모방하거나 인용할 수밖에 없다는 점을 강조한 것이다. 다만, 난쟁이가 거인의 어깨 위에 올라서는 특권을 누리기 위해서는 거인으로부터 허락을 받아야 하거나 거인에게 그에 따르는 대가를 지불해야 한다는 뜻도 내포하고 있다는 사실을 잊지 말아야 할 것이다.

창작물을 저작한 사람에게 저작권이라는 권리를 부여해서 보호하는 이유는 '저작물은 문화 발전의 원동력이 되므로 좋은 저작물이 많이 나와야 그 사회가 문화적으로 풍요로워질 수 있기 때문'이라고 할 수 있다. 그런데 만일 저작자에게 아무런 권리를 부여하지 않는다면 저작자가 장기간 노력해서 창작한 저작물을 누구든지 아무런 대가를 치르지 않고도 마음대로 이용하게 될 것이므로, 저작자로서는 창작 행위를 계속하지 않을 가능성이 높다.

① 저작물의 개념과 저작자의 정의
② 1차적 저작물과 2차적 저작물의 차이
③ 저작물에 대해 창작자가 지녀야 할 태도
④ 저작권을 보호해야 하는 이유

027 다음 글을 이해한 내용으로 적절하지 않은 것은?

2024 지방직 9급

몸의 곳곳에 분포한 통점이 자극을 받아서 통각 신경을 통해 뇌로 통증 신호를 전달할 때 통증을 느낀다. 통점을 구성하는 세포의 세포막에는 통로라는 구조가 있다. 이 통로를 통해 세포의 안과 밖으로 여러 물질들이 오가면서 세포 사이에 다양한 신호를 전달한다.

통점의 세포에서 인식한 통증 신호는 통각 신경을 통해 뇌로 전달된다. 재미있는 사실은 통각 신경이 다른 감각 신경에 비해서 매우 가늘어 신호를 느리게 전달한다는 것이다. 예를 들어 몸길이가 30m인 흰긴수염고래는 꼬리에 통증이 생기면 최대 1분 후에 아픔을 느낀다.

통각 신경이 다른 감각 신경에 비해 가는 이유는 더 많이 배치되기 위해서다. 피부에는 $1cm^2$당 약 200개의 통점이 빽빽이 분포하는데, 통각 신경이 굵다면 이렇게 많은 수의 통점이 배치될 수 없다. 이렇게 통점이 빽빽이 배치되어야 아픈 부위를 정확히 알 수 있다. 반면 내장 기관에는 통점이 $1cm^2$당 4개에 불과해 아픈 부위를 정확하게 알기 어렵다. 폐암과 간암이 늦게 발견되는 것도 폐와 간에 통점이 거의 없기 때문이다.

① 통로는 여러 물질들이 세포의 안팎으로 오가며 신호를 전달하는 구조이다.
② 통증을 느끼지 못하게 되면, 치명적인 질병에 걸려도 질병의 발견이 늦을 수 있다.
③ 통각 신경은 다른 감각 신경에 비해서 매우 가늘기 때문에, 신호의 전달이 빠르다.
④ 아픈 부위가 어디인지를 정확하게 알기 위해서는, 통점이 빽빽하게 배치되어야 한다.

028 다음 글에 드러나는 글쓴이의 견해로 적절하지 않은 것은?

2024 지방직 7급

한때 학자들은 농업 혁명이 두뇌의 힘을 연료로 한 진보의 상징이라는 이야기를 만들어 냈다. 사람들이 점점 더 똑똑해져서 자연의 원리를 파악하고 양을 길들이며 밀을 재배할 수 있게 되었고, 그것이 가능해지자 위험하고 가혹했던 수렵 채집인의 삶을 스스로 포기하고 즐겁고 만족스러운 농부로서의 삶을 즐기기 위해 정착했다는 것이다.

그러나 이 모든 이야기는 환상이다. 시간이 흘러 사람들이 더욱 총명해졌다는 증거는 없다. 수렵 채집인들은 농업 혁명 훨씬 이전부터 자연의 비밀을 알고 있었으며, 농업 혁명이 안락한 새 시대를 열었다고 보기도 어렵다. 농부들은 대체로 수렵 채집인들보다 더욱 힘들고 불만스럽게 살았다. 농업 혁명 덕분에 인류가 사용할 수 있는 식량의 총량이 확대된 것은 분명한 사실이지만, 여분의 식량이 곧 더 나은 식사나 더 많은 여유 시간을 의미하지는 않았다. 오히려 인구를 폭발시키고 지배층의 착취를 강화했다. 평균적인 농부는 평균적인 수렵 채집인보다 더 열심히 일했으며 그 대가로 더 열악한 식사를 했다.

① 인류는 농업 혁명 이전부터 자연의 원리를 이해하고 있었다.
② 농업 혁명은 두뇌의 힘을 통한 진보의 결과이지만 더 안락한 시대를 열지는 못했다.
③ 인류가 자발적으로 수렵 채집의 삶을 포기하고 농부로서의 삶을 선택했다고 보기 어렵다.
④ 농업 혁명으로 인해 발생한 여분의 식량은 인구를 증가시키고 피지배층의 삶을 더 어렵게 만들었다.

029 다음 글에 대한 이해로 거리가 먼 것은? 2024 군무원 9급

'명품'이라는 말은 '대통령'이라는 말이 어처구니없는 오해를 빚어내는 것과 같다. '대통령'은 원래 'president'를 번역하면서 생겨난 말인데, 이 원어는 라틴어로 '앞'이라는 뜻의 'pre-'와 '앉아 있다'라는 뜻의 'sidere'의 합성어이다. 다시 말해 민주주의를 뜻하는 '회의 석상에서 앞에 앉아 있는 사람'이라는 'president'가 대통령, 즉 '국가의 통치 문제에 있어서 가장 큰 명령을 내리는 사람'으로 번역되면서 아직도 전제 정치의 특징인 '통치권'이 우리 정치 사회를 흔들고 있는 원인이 되고 있다.

마찬가지로 돈이 되기만 하면 달려드는 상업주의 장사꾼들과 시청률과 구독률만을 높이기만 하면 된다는 언론의 합작품인 '명품'이라는 용어를 국민들이 무비판적으로 받아들이면서 우리의 건전한 소비 의식이 병들게 된 것이다. 그래서 에코는 기호학을 정의하면서 "거짓말을 하기 위해 사용될 수 있는 모든 것을 연구하는 학문 분야"라고 하였나 보다.

① 에코의 말은 과장에 해당한다.
② '명품'이라는 말은 잘못된 번역이다.
③ 일부 기업과 언론의 행태를 비판하고 있다.
④ '비교'에 해당하는 설명 방식을 활용하였다.

030 다음 인용문의 내용에 대한 설명으로 적절하지 않은 것은? 2024 군무원 9급

근대 이후 역사학자들은 역사의 거대한 흐름을 서술하는 것을 주된 과제로 삼았다. 즉, 거시적인 전망에서 경제·사회 구조의 변화 과정을 포괄적으로 서술하는 것을 목적으로 여겼다. 따라서 특정 지역의 역사를 자본주의 경제의 확립이나 민족 국가의 성립과 같은 어떤 목표점을 향해 전개되어 온 도정으로 서술하거나, 장기간에 걸쳐 완만하게 변화하는 사회 경제 질서와 그 표면에서 거품처럼 끓어오르는 정치권력의 흥망성쇠를 입체적으로 기술한 것이 역사 서술의 주류를 형성해 왔다. 20세기 후반에 등장한 역사 서술인 미시사(微視史)는 이러한 역사 서술이 보통 사람들의 개별적인 삶을 통계 수치로 환원하여 거시적인 흐름으로 바꿔 버리거나 익명성의 바다 속으로 사라지게 한다고 비판한다.

① 이 글에는 역사를 바라보는 서로 상반된 입장이 나타난다.
② 종래 역사 서술의 주류를 형성해 온 것은 거시적인 전망에서 역사의 거대한 흐름을 서술하는 입장이었다.
③ 미시사적인 역사 서술은 보통 사람들의 개별적인 삶을 통계 수치로 환원시켜 익명성의 바다 속으로 사라지게 한다.
④ 거시적인 역사 서술은 특정 지역의 역사를 어떤 목표점을 향해 전개되어 온 도정으로 서술한다.

SOLUTION

해설 '명품'이라는 말이 빚어낸 현상에 대해 비판한 글이다. '명품'이라는 말이 잘못된 번역이라는 내용은 제시문에 나오지 않는다. '명품'이 상업주의 장사꾼들과, 시청률과 구독률만을 높이려는 언론의 합작품이라는 면에서 비판하고 있는 것이다.

* **명품(名品)**: 뛰어나거나 이름난 물건. 또는 그런 작품

오답 풀이 ① 글쓴이가 에코의 정의를 인용한 이유는, 기호를 통한 언어적 명명이 오히려 대상을 왜곡하고 우리의 의식을 병들게 만드는 현상을 비판하기 위해서이다. 따라서 기호학에 대한 에코의 정의는 기호학에 대한 엄밀한 개념이라기보다는 부정적 현상을 비판하기 위해 과장적으로 표현된 언술(거짓말을 하기 위해 사용할 수 있는 모든 것을 연구하는 학문)이라고 할 수 있다.
③ '명품'이라는 용어를 만들어 국민들의 건전한 소비 의식을 병들게 만든 일부 기업과 언론을, '돈이 되기만 하면 달려드는 ~ 하면 된다는 언론'으로 비판하는 데서 알 수 있다.
④ '대통령'이란 용어와 '명품'이란 용어의 공통점을 들어 설명하는 데서 알 수 있다.

정답률 40% **정답** ②

SOLUTION

해설 거시사와 미시사를 대조적으로 제시한 글이다. 보통 사람들의 개별적인 삶을 통계 수치로 환원시켜 익명성의 바다 속으로 사라지게 한다는 것은 미시사적인 역사 서술이 거시사적인 역사 서술에 대해 비판한 내용이다. 미시사적인 역사 서술이 지닌 특징이 아니다.

오답 풀이 ② 근대 이후 역사학자들은 역사의 거대한 흐름을 서술하는 것을 주된 과제로 삼았지만 20세기 후반에 등장한 미시사는 이를 비판했다는 내용에서 알 수 있다.
④ '거시적인 전망에서 ~ 도정으로 서술하거나'에서 알 수 있다.

정답률 75% **정답** ③

031 다음 글에 대한 이해로 거리가 먼 것은?
2024 군무원 7급

> 하이데거와 사르트르의 공통점은 인간 존재의 핵심을 타자와의 관계, 즉 소통으로 본다는 것이다. 타인과의 소통이 끊긴 상태가 곧 즉자 존재이며, 이는 진정한 의미의 인간 존재가 아니다. 그저 살덩어리일 뿐이다. 다른 사람들과 지속적으로 소통하며 관계를 맺어야만 세계 내적 존재가 될 수 있으며 진정한 의미의 인간이 될 수 있다. 하이데거의 관점으로 사르트르의 개념을 풀어 보면, 사물인 즉자 존재가 곧 존재자이며, 인간인 대타 존재가 곧 현존재이다.
> 마르틴 부버는 내가 대하는 대상에 따라서 '나'라는 존재의 성격이 규정된다고 보았다. 부버에 따르면 '나'는 서로 다른 성격을 지니기에 하나의 단어 '나(I)'로 표기하기가 곤란하다. 따라서 부버는 '나'를 두 종류로 구분해서 부르자고 제안한다. 사물을 대하는 '나'는 '나-그것(I-it)'으로, 사람을 대하는 '나'는 '나-너(I-thou)'로 구분하자는 것이다. 내가 목이 말라서 물병을 집어 들 때 내 존재의 성격은 '나-그것(I-it)'이지만 내가 친구와 대화를 나눌 때 내 존재의 성격은 '나-너(I-thou)'가 된다.
> 사람과 관계를 맺는다는 것은 곧 소통을 한다는 뜻이다. 내가 진정한 '나-너(I-thou)'가 되려면 대화가 필요하다. 즉 상대방을 '사람'으로서 존중과 배려의 마음으로 대해야 한다. 소통이라는 행위를 위해서는 자기 자신보다는 항상 상대방을 먼저 고려해야 한다. 타인에 대한 인식이 자기 자신에 대한 인식에 선행해야 한다.

① 하이데거의 개념에서 존재자는 사물, 현존재는 인간이다.
② 대화는 근본적으로 상대방을 우선시하는 윤리적인 행위이다.
③ '나'라는 존재의 성격은 내가 어떠한 대상과 관계를 맺느냐에 따라서 결정된다.
④ '나'라는 고정적 실체가 우선 존재하고 그다음에 사물이나 사람과 관계를 맺는 것이다.

032 다음 글의 내용에 대한 설명으로 거리가 먼 것은?
2024 군무원 7급

> 우리나라 초광역권, 메가시티 전략은 규모의 경제를 통해 지역의 성장 잠재력을 높이고 국제 경쟁력을 강화하는 의의가 있다. 국내적으로 초광역권은 수도권 과밀화와 지역 위기 확산, 지역 차별화와 청년 인구의 이동 등을 완화하기 위한 강력한 대안이다.
> 수도권의 인구 및 경제 집중은 역으로 비수도권 지역 경제 침체, 인재 유출, 지역 대학 붕괴, 심지어 지방 소멸 등 지역 위기를 악화한다. 4차 산업 혁명 등 산업 구조의 변화로 수도권의 승자 독식 도시화[winner-take-all urbanism]가 더 강화된다. 비수도권은 수출 의존도가 높아 세계 경제 변동에 취약하며, 지역의 청년 인구는 일자리를 찾아 수도권으로 이동하고 있다. 이러한 국토 불균형 현상을 바로잡고 장기적 국가 발전의 토대를 만들기 위해 경제, 행정, 문화, 사회 기능을 공간적으로 광역화하여 통합하려는 초광역적 공간 전략은 지역 균형 발전 차원에서 필요하다.
> 초광역권은 초국가적 차원에서 강하게 연결된 공간 결절점이며, 글로벌 시스템의 엔진으로 기능한다. 초광역권은 글로벌 네트워크 내 특정 지역들이 더 큰 도시-지역의 스케일로 확장·재구조화된 것으로, 서로 높은 연결성과 함께 국제 경쟁력이 큰 공간 잠재력을 지닌다. 신지역주의와 지역 분권화의 영향으로 글로벌 공간 구조는 과거 정치나 문화의 지역주의와는 근본적으로 다르게 바뀌고 있다. 20세기 후반부터 아시아는 블록 경제권으로 재편되고 있으며, 국가 경쟁력보다 지역 경쟁력을 강화하기 위하여 지역 분권으로 규모의 경제를 달성할 수 있도록 노력하고 있다.

① 초광역권 전략은 규모의 경제를 통해 잠재력과 경쟁력을 키우고자 한다.
② 초광역권 전략은 수도권 과밀화를 억제할 수는 있지만 지역 내 위기를 막을 수는 없다.
③ 초광역권 전략은 수도권의 승자 독식 도시화를 막고 지역 균형 발전을 촉진하게 된다.
④ 초광역권 전략은 경제, 행정, 문화, 사회 기능을 공간적으로 광역화하여 통합하려고 한다.

033 다음 글을 통해 알 수 있는 내용으로 적절하지 않은 것은?
2024 서울시 기술직

> 제2차 세계 대전이 끝나고 디지털 컴퓨터가 발명되자, 학자들은 자연 언어와 인공 언어의 관계를 새로운 방식으로 이해했다. 현실의 뒤죽박죽인 자연 언어를 단순화하고 분명하게 해서 전반적으로 말끔하게 정돈하려는 노력에 더해, 수학적 논리로부터 얻은 아이디어를 도구 삼아 실제 인간 언어의 복잡성을 (단순히 제거하는 대신에) 분석하기 시작했다. 컴퓨터에 기반한 지능 모델 구축이 목표였던 인공 지능이라는 새로운 학문 분야가 발전하면서 더 대담한 시도가 이루어졌다. 논리 그 자체가 우리의 이성을 작동하는 사고 언어의 기초가 되어야만 한다고 주장하기에 이른 것이다. 언어를 이해하거나 말하기 위해서는 명백히 무질서한 수천 개의 언어 각각을 인간 정신 속에 어떤 식으로든 내재된 하나의 단일한 논리 언어에 대응할 수 있어야만 한다.

① 인공 지능의 목표는 지능 모델의 구축이었다.
② 인공 지능은 사고 언어를 개발하는 출발이 되었다.
③ 언어의 이해는 언어와 논리 언어와의 대응을 통해 가능해진다.
④ 언어 복잡성의 분석은 수학적 논리를 바탕으로 수행되었다.

034 다음 글에 대한 이해로 옳지 않은 것은?
2024 서울시 기술직

> 번역에서 가독성이 높다는 것은 칭찬받아 마땅하지만 늘 미덕이 되는 것은 아니다. 정확성이 뒷받침되지 않는 가독성은 이렇다 할 의미가 없기 때문이다. 가독성을 높이려고 번역하기 어렵거나 제대로 이해하지 못하는 부분은 생략해 버리고 번역하는 번역가들이 의외로 많다. 또한 쉽게 읽히기만 하면 '좋은' 번역이라고 생각하는 독자들이 생각 밖으로 많다. 거추장스럽다고 잔가지를 제거해 버리고 큰 줄기만 남겨 놓으면 나무 모습은 훨씬 가지런하고 예쁘게 보인다. 그러나 그 잘라낸 잔가지 속에 작품 특유의 문체와 심오한 의미가 들어 있다면 어떻게 될까? 원문을 모르고 번역본만 읽는 독자들은 가독성에 속아 '좋은' 번역이라고 평가하기 십상이다.

① 가독성이 좋으면 좋은 번역이라고 생각하는 독자들이 많다.
② 번역가들은 가독성뿐 아니라 정확성도 중요하게 간주하여야 한다.
③ 번역 과정에서 생략된 부분에 심오한 의미가 들어있을 수도 있다.
④ 번역가들은 정확성을 높이기 위해 원문의 내용을 생략하고 번역하기도 한다.

035 다음 글에 대한 이해로 적절한 것은? 2024 국회직 8급 변형

> 20세기 이후 선진국을 중심으로 영양의 과소비가 일어나면서 고도 비만이 문제가 되었다. 전체적으로 발육 상태가 좋아지고 영양분의 섭취는 필요 이상으로 많아졌다. 이에 대한 반작용으로 날씬함의 기준은 오히려 살과 뼈가 만나는 수준의 깡마른 체형으로 역주행하였다. 그러다 보니 다이어트에 집착하는 사람들이 갈수록 늘어나게 되었고, 급기야 지나친 다이어트의 한 극단인 '신경성 식욕 부진증', 즉 '거식증'이라는 병이 생기게 되었다.
> 신경성 식욕 부진증은 10대 전후에서 시작해서 20대에 가장 많이 발견된다. 인구의 4% 정도까지 이 병에 걸렸을 것이라고 추정된다. 흥미롭게도 이 병에 걸린 환자는 직접 요리를 해서 다른 사람을 먹이는 것을 좋아한다. 그리고 칼로리 소모를 위해 하루 종일 쉬지 않고 움직이고 음식물의 칼로리나 영양분에 대한 지식이 해박하다. 이들은 일반적으로 머리가 좋고 자신을 완벽하게 통제하려는 완벽주의적 성향이 강하다.
> 신경성 식욕 부진증의 근본적인 문제는 '나는 뚱뚱하다.'라고 자신의 신체 이미지를 심각하게 왜곡한다는 것이다. 아무리 거울을 보여 주며 다른 사람과 비교해도 자신은 아직 뚱뚱하고 만족스럽지 않다고 여긴다. 깡말랐음에도 불구하고 1~2kg만 늘면 무척 불편해하고, 쓸데없는 살덩이가 몸 안에 들어와 있는 것처럼 힘들어한다. 주변에서 볼 때는 별다른 문제가 없는 사람으로 보이고, 특히 부모들은 다이어트를 열심히 하는 것뿐이라며 대수롭지 않게 여긴다. 그러나 10명 중에 1명의 환자는 결국 사망에 이르는 무서운 병이다.

① 신경성 식욕 부진증 환자는 스스로 식욕을 통제하는 데 어려움을 느낀다.
② 신경성 식욕 부진증에 걸리면 건강 악화로 생명을 잃을 확률이 4% 정도이다.
③ 신경성 식욕 부진증 환자는 영양분의 섭취뿐만 아니라 음식 냄새조차 맡기를 거부한다.
④ 신경성 식욕 부진증 환자의 문제는 자신의 신체에 대해 왜곡된 이미지를 갖고 있다는 것이다.

036 다음 글을 이해한 내용으로 적절하지 않은 것은? 2023 국가직 9급

> 사람의 '지각과 생각'은 항상 어떤 맥락, 관점 혹은 어떤 평가 기준이나 가정하에서 일어난다. 이러한 맥락, 관점, 평가 기준, 가정을 프레임이라고 한다. 지각과 생각은 인간의 모든 정신 활동을 뜻한다. 따라서 우리의 모든 정신 활동은 진공 상태에서 일어나는 것이 아니라, 어떤 맥락이나 가정하에서 일어난다. 한마디로 우리가 프레임이라는 안경을 쓰고 세상을 보고 있음을 의미한다. 간혹 어떤 사람이 자신은 어떤 프레임의 지배도 받지 않고 세상을 있는 그대로, 객관적으로 본다고 주장한다면, 그 주장은 진실이 아닐 것이다.

① 인간의 정신 활동은 프레임 없이 일어나지 않는다.
② 프레임은 인간이 세상을 바라볼 때 어떤 편향성을 가지게 한다.
③ 인간의 지각과 사고를 확장하는 과정에서 프레임은 극복해야 할 대상이다.
④ 프레임은 인간의 정신 활동에 영향을 미치는 어떤 맥락이나 평가 기준이다.

[해설] '신경성 식욕 부진증'에 대해 설명한 글이다.
마지막 문단의, 신경성 식욕 부진증의 근본적 문제는 자신의 신체 이미지를 심각하게 왜곡해 받아들인다는 데에 있다는 내용에서 알 수 있다.

[오답 풀이] ① 2문단에 따르면, 신경성 식욕 부진증에 걸린 환자는 자신을 완벽하게 통제하려는 완벽주의적 성향이 강하다. 따라서 신경성 식욕 부진증 환자가 스스로 식욕을 통제하는 데 어려움을 느낀다고 볼 수 없다.
② 2~마지막 문단에 따르면, 신경성 식욕 부진증은 인구의 4% 정도가 걸렸을 것이라 추정되며 이들 환자의 10명 중 1명은 결국 사망에 이른다.
③ 2문단의, 신경성 식욕 부진증 환자는 직접 요리를 해 다른 사람을 먹이는 것을 좋아한다는 데에서 신경성 식욕 부진증 환자가 음식 냄새조차 맡기를 거부하는 것은 아님을 알 수 있다.

정답 ④

[해설] 인간의 정신 활동은 프레임하에서 일어난다는 견해를 제시한 글이다. 글쓴이는 프레임을 극복해야 하는 부정적인 대상으로 보고 있지 않으며, 인간의 지각과 사고의 확장을 다루지도 않았다.

[오답 풀이] ① 인간의 모든 정신 활동은 어떤 맥락이나 가정하에서 일어난다. 여기서 '어떤 맥락이나 가정'은 프레임을 의미하므로 적절하다.
② 인간은 프레임이라는 안경을 쓰고 세상을 본다는 데에서 알 수 있다.
 * 편향성(偏向性): 한쪽으로 치우친 성질
④ 사람의 지각과 생각은 항상 어떤 맥락이나 평가 기준 등에서 일어나는데 이러한 평가 기준 등을 프레임이라고 한다는 데서 알 수 있다.

정답률 91% **정답** ③

037 다음 글을 이해한 내용으로 가장 적절한 것은?

2023 국가직 9급

전 세계를 대표하는 항공기인 보잉과 에어버스의 중요한 차이점은 자동 조종 시스템의 활용 정도에 있다. 보잉의 경우, 조종사가 대개 항공기를 조종간으로 직접 통제한다. 조종간은 비행기의 날개와 물리적으로 연결되어 있어서 어떤 상황에서도 조종사가 조작한 대로 반응한다. 이와 다르게 에어버스는 조종간 대신 사이드스틱을 설치하여 컴퓨터가 조종사의 행동을 제한하거나 조종에 개입할 수 있게 설계되었다. 보잉에서는 조종사가 항공기를 통제할 수 있는 전권을 가지지만 에어버스에서는 컴퓨터가 조종사의 조작을 감시하고 제한한다.

보잉과 에어버스의 이러한 차이는 기계를 다루는 인간을 바라보는 관점이 서로 다른 데서 비롯된다. 보잉사를 창립한 윌리엄 보잉의 철학은 "비행기를 통제하는 최종 권한은 언제나 조종사에게 있다."이다. 시스템은 불안정하고 완벽하지 않기 때문에 컴퓨터가 조종사의 판단보다 우선시될 수 없다는 것이다. 반면 에어버스의 아버지라고 불리는 베테유는 '인간은 실수할 수 있는 존재'라고 전제한다. 베테유는 이런 자신의 신념을 토대로 에어버스를 설계함으로써 조종사의 모든 조작을 컴퓨터가 모니터링하고 제한하게 만든 것이다.

① 보잉은 시스템의 불완전성을, 에어버스는 인간의 실수 가능성을 고려하여 설계되었다.
② 베테유는 인간이 실수할 수 있는 존재라고 보지만 윌리엄 보잉은 그렇지 않다고 본다.
③ 에어버스의 조종사는 항공기 운항에서 자동 조종 시스템을 통제하고 조작한다.
④ 보잉의 조종사는 자동 조종 시스템을 사용하지 않고 항공기를 조종한다.

038 다음 글의 내용과 부합하지 않는 것은?

2023 국가직 9급

과학 혁명 이전 아리스토텔레스 철학은 로마 가톨릭교의 정통 교리와 결합되어 있었기 때문에 오랜 시간 동안 지배적인 영향력을 발휘하였다. 천문 분야 또한 예외는 아니었다. 아리스토텔레스의 세계관을 따라 우주의 중심은 지구이며, 모든 천체는 원운동을 하면서 지구의 주위를 공전한다는 천동설이 정설로 자리 잡고 있었다. 프톨레마이오스가 천체들의 공전 궤도를 관찰하던 도중, 행성들이 주기적으로 종전의 운동과는 반대 방향으로 움직인다는 관찰 결과를 얻었을 때도 그는 이를 행성의 역행 운동을 허용하지 않는 천동설로 설명하고자 하였다. 그래서 지구를 중심으로 공전하는 원 궤도에 중심을 두고 있는 원, 즉 주전원(周轉圓)을 따라 공전 궤도를 그리면서 행성들이 운동한다고 주장하였다.

과학과 아리스토텔레스 철학의 결별은 서서히 일어났다. 그 과정에서 일어난 가장 중요한 사건은 1543년 코페르니쿠스가 행성들의 운동 이론에 관한 책을 발간한 일이다. 코페르니쿠스는 천체의 중심에 지구 대신 태양을 놓고 지구가 태양의 주위를 공전한다고 주장하였다. 태양을 우주의 중심에 둔 코페르니쿠스의 지동설은 행성들의 운동에 대해 프톨레마이오스보다 수학적으로 단순하게 설명하였다.

① 과학 혁명 이전 시기에는 천동설이 정설로 받아들여졌다.
② 프톨레마이오스의 주전원은 지동설을 지지하고자 만든 개념이다.
③ 천동설과 지동설은 우주의 중심을 어디에 두느냐에 따라 구분된다.
④ 행성의 공전에 대한 프톨레마이오스의 설명은 코페르니쿠스의 설명보다 수학적으로 복잡하였다.

039 다음 글을 이해한 내용으로 가장 적절한 것은?
2023 국가직 9급

루카치는 그리스 세계를 신과 인간의 결합 정도를 가리키는 '총체성' 개념을 기준으로 세 시대로 구분하였다. 첫 번째 시대에서 후대로 갈수록 총체성의 정도는 낮아진다. 첫째는 총체성이 완전히 구현되어 있는 '서사시의 시대'이다. 호메로스의 《일리아드》와 《오디세이아》에서는 신과 인간의 세계가 하나로 얽혀 있다. 인간들이 그리스와 트로이 두 패로 나뉘어 전쟁을 벌일 때 신들도 인간의 모습을 하고 두 패로 나뉘어 전쟁에 참여했다. 둘째는 '비극의 시대'이다. 소포클레스나 에우리피데스의 비극에서는 총체성이 흔들려 신과 인간의 세계가 분리된다. 하지만 두 세계가 완전히 분리되지는 않고 신탁이라는 약한 통로로 이어져 있다. 비극에서 신은 인간의 행위에 직접 개입하지 않고 신탁을 통해서 자신의 뜻을 그저 전달하는 존재로 바뀐다. 셋째는 플라톤으로 대표되는 '철학의 시대'이다. 이 시대는 이미 계몽된 세계여서 신탁 같은 것은 신뢰할 수 없게 되었다. 신과 인간의 세계가 완전히 분리됨으로써 신의 세계는 인격적 성격을 상실하여 '이데아'라는 추상성의 세계로 바뀐다. 신의 세계와 인간의 세계는 그 사이에 어떤 통로도 존재할 수 없는, 절대적으로 분리된 세계가 되었다.

① 계몽사상은 서사시의 시대에서 철학의 시대로의 전환을 이끌었다.
② 플라톤의 이데아는 신탁이 사라진 시대의 비극적 세계를 표현한다.
③ 루카치는 각기 다른 기준에 따라 그리스 세계를 세 시대로 구분하였다.
④ 에우리피데스의 비극에 비해 《오디세이아》에서는 신과 인간의 결합 정도가 높다.

040 다음 글의 내용과 부합하지 않는 것은?
2023 국가직 9급

몽유록(夢遊錄)은 '꿈에서 놀다 온 기록'이라는 뜻으로, 어떤 인물이 꿈에서 과거의 역사적 인물을 만나 특정 사건에 대한 견해를 듣고 현실로 돌아온다는 특징이 있다. 이때 꿈을 꾼 인물인 몽유자의 역할에 따라 몽유록을 참여자형과 방관자형으로 구분할 수 있다. 참여자형에서는 몽유자가 꿈에서 만난 인물들의 모임에 초대를 받고 토론과 시연에 직접 참여한다. 방관자형에서는 몽유자가 인물들의 모임을 엿볼 뿐 직접 그 모임에 참여하지는 않는다. 16~17세기에 창작되었던 몽유록에는 참여자형이 많다. 참여자형에서는 몽유자와 꿈속 인물들이 동질적인 이념을 공유하고 현실의 고통스러운 문제에 대해 의견을 나누며 비판적 목소리를 낸다. 그러나 주로 17세기 이후에 창작된 방관자형에서는 몽유자가 꿈속 인물들과 함께 현실을 비판하는 것이 아니라 구경꾼의 위치에 서 있다. 이 시기의 몽유록이 통속적이고 허구적인 성격으로 변모하는 것은 몽유자의 역할 변화와 무관하지 않다.

① 몽유자가 꿈속 인물들의 모임에 직접 참여하는지, 참여하지 않는지에 따라 몽유록의 유형을 나눌 수 있다.
② 17세기보다 나중 시기의 몽유록에서는 몽유자가 현실을 비판하는 경향이 강하게 나타난다.
③ 몽유자가 모임의 구경꾼 역할을 하는 몽유록은 통속적이고 허구적인 성격이 강하다.
④ 몽유자가 꿈속 인물들과 함께 현실을 비판하는 몽유록은 참여자형에 해당한다.

041 다음 글을 이해한 내용으로 적절한 것은? 2023 국가직 9급

> 디지털 트윈은 현실 세계와 똑같은 가상의 세계이다. 최근 주목받고 있는 메타버스와 개념은 유사하지만 활용 목적의 측면에서 구별된다. 메타버스는 가상 세계와 현실 세계가 융합된 플랫폼으로 이용자들에게 새로운 경제·사회·문화적 경험을 제공하는 데 목적을 둔다. 반면 디지털 트윈은 현실 세계에 존재하는 사물, 공간, 환경, 공정 등을 컴퓨터상에 디지털 데이터 모델로 표현하여 똑같이 복제하고 실시간으로 서로 반응할 수 있도록 한다. 그래서 디지털 트윈의 이용자는 가상 세계에서의 시뮬레이션을 통해 미래 상황을 예측할 수 있게 된다. 디지털 트윈에 대한 수요가 증가하면서 관련 시장도 확대되고 있으며, 국내외의 글로벌 기업들은 여러 산업 분야에서 디지털 트윈을 도입하여 사전에 위험 요소를 제거하고 수익 모델의 효율성을 높이고 있다. 디지털 트윈이 이렇게 주목받는 이유는 안정성과 경제성 때문인데 현실 세계를 그대로 옮겨 놓은 가상 세계에 데이터를 전송, 취합, 분석, 이해, 실행하는 과정은 실제 실험보다 매우 빠르고 정밀하며 안전할 뿐 아니라 비용도 적게 든다.

① 디지털 트윈을 활용함에 따라 글로벌 기업들의 고용률이 향상되었다.
② 디지털 트윈의 데이터 모델은 현실 세계의 각종 실험 모델보다 경제성이 낮다.
③ 디지털 트윈에서의 시뮬레이션으로 현실 세계의 위험 요소를 찾아내고 방지할 수 있다.
④ 디지털 트윈은 현실 세계의 이용자에게 새로운 문화적 경험을 제공하는 데 목적이 있다.

SOLUTION

해설 가상의 세계인 디지털 트윈의 특성과 효용성 등을 설명한 글이다. 국내 글로벌 기업들은 디지털 트윈을 도입하여 사전에 위험 요소를 제거하고 있다고 한 데서, 디지털 트윈에서의 시뮬레이션으로 현실 세계의 위험 요소를 방지할 수 있음을 알 수 있다.

오답 풀이 ① 제시문에 나오지 않는 내용이다.
② 디지털 트윈이 가상 세계에 데이터를 전송해서 실행하는 과정은 실제 실험보다 비용이 적게 든다는 내용과 배치된다.
④ 이용자들에게 새로운 문화적 경험을 제공하는 데 목적을 두는 것은 디지털 트윈이 아니라 메타버스이다.

정답률 90% 정답 ③

042 다음 글을 이해한 내용으로 적절하지 않은 것은? 2023 지방직 9급

> 고소설의 유통 방식은 '구연에 의한 유통'과 '문헌에 의한 유통'으로 나눌 수 있다. 구연에 의한 유통은 구연자가 소설을 사람들에게 읽어 주는 방식으로, 글을 모르는 사람들과 글을 읽을 수 있지만 남이 읽어 주는 것을 선호하는 이들을 대상으로 이루어졌다. 구연자는 '전기수'로 불렸으며, 소설 구연을 통해 돈을 벌던 전문직 직업인이었다. 하지만 이 방식은 문헌에 의한 유통에 비해 시간과 공간의 제약이 많아서 유통 범위를 넓히는 데 뚜렷한 한계가 있었다.
> 문헌에 의한 유통은 차람, 구매, 상업적 대여로 나눌 수 있다. 차람은 소설을 소유하고 있는 사람에게 직접 빌려서 보는 것으로, 알고 지내던 개인들 사이에서 이루어졌다. 구매는 서적 중개인에게 돈을 지불하고 책을 사는 것인데, 책값이 상당히 비쌌기 때문에 소설을 구매할 수 있는 사람은 그리 많지 않았다. 상업적 대여는 세책가에 돈을 지불하고 일정 기간 동안 소설을 빌려 보는 것이다. 세책가에서는 소설을 구매하는 것보다 훨씬 적은 비용으로 빌려 볼 수 있었기 때문에 경제적으로 넉넉하지 않은 사람도 소설을 쉽게 접할 수 있었다. 이로 인해 조선 후기 사회에서 세책가가 성행하게 되었다.

① 전기수는 글을 모르는 사람들에게 소설을 구연하였다.
② 차람은 알고 지내던 사람에게 대가를 지불하고 책을 빌려 보는 방식이다.
③ 문헌에 의한 유통은 구연에 의한 유통에 비해 시간과 공간의 제약이 적었다.
④ 조선 후기에 세책가가 성행한 원인은 소설을 구매하는 비용보다 세책가에서 빌리는 비용이 적다는 데 있다.

SOLUTION

해설 조선 시대의 고소설 유통 방식을 설명한 글이다.
2문단에 따르면, '차람'은 소설을 소유하고 있는 사람에게 직접 빌려서 보는 것으로, 알고 지내던 개인들 사이에서 이루어졌다. 그러나 이때 대가를 지불했다는 내용은 제시문에 나오지 않는다.
* 차람(借覽): 남의 서화(書畵)를 빌려서 봄.

오답 풀이 ① 1문단의, 글을 모르는 사람은 구연에 의한 유통의 대상이었는데, 구연자는 전기수로 불렸다는 내용에서 알 수 있다.
③ 1문단의, 구연에 의한 유통은 문헌에 의한 유통에 비해 시간과 공간의 제약이 많았다는 내용에서 알 수 있다.
④ 2문단의, 세책가에서 서적을 빌리는 비용이 구매하는 비용보다 훨씬 적어, 경제적으로 넉넉하지 않은 사람도 소설을 접할 수 있게 되면서 조선 후기에 세책가가 성행하게 되었다는 내용에서 알 수 있다.

정답률 82% 정답 ②

043 다음 글을 이해한 내용으로 가장 적절한 것은?

2023 지방직 9급

《삼국사기》는 본기 28권, 지 9권, 표 3권, 열전 10권의 체제로 되어 있다. 이 중 열전은 전체 분량의 5분의 1을 차지하며, 수록된 인물은 86명으로, 신라인이 가장 많고, 백제인이 가장 적다. 수록 인물의 배치에는 원칙이 있는데 앞부분에는 명장, 명신, 학자 등을 수록했고, 다음으로 관직에 있지는 않았으나 기릴 만한 사람을 실었다.

반신(叛臣)의 경우 열전의 끝부분에 배치되어 있다. 이들을 수록한 까닭은 왕을 죽인 부정적 행적을 드러내어 반면교사로 삼는 데 있었으나, 그 목적에 부합하지 않는 내용이 있어 흥미롭다. 가령 고구려의 연개소문은 반신이지만, 당나라에 당당히 대적한 민족적 영웅의 모습도 포함되어 있다. 흔히 《삼국사기》에 대해, 신라 정통론에 기반해 있으며, 유교적 사관에 따라 당시의 지배 질서를 공고히 하고자 했다고 평가한다. 하지만 연개소문의 사례에서 볼 수 있듯 《삼국사기》는 기존 평가와 달리 다면적이고 중층적인 역사 텍스트라고 할 수 있다.

① 《삼국사기》 열전에 고구려인과 백제인도 수록되었다는 점은 이 책이 신라 정통론을 계승하지 않았다는 것을 보여 준다.
② 《삼국사기》 열전에 수록된 반신 중에는 이 책에 대한 기존 평가를 다르게 할 수 있는 사례가 있다.
③ 《삼국사기》 열전에는 기릴 만한 업적이 있더라도 관직에 오르지 못한 사람은 수록되지 않았다.
④ 《삼국사기》의 체제 중에서 열전이 가장 많은 권수를 차지한다.

044 다음 글을 이해한 내용으로 가장 적절한 것은?

2023 지방직 7급

고려 시대에는 여러 차례의 전란을 겪으며 서적의 손실이 많았다. 이로 인해 서적을 대량으로 찍어 낼 필요가 생겼고, 그 결과 자연스레 금속 활자가 등장하게 되었다. 고려인은 청동을 녹여서 불상이나 범종 등을 만드는 기술이 탁월했다. 이러한 고려인에게 금속 활자를 제조하는 일은 어려운 일이 아니었다.

고려인은 금속 활자를 만들 때, 진흙에 가까운 고운 모래를 사용했다. 이 모래를 상자 속에 가득 채우고, 그 위에 목활자를 찍어 눌러서 틀을 완성했다. 그런 다음 황동 액체를 부어 금속 활자를 만들었다. 이러한 과정에서 주목할 만한 것은 바로 고운 모래를 사용했다는 것이다. 그 모래는 황동 액체를 부을 때 거품이 생기는 것을 방지함으로써 활자가 파손되거나 조잡해지는 것을 막는 역할을 했다. 이렇게 만들어진 금속 활자를 사용하여 인쇄할 때는 목활자의 경우와 달리 유성먹이 필요했다. 하지만 고려인은 이미 유성먹에 대해 잘 알고 있었기 때문에 금속 활자를 사용한 인쇄도 큰 어려움 없이 해낼 수 있었다.

① 고려인은 범종을 만들 때 황동을 사용했다.
② 고려인은 금속 활자를 만들 때 목활자를 사용했다.
③ 고려인은 금속 활자를 만들 때 황동 틀을 사용했다.
④ 고려인은 금속 활자를 만들 때 목활자와 달리 유성먹을 사용했다.

045 다음 글을 이해한 내용으로 가장 적절한 것은?

2023 지방직 7급

> 조선 시대에는 국가 체제를 정비하면서 무속을 탄압했다. 도성 내에 무당의 거주와 무업 행위를 금하고, 무당에게 세금을 부과하며, 의료 기관인 동서 활인서에서도 봉사하게 하였다. 이 중에서 무세(巫稅)는 고려 후기부터 확인되지만, 정식 세금으로 제도화해서 징수한 것은 조선 시대부터였다. 제도적 차원에서 실시한 무세 징수로 인해 무당에게는 많은 변화가 일어났다.
> 무세 징수의 효과는 컸지만, 본래의 의도와 다른 결과를 유발하기도 하였다. 무속을 근절한다는 명목에서 징수한 세금이 관에서 사용됨에 따라 오히려 관에서 무당을 하나의 직업으로 인정하게 되었던 것이다. 하지만 세금으로 인해 무당의 위세와 역할은 크게 축소되기에 이르렀다. 무당이 국가적 차원의 의례를 주관하던 전통은 사라졌고, 성황제를 비롯한 고을 굿은 음사(淫祀)로 규정되어 중단되었다.

① 무당은 관이 원래 의도했던 바와 다른 결과도 얻었다.
② 무당은 치유 능력을 인정받아 의료 기관에서 일하였다.
③ 무당은 고려와 조선에 걸쳐 제도 내에서 세금을 납부하였다.
④ 무당은 국가 의례에서 배제되어 고을 의례를 주관하면서 권위가 약화되었다.

SOLUTION

해설 조선 시대에 이루어진 무당 탄압 정책에 대한 글이다.
2문단에 따르면, 조선 시대에 무속을 근절하기 위해 무세를 징수했지만 그 세금이 관에서 사용되면서 관에서 무당을 하나의 직업으로 인정하게 되었다. 즉 무당은 관이 원래 의도했던 무속 근절과는 다른 결과도 얻은 것이다.

오답풀이 ② 1문단에 따르면, 무당이 의료 기관에서 일한 것은 조선 시대의 무속 탄압을 위한 정책 때문이었다.
③ 1문단에 따르면, 무당에게 정식 세금으로 제도화해서 무세를 징수한 것은 조선 시대부터였다.
④ 2문단에 따르면, 무당은 국가 의례뿐 아니라 고을 의례에서도 배제되어 권위가 약화되었다.

정답 ①

046 다음 글을 이해한 내용으로 가장 적절한 것은?

2023 지방직 7급

> 우리 옛 문헌은 한문이든 한글이든 지금과 같은 가로쓰기가 아닌 세로쓰기로 되어 있었다. 물론 외국인이 펴낸 대역사전이나 한국어 문법서의 경우, 알파벳을 쓰기 위해 가로쓰기를 택했다. 1880년에 리델이 편찬한 《한불자전》이나 1897년에 게일이 편찬한 《한영자전》은 모두 가로쓰기 책이다. 다만 푸칠로가 편찬한 《로조사전》은 러시아 문자는 가로로, 그에 대응되는 우리말 단어는 세로로 쓴 독특한 형태이다.
> 우리나라 사람이 쓴 최초의 가로쓰기 책은 1895년에 이준영, 정현, 이기영, 이명선, 강진희가 편찬한 국한 대역사전 《국한회어(國漢會語)》이다. 국문으로 된 표제어를 한문으로 풀이한 것은, 국한문 혼용체의 사용 빈도가 높아진 시대적 분위기가 반영된 것이다. 서문에는 글자와 행의 기술 방식, 표제어 배열 방식 등을 설명하고, 이 방식이 알파벳을 사용하는 서양의 서적을 본뜬 것이라는 사실을 밝혀 놓았다. 주시경의 가로쓰기 주장이 1897년에 나온 것을 고려하면, 《국한회어》의 가로쓰기는 획기적이다. 1897년에 나온 《독립신문》은 띄어쓰기를 했으되 세로쓰기를 했고, 1909년에 발간된 지석영의 《언문》, 1911년에 편찬 작업을 시작한 국어사전 《말모이》 정도가 가로쓰기를 했다.

① 《한불자전》, 《로조사전》, 《언문》, 《말모이》는 가로쓰기 책이다.
② 1895년경에는 가로쓰기 사용이 늘어나는 분위기가 조성되었다.
③ 가로쓰기가 시행되면서 국한문 혼용과 띄어쓰기가 활성화되었다.
④ 《국한회어》는 가로쓰기 방식으로 표기한 서양 책의 영향을 받았다.

SOLUTION

해설 우리 문헌에 쓰인 가로쓰기의 역사를 설명한 글이다.
1문단에 따르면, 알파벳을 쓰기 위한 방식은 가로쓰기이다. 또한 2문단에 따르면, 《국한회어》는 가로쓰기를 한 책인데 글자와 행의 기술 방식 등이 알파벳을 사용하는 서양의 서적을 본뜬 것이라는 사실을 서문에서 밝히고 있다. 따라서 《국한회어》는 가로쓰기 방식으로 표기한 서양 책의 영향을 받은 것이다.

오답풀이 ① 《한불자전》, 《언문》, 《말모이》는 가로쓰기 책이다. 그러나 1문단에 따르면, 《로조사전》은 러시아 문자는 가로이며 그에 대응되는 우리말 단어는 세로로 썼으므로, 가로쓰기 책이라 말할 수 없다.
② 2문단의, 주시경이 1897년에 가로쓰기를 주장했으며, 1895년에 가로쓰기로 발간된 《국한회어》가 획기적이었다는 내용으로 볼 때, 1895년경에 가로쓰기 사용이 늘어나는 분위기가 조성되었다고 보기는 어렵다.
③ 가로쓰기가 시행되면서 국한문 혼용과 띄어쓰기가 활성화된 것은 아니다. 2문단에 따르면, 국한문 혼용의 사용 빈도가 높았을 때 비로소 우리나라 사람이 쓴 최초의 가로쓰기 책이 나왔다. 또한 띄어쓰기가 활성화된 요인이 무엇인지에 대한 내용은 제시문에 나오지 않는다.

정답

047 다음 글에 대한 이해로 적절하지 않은 것은? 2023 국회직 8급

오픈 AI 사에서 개발해 내놓은 '챗지피티(chatGPT)'의 열기가 뜨겁다. 챗지피티는 인터넷에 존재하는 다양한 텍스트 데이터를 학습해 구축된 인공 지능으로, 사용자와 채팅을 통해 상호 작용하는 형식으로 사용자의 요구에 응답한다. 예를 들어 "3+4를 계산하는 파이썬 코드를 짜 줘."라고 요구하면, 챗지피티는 실제로 작동하는 코드를 출력해서 알려 준다. 뒤이어 "같은 작업을 R에서 사용하는 코드로 짜 줘."라고 말하면, 대화의 맥락을 파악하고 같은 기능의 R 코드를 제공한다.

우리는 어떻게 시시각각 신기술로 무장하는 인공 지능과 '함께' 살아갈 수 있을까? 첫째, '인공 지능이 해 줄 수 있는 일'과 '인간이 할 필요가 없는 일'이 동의어가 아니라는 점을 명확히 인지해야 한다. 다시 말해, 인공 지능이 잘 할 수 있는 일이라고 해서 인간이 그것을 할 줄 몰라도 된다는 것이 아니라는 것이다. 둘째, 인공 지능을 지혜롭게 사용하려면 인공 지능이 가진 성찰성의 한계를 이해해야 한다. 챗지피티의 흥미로운 특징은 매우 성찰적인 인공 지능인 척하지만, 사실은 매우 형편없는 자기반성 능력을 갖추고 있다는 데 있다.

인공 지능의 기능에 대해 성찰하는 것은 결국 인간의 몫이지, 기계의 역할이 아니다. 물론 인공 지능은 다양한 상호 작용을 통해 스스로의 오류를 교정하고 최적화하는 기능을 탑재하고 있다. 머신 러닝(machine learning)이라는 개념이 바로 그것이다. 그러나 이 메커니즘은 명백하게도 인간 사용자의 특성과 의사에 따라 좌우될 수 있다. 사용자 경험을 통해 성능을 향상시켜 가고 있는 구글 번역기는 영어-스페인어 사이의 전환은 훌륭하게 수행하지만 영어-한국어 사이의 전환은 그만큼 잘하지 못한다.

그 사용자의 수가 적기 때문이다. 사회의 소수자는 인공 지능의 메커니즘에서도 소수자이다. 다시 말해, 인공 지능에 대해 성찰하는 역할만큼은 인간이 인공 지능에게 맡기지 말아야 할 영역이다.

인공 지능의 범람 속에서 살아남는 방법은, 인공 지능과 '함께 살아가는 인간'이 되는 것이다. 인공 지능을 과소평가하지 않고, 또한 인간 스스로의 가치와 주체성도 과소평가하지 않는, 용감하고 당당한 인간으로 살아가고자 하는 태도가 필요하다.

① 인간은 인공 지능과 공존하는 방법을 모색해 인공 지능을 지혜롭게 사용해야 한다.
② 인공 지능을 활용한 머신 러닝에도 인간 사용자의 특성이 반영된다.
③ 인공 지능이 글쓰기를 잘 수행하더라도 인간은 글쓰기 능력을 길러야 한다.
④ 인공 지능을 지혜롭게 사용할 수 있으려면 인공 지능이 가진 성찰성의 한계를 이해해야 한다.
⑤ 인공 지능은 스스로 양질의 정보를 가려낼 수 있어 자신의 오류를 교정하고 최적화한다.

SOLUTION

[해설] 인공 지능과 함께 살아가야 할 필요성과 살아가는 방법을 제시한 글이다. 3문단에 따르면, 인공 지능은 스스로의 오류를 교정하고 최적화하는 기능을 탑재하고 있다. 그러나 인공 지능이 스스로 양질의 정보를 가려낼 수 있다는 내용은 제시문에 나오지 않는다.

[오답풀이] ① 이 글 전체의 주제이다. 즉 인간은 인공 지능의 능력을 과소평가하지 않으면서도 인공 지능이 지닌 한계를 인식하여 그것을 지혜롭게 사용해야 한다. 또한 인간 스스로의 가치와 주체성도 과소평가하지 않으면서 인공 지능과 함께 살아갈 방법을 모색해야 한다.
③ 2문단의, '인공 지능이 잘 할 수 있는 일이라고 해서 인간이 그것을 할 줄 몰라도 된다는 것은 아니라'는 내용에서 알 수 있다.
④ 2문단의, '인공 지능을 지혜롭게 사용하려면 인공 지능이 가진 성찰성의 한계를 이해해야 한다'라는 진술에서 확인할 수 있다.

[정답] ⑤

048 다음 글에 대한 이해로 적절하지 않은 것은? 2022 국가직 9급

아동이 부모의 소유물 또는 종족의 유지나 국가의 방위를 위한 수단으로 간주되었던 전근대 사회에서는 아동의 권리에 대한 인식이 존재하지 않았다. 산업 혁명으로 봉건 제도가 붕괴되고 자본주의가 탄생한 근대 사회에 이르러 구빈법에 따른 국가 개입과 민간단체의 자발적인 참여로 아동 보호가 시작되었다.

1922년 젭 여사는 아동 권리 사상을 담아 아동 권리에 대한 내용을 성문화하였다. 이를 기초로 1924년 국제 연맹에서는 전문과 5개의 조항으로 된 〈아동 권리에 관한 제네바 선언〉을 채택하였다. 여기에는 "아동은 물리적으로나 정신적으로 정상적인 발달을 위해 필요한 조건이 충족되어야 한다."라든지 "아동의 재능은 인류를 위해 쓰인다는 자각 속에서 양육되어야 한다." 등의 내용이 포함되었다.

그러나 여기에서도 아동은 보호의 객체로만 인식되었을 뿐 생존, 보호, 발달을 위한 적극적인 권리의 주체로 인식되지는 않았다. 최근에 와서야 국제 사회의 노력에 힘입어 아동은 보호되어야 할 수동적인 존재에서 자신의 권리를 주장할 수 있는 능동적인 존재로 자리매김할 수 있게 되었다. 1989년 유엔 총회에서 채택된 〈아동 권리 협약〉이 그것이다.

우리나라는 이를 토대로 2016년 〈아동 권리 헌장〉 9개 항을 만들었다. 이 헌장은 '생존과 발달의 권리', '아동이 최선의 이익을 보장받을 권리', '차별받지 않을 권리', '자신의 의견이 존중될 권리' 등 유엔의 〈아동 권리 협약〉의 네 가지 기본 원칙을 포함하고 있다. 또한 전문에는 아동의 권리와 더불어 "부모와 사회, 국가와 지방 자치 단체는 아동의 이익을 최우선으로 고려해야 하며, 다음과 같은 아동의 권리를 확인하고 실현할 책임이 있다."라고 명시하여 아동을 둘러싼 사회적 주체들의 책임을 명확히 하였다.

① 아동의 권리에 대한 인식은 근대 이후에 형성되었다.
② 〈아동 권리 헌장〉은 〈아동 권리 협약〉을 토대로 만들어졌다.
③ 〈아동 권리에 관한 제네바 선언〉, 〈아동 권리 협약〉, 〈아동 권리 헌장〉에는 모두 아동의 발달에 대한 내용이 들어가 있다.
④ 〈아동 권리에 관한 제네바 선언〉은 아동을 적극적인 권리의 주체로 인식함으로써 아동의 권리에 대한 진전된 성과를 이루었다.

SOLUTION

해설 아동의 권리 보장에 대한 인식의 변화를 통시적으로 설명한 글이다. 2~3문단에 따르면, 〈아동 권리에 관한 제네바 선언〉에서 아동은 보호의 객체로 인식되었을 뿐 생존, 보호, 발달을 위한 적극적인 권리의 주체로 인식된 것은 아니다.

오답 풀이 ① 1문단의, 전근대 사회에서는 아동의 권리에 대한 인식이 존재하지 않았지만, 근대 사회에 이르러 아동 보호가 시작되었다는 내용에서 알 수 있다.
② 3~마지막 문단에서 알 수 있다. 1989년 〈아동 권리 협약〉이 유엔 총회에서 채택되었고, 우리나라는 이를 토대로 2016년에 〈아동 권리 헌장〉을 만들었다.

정답률 89% | **정답** ④

049 글쓴이의 견해에 부합하는 것은? 2022 국가직 9급

문화란 공동체의 구성원들이 공유하는 생각과 행동 양식의 총체라고 할 수 있다. 문화를 연구하는 사람들의 주된 관심사는 특정 생각과 행동 양식이 하나의 공동체 안에서 전파되는 기제이다.

이에 대한 견해 중 하나는 문화를 생각의 전염이라는 각도에서 바라보는 것이다. 예컨대, 리처드 도킨스는 '밈(meme)'이라는 개념을 통해 생각의 전염 과정을 설명하고자 했다. 그에 따르면 문화는 복수의 밈으로 이루어져 있는데, 유전자에 저장된 생명체의 주요 정보가 번식을 통해 복제되어 개체군 내에서 확산하듯이, 밈 역시 유전자와 마찬가지로 공동체 내에서 복제를 통해 확산된다.

그러나 문화 전파의 기제를 설명하는 이론으로는 밈 이론보다 의사소통 이론이 더 적절해 보인다. 일례로, 요크셔 지역에서 내려오는 독특한 푸딩 요리법은 누군가가 푸딩 만드는 것을 지켜본 후 그것을 그대로 따라 하는 방식으로 전파되었다기보다는 요크셔 푸딩 요리법에 대한 부모와 친척, 친구들의 설명을 통해 입에서 입으로 전파되고 공유되었을 가능성이 크다.

생명체의 경우와 달리 문화는 완벽하게 동일한 형태로 전파되지 않는다. 전파된 문화와 그것을 수용한 결과는 큰 틀에서는 비슷하더라도 세부적으로는 다를 수밖에 없다. 다시 말해 요크셔 지방의 푸딩 요리법은 다른 지방의 푸딩 요리법과 변별되는 특색을 지니는 동시에 요크셔 지방 내부에서도 가정이나 개인에 따라 약간씩의 차이를 보인다. 이는 푸딩 요리법의 수신자가 발신자가 전해 준 정보에다 자신의 생각을 덧붙였기 때문인데, 복제의 관점에서 문화의 전파를 설명하는 이론으로는 이와 같은 현상을 설명하기 어렵다. 반면, 의사소통 이론으로는 설명 가능하다. 이에 따르면 사람들은 자신이 들은 이야기를 남에게 전달할 때 들은 이야기에다 자신의 생각을 더해서 그 이야기를 전달하기 때문이다.

① 문화의 전파 기제는 밈 이론보다는 의사소통 이론으로 설명하는 것이 적절하다.
② 의사소통 이론에 따르면 문화의 수용 과정에는 수용 주체의 주관이 개입하지 않는다.
③ 의사소통 이론에 따르면 특정 공동체의 문화는 다른 공동체로 복제를 통해 전파될 수 있다.
④ 요크셔 푸딩 요리법이 요크셔 지방의 가정이나 개인에 따라 세부적인 차이를 보이는 현상은 밈 이론에 의해 설명할 수 있다.

SOLUTION

해설 문화 전파의 기제에 대해 설명한 글이다. 3문단의, 밈 이론보다는 의사소통 이론이 문화의 전파 기제를 설명하는 데 더 적절하다는 내용에서 알 수 있다.

오답 풀이 ② 마지막 문단에 따르면, 의사소통 이론에서는 문화 수용 과정 중 사람들의 생각이 더해질 수 있다고 본다. 즉 수용 주체의 주관(생각)이 개입할 수 있다는 것이다.
③ 2문단에 따르면, 복제를 통해 문화가 전파될 수 있다고 주장한 것은 밈 이론이다.

정답률 91% | **정답** ①

050 다음 글에 대한 이해로 적절하지 않은 것은? 2022 지방직 9급

연출자가 자신의 저작권을 침해당했다고 주장하기 위해서는 우선 그가 유효한 저작권을 소유하고 있어야 한다. 즉 저작권 보호 가능성이 있는 창작물이 필요하다. 다음으로 창작적인 표현을 도용당했는지 밝혀야 하는데, 이것이 쉽지 않다. 왜냐하면 연출자가 주관적으로 창작성이 있다고 느끼는 부분일지라도 객관적인 시각에서는 이미 공연 예술 무대에서 흔히 사용되는 표현 기법일 수 있고, 저작권법상 보호 대상이 아닌 아이디어의 요소와 보호 가능한 요소인 표현이 얽혀 있는 경우가 있기 때문이다. 쉬운 예로 셰익스피어를 보자. 그의 명작 중에 선대에 있었던 작품에 의거하지 않고 탄생한 작품이 있는가. 대부분의 연출자는 선행 예술가로부터 영향을 받아 창작에 임하는 것이 너무도 당연하고 자연스럽다. 따라서 무대 연출 작업 중에서 독보적인 창작을 걸러 내서 배타적인 권한인 저작권을 부여하는 것은 매우 흔치 않은 경우이고, 후발 창작을 방해하는 요소로 작용할 수도 있다. 저작권법은 창작자에게 개인적인 인센티브를 제공하여 창작을 장려함과 동시에 일반 공중이 저작물을 원활하게 이용할 수 있도록 해야 하는 두 가지 가치의 균형을 이루는 것이 목표다.

① 무대 연출의 창작적인 표현의 도용 여부를 밝히기는 쉽지 않다.
② 저작권 침해를 당했다고 주장하려면 유효한 저작권을 소유하고 있어야 한다.
③ 독보적인 무대 연출 작업에 저작권을 부여한다고 해서 후발 창작에 방해가 되지는 않는다.
④ 저작권법의 목표는 창작자의 창작을 장려하고 일반 공중의 저작물 이용을 원활하게 하는 것이다.

051 다음 글에 대한 이해로 적절하지 않은 것은? 2022 지방직 9급

올해 A시는 '청소년 의회 교실' 운영에 관한 조례를 발표함으로써 청소년들이 지방 의회의 역할과 기능을 이해하고 민주 시민으로서의 소양과 자질을 함양할 수 있는 근거를 마련하였다. 청소년 의회 교실이란 청소년을 대상으로 실시하는 의회 체험 프로그램을 의미한다. 여기에 참여할 수 있는 대상은 A시에 있는 학교에 재학 중인 만 19세 미만의 청소년이다. 이 조례에 따르면 시의회 의장은 의회 교실의 참가자 선정 및 운영 방안을 결정할 수 있다. 운영 방안에는 지방 자치 및 의회의 기능과 역할, 민주 시민의 소양과 자질 등에 관한 교육 내용이 포함된다. 또한 시의회 의장은 고유 권한으로 본회의장 시설 사용이 가능하도록 지원할 수 있다. 최근 A시는 '수업 시간 스마트폰 사용 제한에 관한 조례안'을 주제로 본회의장에서 첫 번째 의회 교실을 운영하였다. 참석 학생들은 1일 시의원이 되어 의원 선서를 한 후 주제에 관한 자유 발언 시간을 가졌다. 이어서 관련 조례안을 상정한 후 찬반 토론을 거쳐 전자 투표로 표결 처리하였다. 학생들이 의회 과정 전반에 대해 체험할 수 있었던 뜻깊은 시간이었다.

① A시에 있는 학교의 만 19세 미만 재학생은 청소년 의회 교실에 참여할 수 있는 대상이다.
② A시의 시의회 의장은 청소년 의회 교실의 민주 시민 소양과 관련된 교육 내용을 정할 수 있다.
③ A시에서 시행된 청소년 의회 교실에서 시의회 의장은 본회의장 시설을 사용하도록 지원해 주었다.
④ A시의 올해 청소년 의회 교실은 의원 선서, 조례안 상정, 자유 발언, 찬반 토론, 전자 투표의 순서로 진행되었다.

052 다음 글에 대한 이해로 적절하지 않은 것은? 2022 지방직 9급

르네상스가 일어나게 된 요인으로 많은 것들이 거론되어 왔지만, 의학사의 관점에서 볼 때 흥미롭고 논쟁적인 원인은 페스트이다. 페스트가 유럽의 인구를 격감시킴으로써 사회 경제 구조가 급변하게 되었고, 사람들은 재래의 전통이 지니고 있던 강력한 권위에 의문을 품기 시작했다. 예컨대 사람들은 이 무시무시한 질병을 예측하지 못한 기존의 의학적 전통을 불신하게 되었으며, 페스트로 인해 '사악한 자'들만이 아니라 '선량한 자'까지 무차별적으로 죽는 것을 보고 이전까지 의심하지 않았던 신과 교회의 막강한 권위에 대해서도 회의하게 되었다.

속수무책으로 당할 수밖에 없었던 죽음에 대한 경험은 사람들을 여러 방향에서 변화시켰다. 사람들은 거리에 시체가 널려 있는 광경에 익숙해졌고, 인간의 유해에 대한 두려움 또한 점차 옅어졌다. 교회에서 제시한 세계관 및 사후관에 대한 신뢰가 떨어지고, 삶과 죽음 같은 인간의 본질적인 문제에 대해 새롭게 사유하기 시작했다. 중세의 지적 전통에 대한 의구심은 고대의 학문과 예술, 언어에 대한 재평가로 이어졌으며, 이에 따라 신에 대한 무조건적 찬양과 복종 대신 인간에 대한 새로운 관심과 사유가 활발해졌다.

이러한 움직임은 미술사에서 두드러지게 포착된다. 인간에 대한 관심의 증대에 따라 인체의 아름다움이 재발견되었고, 인체를 묘사하는 다양한 화법도 등장했다. 인체에 대한 관심은 보이는 부분뿐만 아니라 보이지 않는 부분에 대한 관심으로 이어졌다. 기존의 의학적 전통을 여전히 신봉하던 의사들에게 해부학적 지식은 불필요한 것으로 인식되었던 반면, 당시의 미술가들은 예술가이면서 동시에 해부학자이기도 할 만큼 인체의 내부 구조를 탐색하는 데 골몰했다.

① 전염병의 창궐은 르네상스의 발생을 설명하는 다양한 요인 가운데 하나이다.
② 페스트로 인한 선인과 악인의 무차별적인 죽음은 교회가 유지하던 막강한 권위를 약화시켰다.
③ 예술가들이 인체의 아름다움을 재발견함으로써 고대의 학문과 언어에 대한 재평가도 이루어졌다.
④ 르네상스 시기에 해부학은 의사들보다도 미술가들의 관심을 끌었다.

053 다음 글에 대한 이해로 적절하지 않은 것은? 2021 국가직 9급

언어마다 고유의 표기 체계가 있는데, 이는 읽기 과정에 영향을 미친다. 알파벳 언어는 표기 체계에 따라 철자 읽기의 명료성 수준이 달라진다. 철자 읽기가 명료하다는 것은 한 글자에 대응되는 소리가 규칙적이어서 글자와 소리의 대응이 거의 일대일이라는 것을 의미한다. 그 예로 이탈리아어와 스페인어가 있다. 이 두 언어의 사용자는 의미를 전혀 모르는 새로운 단어를 발견하더라도 보자마자 정확한 발음을 할 수 있다. 이에 비해 영어는 철자 읽기의 명료성이 낮은 언어이다. 영어는 발음이 아예 나지 않는 묵음과 같은 예외도 많은 편이고 글자에 대응하는 소리도 매우 다양하다.

한편 알파벳 언어를 읽을 때 사용하는 뇌의 부위는 유사하지만 뇌의 부위에 의존하는 방식에는 차이가 있다. 영어와 이탈리아어를 읽는 사람은 동일하게 좌반구의 읽기 네트워크를 사용한다. 하지만 무의미한 단어를 읽을 때 영어를 읽는 사람은 암기된 단어의 인출과 연관된 뇌 부위에 더 의존하는 반면 이탈리아어를 읽는 사람은 음운 처리에 연관된 뇌 부위에 더 의존한다. 왜냐하면 무의미한 단어를 읽을 때 이탈리아어를 읽는 사람은 규칙적인 음운 처리 규칙을 적용하는 반면에, 영어를 읽는 사람은 암기해 둔 수많은 예외들을 떠올리기 때문이다.

① 알파벳 언어의 철자 읽기는 소리와 표기의 대응과 관련되는데, 각 소리가 지닌 특성은 철자 읽기의 명료성을 판단하는 기준이 된다.
② 영어 사용자는 무의미한 단어를 읽을 때 좌반구의 읽기 네트워크를 활용하면서 암기된 단어의 인출과 연관된 뇌 부위에 더욱 의존한다.
③ 이탈리아어는 소리와 글자의 대응이 규칙적이어서 낯선 단어를 발음할 때 영어에 비해 철자 읽기의 명료성이 높다.
④ 영어는 음운 처리 규칙에 적용되지 않는 예외들이 많아서 스페인어에 비해 소리와 글자의 대응이 덜 규칙적이다.

054 다음 글에 대한 이해로 적절한 것은? 2021 지방직 7급

> 서양의 드래건(dragon)은 불을 내뿜는 악의 상징이었지만, 동양의 용(龍)은 신령스러움을 상징하는 존재였다. 용에 대한 동양의 인식에 의하면, 용은 날개 달린 드래건과 달리 날개 없이도 자유롭게 하늘을 날아다닐 수 있고 물속에서도 지낼 수 있으며, 네 발이 있으나 땅에서 걷는 일이 없다. 바닷가 사람들은 이러한 용이 주로 바닷속 용궁에서 지낸다고 생각했던 데 비해, 육지 사람들은 주로 하늘 위 구름 속에서 지낸다고 믿었다. 이는 환경 중심적 사고에 기인한바, 어부들은 용을 고깃배를 위협하는 풍랑(風浪)의 원인으로, 농부들은 곡식을 자라게 하는 풍우(風雨)의 원인으로 여긴 까닭이다. 자연히 어부는 '공포', 농부는 '은혜'라는 대립적 관념을 용의 신령함에 결부하게 됐는데 우리나라 전통 사회에서는 농업 비중이 큰 까닭에 대체로 용을 두려움의 대상으로보다는 상서로운 존재로 여겼다.

① 바닷가 어부들에게 '구름'과 '용궁'은 대립적 관념이었다.
② 육지 농부들은 구름 속 용에게 네 발이 있다고 인식했다.
③ 환경 중심적 사고에 의하면 풍랑과 풍우는 상서로운 현상이다.
④ 드래건에 대한 서양의 인식에 의하면 드래건은 하늘을 날 수 없다.

055 글쓴이의 견해에 부합하지 않는 것은? 2020 국가직 9급

> 사물 인터넷[IoT, Internet of Things]의 정의로 '수십억 개의 사물이 서로 연결되는 것'이라고 설명하는 것은 그리 유용하지 않다. 사물 인터넷이 무엇인지 이해하기 위해서는 '사물'에서 출발하기보다는 '인터넷'에서 출발하는 것이 좋다. 인터넷이 전 세계의 컴퓨터를 서로 소통하도록 만든다는 생각이 실현된 것이라면, 사물 인터넷은 이제 전 세계의 사물들을 '컴퓨터로 만들어' 서로 소통하도록 만든다는 생각을 실현하는 것이다. 컴퓨터는 본래 전원이 있고 칩이 있고, 이것이 통신 장치와 프로토콜을 갖게 되어 연결된 것이다. 그렇다면 이제는 전원이 있었던 전자 기기나 기계 등은 그 자체로, 전원이 없었던 일반 사물들은 새롭게 센서와 배터리, 통신 모듈이 부착되면서 컴퓨터가 되고 이렇게 컴퓨터가 된 사물들이 그들 간에 또는 인간의 스마트 기기와 네트워크로 연결되는 것이다.
>
> 현재의 인터넷과 사물 인터넷의 차이를, 혹자는 사람이 개입되는 것은 사물 인터넷이 아니라고 이야기하면서 엄격한 M2M(Machine to Machine)이라는 개념에 근거해 설명한다. 또 혹자는 사물 인터넷이 실현되려면 사람만큼 사물이 판단할 수 있어야 한다고 주장하면서 사물의 지능성을 중요시하는 경우도 있는데, 두 가지 모두 그릇된 것이다. 사물 인터넷을 제대로 이해하려면 기존 인터넷과의 차이점에 주목하기보다는 오히려 공통점을 인식하는 것이 더 중요하다. 컴퓨터를 서로 연결하는 수준에서 출발한 것이 기존의 인터넷이라면, 이제는 사물 각각이 컴퓨터가 되고, 그 사물들이 사람과 손쉽게 닿는 스마트폰, 스마트 워치 등과 소통하는 것이다.

① 사물 인터넷의 개념을 파악하기 위해서는 기존 인터넷과의 공통점을 이해하는 것이 필요하다.
② 센서와 배터리, 통신 모듈 등을 갖춘 사물들이 네트워크로 연결되어 사물 인터넷으로 기능한다.
③ 사물 인터넷은 사람 수준의 지능을 가진 사물들이 네트워크 상에서 인간의 개입 없이 서로 소통하는 것으로 정의된다.
④ 사물 인터넷은 컴퓨터가 아니었던 사물들도 네트워크로 연결될 수 있다는 점에서 기존의 인터넷과 다르다.

03 내용 추론

풀이 전략
- 내용 추론 문제는 내용 일치를 기반으로 풀어야 한다. 즉 **제시문의 내용에 근거하여** 선택지에 제시된 **내용의 타당성을 판단**해야 한다.
- 과도하게 개념을 일반화하거나 제시문에 없는 내용을 바탕으로 작성된 선택지는 제외한다.

대표 다음 글에서 추론한 내용으로 적절하지 않은 것은? 2025 지방직 9급

　　모든 기호에는 정보성, 즉 의미가 있다. 다시 말해 정보성은 기호가 가진 필수 조건이다. 그런데 기호는 정보성뿐 아니라 의사소통의 의도를 가지는 것도 있다. 즉 기호는 정보성만 가진 기호와 정보성도 가진 의사소통적 기호로 구분된다. 가령 개나리가 피는 것은 봄이 왔다는 신호이고 낙엽이 지는 것은 가을이 왔음을 의미한다. 그러나 계절을 알리기 위해 개나리가 피고 낙엽이 지는 것은 아니기 때문에 그러한 자연적 기호들은 의사소통적 기호로 볼 수 없다. 개인의 지문이나 필체 역시 사람을 식별하는 기호가 될 수 있다. 하지만 지문과 필체가 사람을 식별하기 위해 존재하는 것은 아니므로 이들은 정보성을 가진 기호일 뿐이다. 코넌 도일의 소설에서 셜록 홈스는 상대의 손톱, 코트의 소매, 표정 등을 근거로 그 사람의 직업이나 성격을 추리해 낸다. 홈스에게는 이런 것들이 모두 정보를 제공하는 기호들이다. 그러나 이들을 의사소통적 기호라고 할 수 없다. 반면 인간이 관습적으로 사용하는 기호인 봉화, 교통 신호등, 모스 부호 등은 정보성뿐만 아니라 의사소통의 의도를 명백히 가진다. 모든 기호를 통틀어 인간의 언어는 가장 복잡하고 체계적인 관습적 기호이며 의사소통적 기호이다.

① 전쟁 중에 군대에서 사용하는 암호는 관습적 기호이다.
② 일기예보에서 흐린 날씨를 표시하는 구름 모양의 아이콘은 자연적 기호이다.
③ 특정 질병에 걸렸을 때 나타나는 얼굴색은 정보성만을 가진 기호이다.
④ 이웃 마을과 구별하기 위해 마을의 명칭을 본떠 만든 상징탑은 의사소통적 기호이다.

SOLUTION

해설 의사소통적 기호는 그것을 통해 무언가를 알 수 있고, 그 기호 역시 무언가를 알리기 위한 의도를 가진다. 구름 모양의 아이콘은 날씨가 흐리다는 것을 알리기 위한 의도로 만들어졌고, 그 아이콘을 보고 우리는 날씨가 흐리다는 것을 알 수 있으므로 정보성만을 가진 자연적 기호가 아니라, 정보성과 의도를 가진 의사소통적 기호이다.

오답 풀이 ① 인간이 관습적으로 사용하는 기호인 봉화, 모스 부호 등은 의사소통의 의도를 명백히 가진다고 했다. 따라서 전쟁 중에 군대에서 사용하는 암호는 의사소통의 의도를 가진 관습적 기호라고 추론할 수 있다.
③ 얼굴색은 특정 질병을 알리는 신호가 되지만, 특정 질병을 알리기 위한 의도로 얼굴색이 나타나는 것은 아니므로, 정보성만을 가진 기호이다.
④ 상징탑을 통해 마을을 구별할 수 있고, 상징탑은 마을을 구별하기 위한 의도로 만들어졌다. 따라서 상징탑은 의사소통적 기호이다.

정답률 61%　**정답** ②

056~057 다음 글을 읽고 물음에 답하시오.

이집트 벽화에서 신, 파라오, 귀족은 특이한 모습으로 표현된다. 신체의 주요 부위를 이상적으로 보여 줄 수 있도록 눈은 정면, 얼굴은 측면, 가슴은 정면, 발은 측면을 향하게 조합하여 그린 것이다. 이는 단일한 시점에서 대상을 표현한 것이 아니라 여러 시점에서 바라본 모습을 하나의 형상에 집약한 것이다. 이렇게 그려진 ⊙ 그들의 모습은 이상적인 부분끼리의 조합을 통해 완전하고 완벽하며 장중한 형상을 보여 주고자 한 의도의 결과이다. 그런데 벽화에 표현된 대상들 중 신, 파라오, 귀족과 같은 고귀한 존재는 이렇게 그려지고, 평범한 일반인은 곧잘 이런 방식과 관계없이 꽤 사실적으로 그려졌다. ⓒ 그들을 서로 다른 방식으로 표현하였다는 점은 이집트 미술이 특정한 이데올로기를 통해 양식화되어 있음을 선명하게 보여 준다.

이 이데올로기에 따르면, 신과 파라오, 나아가 귀족은 '존재하는 자'이고, 죽을 운명을 가진 평범한 사람들은 그저 '행위하는 자'이다. 평범한 사람들이 일하는 모습을 그릴 때 사실적으로, 그러니까 얼굴이 측면이면 가슴도 측면으로 자연스럽게 그리는 것은, 그들이 썩어 없어질 찰나의 인생을 살고 있기 때문이다. 그러기에 ⓒ 그들은 이 세상에서 실제로 행위하는 모습 그대로 그려진다. 반면 고귀한 존재는 삼라만상의 변화와 관계없이 영원한 세계의 이상을 반영한다. 그러기에 ⓔ 그들은 이상적 규범에 따라 불변의 양식으로 그려진다.

이렇게 같은 인간을 표현해도 위계에 따라 표현 방식을 달리한 것은 이집트 종교의 영향 때문이다. 이집트 종교는 수직적이고 이원적인 정신성에 그 토대를 두고 있다. 이런 이원론적인 정신성은 양식화된 이상주의적 미술로 표현되는 경향이 있다. 이집트의 벽화가 바로 그 대표적인 사례이다.

056 ⊙~ⓔ 중 문맥상 지시 대상이 같은 것만으로 묶인 것은?
2025 국가직 9급

① ⊙, ⓔ
② ⓒ, ⓒ
③ ⊙, ⓒ, ⓔ
④ ⊙, ⓒ, ⓔ

057 이 글에서 추론한 내용으로 가장 적절한 것은?
2025 국가직 9급

① 이집트의 벽화에서는 존재와 행위를 동등한 가치로 표현하고 있다.
② 이집트의 종교가 가지는 정신성은 이집트의 미술 양식에 영향을 끼쳤다.
③ 이집트의 이상주의적 미술에서는 평범한 사람들을 그리지 않고 고귀한 존재들만 표현하였다.
④ 이집트인들은 신체를 바라보는 독특한 시점을 토대로 예술에 관한 이데올로기를 형성하였다.

058~059 다음 글을 읽고 물음에 답하시오.

조선 시대 소설은 표기 문자에 따라 한자로 ㉠표기한 한문 소설과 한글로 표기한 한글 소설, 두 가지로 나뉜다. 한문 소설은 중국에서 들여온 한문 소설, 조선에서 창작한 한문 소설, 조선의 한글 소설을 ㉡번역한 한문 소설로 나뉜다. 그리고 한글 소설은 중국 소설을 번역한 한글 소설, 조선에서 창작한 한문 소설을 번역한 한글 소설, 조선에서 창작한 한글 소설로 나뉜다. 조선 시대에 많은 한글 소설이 창작되어 읽혔지만, 이를 저급한 오락물로 여겼던 당대의 지식인들은 한글 소설을 외면했으므로 그에 관해 ㉢기록한 문헌을 거의 남기지 않았다. 반면에 이들은 한문 소설, 특히 중국에서 들여온 한문 소설을 즐겨 읽고 이에 관한 많은 기록을 남겼다.

중국에서 들여온 한문 소설은 조선에서도 인쇄된 책으로 읽혔기 때문에 필사본이 거의 없다. 이와 대조적으로 조선에서 창작한 한문 소설은 필사본으로 유통되었다. 조선의 필사본 소설은 뚜렷한 특징을 보이는데, 한문 소설을 ㉣필사한 경우는 이본별 내용 차이가 거의 없는 반면 한글 소설을 필사한 경우는 그렇지 않다는 점이다. 한글 소설은 같은 제목의 소설이라도 내용이 상당히 다른 다양한 이본이 있었다. 이는 한문 소설의 독자는 문자 그대로 독자였던 것에 비하여 한글 소설의 독자는 독자이면서 이야기를 개작하는 작자이기도 했기 때문이다. 한자에 비해 한글은 익히기 쉽고 그만큼 쓰기도 편해서 한글 소설의 필사자는 내용을 바꾸고 싶다는 의지가 있다면 쉽게 바꿀 수 있었다. 한글 소설은 인쇄본이 아니라 필사본으로 많이 유통되었기 때문에 ㉮옮겨 쓰는 과정에서 다양한 이본이 생겨났다.

조선 시대 소설을 이해하는 데 있어서 소설을 표기한 문자는 무엇보다 중요하다. 표기 문자는 소설의 종류를 나누는 기준이 되었을 뿐만 아니라, 소설의 감상 및 유통, 이본 생산에 직접적인 영향을 미쳤다.

058 ㉠~㉣ 중 문맥상 ㉮의 의미와 가장 가까운 것은?

2025 국가직 9급

① ㉠
② ㉡
③ ㉢
④ ㉣

059 이 글에서 추론한 내용으로 가장 적절한 것은?

2025 국가직 9급

① 조선 시대의 소설은 한글 소설보다 한문 소설의 종류가 훨씬 다양했다.
② 조선 시대의 지식인들은 조선에서 창작한 한문 소설을 저급한 오락물로 여겼다.
③ 한자로 필사할 때보다 한글로 필사할 때 필사자의 의견이 반영되어 개작하기 쉬웠다.
④ 조선의 필사본 소설 중 한문 소설을 필사한 것은 소수였고 한글 소설을 필사한 것이 대부분이었다.

060 다음 글에서 추론한 내용으로 가장 적절한 것은?

2025 국가직 9급

> 언어에는 중요한 몇 가지 특징이 있다. 첫째, 언어의 형식인 말소리와 언어의 내용인 의미 간에는 필연적 관계가 없다. 이를 언어의 '자의성'이라 한다. 즉 어떤 내용을 나타내는 형식은 약속으로 정할 뿐이라는 것이다. 둘째, 언어에서 형식과 내용의 관계에 대한 사회적 약속은 한번 정해지면 개인이 쉽게 바꿀 수가 없다. 이를 언어의 '사회성'이라 한다. 셋째, 언어는 시간의 흐름에 따라 사회 구성원이 바뀌면서 끊임없이 변화한다. 이를 언어의 '역사성'이라 한다. 넷째, 하나의 언어 형식은 수많은 구체적 대상이 가진 공통적인 속성을 개념화하여 표현한 것이다. 예컨대 우리는 세상에 존재하는 여러 책상들의 공통적 속성을 추출하여 하나의 언어 형식인 '책상'으로 표현한다. 이를 언어의 '추상성'이라 한다.

① 같은 언어 안에도 다양한 방언 형태가 존재한다는 것은 언어의 자의성을 보여 주는 사례이다.
② 가족과 대화할 때는 직장 동료와 대화할 때와 다른 표현을 사용한다는 것은 언어의 사회성을 보여 주는 사례이다.
③ 유명인이 개인적으로 사용한 유행어가 시간이 지나도 표준어로 인정되지 않는다는 것은 언어의 역사성을 보여 주는 사례이다.
④ 새로운 줄임말이 끊임없이 만들어지고 있다는 것은 언어의 추상성을 보여 주는 사례이다.

SOLUTION

[해설] 같은 언어 안에도 다양한 방언 형태가 존재하는 것은, 하나의 언어 의미에 다양한 말소리가 나타난다는 의미이다. 이는 말소리와 의미 간에 필연적 관계가 없다는 것을 의미하므로, 언어의 자의성을 보여 주는 사례로 적절하다.

[오답 풀이] ② 언어의 사회성은, 언어에서 형식과 내용의 관계에 대한 사회적 약속은 한번 정해지면 개인이 쉽게 바꿀 수가 없다는 것이다. 대화 대상에 따라 다른 표현을 사용하는 사례는 이와 무관하다.
③ 언어의 역사성은, 언어는 시간의 흐름에 따라 끊임없이 변화한다는 것이다. 유행어가 시간이 지나도 표준어로 인정되지 않는 사례는 이와 무관하다.
④ 언어의 추상성은, 하나의 언어 형식은 수많은 구체적 대상이 가진 공통적인 속성을 개념화하여 표현한 것임을 의미한다. 줄임말이 끊임없이 만들어지고 있는 현상은 이와 무관하다.

정답률 84% | 정답 ①

061 다음 글에서 추론한 내용으로 가장 적절한 것은?

인혁처 1차 예시 문제

> '크로노토프'는 그리스어로 시간과 공간을 뜻하는 두 단어를 결합한 것으로, 시공간을 통합적으로 이해하기 위한 개념이다. 크로노토프의 관점에서 보면 고소설과 근대 소설의 차이를 명확하게 파악할 수 있다.
> 고소설에는 돌아가야 할 곳으로서의 원점이 존재한다. 그것은 영웅 소설에서라면 중세의 인륜이 원형대로 보존된 세계이고, 가정 소설에서라면 가장을 중심으로 가족 구성원들이 평화롭게 공존하는 가정이다. 고소설에서 주인공은 적대자에 의해 원점에서 분리되어 고난을 겪는다. 그들의 목표는 상실한 원점을 회복하는 것, 즉 그곳에서 향유했던 이상적 상태로 돌아가는 것이다. 주인공과 적대자 사이의 갈등이 전개되는 시간을 서사적 현재라 한다면, 주인공이 도달해야 할 종결점은 새로운 미래가 아니라 다시 도래할 과거로서의 미래이다. 이러한 시공간의 배열을 '회귀의 크로노토프'라고 한다.
> 근대 소설 〈무정〉은 회귀의 크로노토프를 부정한다. 이것은 주인공인 이형식과 박영채의 시간 경험을 통해 확인된다. 형식은 고아지만 이상적인 고향의 기억을 갖고 있다. 그것은 박 진사의 집에서 영채와 함께하던 때의 기억이다. 이는 영채도 마찬가지기에, 그들에게 박 진사의 집으로 표상되는 유년의 과거는 이상적 원점의 구실을 한다. 박 진사의 죽음은 그들에게 고향의 상실을 상징한다. 두 사람의 결합이 이상적 상태의 고향을 회복할 수 있는 유일한 방법이겠지만, 그들은 끝내 결합하지 못한다. 형식은 새 시대의 새 인물이 되어야 한다고 생각하며 과거로의 복귀를 거부한다.

① 〈무정〉과 고소설은 회귀의 크로노토프를 부정한다는 점에서 공통적이다.
② 영웅 소설의 주인공과 〈무정〉의 이형식은 그들의 이상적 원점을 상실했다는 공통점을 가지고 있다.
③ 〈무정〉에서 이형식이 박영채와 결합했다면 새로운 미래로서의 종결점에 도달할 수 있었을 것이다.
④ 가정 소설은 가족 구성원들이 평화롭게 공존하는 결말을 통해 상실했던 원점으로의 복귀를 거부한다.

SOLUTION

[해설] 2문단에 따르면, 영웅 소설은 고소설인데, 고소설에서 주인공은 적대자에 의해 원점에서 분리되어 상실된 원점을 회복하고자 한다. 또한 마지막 문단에 따르면, 〈무정〉에서 이형식은 박 진사의 죽음으로 이상적 원점을 상실한다. 따라서 영웅 소설의 주인공과 〈무정〉의 이형식은 모두 이상적 원점을 상실했다는 공통점을 지니고 있다.

[오답 풀이] ① 2문단에 따르면, 고소설은 주인공이 '다시 도래할 과거로서의 미래'에 도달하고자 하므로 고소설은 회귀의 크로노토프를 부정하지 않는다. 반면 마지막 문단에 따르면, 〈무정〉은 회귀의 크로노토프를 부정한다.
③ 〈무정〉에서 이형식과 박영채가 결합하는 것은 '새로운 미래로서의 종결점'과는 무관하다.
④ 2문단에 따르면, 가정 소설에서 가족 구성원들이 평화롭게 공존하는 것은 상실한 원점을 회복하는 것이므로, 적절하지 않다.

정답률 62% | 정답 ②

062 다음 글에서 추론한 내용으로 가장 적절한 것은?
인혁처 2차 예시 문제

《성경》에 따르면 예수는 죽은 지 사흘 만에 부활했다. 사흘이라고 하면 시간상 72시간을 의미하는데, 예수는 금요일 오후에 죽어서 일요일 새벽에 부활했으니 구체적인 시간을 따진다면 48시간이 채 되지 않는다. 그렇다면 《성경》에서 3일이라고 한 것은 예수의 신성성을 부각하기 위한 것일까?

여기에는 수를 세는 방식의 차이가 개입되어 있다. 구체적으로 말하면 우리가 사용하는 현대의 수에는 '0' 개념이 깔려 있지만, 《성경》이 기록될 당시에는 해당 개념이 없었다. '0' 개념은 13세기가 되어서야 유럽으로 들어왔으니, '0' 개념이 들어오기 전 시간의 길이는 '1'부터 셈했다. 다시 말해 시간의 시작점 역시 '1'로 셈했다는 것인데, 금요일부터 다음 금요일까지는 7일이 되지만, 시작하는 금요일까지 날로 셈해서 다음 금요일은 8일이 되는 식이다.

이와 같은 셈법의 흔적을 현대 언어에서도 찾을 수 있다. 오늘날 그리스 사람들은 올림픽이 열리는 주기에 해당하는 4년을 'pentaeteris'라고 부르는데, 이 말의 어원은 '5년'을 뜻한다. '2주'를 의미하는 용도로 사용되는 현대 프랑스어 'quinze jours'는 어원을 따지자면 '15일'을 가리키는데, 시간적으로는 동일한 기간이지만 시간을 셈하는 방식에 따라 마지막 날과 해가 달라진 것이다.

① '0' 개념은 13세기에 유럽에서 발명되었다.
② 《성경》에서는 예수의 신성성을 부각하기 위해 그의 부활 시점을 활용하였다.
③ 프랑스어 'quinze jours'에는 '0' 개념이 들어오기 전 셈법의 흔적이 남아 있다.
④ 'pentaeteris'라는 말이 생겨났을 때에 비해 오늘날의 올림픽이 열리는 주기는 짧아졌다.

063 다음 이 글에서 추론한 내용으로 가장 적절한 것은?
인혁처 2차 예시 문제

방각본 출판은 책을 목판에 새겨 대량으로 찍어 내는 방식이다. 이 경우 소수의 작품으로 많은 판매 부수를 올리는 것이 유리하다. 즉, 하나의 책으로 500부를 파는 것이 세 권의 책으로 합계 500부를 파는 것보다 이윤이 높다. 따라서 방각본 출판업자는 작품의 종류를 늘리기보다는 시장성이 좋은 작품을 집중적으로 출판하였다. 또한 작품의 규모가 커서 분량이 많은 경우에는 생산 비용이 올라가 책값이 비싸지기 때문에 자연스럽게 분량이 적은 작품을 선호하였다. 이에 따라 방각본 출판에서는 규모가 큰 작품을 기피하였으며, 일단 선택된 작품에도 종종 축약적 윤색이 가해지고는 하였다.

일종의 도서 대여업인 세책업은 가능한 여러 종류의 작품을 가지고 있는 편이 유리하고, 한 작품의 규모가 큰 것도 환영할 만한 일이었다. 소설을 빌려 보는 독자들은 하나를 읽고 나서 대개 새 작품을 찾았으니, 보유한 작품의 종류가 많을수록 좋았다. 또한 한 작품의 분량이 많아서 여러 책으로 나뉘어 있으면 그만큼 세책료를 더 받을 수 있으니, 세책업자들은 스토리를 재미나게 부연하여 책의 권수를 늘리기도 했다. 따라서 세책업자들은 많은 종류의 작품을 모으는 데에 주력했고, 이 과정에서 원본의 확장 및 개작이 적잖이 이루어졌다.

① 분량이 많은 작품은 책값이 비쌌기 때문에 세책가에서 취급하지 않았다.
② 세책업자는 구비할 책을 선정할 때 시장성이 좋은 작품보다 분량이 적은 작품을 우선하였다.
③ 방각본 출판업자들은 책의 판매 부수를 올리기 위해 원본의 내용을 부연하여 개작하기도 하였다.
④ 한 편의 작품이 여러 권의 책으로 나뉘어 있는 대규모 작품들은 방각본 출판업자들보다 세책업자들이 선호하였다.

064~065 다음 글을 읽고 물음에 답하시오.

생물은 자신의 종에 속하는 개체들과 의사소통을 한다. 꿀벌은 춤을 통해 식량의 위치를 같은 무리의 동료들에게 알려 주며, 녹색원숭이는 포식자의 접근을 알리기 위해 소리를 지른다. 침팬지는 고통, 괴로움, 기쁨 등의 감정을 표현할 때 각각 다른 ㉠소리를 낸다.

말한다는 것을 단어에 대해 ㉡소리 낸다는 의미로 보게 되면, 침팬지가 사람처럼 말하도록 하는 것은 불가능하다. 침팬지는 인간과 게놈의 98%를 공유하고 있지만, 발성 기관에 차이가 있다.

인간의 발성 기관은 아주 정교하게 작용하여 여러 ㉢소리를 낼 수 있는데, 초당 십여 개의 ㉮소리를 쉽게 만들어 낸다. 이는 성대, 후두, 혀, 입술, 입천장을 아주 정확하게 통제할 수 있기 때문에 가능한 것이다. 침팬지는 이만큼 정확하게 통제를 하지 못한다. 게다가 인간의 발성 기관은 유인원의 그것과 현저하게 다르다. 주요한 차이는 인두의 길이에 있다. 인두는 혀 뒷부분부터 식도에 이르는 통로로 음식물과 공기가 드나드는 길이다. 인간의 인두는 여섯 번째 목뼈에까지 이른다. 반면에 대부분의 포유류에서는 인두의 길이가 세 번째 목뼈를 넘지 않으며 개의 경우는 두 번째 목뼈를 넘지 않는다. 다른 동물의 인두에 비해 과도하게 긴 인간의 인두는 공명 상자 기능을 하여 세밀하게 통제되는 ㉣소리를 만들어 낸다.

064 ㉠~㉣ 중 문맥상 ㉮에 해당하는 의미로 사용되지 않은 것은?

① ㉠
② ㉡
③ ㉢
④ ㉣

065 이 글에서 추론한 내용으로 가장 적절한 것은?

① 개의 인두 길이는 인간의 인두 길이보다 짧다.
② 침팬지의 인두는 인간의 인두와 98% 유사하다.
③ 녹색원숭이는 침팬지와 의사소통을 할 수 있다.
④ 침팬지는 초당 십여 개의 소리를 만들어 낼 수 있다.

066 다음 글에서 추론한 내용으로 적절하지 않은 것은?

2025 군무원 9급

> 확산이란 물질이 농도가 높은 곳에서 낮은 곳으로 이동하는 현상을 말합니다. 멸치 육수를 예로 든다면, 멸치 안에 모여 있던 물질들이 바깥으로 빠져나오면서, 농도가 열어지고 희석되는 것입니다. 이처럼 물질들이 한곳에 모여 있지 않고 넓게 퍼지려는 경향을 과학자들은 '엔트로피 증대의 법칙'이라고 말하기도 합니다. 여기서 엔트로피란 무질서한 정도를 나타내는 과학 용어인데요, 모여 있지 않고 흩어질수록 무질서도는 증대됩니다.
> 이러한 확산은 크게 3가지 요인에 의해 영향을 받습니다. 첫째는 열입니다. 물질이 이동하려면 에너지가 필요한데, 조리할 때 가해지는 열이 이러한 에너지의 공급원이 됩니다. 두 번째 요인은 확산되는 물질의 크기인데, 아무래도 그 크기가 작으면 작을수록 확산이 수월하게 일어납니다. 마지막 세 번째 요인은 확산되어 들어가는 매질의 상태입니다. 육수의 경우는 보통 그 매질이 물이기 때문에, 물질이 확산되는 데 큰 지장은 없습니다. 하지만 갈비찜처럼 유용한 맛 성분들을 농도가 높은 육수에서 고기 안쪽으로 확산시켜야 할 경우라면 별도의 조치가 필요합니다.

① 액체일 때보다는 기체일 때 엔트로피가 증대되겠군.
② 멸치 육수 내는 것보다 사골 육수 내는 데 시간이 오래 걸리는 이유는 매질의 상태가 다르기 때문이군.
③ 미지근한 물보다는 팔팔 끓는 물에서 우려내야 원하는 성분을 제대로 얻을 수 있겠군.
④ 저분자인 이노신산이 고분자인 지방보다 빨리 확산되겠군.

067 〈보기〉를 읽고 추론한 내용으로 옳지 않은 것은?

2025 서울시 기술직

/ 보기 /

> 그렇다면 종간의 다툼은 어떠할까? 다른 종의 구성원은 같은 종의 구성원에 비하면 그렇게까지 직접적인 경쟁 상대가 아니다. 이 때문에 자원을 놓고 다른 종간에 다툼이 생기는 경우는 그리 많지 않을 것이라 기대할 수 있으며, 이는 실제로도 그러하다. [중략] 그런데 다른 종 개체들의 이해관계가 첨예하게 대립하는 경우도 있다. 가령 사자는 영양을 잡아먹고 싶어 하나 영양은 전혀 생각이 다르다. 보통 이것을 자원에 대한 경쟁이라고 보지 않는 경향이 있으나, 논리적으로 생각해 보면 그렇게 보지 않을 이유가 없다. 이때의 자원은 고기다. 사자의 유전자는 자기의 생존 기계의 먹이로서 그 고기를 '원한다'. 영양의 유전자는 자기의 생존 기계를 위해 일하는 근육이나 기관으로서 그 고기를 필요로 한다.

① 일반적으로 각각 다른 종의 구성원들 간의 경쟁은 같은 종의 구성원들 간의 경쟁보다 자주 발생하지 않는다.
② 다른 종의 구성원들 간에 경쟁이 일어날 때에는 이해관계가 첨예하게 대립하는 경우뿐이다.
③ 사자가 필요로 하는 고기와 영양이 필요로 하는 고기는 그 용도가 다르다.
④ 먹고 먹히는 이해관계가 있는 대상들이 생존을 두고 벌이는 경쟁도 근본적으로는 자원을 두고 벌이는 경쟁에 해당한다.

068 〈보기〉에서 추론한 내용으로 적절하지 않은 것은?

2025 서울시 기술직

> **보기**
>
> 그림 문자는 시각 체계에 의해 쉽게 인지된다. 구술 언어에서 사용되는 대상의 이름과 짝 짓기만 하면 되기 때문이다. 소설가 빅토르 위고는 모든 문자들이 이집트의 신성 문자에서 비롯되었는데, 이 신성 문자는 강이나 뱀, 백합 꽃대와 같이 세상에 실재하는 이미지에 뿌리를 두고 있다는 의견을 제시했다.
>
> 그런데 수메르어의 쐐기 문자는 고안되자마자 신기하게도 그리고 상당히 놀랍게도 세련된 형태로 변해 갔다. 그림 문자적 성격이 사라진 상징은 보다 표의적, 추상적으로 바뀌었다. 표의적 문자 체계는 단어가 음성을 전달하는 것이 아니라 구술 언어의 개념을 직접 전달한다. 시간이 흐르자 수메르어의 글자들 가운데 다수가 구술 언어에 사용되던 음절의 일부를 표상하기 시작했다. 이 체계는 뇌에 훨씬 많은 작용을 하도록 요구한다.

① 소설가 빅토르 위고는 이집트의 신성 문자는 실재하는 이미지에 뿌리를 둔 그림 문자에 해당한다고 생각한다.
② 수메르어의 쐐기 문자는 그림 문자가 전달하기 어려운 추상적 개념까지도 직접 전달할 수 있도록 변천했다.
③ 그림 문자는 문자의 시각적 이미지로 대상의 이름을 연상할 수 있다는 장점이 있다.
④ 표의 문자와 표음 문자는 전혀 다른 기원을 통해서 발전했다.

069 다음 글에서 추론한 내용으로 가장 적절한 것은?

2024 국가직 9급

> 진화 개념에 대해 흔히 오해되는 측면이 있다. 첫째, 인간의 행동은 철저하게 유전적으로 결정되어 있다는 생각이다. 그런데 진화 이론이 유전자 결정론을 주장하는 것은 아니다. 인간의 행동은 유전적인 적응 성향과 이러한 적응 성향을 발달시키고 활성화되게 하는 환경으로부터의 입력이 상호 작용한 결과이다.
>
> 둘째, 현재 인간의 마음이나 행동 체계는 오랜 진화 과정에 의한 최적의 적응 방식이라는 생각이다. 그것이 항상 맞는 것은 아니다. 가령 구석기 시대의 적응 방식을 오늘날 인간이 지니고 있어 생기는 문제점이 있다. 원시 시대에 사용하던 인지적 전략 등이 현재 그대로 남아 있기 때문에 문제가 생길 수 있는 것이다. 우리가 복잡한 상황에 적응하는 데는 원시 시대의 적응 방식이 부적절한 경우가 있을 수 있다.

① 인간의 행동은 환경의 영향으로, 마음은 유전의 영향으로 결정된다.
② 우리에게 주어진 상황의 복잡한 정도가 클수록 인지적 전략의 최적화가 이루어진다.
③ 같은 조상을 둔 후손이라도 환경에서 얻은 정보가 다르면 행동은 다르게 나타날 수 있다.
④ 조상의 유전적 성향보다 조상이 살았던 과거 환경이 인간의 진화 방향을 우선적으로 결정한다.

070 다음 글에서 추론한 내용으로 적절하지 않은 것은?

2024 국가직 9급

> 새의 몸에서 나오는 테스토스테론은 구애 행위나 짝짓기와 밀접하게 관련된다. 따라서 번식기가 아닌 시기에는 거의 분비되지 않는다. 번식기에 나타나는 테스토스테론의 수치 변화 양상은 새의 종류에 따라 다르다.
>
> 노래참새 수컷의 테스토스테론 수치는 짝짓기에 성공하여 암컷의 수정이 이루어지는 시점을 전후하여 달라진다. 번식기가 되면 수컷은 암컷의 마음을 얻는 데 필요한 영역을 차지하려고 다른 수컷과 싸워야 한다. 이 시기 수컷의 테스토스테론 수치는 암컷의 수정이 이루어질 때까지 계속 높아진다. 그러다가 수정이 이루어지면 수컷은 곧바로 새끼를 돌볼 준비를 하게 되는데, 이때부터 그 수치는 떨어진다. 새끼가 커서 둥지를 떠나게 되면 수컷은 더 이상 영역을 지킬 필요가 없기 때문에 번식기가 끝나지 않았는데도 테스토스테론 수치는 좀 더 떨어지고, 번식기가 끝나면 테스토스테론은 거의 분비되지 않는다.
>
> 검정깃찌르레기 수컷은 테스토스테론 수치가 번식기가 되면 올라갔다가 암컷이 수정한 이후부터 번식기가 끝날 때까지 떨어지지 않는다. 이 수컷은 자신의 둥지를 지키면서 암컷과 새끼를 돌보는 대신 다른 암컷과의 짝짓기를 위해 자신의 둥지를 떠나 버린다.

① 노래참새 수컷은 번식기 동안 테스토스테론 수치가 새끼를 양육할 때보다 양육이 끝난 후에 높게 나타난다.
② 번식기 동안 노래참새 수컷의 테스토스테론 수치는 암컷의 수정이 이루어지기 전보다 이루어진 후에 낮게 나타난다.
③ 검정깃찌르레기 수컷은 암컷이 수정한 이후 번식기가 끝날 때까지 테스토스테론 수치가 떨어지지 않는다.
④ 노래참새 수컷과 검정깃찌르레기 수컷 모두 번식기의 테스토스테론 수치는 번식기가 아닌 시기의 테스토스테론 수치보다 높다.

071 다음 글에서 추론한 내용으로 적절하지 않은 것은?

2024 국가직 9급

> 오늘날 인터넷과 디지털 미디어를 통해 '온라인'에서의 '비대면' 접촉에 의한 상호 관계가 급속도로 확장되고 있다. '오프라인'이나 '대면'이라는 용어는 물리적 실체감이 있는 아날로그적 접촉을 가리킨다. 그런데 우리는 온라인과 오프라인을 함께 경험할 수도 있고, 이러한 이분법적인 용어로 명료하게 분리되지 않는 활동들도 많다. 예를 들어 누군가와 만나서 대화하는 중에 문자를 주고받음으로써 대면 상호 작용과 온라인 상호 작용을 동시에 할 수 있다.
>
> 한편 오프라인 대면 상호 작용에서보다 온라인 비대면 상호 작용에서 만난 사람들에게 더 끈끈한 유대감을 느끼기도 한다. 서로 관계를 형성하고 유지할 때 아날로그 상호 작용 수단과 디지털 상호 작용 수단을 동시에 활용할 수도 있다. 이처럼 오늘날과 같은 초연결 사회에서 우리의 경험은 비대면 혹은 대면, 온라인 혹은 오프라인 같은 이분법적 범주로 온전히 분리되지 않는다. 상호 작용 양식들이 서로 겹치거나 교차하는 현상들을 이해하고자 할 때 이분법적인 범주는 심각한 한계를 지닌다.

① 이분법적 시각으로는 상호 작용 양식이 교차하는 양상을 이해하기 어렵다.
② 비대면 온라인 상호 작용으로는 사람들 간에 깊은 유대 관계를 형성할 수 없다.
③ 온라인 비대면 활동과 오프라인 대면 활동이 온전히 분리되어 있는 것은 아니다.
④ 오늘날에는 대면 상호 작용 중에도 디지털 수단에 의한 상호 관계가 이루어질 수 있다.

SOLUTION

해설 2문단의 '오프라인 대면 상호 작용에서보다 온라인 비대면 상호 작용에서 만난 사람들에게 더 끈끈한 유대감을 느끼기도 한다'와 배치되는 내용이다.

오답 풀이 ① 2문단의 '상호 작용 양식들이 ~ 한계를 지닌다'에서 추론할 수 있다.
③ 2문단의 '오늘날과 같은 ~ 이분법적 범주로 온전히 분리되지 않는다'에서 추론할 수 있다.
④ 1문단에 제시된, 오늘날에는 누군가와 만나서 대화하는 중에 문자를 주고받을 수 있다는 사례에서 추론할 수 있다.

정답률 95% **정답** ②

072 다음 글에서 추론한 내용으로 적절하지 않은 것은?

2024 지방직 9급

> 모든 문화가 감정에 관한 동일한 개념적 자원을 발전시켜 온 것은 아니다. 이를테면 미국인들은 보통 당혹감, 수치심, 죄책감, 수줍음을 구별하지만 자바 사람들은 이러한 감정을 하나의 단어로 표현한다. 감정 어휘들은 문화마다 다를 뿐만 아니라 역사적으로도 다르다. 중세 시대에는 우울감이 '검은 담즙[melan chole]'으로 인해 발생한다고 생각했기에 우울증을 '멜랑콜리(melancholy)'라고 불렀지만 오늘날 그렇게 생각하는 사람은 거의 없다. 또한 인터넷의 발명과 함께 감정 어휘는 이메일 보내기, 문자 보내기, 트위터하기에 스며든 관습에 의해서도 형성된다. 이제는 내 감정을 말로 기술하기보다 이모티콘이나 글자의 일부를 따서 표현하기도 한다. 이러한 기술 주도적인 상징의 창조와 확산은, 사람들이 자신의 감정을 묘사하기 위한 새로운 선택지를 만든다는 점에서 또 다른 역사의 발전일 것이다.

① 감정에 대한 개념적 자원은 문화에 따라 달리 형성된다.
② 동일한 감정이라도 그것을 표현하는 방식은 시대에 따라 다를 수 있다.
③ 감정 어휘를 풍부하게 갖고 있는 집단은 그렇지 않은 집단보다 기술 발전에 더 유연한 태도를 보인다.
④ 오늘날 인터넷에서 이모티콘을 사용하는 것과 같이 과거에는 없었던 감정 표현 방식이 활용되기도 한다.

SOLUTION

해설 감정 어휘의 양과 기술 발전에 대한 태도를 관련시킨 내용은 제시문에 나오지 않는다.

오답 풀이 ① 동일한 감정에 대한 미국인들과 자바인들의 표현적 차이를 통해, 모든 문화가 감정에 관한 동일한 개념적 자원을 발전시켜 온 것은 아니라고 말하는 데서 추론할 수 있다.
② 중세 시대에는 우울증의 원인이 검은 담즙이라고 생각해서 우울증을 '멜랑콜리'라고 불렀지만 오늘날은 대부분 그렇게 생각하지 않는다는 내용에서 추론할 수 있다.
④ 내 감정을 말이 아닌 이모티콘으로 표현하는 것은 자신의 감정을 묘사하기 위한 새로운 선택지라는 내용에서 추론할 수 있다.

정답률 93% **정답** ③

073 다음 글에서 추론한 내용으로 적절하지 않은 것은?

2024 지방직 7급

> 회사가 구성원들의 자존감을 높여 주는 것은 매우 중요하다. 자존감이 개인과 회사의 성과에 지대한 영향을 미치기 때문이다. 구성원들의 자존감을 높여 주기 위해서는 먼저 관리자 자신이 자존감을 갖고 있는지 살펴봐야 한다. 관리자의 자존감은 구성원의 자존감으로, 다시 조직의 자존감으로 전이되기 때문이다. 관리자가 자존감이 높으면 구성원들에게도 긍정의 에너지가 전달되지만, 반대인 경우에는 구성원뿐만 아니라 조직 전체에 부정적인 영향이 미친다.
>
> 자존감은 자존심과 구별할 필요가 있다. 자존심은 다른 사람과 비교해서 느끼는 우월함을 의미하는데, 자존심이 높으면 상대에게 불편한 상황을 만들어 줄 수 있다. 누군가에게 자존감을 높여 주기 위해서는 그 사람의 존재 자체만으로 그 가치를 인정하고, 그 사람을 사랑하고 존중하는 마음을 가져야 한다. 자존감은 자신을 사랑하고 존중하는 마음이 바탕이 된다. 자존감이 높은 사람은 타인에게도 사랑과 존중의 마음을 갖게 마련이다.

① 일의 성과를 높이려면 자존감을 높여 주는 것이 좋다.
② 자존심이 있는 사람은 자존감을 갖고 행동할 가능성이 높다.
③ 관리자의 자존감은 구성원의 자존감을 높이는 중요한 요소이다.
④ 상대방을 긍정적으로 보는 자세는 상대의 자존감을 높여 주는 데에 중요하게 작용한다.

074 다음 글에서 추론한 내용으로 가장 적절한 것은?

2023 국가직 9급

> 공포의 상태와 불안의 상태를 구분하는 것은 쉽지 않다. 왜냐하면 두 감정을 함께 느끼거나 한 감정이 다른 감정을 유발할 때가 많기 때문이다. 가령, 무시무시한 전염병을 목도하고 공포에 빠진 사람은 자신도 언젠가 그 병에 걸릴지 모른다는 불안 상태에 빠지게 된다. 이처럼 두 감정은 서로 밀접하게 얽혀 있다는 점에서 혼동하기 쉽다. 하지만 두 감정을 야기한 원인을 따져 보면 두 감정을 명확하게 구분할 수 있다. 공포는 실재하는 객관적 위협에 의해 야기된 상태를 의미하고, 불안은 현재 발생하지 않았으며 미래에 일어날지 모르는 불명확한 위협에 의해 야기된 상태를 의미한다. 공포와 불안의 감정은 둘 다 자아와 관련되어 있지만 여기에서도 차이를 찾을 수 있다. 공포를 느끼는 것은 '나 자신'이 위험한 상황에 놓여 있다는 사실을 아는 것이고, 불안의 경험은 '나 자신'이 위해를 입을까 봐 걱정하는 것이다.

① 자신이 처한 위험한 상황을 정확히 인식하는 경우에는 공포감에 비해 불안감이 더 크다.
② 전기·가스 사고가 날까 두려워 외출하지 못하는 사람은 불안한 상태에 있는 것이다.
③ 시험에 불합격할 수 있다는 생각에 사로잡힌 사람은 공포감에 빠져 있는 것이다.
④ 과거에 큰 교통사고를 경험한 사람은 공포감은 크지만 불안감은 작다.

075 다음 글에서 추론한 내용으로 적절하지 않은 것은?

2023 지방직 9급

우리는 개별적으로 고립된 채 살아가는 존재일 수 없다. 사회 속에서 여럿이 모여 '복수(複數)'의 상태로 살아갈 수밖에 없는 존재라는 것이다. 복수의 상태로 살아가는 우리는 종(種)적인 차원에서 보면 보편적이고 동등한 존재이다. 그러나 우리는 각각 유일무이성을 지닌 '단수(單數)'이기도 하다. 즉 모든 인간은 개인으로서 고유한 인격체라는 특수성을 지닌다. 사회 속에서 우리는 보편적 복수성과 특수한 단수성을 겸비한 채 살아가고 있는 셈이다. 바로 이러한 이유로 우리는 다원적 존재이다. 이러한 존재들로 구성된 다원적 사회에서는 어떠한 획일화도 시도되어서는 안 된다. 우리가 이 같은 사회에서 살아가기 위해서는 타인을 포용하는 공존의 태도가 필요하다. 공동체 정화 등을 목적으로 개별적 유일무이성을 제거하는 것은 우리가 살아가는 사회의 다원성을 파괴하는 일이다.

① 우리는 고립된 상태에서 '단수'로 살아가는 존재가 아니다.
② 우리는 다원성을 지닌 존재로서 포용적으로 공존해야 한다.
③ 개인의 유일무이성을 보존하려는 제도는 개인의 보편적 복수성을 침해한다.
④ 개인의 특수한 단수성을 제거하려는 시도는 사회의 다원성을 파괴하는 결과로 이어질 수 있다.

076 다음 글에서 추론한 내용으로 적절하지 않은 것은?

2023 지방직 9급

프랑스에서 의무 교육 제도를 실시하면서 정규 학교에 입학하기 어려운 지적 장애아, 학습 부진아를 가려내고자 하였다. 이에 기초 학습 능력 평가를 목적으로, 1905년 최초의 IQ 검사가 이루어졌다. 이 검사를 통해 비로소 인간의 지능을 구체적으로 수치화하고 객관적으로 비교할 수 있게 되었다.
이후 오랫동안 IQ가 높으면 똑똑한 사람, 그렇지 않으면 머리가 좋지 않고 학습에도 부진한 사람으로 판단했다. 물론 IQ가 높은 아이는 그렇지 않은 아이에 비해 읽기나 계산 등 사고 기능과 관련된 과목에서 높은 성취도를 보이는 경우가 많다. 이는 IQ 검사가 기초 학습에 필요한 최소 능력인 언어 이해력, 어휘력, 수리력 등을 측정하기 때문이다. 학습의 기초 능력을 측정하는 IQ 검사에서 높은 점수를 받은 아이는 동일한 능력을 측정하는 학업 평가에서도 높은 점수를 받을 가능성이 크다. 하지만 문제는 IQ 검사가 인간의 지능 중 일부만을 측정한다는 점이다.

① 최초의 IQ 검사는 학습 능력이 우수한 아이를 고르기 위해 시행되었다.
② IQ 검사가 만들어지기 전에는 인간의 지능을 수치로 비교할 수 없었다.
③ IQ가 높은 아이라도 전체 지능은 높지 않을 수 있다.
④ IQ가 높은 아이가 읽기 능력이 좋을 확률이 높다.

077 다음 글에서 추론한 내용으로 적절하지 않은 것은?

2023 지방직 9급

한글은 소리를 나타내는 표음 문자여서 한국어 문장을 읽는 데 학습해야 할 글자가 적지만, 한자는 음과 상관없이 일정한 뜻을 나타내는 표의 문자여서 한문을 읽는 데 익혀야 할 글자 수가 훨씬 많다. 이러한 번거로움에도 한글과 달리 한자가 갖는 장점이 있다. 한글에서는 동음이의어, 즉 형태와 음이 같은데 뜻이 다른 단어가 많아 글자만으로 의미를 파악하지 못하는 경우가 많다. 하지만 한자는 그렇지 않다. 예컨대, 한글로 '사고'라고만 쓰면 '뜻밖에 발생한 사건'인지 '생각하고 궁리함'인지 구별할 수 없다. 한자로 전자는 '事故', 후자는 '思考'로 표기한다. 그런데 한자는 문맥에 따라 같은 글자가 다른 뜻으로 쓰이지는 않지만 다른 문장 성분으로 사용되기도 해 혼란을 야기한다. 가령 '愛人'은 문맥에 따라 '愛'가 '人'을 수식하는 관형어일 때도, '人'을 목적어로 삼는 서술어일 때도 있는 것이다.

① 한문은 한국어 문장보다 문장 성분이 복잡하다.
② '淨水'가 문맥상 '깨끗하게 한 물'일 때 '淨'은 '水'를 수식한다.
③ '愛人'에서 '愛'의 문장 성분이 바뀌더라도 '愛'는 동음이의어가 아니다.
④ '의사'만으로는 '병을 고치는 사람'인지 '의로운 지사'인지 구별할 수 없다.

078 다음 글에서 추론한 내용으로 가장 적절한 것은?

2023 지방직 7급

미셸 교수는 '마시멜로 실험'을 하였다. 아동들에게 마시멜로를 하나씩 주고 15분간 먹지 않으면 하나 더 주겠다고 한 뒤 아이가 못 참고 먹는지 아니면 끝까지 참는지를 관찰하였다. 아이들이 참을성을 발휘한 시간은 평균 2분이었지만, 25%의 아이들은 끝까지 참아 내 마시멜로를 더 먹을 수 있었다. 흥미로운 점은 12년이 지나서 당시 실험에 참가했던 아이들을 추적 조사한 결과이다. 1분 이내에 마시멜로를 먹은 아이들은 학교나 가정에서 문제를 일으키는 경우가 많았지만, 15분간 참을성을 발휘한 아이들은 1분 이내에 마시멜로를 먹은 아이보다 대학 진학 시험 점수 평균이 훨씬 더 높았다. 이 실험 결과는 감정이나 욕망을 조절할 수 있는 자기 통제력이 큰 사람이 미래의 성공 가능성이 더 크다는 것을 보여 준다.

이후 비슷한 실험이 이루어졌다. 그러나 이 실험에서는 마시멜로에 뚜껑을 덮어 두고 기다리게 했다는 점에서 차이가 있었다. 실험 결과 뚜껑이 없이 기다리게 했던 경우보다 뚜껑을 덮었을 때 두 배 가까이 더 아이들이 잘 참을 수 있었다. 뚜껑 하나라는 아주 작은 차이가 아이들의 참을성을 크게 향상시킨 셈이다.

① 자기 통제력이 낮은 아동일수록 주변 환경이 열악하다.
② 자기 통제력은 선천적 요인보다 후천적 요인에 더 영향을 받는다.
③ 자기 통제력을 발휘하는 데에는 환경적 요인이 중요하게 작용한다.
④ 자기 통제력이 높은 아동은 유아기부터 가정과 학교에서 사랑과 관심을 많이 받는다.

079 다음 글에서 추론한 것으로 적절하지 않은 것은?

2023 지역인재 9급

도파민은 쾌락, 욕망, 동기 부여, 감정, 운동 조절 등에 영향을 미치는 뇌의 신경 전달 물질이다. 스웨덴 아르비드 칼손 박사는 도파민이 과다하면 조현병이 발생하고, 지나치게 적으면 우울증이 생기는 인간의 두뇌 현상을 의학적으로 규명한 바 있다. 도파민은 생명 유지에 필수적이지만, 끊임없이 더 많은 쾌락과 자극을 추구하게 하여 각종 중독과 병리적 현상을 유발하기도 한다. 어떤 행동을 할 때 일정한 감각적 자극을 받으면 도파민이 분비되면서 만족감을 느끼고, 그 행동이 습관화된다. 도파민에 휩싸인 뇌가 그 자극에 적응하면, 더 많은 자극을 요구하게 된다. 최근 미국에서는 소셜 미디어나 게임 중독에서 벗어나기 위해 도파민 단식에 돌입하는 사람들이 나타났다. 인간의 심리적 본능과 취약점을 노린 디지털 서비스 이용 방식에 대한 성찰에서 출발한 도파민 단식 방법은 가능한 한 모든 감각적 자극을 최소화하기 위하여 디지털 기기의 사용은 물론 음악 감상이나 격렬한 운동 등의 활동을 전면 중단하고, 가벼운 독서와 간단한 스트레칭 그리고 실내 산책 등으로 소일하는 것이다.

① 도파민이 과다하면 우울증에 시달릴 수 있겠군.
② 도파민 단식 방법으로 격렬한 운동을 중단할 수도 있겠군.
③ 뇌가 감각적 자극에 적응하면 더 강력한 쾌락을 추구하겠군.
④ 디지털 서비스 이용 과정에서 인간의 심리적 본능과 취약점이 드러날 수도 있겠군.

SOLUTION

해설 도파민이 지나치게 적으면 우울증이 생긴다는 내용과 반대된다.

오답 풀이 ② '도파민 단식 방법은 ~ 격렬한 운동 등의 활동을 전면 중단하고'에서 추론할 수 있다.
③ 어떤 행동을 할 때 일정한 감각적 자극을 받으면 도파민이 분비되고, 도파민에 휩싸인 뇌가 그 자극에 적응하면 더 많은 자극을 요구하게 된다는 데에서 추론할 수 있다.
④ "인간의 심리적 본능과 취약점을 ~ 소일하는 것이다"에서 추론할 수 있다. 즉 디지털 서비스를 이용하면 감각적 자극에 노출되어 도파민이 발생하고 이로 인해 더 감각적 자극을 추구하는 인간의 심리적 본능과 취약점이 발생할 수 있다.

정답 ①

080 다음 글에서 추론한 내용으로 적절하지 않은 것은?

2021 국가직 9급

과학의 개념은 분류 개념, 비교 개념, 정량 개념으로 구분할 수 있다. 식물학과 동물학의 종, 속, 목처럼 분명한 경계를 가지고 대상들을 분류하는 개념들이 분류 개념이다. 어린이들이 맨 처음에 배우는 단어인 '사과', '개', '나무' 같은 것 역시 분류 개념인데, 하위 개념으로 분류할수록 그 대상에 대한 정보가 더 많이 전달된다. 또한, 현실 세계에 적용 대상이 하나도 없는 분류 개념도 있을 수 있다. 예를 들어 '유니콘'이라는 개념은 '이마에 뿔이 달린 말의 일종임' 같은 분명한 정의가 있기에 '유니콘'은 분류 개념으로 인정되는 것이다.

'더 무거움', '더 짧음' 등과 같은 비교 개념은 분류 개념보다 설명에 있어서 정보 전달에 더 효과적이다. 이것은 분류 개념처럼 자연의 사실에 적용되어야 하지만, 분류 개념과 달리 논리적 관계도 반드시 성립해야 한다. 예를 들면, 대상 A의 무게가 대상 B의 무게보다 더 무겁다면, 대상 B의 무게가 대상 A의 무게보다 더 무겁다고 말할 수 없는 것처럼 '더 무거움' 같은 비교 개념은 논리적 관계를 반드시 따라야 한다.

마지막으로 정량 개념은 비교 개념으로부터 발전한 것인데, 이것은 자연의 사실로부터 파악할 수 있는 물리량을 측정함으로써 만들어진다. 물리량을 측정하기 위해서는 몇 가지 규칙이 필요한데, 그 규칙에는 두 물리량의 크기를 비교하는 경험적 규칙과 물리량의 측정 단위를 정하는 규칙 등이 포함된다. 이러한 정량 개념은 자연에 의해서 주어지는 것이 아니라 우리가 자연 현상에 수를 적용하는 과정에서 생겨나는 것이다. 정량 개념은 과학의 언어를 수많은 비교 개념 대신 수를 사용할 수 있게 하여 과학 발전의 기초가 되었다.

① '호랑나비'는 '나비'와 동일한 종에 속하지만, 나비에 비해 정보량이 적다.
② '용(龍)'은 현실 세계에 적용할 수 있는 지시물이 없더라도 분류 개념으로 인정된다.
③ '꽃'이나 '고양이'와 같은 개념은 논리적 관계를 따라야 하는 것은 아니기 때문에 비교 개념에 포함되지 않는다.
④ 물리량을 측정할 수 있는 'cm'나 'kg' 같은 측정 단위는 자연 현상에 수를 적용할 수 있게 해 주었다.

SOLUTION

해설 1문단에 따르면, 분류 개념은 동물학의 종, 속, 목처럼 분명한 경계를 가지고 대상들을 분류하는 개념이므로 호랑나비는 분류 개념에 속한다. 그런데 분류 개념은 하위 개념으로 분류할수록 그 대상에 대한 정보가 더 많이 전달된다. 따라서 '나비'보다 그의 하위 개념인 '호랑나비'가 정보량이 적은 것이 아니라 더 많을 것이다.

오답 풀이 ② 1문단에 따르면, '용'은 유니콘과 마찬가지로 현실 세계에 적용 대상이 없더라도, 사전적 정의를 가지고 있으므로 분류 개념으로 인정된다.
④ 마지막 문단에 따르면, 'cm'나 'kg' 같은 측정 단위는 물리량을 측정할 수 있으므로 정량 개념이다. 그리고 측정 단위는 정량 개념이므로 자연 현상에 수를 적용할 수 있게 해 주었다.

정답률 87% **정답** ①

081 다음 글에서 추론할 수 있는 것은?

2021 지방직 9급

포도주는 유럽 문명을 대표하는 술이자 동시에 음료수다. 우리는 대개 포도주를 취하기 위해 마시는 술로만 생각하기 쉬우나 유럽에서는 물 대신 마시는 '음료수'로서의 역할이 크다. 유럽의 많은 지역에서는 물이 워낙 안 좋아서 맨 물을 그냥 마시면 위험하기 때문에 제조 과정에서 안전성이 보장된 포도주나 맥주를 마시는 것이다. 이런 용도로 일상적으로 마시는 식사용 포도주로는 당연히 고급 포도주와는 다른 저렴한 포도주가 쓰이며, 술이 약한 사람들은 여기에 물을 섞어서 마시기도 한다.

소비의 확대와 함께, 포도주의 생산을 다른 지역으로 확산시키려는 노력도 계속되어 왔다. 포도주 생산의 확산에서 가장 큰 문제는 포도 재배가 추운 북쪽 지역으로 확대되기 힘들다는 점이다. 자연 상태에서는 포도가 자라는 북방 한계가 이탈리아 정도에서 멈춰야 했지만, 중세 유럽에서 수도원마다 온갖 노력을 기울인 결과 포도 재배가 상당히 북쪽까지 올라갔다. 대체로 대서양의 루아르강 하구로부터 크림반도와 조지아를 잇는 선이 상업적으로 포도를 재배할 수 있는 북방 한계선이다.

적정한 기온은 포도주 생산 가능 여부뿐 아니라 생산된 포도주의 질을 결정하는 중요한 요인이다. 너무 추운 지역이나 너무 더운 지역에서는 포도주의 품질이 떨어질 수밖에 없다. 추운 지역에서는 포도에 당분이 너무 적어서 그것으로 포도주를 담그면 신맛이 강하게 된다. 반면 너무 더운 지역에서는 섬세한 맛이 부족해서 '흐물거리는' 포도주가 생산된다(그 대신 이를 잘 활용하면 포르토나 셰리처럼 도수를 높인 고급 포도주를 만들 수 있다.). 그러므로 고급 포도주 주요 생산지는 보르도나 부르고뉴처럼 너무 덥지도 않고 너무 춥지도 않은 곳이다. 다만 달콤한 백포도주의 경우는 샤토 디켐(Château d'Yquem)처럼 뜨거운 여름 날씨가 지속하는 곳에서 명품이 만들어진다.

포도주의 수요는 전 유럽적인 데 비해 생산은 이처럼 지리적으로 제한됐기 때문에 포도주는 일찍부터 원거리 무역 품목이 됐고, 언제나 고가품 취급을 받았다. 그런데 한 가지 기억해야 할 점은 이렇게 수출되는 고급 포도주는 오래된 포도주가 아니라 바로 그해에 만든 술이라는 점이다. 우리는 포도주는 오래될수록 좋아진다고 믿는 경향이 있지만, 대부분의 백포도주 혹은 중급 이하 적포도주는 시간이 지날수록 오히려 품질이 떨어진다. 시간이 흐를수록 품질이 개선되는 것은 일부 고급 적포도주에만 한정된 이야기이며, 그나마 포도주를 병에 담아 코르크 마개를 끼워 보관한 이후의 일이다.

① 고급 포도주는 모두 너무 덥지도 춥지도 않은 곳에서 재배된 포도로 만들어졌다.
② 루아르강 하구로부터 크림반도와 조지아를 잇는 선은 이탈리아보다 남쪽에 있을 것이다.
③ 유럽에서 일상적으로 마시는 식사용 포도주는 저렴한 포도주거나 고급 포도주에 물을 섞은 것이다.
④ 병에 담겨 코르크 마개를 끼운 고급 백포도주는 보관 기간에 비례하여 품질이 개선되지는 않을 것이다.

082 다음 글에서 추론한 내용으로 적절하지 않은 것은?

2021 지방직 7급

고대 로마에서 사람들의 평균 수명은 불과 21세였다. 아동기를 넘긴 성인은 보통 70~80세 정도 살았지만 출생아의 1/3이 1세 전에, 그 이후 살아남은 아이의 절반이 10세 전에 사망했다. 이렇게 아동 사망률이 높았던 것은 미생물로 인한 질병 때문이었는데, 이를 밝혀 치료의 길을 연 사람은 파스퇴르였다.

파스퇴르는 1861년 미생물이 활동한 결과로 발효가 일어난다는 것을 밝히고, 이후 음식물의 발효나 부패가 공기 중의 미생물 때문에 일어남을 증명했다. 이는 음식물에서 저절로 새로운 생명체가 생겨나 음식물을 발효·부패시킨다는 자연 발생설을 반박하고 미생물의 존재를 명확히 한 것이었다. 1863년에는 음식물의 맛과 질감을 변화시키지 않으면서 살균하는 방법인 '파스퇴리제이션(pasteurization)'을 발견했다. 이것은 끓는점보다 낮은 온도에서 장시간 가열하는 방식으로, 우유의 경우 밀폐한 채로 63~65°C에서 30분 정도 가열하는 살균법이다.

이러한 연구에 이어 파스퇴르는 사람과 가축에게 생기는 질병의 원인이 미생물임을 밝혔다. 나아가 이를 예방할 수 있는 백신을 처음으로 만들어 사용하고 치료법도 제시하였다. 광견병, 탄저병 등에 대한 연구는 그의 큰 업적으로 남아 있다.

① 고대 로마인의 평균 수명이 낮았던 것은 아이들이 질병으로 많이 죽었던 것이 한 원인이었다.
② 파스퇴르는 음식물의 발효와 부패에 대해 자연 발생설을 부인하였다.
③ 끓는점 이하로 가열하는 파스퇴리제이션 살균법은 음식물의 맛과 질감을 높인다.
④ 파스퇴르의 미생물 연구는 질병으로 인한 아이들의 사망률을 줄이는 데에 기여했다.

083 다음 글을 통해 추론할 수 없는 것은?

2020 지방직 9급

자신의 신념과 일치하는 정보는 받아들이고 그렇지 않은 정보는 무시하는 경향을 확증 편향[confirmation bias]이라 한다. 자신의 믿음이나 견해와 일치하는 정보는 수용하고 그에 반대되는 정보는 무시하거나 부정하는 심리 경향이다. 사회 심리학자인 로버트 치알디니는 자신이 가진 기존의 견해와 일치하는 정보는 두 가지 이점을 가지고 있다고 한다. 첫째, 그러한 정보는 어떤 문제에 대해 더 이상 고민하지 않고 마음의 휴식을 취할 수 있게 해 준다. 둘째, 그러한 정보는 우리를 추론의 결과에서 자유롭게 해 준다. 즉 추론의 결과 때문에 행동을 바꿔야 할 필요가 없다. 첫째는 생각하지 않게 하고, 둘째는 행동하지 않게 함을 말한다.

일례로 특정 정치 성향을 가진 사람들을 대상으로 조사했을 때, 사람들은 반대당 후보의 주장에서는 모순을 거의 완벽하게 찾은 반면, 지지하는 당 후보의 주장에서는 모순을 절반 정도만 찾아냈다. 이 판단의 과정을 자기 공명 영상 장치로도 촬영했다. 그 결과, 자신이 동의하지 않는 정보를 접했을 때는 뇌 회로가 활성화되지 않았고, 자신이 동의하는 주장을 접했을 때는 긍정적인 반응을 보이면서 뇌 회로가 활성화되는 것을 확인할 수 있었다.

① 사람에게는 자신의 신념이나 행동을 바꾸려 하지 않는 경향이 있다.
② 사람에게는 정보를 객관적으로 판단하지 못하는 심리적 특성이 있다.
③ 사람에게는 지지자들의 말만을 듣고 자기 신념을 강화하는 경향이 있다.
④ 사람에게는 새로운 정보를 접했을 때 심리적 불안을 느끼는 특성이 있다.

논증 평가 — 강화·약화 및 견해 평가

풀이 전략
- **논증 평가**는 새롭게 추가된 진술이 주장의 설득력에 미치는 영향을 판단하는 문제 유형이다. 주장을 뒷받침하여 **설득력을 높이면 강화**이고, 주장을 반박하여 **설득력을 낮추면 약화**이다.
- **올바른 결론을 도출하는 논증 형식**을 익히고, 이를 독해 지문에 적용하는 연습을 한다.

대표 다음 대화에 대한 평가로 적절한 것만을 모두 고르면?   2025 지방직 9급

갑: 친구에게 보내는 감사 메일에 건강하기를 기원하는 의미로 "건강해라."라고 적었는데, 다른 친구가 그건 잘못된 표현이니까 쓰면 안 된다고 하더라고. 널리 쓰이는 표현인데 왜 쓰면 안 된다는 거야?

을: 문법 규범에 어긋난 표현이 자주 쓰인다는 이유로 문법 규범으로 인정되어서는 안 돼. 문맥상 "건강해라."는 상대방에게 명령하는 의미를 지니는데 건강한 상태를 명령할 수는 없잖아? 그래서 형용사의 명령형은 문법 규범에 어긋난 거니까 사용하면 안 돼. 마찬가지로 어휘도 사람들이 자주 쓴다고 해서 비표준어가 표준어가 되는 것은 아니잖아.

갑: 문법 규범에 맞게 쓰거나 표준어를 사용하는 것이 권장되어야 하는 것은 옳지만, 문법 규범에 맞지 않거나 비표준어라고 해서 사용하지 말아야 하는 것은 아니라고 생각해. 문법 규범이나 표준어는 공통의 언어 사용을 유도하기 위한 정책으로 제시된 것일 뿐이거든. "건강해라."는 언중에게 널리 쓰인다는 점에서 사용에 문제가 없어.

〈보기〉

㉠ '쓰여지다', '잊혀지다'와 같은 이중 피동은 사람들에게 널리 쓰이는 표현이지만 문법 규범에 맞지 않으니까 사용하지 말아야 한다는 주장은 갑과 을의 입장을 모두 강화한다.

㉡ 명령문 "행복해라."가 문법 규범에 맞지 않지만 상대방이 행복하기를 바라는 기원의 의미로 널리 쓰이기 때문에 써도 된다는 주장은 갑의 입장을 약화한다.

㉢ 언중이 비표준어이던 '맨날'을 자주 사용하는 현실에 따라 표준어 '만날'과 함께 '맨날'도 표준어로 인정되었다는 사실은 을의 입장을 약화한다.

① ㉢   ② ㉠, ㉡   ③ ㉠, ㉢   ④ ㉠, ㉡, ㉢

✓ SOLUTION

해설 문법 규범에 맞지 않는 표현이나 비표준어라도 언중에게 널리 쓰이면 사용에 문제가 없다는 것이 갑의 입장이다. 반면 문법 규정에 어긋난 표현이나 비표준어는 사용하면 안 된다는 것이 을의 입장이다.

㉢ 사람들이 자주 쓴다고 해서 비표준어가 표준어로 인정되어서는 안 된다는 것이 을의 입장이다. 사람들이 자주 사용한다는 이유로 비표준어였던 '맨날'이 표준어로 인정되었다는 사실은 을의 입장을 반박하는 것이므로, 을의 입장을 **약화**한다.

오답풀이 ㉠ 이중 피동은 문법 규범에 맞지 않으니까 사용하지 말아야 한다는 주장은 을의 입장에 부합하지만, 갑의 입장에는 부합하지 않는다. 따라서 이 주장은 을의 입장을 강화하지만, 갑의 입장은 강화하지 않는다.

㉡ '행복해라'가 문법 규범에 맞지 않지만 널리 쓰이기 때문에 써도 된다는 주장은 갑의 입장에 부합한다. 따라서 갑의 입장을 약화하지 않는다.

정답률 91%   **정답** ①

01 | 강화·약화

084 다음 글의 논지를 강화하는 것으로 가장 적절한 것은?

2025 국가직 9급

> A국은 도시 이외 지역의 초중고 교사가 부족하다. 이 상황을 심각하게 받아들인 A국 정부는 도시 이외 지역의 교사 충원율을 높이기 위해, 도시 이외 지역의 교사 연봉을 10% 인상하고 교사 양성 프로그램을 확대하는 정책을 제시했다. 하지만 이 정책은 근본적인 해결책이 되기 어렵다. 문제를 해결하기 위해서는, 단기간에 교사의 수를 늘리거나 교사의 연봉을 인상하기보다는 도시 이외의 지역에서 근무할 수 있는 충분한 교육 환경과 사회 기반 시설을 확보하는 것이 급선무이다. 현직 교사들뿐 아니라 교사를 지망하는 대학 졸업 예정자들 다수는 교육 환경과 사회 기반 시설이 열악한 도시 이외의 지역에서 일하기를 꺼리기 때문이다.

① A국은 정부의 교육 예산이 풍부해서 도시 이외 지역의 교육 환경과 도시의 교육 환경에 별 차이가 없다는 것이 밝혀졌다.

② A국에서 도시 이외의 지역에 근무하던 사회 초년생들이 연봉을 낮추어서라도 도시로 이직한 주된 이유는 교통 시설의 부족으로 밝혀졌다.

③ A국과 유사한 상황이었던 B국에서는 교사 연봉을 5% 인상한 후, 도시 이외 지역의 학생 1인당 교사 비율이 크게 증가했다.

④ A국과 유사한 상황이었던 C국에서는 교사 양성 프로그램을 확대한 이후에 도시뿐 아니라 도시 이외의 지역에서 교사의 수가 크게 증가했다.

SOLUTION

[해설] A국의 현직 교사 및 교사 지망생이 열악한 교육 환경과 사회 기반 시설이 없는, 도시 이외 지역을 꺼린다는 점을 근거로 들어 도시 이외 지역의 초중고 교사 부족 문제를 해결하기 위해서는 '충분한 교육 환경과 사회 시설 기반을 확보'해야 한다는 것이 이 글의 논지이다. 따라서 A국의 사회 초년생들이 도시 이외 지역에서 도시로 이직한 이유가 교통 시설과 같은 사회 시설 기반이 충분하지 않기 때문이라는 사례는 이 글의 논지를 뒷받침하므로, 이 글의 논지를 강화한다.

[오답 풀이] ① A국의 도시 이외 지역의 교육 환경과 도시의 교육 환경에 차이가 없다는 것은, 이 글의 논지를 반박하므로, 이 글의 논지를 강화하지 않는다.
③ 교사 연봉 인상이 도시 이외 지역의 초중고 교사를 늘리기 위한 근본적인 해결책이 아니라는 것이 이 글의 논지이다. 교사 연봉으로 인해 도시 이외 지역의 교사 비율이 늘어난 사례는 이 글의 논지를 반박하므로, 이 글의 논지를 강화하지 않는다.
④ 이 글에서는 교사 양성 프로그램 확대가 도시 이외 지역의 초중고 교사 부족 문제를 해결하는 근본적 대책이 아니라고 주장한다. 교사 양성 프로그램으로 도시 이외 지역의 교사 수가 증가한 사례는 이 글의 논지를 반박하므로, 이 글의 논지를 강화하지 않는다.

정답률 91% | **정답 ②**

085 ㉠을 강화하는 것으로 가장 적절한 것은?

2025 국가직 9급

> 쿤은 자연 과학과 사회 과학 모두를 포함하는 과학의 발전 단계를 세 시기로 구분한다. 패러다임을 한 번도 정립하지 못한 전정상 과학 시기, 하나의 패러다임이 지배하는 정상 과학 시기, 기존 패러다임이 새 패러다임으로 교체되는 과학 혁명 시기가 그것이다. 패러다임은 모든 과학자에게 동일한 연구 방향 및 평가 기준을 따르게 하여, 연구의 효율성을 높이고 과학의 발전 단계를 성숙한 수준으로 올려놓는다. 한 번도 패러다임을 정립하지 못해 전정상 과학 시기에 머물러 있는 과학 분야는 과학자 모두가 제각기 연구 활동을 한다. 과학의 발전 단계상 성숙한 수준에 도달하지 못한 것이다. 어떤 과학 분야라도 패러다임을 정립하면 정상 과학 시기에 들어서게 되는데, 그 뒤에 다시 전정상 과학 시기로 되돌아갈 수는 없다. 정상 과학 시기는 언제나 과학 혁명 시기로 이어지고, 과학 혁명 시기는 언제나 정상 과학 시기로 이어지기 때문이다. 정상 과학 시기의 과학자는 동일한 패러다임에 따라, 과학 혁명 시기의 과학자는 기존 패러다임 혹은 새 패러다임에 따라 과학 활동을 하기에 그 두 시기에 있는 과학 분야는 모두 성숙한 수준에 도달해 있는 것이다. 이 구분에 따를 때, ㉠ 일부 사회 과학 분야는 과학의 발전 단계상 아직도 성숙한 수준에 도달하지 못했다는 것이 쿤의 진단이다.

① 패러다임이 교체된 적이 있지만 과학자들의 연구 방향 및 평가 기준이 동일한 사회 과학 분야가 있다.

② 패러다임이 교체되는 중이고 과학자들의 연구 방향 및 평가 기준이 서로 다른 사회 과학 분야가 있다.

③ 패러다임이 정립된 적이 있지만 과학자들의 연구 방향 및 평가 기준이 서로 다른 사회 과학 분야가 있다.

④ 패러다임이 정립된 적이 없고 과학자들의 연구 방향 및 평가 기준이 서로 다른 사회 과학 분야가 있다.

SOLUTION

[해설] ㉠은 '성숙한 수준에 도달하지 못한 일부 사회 과학 분야가 있다'는 쿤의 주장이다. 쿤에 따르면, 과학의 발전 단계는 전정상 과학 시기, 정상 과학 시기, 과학 혁명 시기로 나누어지는데, 성숙한 수준에 도달하지 못한 단계는 '전정상 과학 시기'이다. 이 시기는 한 번도 패러다임을 정립하지 못해 과학자 모두가 제각기 연구 활동을 한다. 따라서 패러다임을 정립된 적이 없고 과학자들 각자의 연구 활동을 한 사회 과학 분야가 있다는 것은 ㉠에 부합하므로 ㉠을 강화한다.

[오답 풀이] ①·②·③ 쿤에 따르면, 전정상 과학 시기에서 패러다임을 정립하면 정상 과학 시기에 들어서게 되는데, 그 뒤에 다시 전정상 과학 시기로 되돌아갈 수 없다. ①·②·③은 패러다임이 이미 정립된 사회 과학 분야 사례들이다. 이는 패러다임을 한 번도 정립하지 못한 '전정상 과학 시기'와 무관하다. 따라서 '전정상 과학 시기의 사회 과학 분야'를 설명하는 ㉠을 강화하지 않는다.

정답률 86% | **정답 ④**

086 다음 글의 논지를 약화하는 것으로 가장 적절한 것은?

2025 지방직 9급

인간이 지닌 대부분의 지적 능력을 상회하는 기능을 발휘하는 인공 지능 컴퓨터 프로그램이나 이 프로그램을 사용해 작동하는 기계 장치를 '인공 일반 지능'이라고 부른다. 이론적으로 인공 일반 지능은 현재까지 개발된 모든 인공 지능 프로그램의 기능을 전부 갖게 될 것이다. 인공 일반 지능의 등장이 인간의 본질적 가치를 훼손할 것이라고 우려하는 사람들이 있다. 그렇다면 인공 일반 지능의 개발은 허용되어야 하는가?

인공 일반 지능의 개발이 허용된다면 머지않아 인공 일반 지능은 개발된다. 이로 인해, 인공 일반 지능은 대부분의 직업 영역에서 인간을 대신해 업무를 수행할 것이고 많은 사람들이 직업을 잃고 소외감을 느낌으로써 인간의 본질적 가치가 훼손된다. 또한 인공 일반 지능이 개발된다면 인간은 더 이상 지구상에서 특별하고 우월한 존재가 아니게 된다. 이는 인간이 지닌 특별하고 우월한 존재론적 지위, 즉 인간의 본질적 가치가 훼손된다는 것이다. 인간의 본질적 가치는 어떠한 경우에도 훼손되어서는 안 되므로 인공 일반 지능의 개발은 허용될 수 없다.

① 인공 일반 지능의 수준에 미치지 못하는 특정 분야에 특화된 인공 지능 프로그램만으로도 많은 사람이 일자리를 잃고 소외감을 느끼고 있다.
② 인공 지능 연구로 노벨 물리학상을 받은 H는 인공 지능 기술이 인간의 존재론적 지위에 위협이 될 것이라며 인공 지능 개발 연구를 멈춰야 한다고 주장한다.
③ 현재 상용화되어 있는 대화형 인공 지능은 마음의 상처를 입은 사람들에게 위안을 주어 사람들이 본질적 가치를 회복하는 데 도움을 주고 있음이 입증되었다.
④ 유관 학회 전문가들을 대상으로 한 설문에서, 인공 일반 지능의 개발이 인간의 본질적 가치를 훼손할 가능성이 높아 개발을 허용해서는 안 된다고 응답한 사람들이 그렇지 않은 사람들보다 압도적으로 많았다.

---

087 ㉮를 평가한 내용으로 적절한 것만을 〈보기〉에서 모두 고르면?

인혁처 1차 예시 문제

흔히 '일곱 빛깔 무지개'라는 말을 한다. 서로 다른 빛깔의 띠 일곱 개가 무지개를 이루고 있다는 뜻이다. 영어나 프랑스어를 비롯해 다른 자연 언어들에도 이와 똑같은 표현이 있는데, 이는 해당 자연 언어가 무지개의 색상에 대응하는 색채 어휘를 일곱 개씩 지녔기 때문이라고 할 수 있다.

언어학자 사피어와 그의 제자 워프는 여기서 어떤 영감을 얻었다. 그들은 서로 다른 언어를 쓰는 아메리카 원주민들에게 무지개의 띠가 몇 개냐고 물었다. 대답은 제각각 달랐다. 사피어와 워프는 이 설문 결과에 기대어, 사람들은 자신의 언어에 얽매인 채 세계를 경험한다고 판단했다. 이 판단으로부터, "우리는 모국어가 그어놓은 선에 따라 자연 세계를 분단한다."라는 유명한 발언이 나왔다. 이에 따르면 특정 현상과 관련한 단어가 많을수록 해당 언어권의 화자들은 그 현상에 대해 심도 있게 경험하는 것이다. 언어가 의식을, 사고와 세계관을 결정한다는 이 견해는 ㉮사피어-워프 가설이라 불리며 언어학과 인지 과학의 논란거리가 되어 왔다.

〈보기〉
㉠ 눈[雪]을 가리키는 단어를 4개 지니고 있는 이누이트족이 1개 지니고 있는 영어 화자들보다 눈을 넓고 섬세하게 경험한다는 것은 ㉮을 강화한다.
㉡ 수를 세는 단어가 '하나', '둘', '많다' 3개뿐인 피라하족의 사람들이 세 개 이상의 대상을 모두 '많다'고 인식하는 것은 ㉮을 강화한다.
㉢ 색채 어휘가 적은 자연 언어 화자들이 색채 어휘가 많은 자연 언어 화자들에 비해 색채를 구별하는 능력이 뛰어나다는 것은 ㉮을 약화한다.

① ㉠
② ㉠, ㉡
③ ㉡, ㉢
④ ㉠, ㉡, ㉢

088 다음 글에 대해 평가한 내용으로 가장 적절한 것은?

영국의 유명한 원형 석조물인 스톤헨지는 기원전 3,000년경 신석기 시대에 세워졌다. 1960년대에 천문학자 호일이 스톤헨지가 일종의 연산 장치라는 주장을 하였고, 이후 엔지니어인 톰은 태양과 달을 관찰하기 위한 정교한 기구라고 확신했다. 천문학자 호킨스는 스톤헨지의 모양이 태양과 달의 배열을 나타낸 것이라는 의견을 제시해 관심을 모았다.

그러나 고고학자 앳킨슨은 그들의 생각을 비난했다. 앳킨슨은 스톤헨지를 세운 사람들을 '야만인'으로 묘사하면서, 이들은 호킨스의 주장과 달리 과학적 사고를 할 줄 모른다고 주장했다. 이에 호킨스를 옹호하는 학자들이 진화적 관점에서 앳킨슨을 비판하였다. 이들은 신석기 시대보다 훨씬 이전인 4만 년 전의 사람들도 신체적으로 우리와 동일했으며 지능 또한 우리보다 열등했다고 볼 근거가 없다고 주장했다.

하지만 스톤헨지의 건설자들이 포괄적인 의미에서 현대인과 같은 지능을 가졌다고 해도 과학적 사고와 기술적 지식을 가지지는 못했다. 그들에게는 우리처럼 2,500년에 걸쳐 수학과 천문학의 지식이 보존되고 세대를 거쳐 전승되어 쌓인 방대하고 정교한 문자 기록이 없었다. 선사 시대의 생각과 행동이 우리와 똑같은 식으로 전개되지 않았으리라는 점은 매우 중요하다. 지적 능력을 갖췄다고 해서 누구나 우리와 같은 동기와 관심, 개념적 틀을 가졌으리라고 생각하는 것은 잘못이다.

① 스톤헨지가 제사를 지내는 장소였다는 후대 기록이 발견되면 호킨스의 주장은 강화될 것이다.
② 스톤헨지 건설 당시의 사람들이 숫자를 사용하였다는 증거가 발견되면 호일의 주장은 약화될 것이다.
③ 스톤헨지의 유적지에서 수학과 과학에 관련된 신석기 시대 기록물이 발견되면 글쓴이의 주장은 강화될 것이다.
④ 기원전 3,000년경 인류에게 천문학 지식이 있었다는 증거가 발견되면 앳킨슨의 주장은 약화될 것이다.

089 ㉮를 강화하는 것만을 〈보기〉에서 모두 고르면?

신석기 시대에 들어 인류는 제대로 된 주거 공간을 만들게 되었다. 인류의 초기 주거 유형은 특히 바닥을 어떻게 만드느냐에 따라 구분된다. 이는 지면을 다지거나 조금 파고 내려가 바닥을 만드는 '움집형'과 지면에서 떨어뜨려 바닥을 설치하는 '고상(高床)식'으로 나뉜다.

중국의 고대 문헌에 등장하는 '혈거'와 '소거'가 각각 움집형과 고상식 건축이다. 움집이 지붕으로 상부를 막고 아랫부분은 지면을 그대로 활용하는 지붕 중심 건축이라면, 고상식 건축은 지면에서 오는 각종 침해에 대비해 바닥을 높이 들어 올린 바닥 중심 건축이라 할 수 있다. 인류의 주거 양식은 혈거에서 소거로 진전되었다는 가설이 오랫동안 지배했다. 바닥을 지면보다 높게 만드는 것이 번거롭고 어렵다고 여겼기 때문이다. 그런데 1970년대에 중국의 허무두에서 고상식 건축의 유적이 발굴되면서 새로운 ㉮주장이 제기되었다. 그것은 혈거와 소거가 기후에 따라 다른 자연환경에 적응해 발생했다는 것이다.

〈보기〉

㉠ 우기에 비가 넘치는 산간 지역에서는 고상식 주거 건축물 유적만 발견되었다.
㉡ 움집형 집과 고상식 집이 공존해 있는 주거 양식을 보여 주는 집단의 유적지가 발견되었다.
㉢ 여름에는 고상식 건축물에서, 겨울에는 움집형 건축물에서 생활한 집단의 유적이 발견되었다.

① ㉠, ㉡
② ㉠, ㉢
③ ㉡, ㉢
④ ㉠, ㉡, ㉢

090 ㉮와 ㉯의 주장에 대해 평가한 내용으로 가장 적절한 것은?

인혁처 2차 예시 문제

일반적으로 한 나라의 문학, 즉 '국문학'은 "그 나라의 말과 글로 된 문학"을 지칭한다. 그래서 우리나라에서 국문학에 대한 근대적 논의가 처음 시작될 무렵에는 ㉮ 국문학에서 한문으로 쓰인 문학을 배제하자는 주장이 있었다. 국문학 연구가 점차 전문화되면서, 한문 문학 배제론자와 달리 한문 문학을 배제하는 데 있어 신축성을 두는 절충론자의 입장이 힘을 얻었다. 절충론자들은 국문학의 범위를 획정하는 데 있어 ㉯ 종래의 국문학의 정의를 기본 전제로 하되, 일부 한문 문학을 국문학으로 인정하자고 주장했다. 즉 한문으로 쓰여진 문학을 국문학에서 완전히 배제하지 않고, 전자 중 일부를 후자의 주변부에 위치시키는 것으로 국문학의 영역을 구성한 것이다. 이에 따라 국문학을 지칭할 때에는 '순(純) 국문학'과 '준(準) 국문학'으로 구별하게 되었다. 작품에 사용된 문자의 범주에 따라서 전자는 '좁은 의미의 국문학', 후자는 '넓은 의미의 국문학'이라고도 칭할 수 있다.

하지만 이런 절충안을 취하더라도 순 국문학과 준 국문학을 구분하는 데에는 논자마다 차이가 있다. 어떤 이는 국문으로 된 것은 전자에, 한문으로 된 것은 후자에 귀속시켰다. 다른 이는 훈민정음 창제 이전과 이후로 나누어 국문학의 영역을 구분하였다. 훈민정음 창제 이전의 문학은 차자 표기건 한문 표기건 모두 국문학으로 인정하고, 창제 이후의 문학은 국문 문학만을 순 국문학으로 규정하고 한문 문학 중 '국문학적 가치'가 있는 것을 준 국문학에 귀속시켰다.

① 국문으로 쓴 작품보다 한문으로 쓴 작품이 해외에서 문학적 가치를 더 인정받는다면 ㉮의 주장은 강화된다.

② 국문학의 정의를 '그 나라 사람들의 사상과 정서를 그 나라 말과 글로 표현한 문학'으로 수정하면 ㉮의 주장은 약화된다.

③ 표기 문자와 상관없이 그 나라의 문화를 잘 표현한 문학을 자국 문학으로 인정하는 것이 보편적인 관례라면 ㉯의 주장은 강화된다.

④ 훈민정음 창제 이후에도 차자 표기로 된 문학 작품이 다수 발견된다면 ㉯의 주장은 약화된다.

SOLUTION

해설 ㉯의 주장은 우리의 글이 아닌 한문으로 쓰인 일부 문학도 국문학으로 인정하자는 것이다. 자국 문학의 정의에 문자의 제한을 두지 않는 것이 보편적 관례라는 것은 ㉯의 주장을 뒷받침하는 근거가 되므로, ㉯를 강화한다.

오답 풀이 ① 해외에서 한문으로 쓴 작품이 국문으로 쓴 작품보다 더 인정을 받는다는 것은 ㉮의 주장과 무관하므로, ㉮의 주장은 강화되지 않는다.

② '그 나라 사람들의 사상과 정서를'이라는 조건이 붙고 '그 나라의 말과 글로 된 문학'이라는 국문학의 정의가 변하지 않았다. 이는 ㉮가 주장하는 국문학의 성격을 더 강조한 것이므로, ㉮의 주장은 약화되지 않는다.

④ 마지막 문단에 따르면, 훈민정음 창제를 기준으로 순 국문학과 준 국문학을 구분하는 사람의 경우, 훈민정음 창제 이후의 문학은 국문 문학만을 순 국문학으로, 가치가 있는 한문 문학을 준 국문학으로 귀속시켜야 한다고 주장한다. 여기서 차자 표기로 된 문학 작품은 국문학의 범주로 언급된 바가 아니므로 차자 표기로 된 문학 작품이 다수 발견되더라도 이는 ㉯의 주장과 무관하다. 따라서 ㉯의 주장은 약화되지 않는다.

정답률 65% **정답** ③

091 다음 글의 논지를 약화하는 것으로 적절하지 않은 것은?

2016 국가공무원 5급 PSAT 변형

지구 곳곳에서 심각한 기후 변화가 나타나고 있고 그 원인이 인간의 활동에 있다는 주장은 일견 과학적인 것처럼 들리지만 따지고 보면 진실과는 거리가 먼, 다분히 정치적인 프로파간다에 불과하다. "자동차는 세워 두고, 지하철과 천연가스 버스 같은 대중교통을 이용합시다."와 같은, 기후 변화와 사실상 무관한 슬로건에 상당수의 시민이 귀를 기울이도록 만든 것은 환경주의자들의 성과였지만, 그 성과는 사회 전체의 차원에서 볼 때 가슴 아파해야 할 낭비의 이면에 불과하다.

희망컨대 이제는 진실을 직시하고, 현명해져야 한다. 기후 변화가 일어나는 이유는 인간이 발생시키는 온실가스 때문이 아니라 태양의 활동 때문이라고 보는 것이 합리적이다. 태양 표면의 폭발이나 흑점의 변화는 지구의 기후 변화에 막대한 영향을 미친다. 결과적으로 태양의 활동이 활발해지면 지구의 기온이 올라가고, 태양의 활동이 상대적으로 약해지면 기온이 내려간다. 환경주의자들이 말하는 온난화의 주범은 사실 자동차가 배출하는 가스를 비롯한 온실가스가 아니라 태양이다. 태양 활동의 거시적 주기에 따라 지구 대기의 온도는 올라가다가 다시 낮아지게 될 것이다.

대기 화학자 브림블컴은 런던의 대기 오염 상황을 16세기 말까지 추적해 올라가서 20세기까지 그 거시적 변화의 추이를 연구했는데, 그 결과 매연의 양과 아황산 가스 농도가 모두 19세기 말까지 빠르게 증가했다가 그 이후 아주 빠르게 감소하여 1990년대에는 16세기 말보다도 낮은 수준에 도달했음이 밝혀졌다. 반면에 브림블컴이 연구 대상으로 삼은 수백 년의 기간 동안 지구의 평균 기온은 지속적으로 상승해 왔다. 두 변수의 이런 독립적인 행태는 인간이 기후에 미치는 영향이 거의 없다는 것을 보여 준다.

① 인간이 출현하기 이전인 고생대 석탄기에 북유럽의 빙하 지대에 고사리와 같은 난대성 식물이 폭넓게 서식하였다.
② 태양 활동의 변화와 기후 변화의 양상 간의 상관관계를 조사해 보니 양자의 주기가 일치하지 않았다.
③ 태양 표면의 폭발이 많아지는 시기에 지구의 평균 기온은 오히려 내려간 사례가 많았다.
④ 최근 20년 간 세계 여러 나라가 연대하여 대기 오염을 줄이는 적극적인 노력을 기울인 결과 지구의 평균 기온 상승률이 완화되었다.

092 다음 글의 논지를 강화하는 주장은?

2006 국가공무원 5급 PSAT 변형

제국주의 시대에 서양인의 가치관을 동양에 강요하려는 시도는 분명히 옳지 않았다는 인식 때문에 사회 과학 특히 인류학에서는 윤리적 상대주의가 상당한 영향력을 행사하고 있다. 즉 많은 사회 과학자들은 우리가 다른 사회의 규범에 간섭해서는 안 되며, 그러한 규범에 대해 가치 판단을 해서도 안 된다고 주장한다. 그렇다고 해서 각 사회에서 통용되는 도덕 기준이 언제나 옳은 것은 아니다. 한 사회의 구성원 대다수가 어떤 행위를 옳게 여긴다고 해서 그 행위가 반드시 옳다고 말할 수 없는 경우는 많다. 예를 들어 인도의 카스트 제도나 나치의 유태인 박해 등이 그것이다.

여기서 우리는 두 가지 문제를 구별해야 한다. 행위가 옳은가 그른가 하는 것과 어떤 사회가 옳지 않은 규범을 갖고 있을 때 우리가 어떻게 해야 하는가는 서로 다른 문제다. 다른 사회의 규범과 관행이 탐탁지 않다고 해서 군사적으로 간섭하는 것은 분명히 옳지 않다. 그러나 그 사회의 규범에 대해 보편적 기준에서 판단하는 일이 불가능하거나 바람직하지 않은 것은 아니다.

또 역설적이게도 윤리적 상대주의는 제국주의나 간섭주의를 금지하지 못한다. 19세기 영국 사람들에게 제국주의 정책에 대한 의견을 물었다면 아마도 대부분 그 정책에 찬성했을 것이다. 따라서 윤리적 상대주의에 의하면 영국의 제국주의 정책은 옳은 것이 되고 만다.

① 윤리적 가치를 결정하는 데 구성원 대다수의 동의는 중요한 역할을 한다.
② 제국주의적 침략이 식민지의 경제 발전에 긍정적인 영향을 미치는 경우도 있었다.
③ 과거에 노예 제도가 옳게 여겨졌던 시대가 있었다고 해도 노예 제도는 옳지 않다.
④ 다른 사회의 규범을 고치기 위해 군사적으로 간섭하는 것뿐만 아니라 외교적으로 간섭하는 것도 옳지 않다.

SOLUTION

해설 어떤 사회가 가지고 있는 옳지 않은 규범에 대해 보편적 기준에서 판단하는 일이 불가능하거나 바람직하지 않은 것은 아니라고 주장하고 있다. 또한 영국의 제국주의 정책을 예로 들면서, 옳지 않은 제도나 규범을 금지하지 못한다는 점에서 윤리적 상대주의를 비판하고 있다. 따라서 노예 제도라는 옳지 않은 규범이 옳게 여겨졌던 시대, 즉 상대적인 윤리적 가치를 가진 시대가 있었더라도, 노예 제도라는 규범은 옳지 않다는 판단은 제시문의 논지를 뒷받침하므로, 제시문의 논지를 강화한다.

오답풀이 ① 1문단에서 글쓴이는, 한 사회의 구성원 대다수가 어떤 행위를 옳게 여긴다고 해서 그 행위가 반드시 옳다고 말할 수 없다고 주장한다. 따라서 윤리적 가치를 결정하는 데 구성원 대다수의 동의가 중요한 역할을 한다는 것은 이 글의 논지를 반박하는 내용이므로, 이 글의 논지를 강화하지 않는다.
② 글쓴이는 윤리적 상대주의를 바탕으로 제국주의를 옳다고 보는 것을 비판하고 있다. 제국주의 침략의 긍정적인 면을 강조하는 것은 이 글의 논지를 반박하므로, 이 글의 논지를 강화하지 않는다.
④ 2문단에서 글쓴이는, 다른 사회의 규범에 대해 군사적으로 간섭하는 것은 옳지 않다고 주장한다. 그러나 글쓴이가 외교적 간섭에 대해 언급하는 내용은 제시문에 나오지 않으므로, 이 글의 논지를 강화하지 않는다.

정답 ③

093 ㉠을 약화하는 진술로 가장 적절한 것은?

2018 국가공무원 5급 PSAT 변형

침팬지, 오랑우탄, 피그미침팬지 등 유인원도 자신이 다른 개체의 입장이 됐을 때 어떤 생각을 할지 미루어 짐작해 보는 능력이 있다는 연구 결과가 나왔다. 그동안 다른 개체의 입장에서 생각을 미루어 짐작해 보는 능력은 사람에게만 있는 것으로 여겨져 왔다. 연구 팀은 오랑우탄 40마리에게 심리 테스트를 위해 제작한 영상을 보여주었다. 그들은 '시선 추적기'라는 특수 장치를 이용하여 오랑우탄들의 시선이 어디를 주목하는지 조사하였다. 영상에는 유인원의 의상을 입은 두 사람 A와 B가 싸우는 장면이 보인다. A와 싸우던 B가 건초 더미 뒤로 도망친다. 화가 난 A가 문으로 나가자 B는 이 틈을 이용해 옆에 있는 상자 뒤에 숨는다. 연구 팀은 몽둥이를 든 A가 다시 등장하는 장면에서 피험자 오랑우탄들의 시선이 어디로 향하는지를 분석하였다. 이 장면에서 오랑우탄 40마리 중 20마리는 건초 더미 쪽을 주목했다. B가 숨은 상자를 주목한 오랑우탄은 10마리였다. 이 결과를 토대로 연구 팀은 피험자 오랑우탄 20마리는 B가 상자 뒤에 숨었다는 사실을 모르는 A의 입장이 되어 건초 더미를 주목했다는 ㉠해석을 제시하였다. 이 실험으로 오랑우탄에게도 다른 개체의 생각을 미루어 짐작하는 능력이 있는 것으로 볼 수 있으며, 이러한 점은 사람과 유인원의 심리 진화 과정을 밝히는 실마리가 될 것으로 보인다.

① 건초 더미와 상자 중 어느 쪽도 주목하지 않은 나머지 오랑우탄 10마리는 영상 속의 유인원이 가짜라는 것을 알고 있었다.
② 사람 40명을 피험자로 삼아 같은 실험을 하였더니 A의 등장 장면에서 30명이 건초 더미를 주목하였다.
③ 새로운 오랑우탄 40마리를 피험자로 삼고 같은 실험을 하였더니 A의 등장 장면에서 21마리가 건초 더미를 주목하였다.
④ 오랑우탄 20마리는 단지 건초 더미가 상자보다 자신들에게 가까운 곳에 있었기 때문에 건초더미를 주목한 것임이 밝혀졌다.

SOLUTION

해설 ㉠ '해석'은, 오랑우탄 20마리는 B가 상자 뒤에 숨은 것을 몰라서 건초 더미 쪽을 보았다는 A의 입장에서 생각했다는 것이다. 그런데 오랑우탄 20마리가, 단지 건초 더미가 상자보다 가까운 곳에 있었기 때문에 건초 더미를 주목했다는 것은, 그들이 건초 더미를 주목한 것이 A의 입장에서 생각했기 때문이 아니라는 의미이므로 ㉠을 반박한다. 따라서 이 진술은 ㉠을 약화한다.

오답풀이 ① 아무것에도 주목하지 않았던 오랑우탄에 대한 정보는 ㉠과 무관하므로, 약화하지 않는다.
② 사람을 대상으로 한 실험 결과는 오랑우탄을 대상으로 한 실험 결과에 대한 해석인 ㉠과 무관하므로, 약화하지 않는다.
③ 새로운 오랑우탄을 대상으로 실험을 해도 앞선 실험과 유사한 결과를 얻은 것은 ㉠을 약화하지 않는다.

정답 ④

094 다음 글의 주장을 약화하는 진술을 〈보기〉에서 골라 짝지은 것은?

2005 국가공무원 5급 PSAT 변형

과학자는 자신의 연구와 관련해 사회적 책임을 져야 한다고 주장하는 사람들이 있다. 하지만 나는 순수 과학 분야에 종사하는 과학자의 경우에는 이런 문제에 신경 쓰지 않아도 된다고 생각한다. 만약 과학자가 사회적으로 책임을 질 일이 있다면, 그것은 응용과학 분야에 종사하는 과학자들에게나 적용되는 말이다. 순수 과학에 관한 한, 과학자의 책임은 연구 결과를 대중에게 적절히 알리는 것뿐이다.

보기

㉠ 응용과학은 순수 과학보다 발전 속도가 더 빠르다.
㉡ 순수 과학과 응용과학의 구분이 쉽지 않다.
㉢ 응용과학 분야에 종사하는 과학자의 수가 순수 과학 분야에 종사하는 과학자의 수보다 많다.
㉣ 순수 과학도 인간과 환경에 긍정적인 영향뿐만 아니라 부정적인 영향을 미친다.

① ㉡
② ㉠, ㉢
③ ㉡, ㉣
④ ㉠, ㉢, ㉣

SOLUTION

해설 ㉡ 글쓴이는 사회적 책임은 응용과학 분야에 종사하는 과학자들만이 져야 하며, 순수 과학 연구자들은 그 책임을 질 필요가 없다고 주장하고 있다. 이는 순수 과학과 응용과학을 구분해 사회적 책임 여부를 판단한 것이다. 그런데 순수 과학과 응용과학의 구분이 쉽지 않다는 진술은, 순수 과학과 응용과학은 구분된다는 전제를 약화하는 것이다.
㉣ 글쓴이는 순수 과학의 연구는 사회적으로 책임을 질 일과는 관련이 없다고 주장한다. 따라서 순수 과학도 인간과 환경, 즉 사회에 부정적인 영향을 미친다는 것은 이러한 주장을 반박하는 것이므로, 글쓴이의 주장을 약화할 것이다.

오답풀이 ㉠·㉢ 과학의 발전 속도나 과학자의 수에 대한 비교는 글쓴이의 주장과 무관하므로, 그 주장을 약화하지 않는다.

정답 ③

095 다음 글의 논지를 약화하는 것으로 가장 적절한 것은?

재래시장 활성화를 위해 현재 시행되고 있는 대표적인 방안은 시설 현대화 사업과 상품권 사업이다. 시설 현대화 사업은 시장의 주차장과 지붕을 만드는 공사가 중심이었으나, 단순하고 획일적 사업으로 효과를 내지 못하고 있다. 상품권 사업도 명절 때마다 재래시장 살리기를 호소하는 차원에서 이루어지기 때문에 사업이 정착되기까지는 많은 시간이 필요한 실정이다.

그렇다면 재래시장을 활성화할 근본 방안은 무엇일까? 현재 재래시장의 주 고객은 장년층과 노년층이며, 젊은이들은 재래시장을 외면하고 있다. 하지만 재래시장의 가치를 높이기 위해서는 젊은이들이 찾는 시장이어야 하며, 그러기 위해서는 대형 유통업체와의 차별화가 중요하다. 또한 상인들은 젊은이들의 기호에 맞추려는 노력을 해야 한다. 다시 말해 스스로 생존할 수 있는 힘을 길러야 한다. 재래시장을 살리기 위해 정부가 아무리 지원해도 정작 소비자를 상대하는 상인이 변하지 않으면 전통 시장은 몰락할 수밖에 없다. 이런 조건들이 갖추어졌을 때 대형 유통업체와 경쟁할 수 있는 힘을 가지게 된다. 상인들 스스로 노력하여 신자유주의의 급변하는 파고 속에서도 물고기를 잡는 방법을 터득한다면 우리의 신명 나는 전통이 묻어나는 재래시장이 다시 살아날 것이다.

① 2030 세대를 대상으로 한 설문 조사 결과 재래시장보다 대형 온라인 쇼핑몰을 선호한다는 응답이 월등히 많았다.
② 시설 현대화 지원 사업을 진행한 재래시장 중 절반 이상에서 매출액과 고객 수가 감소했다는 통계가 발표되었다.
③ A시의 한 전통 시장은 상인들이 자비로 점포를 리모델링하는 등 자구책을 마련했지만 주변에 대형마트가 새로 들어서자 손님의 발길이 끊겼다.
④ 퇴근 후 밤늦게 장을 보는 젊은 세대의 특성을 고려하여 국내 유통업체 폐점 시간을 조사한 결과 재래시장은 평균 저녁 7시경, 대형 마트는 밤 10시였다.

SOLUTION

해설 전통 시장 상인들이 노력을 했음에도 손님 발길이 끊긴 사례는 재래시장 상인들이 스스로 노력해야 재래시장을 활성화시킬 수 있다는 이 글의 논지를 반박한다. 따라서 이 글의 논지를 약화한다.

오답풀이 ① 현재 재래시장은 젊은 세대의 외면을 받고 있다는 주장에 부합하므로, 이 글의 논지를 약화하지 않는다.
② 시설 현대화 사업이 재래시장 활성화에 도움이 되지 않는다는 것이 이 글의 논지이다. 따라서 시설 현대화 지원 사업의 결과가 부정적이라는 통계 발표는 이 글의 논지를 뒷받침하는 근거이므로, 이 글의 논지를 약화하지 않는다.
④ 밤늦게 장을 보는 젊은 세대의 특성에 재래시장은 맞지 않고 대형마트는 맞다는 사실은 재래시장이 젊은이들의 기호에 맞지 않는다는 이 글의 논지를 뒷받침한다. 따라서 이 글의 논지를 약화하지 않는다.

정답 ③

096 다음 글에 대한 평가로 가장 적절한 것은?

영국인 사회 언어학자인 A는 자신의 고향 노리지를 포함한 여러 영어 사용 지역을 조사한 끝에 여성 화자의 언어가 남성 화자의 언어보다 대체로 더 규범 지향적이라는 사실을 밝혀냈다. 예컨대 문법에 어긋나는 것으로 간주되는 중복 부정문은 영어 사용자들의 일상 회화에서 흔히 들리지만, 모든 계급에 걸쳐서 이런 식의 표현을 여성이 남성보다 훨씬 덜 사용한다는 것이 밝혀졌다.

문법에 어긋나는 비표준 언어가 남성 일반에 스며 있는 이유를 설명하면서 A는 다른 사회 언어학자가 주장한 '은밀한 위세' 개념을 차용했다. 이런 비표준 언어는 대체로 노동 계급의 언어지만, 그 '거칢'의 이미지가 '남성다움'의 위세를 은밀히 드러내 모든 계급의 남성 화자들에게 매력적으로 비친다는 것이다. 반면에 여성 화자들은 남성에 견주어 사회로부터 '올바른' 행동을 할 것이 더 기대되는 경향이 있고, 그래서 표준어 규범에 더 쉽게 순응한다는 것이다.

① 남성이 여성보다 비표준어를 더 사용하는 경향이 높다면, A의 주장은 약화된다.
② 개인의 행동은 사회적 평가와 기대에 의해 크게 좌우된다면, A의 주장은 약화된다.
③ 하류층은 표준어 사용을 통해 상류층의 언어 스타일을 모방하려는 경향이 강하다면, A의 주장은 강화된다.
④ 남성이 대화 중 욕설을 자주 섞어 쓰는 이유가 남성다움을 드러내기 위해서로 밝혀진다면, A의 주장은 강화된다.

SOLUTION

출전 2012 지방직 7급, 지문 발췌

해설 A는 비표준 언어가 '남성다움'의 위세를 은밀히 드러내기 때문에 남성이 여성보다 비표준 언어를 사용하는 경향이 있다고 주장한다. 따라서 남성이 욕설을 쓰는 이유가 남성다움을 드러내기 위해서라는 사례는 A의 주장을 뒷받침하므로, A의 주장은 강화된다.

오답풀이 ① 남성이 여성보다 비표준 언어를 더 사용한다는 것은 이 글의 논지에 부합하므로, A의 논지는 약화되지 않는다.
② 사회적 평가와 기대에 따라 개인의 행동이 달라진다면, 올바른 행동을 할 것이라는 사회의 기대에 따라 여성 화자들이 표준어를 더 사용하는 이유를 설명할 수 있다. 따라서 A의 주장은 약화되지 않는다.
③ 상류층을 모방하기 위한 하류층의 표준어 사용은 A의 주장과 무관하다. 따라서 A의 주장은 강화되지 않는다.

정답 ④

097 다음 글에 대한 평가로 가장 옳은 것은?

> 우리는 다이어트를 통해 자신감을 얻을 수 있습니다. 다이어트의 결과로 마른 몸을 얻게 된 많은 사람들은 타인 앞에 서는 것을 부끄러워하거나 두려워하지 않습니다. 그리고 그들 대부분은 타인과 적극적으로 대인 관계를 맺고 사람들과 좋은 관계를 유지합니다. 어떤 연예인은 다이어트 이후 대중 앞에 더 당당하게 설 수 있었다고 합니다. 그리고 많은 사람들이 그 모습에 호감을 느끼고 그녀를 더욱 아끼게 되었다고 합니다. 이것은 다이어트가 자신감을 형성해 준다는 것을 보여 주는 좋은 예라고 할 수 있습니다.

① 외모가 아닌 성격이 긍정적인 대인 관계를 유지하는 데 미치는 영향이 절대적이라면, 이 글의 논지는 강화된다.
② 인간이 정체성을 형성하는 데 타인의 평가가 매우 중요한 영향을 미친다면, 이 글의 논지는 약화된다.
③ 당류 함량이 높은 디저트가 인기를 끌면서 10~20대의 비만 인구가 증가했다면, 이 글의 논지는 강화된다.
④ 다이어트 전에 자신감이 없던 사람은 다이어트 후에도 자신감을 회복하지 못한다면, 이 글의 논지는 약화된다.

SOLUTION

해설 다이어트로 외적인 변화가 일어나도 여전히 자신감이 없다는 것은 다이어트를 통해 얻은 날씬한 외모가 자신감을 형성해 준다는 이 글의 논지를 반박한다. 따라서 이 글의 논지는 약화된다.

오답 풀이 ① 날씬한 외모가 대인 관계에 긍정적인 영향을 미친다는 것이 이 글의 논지이다. 외모가 아닌 성격이 대인 관계에 미치는 영향이 절대적이라는 것은 이 글의 논지를 반박하므로, 이 글의 논지를 강화하지 않는다.
② 외모로 얻은 타인의 호감을 통해 자신감을 형성한다는 것이 이 글의 논지이다. 정체성 형성에 타인의 평가가 중요하다는 것은 이 글의 논지에 부합하므로, 이 글의 논지를 약화하지 않는다.
③ 당류 함량이 높은 디저트 때문에 비만 인구가 증가한 것은 이 글의 논지와 무관하므로, 이 글의 논지를 강화하지 않는다.

정답 ④

098 다음 글의 논지를 강화하는 것만을 〈보기〉에서 모두 고르면?

> 1981년부터 1996년 사이에 출생한 세대를 의미하는 밀레니엄 세대는 처음부터 인터넷과 함께 자란, 사회적 네트워킹과 문자 메시지 등이 몸에 배어 있는 첫 세대이다. 연구에 따르면, 이들이 생산해 낸 정보와 커뮤니케이션 기술이 이들의 집단적 정신에 반영되는 것으로 밝혀졌다. 밀레니엄 세대는 자신의 집단 내의 다른 사람에 대한 공감을 더 많이 느끼고 각 개인의 관점을 이해하려 한다.
>
> 또한 그들은 집단의 구성원 각각의 의견을 차별하지 않고, 협력해서 일을 하여, 집단 여론을 추구하는 경향이 강하다. 인터넷과 함께 자랐기 때문에 그들은 전문가의 견해에 비판적이며 대중의 결합된 지혜를 더 신뢰하는 편이다. 그들은 중앙 집중식 지휘 통제와 상명 하달식 권위 행사를 신뢰하지 않고, 오픈 소스 모델처럼 수평적으로 참여하는 지식 수렴에 더 적극적으로 반응한다.
>
> 그들은 또 구세대에 비해 정부의 역할을 더 많이 강조하는 편이다. 즉 밀레니엄 세대는 정부가 보장하는 의료 보험을 지지하면서, 정부가 자신의 몸을 스스로 돌볼 수 없는 사람을 돌볼 책임이 있다고 믿는다.

── 보기 ──
㉠ 밀레니엄 세대는 자신의 집단에 속한 구성원들의 관점을 이해하기보다는 자기표현과 경쟁에 더 집중하는 경향이 있다.
㉡ 최근 조사 결과, 국민 건강 보험과 관련된 기사에 부정적인 댓글을 남긴 사람들 중 상당수가 밀레니엄 세대인 것으로 나타났다.
㉢ 밀레니엄 세대를 대상으로 한 설문 조사 결과, 밀레니엄 세대가 강압적이고 위계적인 리더십보다 투명하고 소통이 활발한 리더십을 선호한다고 밝혀졌다.

① ㉡
② ㉢
③ ㉠, ㉡
④ ㉠, ㉢

SOLUTION

출전 제러미 리프킨, 《공감의 시대》, 수정

해설 ㉢ 2문단에 따르면, 밀레니엄 세대는 중앙 집중식 지휘 통제, 상명 하달식 권위 행사를 신뢰하지 않고, 수평적으로 참여하는 지식 수렴에 적극적으로 반응한다. 밀레니엄 세대가 강압적이고 위계적인 리더십보다 투명하고 소통이 활발한 리더십을 선호한다는 것은 이 글의 논지에 부합하는 설문 조사 결과이므로, 이 글의 논지를 강화한다.

오답 풀이 ㉠ 1문단에 따르면, 밀레니엄 세대는 자신의 집단 내의 다른 사람에 대한 공감을 더 많이 느끼고 각 개인의 관점을 이해하려 한다. 밀레니엄 세대가 자기 표현과 경쟁에 더 집중한다는 것은 이를 반박하는 내용이므로 이 글의 논지를 강화하지 않는다.
㉡ 마지막 문단에 따르면, 밀레니엄 세대는 정부가 보장하는 의료 보험을 지지한다. 하지만 국민 건강 보험에 대한 밀레니엄 세대의 부정적 인식은 이 글의 논지를 반박하므로, 이 글의 논지를 강화하지 않는다.

정답 ②

099 다음 글에 대한 평가로 적절하지 않은 것은?

접촉의 형식이 언어 변화에 영향을 미치는 요소로 지적되고 있다. 언어 변화에 결정적인 영향력을 미치는 것은 라디오나 텔레비전 등의 매체를 통한 접촉이 아니라 사람과 사람이 직접 얼굴을 맞대고 하는 접촉이라는 것이 일반적인 견해로 알려져 있다. 매체는 어떤 마음의 자세를 준비하게 하는 구실을 하여, 나중에 직접 어떤 사람에게서 새 어형을 접했을 때 그것이 텔레비전에서 자주 듣던 것이면 더 쉽게 그쪽으로 마음의 문을 열게 하는 면에서 영향력을 행사한다. 하지만 새 어형이 전파되는 데에는 매체를 통해서보다 상면하는 사람과의 직접적인 접촉이 더 큰 영향을 미친다. 한 연구에 따르면, 사람들은 한두 사람의 말만 듣고 언어 변화에 가담하지는 않으며, 주위의 여러 사람들이 다 같은 새 어형을 쓸 때 비로소 그것을 받아들이게 된다고 한다. 매체를 통해서보다 자주 접촉하는 사람들을 통해 언어 변화가 진전된다는 사실은 언어 변화의 여러 면을 바로 이해하는 한 핵심적인 내용이라 해도 좋을 것이다.

① SNS에서 처음 접한 유행어를 곧바로 자신의 SNS 게시물에 사용했다면, 이 글의 논지는 약화된다.
② 신조어가 주로 같은 공간에서 자주 만나고 말하는 친구들 간의 직접 접촉을 통해 퍼진다면, 이 글의 논지는 강화된다.
③ 면 대 면 의사소통을 통한 반복 노출보다 매체를 통한 반복 노출이 언어 수용에 큰 영향을 미친다면, 이 글의 논지는 약화된다.
④ 일대일 대화 상황에서보다 일대다 대화 상황일 때 공식적인 언어를 사용하는 경향이 있다면, 이 글의 논지는 강화된다.

100 다음 글의 논지를 약화하는 것으로 가장 적절한 것은?

모든 것에는 빛이 있듯 그늘이 있다. 기술의 발달로 인해 야기되는 문제점들은 한두 가지가 아니다. 산업화 이후에는 환경 오염, 생태계 파괴, 자원 고갈 등의 문제가 제기되었고, 디지털 사회에 들어와서는 개인의 프라이버시, 생명 윤리 등의 문제가 제기되었다. 기술에 대해 불신하는 사람들은 이러한 점들을 나열하면서 기술이 인간의 자유를 증대하기는커녕 인간을 억압하고 있다고 비판한다. 하지만 인류를 위협하는 이 문제들의 근본적인 원인은 기술 자체의 문제가 아요, 기술을 이용하는 인간, 사회 시스템을 운영하는 인간의 문제이다.

기술의 쓰임새에는 양면성이 있다. 유전 공학은 수많은 난치병에서 인간을 해방하여 인간다운 삶을 살게 할 수도 있지만, 생명 질서의 파괴로 이어질 수도 있다. 개인의 정보에 기반한 빅 데이터와 사물 인터넷은 우리에게 수많은 편리성을 제공하기도 하지만 프라이버시 침해와 정보 독점이라는 문제를 일으킬 수도 있다. 하지만 이는 법과 제도가 미처 기술의 진보를 따라가지 못해서 발생하는 문제이다.

기술은 본래 가치 중립적이다. 과학과 기술이 낳은 문제는 더 발달한 기술이 해결할 수 있다. 기술이 가진 그늘만 보면서 발전해 나가는 미래를 비관할 필요는 없다. 인간은 매 순간 보다 합리적인 방안을 찾을 수 있다.

① CCTV 기술의 발전보다 법적 규제가 뒤처지면서 사생활 침해 문제가 불거졌다.
② 본래 정밀 폭격 목적으로 개발된 드론은 현재 공공 안전과 환경 보호 등 평화적 용도로 전환되어 활용되고 있다.
③ 기후 과학자들은 화석 연료로 인한 기후 변화가 너무 광범위하고 복잡하여 인간이 완전히 통제하기 어렵다고 주장했다.
④ 미세 플라스틱으로 인한 환경 오염은 지속 가능성을 고려하지 않은 인간의 사용 방식으로 인해 발생한 것임이 밝혀졌다.

101 다음 글의 내용을 강화하는 것을 〈보기〉에서 모두 고른 것은?

> 최근 코로나19로 비대면 문화가 확산되는 가운데 사람과 상호 작용하는 소셜 로봇이 점점 더 주목받고 있다. 반려 로봇, 돌봄 로봇, 사교 로봇 등 감성을 지닌 AI 로봇이 발달하고 이와 관련된 산업이 커짐에 따라 소셜 로봇은 점차 우리 일상 속으로 들어오고 있다.
>
> 하지만 소셜 로봇의 대중화는 사람의 감성에 악영향을 끼칠 것이라고 경고하는 학자도 있다. MIT의 저명한 심리학자 셰리 터클은 소셜 로봇이 사람의 감성 특히 아이들의 공감 능력에 악영향을 끼칠 것을 경고하였다. 로봇이 흉내 낸 감성과 사랑으로는 복잡한 사람의 심리 상태를 온전히 이해할 수 없으며, 이로 인해 인간의 고통과 감성에 둔감해져 인간성의 핵심을 망각하게 될 수 있다는 것이다.
>
> 또한 사람과 감성적 소통이 가능한 AI 반려 로봇은 우리가 사람과의 관계에서 생기는 정서적 부담을 회피할 수 있도록 함으로써, 기존에 사람들끼리 맺어온 유대와 감정적 관계에 근본적 변화가 생길 수 있다. 감성을 표현하는 AI가 발달함에 따라 이에 대한 사람들의 의존도도 심화될 것이며, 자신의 기대나 예상과 다르게 반응하는 인간의 감성에 대응하고 소통하는 것이 어려워질 수 있다.

〈보기〉
㉠ AI 로봇과만 소통한 아이들의 공감 능력이 이전보다 증가했다는 보고가 있다.
㉡ 돌봄 로봇과 함께 생활하는 노인들은 이전보다 대면 관계에서 분노를 조절하는 능력이 현저히 떨어졌다.
㉢ 기아로 고통 받고 있는 아프리카 아이들의 영상을 보여 주었을 때, 반려 로봇을 키우는 아이들의 뇌파가 평상시와 변화가 없었다는 실험 결과가 있다.

① ㉠
② ㉠, ㉡
③ ㉡, ㉢
④ ㉠, ㉡, ㉢

102 다음 글에 대한 평가로 적절한 것을 〈보기〉에서 모두 고르면?

> 오스트랄로피테쿠스는 약 400만 년 전에서 200만 년 전 사이에 아프리카에서 살았던 초기 인류이다. 한때 오스트랄로피테쿠스가 과일만 먹었을 것이라고 믿은 적도 있었다. 따라서 오스트랄로피테쿠스 속(屬)과 사람 속을 가르는 선을 고기를 먹는지 여부로 정했었다. 그러나 남아프리카공화국의 한 동굴에서 발견된 200만 년 된 유골 4구의 치아에서는 이와 다른 증거가 발견됐다. 인류학자 맷 스폰하이머와 줄리아 리소프는 이 유골의 치아 사기질의 탄소 동위 원소 구성 중 ^{13}C의 비율이 과일만 먹은 치아보다 열대 목초를 먹은 치아와 훨씬 더 가깝다는 것을 발견했다. 식생활 동위 원소는 체내 조직에 기록되기 때문에 이 발견은 오스트랄로피테쿠스가 상당히 많은 양의 풀을 먹었거나 이 풀을 먹은 동물을 먹었다는 추측을 가능케 한다. 그런데 같은 치아에서 풀을 씹어 먹을 때 생기는 마모는 전혀 보이지 않았기 때문에 오스트랄로피테쿠스 식단에서 풀을 먹는 동물이 큰 부분을 차지했다는 결론을 내릴 수 있다.

〈보기〉
㉠ 오스트랄로피테쿠스가 식량 확보를 위해 사냥을 했다는 고고학적 증거가 발견된다면, 이 글의 논지는 강화된다.
㉡ 300만 년 전의 아프리카에서 발견된 인류의 치아에서 육류를 씹을 때 생기는 마모 자국이 발견된다면, 이 글의 논지는 강화된다.
㉢ 맷 스폰하이머와 줄리아 리소프가 발견한 4구의 유골이 오스트랄로피테쿠스와는 다른 종의 인류로 인정된다면, 이 글의 논지는 약화된다.

① ㉠, ㉡
② ㉠, ㉢
③ ㉡, ㉢
④ ㉠, ㉡, ㉢

103 다음 글의 논지를 강화하는 것은?

> 미국의 언어 생태학자 드와잇 볼링거는 물과 공기 그리고 빛과 소리처럼 흐르는 것은 하나같이 오염 물질을 지니고 있으며 그것은 언어도 예외가 아니라고 밝힌다. 실제로 환경 위기나 생태계 위기 시대에 언어 오염은 환경 오염에 못지않게 아주 심각하다. 환경 오염이 자연을 죽음으로 몰고 가듯이 언어 오염도 인간의 정신을 황폐하게 만든다.
> 전자 기술의 눈부신 발달에 힘입어 영상 매체가 활자 매체를 밀어내고 그 자리에 이미지의 왕국을 세우면서 언어 오염은 날이 갈수록 더욱 심해져만 간다. 문명이 발달하면서 어쩔 수 없이 환경 오염이 생겨나듯이 언어 오염도 문명의 발달에 따른 자연스러운 언어 현상이므로 그렇게 우려할 필요가 없다고 주장하는 학자도 없지 않다. 그러나 컴퓨터를 통한 통신 언어에 따른 언어 오염은 이제 위험 수준을 훨씬 넘어 아주 심각한 지경에 이르렀다. 환경 오염을 그대로 방치해 두면 환경 재앙을 맞게 될 것이 불을 보듯 뻔한 것처럼 언어 오염도 인간의 영혼과 정신을 멍들게 할 뿐만 아니라 궁극적으로는 아예 의사소통 자체를 불가능하게 만들지도 모른다. '언어 재앙'이 이제 눈앞의 현실로 바짝 다가왔다.

① 인간은 선천적으로 언어 능력을 타고난다.
② 우리가 사용하는 언어는 인식의 틀과 사고의 방향을 결정한다.
③ 언어는 인간 사고의 표현 수단일 뿐 사고 자체에 영향을 미치지 않는다.
④ 디지털 환경에서 등장한 새로운 어휘나 언어 형식은 오히려 세대 간, 문화 간 소통 방식을 넓히는 역할을 한다.

104 다음 글의 논지를 강화할 수 있는 사례로 적절하지 않은 것은?

> 광고는 우리에게 상품의 소비가 절대선(絕對善)임을 끊임없이 세뇌한다. 광고의 세례를 받는 동안, 우리는 상품의 소비를 통해서 현실에 대한 불안과 공포에서 벗어나고 미래에 대한 낙관적인 전망을 가지게 된다. 광고의 중요 기능 중의 하나는 상품에 대한 과학적 정보의 제공이라고 흔히 말한다. 그러나 그런 기능을 하는 광고란 없다. 20초라는 한정된 시간 때문이라지만, 광고의 본래 기능인 상품의 바른 사용에 필요한 생활 과학적 정보는 증발하고 상품과는 상관없는 뜬구름 같은 이미지만이 너울거린다. 어떤 특정 상품과 그 상품과 무관한 아름답고 감미로운 이미지를 결합시키는 것은 그래도 봐 줄만하다. 왜냐하면, 상품 자체에 내재되어 있는 부정적인 자질·기능·덕목 등을 긍정적인 것으로 둔갑시켜 우리의 올바른 판단을 방해하는 광고 사례도 적지 않기 때문이다. 이것보다 더 심각한 것은 광고와 기사, 또는 광고와 프로그램의 경계가 애매해져 가는 현상이다. 특히 문제가 되는 것은 방송 프로그램에 출연하고 있는 사람들이 그 프로그램의 앞뒤 광고에서 프로그램에서 형성된 이미지를 이용하고 있고, 광고에서 획득한 이미지를 거꾸로 프로그램에 투영하는 것이다. 이런 사례가 늘어나다 보니 프로그램과 광고의 구분이 점점 어려워진다.

① 온라인 교육 기업 A는 AI 기능이 있는 학습용 기기를 사용하면 모두 1등이 될 수 있다고 광고했다.
② 전자 제품 제조업체 B는 자사 스마트폰이 구현하는 다양한 기술적 가능성을 광고를 통해 설명했다.
③ 건강 기능 식품 회사 C는 자사의 광고를 광고 모델이 나오는 건강 정보 프로그램 전후에 배치하였다.
④ 햄버거 업체 D는 고칼로리·고지방 식품을 "우리 아이가 좋아하는 맛!"으로 광고하여 맛과 재미를 강조했다.

105 다음 글의 논지에 대한 평가로 가장 적절한 것은?

한 번에 두 가지 이상의 일을 할 때 당신은 마음에게 흩어지라고 지시하는 것입니다. 그것은 모든 분야에서 좋은 성과를 내는 데 필수적인 요소가 되는 집중과는 정반대입니다. 당신은 자신의 마음이 분열되는 상황에 처하도록 하는 경우도 많습니다. 마음이 흔들리도록, 과거나 미래에 사로잡히도록, 문제들을 안고 낑낑거리도록, 강박이나 충동에 따라 행동하는 때가 그런 경우입니다. 예를 들어, 읽으면서 동시에 먹을 때 마음의 일부는 읽는 데 가 있고, 일부는 먹는 데 가 있습니다. 이런 때는 어느 활동에서도 최상의 것을 얻지 못합니다. 다음과 같은 부처의 가르침을 명심하세요. '걷고 있을 때는 걸어라. 앉아 있을 때는 앉아 있어라. 갈팡질팡하지 마라.' 당신이 하는 모든 일은 당신의 온전한 주의를 받을 가치가 있는 것이어야 합니다. 단지 부분적인 주의를 받을 가치밖에 없다고 생각하면, 그것이 진정으로 할 가치가 있는지 자문하세요.

① 집중했는데도 좋은 성과를 내지 못했다면, 이 글의 논지는 강화된다.
② 뇌는 여러 일을 동시에 처리하는 데 적합하지 않다면, 이 글의 논지는 약화된다.
③ 운동선수가 신발 끈을 묶으면서 머릿속으로 시합의 전략을 잘 짜 매번 시합에서 승리했다면, 이 글의 논지는 약화된다.
④ 동시에 여러 가지 일을 수행하는 멀티태스킹이 집중력을 떨어뜨린다면, 이 글의 논지는 약화된다.

106 갑~병의 주장에 대한 평가로 적절한 것만을 〈보기〉에서 모두 고르면?

갑: 유전자 복제로 태어난 인간은 본질적으로 나와 같은 인간이다. 그 이유는 인간의 대부분의 특성이 유전적 정보에 의해 결정되기 때문이다. 감정, 성격, 질병 감수성 등 다양한 심리적·신체적 특성이 유전자를 기반으로 한다는 점에서 나와 동일한 DNA를 가지는 복제 인간은 외형뿐 아니라 내부적 특성에서 나와 구분할 수 없다.

을: 인간의 정체성은 유전자가 아니라 개인이 겪은 경험과 기억, 그리고 그에 따라 형성된 자아의식에 의해 결정된다. 복제된 존재는 내가 살아온 삶을 공유하지 않으며, 나의 고유한 기억이나 감정을 가지고 있지도 않다. 설령 유전적으로 동일하더라도 의식의 흐름과 자아의 형성은 완전히 독립적으로 이루어지므로 복제인은 나와는 전혀 다른 존재다.

병: 인간의 의식과 자아는 뇌의 물리적 구조에서 비롯된다. 신경 과학 연구에 따르면, 특정 감정이나 판단은 뇌의 특정 영역에서 반복적으로 활성화된다. 이는 뇌신경의 동일한 자극을 통해 동일한 정신적 결과를 낳을 수 있음을 보여 준다. 이러한 관점에서 본다면, 유전자가 동일하고, 뇌의 발달 과정과 환경까지 유사하게 설정된다면 복제 인간은 나와 매우 유사한 의식 구조를 가질 수 있으며, 이 조건에서는 '나와 같은 인간'으로 간주될 수 있다.

〈보기〉

㉠ 유전자가 동일한 일란성 쌍둥이가 생물학적으로 구분된다는 사실은 갑의 주장을 약화한다.
㉡ 양육 방식, 문화적 맥락 등의 후천적 환경에 따라 인간의 자아가 지속적으로 변화한다는 사실은 을의 주장을 강화한다.
㉢ 동일한 장면을 보고 어떤 사람은 웃고 어떤 사람은 우는 것은 병의 주장을 강화한다.

① ㉠
② ㉠, ㉡
③ ㉡, ㉢
④ ㉠, ㉡, ㉢

02 | 견해 평가

107 다음 대화를 분석한 내용으로 적절하지 않은 것은?

2025 지방직 9급

> 갑: 언어는 인간의 지각과 사고, 세계관 등을 결정해. 인간 사고의 내용과 구조는 언어에 의해 형성되며, 이 때문에 동일한 언어를 쓰는 민족은 그 언어에 의해 형성된 공통된 세계관을 갖게 되지. 사고가 언어에 영향을 미치는 것이 아니라 실은 그 반대야.
> 을: 나는 동의할 수 없어. 언어는 인간의 사고를 표현하는 도구에 불과해서 사고가 언어에 영향을 미친다고 봐야 해. 따라서 사고의 차이가 언어의 차이를 낳지.
> 병: 그렇긴 하지. 사고의 깊이가 깊은 사람은 그렇지 않은 사람에 비해 구사하는 언어의 수준이 높아. 하지만 나는 언어가 사고에 영향을 미친다는 것도 동의해. 남미의 어떤 부족은 방향을 표현할 때 '왼쪽'이나 '오른쪽'이 아니라 '북서쪽'과 같이 절대 방위로 표현하는데, 이 언어를 쓰는 사람들의 공간 감각은 이 언어를 쓰지 않는 사람들보다 더 뛰어나다고 하거든.
> 갑: 언어가 다르면 세계를 다르게 인식해. 어떤 언어의 화자가 자기 언어의 색채어에 맞추어 색깔을 구별하는 것을 그 사례로 들 수 있어. 이런 점에서 언어가 없다면 인식하고 사고할 수 없다는 말도 성립해.
> 을: 언어가 미숙한 유아라든지 언어가 없는 동물들도 자신들이 직면한 문제에 대해서 사고하고 판단하잖아. 이건 언어가 사고에 영향을 미치지 못한다는 증거이지.
> 병: 나는 언어와 사고의 관계가 어느 한쪽이 일방적으로 영향을 주는 게 아니라 서로 영향을 주고받으면서 발전한다고 생각해.

① 언어와 사고가 서로 영향을 주고받는 관계라는 점에 대해 갑과 을은 동의하지 않지만 병은 동의한다.
② 사고가 언어에 영향을 미친다는 점에 대해 갑은 동의하지만 을은 동의하지 않는다.
③ 언어가 다르면 세계를 다르게 인식한다는 점에 대해 갑과 병은 동의한다.
④ 사고의 차이가 언어의 차이를 낳는다는 점에 대해 을과 병은 동의한다.

108 갑~병의 주장을 분석한 내용으로 적절한 것만을 〈보기〉에서 모두 고르면?

인혁처 2차 예시 문제

> 갑: 오늘날 사회는 계급 체계가 인간의 생활을 전적으로 규정하지 않는다. 실제로 많은 사람이 사회 이동을 경험하며, 전문직 자격증에 대한 접근성 또한 증가하였다. 인터넷은 상향 이동을 위한 새로운 통로를 제공하고 있다. 이에 따라서 전통적인 계급은 사라지고, 이제는 계급이 없는 보다 유동적인 사회 질서가 새로 정착되었다.
> 을: 지난 30년 동안 양극화는 더 확대되었다. 부가 사회 최상위 계층에 집중되는 것에 대한 우려가 커지고 있다. 과거 계급 불평등은 경제 전반의 발전을 위해 치를 수밖에 없는 일시적 비용이었다고 한다. 하지만 경제 수준이 향상된 지금도 이 불평등은 해소되지 않고 있다. 오늘날 세계화와 시장 규제 완화로 인해 빈부 격차가 심화되고 계급 불평등이 더 고착되었다.
> 병: 오랫동안 지속되었던 계급의 전통적 영향력은 확실히 약해지고 있다. 하지만 현대 사회에서 계급 체계는 여전히 경제적 불평등의 핵심으로 남아 있다. 사회 계급은 아직도 일생에 걸쳐 개인의 삶에 큰 영향을 미친다. 특정 계급의 구성원이라는 사실은 수명, 신체적 건강, 교육, 임금 등 다양한 불평등과 관련된다. 이는 계급의 종말이 사실상 실현될 수 없는 현실적이지 않은 주장이라는 점을 보여 준다.

〈보기〉
㉠ 갑의 주장과 을의 주장은 대립하지 않는다.
㉡ 을의 주장과 병의 주장은 대립하지 않는다.
㉢ 병의 주장과 갑의 주장은 대립하지 않는다.

① ㉠
② ㉡
③ ㉠, ㉢
④ ㉡, ㉢

109 다음 대화를 분석한 내용으로 적절하지 않은 것은?

2024 지방직 7급

갑: 어제 백화점에 갔었는데, 점원이 "손님, 지불액은 삼십만 원이세요."라고 하더라고. 이런 과도한 표현을 '사물 높임'이라고 하던데, 이런 표현을 쓰는 것은 그게 잘못된 표현인 걸 모르기 때문이라고 생각해.

을: 이런 표현은 분명 잘못됐어. 그런데 얼마 전에 통계를 보니까 서비스업 종사자 가운데 80% 이상이 '사물 높임'이 잘못된 표현인 걸 알면서도 고객이 이 같은 표현을 선호하기 때문에 불가피하게 쓴다고 하더라고.

병: 나는 '사물 높임'을 고쳐야 할 현상이라고 생각하지 않아. 언어라는 건 시대와 환경에 따라 자연스럽게 바뀌기 마련이잖아. 실제 그 표현을 쓰는 언중이 많다면 해당 표현을 표준으로 인정해야 하지 않을까?

정: 문법적으로 '사물 높임'이 잘못된 표현이라고 할 수는 없어. 간접 높임은 높여야 할 대상의 신체 부분이나 소유물 등을 높일 때 실현되잖아? 갑이 든 사례에서 지불액은 원래 갑의 소유였으니까 점원의 발화가 잘못된 표현이라고 할 수 없어.

① 갑과 을은 사물 높임을 사용하는 원인에 대해 견해를 달리한다.
② 을과 정은 사물 높임이 잘못된 표현이라는 점에 대해 견해를 달리한다.
③ 갑과 병은 사물 높임을 자연스러운 언어 현상으로 본다는 점에서 견해를 함께한다.
④ 병과 정은 사물 높임을 고쳐야 할 현상으로 보지 않는다는 점에서 견해를 함께한다.

110 갑~정의 논쟁에 대한 분석으로 적절한 것만을 〈보기〉에서 모두 고르면?

2023 국가공무원 7급 PSAT 변형

갑: 우리는 보통 인간이나 동물이 어떤 특성을 지니고 있어서 그에 부합하는 도덕적 지위를 갖는다고 생각한다. 의식이 바로 그런 특성이다. 나는 인공 지능 로봇도 같은 방식으로 그 도덕적 지위를 결정해야 한다고 생각한다. 그래서 우리는 그런 로봇에게 의식이 있는지를 따져 봐야 할 것이다. 나는 인공 지능 로봇이 의식을 갖는다고 생각한다.

을: 도덕적 지위를 결정하는 기준에 대해서는 나도 갑과 생각이 같다. 하지만 나는 바로 그런 이유에서 인공 지능 로봇에게 도덕적 지위를 부여할 수 없다고 생각한다. 로봇은 기계이므로 의식을 갖는 것이 가능하지 않기 때문이다.

병: 나는 인공 지능 로봇에게 의식이 있는지 없는지가 그것에게 도덕적 지위를 부여하느냐 마느냐를 결정하는 근거가 될 수 없다고 생각한다. 인공 지능 로봇에게 의식이 있을 수도 있겠지만, 인간의 필요에 의해서 만든 도구적 존재에게 도덕적 지위를 부여하는 것은 말이 안 된다.

정: 어떤 존재의 도덕적 지위는 우리가 그 존재와 어떤 관계를 맺고 있는지에 따라 결정된다. 우리가 로봇과 가족이나 친구와 같은 유의미한 관계를 맺고 있다면, 인공 지능 로봇이 의식을 갖지 않는 경우라 해도, 로봇에게 도덕적 지위를 부여해야 한다.

〈보기〉

㉠ 을과 정은 인공 지능 로봇에게는 의식이 없다고 생각한다.
㉡ 인공 지능 로봇에게 의식이 있어도 도덕적 지위를 부여할 수 없다고 생각하는 사람이 있다.
㉢ 인공 지능 로봇에게 실제로 의식이 있다고 밝혀진다면, 네 명 중 한 명은 인공 지능 로봇에게 도덕적 지위를 부여해야 하는가에 대한 입장을 바꿔야 한다.

① ㉠
② ㉠, ㉢
③ ㉡, ㉢
④ ㉠, ㉡, ㉢

111 갑~병의 주장을 분석한 내용으로 적절한 것만을 〈보기〉에서 모두 고르면?

> 갑: 빈부 격차 현상은 기본적으로 장기적인 불황과 고용 사정의 악화로 인해 저임금 근로자와 영세 자영업자들의 생업 기반이 무너진 탓에 심화되었다. 이는 빈부 격차가 단순히 개인의 능력 부족이나 노력의 차이 때문이 아니라 사회·경제 구조의 불균형이 낳은 결과임을 보여 준다. 따라서 저소득층의 삶을 점점 더 취약하게 만들고 있는 이러한 구조적 현실을 개선하는 것이야말로 불평등 완화의 핵심 과제라 할 수 있다.
>
> 을: 동일한 사회적 조건 속에서도 성공하거나 자산을 축적한 이들이 존재한다는 사실은, 빈부 격차를 해결하기 위한 개인의 능력과 노력이 무시할 수 없는 변수임을 보여 준다. 실제로 정보 습득, 자기 계발, 재무 관리 등에 적극적인 태도를 보인 개인들이 위기를 기회로 바꾼 사례도 적지 않다. 또한 지나치게 구조적 요인만을 강조하면 개인의 책임감과 자기 개선 의지를 약화하는 부작용이 생길 수 있다.
>
> 병: 빈부 격차가 심화된 것은 교육 기회의 불평등과 사회 이동성 제한이라는 구조적 문제가 복합적으로 작용한 결과이다. 가령 저소득 가정의 자녀들은 우수한 교육을 받기 어려워 상위 계층으로의 이동이 매우 제한적이며, 이는 경제적 불평등을 대물림하는 결과로 이어진다. 이처럼 교육과 사회 제도의 불평등은 개인의 노력으로 쉽게 극복할 수 없는 장벽을 만들며, 결국 빈부 격차를 더욱 고착화시킨다.

/ 보기 /
ㄱ. 갑의 주장과 을의 주장은 대립한다.
ㄴ. 갑의 주장과 병의 주장은 대립한다.
ㄷ. 을의 주장과 병의 주장은 대립한다.

① ㄱ
② ㄱ, ㄷ
③ ㄴ, ㄷ
④ ㄱ, ㄴ, ㄷ

112 갑~병의 주장을 분석한 내용으로 적절한 것만을 〈보기〉에서 모두 고르면?

> 갑: 유전자 재조합 방식으로 만들어진 농작물은 기존의 품종 개량 방식인 육종으로 만들어진 농작물과 같다. 육종은 생물의 암수를 교잡하는 방식으로 품종을 개량하는 것인데, 유전자 재조합은 육종을 단기간에 실시한 것에 불과한 것이다. 따라서 육종 농작물이 안전하기 때문에 육종을 단기간에 실시한 유전자 변형 농작물도 안전하며, 그것의 재배와 유통에도 문제가 없다.
>
> 을: 지금 우리가 일상적으로 소비하는 많은 농산물도 과거에는 생소한 육종 기술로 만들어졌던 것들이다. 유전자 변형 농작물에 대한 거부감도 일종의 낯섦에서 비롯된 심리적 저항일 뿐, 본질적으로는 기존의 품종 개량 과정과 다르지 않다. 유전자 변형 농작물이 이미 여러 나라에서 수년간 섭취되었음에도 부작용 사례가 거의 없다는 점은 이 기술의 안전성을 뒷받침한다. 이러한 점들을 고려할 때, 유전자 변형 농작물의 재배와 유통을 막을 이유는 없다.
>
> 병: 유전자 변형 농작물은 육종 농작물과는 엄연히 다르다. 육종은 오랜 기간 동안 동종 또는 유사 종 사이의 교배를 통해 이루어지는 데 반해, 유전자 변형은 아주 짧은 기간에 종의 경계를 넘어 유전자를 직접 조작하는 방식으로 이루어지기 때문이다. 유전자 변형 농작물은 안전성에 대한 과학적 증명도 아직 제대로 이루어지지 못했으므로 안전성이 증명될 때까지 유전자 변형 농작물의 재배와 유통이 금지되어야 한다.

/ 보기 /
ㄱ. 갑의 주장과 을의 주장은 대립한다.
ㄴ. 갑의 주장과 병의 주장은 대립한다.
ㄷ. 을의 주장과 병의 주장은 대립한다.

① ㄱ
② ㄱ, ㄴ
③ ㄱ, ㄷ
④ ㄴ, ㄷ

SOLUTION

[해설] ㉠ 갑은 빈부 격차는 개인의 능력 부족이나 노력의 차이 때문이 아니라 사회·경제 구조의 불균형 때문에 나타난 것이라고 주장한다. 반면 을은 빈부 격차는 개인의 능력과 노력 때문에 나타나며, 지나치게 구조적 요인만을 강조해서는 안 된다고 주장한다. 따라서 갑의 주장과 을의 주장은 대립한다.
㉢ 을은 구조적 요인이 아니라 개인의 능력과 노력 부족 때문에 빈부 격차가 발생한다고 주장한다. 반면 병은 개인의 노력이 아니라 교육과 사회 제도의 불평등 때문에 빈부 격차가 발생한다고 주장한다. 따라서 을의 주장과 병의 주장은 대립한다.

[오답 풀이] ㉡ 갑과 병은 모두 개인이 아닌 잘못된 사회적 시스템 때문에 빈부 격차가 발생한다고 주장한다. 따라서 갑의 주장과 병의 주장은 대립하지 않는다.

정답 ②

SOLUTION

[출전] 2017 교육행정직 9급, 지문 발췌

[해설] ㉡ 갑은 유전자 변형 농작물이 기존의 품종 개량 방식인 육종 농작물과 같으므로 유전자 변형 농작물이 안전하다고 주장하고 있다. 반면 병은 유전자 변형 농작물과 육종 농작물이 같지 않고 유전자 변형 농작물이 안전하지 않다고 주장하고 있다. 따라서 갑과 병의 주장은 대립한다.
㉢ 을은 유전자 변형 농작물이 안전하므로 유전자 변형 농작물의 재배와 유통을 막지 말아야 한다고 주장하고 있다. 반면 병은 유전자 변형 농작물의 안전성에 의문을 제기하며, 유전자 변형 농작물의 재배와 유통을 금지해야 한다고 주장하고 있다. 따라서 을과 병의 주장은 대립한다.

[오답 풀이] ㉠ 갑과 을은 모두 유전자 변형 농작물의 안전성을 강조하며, 이의 재배와 유통을 찬성하고 있다. 따라서 갑과 을의 주장은 대립하지 않는다.

정답 ④

113 갑~병의 주장을 분석한 내용으로 적절한 것만을 〈보기〉에서 모두 고르면?

> 갑: 학교를 통해서 사회 평등을 실현할 수 있다. 현재 교육 기회는 평등하게 분배되고 있으며, 이를 통해 계층 이동이 원활해지고 결과적으로 사회 평등이 실현될 수 있는 것이다. 특히 하류 계층에게도 능력에 따라 적절한 수준의 학교 교육을 받게 하여 능력과 학력에 의한 사회적 계층 이동의 기회를 제공함으로써 사회 평등을 실현할 수 있다. 말하자면 학교 교육을 통하여 불평등의 세대 간 재생산을 감소시킬 수 있는 것이다.
>
> 을: 부모의 사회·경제적 지위는 학생의 학업 성취와 교육 수준에 결정적인 영향을 미치며, 명문대 진학이나 고소득 직업으로의 연결은 여전히 상류층 자녀에게 유리하다. 따라서 교육을 통하여 사회 평등을 실현하는 것은 불가능하며 오히려 교육이 기존의 불평등 구조를 재생산한다. 교육은 지배 계급의 이익을 보장해 주는 장치이기 때문에 학교 교육은 결코 사회 평등의 실현에 기여할 수 없다.
>
> 병: 학교를 통해서 사회 평등을 실현하기 위해서는 교육 기회가 모든 계층에 균등하게 주어져야 한다. 하지만 경제적으로 여유가 있는 가정의 자녀들은 좋은 학군의 학교에 진학하거나, 사교육을 통해 추가 학습 기회를 얻을 수 있는 반면, 저소득층 가정의 아이들은 상대적으로 교육 환경이 열악한 학교에 다니거나, 충분한 학습 지원을 받지 못하는 경우가 많다. 이러한 점은 교육 기회의 불평등과 그로 인한 사회적 격차가 여전히 심각함을 드러낸다.

〈보기〉
㉠ 갑의 주장과 을의 주장은 대립하지 않는다.
㉡ 갑의 주장과 병의 주장은 대립하지 않는다.
㉢ 을의 주장과 병의 주장은 대립하지 않는다.

① ㉡   ② ㉢
③ ㉠, ㉡   ④ ㉡, ㉢

114 갑~병의 견해에 대한 평가로 옳은 것만을 〈보기〉에서 모두 고른 것은?

> 갑: 기술의 발전 덕분에 더 풍요로운 세계를 만들 수 있다. 원료, 자본, 노동 같은 생산요소의 투입량을 줄이면서 산출량은 더 늘릴 수 있는 세계 말이다. 디지털 기술의 발전은 경외감을 불러일으키는 개선과 풍요의 엔진이 된다. 반면 그것은 시간이 흐를수록 부, 소득, 생활 수준, 발전 기회 등에서 점점 더 큰 격차를 만드는 엔진이기도 하다. 즉 기술의 발전은 경제적 풍요와 격차를 모두 가져온다.
>
> 을: 기술의 발전에 따른 풍요가 더 중요한 현상이며, 격차도 풍요라는 기반 위에 있기 때문에 모든 사람의 삶이 풍요로워지는 데 초점을 맞추어야 한다. 고도로 숙련된 노동자와 나머지 사람들과의 격차가 벌어지고 있다는 것을 인정하지만, 모든 사람들의 경제적 삶이 나아지고 있기에 누군가의 삶이 다른 사람보다 더 많이 나아지고 있다는 사실에 관심을 둘 필요가 없다.
>
> 병: 중산층들이 과거에 비해 경제적으로 더 취약해졌기 때문에 기술의 발전에 따른 풍요보다 격차에 초점을 맞추어야 한다. 실제로 주택, 보건, 의료 등과 같이 그들의 삶에서 중요한 항목에 들어가는 비용의 증가율은 시간이 흐르면서 가계 소득의 증가율에 비해 훨씬 더 높아지고 있다. 설상가상으로 소득 분포의 밑바닥에 속한 가정에서 태어난 아이가 상층으로 이동할 기회는 점점 더 줄어들고 있다.

〈보기〉
㉠ 기술의 발전으로 경제적 격차가 생긴다는 데에 갑과 을의 견해는 양립한다.
㉡ 기술의 발전으로 인한 풍요보다 격차에 더 관심을 기울여야 한다는 데에 갑과 병의 견해는 대립한다.
㉢ 계층과 상관없이 모든 사람들의 경제가 나아지고 있다는 데에 을과 병의 견해는 대립하지 않는다.

① ㉠   ② ㉠, ㉡
③ ㉡, ㉢   ④ ㉠, ㉡, ㉢

05 논리 형식의 지문 적용

풀이 전략
- 가정적 조건문에서 '전건 긍정으로 후건 긍정, 후건 부정으로 전건 부정'은 참이다. 반면 '전건 부정으로 후건 부정, 후건 긍정으로 전건 긍정'은 오류이다.
- 'p이면 q이다.'에서 p는 q이기 위한 충분조건이고, q는 p이기 위한 필요조건이다.

대표 다음 글에서 추론한 내용으로 가장 적절한 것은?　　　　　　　　　　　　　　　2025 지방직 9급

　　경제적으로 보면 우리의 삶은 끊임없이 무언가를 소비한다. 의식주 같은 기본 생활에 더해 문화생활과 사회 활동도 소비를 떼어 놓고 생각할 수 없다. 소비되는 것을 흔히 '상품'이라고 부르지만 실은 '재화'라고 해야 하는데, 재화는 소비를 목적으로 하고 상품은 시장에서의 판매를 목적으로 한다는 점에서 구분되기 때문이다. 이렇게 볼 때 재화는 인류 역사상 늘 있었지만, 상품은 자본주의 시대에 이르러 출현하였다.
　　냉전 시대에는 다음과 같은 말이 있었다. "자본주의에서는 상인이 최고이고, 사회주의에서는 공직자가 최고이다." 자본주의는 자유 경쟁을 기본으로 하기에 물건을 싸게 사서 비싸게 파는 상인이 돈을 가장 많이 벌 수 있으며, 사회주의는 관료제의 폐해로 국가 기관이 부패해서 고위 관료라든가 고급 당원이 배불리 먹고산다는 의미이다.
　　자본주의의 역사를 볼 때 이 말은 사실에 가깝다. 자본주의는 애초부터 상업의 발달과 밀접한 관계가 있었다. 중세의 상인들이 물건을 시장에 팔아 이윤을 얻기 위해 수공업자들을 조직하여 그들에게 자본과 도구를 빌려주고 물건을 대신 생산하게 한 데에서 자본주의가 출발하였다. 이처럼 자본주의는 상품에 기초한 사회로, 상품은 그것이 판매될 수 있는 시장을 전제로 생산되는 것이기 때문에 시장이 형성되어 있지 않다면 상품도 존재할 수 없다. 목수가 집에서 쓰기 위해 만든 의자와 시장에 팔기 위해 만든 의자는 동일한 의자임에도 재화와 상품의 관점에서 볼 때 서로 다르다.
　　이와 같이 상품에는 생산과 유통이라는 두 가지 측면이 있다. 자본주의 사회에서 생산되는 물품의 유통을 맡은 사람이 바로 상인이다. "자본주의에서는 상인이 최고이다."라는 말은 만드는 이에 비해서 파는 이가 더 많은 이익을 남긴다는 뜻이다. 자본주의화가 진행될수록 전자와 후자 사이의 차이는 더 커진다. 기술 혁신이 이루어져 상품을 생산하는 과정은 갈수록 단순해지고 상품의 대량 생산은 쉬워지는 반면, 유통의 경우 상품과 최종 소비자 사이의 관계가 갈수록 복잡해지므로 생산에 비해 우회로를 더 많이 거치게 된다. 따라서 자본주의가 성숙할수록 제조업의 이윤은 적어지고 유통업의 이윤은 많아진다.

① 사회주의에서는 유통이 생산보다 중요하다.
② 상품이 존재한다는 것은 시장이 형성되어 있다는 것이다.
③ 자본주의가 성숙할수록 제조업과 유통업의 이윤 차이는 줄어든다.
④ 중세의 상인들은 물건의 생산 단가를 낮추기 위해 시장에 팔 물건을 손수 생산하였다.

◇ SOLUTION

해설 3문단에 따르면, 시장이 형성되어 있지 않다면 상품도 존재할 수 없다. 이는 '~시장 형성 → ~상품 존재'로 기호화할 수 있고, 이는 대우 규칙에 의해 '상품 존재 → 시장 형성'과 동치이다. 즉 상품이 존재한다는 것은 시장이 형성되어 있다는 것으로 추론할 수 있다.

오답 풀이 ① 사회주의에서 유통과 생산 중 무엇이 더 중요한지는 추론할 수 없다. 2문단에서 냉전 시대의 사회주의에서는 공직자를 최고로 했다는 사실만 알 수 있다.
③ 마지막 문단의, 자본주의가 성숙할수록 제조업의 이윤은 적어지고 유통업의 이윤은 많아진다는 내용과 반대된다.
④ 3문단에 따르면, 중세의 상인들은 시장에 물건을 팔아 이윤을 얻기 위해 수공업자들을 조직하여 물건을 대신 생산하게 했다. 중세의 상인들이 시장에 팔 물건을 손수 생산했다는 것은 추론할 수 없다.

정답률 92%　　**정답** ②

115 ㉠과 ㉡에 대한 평가로 올바른 것은?
인혁처 2차 예시 문제

> 기업의 마케팅 프로젝트를 평가할 때는 유행 지각, 깊은 사고, 협업을 살펴본다. 유행 지각은 유행과 같은 새로운 정보를 반영했느냐, 깊은 사고는 마케팅 데이터의 상관관계를 분석해서 최적의 해결책을 찾아냈느냐, 협업은 일하는 사람들이 해결책을 공유하며 성과를 창출했느냐를 따진다. ㉠ 이 세 요소 모두에서 목표를 달성하는 것은 마케팅 프로젝트가 성공적이기 위해 필수적이다. 하지만 ㉡ 이 세 요소 모두에서 목표를 달성했다고 해서 마케팅 프로젝트가 성공한 것은 아니다.

① 지금까지 성공한 프로젝트가 유행 지각, 깊은 사고 그리고 협업 모두에서 목표를 달성했다면, ㉠은 강화된다.
② 성공하지 못한 프로젝트 중 유행 지각, 깊은 사고 그리고 협업 중 하나 이상에서 목표를 달성하는 데 실패한 사례가 있다면, ㉠은 약화된다.
③ 유행 지각, 깊은 사고 그리고 협업 중 하나 이상에서 목표를 달성하는 데 실패했지만 성공한 프로젝트가 있다면, ㉡은 강화된다.
④ 유행 지각, 깊은 사고 그리고 협업 모두에서 목표를 달성했지만 성공하지 못한 프로젝트가 있다면, ㉡은 약화된다.

116 다음 글의 맥락을 고려할 때 빈칸에 들어갈 내용으로 가장 적절한 것은?
2023 지방직 7급

> 사람들은 법을 자유와 대립하는 것으로 착각하여 법을 혐오하는 경향이 있다. 그러나 모든 국민이 법 없이 최대의 자유를 누리는 이상적인 사회 질서를 주장했던 자유 지상주의는 환상에 지나지 않는다. 몽테스키외는 인간이 법과 동시에 자유를 가졌다고 말했다. 또한 인간이 법 밖에서 자유를 찾으려 한다면, 주인의 집을 도망쳐 나온 정처 없는 노예처럼 된다고 하였다. 자유는 정당한 행위를 할 수 있는 상태를 의미한다. 그렇다면 자유는 정의를 실현하는 올바른 사회 질서에 의해서만 보장될 수 있다. 따라서 법이 없다면 자유도 없다고 할 수 있다. 왜냐하면 □□□□□□□□□□□□ 때문이다. 결국 자유와 법은 대립하는 것이 아니다.

① 법은 정당한 행위를 할 수 있는 상태의 실현 가능성을 높이기
② 자유가 없다면 정의를 실현하는 올바른 사회 질서도 확립될 수 없기
③ 정의를 실현하는 올바른 사회 질서는 법에 의해서만 확립될 수 있기
④ 법과 자유가 있다면 정의를 실현하는 올바른 사회 질서가 확립될 수 있기

✓ SOLUTION

[해설] ㉠의 내용을 기호화하면 '마케팅 프로젝트의 성공 → 세 요소에서의 목표 달성'으로 나타낼 수 있으므로, '세 요소에서의 목표 달성'은 '마케팅 프로젝트의 성공'을 위한 필요조건이다. ㉡은 '세 요소에서의 목표 달성'이 '마케팅 프로젝트의 성공'을 위한 충분조건은 아니라는 의미이다.
지금까지 성공한 프로젝트가 세 가지 요소 모두에서 목표를 달성했다는 것은 ㉠에 부합하는 사례이므로 ㉠을 강화한다.

[오답 풀이] ② ㉠ 성공하지 못한 프로젝트 중 세 요소 모두에서 목표를 달성하지는 못한 사례는 ㉠에 대한 반례가 아니므로, ㉠은 약화되지 않는다.
③ 세 요소에서의 목표 달성이 실패했는데 프로젝트가 성공한 사례는 ㉡과 무관하므로, ㉡은 강화되지 않는다.
④ 세 요소의 목표가 달성되었지만 프로젝트가 성공하지 못했다는 것은, ㉡에 부합하므로, ㉡은 약화되지 않는다.

정답률 63% **정답** ①

✓ SOLUTION

[해설] 마지막 부분을 다음과 같이 기호화할 수 있다.

1. 자유 → 정의 실현 사회
2. □□□□□□□□

∴ ~법 → ~자유 ≡ 자유 → 법 (대우 규칙)

1과 결론에 '자유'가 있으므로 '정의 실현 사회'와 '법'을 연결해 주면 된다. 따라서 '정의 실현 사회 → 법'인 '정의를 실현하는 올바른 사회 질서는 법에 의해서만 확립될 수 있기'가 빈칸에 들어가야 한다.

[오답 풀이] ② 1에서 전건 부정의 오류를 범한 것이다.
④ '자유 → 정의 실현 사회'를 1과 연결하여 주어진 결론을 도출할 수는 없다.

정답 ③

117 다음 글에서 추론한 내용으로 가장 적절한 것은?

2022 지방직 9급

논리 실증주의자들에 따르면, 만약 어떤 것이 과학일 경우 거기에서 사용되는 문장은 유의미하다. 그들은 유의미한 문장의 기준으로 소위 '검증 원리'라는 것을 제안했다. 검증 원리란, 경험을 통해 참이나 거짓을 검증할 수 있는 문장은 유의미하고 그렇지 않은 문장은 유의미하지 않다는 것이다. 다음 두 문장을 예로 생각해 보자.

㉮ 달의 다른 쪽 표면에 산이 있다.
㉯ 절대자는 진화와 진보에 관계하지만, 그 자체는 진화하거나 진보하지 않는다.

위 두 문장 중 경험을 통해 검증할 수 있는 것은 무엇인가? 비록 현실적으로 큰 비용이 들기는 하지만 ㉮는 분명히 경험을 통해 진위를 밝힐 수 있다. 즉 우리는 ㉮의 진위를 확정하기 위해서 무엇을 경험해야 하는지 알고 있다는 것이다. 이런 점에 근거하여 논리 실증주의자들은 ㉮는 검증할 수 있고, 유의미한 문장이라고 판단한다. 그럼 ㉯는 어떠한가? 우리는 무엇을 경험해야 ㉯의 진위를 확정할 수 있는가? 논리 실증주의자들은 그런 것은 없다고 주장하고, 이에 ㉯는 검증할 수 없고 과학에서 사용될 수 없는 무의미한 문장이라고 말한다.

① 논리 실증주의자들에 따르면 무의미한 문장을 사용하는 것은 과학이 아니다.
② 논리 실증주의자들에 따르면 과학의 문장들만이 유의미하다.
③ 검증 원리에 따르면 아직까지 경험되지 않은 것을 언급한 문장은 무의미하다.
④ 검증 원리에 따르면 거짓인 문장은 무의미하다.

118 다음 글에서 추론할 수 있는 것만을 〈보기〉에서 모두 고르면?

2022 지방직 9급

컴퓨터에는 자유 의지가 있을까? 나아가 컴퓨터에 도덕적 의무를 구속시킬 수 있을까? 컴퓨터는 다양한 전기 회로로 구성되어 있고, 물리 법칙, 프로그래밍 방식, 하드웨어의 속성 등에 따라 필연적으로 특정한 초기 상태로부터 다음 상태로 넘어간다. 마찬가지로 두 번째 상태에서 세 번째 상태로 이동하고, 이러한 과정이 계속해서 이어진다. 즉 컴퓨터는 결정론적 법칙의 지배를 받는 시스템이라는 것이다. 그럼 이러한 시스템에는 자유 의지가 있을까?

결정론적 법칙의 지배를 받는 시스템의 중요한 특징은 주어진 조건에 따라 결과가 하나로 고정된다는 점이다. 다시 말해, 이러한 시스템에는 항상 하나의 선택지만 있을 뿐이다. 그런 뜻에서 결정론적 지배를 받는다는 것과 자유 의지를 가진다는 것은 양립할 수 없음이 분명하다. 어떤 선택을 할 때 그것과 다른 선택을 할 수도 있다는 것은 자유 의지의 필요조건이기 때문이다. 결국 결정론적 법칙의 지배를 받는 시스템은 자유 의지를 가지지 않는다. 또한 자유 의지를 가지지 않는 시스템에 도덕적 의무를 귀속시킬 수 없음은 당연하다.

〈보기〉

㉠ 컴퓨터는 자유 의지를 가지지 않으며 도덕적 의무의 귀속 대상일 수도 없다.
㉡ 도덕적 의무를 귀속시킬 수 있는 시스템은 결정론적 법칙의 지배를 받지 않는다.
㉢ 어떤 선택을 할 때 그것과 다른 선택을 할 수 없는 시스템은 자유 의지를 가지지 않는다.

① ㉠, ㉡
② ㉠, ㉢
③ ㉡, ㉢
④ ㉠, ㉡, ㉢

119 ㉠과 ㉡에 들어갈 말로 가장 적절한 것은? 2022 지방직 7급

> A는 다음과 같은 실험을 진행했다. 먼저, 검은색 옷과 흰색 옷을 입은 6명이 두 개의 농구공을 가지고 패스를 주고받는 동안 고릴라 복장의 사람을 지나가게 하고 그 장면을 동영상으로 촬영했다. 그리고 실험 참가자들에게 이 동영상을 보여 주면서 흰색 옷을 입은 사람들이 몇 번 패스를 주고받았는지 세어 달라고 요청했다. 이에 대해 참가자들은 패스 횟수에 대해서는 각자의 답을 말했는데, 동영상 중간 중간에 출현한 고릴라 복장의 사람에 대해서는 하나같이 보지 못했다고 답했다. 참가자들이 패스 횟수를 세는 데 집중하느라 1분이 채 안 되는 동영상 가운데 9초에 걸쳐 등장하는 고릴라 복장의 사람을 인지하지 못한 것이다. A는 이 실험을 통해 다음의 결론을 도출했다. ㉠ .
> 이 실험 결과를 우리의 일상에서도 확인해 볼 수 있다. 오토바이 운전자의 안전을 위해 눈에 잘 띄는 밝은색 옷을 입도록 권하는데, 밝은색 옷의 오토바이 운전자는 시각적으로 더 잘 보이고, 덕분에 더 쉽게 알아볼 수 있기 때문이다. 그렇다고 해도 모든 자동차 운전자가 밝은색 옷을 입은 오토바이 운전자를 다 알아보는 것은 아니다. 바라보는 행위는 인지의 ㉡ 없기 때문이다.

① ㉠: 인간의 인지는 시각과 밀접하게 관련되어 있다
  ㉡: 충분조건일 수는 있어도 필요조건일 수는
② ㉠: 인간의 인지는 시각과 밀접하게 관련되어 있다
  ㉡: 필요조건일 수는 있어도 충분조건일 수는
③ ㉠: 인간은 중요하다고 생각하는 것 위주로 주의를 기울인다
  ㉡: 충분조건일 수는 있어도 필요조건일 수는
④ ㉠: 인간은 중요하다고 생각하는 것 위주로 주의를 기울인다
  ㉡: 필요조건일 수는 있어도 충분조건일 수는

120 다음 글의 내용에 대한 이해로 옳지 않은 것은? 2022 서울시 기술직

> 참, 거짓을 판단할 수 있는 문장을 명제라고 한다. 문장이 나타내는 명제가 실제 세계의 사실과 일치하면 참이고 그렇지 않으면 거짓이다. 가령, '사과는 과일이다.'는 실제 세계의 사실과 일치하므로 참인 명제지만 '새는 무생물이다.'는 실제 세계의 사실과 일치하지 않으므로 거짓인 명제이다. 이와 같이 명제가 지닌 진리치가 무엇인지 밝혀 주는 조건을 진리 조건이라고 한다. 명제 논리의 진리 조건을 간략하게 살펴보면 다음과 같다. 모든 명제는 참이든지 거짓이든지 둘 중 하나여야 하며 참도 아니고 거짓도 아니거나 참이면서 거짓인 경우는 없다. 명제 P가 참이면 그 부정 명제 ~P는 거짓이고 ~P가 참이면 P는 거짓이다. 명제 P와 Q가 AND로 연결되는 P∧Q는 P와 Q가 모두 참일 때에만 참이다. 명제 P와 Q가 OR로 연결되는 P∨Q는 P와 Q 둘 중 적어도 하나가 참이기만 하면 참이 된다. 명제 P와 Q가 IF … THEN으로 연결되는 P → Q는 P가 참이고 Q가 거짓이면 거짓이고 나머지 경우에는 모두 참이 된다.

① 명제 논리에서 '모기는 생물이면서 무생물이다.'는 성립하지 않는다.
② 명제 논리에서 '파리가 새라면 지구는 둥글다.'는 거짓이다.
③ 명제 논리에서 '개가 동물이거나 컴퓨터가 동물이다.'는 참이다.
④ 명제 논리에서 '늑대는 새가 아니고 파리는 곤충이다.'는 참이다.

121 다음 글에 대한 이해로 적절하지 않은 것은?

2022 국회직 8급 변형

> 정신에 대한 전통적인 설명에 따르면, 인간의 육체는 비물질적 실체인 영혼으로 가득 차 있으며 그 영혼이 때때로 유령이나 귀신의 모습으로 나타난다. 그러나 이 이론은 극복할 수 없는 문제에 부딪힌다. 그 유령이 어떻게 유형의 물질과 상호 작용하는가? 무형의 비실체가 어떻게 번쩍이고 쿡 찌르고 삑 소리를 내는 외부 세계에 반응하고 팔다리를 움직이게 만드는가? 그뿐 아니라 정신은 곧 뇌의 활동임을 보여 주는 엄청난 증거들도 극복할 수 없는 문제다. 오늘날 밝혀진 바에 따르면, 비물질적이라 생각했던 영혼도 칼로 해부되고, 화학 물질로 변질되고, 전기로 나타나거나 사라지고, 강한 타격이나 산소 부족으로 인해 소멸되곤 한다. 현미경으로 보면 뇌는 풍부한 정신과 완전히 일치하는 대단히 복잡한 물리적 구조를 갖고 있다.
>
> 정신을 어떤 특별한 형태의 물질에서 발생하는 것으로 보는 견해도 있다. 피노키오는 목수 제페토가 발견한, 말하고 웃고 움직이는 마법의 나무에서 생명력을 얻는다. 그러나 애석한 일이지만 그런 신비의 물질은 어디에서도 발견되지 않았다. 우선 뇌조직이 그 신비의 물질이 아닌가 생각해 볼 수 있다. 다윈은 뇌가 정신을 '분비한다'고 적었고, 최근에 철학자 존 설은 유방의 세포 조직이 젖을 만들고 식물의 세포 조직이 당분을 만드는 것처럼, 뇌 조직의 물리 화학적 특성들이 정신을 만들어 낸다고 주장했다. 그러나 뇌종양 조직이나 접시 안의 배양 조직은 물론이고 모든 동물의 뇌 조직에도 똑같은 종류의 세포막, 기공, 화학 물질들이 존재한다는 사실을 생각해 보라. 그 모든 신경 세포 조직이 동일한 물리 화학적 특성들을 갖고 있지만, 그것들 모두가 인간과 같은 지능을 보이진 않는다. 물론 인간 뇌를 구성하는 세포 조직의 어떤 측면이 우리의 지능에 필수적인 것은 사실이지만, 그 물리적 특성들로는 충분하지 않다. 벽돌의 물리적 특성으로는 음악을 설명하기에 불충분한 것과 같다. 중요한 것은 신경 세포 조직의 '패턴' 속에 존재하는 어떤 것이다.

① 다윈과 존 설은 뇌 조직이 인간 정신의 근원이라고 주장했다.
② 인간의 뇌를 구성하는 세포 조직의 물리적 특성은 인간 지능의 필요충분조건이다.
③ 지능에 대한 전통적 설명 방식은 내적 모순으로부터 자유롭지 않다.
④ 뇌의 물리적 특성보다 신경 세포 조직의 '패턴' 속에 존재하는 어떤 것이 중요하다.

122 다음 대화에 대한 이해로 적절하지 않은 것은?

2021 지방직 7급 변형

> 갑: 페가수스는 정말로 실존하는 것이겠지?
> 을: '페가수스'라는 단어는 실존하지 않는 대상을 지칭한다고 생각해.
> 갑: '페가수스'라는 단어가 의미를 지닌다는 것은 분명하지? 단어의 의미는 그 단어가 지칭하는 실존하는 대상이 무엇인가에 따라 결정돼. 모든 단어는 무언가의 이름인 것이지. 그러니 페가수스가 실존하지 않는다면 '페가수스'라는 이름이 어떻게 의미를 지녔겠어? 이처럼 모든 이름은 실존하는 대상을 반드시 지칭해.
> 을: 단어 '로물루스'를 생각해 봐. 이 단어는 실제로는 이름이 아니라 일종의 축약된 기술어(記述語)야. '자기 동생을 죽이고 로마를 건국하는 등 여러 가지 일을 한 어떤 전설상의 인물'이라는 기술의 축약어일 뿐이란 거지. 만약 이 단어가 정말로 이름이라면, 그 이름이 지칭하는 대상이 실존하는지는 문제도 되지 않았을 거야. 어떤 단어가 이름이라면 그것은 실존하는 어떤 대상을 반드시 지칭하거든. 실존하지도 않는 대상에게 이름이 있을 수 없는 것은 너무 당연하니 말이야. 실존하지 않는 대상을 지칭하는 단어는 실제로는 이름이 아니라 일종의 축약된 기술어인 거야.

① 갑은 축약된 기술어가 실존하는 대상을 지칭할 수 없다고 보는군.
② 을은 실존하지 않는 대상을 지칭하는 단어가 있다고 보는군.
③ 갑은 '페가수스'를 이름으로, 을은 '페가수스'를 축약된 기술어로 보는군.
④ 갑과 을은 어떤 단어가 이름이라면 그 단어는 실존하는 대상을 반드시 지칭해야 한다고 보는군.

123 다음 글을 읽고 보인 반응으로 적절하지 않은 것은?

2019 기상직 9급

> 어떤 두 진술 사이에 둘 가운데 한 진술이 옳으면 다른 진술이 그를 수밖에 없고, 또 둘 가운데 한 진술이 그르면 다른 진술이 옳을 수밖에 없는 관계를 모순 관계라고 한다. 일반적으로 어떤 진술 'p'와 그것의 부정 'p가 아니다.'라는 진술은 모순 관계이다. 그래서 '어떤 것이든 p이거나 p가 아니다.'라는 형식으로 이루어진 진술은 반드시 옳은 진술이다. 이러한 진술 형식을 배중률이라 한다.
> 또한 '어떤 것이든 p이면서 p가 아닌 것일 수 없다.'라는 형식으로 이루어지는 진술도 반드시 옳은 진술인데, 이러한 진술 형식을 무모순율이라 한다. 배중률은 모든 진술이 옳거나 그렇지 않다면 그르다는 원리를, 무모순율은 옳으면서 동시에 그른 진술은 없다는 원리를 표현하고 있다.
> 한편 어떤 두 진술 사이에는 둘 다 옳을 수는 없지만, 둘 다 그를 수 있는 관계가 성립하는 수가 있다. 이런 경우 두 진술 사이의 관계를 반대 관계라고 한다.

① '나는 남자이다.'와 '나는 남자가 아니다.'는 모순 관계에 있다.
② '어떤 것이든 사람이거나 사람이 아니다.'는 배중률에 해당한다.
③ '어떤 것이든 사람이면서 남성이 아닌 것일 수 없다.'는 무모순율에 해당한다.
④ '지금 덥다.'와 '지금 춥다.'라는 진술 사이의 관계는 반대 관계이다.

124 다음 글에서 추론할 수 있는 것을 〈보기〉에서 모두 고르면?

2014 민경채 PSAT 변형

수학을 이해하기 위해서는 연역적인 공리적 증명 방법에 대해 정확히 이해할 필요가 있다. 우리는 2보다 큰 짝수들을 원하는 만큼 많이 조사하여 각각이 두 소수(素數)의 합이라는 것을 알아낼 수 있다. 그러나 이러한 과정을 통해 얻은 결과를 '수학적 정리'라고 말할 수 없다. 이와 비슷하게, 한 과학자가 다양한 크기와 모양을 가진 1,000개의 삼각형의 각을 측정하여, 측정 도구의 정확도 범위 안에서 그 각의 합이 180도라는 것을 알아냈다고 가정하자. 이 과학자는 임의의 삼각형의 세 각의 합이 180도가 확실하다고 결론 내릴 것이다. 그러나 이러한 측정의 결과는 근삿값일 뿐이라는 문제와, 측정되지 않은 어떤 삼각형에서는 현저하게 다른 결과가 나타날지도 모른다는 의문이 남는다. 이러한 과학자의 증명은 수학적으로 받아들일 수 없다. 반면에, 수학자들은 모두 의심할 수 없는 공리들로부터 시작한다. 두 점을 잇는 직선을 하나만 그을 수 있다는 것을 누가 의심할 수 있는가? 이와 같이 의심할 수 없는 공리들을 참이라고 받아들이면, 이로부터 연역적 증명을 통해 나오는 임의의 삼각형의 세 각의 합이 180도라는 것이 참이라는 것을 받아들여야만 한다. 이런 식으로 증명된 결론을 수학적 정리라고 한다.

〈보기〉

㉠ 연역적으로 증명된 것은 모두 수학적 정리이다.
㉡ 연역적으로 증명된 수학적 정리를 거부하려면, 공리 역시 거부해야 한다.
㉢ 어떤 삼각형의 세 각의 합이 오차 없이 측정되었다면, 그 결과는 수학적 정리로 받아들일 수 있다.

① ㉠
② ㉡
③ ㉠, ㉢
④ ㉡, ㉢

125 ㉮~㉰에 들어갈 예시를 〈보기〉에서 골라 알맞게 짝 지은 것은?

2012 민경채 PSAT 변형

첫째, 필요조건으로서 원인은 "어떤 결과의 원인이 없었다면 그 결과도 없다."라는 말로 표현할 수 있다. 예를 들어 ㉮ . 만일 원치 않는 결과를 제거하고자 할 때 그 결과의 원인이 필요조건으로서 원인이라면, 우리는 그 원인을 제거하여 결과가 일어나지 않게 할 수 있다.

둘째, 충분조건으로서 원인은 "어떤 결과의 원인이 있었다면 그 결과도 있다."라는 말로 표현할 수 있다. 예를 들어 ㉯ . 만일 특정한 결과를 원할 때 그것의 원인이 충분조건으로서 원인이라면, 우리는 그 원인을 발생시켜 그것의 결과가 일어나게 할 수 있다.

셋째, 필요충분조건으로서 원인은 "어떤 결과의 원인이 없다면 그 결과는 없고, 동시에 그 원인이 있다면 그 결과도 있다."라는 말로 표현할 수 있다. 예를 들어 ㉰ . 필요충분조건으로서 원인의 경우, 원인을 일으켜서 그 결과를 일으키고 원인을 제거해서 그 결과를 제거할 수 있다.

〈보기〉

㉠ 물체 속도 변화의 원인은 물체에 힘을 가하는 것이다. 물체에 힘이 가해지면 물체의 속도가 변하고, 물체에 힘이 가해지지 않는다면 물체의 속도는 변하지 않는다
㉡ 뇌염모기에 물리는 것은 뇌염 발생의 원인이다. 뇌염모기에 물린다고 해서 언제나 뇌염에 걸리는 것은 아니다. 하지만 뇌염모기에 물리지 않으면 뇌염은 발생하지 않는다. 그래서 원인에 해당하는 뇌염모기를 박멸한다면 뇌염 발생을 막을 수 있다
㉢ 콜라병이 총알에 맞는 것은 콜라병이 깨지는 원인이다. 콜라병을 깨뜨리는 원인은 콜라병을 맞히는 총알 이외에도 다양하다. 누군가 던진 돌도 콜라병을 깨뜨릴 수 있다. 하지만 콜라병이 총알에 맞는다면 그것이 깨지는 것은 분명하다

	㉮	㉯	㉰		㉮	㉯	㉰
①	㉠	㉡	㉢	②	㉠	㉢	㉡
③	㉡	㉠	㉢	④	㉡	㉢	㉠

126 다음 글에서 추론한 내용으로 가장 적절한 것은?

> 각 시대에는 그 시대의 특징을 나타내는 문학이 있다. 우리나라도 무릇 사천 년이 넘는 생활의 역사를 가진 만큼 그 발전 시기마다 각각 특색을 가진 문학이 없을 수 없고, 문학이 있었다면 그 중추가 되는 것은 아무래도 시가 문학이라고 볼 수밖에 없다. 왜냐하면 대개 어느 민족을 막론하고 인간 사회가 성립하는 동시에 벌써 각자의 감정과 의사를 표시하려는 욕망이 생겼을 것이며, 삼라만상의 대자연은 자연 그 자체가 율동적이고 음악적이라고 할 수 있기 때문이다. 다시 말하면 인간이 존재하는 곳이라면 시가가 자연적으로 발생하였다고 할 수 있다. 그리고 사람의 지혜가 트이고 비교적 언어의 사용이 능란해짐에 따라 종합 예술체의 한 부분으로 있었던 서정 문학적 요소가 분화·독립되어 제요나 노동요 따위의 시가의 원형을 이루고 다시 이 집단적 가요는 개인적 서정시로 발전하여 갔으리라 추측된다. 그러므로 다른 나라도 마찬가지이겠지만 우리 문학사상 시가의 지위는 상당히 중요한 몫을 지니고 있다.

① 개인 서정시에서부터 집단적 노동요가 탄생하였다.
② 인간은 자신의 감정과 의사를 전달하기 위해 사회를 형성했다.
③ 시가가 자연 발생하지 않은 곳은 인간이 존재하지 않은 곳이다.
④ 인간이 숙련된 언어를 사용한 것은 시가 문학이 나타난 이후이다.

127 다음 글의 빈칸에 들어갈 말로 가장 적절한 것은?

> 거짓 원인의 오류는 실제로는 존재하지 않는 인과 관계를 설정해서 전제에서 결론을 도출할 때 저지르게 된다. 즉 어떤 두 사건은 전혀 인과 관계가 없음에도 불구하고 마치 두 사건이 어떤 인과 관계가 있는 것처럼 잘못 추측하는 것이 바로 거짓 원인의 오류이다. 이러한 오류의 대표적인 사례는 어떤 사건이 다른 사건보다 먼저 일어났다는 사실만 보고, 앞선 사건을 뒤따르는 사건의 원인으로 간주하는 '선후 인과의 오류'이다. 물론 인과 관계가 있다면 그 원인은 항상 시간상으로 결과에 앞서지만, 어떤 사건이 시간상으로 앞선다고 해서 반드시 나중 사건의 원인이 되는 것은 아니다. 즉 두 사건이나 현상에 시간상 선후 관계가 있다는 것은 그것들 간에 인과 관계가 있다는 것의 _____.

① 필요조건이면서 충분조건이다
② 충분조건도 아니고 필요조건도 아니다
③ 충분조건이기는 하지만 필요조건은 아니다
④ 필요조건이기는 하지만 충분조건은 아니다

SOLUTION

출전 2012 지방직 9급, 지문 발췌

해설 인간이 존재하는 곳이라면 시가가 자연스럽게 발생하였다는 내용은 '인간 존재 → 시가 발생'으로 기호화된다. 여기서 대우 규칙을 적용한 '~시가 발생 → ~인간 존재'는 이 명제와 같으므로, 적절한 추론이다.

오답풀이 ① 종합 예술체의 한 부분으로 있던 서정 문학적 요소가 제요나 노동요 따위의 집단적 가요를 이루고, 이것이 개인적 서정시로 발전하였다. 즉 집단적 노동요에서부터 개인 서정시 순으로 발전한 것이다.
② 인간 사회가 성립하는 동시에 감정과 의사를 표시하려는 욕망이 생겼다는 내용만 알 수 있다. 인간 사회 형성의 목적이 감정과 의사 전달을 위한 것인지는 추론할 수 없다.
④ 언어 사용이 능란해짐에 따라 집단적 가요나 개인적 서정시가 나타났다. 즉 시가 문학이 나타나기 이전에 인간은 이미 언어를 능란하게 사용할 수 있었다.

정답 ③

SOLUTION

출전 김희정 외, 〈비판적 사고를 위한 논리〉

해설 인과 관계가 있다면 원인은 항상 결과에 앞선다는 것은, '인과 관계가 있다면(p) → 항상 선후 관계가 있다(q)'는 의미이다. 따라서 '선후 관계'는 '인과 관계'의 필요조건이다. 또한 어떤 사건이 시간상으로 앞선다고 해서 반드시 나중 사건의 원인인 것은 아니라는 것은, 선후 관계가 반드시 인과 관계인 것은 아니라는 의미이다. 따라서 '선후 관계'는 '인과 관계'의 충분조건이 아니다. 그러므로 빈칸에는 '필요조건이기는 하지만 충분조건은 아니다'가 들어가야 한다.

정답 ④

128 다음 글에서 추론한 내용으로 적절하지 않은 것은?

예술의 사회성에 대한 강조는 인간이 본질적으로 사회적인 존재라는 인식에 바탕을 둔 것이지만, 현대 사회의 발달에 따른 예술 자체의 변모와도 관련된 것이다. 현대 사회에서 예술은 사적인 것이라기보다는 공적인 성격을 갖는다. 예술은 예술 작품을 창조하는 예술가만을 위해서 존재하는 것이 아니다. 예술은 비평가를 포함한 청중 또는 관중의 존재를 배제할 수 없으며, 이 예술 공중은 예술 작품을 수동적으로 수용할 뿐만 아니라, 능동적으로 재해석하고 또 예술 창작에 영향을 미치기도 한다.

예술이 매체를 필요로 한다는 사실도 예술의 사회성을 입증하는 증거의 하나이다. 예술은 특정 재료나 절차와 같은 매체들을 통해 표현되는데, 하나의 작품이 예술 작품으로 인정받기 위해서는 사회적으로 인정된 재료나 절차에 따라야 한다. 예술가가 아무 방식이나 쓴다고 해서 그것이 곧 예술이 되는 것은 아니다. 예술은 오랜 경험과 습관, 기술의 축적을 바탕으로 이루어지고, 그런 과정과 기준이 마련된 사회 속에서만 성립할 수 있다. 어떤 사회든 '예술'이라는 개념이 자리 잡아야만 예술 작품도 존재할 수 있다는 뜻이다.

① 인간의 사회성은 예술의 사회성을 뒷받침하는 증거이다.
② '예술'이라는 개념이 자리 잡으면 예술 작품도 반드시 존재한다.
③ 예술 작품으로 인정받았다면 사회적으로 인정된 매체를 사용했을 것이다.
④ 예술 작품은 예술 공중에 영향을 미치기도 하고 예술 공중의 영향을 받기도 한다.

129 다음 글에서 추론한 내용으로 가장 적절한 것은?

건강은 단지 질병에 걸리지 않거나 허약하지 않은 상태뿐만 아니라, 육체적, 정신적, 사회적으로 온전히 행복한 상태를 말한다. 인종, 종교, 정치적 신념, 경제적 혹은 사회적 조건에 따른 차별 없이 최상의 건강 수준을 유지하는 것이 인간이 누려야 할 기본권의 하나이다. 인류의 평화와 안전의 보장은 건강을 기본 전제로 하기 때문에 건강이 보장되지 않으면 평화도, 안전도 보장하지 못한다.

건강은 개인과 국가 사이에 충분한 노력을 통해서 이룰 수 있다. 어느 국가에서든 국민의 건강을 증진하고 보호하기 위한 노력은 가치 있는 일이다. 따라서 각국 정부는 국민의 건강에 대한 책임을 다하기 위해 적절한 보건 및 사회 제도를 마련해야 한다. 또한 의학 관련 분야에서 얻어진 전문적인 정보가 활용되어야만 사람들이 최상의 건강 상태를 유지할 수 있다. 즉 일반 사람들이 충분한 의학 지식을 알 수 있도록 적극적으로 서로 협력하는 것이 인류 건강 증진을 위해 매우 중요하다.

① 건강이 보장되었다면 평화와 안전도 모두 보장되었을 것이다.
② 정신적 문제가 있어도 육체적 문제가 없다면 최상의 건강 상태로 볼 수 있다.
③ 전문적인 의학 정보를 활용하는 것은 사람들이 최상의 건강 상태를 유지하기 위한 필요조건이다.
④ 최상의 건강 상태를 유지하는 데는 개인의 노력보다 국가의 노력이 더 중요하다.

130 다음 글의 내용이 참일 때, 추론한 내용으로 적절하지 않은 것은?

> 사이코패스 살인마들은 모두 억제, 사회적 행동, 윤리, 도덕성 등에 관여하는 전측두엽 영역의 기능이 현저히 떨어진다는 것을 발견한 제임스 팰런은 자신의 뇌 프로필이 사이코패스 범죄자와 일치한다는 사실을 깨닫는다. 그 뒤 그는 자기 조상 중에서 살인마가 여럿 있었음을 알게 되어 자신에게 공격적 행동과 연관되는 변이 유전자인 전사 유전자가 있음을 밝혀낸다. 그는 사이코패스 범죄자가 되기에 충분한 요건을 갖추고 있었던 셈이다.
> 그러나 팰런은 타인에게 상해를 입히거나 그러고 싶은 충동을 느끼지 않았으며, 직업적으로도 성공한 "지극히 정상적인 사내"였다. 의문을 가진 그는 청소년 사이코패스 범죄자들을 조사한 결과, 그들이 어린 시절 내내 심각한 학대를 받았다는 연구 결과를 토대로 성인 사이코패스 범죄자가 생애 초기부터 학대받았을 것이라고 추론했다. 유전적 결정론을 신봉했던 팰런은 결국 성장 환경이 그를 만드는 주요한 요인 중 하나라는 것을 인정한다. 이를 바탕으로 그는 사이코패스에 관한 '세 다리 의자 이론'을 세운다. 전측두엽의 유별난 저기능, 전사 유전자로 대표되는 고위험 변이 유전자 여러 개, 어린 시절 초기의 감정적·신체적·성적 학대라는 세 다리가 모두 갖추어질 때 사이코패스 범죄자가 탄생한다는 것이다.

① 팰런은 어린 시절 학대를 받은 경험이 없었을 것이다.
② 전측두엽의 기능상 문제는 사이코패스 살인마가 되기 위한 필요조건이다.
③ 유전보다는 어린 시절의 성장 환경이 사이코패스 범죄자가 탄생하는 데 중대한 영향을 미친다.
④ 전사 유전자는 사이코패스 범죄자가 탄생하기 위한 충분조건이 아니다.

선재 쌤의 핵심 정리

* 충분조건과 필요조건

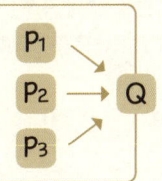

p이면 q이다.

- p를 충족하면 q가 성립하므로 p는 q이기 위한 충분조건이다.
- p를 입증하려면 q가 필요하므로 q는 p이기 위한 필요조건이다.

예 비가 오면 땅이 젖는다.
→ 비가 온다는 조건은 땅이 젖기에 충분한 것이고, 땅이 젖었다는 것은 비가 오는 것을 입증하기 위해 필요한 조건이다.

SOLUTION

[출전] 유영서, 〈우리 주변에 존재하는 무시무시한 사이코패스의 정체〉, 《유레카》(2024. 1.), 수정

[해설] 세 다리 의자 이론을 통해 전측두엽 기능의 문제, 고위험 변이 유전자, 어린 시절 불우한 성장 환경 등이 모두 갖추어져야 사이코패스 범죄자가 탄생한다는 사실을 알 수 있다. 하지만 세 가지 조건 중 어느 것이 사이코패스 범죄자 탄생에 더 큰 영향을 끼치는지는 알 수 없다.

[오답 풀이] ① 세 다리 의자 이론에 따르면, 전측두엽의 저기능, 전사 유전자, 어린 시절의 학대 경험 등이 모두 갖추어지면 사이코패스 범죄자가 된다. 그런데 팰런의 뇌 프로필은 사이코패스 범죄자와 일치하며, 팰런은 전사 유전자가 있지만, 사이코패스가 아니다. 따라서 팰런은 어린 시절 학대 경험이 없었을 것이라고 추론할 수 있다.
② 제임스 팰런에 따르면, 사이코패스 살인마들은 모두 전측두엽 영역의 기능이 현저히 떨어진다. 이는 '사이코패스 살인마 → 전측두엽의 기능 저하'로 기호화할 수 있으므로, 전측두엽의 기능상 문제는 사이코패스 살인마가 되기 위한 필요조건으로 볼 수 있다.
④ 전사 유전자 외에도 전측두엽의 저기능, 어린 시절의 학대 경험 등의 조건이 더 있어야 사이코패스 범죄자가 탄생한다. 따라서 전사 유전자는 사이코패스 범죄자가 탄생하기 위한 충분조건이 아니다.

[정답] ③

06 생략된 내용 추론

풀이 전략
- 빈칸의 바로 앞이나 바로 뒤에 정답과 연관된 정보가 존재하는 경우가 많다. 따라서 **빈칸의 앞과 뒤에 주목**하자.
- 결론을 추론하는 문제가 나온다면, 앞의 내용을 적절히 요약하는 것이 풀이의 관건이다.

대표 ㉠~㉢에 들어갈 말을 적절하게 나열한 것은? 인혁처 1차 예시 문제

소설과 현실의 관계를 온당하게 살피기 위해서는 세계의 현실성, 문제의 현실성, 해결의 현실성을 구별해야 한다. 우리가 살고 있는 이 입체적인 시공간에서 특히 의미 있는 한 부분을 도려내어 서사의 무대로 삼을 경우 세계의 현실성이 확보된다. 그 세계 안의 인간이 자신을 둘러싼 세계와 고투하면서 당대의 공론장에서 기꺼이 논의해 볼 만한 의제를 산출해 낼 때 문제의 현실성이 확보된다. 한 사회가 완강하게 구조화하고 있는 '가능한 것'과 '불가능한 것'의 좌표를 흔들면서 특정한 선택지를 제출할 때 해결의 현실성이 확보된다.

최인훈의 〈광장〉은 밀실과 광장 사이에서 고뇌하는 주인공의 모습을 통해 '남(南)이냐 북(北)이냐'라는 민감한 주제를 격화된 이념 대립의 공론장에 던짐으로써 ㉠ 을 확보하였다. 작품의 시공간으로 당시 남한과 북한을 소설적 세계로 선택함으로써 동서 냉전 시대의 보편성과 한반도 분단 체제의 특수성을 동시에 포괄할 수 있는 ㉡ 도 확보하였다. 〈광장〉에서 주인공이 남과 북 모두를 거부하고 자살을 선택하는 결말은 남북으로 상징되는 당대의 이원화된 이데올로기를 근저에서 흔들었다. 이로써 ㉢ 을 확보할 수 있었다.

	㉠	㉡	㉢
①	문제의 현실성	세계의 현실성	해결의 현실성
②	문제의 현실성	해결의 현실성	세계의 현실성
③	세계의 현실성	문제의 현실성	해결의 현실성
④	세계의 현실성	해결의 현실성	문제의 현실성

SOLUTION

해설 ㉠ 최인훈의 〈광장〉은 자신을 둘러싼 밀실과 광장에서 고뇌하는 주인공의 모습을 통해 '남이냐 북이냐'라는, 당대의 공론장에서 기꺼이 논의해 볼 의제를 꺼냈다. 이러한 점에서 〈광장〉은 '문제의 현실성'을 확보한 것이다.

㉡ 〈광장〉은 냉전 시대의 보편성과 한반도 분단 체제의 특수성을 동시에 포괄하는 당시의 남한과 북한을 소설의 시공간으로 선택하였다. 이러한 점에서 〈광장〉은 '세계의 현실성'을 확보한 것이다.

㉢ 〈광장〉의 주인공은 남과 북 모두를 거부하고 자살이라는 선택지를 선택하는데, 이러한 결말은 남북으로 상징되는 당대의 이원화된 이데올로기를 근저에서 흔들었다. 이러한 점에서 〈광장〉은 '해결의 현실성'을 확보한 것이다.

정답률 71% **정답** ①

01 | 생략된 단어의 추론

131 ㉠~㉢에 들어갈 알맞은 말은?
2024 군무원 9급

비슷한 나이의 동료끼리 말을 주고받을 때는 '홍길동 씨, 경리과에 전화했어요?', '이 과장, 거래처에 다녀왔어요?'처럼 '해요체'를 주고받는 것이 일반적이다. ㉠ 같은 동료라 하더라도 상대방의 나이가 위이거나 공식적인 자리에서는 '합쇼체'를 써서 말할 필요가 있다. 곧 '홍길동 씨, 경리과에 전화했습니까?', '이 과장, 거래처에 다녀왔습니까?' 하고 말할 수 있는 것이다. 하지만 윗사람과 말을 주고받을 때에는 반드시 '합쇼체'를 써서 '이번 일은 제가 맡아 처리하겠습니다.'와 같이 말해야 한다.

㉡ 가정에서라면 아랫사람과 대화를 주고받을 때는 상대방을 높이지 않기 때문에 '해체'나 '해라체' 정도를 사용할 수 있지만 직장에서는 사정이 조금 다르다. 아무리 자신보다 아랫사람이라 하더라도 가족 관계에서와는 달리 어느 정도 높게 대우해 주어야 하는 것이다. ㉢ 과장이 자신의 부하 직원에게 말을 할 때 '홍길동 씨, 업무 계획서 좀 빨리 작성해 줘요.' 하고 말할 수 있다.

그러나 아랫사람이 자신보다 매우 어리거나 친밀한 사이일 경우에는 '홍길동 씨, 업무 계획서 좀 빨리 작성해 줘.' 하고 존대의 효과가 없는 '해체'를 사용할 수도 있고 '하게체'를 사용하여 상대를 조금 대우해 줄 수도 있다.

	㉠	㉡	㉢
①	그러나	한편	그래서
②	그러나	한편	그리고
③	그리고	따라서	그래서
④	그리고	따라서	그러나

SOLUTION

[해설] ㉠ 비슷한 나이의 동료끼리 말을 주고받을 때와 나이가 나보다 위인 동료나 공식적인 자리에서 말을 주고받을 때의 차이가 이어지는 자리이다. 따라서 상반된 내용을 이어주는 '그러나'가 들어가야 적절하다.
㉡ 직장에서 윗사람이나 나이가 많은 사람과 대화할 때의 높임법과, 직장에서 아랫사람과 대화할 때의 높임법에 대한 이야기가 이어지는 자리이다. 따라서 '어떤 일에 대하여, 앞에서 말한 측면과 다른 측면을 말할 때 쓰는 말'인 '한편'이 들어가야 적절하다.
㉢ 직장에서는 자신보다 아랫사람이라 하더라도 어느 정도 높게 대우해 주어야 하므로, 과장이 부하 직원에게 말할 때도 해요체를 쓴다는 문맥이다. 따라서 인과 관계를 나타내는 '그래서'가 들어가야 적절하다.

정답률 91% **정답** ①

132 ㉠에 들어갈 말로 가장 적절한 것은?
2024 군무원 9급

최근 환경 오염에 기인하는 생태계의 파괴와 새롭게 개발된 생명 과학 기술이 점차 인간의 삶과 그 존엄성을 위협하게 됨에 따라, 생명 과학에 대한 세상의 관심도 높아졌고 그것이 갖는 도덕성도 심심찮게 논란의 대상이 되고 있다. 생태계의 파괴와 관련하여 생명 과학이 주목을 받는 것은 생태계 파괴의 주범이 생명 과학이어서가 아니라, 이미 심각한 상태로 파괴된 생태계를 복원시킬 수 있는 효과적인 방법을 생명 과학이 제시할지도 모른다는 기대 때문이다.

그러나 이와는 반대로 생명 과학의 도덕성에 대한 논의는 생명 과학이 개발해 내고 있는 각종 첨단 기술이 인간의 존엄성을 훼손하게 될 것이라는 우려의 표출인 것이다. 다른 모든 과학과 마찬가지로 생명 과학도 ㉠ 을 지니고 있다. 그렇기 때문에 우리는 생명 과학이 갖는 무한한 가능성에 대하여 큰 기대를 걸면서도 동시에 그것이 갖는 가공할 만한 위험성을 항상 경계하고 있는 것이다.

① 개연성 ② 합리성
③ 양면성 ④ 일관성

SOLUTION

[해설] 인간은 파괴된 생태계를 복원시킬 수 있는 효과적인 방법을 생명 과학이 제시할 수도 있다고 기대하지만, 생명 과학이 인간의 존엄성을 훼손하게 될 것이라고 우려하기도 한다는 내용의 글이다. 따라서 ㉠에는 생명 과학이 지닌 이러한 대조적 성격을 포괄할 수 있는 '양면성'이 들어가야 적절하다.

* **양면성(兩面性)**: 한 가지 사물에 속하여 있는 서로 맞서는 두 가지의 성질

[오답풀이] ① 개연성(蓋然性): 절대적으로 확실하지 않으나 아마 그럴 것이라고 생각되는 성질

정답률 90% **정답** ③

133 ㉠~㉣에 들어갈 말로 가장 적절한 것은? 2021 지방직 9급

정철, 윤선도, 황진이, 이황, 이조년 그리고 무명씨. 우리말로 시조나 가사를 썼던 이들이다. 황진이는 말할 것도 없고 무명씨도 대부분 양반이 아니었겠지만 정철, 윤선도, 이황은 양반 중의 양반이었다. ㉠ 그들이 우리말로 작품을 썼던 걸 보면 양반들도 한글 쓰는 것을 즐겨 했다는 것을 부정할 수는 없다. ㉡ 허균이나 김만중은 한글로 소설까지 쓰지 않았던가. ㉢ 이들이 특별한 취향을 가진 소수의 양반이었다면 이야기는 달라진다. 우리말로 된 문학 작품을 만들겠다는 생각을 가진 특별한 양반들을 제외하고 대다수 양반들은 한문을 썼기 때문에 한글을 모를 수도 있었기 때문이다. 실학자 박지원이 당시 양반 사회를 풍자한 작품 〈호질〉은 한문으로 쓰여 있다. ㉣ 한 가지 분명한 것은 양반 대부분이 한글을 이해하지 못하는 상황이었다면 정철도 이황도 윤선도도 한글로 작품을 쓰지는 않았을 것이란 사실이다.

	㉠	㉡	㉢	㉣
①	그런데	게다가	그렇지만	그러나
②	그런데	그리고	그래서	또는
③	그리고	그러나	하지만	즉
④	그래서	더구나	따라서	하지만

134 ㉠~㉣에 들어갈 말로 가장 적절한 것은? 2021 지역인재 9급

데이비드슨 박사는 뇌파 전위 기록술인 'EEG'를 사용하여 사람들의 두뇌 활동을 측정하였는데, 이를 통해 일상생활에서 행복 또는 불행한 사람들의 두뇌 활동에서 발견되는 특이한 비대칭성을 발견하게 되었다. 그리하여 그는 좌뇌와 우뇌에 대한 뇌 과학적 사실에 비추어 스스로 행복하다고 말한 사람들의 경우, 좌측 전두엽이 우측 전두엽에 비해 더 많이 활성화될 것이고, 불행하다고 말한 사람들의 경우, 그 반대의 결과가 나타날 것이라고 가정하였다.

그는 이 가정을 입증하기 위해 추가 실험을 진행하였다. 첫 번째로는 신생아들에게 빨기 좋은 물건을 주고 뇌의 활성화 패턴을 측정하였으며, 두 번째로는 성인들을 대상으로 코미디 영화를 보여 주고서는 한창 즐거워할 때 뇌의 활성화 패턴을 분석하였다. 첫 번째 실험 결과, 위의 가정에 부합하였는데, 신생아들은 주어진 물건을 빨면서 즐거워할 때 ㉠ 전두엽이 ㉡ 전두엽에 비해 더 활성화되었다. 반면, 빨고 있던 물건을 강제로 빼앗았을 때는 그 반대의 결과가 나타났다.

두 번째 실험 역시 마찬가지였다. 실험 대상에게 코미디 영화를 보여 주었을 때 ㉢ 전두엽은 ㉣ 전두엽에 비해 활성화 정도가 낮았던 반면, 공포 영화를 보여 주었을 때 뇌의 활성화 패턴은 정반대로 나타났다. 이러한 실험 결과는 뇌 과학의 발전을 통해 사람들을 인위적으로 행복하게 만들 수 있는 방법이 있을 수 있음을 말해 준다.

	㉠	㉡	㉢	㉣
①	좌측	우측	우측	좌측
②	좌측	우측	좌측	우측
③	우측	좌측	우측	좌측
④	우측	좌측	좌측	우측

135 ㉠에 들어갈 접속 부사로 가장 옳은 것은? 2020 서울시 기술직

> 격분의 물결은 사람들의 주의를 동원하고 묶어내는 데는 대단히 효과적이다. 하지만 매우 유동적이고 변덕스러운 까닭에 공적인 논의와 공적인 공간을 형성하는 역할을 감당하지는 못한다. 격분의 물결은 그러기에는 통제하기도 예측하기도 어렵고, 불안정하며, 일정한 형태도 없이 쉽게 사라져 버린다. 격분의 물결은 갑자기 불어났다가 또 이에 못지않게 빠른 속도로 소멸한다. 여기서는 공적 논의를 위해 필수적인 안정성, 항상성, 연속성을 찾아볼 수 없다. ㉠ 격분의 물결은 안정적인 논의의 맥락 속에 통합되지 못한다. 격분의 물결은 종종 아주 낮은 사회적, 정치적 중요성밖에 지니지 않는 사건들과 관련하여 발생한다.
> 격분 사회는 스캔들의 사회다. 이런 사회에는 침착함, 자제력이 없다. 격분의 물결에 특징적으로 나타나는 반항기, 히스테리, 완고함은 신중하고 객관적인 커뮤니케이션을 허용하지 않는다. 어떤 대화도, 어떤 논의도 불가능하다. 게다가 격분 속에서는 사회 전체에 대한 염려의 구조를 갖춘 안정적인 우리가 형성되지 않는다. 이른바 분개한 시민의 염려라는 것도 사회 전체에 대한 것이라기보다는 대체로 자신에 대한 염려일 뿐이다. ㉠ 그러한 염려는 금세 모래알처럼 흩어져 버린다.
> – 한병철, 〈투명 사회〉

① 그런데 ② 그리고
③ 따라서 ④ 하지만

136 ㉠~㉢에 들어갈 말로 가장 적절한 것은? 2020 지역인재 9급

> 말이란 사람이 자기 생각을 남에게 전달하는 도구임을 아무도 부정할 수 없을 것이다. ㉠ 말이 생각 그 자체와 어떠한 관계가 있는가 하는 문제, ㉡ 사람은 말 없이도 생각할 수 있는가, ㉢ 사람의 생각하는 방법이 말의 성격을 좌우하고 말의 성격이 생각의 방법을 좌우할 수 있는 것일까 하는 문제에 대해서는 철학자나 언어학자들 사이에 꼭 의견이 일치되는 것은 아닌 것 같다.

	㉠	㉡	㉢
①	그러나	이를테면	그리고
②	그러나	한편	그러므로
③	그래서	이를테면	그러므로
④	그래서	한편	그리고

137 ⊙~㉣에 들어갈 말로 가장 적절하게 묶인 것은?

2020 군무원 7급

영화를 보면 어떤 물체를 3차원 입체 스캐너에 집어넣고 레이저를 이용해서 쓰윽 스캐닝 한 뒤 기계가 왔다 갔다 왕복 운동을 하면, 무에서 유를 창조하듯 스캐닝 했던 물체와 똑같은 물체가 만들어지는 ㉠ 이 나온다. 공상 과학 영화에서나 나오는 이런 허구 같은 상황, 그것이 실제로 일어났다. 물체를 3차원 스캔하거나 3D 모델링 프로그램으로 설계해서 입체 모형으로 만들어내는 이 마법 같은 기계인 3D 프린터가 어느새 우리 생활 속으로 들어왔다.

3D 프린터가 가장 많이 사용되는 곳은 ㉡ 생산이다. 그간 제품을 개발할 때에는 금형을 만들어서 샘플을 찍어 내거나 수작업으로 모형을 만들어 냈고, 이후에 수정하거나 설계를 변경하게 되면 엄청난 시간과 비용이 소요되었다. 그러나 3D 프린터로 샘플을 만들어 문제점과 개선점을 확인한 후에 금형을 만들고 제품을 생산하면, 비용 절감은 물론 개발 기간 단축에도 큰 도움이 된다.

3D 프린터는 ㉢ 으로도 유용하게 사용되고 있다. 인체에 무해한 종류의 금속이나 플라스틱 수지 또는 인공 뼈 소재를 이용해서 유실된 뼈 부분을 대신하는 용도로 사용되고 있으며, 아주 복잡하고 위험한 수술 전에 실제와 거의 동일한 인체 구조물로 미리 연습을 하도록 돕기도 한다. 또한 큰 사고로 얼굴의 일부가 크게 손상되거나 유실된 환자를 위해 정교하게 제작된 일종의 부분 가면을 만드는 것도 가능하다.

아직은 3D 프린터가 일반 가정이나 우리의 실생활에 깊게 들어왔다고 보기에는 다소 이르지만 ㉣ 우리 생활에 정말로 녹아든 시대가 올 것이다. 그러나 한국의 3D 프린터 산업은 여전히 걸음마 단계이다. 정부와 대기업의 관심도 아직 미진하여 교육 기관의 3D 프린터 도입은 전혀 준비되지 않았다. 더 늦기 전에 우리도 처음 큰 한걸음을 내디며 경쟁력을 갖춰 나가야 한다.

	㉠	㉡	㉢	㉣
①	상황	완제품	산업용	언젠가
②	상황	시제품	산업용	조만간
③	장면	완제품	의료용	언젠가
④	장면	시제품	의료용	조만간

02 | 생략된 정보의 추론

138 ㉠과 ㉡에 들어갈 말을 적절하게 나열한 것은?

2025 지방직 9급

자아 개념이란 자신에 대한 주관적 견해로서 개인이 가지고 있는 능력, 성격, 태도, 느낌 등을 모두 포괄한다. 자아의 형성에 영향을 미치는 요인 중 하나로 타인에게서 듣게 되는 나와 관련된 메시지를 들 수 있다. 물론 타인 중에는 자신이 느끼기에 나에게 관련이 적은 사람도 있고 중요한 사람도 있다. 예를 들어 "너의 글은 인상적이야. 앞으로 좋은 작품을 쓸 수 있을 것 같아."라는 말을 누군가에게 들었을 때, 그 사람이 나에게 중요하다면 그 평가는 자아 개념 형성에 큰 영향을 미칠 수 있다. 그런 범주에 들어갈 수 있는 사람들로는 부모, 친구, 선생님 등이 있을 것이다. 나에게 ㉠ 의 말은 기억에 오래 남기 마련이다.

한편, 타인에게 영향을 받는 자아를 설명하는 개념 중에는 ㉡ 라는 것도 있다. 이 개념에 따르면 우리는 타인과 상호 작용하는 과정에서 단순히 타인을 모범으로 삼아 따라 하거나 타인의 훈육을 통해 자아를 형성한다기보다는 타인에게 비치는 나의 모습을 상상하고 그 모습에 대한 타인의 판단을 추정한다. 그러한 추정을 통해 자기에게 생겨난 감정을 알아 가는 과정에서 성숙한 자아를 형성해 나간다.

	㉠	㉡
①	관련이 적은 타인	거울에 비친 자아
②	중요한 타인	모범적인 타인을 따르는 자아
③	관련이 적은 타인	모범적인 타인을 따르는 자아
④	중요한 타인	거울에 비친 자아

139 빈칸에 들어갈 결론으로 가장 적절한 것은?

인혁처 1차 예시 문제

> 신경 과학자 아이젠버거는 참가자들을 모집하여 실험을 진행하였다. 이 실험에서 그의 연구 팀은 실험 참가자의 뇌를 'fMRI' 기계를 이용해 촬영하였다. 뇌의 어떤 부위가 활성화되는가를 촬영하여 실험 참가자가 어떤 심리적 상태인가를 파악하려는 것이었다. 아이젠버거는 각 참가자에게 그가 세 사람으로 구성된 그룹의 일원이 될 것이고, 온라인에 각각 접속하여 서로 공을 주고받는 게임을 하게 될 것이라고 알려주었다. 그런데 이 실험에서 각 그룹의 구성원 중 실제 참가자는 한 명뿐이었고 나머지 둘은 컴퓨터 프로그램이었다. 실험이 시작되면 처음 몇 분 동안 셋이 사이좋게 순서대로 공을 주고받지만, 어느 순간부터 실험 참가자는 공을 받지 못한다. 실험 참가자를 제외한 나머지 둘은 계속 공을 주고받기 때문에, 실험 참가자는 나머지 두 사람이 아무런 설명 없이 자신을 따돌린다고 느끼게 된다. 연구 팀은 실험 참가자가 따돌림을 당할 때 그의 뇌에서 전두엽의 전대상피질 부위가 활성화된다는 것을 확인했다. 이는 인간이 물리적 폭력을 당할 때 활성화되는 뇌의 부위이다. 연구 팀은 이로부터 ◯◯◯◯◯◯◯◯는 결론을 내릴 수 있었다.

① 물리적 폭력은 뇌 전두엽의 전대상피질 부위를 활성화한다
② 물리적 폭력은 피해자의 개인적 경험을 사회적 문제로 전환한다
③ 따돌림은 피해자에게 물리적 폭력보다 더 심각한 부정적 영향을 미친다
④ 따돌림을 당할 때와 물리적 폭력을 당할 때의 심리적 상태는 서로 다르지 않다

SOLUTION

해설 아이젠버거의 실험에 따르면, 참가자가 따돌림을 당한다고 느낄 때 그의 뇌에서 전두엽의 전대상피질 부위가 활성화되었다. 그런데 이 부위는 인간이 물리적 폭력을 당할 때 활성화되는 부위이다. 이를 통해 따돌림을 당할 때의 심리적 상태와 물리적 폭력을 당할 때의 심리적 상태가 유사하다는 것을 결론으로 추리해 낼 수 있다.

오답풀이 ① 제시문의 내용을 반복한 것일 뿐이므로 적절하지 않다.
② 제시문의 실험은 물리적 폭력이 아니라 심리적 폭력에 대한 것이므로 적절하지 않다.
③ 따돌림과 물리적 폭력의 영향 중 어느 것이 더 큰 것인지를 추론할 수 있는 내용은 제시문에 나오지 않는다.

정답률 85% 정답 ④

---

140 빈칸에 들어갈 말로 가장 적절한 것은?

인혁처 2차 예시 문제

> 로빈 후드는 14세기 후반인 1377년경에 인기를 끈 작품 〈농부 피어즈〉에 최초로 등장한다. 로빈 후드 이야기는 주로 숲을 배경으로 전개된다. 숲에 사는 로빈 후드 무리는 사슴 고기를 중요시하는데 당시 숲은 왕의 영지였고 사슴 밀렵은 범죄였다. 왕의 영지에 있는 사슴에 대한 밀렵을 금지하는 법은 11세기 후반 잉글랜드를 정복한 윌리엄 왕이 제정한 것이므로 아마도 로빈 후드 이야기가 그 이전 시기로까지 거슬러 올라가지는 않을 것이다. 또한 이야기에서 셔우드 숲을 한 바퀴 돌고 로빈 후드를 만났다고 하는 국왕 에드워드는 1307년에 즉위하여 20년간 재위한 2세일 가능성이 있다. 1세에서 3세까지의 에드워드 국왕 가운데 이 지역의 순행 기록이 있는 사람은 에드워드 2세뿐이다. 이러한 근거를 토대로 추론할 때, 로빈 후드 이야기의 시대 배경은 아마도 ◯◯◯◯◯◯일 가능성이 가장 크다.

① 11세기 후반
② 14세기 이전
③ 14세기 전반
④ 14세기 후반

SOLUTION

해설 로빈 후드 이야기에서 로빈 후드와 만난 국왕 에드워드는 1307년에 즉위하여 20년간 재위한 에드워드 2세일 가능성이 크다고 했다. 따라서 로빈 후드 이야기의 시대 배경은 '14세기 전반'이라고 추론할 수 있다.

오답풀이 ①·② 로빈 후드 이야기의 시대 배경이 11세기 후반, 14세기 이전일 경우, 로빈 후드 이야기에 '셔우드 숲을 한 바퀴 돌고 로빈 후드를 만났다고 하는 국왕 에드워드'가 나타날 수 없다.
④ 로빈 후드 이야기의 시대 배경이 14세기 후반이라면, 14세기 전반에 즉위하여 재위한 에드워드 2세가 국왕으로서 로빈 후드와 만날 수 없다. 또한 14세기 후반은 로빈 후드가 등장하는 작품이 인기를 끈 시기이다. 이 문제에서 묻고 있는 것은 로빈 후드 이야기의 시간적 배경이므로 적절하지 않다.

정답률 81% 정답 ③

141 빈칸에 들어갈 내용으로 가장 적절한 것은? 2024 국가직 9급

　독자는 글을 읽을 때 생소하거나 이해하기 어려운 단어에 주시하는데, 이때 특정 단어에 눈동자를 멈추는 '고정'이 나타나며, 고정과 고정 사이에는 '이동', 단어를 건너뛸 때에는 '도약'이 나타난다. 고정이 관찰될 때는 의미를 이해하려는 시도가 이루어지지만, 이동이나 도약이 관찰될 때는 이루어지지 않는다. 이를 바탕으로, K 연구진은 동일한 텍스트를 활용하여 읽기 능력 하위 집단(A)과 읽기 능력 평균 집단(B)의 읽기 특성을 탐색하는 연구를 진행하였다. 독서 횟수는 1회로 제한하되 독서 시간은 제한하지 않았다.
　그 결과, 눈동자의 평균 고정 빈도에서 A 집단은 B 집단에 비해 약 2배 많은 수치를 보였다. 그런데 총 고정 시간을 총 고정 빈도로 나눈 평균 고정 시간은 B 집단이 A 집단에 비해 더 높게 나타났다. 읽기 후 독해 검사에서 B 집단은 A 집단보다 평균 점수가 높았고, 독서 과정에서 눈동자가 이전으로 돌아가거나 이전으로 건너뛰는 현상은 모두 관찰되지 않았다. 연구진은 이를 종합하여 읽기 능력이 부족한 독자는 읽기 능력이 평균인 독자에 비해 난해하다고 느끼는 단어들이 □□□□□□는 결론을 내렸다.

① 더 많지만 난해하다고 느끼는 각각의 단어를 이해하는 과정에 들이는 평균 시간은 더 적다
② 더 많고 난해하다고 느끼는 각각의 단어를 이해하는 과정에 들이는 평균 시간도 더 많다
③ 더 적지만 난해하다고 느끼는 각각의 단어를 이해하는 과정에 들이는 평균 시간은 더 많다
④ 더 적고 난해하다고 느끼는 각각의 단어를 이해하는 과정에 들이는 평균 시간도 더 적다

SOLUTION

[해설] 이 글은 평균 고정 빈도와 평균 고정 시간의 차이점을 바탕으로 하여 대조적으로 읽어야 한다. 따라서 대조적 내용이 포함되지 않은 ②·④는 정답이 될 수 없다.

	A 집단 (읽기 능력 하위)	B 집단 (읽기 능력 평균)
평균 고정 빈도	↑	↓
평균 고정 시간	↓	↑

A 집단은 읽기 능력 하위 집단이며, B 집단은 읽기 능력 평균 집단이다. '고정'은 독자가 글을 읽을 때 이해하기 어려운 단어에 눈동자를 멈출 때 나타난다. 따라서 A 집단이 B 집단보다 평균 고정 빈도가 더 많았다는 것은, 난해하다고 느끼는 단어들의 수가 B 집단에 비해 A 집단이 더 많았다는 의미이다.
그런데 평균 고정 시간은 B 집단이 A 집단에 비해 더 높게 나타났다. 이것은 A 집단이 B 집단보다 각각의 단어를 이해하기 위해 들이는 시간이 더 적었다는 의미이다. 따라서 ①이 빈칸에 들어갈 내용으로 가장 적절하다.

정답률 69%　정답 ①

142 ㉠과 ㉡에 들어갈 말로 적절한 것은? 2024 국가직 9급

　채식주의자는 고기, 생선, 유제품, 달걀 섭취 여부에 따라 다섯 가지로 나뉜다. 완전 채식주의자는 이들 모두를 섭취하지 않으며, 페스코 채식주의자는 고기는 섭취하지 않지만 생선은 먹으며, 유제품과 달걀은 개인적 선호에 따라 선택적으로 섭취한다. 남은 세 가지 채식주의자는 고기와 생선 모두를 먹지 않되 유제품과 달걀 중 어떤 것을 먹느냐의 여부로 결정된다. 이들의 명칭은 라틴어의 '우유'를 의미하는 '락토(lacto)'와 '달걀'을 의미하는 '오보(ovo)'를 사용해 정해졌는데, 예를 들어, 락토오보 채식주의자는 고기와 생선은 먹지 않으나 유제품과 달걀은 먹는다. 락토 채식주의자는 ㉠ 먹지 않으며, 오보 채식주의자는 ㉡ 먹지 않는다.

① ㉠: 달걀은 먹지만 고기와 생선과 유제품은
　㉡: 고기와 생선과 달걀은 먹지만 유제품은
② ㉠: 달걀은 먹지만 고기와 생선과 유제품은
　㉡: 유제품은 먹지만 고기와 생선과 달걀은
③ ㉠: 유제품은 먹지만 고기와 생선과 달걀은
　㉡: 고기와 생선과 유제품은 먹지만 달걀은
④ ㉠: 유제품은 먹지만 고기와 생선과 달걀은
　㉡: 달걀은 먹지만 고기와 생선과 유제품은

SOLUTION

[해설]

	고기	생선	유제품	달걀
락토오보	×	×	○	○
락토	×	×	○	×
오보	×	×	×	○

락토오보·락토·오보 채식주의자는 공통적으로 고기와 생선 모두를 먹지 않되, 유제품과 달걀 중 어떤 것을 먹는지에 따라 구분된다. '락토'는 우유를 의미하며 '오보'는 달걀을 의미하는데, 이 두 가지 이름이 모두 들어간 락토오보 채식주의자는 유제품과 달걀은 먹는다. 이를 통해 해당 식품의 이름이 들어간 채식주의자는 그 식품은 먹되 다른 식품은 먹지 않는다는 것을 알 수 있다. 따라서 락토 채식주의자는 '유제품은 먹되 고기와 생선, 달걀은 먹지 않으며(㉠)', 오보 채식주의자는 '달걀은 먹되 고기와 생선, 그리고 유제품은 먹지 않을 것(㉡)'이다.

정답률 87%　정답 ④

143 빈칸에 들어갈 내용으로 가장 적절한 것은? 2024 지방직 9급

프랑스에서 포도주는 간단한 식사에서 축제까지, 작은 카페의 대화에서 연회장의 교제에 이르기까지 언제 어디서나 함께 한다. 포도주는 계절에 따른 어떤 날씨에도 분위기를 고양시킬 수 있어 추운 계절이 되면 따뜻한 분위기를 연출하고 한여름이 되면 서늘하거나 시원한 그늘을 떠올리는 분위기를 조성한다. 또한 배고프거나 지칠 때, 지루하거나 답답할 때, 심리적으로 불안할 때나 육체적으로 힘든 그 어느 경우에도 프랑스인들은 포도주가 절실하다고 느낀다. 프랑스에서 포도주는 장소와 시간, 상황에 관계없이 음식과 결부될 수 있는 모든 곳에 등장한다.

포도주가 일상의 세세한 부분에까지 결부된 탓에 프랑스 국민은 이제 포도주가 있어야 할 곳에 포도주가 없다는 사실만으로도 충격을 받는다. 르네 코티는 대통령 임기가 시작될 때 사적인 자리에서 사진을 찍은 적이 있는데 그 사진 속 탁자에는 포도주 대신 다른 술이 놓여 있었다. 이 때문에 온 국민이 들끓고 일어났다. 프랑스 국민에게 그들 자신과도 같은 포도주가 보이지 않는다는 사실은 참을 수 없는 일이었다. 결국 프랑스인에게 포도주란 _____.

① 심신을 치유하는 신성한 물질과 같다
② 자신들의 정체성을 나타내는 상징과도 같다
③ 국가의 주요 행사에서 가장 주목받는 음료다
④ 어느 계절에나 쉽게 분위기를 고양시킬 수 있는 음료다

144 ㉮~㉰에 들어갈 말을 바르게 연결한 것은? 2024 지방직 7급

감탄사는 상황에 대한 즉각적인 반응을 표현하는 것이 주된 기능이다. 감탄사의 종류에는 감정 감탄사, 의지 감탄사, 간투 감탄사가 있다. 감정 감탄사는 즉석에서 느낀 대로 표현한다. 놀람, 실망, 기쁨, 안심 등 어떤 감정과 관련된 반응이냐에 따라 다양한 단어를 사용한다. 청자에 대한 의식이 약하므로 혼잣말로 많이 쓰인다. 예를 들어, ㉮ (이)라는 감정 감탄사를 사용한다. 의지 감탄사는 소통에 대한 의지나 태도를 표현한다. 대답, 부름, 명령 등 어떤 의지나 태도와 관련된 반응이냐에 따라 다양한 단어를 사용한다. 청자에 대한 의식이 강하므로 혼잣말로는 잘 쓰이지 않는다. ㉯ (이)라고 말하는 것이 그 예가 된다. 간투 감탄사는 말하기를 준비하고 있거나 대화에 참여하고 있음을 표현하는 감탄사이다. ㉰ (이)라는 간투 감탄사가 자주 사용된다.

㉠ 너무 힘들 때 자기도 모르게 '아이고'
㉡ 말할 내용이 생각나지 않을 때 '음'
㉢ 시끄럽게 떠드는 아이에게 '쉿!'

	㉮	㉯	㉰		㉮	㉯	㉰
①	㉠	㉡	㉢	②	㉠	㉢	㉡
③	㉡	㉠	㉢	④	㉡	㉢	㉠

145 빈칸에 들어갈 결론으로 가장 적절한 것은? 2024 지방직 7급

조선 시대에는 성리학적 윤리 이념을 굳게 고수했기 때문에 사사로운 남녀 간 애정보다는 가문이나 국가의 질서를 수호하는 이야기가 더 우선시되었다. 이런 분위기 속에서 애정 소설은 한문 소설인 《금오신화》에서 시작되어 17세기를 거치며 꾸준히 발전해 왔지만 폭발적인 성장을 하지는 못했다. 이런 소설사의 흐름을 바꾸어 놓은 작품이 〈춘향전〉이다. 사대부와 기생 집안의 여성이 사랑을 하고, 그 여성이 사대부의 정실부인이 되는 이야기는 아무리 소설이라 하더라도 당대로서는 대단히 파격적이었다.

이러한 〈춘향전〉이 갑자기 생겨난 것은 아니다. 오랜 시간 성숙을 거듭해 온 우리 서사 문학사의 전통 속에서 탄생한 작품이다. 암행어사 설화, 열녀 설화 등 민간에 널리 유포된 설화뿐만 아니라 전대의 애정 소설도 작품 형성에 영향을 미쳤다. 또한 〈춘향전〉에는 〈구운몽〉과 〈사씨남정기〉와 같은 17세기 소설의 요소도 들어 있다. 작품 속에서 〈구운몽〉에 등장하는 팔선녀의 이름이 거론되고 있는가 하면, 〈사씨남정기〉에서 위기에 처한 사정옥이 꿈을 꾸고 황릉묘에서 이비를 만나는 장면이 춘향의 옥중 위기에서 그대로 재현되고 있는 것이다. 이와 같이 〈춘향전〉은 _____.

① 서사 문학사의 전통을 물려받으면서도 기존의 흐름을 바꾼 작품이다
② 성리학적 윤리관을 드러낸 전형적인 서사 문학으로서 문화적 가치가 높은 작품이다
③ 남녀 간의 파격적인 애정을 그려 내어 한문 소설의 폭발적 성장을 이끌어 낸 작품이다
④ 유명한 작품들을 창의적으로 활용하는 방식으로 17세기 소설에 큰 영향을 미친 작품이다

146 ㉠과 ㉡에 들어갈 말로 가장 적절한 것은? 2023 국가직 9급

특정한 작업을 수행하기 위해 신체 근육의 특정 움직임을 조작하는 능력을 운동 능력이라고 한다. 언어에 관한 운동 능력은 '발음 능력'과 '필기 능력' 두 가지인데 모두 표현을 위한 능력이다.

말로 표현하기 위해서는 발음 능력이 필요한데, 이는 음성 기관을 움직여 원하는 음성을 만들어 내는 능력이다. 이 능력은 영·유아기에 수많은 시행착오와 꾸준한 훈련을 통해 습득된다. 이렇게 발음 능력을 습득하면 음성 기관의 움직임은 자동화되어 음성 기관의 어느 부분을 어떻게 움직일지를 화자가 거의 의식하지 않는다. 우리가 모어에 없는 외국어 음성을 발음하기 어려운 이유는 ㉠ 있기 때문이다.

글로 표현하기 위해서는 필기 능력이 필요하다. 필기에서는 글자의 모양을 서로 구별되게 쓰는 것은 기본이고 그 수준을 넘어서서 쉽게 알아볼 수 있는 모양으로 잘 쓰는 것도 필요하다. 글씨를 쓰기 위해 손을 놀리는 것은 발음을 하기 위해 음성 기관을 움직이는 것에 비해 상당히 의식적이라고 할 수 있다. 그렇지만 개인의 의지와 관계없이 필체가 꽤 일정하다는 사실은 손을 놀리는 데에 ㉡ 의미한다.

① ㉠: 음성 기관의 움직임이 모어의 음성에 맞게 자동화되어
  ㉡: 무의식적이고 자동적인 면이 있음을
② ㉠: 낯선 음성은 무의식적으로 발음하도록 훈련되어
  ㉡: 유아기에 수행한 훈련이 효과적이지 않음을
③ ㉠: 음성 기관의 움직임이 모어의 음성에 맞게 자동화되어
  ㉡: 유아기에 수행한 훈련이 효과적이지 않음을
④ ㉠: 낯선 음성은 무의식적으로 발음하도록 훈련되어
  ㉡: 무의식적이고 자동적인 면이 있음을

147 다음 글의 맥락을 고려할 때 빈칸에 들어갈 말로 가장 적절한 것은?

2023 지방직 9급

> 능숙한 필자와 미숙한 필자는 글쓰기 과정 중 '계획하기'에서 뚜렷한 차이를 보인다. 전자는 이 과정에 오랜 시간 공을 들이는 반면, 후자는 그렇지 않다. 글쓰기에서 계획하기는 글쓰기의 목적 수립, 주제 선정, 예상 독자 분석 등을 포함한다. 이 중 예상 독자 분석이 중요한 이유는 _____ 때문이다. 글을 쓸 때 독자의 수준에 비해 너무 어려운 개념과 전문 용어를 사용한다면 독자가 글을 이해하기 어렵게 된다. 글쓰기는 필자가 글을 통해 자신의 메시지를 독자에게 전달하는 행위라는 점을 고려하면 계획하기 단계에서 반드시 예상 독자를 분석해야 한다.

① 계획하기 과정이 글쓰기 전체 과정의 첫 단계이기
② 글에 어려운 개념이나 전문 용어를 어느 정도 포함해야 하기
③ 필자의 메시지를 독자에게 효과적으로 전달하는 데 도움이 되기
④ 독자의 배경지식 수준을 고려해야 글의 목적과 주제가 결정되기

SOLUTION

[해설] 빈칸 뒤의 내용에서 답을 알 수 있다. 글쓰기는 필자가 자신의 메시지를 독자에게 전달하는 행위이기 때문에 계획하기 단계에서 예상 독자를 반드시 분석해야 한다고 했다. 따라서 '필자의 메시지를 독자에게 효과적으로 전달하는 데 도움이 되기' 때문에 글쓰기를 계획할 때 예상 독자를 분석하는 일이 중요하다.

[오답 풀이] ② 예상 독자를 분석하지 않은 채 너무 어려운 개념과 전문 용어를 사용하여 글을 쓴다면 독자가 글을 이해하기 어렵다고 했다. 따라서 글에 어려운 개념이나 전문 용어를 어느 정도 포함해야 하는 것은 아니다.

정답률 80% **정답** ③

148 다음 글의 맥락을 고려할 때 ㉠과 ㉡에 들어갈 내용으로 가장 적절한 것은?

2023 지방직 7급

> 육각형의 벌집 모양은 자연이 만든 경이로운 디자인이다. 이 벌집의 과학적인 구조는 역사적으로 경탄의 대상이었는데, 다윈은 벌집을 경이롭고 완벽한 과학이라고 평가했다. 벌집의 정육각형 구조는 구멍과 구멍 사이의 간격을 최소화하면서 공간을 최대화할 수 있는 가장 안정적인 형태이다. 이 구조는 _____㉠_____ 는 이점이 있다. 벌이 밀랍 1온스를 만들려면 약 8온스의 꿀을 먹어야 한다. 공간이 최적화됨으로써 필요한 밀랍의 양이 줄어, 벌집을 짓는 데 드는 노력과 에너지가 최소화된다. 이처럼 벌집은 과학적으로 탄탄하고 기술적으로 효율적인 디자인이다. 게다가 예술적으로 아름다운 것은 두말할 필요 없다. 견고하고 가볍고 실용적이면서 아름답기까지 한 이 구조를 닮은 건축 양식이나 각종 생활용품을 흔히 발견할 수 있다. 이는 _____㉡_____ 는 뜻이다.

① ㉠: 벌집을 짓는 데 소요되는 노동량을 최대화한다
   ㉡: 자연의 구조인 벌집이 인간의 창조 활동에 영감을 주었다

② ㉠: 벌집을 짓는 데 소요되는 노동량을 최대화한다
   ㉡: 인간이 만든 디자인은 자연이 만든 디자인보다 뛰어날 수 없다

③ ㉠: 벌집을 짓기 위해 필요한 밀랍의 양이 적게 든다
   ㉡: 자연의 구조인 벌집이 인간의 창조 활동에 영감을 주었다

④ ㉠: 벌집을 짓기 위해 필요한 밀랍의 양이 적게 든다
   ㉡: 인간이 만든 디자인은 자연이 만든 디자인보다 뛰어날 수 없다

SOLUTION

[해설] ㉠ 벌집 구조가 갖는 이점이 들어가야 한다. 뒤의 '필요한 밀랍의 양이 줄어'로 보아, 벌이 벌집을 만들기 위해 필요한 밀랍의 양이 줄어든다는 내용이 들어가야 적절하다.
㉡ 앞에 벌집 구조가 기술적으로도 효율이며 아름답기까지 하여 이 구조를 닮은 건축 양식이나 각종 생활용품을 흔히 발견할 수 있다는 내용이 나온다. 따라서 자연의 구조인 벌집이 인간의 창조 활동에 영감을 주었다는 내용이 들어가야 적절하다.

[오답 풀이] ㉠ 벌집의 육각형 구조 덕분에 벌집을 짓는 데 드는 벌의 노력과 에너지가 최소화된다는 내용과 배치되는 내용이다.
㉡ 자연이 만든 디자인과 인간이 만든 디자인을 서로 비교하는 내용은 제시문에 나오지 않으므로 적절하지 않다.

정답 ③

149 〈보기 1〉의 ㉮~㉰에 들어갈 가장 적절한 문장을 〈보기 2〉에서 찾아 순서대로 바르게 나열한 것은? 2023 서울시 기술직

/보기 1/

생존을 위해 진화한 우리 뇌는 본능적으로 생존에 이롭고 해로운 대상을 구분하는 능력이 있다. 단맛을 내는 음식은 영양분이 많을 가능성이 높고 역겨운 냄새가 나는 음식은 부패했거나 몸에 해로울 가능성이 높다. 딱히 배우지 않아도 우리는 자연적으로 선호하거나 혐오하는 반응을 보인다. ㉮ .

초콜릿 케이크를 한 번도 먹어 보지 못한 사람이 있다고 해 보자. 처음 그에게 초콜릿 케이크의 냄새나 색은 전혀 '맛있음'과 연관이 없을 것이다. 하지만 일단 맛을 본 사람은 케이크 자체만이 아니라 케이크의 냄새, 색, 촉감 등도 무의식적으로 선호하게 된다. 그러면 밸런타인데이와 같이 초콜릿을 떠올릴 수 있는 신호만으로도 강한 반응을 이끌어 낼 수 있다. ㉯ .

인공 지능과 달리 동물은 생존과 번식에 대한 생물학적 조건을 기반으로 진화했다. 생물은 생존을 위해 에너지를 구하고 환경에 반응하며 유전자를 남기기 위해 번식을 한다. 이런 본능적인 목적을 달성하기 위한 여러 종류의 세부 목표가 있다. 유념할 점은 한 기능적 영역에서 좋은 것(목적 달성에 유용한 행동과 자극)이 다른 영역에서는 전혀 도움이 되지 않고 오히려 해로울 수 있다는 사실이다.

한 여우가 있다. 왼편에는 어린 새끼들이 금세 강물에 빠질 듯 위험하게 놀고 있고 오른쪽에는 토끼 한 마리가 뛰고 있다. 새끼도 보호해야 하고 먹이도 구해야 하는 여우는 어떤 선택을 해야 할까.

㉰ . 우리는 그 과정을 의사 결정이라고 한다. 우리는 의사 결정을 의식적으로 한다고 생각하지만 실제로는 선택지에 대한 계산의 상당 부분이 무의식적으로 빠르게 일어나기 때문에 다행히도 행동을 하는 데 어려움이나 갈등을 많이 느끼지 않는다. 그래서 위와 같은 상황에서 여우는 두 선택지의 중요도가 비슷하더라도 중간에 멍하니 서 있지 않고 재빨리 반응한다. 그래야 순간적인 위험을 피하고 기회를 잡을 수 있다.

/보기 2/

㉠ 이와 더불어 동물은 경험에 따라 좋고 나쁜 것을 학습하는 능력을 가지고 있다
㉡ 뇌는 여러 세부적인 동기와 감정적, 인지적 반응을 합쳐서 선택지에 가치를 매긴다
㉢ 이렇듯 우리는 타고난 기본 성향과 학습 능력을 통해 특정 대상에 대한 기호를 형성한다

	㉮	㉯	㉰		㉮	㉯	㉰
①	㉠	㉡	㉢	②	㉠	㉢	㉡
③	㉡	㉠	㉢	④	㉢	㉠	㉡

150 ㉠에 들어갈 말로 가장 적절한 것은?
2022 지방직 7급

> 자기 지향적 동기와 타인 지향적 동기는 행위의 적극성과 어떤 관계가 있을까? A는 자율 방범대원들에게 이 일의 자원 동기에 대해 물어보았다. 자기 지향적 동기만 말한 사람과 타인 지향적 동기만 말한 사람, 그리고 둘 다 말한 사람이 고르게 분포되었다. 그 후 설문에 참여한 사람들이 2개월간 방범 순찰에 참여한 횟수를 살펴보았다. 그 결과 자기 지향적 동기를 말한 사람들 모두가 자기 지향적 동기를 말하지 않은 사람들보다 순찰 횟수가 더 많은 것으로 나타났다. 그리고 전자 중 타인 지향적 동기를 말한 사람들의 순찰 횟수가 그렇지 않은 사람들보다 유의미하게 많은 것으로 나타났다. A는 이를 토대로 ㉠ 고 추정하였다.

① 자기 지향적 동기만 가진 사람은 타인 지향적 동기만 가진 사람보다 행위의 적극성이 높다
② 타인 지향적 동기를 가진 사람은 자기 지향적 동기를 가진 사람보다 행위의 적극성이 높다
③ 자기 지향적 동기는 행위의 적극성에 긍정적 영향을 주기도 하고 부정적 영향을 주기도 한다
④ 자기 지향적 동기가 행위의 적극성에 긍정적 영향을 주는 경우 타인 지향적 동기는 부정적 영향을 준다

SOLUTION

해설 자기 지향적 동기를 가진 방범대원이 타인 지향적 동기만 가진 방범대원보다 순찰 횟수(행위의 적극성)가 높다고 했다. 따라서 자기 지향적 동기만 가진 사람이 타인 지향적 동기만 가진 사람보다 행위의 적극성이 높을 것이다.

오답 풀이 ② '타인 지향적 동기를 가진 사람'에는 타인 지향적 동기만 가진 사람뿐 아니라 자기 지향적 동기와 타인 지향적 동기를 모두 가진 사람도 포함된다. 이 중 만약 타인 지향적 동기만 가진 사람이라면 자기 지향적 동기를 가진 사람보다 행위의 적극성이 낮기 때문에, ②는 틀린 내용이 된다. 그러나 자기 지향적 동기와 타인 지향적 동기를 모두 가진 사람은 자기 지향적 동기를 가진 사람에 속하므로, ②는 동일한 두 유형의 사람을 비교하는 것이 되므로, 비교 자체가 불가능하게 된다.
③ 자기 지향적 동기가 행위의 적극성에 긍정적 영향을 준다는 내용만 나온다. 따라서 자기 지향적 동기가 행위의 적극성에 부정적 영향을 준다는 내용은 적절하지 않다.
④ 자기 지향적 동기를 말한 사람들 중에서도 타인 지향적 동기를 함께 말한 사람들의 순찰 횟수가 그렇지 않은 사람들보다 유의미하게 많았다고 했다. 이를 보면, 자기 지향적 동기가 행위의 적극성에 긍정적 영향을 주는 경우에, 타인 지향적 동기는 부정적 영향이 아니라 오히려 긍정적 영향을 줄 것이다.

정답률 68% **정답** ①

---

151 글의 통일성을 고려할 때 ㉠에 들어갈 말로 가장 적절한 것은?
2021 지방직 9급

> 혼정신성(昏定晨省)이란 저녁에는 부모님의 잠자리를 봐 드리고 아침에는 문안을 드린다는 뜻으로 자식이 아침저녁으로 부모의 안부를 물어 살핌을 뜻하는 말로 《예기(禮記)》의 〈곡례편(曲禮編)〉에 나오는 말이다. 아랫목 요에 손을 넣어 방 안 온도를 살피면서 부모님께 문안을 드리던 우리의 옛 전통은 온돌을 통한 난방 방식과 관련 깊다. 온돌을 통한 난방 방식은 방바닥에 깔려 있는 돌이 열기로 인해 뜨거워지고, 뜨거워진 돌의 열기로 방바닥이 뜨거워지면 방 전체에 복사열이 전달되는 방법이다. 방바닥 쪽의 차가운 공기는 온돌에 의해 따뜻하게 데워지므로 위로 올라가고, 위로 올라간 공기가 다시 식으면 아래로 내려와 다시 데워져 위로 올라가는 대류 현상으로 인해 결국 방 전체가 따뜻해진다. 벽난로를 통한 서양식의 난방 방식은 복사열을 이용하여 상체와 위쪽 공기를 데우는 방식인데, 대류 현상으로 바닥 바로 위 공기까지는 따뜻해지지 않는다. 그 이유는 ㉠ .

① 벽난로에 의한 난방은 방바닥의 따뜻한 공기가 위로 올라가 식으면 복사열로 위쪽의 공기만을 따뜻하게 하기 때문이다
② 벽난로에 의한 난방이 복사열에 의한 난방에서 대류 현상으로 인한 난방이라는 순서로 이루어졌기 때문이다
③ 대류 현상을 통한 난방 방식은 상체와 위쪽의 공기만 따뜻하게 하기 때문이다
④ 상체와 위쪽의 따뜻한 공기는 차가운 바닥으로 내려오지 않기 때문이다

SOLUTION

해설 벽난로를 이용한 서양식 난방은 바닥 바로 위 공기까지는 따뜻해지지 않는데, 그 이유인 ㉠은, 대류 현상이 이루어지는 우리의 전통적 난방 방식을 설명한 부분에서 찾을 수 있다. 온돌을 통한 전통적 난방 방식에서는 방바닥의 돌에 의해 데워진 공기가 위로 올라가고 위로 올라간 공기가 식으면 아래로 내려와 다시 데워져 올라가는 대류 현상을 통해 방 전체가 따뜻해진다. 그런데 서양식 난방 방식에서 상체와 위쪽 공기는 벽난로의 복사열에 의해 계속 데워지기 때문에 식지 않는다. 따라서 ㉠에는 '상체와 위쪽의 따뜻한 공기는 차가운 바닥으로 내려오지 않기 때문이다'가 들어가야 적절하다.

* 복사열(輻射熱): 열복사로 방출된 전자기파가 물체에 흡수되어 그 물체를 뜨겁게 하는 에너지. 지구가 태양으로부터 받는 열이나 적외선 따위이다.

오답 풀이 ① 벽난로에 의한 난방 방식에서는 방바닥 바로 위 공기는 따뜻해지지 않으므로, 방바닥의 따뜻한 공기가 위로 올라간다는 것은 틀린 내용이다.
② 벽난로에 의한 난방 방식에서는 복사열에 의한 난방은 이루어지지만 대류 현상은 일어나지 않는다.
③ "방바닥 쪽의 차가운 공기는 온돌에 의해 ~ 다시 데워져 위로 올라가는 대류 현상으로 인해 결국 방 전체가 따뜻해진다"에 의하면, 대류 현상을 통한 난방 방식은 위쪽뿐만 아니라 아래쪽까지 따뜻해진다.

정답률 59% **정답** ④

07 문맥적 의미 추론

풀이 전략
- 글 전체의 맥락을 고려하여 밑줄 친 단어 및 어구의 의미를 파악한다.
- 비유적으로 표현된 대상들의 **원관념이 무엇인지**, 대명사가 가리키는 것이 무엇인지를 정확하게 파악한다.

대표 문맥상 ㉠~㉣ 중 지시 대상이 같은 것만으로 묶인 것은?

인혁처 1차 예시 문제

영국의 유명한 원형 석조물인 스톤헨지는 기원전 3,000년경 신석기 시대에 세워졌다. 1960년대에 천문학자 호일이 스톤헨지가 일종의 연산 장치라는 주장을 하였고, 이후 엔지니어인 톰은 태양과 달을 관찰하기 위한 정교한 기구라고 확신했다. 천문학자 호킨스는 스톤헨지의 모양이 태양과 달의 배열을 나타낸 것이라는 의견을 제시해 관심을 모았다.

그러나 고고학자 앳킨슨은 ㉠그들의 생각을 비난했다. 앳킨슨은 스톤헨지를 세운 사람들을 '야만인'으로 묘사하면서, ㉡이들은 호킨스의 주장과 달리 과학적 사고를 할 줄 모른다고 주장했다. 이에 호킨스를 옹호하는 학자들이 진화적 관점에서 앳킨슨을 비판하였다. ㉢이들은 신석기 시대보다 훨씬 이전인 4만 년 전의 사람들도 신체적으로 우리와 동일했으며 지능 또한 우리보다 열등했다고 볼 근거가 없다고 주장했다.

하지만 스톤헨지의 건설자들이 포괄적인 의미에서 현대인과 같은 지능을 가졌다고 해도 과학적 사고와 기술적 지식을 가지지는 못했다. ㉣그들에게는 우리처럼 2,500년에 걸쳐 수학과 천문학의 지식이 보존되고 세대를 거쳐 전승되어 쌓인 방대하고 정교한 문자 기록이 없었다. 선사 시대의 생각과 행동이 우리와 똑같은 식으로 전개되지 않았으리라는 점은 매우 중요하다. 지적 능력을 갖췄다고 해서 누구나 우리와 같은 동기와 관심, 개념적 틀을 가졌으리라고 생각하는 것은 잘못이다.

① ㉠, ㉢ ② ㉡, ㉣ ③ ㉠, ㉡, ㉢ ④ ㉠, ㉡, ㉣

SOLUTION

해설 ㉠ '그들'은 앳킨슨이 비난한 사람들이므로 '호일, 톰, 호킨스'를 의미한다. ㉡ '이들'은 과학적 사고를 할 줄 모르면서, 앳킨슨이 '야만인'으로 묘사한 대상이므로 '스톤헨지를 세운 사람들'을 의미한다. ㉢ '이들'은 '앳킨슨을 비판하면서 호킨스를 옹호한 학자들'을 의미한다. ㉣이 포함된 문장은 앞 문장과 이어지는 내용이므로 ㉣ '그들'은 '스톤헨지의 건설자들(스톤헨지를 세운 사람들)'을 의미한다. 따라서 ㉠~㉣ 중 지시 대상이 같은 것은 ㉡과 ㉣이다.

정답률 55% **정답** ②

152 ㉠~㉣ 중 문맥상 의미가 나머지와 다른 하나는?

2025 지방직 9급

경제적으로 보면 우리의 삶은 끊임없이 무언가를 소비한다. 의식주 같은 기본 생활에 더해 문화생활과 사회 활동도 소비를 떼어 놓고 생각할 수 없다. 소비되는 것을 흔히 '상품'이라고 부르지만 실은 '재화'라고 해야 하는데, 재화는 소비를 목적으로 하고 상품은 시장에서의 판매를 목적으로 한다는 점에서 구분되기 때문이다. 이렇게 볼 때 재화는 인류 역사상 늘 있었지만, 상품은 자본주의 시대에 이르러 출현하였다.

냉전 시대에는 다음과 같은 말이 있었다. "자본주의에서는 상인이 최고이고, 사회주의에서는 공직자가 최고이다." 자본주의는 자유 경쟁을 기본으로 하기에 ㉠ 물건을 싸게 사서 비싸게 파는 상인이 돈을 가장 많이 벌 수 있으며, 사회주의는 관료제의 폐해로 국가 기관이 부패해서 고위 관료라든가 고급 당원이 배불리 먹고산다는 의미이다.

자본주의의 역사를 볼 때 이 말은 사실에 가깝다. 자본주의는 애초부터 상업의 발달과 밀접한 관계가 있었다. 중세의 상인들이 물건을 시장에 팔아 이윤을 얻기 위해 수공업자들을 조직하여 그들에게 자본과 도구를 빌려주고 물건을 대신 생산하게 한 데에서 자본주의가 출발하였다. 이처럼 자본주의는 ㉡ 상품에 기초한 사회로, 상품은 그것이 판매될 수 있는 시장을 전제로 생산되는 것이기 때문에 시장이 형성되어 있지 않다면 상품도 존재할 수 없다. 목수가 ㉢ 집에서 쓰기 위해 만든 의자와 시장에 팔기 위해 만든 의자는 동일한 의자임에도 재화와 상품의 관점에서 볼 때 서로 다르다.

이와 같이 상품에는 생산과 유통이라는 두 가지 측면이 있다. ㉣ 자본주의 사회에서 생산되는 물품의 유통을 맡은 사람이 바로 상인이다. "자본주의에서는 상인이 최고이다."라는 말은 만드는 이에 비해서 파는 이가 더 많은 이익을 남긴다는 뜻이다. 자본주의화가 진행될수록 전자와 후자 사이의 차이는 더 커진다.

① ㉠ ② ㉡
③ ㉢ ④ ㉣

153 ㉠~㉥ 중 지시하는 바가 같은 것끼리 짝 지은 것은?

인혁처 2차 예시 문제

일반적으로 한 나라의 문학, 즉 '국문학'은 "그 나라의 말과 글로 된 문학"을 지칭한다. 그래서 우리나라에서 국문학에 대한 근대적 논의가 처음 시작될 무렵에는 국문학에서 한문으로 쓰인 문학을 배제하자는 주장이 있었다. 국문학 연구가 점차 전문화되면서, 한문 문학 배제론자와 달리 한문 문학을 배제하는 데 있어 신축성을 두는 절충론자의 입장이 힘을 얻었다. 절충론자들은 국문학의 범위를 획정하는 데 있어 종래의 국문학의 정의를 기본 전제로 하되, 일부 한문 문학을 국문학으로 인정하자고 주장했다. 즉 한문으로 쓰여진 문학을 국문학에서 완전히 배제하지 않고, ㉠ 전자 중 일부를 ㉡ 후자의 주변부에 위치시키는 것으로 국문학의 영역을 구성한 것이다. 이에 따라 국문학을 지칭할 때에는 '순(純) 국문학'과 '준(準) 국문학'으로 구별하게 되었다. 작품에 사용된 문자의 범주에 따라서 ㉢ 전자는 '좁은 의미의 국문학', ㉣ 후자는 '넓은 의미의 국문학'이라고도 칭할 수 있다.

하지만 이런 절충안을 취하더라도 순 국문학과 준 국문학을 구분하는 데에는 논자마다 차이가 있다. 어떤 이는 국문으로 된 것은 ㉤ 전자에, 한문으로 된 것은 ㉥ 후자에 귀속시켰다. 다른 이는 훈민정음 창제 이전과 이후로 나누어 국문학의 영역을 구분하였다. 훈민정음 창제 이전의 문학은 차자 표기건 한문 표기건 모두 국문학으로 인정하고, 창제 이후의 문학은 국문 문학만을 순 국문학으로 규정하고 한문 문학 중 '국문학적 가치'가 있는 것을 준 국문학에 귀속시켰다.

① ㉠, ㉢ ② ㉡, ㉣
③ ㉡, ㉥ ④ ㉢, ㉤

154 ㉠~㉣ 중 성격이 다른 것은?

2021 지역인재 9급

자신의 신념과 일치하는 정보는 받아들이고 ㉠그렇지 않은 정보는 무시하는 경향을 확증 편향[confirmation bias]이라고 한다. 기존의 믿음이나 견해와 일치하는 정보는 적극적으로 수용하되 ㉡그에 반대되는 정보는 무시하거나 주목하지 않는 심리 경향을 말한다. 사회 심리학자인 로버트 치알디니에 따르면 자신이 가진 기존의 견해와 일치하는 정보에는 두 가지 이점이 있다고 한다. 첫째, ㉢그러한 정보는 어떤 문제에 대해 더 이상 고민하지 않고 마음의 휴식을 취할 수 있도록 해 준다. 둘째, 그러한 정보는 우리를 추론의 결과로부터 자유롭게 해 준다. 즉 추론의 결과 때문에 행동을 바꿔야 할 필요가 없는 것이다. 첫 번째 이점은 생각하지 않게 하고, 두 번째 이점은 행동하지 않게 한다는 것인데, 이를 입증하기 위해 특정의 정치 성향을 가진 사람들을 대상으로 실험을 실시하였다. 그 결과, ㉣반대 당 후보의 주장에 대해서는 거의 기억하지 못한 반면, 지지하는 당 후보의 주장에 대해서는 거의 대부분을 기억해 냈다.

① ㉠
② ㉡
③ ㉢
④ ㉣

155 ㉠~㉆을 문맥적 의미가 유사한 것끼리 올바르게 묶은 것은?

2021 지역인재 9급

한때 ㉠가족의 종말을 예견하는 목소리가 유행했었다. 19세기 초에 샤를 푸리에는 상부상조에 기반한 공동체인 '팔랑스테르'를 만들었고, 그 뒤를 계승한 실험이 유럽 곳곳에서 이루어졌다. 또한 엥겔스는 사유 재산의 종말과 함께 가족 역시 종말을 맞을 것이라고 예언했다. 어쩌면 유토피아에 대해 꿈꾸는 일은 근본적으로 ㉡가족의 개념에 배치될 수밖에 없는지도 모른다. 토머스 모어의 '유토피아'는 예외적으로 기존의 가부장제 ㉢가족을 사회 구성의 핵심 요소로 제안했지만, 섬 전체가 '한 ㉣가족, 한 가정'을 이루어야 한다는 사회적 단일체의 이상에 대한 강조를 잊지 않았다. 이러한 ㉤가족은 사적 재산을 소유할 수 없으며, 똑같이 생긴 집을 10년마다 바꿔 가며 살아야 한다. 유토피아의 가족은 사회의 거센 바람을 피하는 둥지가 아니라 사회 그 자체이며, 그런 의미에서 더 이상 ㉥가족이 아닌 ㉆가족인 것이다.

① ㉠, ㉡, ㉥ / ㉢, ㉣, ㉤, ㉆
② ㉠, ㉡, ㉢, ㉥ / ㉣, ㉤, ㉆
③ ㉠, ㉣, ㉤, ㉆ / ㉡, ㉢, ㉥
④ ㉠, ㉣, ㉆ / ㉡, ㉢, ㉤, ㉥

[해설] ㉢은 '자신의 신념과 일치'하여 수용하는 정보를 의미한다. 이와 달리 ㉠·㉡·㉣은 자신의 신념과 일치하지 않아 무시하게 되는 정보를 뜻한다.

정답 ③

[해설] 기존의 가부장적인 '가족'과, 사유 재산을 소유하지 않는 사회적 단일체인 '가족'이 대비되어 있다. 전자의 '가족'은 종말을 맞을 것으로 예상되지만, 후자의 '가족'은 유토피아의 가족으로 이상적인 것으로 생각된다. 따라서 종말이 예견되는 ㉠, 근본적인 개념인 ㉡, 가부장제 ㉢, 유토피아 가족과 대비되는 ㉥은 전자적 의미의 가족이다. 반면 사회적 단일체인 ㉣, 사적 재산을 소유할 수 없는 ㉤, 유토피아의 가족을 뜻하는 ㉆은 후자적 의미의 가족이다.

정답 ②

156 ㉠~㉹의 의미를 풀어 쓴 것으로 적절한 것은?

2020 지방직 9급

> 2004년 1월 태국에서는 한 소년이 극심한 폐렴 증세로 사망했다. 소년의 폐는 완전히 망가져 흐물흐물해져 있었다. 분석 결과, 이전까지 인간이 감염된 적이 없는 인플루엔자 바이러스가 원인으로 밝혀졌다. 소년은 공식적으로 고병원성 조류 인플루엔자 바이러스, H5N1의 첫 사망자가 되었다. 계절 독감으로 익숙한 인플루엔자 바이러스가 이렇게 치명적일 수 있었던 것은 인간의 면역 반응 때문이다. 인류 역사상 단 한 번도 만나본 적이 없는 새로운 바이러스가 침입하자 면역계가 과민 반응을 일으켜 도리어 인체에 해를 끼친 것이다. 이런 현상을 '사이토카인 폭풍'이라 부른다. 사이토카인 폭풍은 면역 능력이 강한 젊은 층일수록 더 세게 일어난다.
>
> 만약 집에 ㉠ <u>좀도둑</u>이 들었다면 작은 손해를 각오하고 인기척을 내 도둑을 스스로 도망가게 하는 것이 상책이다. 그런데 만약 ㉡ <u>몽둥이</u>를 들고 도둑과 싸우려 든다면 도둑은 ㉢ <u>강도</u>로 돌변한다. 인체가 H5N1에 감염되면 똑같은 일이 벌어진다. 처음으로 새가 아닌 다른 숙주 몸속에 들어온 바이러스는 과민 반응한 면역계와 죽기 살기로 싸운다. 그 결과 50%가 넘는 승률로 바이러스가 승리한다. 그러나 ㉹ <u>승리의 대가</u>는 비싸다. 숙주가 죽어 버렸기 때문에 바이러스 역시 함께 죽어야만 한다. 이것이 바로 악명을 떨치면서도 조류 독감의 사망 환자 수가 전 세계에서 400명을 넘지 않는 이유이다. 이 질병이 아직 사람 사이에서 감염되는 사례가 나타나지 않은 이유도 바이러스가 인체라는 새로운 숙주에 적응하지 못했기 때문으로 추정할 수 있다.

① ㉠: 면역계의 과민 반응
② ㉡: 계절 독감
③ ㉢: 치명적 바이러스
④ ㉹: 극심한 폐렴 증세

157 ㉠~㉹ 가운데 문맥적 의미가 다른 하나는?

2019 서울시 9급

> 불문곡직하는 직설은 사람을 찌른다. 깜짝 놀라게 해서 제압하는 방식이다. 거기 비해 완곡함은 뜸을 들이면서 에두른다. 듣고 읽는 이가 비켜 갈 ㉠ <u>틈</u>을 준다. 그렇다고 완곡함이 곡필인 것도 아니다. 잘못된 길로 접어들도록 하는 게 아니라 화자와 독자의 교행이 이루어지는 ㉡ <u>공간</u>을 준다. 곱씹어 볼 말이 사라지고 상상의 ㉢ <u>여지</u>를 박탈하는 글이 군림하는 세상은 살풍경하다. 말과 글이 세상을 따라갈진대 세상을 갈아엎지 않고 말과 글이 세상과 함께 아름답기는 난망한 일인가. 아마 아닐 것이다. 막힐수록 옛것을 더듬으라고 했다. 물태와 인정이 극으로 나뉘는 ㉹ <u>세상</u>에서 다산은 선인들이 왜 산을 바라보며 즐기되 그 흥취의 반을 항상 남겨 두는지 궁금했다. 그는 미인을 만났던 사람이 적어 놓은 글에서 그 까닭을 발견했다. 그가 본 글은 이러했다. '얼굴은 아름다웠으나 그 자태는 기록하지 않았다.'

① ㉠: 틈
② ㉡: 공간
③ ㉢: 여지
④ ㉹: 세상

158 ㉠~㉣ 중 문맥상 동일한 지시 대상을 모두 묶은 것은?

'언문'은 실용 범위에 제약이 있었는데, 이런 현실은 '언간'에도 적용된다. '언간' 사용의 제약은 무엇보다 ㉠이것을 주고받은 사람의 성별(性別)에서 뚜렷이 드러난다. 15세기 후반 이래로 숱하게 현전하는 ㉡이것들 중에 남성 간에 주고받은 언간은 찾아보기 어렵다. 이는 남성 간에는 한문 간찰이 오간 때문이다. ㉢이것은 사대부 계층 이상 남성만의 전유물이었다. 결국 조선 시대에는 언간의 발신자나 수신자 어느 한쪽으로 반드시 여성이 관여하는 특징을 보인다고 할 수 있다.

이러한 사용자의 성별 특징으로 인하여 종래 '언간'은 '내간'으로 일컬어지기도 하였다. 그러나 이러한 명칭 때문에 언간이 부녀자만을 상대로 하거나 부녀자끼리만 주고받은 편지로 오해되어서는 안 된다. 16, 17세기의 것만 하더라도 수신자는 왕이나 사대부를 비롯하여 한글 해독 능력이 있는 하층민에 이르기까지 거의 전 계층의 남성이 될 수 있었기 때문이다. 결국 ㉣이것은 한문 간찰과 달리 특정 계층에 관계없이 남녀 모두의 공유물이었다고 할 수 있다.

① ㉠, ㉡
② ㉡, ㉢
③ ㉠, ㉡, ㉣
④ ㉠, ㉢, ㉣

159 ㉠~㉤ 중 지시 대상이 동일한 것끼리 묶인 것은?

아메리카 사회는 시가를 피우는 사람들에게는 관대하고, 궐련을 피우는 사람들에게는 관대하지 않다. 궐련을 피우는 사람들은 이제 공공건물 앞의 보도에 한데 모여서 흡연을 해야 하는 신세가 되었다. 그런 ㉠그들에게 더러 경멸의 눈길을 보내는 사람들도 있지만, 그들 중 대부분은 어떠한 관심을 보이지 않는다. ㉡그들이 공공건물 밖에서 흡연을 하는 한, 남에게 해가 될 게 전혀 없다고 생각하기 때문이다. 그런데 시가를 피우는 사람들의 사정은 전혀 다르다. ㉢그들은 저녁 식사가 끝날 즈음에, 또는 파티 도중에 전리품을 자랑하듯이 당당하게 시가를 꺼내어 입에 문다. ㉣그들의 행동에 눈살을 찌푸리는 사람은 아무도 없다. 어찌하여 이런 차별이 생긴 것일까? 이는 보건 당국에서 국민 건강을 위한 캠페인의 일환으로 궐련과의 투쟁을 선포했기 때문이다. 이로 인해 궐련은 죽음의 상징이 되었고, 그 캠페인은 상류층 사람들 사이에 즉각적 반향을 불러일으켰다. 이제 궐련을 피우는 사람들 중 그 누구도 최고급 레스토랑에서는 피우지 않지만, ㉤그들은 여전히 싸구려 술집에서는 담배를 피우며 시간을 보낸다.

① ㉠, ㉡, ㉤
② ㉠, ㉢, ㉤
③ ㉡, ㉣, ㉤
④ ㉢, ㉣, ㉤

160 ㉠~㉣이 지시하는 대상으로 옳지 않은 것은?

민화(民畵)는 거의 병풍으로 만들어져 집안에 보관되어 있다. 그러므로 ㉠여기에 그린 민화는 그것을 둘러칠 장소나 행사의 내용에 걸맞은 것이 선택되었다. 또한 민화는 종이에만 그린 것이 아니다. 신부가 타는 꽃가마 덮개에는 호피도(虎皮圖)라는 헝겊에 그린 민화를 사용했다. 그밖에도 널빤지, 대나무, 도자기, 가구, 문방구, 돗자리에 이르기까지 민화는 우리네 생활 공간 곳곳에 놓였으며 한국인이 살아가는 곳에는 ㉡이것이 없는 곳이 없을 정도였다. 민화는 바로 한국인의 마음이라 할 것이다.

이같이 서민들의 생활에 필요한 장식이나 주술적 가치의 그림은 곧 ㉢그들의 공통되는 세계관을 드러낸다. 정통 회화가 작가 개인의 예술성이나 개성 혹은 세계관을 드러내는 것에 비해 민화에는 일반 서민의 공동체적인 미적 체험이나 세계관이 자연스럽고도 원초적인 표현 형태로 드러나 있는 것이다. 이는 ㉣이것을 완성도 높은 예술 작품으로 그렸다기보다는 생활의 필요에 의해서 그렸다는 것을 의미하며, 나아가서는 공통의 감수성을 공유하기 위한 수단으로 그렸다는 의미가 된다.

① ㉠: 병풍
② ㉡: 민화
③ ㉢: 서민들
④ ㉣: 정통 회화

161 ㉠~㉥ 중 지시하는 바가 같은 것끼리 짝 지은 것은?

기생 생물과 숙주는 날을 세운 창과 무쇠를 덧댄 방패와 같다. ㉠전자는 끊임없이 양분을 빼앗으려 하고, ㉡후자는 어떻게든 방어하려 한다. 이때 문제가 발생한다. 숙주로부터 기생 생물은 가능한 한 많은 것을 빼앗는 것이 유리하지만 ㉢전자가 죽게 되면 ㉣후자에게도 오히려 해가 된다. 기생 생물에게 숙주는 양분을 공급해 주는 먹잇감인 동시에 살아가는 서식처이기 때문이다. 따라서 기생 생물은 자신의 종족이 장기적으로 번성하려면 많은 양분을 한꺼번에 빼앗아 숙주를 죽이는 것이 아니라 견딜 수 있을 만큼만 빼앗아 숙주를 살려 둔 상태로 장기간 수탈하는 것이 더 낫다고 판단한다. ㉤전자가 아닌 ㉥후자의 상태여야 최적의 생활 조건을 유지할 수 있다고 깨닫는 것이다. 이는 홍역 바이러스가 인간 사회에 처음 퍼졌을 때 치명적인 피해를 입힌 후, 반복된 대유행을 거치며 독성이 점차 약해진 이유를 설명해 준다.

① ㉠, ㉣
② ㉡, ㉣
③ ㉠, ㉢, ㉤
④ ㉡, ㉢, ㉥

162 ㉠~㉥ 중 지시하는 바가 같은 것끼리 짝 지은 것은?

오늘날 도시 개발 방식은 크게 기존 도시를 재정비하는 재개발 방식과 새로운 공간을 계획적으로 조성하는 신도시 개발 방식으로 나눌 수 있다. 이러한 신도시 개발 방식과 재개발 방식의 차이는 도시 정책의 접근 방식에도 영향을 주어, ㉠ 전자를 강조하는 '창조 중심 개발'과 ㉡ 후자를 강조하는 '재생 중심 개발'이라는 두 가지 방향이 나타났다. 개발 방향과 접근 방식에 따라 ㉢ 전자는 '외부 창출형 개발', ㉣ 후자는 '내부 갱신형 개발'로도 불린다. 하지만 이런 이분법적 구분에도 불구하고 재개발 방식과 신도시 개발 방식 사이의 경계는 점점 흐려지고 있다. 어떤 도시는 기존 중심지를 보존하면서도 스마트 기술을 접목해 ㉤ 전자에 해당하는 동시에 ㉥ 후자의 특성도 함께 갖는 혼합형 개발 방식을 취하기도 한다. 이처럼 도시 개발의 패러다임은 두 방식을 융합하고 재조정하는 방향으로 진화하고 있다.

① ㉠, ㉥
② ㉡, ㉣
③ ㉢, ㉤
④ ㉣, ㉥

163 ㉠~㉣ 중 문맥상 ㉮에 해당하는 의미로 사용되지 않은 것은?

'화가의 눈'은 세상이 감추고 있는 의미를 찾아가는 ㉮ '눈'이다. 그것은 예술가에게만 천부적으로 주어진 것이 아니라, 우리들 누구에게나 잠재해 있다. 단지 경험을 통해 확실히 아는 것에만 익숙해진 우리의 ㉠ 눈이 이를 가리고 있을 뿐이다. 세잔의 지적처럼, 우리가 남에게 빌려 오지 않은 거짓 없는 ㉡ 눈으로 이 세상을 바라보기 시작한다면, 빛나는 비밀로 가득 찬 세상은 우리의 끊임없는 숨바꼭질을 기다리고 있을 것이다. 어린이의 ㉢ 눈에 이 세상이 온통 비밀스러운 의미로 가득 차 보이는 것처럼 말이다. 우리에게는 화가의 작품처럼 온전히 파악하기 힘든 대상을 여러 관점에서 상상의 힘으로 이해하는 ㉣ 눈이 있다. 그것을 우리는 '대중의 눈'이라고 부를 수 있다.

① ㉠
② ㉡
③ ㉢
④ ㉣

SOLUTION

[해설] ㉠과 ㉡의 앞에 '신도시 개발 방식과 재개발 방식'이라고 나오므로 ㉠은 '신도시 개발 방식'을 지시하고, ㉡은 '재개발 방식'을 지시한다. ㉢과 ㉣은 앞에 '창조 중심 개발과 재생 중심 개발' 순서로 나오므로, ㉢은 '창조 중심 개발'을 지시하고, ㉣은 '재생 중심 개발'을 지시한다. ㉤과 ㉥은 앞에 '재개발 방식과 신도시 개발 방식'이라고 나오므로 ㉤은 '재개발 방식'을 지시하고, ㉥은 '신도시 개발 방식'을 지시한다. 따라서 지시하는 바가 같은 것은 ㉠·㉥과 ㉡·㉤이다.

정답 ①

SOLUTION

[출전] 2015 교육행정직 7급, 지문 발췌

[해설] ㉮는 세상이 감추고 있는 의미를 찾아가는 '눈'이다. ㉡·㉢·㉣은 비밀로 가득 찬 세상을 바라보고 온전히 파악하기 힘든 화가의 작품을 바라보는 '눈'이므로 ㉮에 해당하는 의미로 사용되었다. 반면 ㉠은 '화가의 눈'을 가리고 있는 '눈'을 의미한다. 따라서 ㉮에 해당하는 의미로 사용되지 않은 것은 ㉠이다.

정답 ①

164 ㉠~㉣이 지시하는 바로 옳지 않은 것은?

우리 사회에서는 헌신적 사랑이 지닌 봉사와 희생정신이 인간 모두에게 두루 요구되기보다는, 특정인에게 반복적으로 요구되면서, '희생적 사랑'이라는 이데올로기가 강화되었다. 그 과정에서 희생적 사랑을 하는 사람들이 ㉠ 그들의 권리를 자발적으로 포기했다는 점이 자연스럽게 망각되어 왔다. 그러다 보니 희생적 사랑은 동등성을 제대로 실현하기보다는 양자의 동등성을 지워버리는 악영향을 미치게 된다. ㉡ 그것을 지워버리는 것은 궁극적으로 양자가 지닌 차이 및 특수성을 지워버리는 것이기도 하다. 희생적 사랑의 이데올로기가 작용하는 곳에서는 차이와 동등성이, 특수성과 보편성이 모두 말소된다.

개별 인간들이 지닌 차이 때문에 생겨나는 분열의 가능성과 ㉢ 그것의 가치를 잘 살려내야 동등성을 망각할 위험도 피할 수 있다. 한쪽이 다른 쪽에 함몰되고 흡수되는 것은 양자의 차이를 지워버리고, 더 나아가 한쪽이 다른 쪽을 지배하는 형태를 동반하게 된다. 동등성에 대한 무시와 망각은 상대방의 권리와 인격을 은폐하면서 ㉣ 그를 자신의 마음대로 좌지우지하고자 하는 지배 욕구나 지배 행위와 다를 바 없다.

① ㉠: 희생적 사랑을 하는 사람들
② ㉡: 희생적 사랑
③ ㉢: 분열
④ ㉣: 상대방

165 ㉠~㉣ 중 문맥적 의미가 같은 것끼리만 묶은 것은?

자기 공명 영상 장치[MRI]는 인체를 구성하는 물질의 자기적 성질을 측정하여, 이를 컴퓨터로 재구성하고 영상화하는 장치이다. 양성자는 '스핀(spin)'이라는 물리적 특징을 지니는데, ㉠ 이것은 양성자가 갖고 있는 질량이나 전하량과 같은, 양성자의 고유한 물리량으로 이해하면 된다. 인체 내부처럼 자기장이 없는 경우 스핀은 임의의 방향을 갖게 되어 특정한 방향으로 정렬(整列)되지 않지만, 양성자가 자기장에 놓이면 ㉡ 이것은 자기장 방향 또는 반대 방향으로 정렬된다.

자기장을 걸어 주면, ㉢ 이것의 반대 방향으로 정렬된 양성자의 에너지가 그렇지 않은 경우보다 더 높다. 자기장의 반대 방향의 양성자 에너지와 자기장 방향의 양성자 에너지의 차이만큼 외부에서 에너지를 주면, 자기장 방향의 양성자가 ㉣ 이것의 반대 방향의 양성자로 전환될 수 있다. 이때 반대 방향의 양성자로 전환되도록 하기 위해 공급하는 에너지가 마이크로파인데, 이를 통해 평형 상태에 있는 낮은 에너지의 양성자들을 높은 에너지 상태로 옮길 수 있다. 에너지가 큰 양성자들은 시간이 지나면 다시 낮은 상태로 돌아오면서 마이크로파를 방출하는데, 이 과정에서 양성자들이 약한 마이크로파를 방출하고, 이 전파를 검출하여 모니터에 영상을 형성한다.

① ㉠, ㉡
② ㉠, ㉣
③ ㉡, ㉣
④ ㉠, ㉡, ㉢

SOLUTION

출전 이정은, 〈사랑과 분열의 공존〉

해설 희생적 사랑은 양자의 동등성을 지워버리고, ㉡ '그것'을 지워버리는 것은 궁극적으로 양자가 지닌 차이 및 특수성을 지워버리는 것이라는 문맥이다. 따라서 ㉡이 지시하는 것은 '양자의 동등성'이다.

오답풀이 ① ㉠은 바로 앞의 대상인 '희생적 사랑을 하는 사람들'을 지시한다.
③ 분열의 가능성과 ㉢ '그것'의 가치를 잘 살려내야 동등성을 망각할 위험을 피할 수 있다는 문맥이므로, ㉢은 '분열'을 지시한다.
④ 동등성에 대한 무시와 망각은 상대방을 자신의 마음대로 좌지우지하고자 하는 욕구와 다르지 않다는 문맥이다. 따라서 ㉣은 '상대방'을 지시한다.

정답 ②

SOLUTION

출전 홍성종, 〈몸속을 들여다보는 자기 공명 영상 장치의 원리〉

해설 앞서 언급한 '스핀'에 대해 설명하는 문맥이므로, ㉠은 '스핀'을 의미한다. 또한 자기장의 유무에 따라 달라지는 스핀의 방향에 대해 설명하는 문맥이므로, ㉡은 '스핀'을 의미한다. ㉢은 바로 앞의 '자기장'을 의미한다. 에너지의 차이에 따라 자기장 방향의 양성자가 그 반대 방향으로 전환된다는 문맥이므로, ㉣은 '자기장'을 의미한다. 따라서 문맥적 의미가 같은 것은 '스핀'을 의미하는 '㉠·㉡'이다.

정답 ①

글의 표현과 수정

풀이 전략
- 앞뒤 문장의 논지와 어긋나거나 무관한 단어나 문장은 수정의 대상이 된다.
- 접속하는 말은 문맥을 파악할 수 있는 힌트를 제공한다. 앞뒤에 제시된 **접속하는 말에 표시**하여 문맥을 확인하자.

대표 ㉠~㉣ 중 어색한 곳을 찾아 가장 적절하게 수정한 것은?　　　　　　　　　　　　　　　　　　인혁처 1차 예시 문제

　수명을 늘릴 수 있는 여러 방법 중 가장 좋은 방법은 노화 문제를 해결하는 것이다. 이 방법은 인간이 젊고 건강한 상태로 수명을 연장할 수 있다는 점에서 ㉠늙고 병든 상태에서 단순히 죽음의 시간을 지연시킨다는 기존 발상과 근본적으로 다르다. ㉡노화가 진행된 상태를 진행되기 전의 상태로 되돌린다거나 노화가 시작되기 전에 노화를 막는 장치가 개발된다면, 젊음을 유지한 채 수명을 늘리는 것은 충분히 가능하다.
　그러나 노화 문제와 관련된 현재까지의 연구는 초라하다. 이는 대부분 연구가 신약 개발의 방식으로만 진행되어 왔기 때문이다. 현재 기준에서는 질병 치료를 목적으로 개발한 신약만 승인받을 수 있는데, 식품 의약국이 노화를 ㉢질병으로 본 탓에 노화를 멈추는 약은 승인받을 수 없었다. 노화를 질병으로 보더라도 해당 약들이 상용화되기까지는 아주 오랜 시간이 필요하다.
　그런데 노화 문제는 발전을 거듭하고 있는 인공 지능 덕분에 신약 개발과는 다른 방식으로 극복될 수 있을지 모른다. 일반 사람들에 비해 ㉣노화가 더디게 진행되는 사람들의 유전자 자료를 데이터화하면 그들에게서 노화를 지연시키는 생리적 특징을 추출할 수 있는데, 이를 통해 유전자를 조작하는 방식으로 노화를 막을 수 있다.

① ㉠: 늙고 병든 상태에서 담담히 죽음의 시간을 기다린다
② ㉡: 노화가 진행되기 전의 신체를 노화가 진행된 신체
③ ㉢: 질병으로 보지 않은 탓에 노화를 멈추는 약은 승인받을 수 없었다
④ ㉣: 노화가 더디게 진행되는 사람들의 유전자 자료를 데이터화하면 그들에게서 노화를 촉진

✓ SOLUTION

해설 대부분의 노화 연구는 신약 개발의 방식으로만 진행되었고, 현재 기준에서 질병 치료를 목적으로 개발한 신약만 승인받을 수 있다. 이에 따라 노화를 질병으로 보면, 신약이 승인받았을 것이다. 하지만 ㉢에서 '노화를 멈추는 약은 승인받을 수 없었다'라고 했으므로, ㉢을 '노화를 질병으로 보지 않은 탓에 노화를 멈추는 약은 승인받을 수 없었다'로 수정한 것은 적절하다.

오답풀이 ① ㉠이 수식하는 '기존 발상'은 수명을 늘리는 발상에 해당한다. '늙고 병든 상태에서 담담히 죽음의 시간을 기다린다'는 수명을 늘리는 발상과 무관하므로 ㉠은 수정하지 말아야 한다.
② '노화가 진행되기 전의 신체를 노화가 진행된 신체'로 되돌린다는 것은 노화를 유지하겠다는 의미이다. ㉡ 뒤에서 '젊음을 유지한 채 수명을 늘리는 것'이라고 했으므로 ㉡은 수정하지 말아야 한다.
④ ㉣은 노화를 막을 수 있는 방법과 어울리는 내용이 들어가야 한다. 따라서 ㉣을 '~ 노화를 촉진'으로 수정하는 것은 어울리지 않는다. 따라서 ㉣은 수정하지 말아야 한다.

정답률 78%　**정답** ③

166 ㉠~㉢ 중 어색한 곳을 찾아 가장 적절하게 수정한 것은?

2025 국가직 9급

소리는 보통 귀로 듣는다고 생각한다. 그렇지만 앰프에서 강력한 저음이 흘러나오는 것을 듣고 몸이 흔들리는 것을 경험할 때, 우리는 소리를 몸으로 느낀다고 생각하기도 한다. 가청 주파수 대역의 하한인 20 Hz보다 낮은 주파수의 진동이 발생하면 ㉠ 우리의 몸은 흔들리지만 귀로는 아무것도 듣지 못한다. 우리는 이 들리지 않는 진동을 '초저주파음'이라고 부른다. ㉡ 귀에 들리지 않는 진동도 소리로 간주할 수 있다는 생각에서이다.

높은 주파수의 영역에서도 귀에 들리지 않는 진동이 있다. ㉢ 사람은 보통 20,000 Hz 이상의 진동이 귀에 도달하면 소리로 인식한다. 가청 주파수 대역의 상한을 넘겨서 더 높은 주파수의 진동이 발생하면 사람의 귀에 들리지 않는 것이다. 이때의 음파를 '초음파'라고 부른다.

사람과 동물은 가청 주파수 대역이 다르다. 그래서 동물은 사람에게 들리지 않는 소리를 들을 수 있다. 예컨대 우리와 가까이 지내는 개의 경우, 가청 주파수 대역의 하한은 사람과 비슷하지만 50,000 Hz의 진동까지 소리로 인식할 수 있다. 그래서 개는 사람이 듣지 못하는 기척을 알아차리기도 한다. 이는 개의 가청 주파수 대역이 ㉣ 사람의 가청 주파수 대역보다 넓기 때문이다.

① ㉠: 우리의 몸이 흔들리지 않을 뿐 귀로는 저음을 들을 수 있다
② ㉡: 귀에 들리지 않는 진동은 소리로 간주할 수 없다는 생각에서이다
③ ㉢: 사람은 보통 20,000 Hz 이상의 진동이 귀에 도달하면 소리로 인식하지 못한다
④ ㉣: 사람의 가청 주파수 대역보다 좁기 때문이다

해설 사람의 가청 주파수 대역의 상한을 넘긴 진동은 귀에 들리지 않는다는 문맥이다. 따라서 ㉢을 (가청 주파수 대역의 상한인) 20,000 Hz 이상의 진동이 귀에 도달하면 소리로 인식하지 못한다는 내용으로 수정하는 것은 적절하다.

오답 풀이 ①·② 진동은 있지만 들리지 않는 소리가 있다는 문맥이다. 따라서 귀에 들리지 않지만 몸을 흔들리게 하는 진동도 소리로 간주할 수 있다는 내용의 ㉠과 ㉡은 수정하지 말아야 한다.
④ 개는 사람과 가청 주파수 대역의 하한은 비슷하지만 상한은 훨씬 높다는 문맥이다. 따라서 개의 가청 주파수 대역이 사람의 가청 주파수 대역보다 넓다는 ㉣은 수정하지 말아야 한다.

정답률 92% **정답** ③

167 ㉠~㉣ 중 문맥상 어색한 곳을 수정한 것으로 가장 적절한 것은?

2025 지방직 9급

면역 반응에는 '자연 면역'과 '획득 면역'이 있다. 먼저, 자연 면역이란 외부 이물질에 대해 내 몸이 태어날 때부터 지니게 된 저항 능력을 가리킨다. 자연 면역에서는 항원과 항체 사이의 ㉠ 직접적인 일대일 반응 관계가 존재하지 않는다. 외부에서 들어온 특정 항원에만 반응하는 유일의 항체가 별도로 존재하지 않는다는 것이다. 자연 면역은 세균과 같은 미생물 등을 외부 이물질로 인식하여 제거한다. 예컨대 코나 폐에는 점막 조직이 발달해 있어 외부 이물질을 걸러 낸다. 세포 차원에서는 대식 세포의 기능이 자연 면역인데, 이 세포는 ㉡ 외부 미생물이 어떤 종류인지에 관계없이 대상을 제거한다.

특정 항원에만 반응하는 유일의 항체를 생성하는 면역 반응을 획득 면역이라고 한다. 획득 면역에서는 자연 면역과 달리 ㉢ 항원의 종류와 무관하게 특정 항원에 대해 여러 종류의 항체가 반응한다. 일례로 B 림프구의 세포 표면에는 특정 항원을 인식하고 그 특정 항원에 결합하는 부위가 있는데, 이를 '항원 수용체'라고 한다. ㉣ 항원 수용체는 세포 표면에 형성되는 단백질의 일종으로, 항원에 의해 자극된다. 이 수용체가 림프구 세포로부터 떨어져 나와 혈액 안으로 들어간 단백질 단위를 항체라고 부른다.

① ㉠: 직접적인 일대일 반응 관계가 존재한다
② ㉡: 특정한 외부 미생물에 유일하게 반응하며 그 외의 대상은 제거하지 않는다
③ ㉢: 특정 항체가 특정 항원에 대해서만 반응한다
④ ㉣: 항원 수용체는 세포 내부에 형성되는 단백질의 일종으로, 항체에 의해 자극된다

해설 ㉢의 앞 내용에 따르면, 획득 면역은 '특정 항원에만 반응하는 유일의 항체를 생성하는 면역 반응'이다. 따라서 ㉢을 '특정 항체가 특정 항원에 대해서만 반응한다'로 수정하는 것은 적절하다.

오답 풀이 ① ㉠ 뒤에, 외부에서 들어온 특정 항원에만 반응하는 유일의 항체가 별도로 존재하지 않는다는 내용이 나온다. 이는 특정 항원에 특정 항체가 일대일로 반응하지 않는다는 것이므로, ㉠은 수정하지 말아야 한다.
② 대식 세포는 자연 면역의 사례로 제시된 것이므로 대식 세포도 특정 항원이 아니라 다양한 외부 미생물을 제거한다. 따라서 ㉡은 수정하지 말아야 한다.
④ 항원 수용체는 B 림프구의 세포 표면에서 특정 항원을 인식하고 그 특정 항원에 결합하는 부위이다. 즉 항원 수용체는 '세포 표면'에서 '특정 항원'에 의해 자극된다. 따라서 ㉣은 수정하지 말아야 한다.

정답률 89% **정답** ③

168 ㉠~㉣ 중 어색한 곳을 찾아 가장 적절하게 수정한 것은?

인혁처 2차 예시 문제

> 언어는 랑그와 파롤로 구분할 수 있다. 랑그는 머릿속에 내재되어 있는 추상적인 언어의 모습으로, 특정한 언어 공동체가 공유하고 있는 기호 체계를 가리킨다. 반면에 파롤은 구체적인 언어의 모습으로, 의사소통을 위해 랑그를 사용하는 개인적인 행위를 의미한다.
> 언어학자들은 흔히 ㉠ 랑그를 악보에 비유하고, 파롤을 실제 연주에 비유하곤 하는데, 악보는 고정되어 있지만 실제 연주는 그 고정된 악보를 연주하는 사람에 따라 달라지기 마련이다. 그러니까 ㉡ 랑그는 여러 상황에도 불구하고 변하지 않고 기본을 이루는 언어의 본질적인 모습에 해당한다. 한편 '책상'이라는 단어를 발음할 때 사람마다 발음되는 소리는 다르기 때문에 '책상'에 대한 발음은 제각일 수밖에 없다. 여기서 ㉢ 실제로 발음되는 제각각의 소릿값이 파롤이다.
> 랑그와 파롤 개념과 비슷한 것으로 언어 능력과 언어 수행이 있다. 자기 모국어에 대해 사람들이 내재적으로 가지고 있는 지식이 언어 능력이고, 사람들이 실제로 발화하는 행위가 언어 수행이다. ㉣ 파롤이 언어 능력에 대응한다면, 랑그는 언어 수행에 대응한다.

① ㉠: 랑그를 실제 연주에 비유하고, 파롤을 악보에 비유하곤
② ㉡: 랑그는 여러 상황에 맞춰 변화하는 언어의 본질적인 모습
③ ㉢: 실제로 발음되는 제각각의 소릿값이 랑그
④ ㉣: 랑그가 언어 능력에 대응한다면, 파롤은 언어 수행에 대응

169 ㉠~㉣을 고쳐 쓴 것으로 적절하지 않은 것은?

2024 지방직 9급

> 얼마 전 나는 유명 축구 선수의 성공 과정을 담은 다큐멘터리 프로그램을 시청했다. 방송을 본 대부분의 사람들은 ㉠ 괴로운 고난을 이겨낸 그 선수의 노력과 집념에 감동을 받았을 것이다. ㉡ 그러므로 나는 그 선수의 가족과 훈련 트레이너 등 주변 사람들에게 더 큰 감명을 받았다.
> 선수의 가족들은 선수가 전지훈련을 가거나 원정 경기를 할 때 묵묵히 뒤에서 응원하는 역할을 했고, 훈련 트레이너는 선수의 체력 증진은 물론 컨디션 조절 등에도 많은 역할을 하고 있었다. ㉢ 나는 그런 훈련 트레이너가 되는 과정이 궁금해졌다. 비록 사람들의 관심이 최고의 자리에 오른 그 선수에게로 향하는 것은 당연한 ㉣ 일로, 나는 그 가족과 훈련 트레이너의 도움이 주목을 받지 못하는 것 같아서 안타까웠다.

① ㉠은 의미가 중복되므로 '고난'으로 고친다.
② ㉡은 앞뒤 문장의 연결을 고려하여, '그러나'로 바꾼다.
③ ㉢은 글 전체의 흐름을 고려하여 삭제한다.
④ ㉣은 부사와의 호응을 고려하여, '일이라면'으로 수정한다.

168 해설

언어 능력은 '자기 모국어에 대해 사람들이 내재적으로 가지고 있는 지식'이고, 언어 수행은 '사람들이 실제로 발화하는 행위'이다. 그런데 1문단에 따르면, 랑그는 '머릿속에 내재된 추상적인 언어의 모습'이고, 파롤은 '구체적인 언어의 모습으로 랑그를 사용하는 개인적인 행위'이다. 즉 언어 능력은 랑그에, 언어 수행은 파롤에 대응한다. 따라서 ㉣을 '랑그가 언어 능력에 대응한다면, 파롤은 언어 수행에 대응'으로 수정하는 것은 적절하다.

오답 풀이 ①·② 악보는 고정되고, 실제 연주는 사람에 따라 달라진다. 1문단에 따르면, 랑그는 특정한 언어 공동체가 공유한 추상적인 언어이고, 파롤은 랑그를 사용하는 개인적인 행위이다. 이를 바탕으로 할 때, 랑그는 고정되어 변하지 않는 악보에, 파롤은 개인에 따라 변하는 실제 연주에 비유할 수 있다. 따라서 ㉠과 ㉡은 수정하지 말아야 한다.
③ '책상'에 대한 발음이 사람마다 다르다는 것은 개인적인 행위인 파롤에 해당한다. 따라서 ㉢은 수정하지 말아야 한다.

정답률 69% **정답** ④

169 해설

'비록'은 '-ㄹ지라도', '-지마는'과 같은 어미가 붙는 용언과 함께 쓰여야 한다. 따라서 ㉣은 '일이지만' 또는 '일일지라도'로 고쳐야 적절하다.

오답 풀이 ① '고난(苦難)'은 '괴로움과 어려움을 아울러 이르는 말'의 의미이므로 '괴로운'과 의미가 중복된다. 이는 잉여적 표현에 해당되므로 ㉠에서 '괴로운'을 삭제하는 방안은 적절하다.
② 사람들은 선수의 노력과 집념에 감동을 받았지만, 나는 그 선수의 주변 사람들에게 더 큰 감명을 받았다는 문맥이다. 따라서 ㉡은 상반된 내용을 이어주는 '그러나'로 바꾸어야 한다.
③ 유명 축구 선수가 성공하는 데에는 주변 사람들의 도움이 있었다는 것이 이 글의 내용이다. 따라서 ㉢은 통일성을 해치므로 삭제해야 한다.

정답률 89% **정답** ④

170 ㉠~㉣을 문맥에 맞게 수정하는 방안으로 적절한 것은?

2024 지방직 7급

> 우리말 경어법에서 ㉠ 어떤 인물을 높일지 말지를 결정하는 가장 큰 기준은 '나이'이다. 그런데 나이가 경어법 사용의 중요한 기준이라는 것이 단순히 나이 차이에 따라 경어법을 사용한다는 것만을 의미하는 것은 아니다. 화자와 청자의 절대적인 나이도 경어법 사용에 영향을 미칠 수 있다. 가령, 어려서는 반말을 쓰던 사람들이 ㉡ 어느 정도 나이를 먹은 이후에 서로 존댓말을 쓰기도 하는 것이다.
> 직장에서는 '직위'가 경어법 결정의 중요한 요인이 된다. 하급자는 상급자에게 존대어를 쓰는 것이 원칙이다. 직장에서 ㉢ 직위와 나이가 갈등을 일으킬 때는 대개 직위가 더 큰 힘을 발휘한다. 상급자도 자기보다 연장자인 하급자에게 나이에 맞는 대우를 해 주지만 그때의 정중함보다는 하급자가 자기보다 나이 어린 상급자를 대하는 정중함의 정도가 더 큰 것이 일반적이기 때문이다.
> 나이나 직위와 같은 요인 외에도 '유대'도 우리말에서 경어법 결정의 요인이다. 서로 존댓말을 하다가 친해지면 반말하는 사이로 바뀌는 것이 그 예이다. 그러나 우리말에서는 나이, 직위 등과 같은 ㉣ 권세의 영향력이 유대의 영향력보다 작다는 점이 서구어와 다르다. 우리나라에서는 아무리 가까운 사이라도 상급자에게 반말을 허용하지 않는 것이다.

① ㉠: 어떤 인물을 높일지 말지를 결정하는 가장 큰 기준은 나이 차이이다
② ㉡: 어느 정도 나이를 먹은 이후에도 서로 반말을 쓰기도 하는 것이다
③ ㉢: 직위와 나이가 갈등을 일으킬 때는 대개 나이가 더 큰 힘을 발휘한다
④ ㉣: 권세의 영향력이 유대의 영향력보다 크다는 점이 서구어와 다르다

171 ㉠~㉣을 문맥에 맞게 수정하는 방안으로 적절한 것은?

2023 국가직 9급

> 난독(難讀)을 해결하려면 정독을 해야 한다. 여기서 말하는 정독은 '뜻을 새겨 가며 자세히 읽음', 즉 '정교한 독서'라는 뜻으로 한자로는 '精讀'이다. '精讀'은 '바른 독서'를 의미하는 '正讀'과 ㉠ 소리는 같지만 뜻이 다르다. 무엇이 정교한 것일까? 모든 단어에 눈을 마주치면서 제대로 인식하는 것이다. 이와 같은 ㉡ 정독(精讀)의 결과로 생기는 어문 실력이 문해력이다. 문해력이 발달하면 결국 독서 속도가 빨라져, '빨리 읽기'인 속독(速讀)이 가능해진다. 빨리 읽기는 정독을 전제로 할 때 빛을 발한다. 짧은 시간에 같은 책을 제대로 여러 번 읽을 수 있기 때문이다. 그래서 문해력의 증가는 '정교하고 빠르게 읽기', 즉 ㉢ 정속독(正速讀)에서 일어나게 되어 있다. 정독이 생활화되면 자기도 모르게 정속독의 경지에 오르게 된다. 그런 경지에 오른 사람들은 뭐든지 확실히 읽고 빨리 이해한다. 자연스레 집중하고 여러 번 읽어도 빠르게 읽으므로 시간이 여유롭다. ㉣ 정독이 빠진 속독은 곧 빼먹고 읽는 습관, 즉 난독의 일종임을 잊지 말아야 한다.

① ㉠을 '다르게 읽지만 뜻이 같다'로 수정한다.
② ㉡을 '정독(正讀)'으로 수정한다.
③ ㉢을 '정속독(精速讀)'으로 수정한다.
④ ㉣을 '속독이 빠진 정독'으로 수정한다.

172 ⊙~② 중 어색한 곳을 찾아 수정하는 방안으로 가장 적절한 것은?
2023 지방직 9급

> 조선 후기에 서학으로 불린 천주학은 '학(學)'이라는 말에서도 짐작할 수 있듯이 ⊙ 종교적인 관점에서보다 학문적인 관점에서 받아들여졌다. 당시의 유학자 중 서학 수용에 적극적인 이들까지도 서학을 무조건 따르자고 ⓒ 주장하지는 않았는데, 서학은 신봉의 대상이 아니라 분석의 대상이었기 때문이다. 그들은 조선 사회를 바로잡고 발전시키기 위해 새로운 학문과 지식이 필요하다고 생각했지만, 외부에서 유입된 사유 체계에는 양명학이나 고증학 등도 있어서 서학이 ⓒ 유일한 대안은 아니었다. 그들은 서학을 검토하며 어떤 부분은 수용했지만, 반대로 어떤 부분은 ② 지향했다.

① ⊙: '학문적인 관점에서보다 종교적인 관점에서'로 수정한다.
② ⓒ: '주장하였는데'로 수정한다.
③ ⓒ: '유일한 대안이었다'로 수정한다.
④ ②: '지양했다'로 수정한다.

173 ⊙~②의 고쳐쓰기로 적절하지 않은 것은?
2022 지방직 9급

> 파놉티콘(panopticon)은 원형 평면의 중심에 감시탑을 설치해 놓고, 주변으로 빙 둘러서 죄수들의 방이 배치된 감시 시스템이다. 감시탑의 내부는 어둡게 되어 있는 반면 죄수들의 방은 밝아 교도관은 죄수를 볼 수 있지만, 죄수는 교도관을 바라볼 수 없다. 죄수가 잘못했을 때 교도관은 잘 보이는 곳에서 처벌을 가한다. 그렇게 수차례의 처벌이 있게 되면 죄수들은 실제로 교도관이 자리에 ⊙ 있을 때조차도 언제 처벌을 받을지 모르는 공포감에 의해서 스스로를 감시하게 된다. 이렇게 권력자에 의한 정보 독점 아래 ⓒ 다수가 통제된다는 점에서 파놉티콘의 디자인은 과거 사회 구조와 본질적으로 같았다.
> 현대 사회는 다수가 소수의 권력자를 동시에 감시할 수 있는 시놉티콘(synopticon)의 시대가 되었다. 시놉티콘에 가장 크게 기여한 것은 인터넷의 ⓒ 동시성이다. 권력자에 대한 비판을 신변 노출 없이 자유롭게 표현할 수 있게 되었기 때문이다. 정보화 시대가 오면서 언론과 통신이 발달했고, ② 특정인이 정보를 수용하고 생산하게 되었다. 그로 인해 사회에서 일어나는 일에 대한 비판적 인식 교류와 부정적 현실 고발 등 네티즌의 활동으로 권력자들을 감시하는 전환이 일어났다.

① ⊙을 '없을'로 고친다.
② ⓒ을 '소수'로 고친다.
③ ⓒ을 '익명성'으로 고친다.
④ ②을 '누구나가'로 고친다.

174 ㉠~㉣에 대한 고쳐쓰기 방안으로 적절하지 않은 것은?
2020 지방직 9급

현재 리셋 증후군이 인터넷 중독의 한 유형으로 ㉠꼽혀지고 있다. 리셋 증후군 환자들은 현실에서 잘못을 하더라도 버튼만 누르면 해결될 수 있다고 생각해서 아무런 죄의식이나 책임감 없이 행동한다. ㉡'리셋 증후군'이라는 말은 1990년 일본에서 처음 생겨났는데, 국내에선 1990년대 말부터 쓰이기 시작했다. 리셋 증후군 환자들은 현실과 가상을 구분하지 못하여 게임에서 실행했던 일을 현실에서 저지르고 뒤늦게 후회하는 경우가 많다. 특히, 이러한 특성을 지닌 청소년들은 무슨 일이든지 쉽게 포기하고 책임감 없는 행동을 하며, 마음에 들지 않는 사람이 있으면 ㉢막다른 골목으로 몰 듯 관계를 쉽게 끊기도 한다.

리셋 증후군은 행동 양상이 명확히 나타나지 않는 편이라 쉽게 판별하기 어렵고 진단도 쉽지 않다. ㉣이와 같이 예방을 위해 지속적으로 주위 사람들과 대화를 나누고, 현실과 인터넷 공간을 구분하는 능력을 길러야 한다.

① 불필요한 이중 피동 표현으로 어법에 맞게 ㉠을 '꼽고'로 수정한다.
② 글의 맥락상 자연스럽지 않으므로 ㉡은 첫 번째 문장 뒤로 옮긴다.
③ 앞뒤 문맥을 고려할 때 ㉢은 '칼로 무를 자르듯'으로 수정한다.
④ 앞 문장과의 연결을 고려하여 ㉣을 '그러므로'로 수정한다.

175 다음 글의 고쳐 쓸 부분을 지적한 것으로 적절하지 않은 것은?
2020 경찰 1차

요즈음 청소년들의 외적인 체격은 과거에 비해 월등히 좋아졌으나, 그에 비해 영양 상태는 균형을 갖추지 못해 문제가 되고 있다. ㉠이러한 식습관은 청소년의 영양 불균형 문제를 더 심화한다. 어른들 못지않게 바쁜 요즘 청소년들의 건강을 위해서는 올바른 식습관이 필수적이다.

우선 규칙적으로 식사하는 습관을 지니도록 한다. 세 끼를 제때 챙겨 먹되, 특히 아침 식사를 거르지 않도록 한다. ㉡한 전문 조사 기관의 자료를 보면 직장인들의 24.1퍼센트는 아예 아침을 먹지 않는다고 한다. 아침 식사를 하면 집중력이 좋아질 뿐만 아니라 공복감을 줄여 점심에 폭식을 하지 않게 되고 간식도 적게 먹게 된다.

또한, 영양소를 균형 있게 섭취하도록 한다. 패스트푸드 등은 고열량, 저영양 식품으로 영양 불균형을 초래하고 비만을 유발한다. 따라서 ㉢편식 않는 습관과 고루 섭취하는 균형 있는 식사를 해야 한다.

㉣마지막으로 꾸준한 운동이 필요하다. 심폐 지구력과 근력을 키우는 운동을 30분에서 1시간 정도 주 3회 이상 꾸준히 하도록 한다. 꾸준한 운동은 여드름 예방에 효과적이기 때문에 피부가 고와지는 데 도움을 준다.

평소 생활 속에서 올바른 식습관을 지닐 수 있도록 노력하고, 즐겁고 긍정적인 생각을 하면서 식사해야 한다. 이러한 올바른 식습관은 우리의 건강을 지켜 주고 삶의 행복과 만족도를 높여 준다.

① ㉠: '이러한 식습관'이 지시하는 내용을 구체적으로 서술해야 한다.
② ㉡: 청소년의 식습관에 관한 자료로서 직장인의 조사 결과는 맞지 않다.
③ ㉢: '편식 않는 습관'이 어색하므로 '편식을 하지 않는 습관'으로 고친다.
④ ㉣: 문단 전체가 통일성을 해치므로 삭제하거나 글의 주제에 맞게 고친다.

09 내용 배열

풀이 전략

- 먼저 **선택지를 보고 첫 번째 배열 순서를 확인**하여 시간을 절약해야 한다.
- 지시어, 접속어, 조사, **반복되는 표현** 등을 통해 배열 순서를 파악해야 한다.
- 고른 선택지에 맞게 문장이나 문단을 배열한 후 전체 글의 흐름이 자연스러운지 확인한다.

대표 가~라를 맥락에 맞추어 가장 적절하게 나열한 것은? 　　　　　　　　　　　　2025 국가직 9급

㉮ 그 원리를 알려면 LCD와 OLED의 차이를 이해해야 한다. LCD는 다른 조명 장치의 도움을 받아 시각적 효과를 낸다. 다시 말해 스스로 빛을 내지 못한다는 것이다. 따라서 LCD는 화면 뒤에 빛을 공급하는 백라이트가 필요하다는 특성을 갖는다.

㉯ 자유롭게 말았다 펼 수 있는 '롤러블 TV'가 개발되었다. 평소에는 말거나 작게 접어서 간편하게 가지고 다니다가 필요할 때 펴서 사용하는 태블릿이나 노트북이 상용화될 날도 머지않았다. 기존에 우리가 생각하는 텔레비전 화면이나 모니터는 평평하고 딱딱한 것인데, 어떻게 접거나 말 수 있을까?

㉰ OLED 기술은 자유롭게 변형할 수 있는 모니터 개발을 가능하게 하였다. 딱딱한 유리 대신에 쉽게 휘어지는 특수 유리나 플라스틱을 이용함으로써 둥글게 말았다가 펼 수 있는 화면을 생산할 수 있게 된 것이다.

㉱ 반면 OLED는 화소 단위로 빛의 삼원색을 내는 유기 반도체로 구성되어 있어 스스로 빛을 낼 수 있다. OLED 제품은 화면 뒤에 백라이트를 설치할 필요가 없기 때문에 얇게 만들 수도 있고 특수 유리나 플라스틱으로 제작할 수도 있다.

① ㉯ - ㉮ - ㉰ - ㉱　　　　　　　　　② ㉯ - ㉮ - ㉱ - ㉰
③ ㉰ - ㉮ - ㉱ - ㉯　　　　　　　　　④ ㉰ - ㉯ - ㉱ - ㉮

SOLUTION

해설 롤러블 TV 개발을 가능하게 한 OLED 기술의 원리를 설명한 글이다.

㉯ 롤러블 TV의 개발은 어떻게 가능하게 되었는가? → ㉮ 그 원리를 알기 위해 LCD와 OLED의 차이를 이해해야 한다. LCD는 백라이트가 필요하다. → ㉱ 반면 OLED는 백라이트가 필요하지 않아 얇게도 만들 수 있고 특수 유리나 플라스틱으로 제작할 수도 있다. → ㉰ OLED 기술 덕분에 자유롭게 변형할 수 있는 모니터 개발이 가능하게 된 것이다.

정답률 91%　**정답** ②

01 | 순서 배열

176 ㉮~㉣를 맥락에 맞추어 가장 적절하게 나열한 것은?

2025 지방직 9급

> ㉮ 픽셀 단위로 수치화된 이미지 데이터는 하나의 긴 데이터 형태로 컴퓨터에 저장된다. 초기 컴퓨터의 경우 흑백만 표현할 수 있었기 때문에 이미지는 하나의 픽셀에 대해 흑과 백이 0과 1로 표현되는 1비트로 저장되었다.
>
> ㉯ 높은 해상도의 구현은 데이터 저장 용량의 문제를 일으켰고, 용량을 줄이기 위한 여러 방법도 함께 고안되었다. 이를 통해 고해상도의 이미지도 웹사이트를 비롯한 다양한 분야에서 활발하게 사용할 수 있게 되었다.
>
> ㉰ 컴퓨터에서 이미지를 처리하기 위해서는 아날로그 영상 신호를 디지털로 변환하는 과정을 거쳐야 한다. 이미지를 디지털로 저장하는 가장 기본적인 방법은 픽셀 단위로 수치화하여 저장하는 것이다.
>
> ㉱ 하지만 현재는 컴퓨터 비전 기술이 발달하면서 하나의 픽셀에 여러 색상의 정보를 담게 되었다. 초기 색상 표현은 하나의 픽셀이 흑과 백의 1비트였으나, 최근에는 높은 해상도를 구현하기 위해 픽셀 하나에 32비트까지 사용한다.

① ㉯ - ㉮ - ㉱ - ㉰
② ㉯ - ㉰ - ㉮ - ㉱
③ ㉰ - ㉮ - ㉱ - ㉯
④ ㉰ - ㉱ - ㉮ - ㉯

SOLUTION

[해설] 이미지 디지털화의 발달 과정을 설명한 글이다.

㉰ 이미지를 디지털로 저장할 때는 픽셀 단위로 수치화하여 저장한다. → ㉮ 픽셀 단위로 수치화된 이미지 데이터는 초기 컴퓨터의 경우 하나의 픽셀에 1비트로 저장되었다. → ㉱ 하지만 현재의 컴퓨터에서는 하나의 픽셀에 32비트까지 사용된다. → ㉯ 고해상도의 이미지가 다양한 분야에 활발하게 사용되고 있다.

정답률 90% **정답** ③

---

177 ㉮~㉣를 맥락에 맞추어 가장 적절하게 나열한 것은?

인혁처 1차 예시 문제

> ㉮ 다음으로 시청자의 마음을 사로잡을 수 있는 참신한 인물을 창조해야 한다. 특히 주인공은 장애를 만나 새로운 목표를 만들고, 그것을 이루는 과정에서 최종적으로 영웅이 된다. 시청자는 주인공이 목표를 이루는 데 적합한 인물로 변화를 거듭할 때 그에게 매료된다.
>
> ㉯ 스토리텔링 전략에서 제일 먼저 해야 할 일이 로그라인을 만드는 것이다. 로그라인은 '장애, 목표, 변화, 영웅'이라는 네 가지 요소를 담아야 하며, 3분 이내로 압축적이어야 한다. 이를 통해 스토리의 목적과 방향이 마련된다.
>
> ㉰ 이 같은 인물 창조의 과정에서 스토리의 주제가 만들어진다. '사랑과 소속감, 안전과 안정, 자유와 자발성, 권력과 책임, 즐거움과 재미, 인식과 이해'는 수천 년 동안 성별, 나이, 문화를 초월하여 두루 통용된 주제이다.
>
> ㉱ 시청자가 드라마나 영화에 대해 시청 여부를 결정하는 데 걸리는 시간은 8초에 불과하다. 제작자는 이 짧은 시간 안에 시청자를 사로잡을 수 있는 스토리텔링 전략이 필요하다.

① ㉯ - ㉮ - ㉱ - ㉰
② ㉯ - ㉰ - ㉮ - ㉱
③ ㉱ - ㉯ - ㉮ - ㉰
④ ㉱ - ㉯ - ㉰ - ㉮

SOLUTION

[해설] 드라마나 영화의 제작자가 시청자를 사로잡기 위해 쓰는 스토리텔링 전략을 통해 수천 년 동안 통용된 주제가 만들어진다는 내용을 담은 글이다.

㉱ 제작자는, 시청자를 사로잡을 수 있는 스토리텔링 전략이 필요하다. → ㉯ 스토리텔링 전략에서 제일 먼저 해야 할 일은 로그라인을 만드는 것인데, 로그라인을 통해 스토리의 목적과 방향이 마련된다. → ㉮ 다음으로 시청자의 마음을 사로잡을 수 있는 참신한 인물을 창조해야 한다. → ㉰ 이 같은 인물 창조의 과정에서 사랑과 소속감 같이 수천 년 동안 통용된 주제가 만들어진다.

정답률 92% **정답** ③

178 가~다를 맥락에 맞게 순서대로 나열한 것은?

인혁처 2차 예시 문제

북방에 사는 매는 덩치가 크고 사냥도 잘한다. 그래서 아시아에서는 몽골 고원과 연해주 지역에 사는 매들이 인기가 있었다.

㉮ 조선과 일본의 단절된 관계는 1609년 기유조약이 체결되면서 회복되었다. 하지만 이때는 조선과 일본이 서로를 직접 상대했던 것이 아니라 두 나라 사이에 끼어있는 대마도를 매개로 했다. 대마도는 막부로부터 조선의 외교·무역권을 위임받았고, 조선은 그러한 대마도에게 시혜를 베풀어줌으로써 일본과의 교린 체계를 유지해 나가려고 했다.

㉯ 일본에서 이 북방의 매에 접근할 수 있는 길은 한반도를 통하는 것 외에는 없었다. 그래서 한반도와 일본 간의 교류에 매가 중요한 물품으로 자리 잡았던 것이다. 하지만 임진왜란으로 인하여 교류는 단절되었다.

㉰ 이러한 외교 관계에 매 교역이 자리하고 있었다. 대마도는 조선과의 공식적, 비공식적 무역을 통해서도 상당한 이익을 취했다. 따라서 조선 후기에 이루어진 매 교역은 경제적인 측면과 정치·외교적인 성격이 강했다.

① 가 - 다 - 나
② 나 - 가 - 다
③ 나 - 다 - 가
④ 다 - 나 - 가

179 가~다의 전개 순서로 가장 자연스러운 것은?

2025 군무원 9급

고대 동아시아 사회에서 문자는 통치 수단이었다. 문자를 만드는 행위는 새로운 국가 질서의 창조를 뜻한다. 문자는 황제의 명령을 담은 매개체이며, 문자를 통해 황제의 명령이 변방까지 전해진다. 말하자면 문서 행정 시스템이, 시황제의 천하통일 이후로 국가 통치의 기본이었다. 문자 기반 행정 체계가 동아시아의 여러 국가로 퍼져서, 동아시아 문자 문화사의 전통으로 자리 잡았다.

㉮ 한자의 상형은 뜻의 세계에 관한 것이다. '山'의 뜻이 산의 형상인 것이다. 그러나 한글은 이러한 뜻의 세계와 관련이 없다. 'ㄱ'은 그 소리의 실체가 혀의 고부라진 모습으로 시각화되었다. 그러니 한글의 '상형'이란 한자의 상형과 달라서, 굳이 한글을 상형자라고 할 이유는 없었을 것이다.

㉯ 문자에는 권위가 필요하다. 세종도 이에 따라 한자의 기본 원리인 '상형(象形)'이나 고전(古篆)의 모방이라는 논리를 부각하였을 것이다. 한자의 상형과 한글의 상형은 자형이 사물의 형상을 본떴다는 점에서는 공통점이 있지만 세부적으로 차이가 적지 않다.

㉰ 그럼에도 불구하고 한글의 발명자가 굳이 상형이라는 단어를 사용한 것은, 다름 아닌 동아시아 오랜 문자 전통에서 기인한 것이 아닌가 한다. 한글이 한자와 제작 원리가 동일하다는 점을 강조하여 한글도 옛 성현들이 만들어 낸 문자와 근본적으로 다르지 않음을 보이고자 했던 세종의 논리를 통하여 우리는 한글에 담긴 동아시아 문자 이데올로기를 읽어 낼 수 있다.

① 다 - 나 - 가
② 나 - 다 - 가
③ 다 - 가 - 나
④ 나 - 가 - 다

180 ㉮~㉰의 전개 순서로 가장 자연스러운 것은?

2025 군무원 7급

'공유 경제'는 사람들을 소유욕에서 자유롭게 하고, 공유할수록 더 다양한 것을 풍족하게 누리게 한다는 점에서 분명 매력적이다.

㉮ 하지만 이런 주장은 반만 맞는 이야기다. 벌어지는 현상 이면으로 조금만 시선을 돌리면 미래를 공유의 시대로 선포하는 데 신중해질 것이다. 지금 세상에서는 데이터 소유 전쟁이 벌어지고 있기 때문이다. 엄청난 영상들을 공짜로 공유하게 됐지만 영상을 보는 대가로 우리는 자신에 대한 더 많은 정보를 플랫폼 제공자에게 전송하고 있다. 지난 주말에 찾았던 명소와 맛집에 대한 후기를 공유하며 보람과 즐거움, 존재감을 만끽하는 동안 우리 자신에 대한 수많은 데이터 또한 플랫폼 제공자에게 전송되고 있다.

㉯ 나의 경험이 사진과 영상, 문자로 공유되고 지구 반대편 네티즌들에게 부가가치를 제공한다면 이는 공유 경제가 맞다. 하지만 그 와중에 나에 대한 더 많은 데이터가 매력적인 공유의 장을 마련한 그 누군가에게 집중적으로 제공된다. 이렇게 공유된 데이터를 소유한 소수 집단이나 개인은 데이터 제공자에 대해 막대한 소유권을 행사할 수 있다. 드러난 모습으로는 공유 경제지만 안으로는 업그레이드된 소유 경제다. 새로운 소유 경제 시대가 도래한 것이다.

㉰ 많은 경제 전문가들은 공유 경제가 미래 비즈니스를 이끌 것이라고 예상한다. 더 이상 공유 경제는 일부 스타트업, 경제 전문가들만 이해하면 되는 비즈니스 모델이 아니다. 미래 비즈니스 정글에서 생존하기 위해 고민하는 사람들은 물론, 자유를 누리면서 풍요로운 삶을 영위하고 싶어 하는 우리 모두가 반드시 이해해야 할 전 세계적 파도라는 것이다.

① ㉮-㉯-㉰
② ㉯-㉰-㉮
③ ㉰-㉮-㉯
④ ㉮-㉰-㉯

181 ㉠~㉣을 맥락에 따라 가장 자연스럽게 배열한 것은?

2024 국가직 9급

약물은 질병을 치료하거나 예방할 목적으로 사용되는 의약품이다. 우리 주변에는 약물이 오남용되는 경우가 있다.

㉠ 더구나 약물은 내성이 있어 이전보다 더 많은 양을 사용하기 마련이므로 피해는 점점 커지게 된다.
㉡ 오남용은 오용과 남용을 합친 말로서 오용은 본래 용도와 다르게 사용하는 일, 남용은 함부로 지나치게 사용하는 일을 가리킨다.
㉢ 그러므로 약물을 사용할 때는 반드시 의사나 약사와 상의하고 설명서를 확인하여 목적에 맞게 적정량을 사용해야 한다.
㉣ 약물을 오남용하면 신체적 피해는 물론 정신적 피해를 입을 수 있다.

① ㉡-㉢-㉣-㉠
② ㉡-㉣-㉠-㉢
③ ㉣-㉠-㉡-㉢
④ ㉣-㉢-㉡-㉠

182 ㉠~㉣의 전개 순서로 가장 자연스러운 것은? 2024 지방직 9급

청소년 노동자를 바라보는 시각에는 양극단이 존재한다. '경제적으로 어려운 아이들'이라는 시각과 '지나치게 돈을 좋아하는 아이들'이라는 시각이 그것이다.

㉠ 이런 시각은 비행만을 강조하기에 청소년 스스로 노동하고 있다는 사실을 부끄러워하거나 다른 사람들에게 숨기는 경우도 많이 발생한다.

㉡ 전자는 청소년이 노동을 선택하는 이유를 '생계비 마련' 하나만으로 축소해 버리고 피해자로만 바라본다는 점에서 문제가 있다.

㉢ 그러다 보니 생활비 마련뿐만 아니라 의미 있는 시간 활용, 부모의 눈치를 보지 않는 독립적인 생활, 진로 탐색 등 노동을 선택하는 복합적인 이유가 삭제돼 버린다.

㉣ 후자의 시각은 청소년 노동을 학생의 본분을 저버린 그릇된 행위로 만들어 버림으로써, 문제의 원인을 노동 현장의 구조적 문제가 아니라 '청소년이 노동하고 있다는 사실' 자체로 돌려 버린다.

두 시각 모두 도달하게 되는 결론은 청소년을 노동에서 빨리 구원해야 한다는 것이다.

① ㉡-㉠-㉢-㉣
② ㉡-㉠-㉣-㉢
③ ㉡-㉢-㉣-㉠
④ ㉡-㉣-㉢-㉠

183 다음 글의 전개 순서로 가장 자연스러운 것은?
2024 지방직 7급

㉮ 언어 습득에서 자극의 중요성은 충분히 인정되지만 어린아이들의 언어 능력이 자극만을 통해 얻어진다고 보기 어렵다. 가령, 복잡한 문법적인 제약을 아이들에게 따로 가르치지 않아도 아이들은 이를 스스로 알아 나간다. 따라서 아이들은 이러한 지식을 선천적으로 가지고 있다고 볼 수밖에 없다.

㉯ 어린아이들은 만 4~5세까지 접촉하는 언어를 모국어로 습득한다. 그런데 어린아이들은 이같이 짧은 기간의 제한적 언어 경험을 바탕으로 어떻게 그 복잡한 언어 체계를 배울 수 있는가.

㉰ 물론 언어 능력과 걷는 능력이 완전히 같은 성질은 아니다. 걷는 것은 일정한 시기가 되면 자동적으로 발현되는 능력이지만 언어 능력은 특정 시기에 주변의 언어에 노출되어야만 발현될 수 있다. 즉, 어느 정도의 언어 학습 자극이 필요한 셈이다.

㉱ 이에 대한 촘스키의 대답은 인간은 언어에 대해서 이미 많은 것을 알고 태어난다는 것이다. 아이가 언어에 대해 알고 태어난다는 것은 일정한 시기에 적절한 언어 자극을 받으면 언어를 구사하게 되는 유전자가 인간에게 있다는 말이다. 인간이 두 발로 걸을 수 있는 능력을 타고나지만 태어나자마자 걸을 수 있는 것은 아닌 것과 마찬가지이다.

① ㉮-㉯-㉱-㉰
② ㉯-㉱-㉮-㉰
③ ㉯-㉱-㉰-㉮
④ ㉰-㉮-㉱-㉯

184 ㉮~㉰를 문맥에 맞는 순서대로 나열한 것은? 2024 군무원 9급

사회 문제의 종류와 내용 및 그에 대한 관념은 시대와 사회에 따라 다르게 나타난다. 운명론을 예로 들어보자. 운명론은 한마디로 개인의 고통과 사회적 불평등을 하늘의 뜻으로 또는 당연히 주어진 것으로 받아들이는 태도이다.

㉮ 이러한 상황에서는 사람들이 겪는 고통이 '사회 문제'의 관념으로 발전하기 어렵다. 결과적으로 전통 사회에서는 기존 질서의 유지가 가장 중요한 사회적 관심사가 되고 따라서 '규범의 파괴'가 가장 핵심적인 사회 문제로 떠오르게 된다.

㉯ 한편, 오늘날 우리가 갖게 된 사회 문제의 관념은 운명론의 배격을 전제로 한다. 그것은 우선 사람의 고통은 여러 사람 공동의 노력으로 해결할 수 있다는 생각, 그것이 개인의 책임이 아니고 사회 제도와 체제의 책임이라는 관념, 나아가 모든 사람은 인간적인 대우를 받을 가치가 있다는 인식의 확산 없이는 이루어지지 못한다.

㉰ 따라서 운명론이 지배하는 사회에서는 개인이나 특정 집단이 겪는 고통은, 그것이 심한 사회적 통제와 불평등의 결과이기도 하지만, 사회의 잘못이 아닌 그들 개개인의 탓으로 돌려진다. '가난은 나라도 구제할 수 없다.'는 생각이 그 단적인 예에 속한다.

① ㉯ → ㉮ → ㉰
② ㉯ → ㉰ → ㉮
③ ㉰ → ㉮ → ㉯
④ ㉰ → ㉯ → ㉮

185 〈보기 1〉의 문장에 이어질 〈보기 2〉의 ㉮~㉱를 문맥에 맞게 순서대로 바르게 나열한 것은? 2024 서울시 기술직

／보기 1／
법과 질서를 지키는 것은 시민의 의무일까?

／보기 2／

㉮ 이 역시 법의 외형을 띠었다. 국가의 안전과 공공의 질서를 유지한다는 정당해 보이는 이유가 있었다. 하지만 안전과 질서라는 말은 인권을 제한하는 만능 논리로 사용되었고 권력자의 뜻에 따른 통치를 용이하게 만들었다.

㉯ 한국도 그런 부정의한 시대를 겪었다. 대표적으로 헌법상 기본권을 무효화시키고 인혁당 사건을 비롯해 대규모 인권 침해를 초래했던 유신 시대의 헌법과 긴급 조치를 떠올려보자.

㉰ 대체로 법과 질서를 따라야 하는 건 맞다. 하지만 언제나 그렇다고 말할 수는 없다. 부당한 법과 질서를 지키지 않는 것도 시민의 책무이기 때문이다.

㉱ 법이 부당할 수 있다는 사실은 나치의 반유대인 정책이나 남아프리카공화국의 아파르트헤이트 등 법을 통해 부정의한 사회 질서가 만들어지고 집행된 경험을 통해 충분히 깨달았다. 역사는 그런 부정의한 법을 집행한 사람을 전범이라는 이름으로 재판하고 처벌하기도 했다.

① ㉯-㉮-㉰-㉱
② ㉯-㉱-㉮-㉰
③ ㉰-㉱-㉯-㉮
④ ㉱-㉮-㉯-㉰

186 ㉮~㉰의 순서를 자연스럽게 배열한 것은? 2023 국가직 9급

빅 데이터가 부각된다는 것은 기업들이 빅 데이터의 가치를 받아들이기 시작했다는 뜻이다. 여기에는 기업들이 데이터를 바라보는 시각이 변한 측면도 있다.

㉮ 기업들은 고객이 판촉 활동에 어떻게 반응하고 평소에 어떻게 행동하며 사물에 대해 어떤 태도를 보이는지 알기 위해 많은 돈을 투자해 마케팅 조사를 해 왔다.

㉯ 그런 상황에서 기업들은 SNS나 스마트폰 등 새로운 데이터 소스로부터 그러한 궁금증과 답답함을 해결할 수 있다는 것을 알게 되었다. 페이스북에 올리는 광고에 친구가 '좋아요'를 한 것에서 기업들은 궁금증과 답답함을 해결할 수 있다.

㉰ 그런데 기업들의 그런 노력이 효과가 있는 경우도 있었으나 아쉬운 점도 많았다. 쉬운 예로, 기업들은 많은 광고비를 쓰지만 그 돈이 구체적으로 어느 부분에서 효과를 내는지는 알지 못했다.

결국 데이터가 있는 곳에서 기업들은 점점 더 고객의 취향에 집중할 수 있게 되었으며, 이에 따라 기업들은 소셜 미디어의 빅 데이터를 중요한 경영 수단으로 수용하기 시작한 것이다.

① ㉮-㉯-㉰
② ㉮-㉰-㉯
③ ㉯-㉮-㉰
④ ㉰-㉯-㉮

187 ㉠~㉢을 맥락에 따라 가장 자연스럽게 배열한 것은? 2023 지방직 9급

독서는 아이들의 전반적인 뇌 발달에 큰 영향을 미친다.

㉠ 그에 따르면 뇌의 전두엽은 상상력을 관장하는데, 책을 읽으면 상상력이 자극되어 전두엽을 많이 사용하게 된다.

㉡ A 교수는 책을 읽을 때와 읽지 않을 때의 뇌 변화를 연구해서 세계적인 명성을 얻었다.

㉢ 이처럼 책을 많이 읽으면 전두엽이 훈련되어 전반적인 뇌 발달의 가능성이 높아지는데, 그 결과는 교육 현장에서 실증된바 있다.

독서를 많이 한 아이는 학교에서 더 좋은 성적을 낼 뿐 아니라 언어 능력도 발달한다는 사실이 밝혀진 것이다.

① ㉡-㉠-㉢
② ㉡-㉢-㉠
③ ㉢-㉠-㉡
④ ㉢-㉡-㉠

188 다음 글의 전개 순서로 가장 자연스러운 것은? 2023 지방직 7급

㉮ 시가 마음을 담아내는 것이므로 시의 내용은 다양할 수밖에 없다. 사람의 마음은 매우 다양하기 때문이다.

㉯ 그러나 인간이라면 누구나 갖게 되는 마음이 있기에 자주 등장하는 내용도 있다. 대표적인 것이 바로 그리움이다.

㉰ 시는 사람의 내면에만 담아 둘 수 없는 간절한 마음을 말이나 글로 표현할 때 탄생한다는 견해가 있다. 이에 따르면 시를 감상하는 것은 시에 담긴 마음을 읽어 내는 것이다.

㉱ 그리움이 담겨 있는 시가 많은 것은 그리움이 그만큼 간절한 마음이기 때문이다. 이렇게 볼 때, 동서고금을 막론하고 그리움을 노래하는 시가 많은 것은 어쩌면 당연한 일이다.

① ㉮ - ㉯ - ㉱ - ㉰
② ㉮ - ㉰ - ㉯ - ㉱
③ ㉰ - ㉮ - ㉯ - ㉱
④ ㉰ - ㉯ - ㉮ - ㉱

189 ㉮~㉱를 논리적 순서에 맞게 나열한 것은? 2023 국회직 8급

㉮ 아동 정신 의학자 존 볼비는 엄마와 아이 사이의 애착을 연구하면서 처음으로 이 현상에 관심을 갖게 되었다. 그가 처음 연구를 시작할 때만 해도 아이가 엄마와 계속 붙어 있으려고 하는 이유는 먹을 것을 얻기 위해서라는 생각이 지배적이었다.

㉯ 아동 정신 의학자로 활동하며 연구를 이어 간 끝에, 볼비는 엄마와의 애착 관계가 불안정한 아이는 정서 발달과 행동 발달에 큰 문제가 생길 수 있음을 알게 됐다. 또한 아이가 애착을 느끼는 대상이 아이를 세심하게 돌보고 보살필 때 아이는 보호받는 기분, 안전함, 편안함을 느끼고, 이는 아이가 건강하게 발달해서 생존할 확률을 높이는 요소라는 사실을 밝혀냈다.

㉰ 애착이란 시간이 흐르고 멀리 떨어져 있어도 유지되는 강력한 정서적 유대감으로 정의할 수 있다. 특정한 사람과 어떻게든 가까이 있고 싶은 감정이 애착의 핵심이지만 상대가 반드시 똑같이 느껴야 하는 것은 아니다.

㉱ 하지만 볼비는 아이가 엄마와 분리되면 엄청나게 괴로워하며, 다른 사람이 돌봐 주거나 먹을 것을 줘도 그러한 고통이 해소되지 않는다는 사실을 발견했다. 엄마와 아이의 유대에 뭔가 특별한 것이 있다는 의미였다.

① ㉮ - ㉯ - ㉰ - ㉱
② ㉮ - ㉰ - ㉯ - ㉱
③ ㉯ - ㉮ - ㉰ - ㉱
④ ㉰ - ㉮ - ㉱ - ㉯
⑤ ㉰ - ㉱ - ㉮ - ㉯

190 다음 글의 전개 순서로 가장 자연스러운 것은?

2022 국가직 9급

㉠ 이 기관을 잘 수리하여 정리하면 그 작동도 원활하게 될 것이요, 수리하지 아니하여 노둔해지면 그 작동도 막혀 버릴 것이니 이런 기관을 다스리지 아니하고야 어찌 그 사회를 고쳐하여 발달케 하리오.

㉡ 이러므로 말과 글은 한 사회가 조직되는 근본이요, 사회 경영의 목표와 지향을 발표하여 그 인민을 통합시키고 작동하게 하는 기관과 같다.

㉢ 말과 글이 없으면 어찌 그 뜻을 서로 통할 수 있으며, 그 뜻을 서로 통하지 못하면 어찌 그 인민들이 서로 이어져 번듯한 사회의 모습을 갖출 수 있으리오.

㉣ 그뿐 아니라 그 기관은 점점 녹슬고 상하여 필경은 쓸 수 없는 지경에 이를 것이니 그 사회가 어찌 유지될 수 있으리오. 반드시 패망을 면하지 못할지라.

㉤ 사회는 여러 사람이 그 뜻을 서로 통하고 그 힘을 서로 이어서 개인의 생활을 경영하고 보존하는 데에 서로 의지하는 인연의 한 단체라.

– 주시경, 〈대한국어문법 발문〉

① ㉤-㉠-㉢-㉡-㉣
② ㉤-㉠-㉣-㉢-㉡
③ ㉤-㉢-㉠-㉣-㉡
④ ㉤-㉢-㉡-㉠-㉣

191 다음 글의 전개 순서로 가장 자연스러운 것은?

2022 지방직 9급

㉮ 과거에는 고통만을 안겨 주었던 지정학적 조건이 이제는 희망의 조건이 되고 있습니다. 이제 한반도는 사람과 물자가 모여드는 동북아 물류와 금융, 비즈니스의 중심지가 될 것입니다. 우리가 주도해서 평화와 번영의 동북아 시대를 열어 나가야 합니다.

㉯ 100년 전 우리는 수난과 비극의 역사를 겪었습니다. 해양으로 나가려는 세력과 대륙으로 진출하려는 세력이 한반도를 가운데 놓고 싸움을 벌였습니다. 마침내 우리는 국권을 상실하는 아픔을 감수해야 했습니다.

㉰ 지금은 무력이 아니라 경제력이 국력을 좌우하는 시대입니다. 우리나라는 전쟁의 폐허를 극복하고 세계적인 경제 강국을 건설하고 있습니다. 우수한 인력과 세계 선두권의 정보화 기반을 갖추고 있습니다. 바다와 하늘과 땅을 연결하는 물류 기반도 손색이 없습니다.

㉱ 그 아픔은 분단으로 이어져서 오늘에 이르고 있습니다. 그 과정에서는 정의가 패배하고 기회주의가 득세하는 불행한 역사를 겪었습니다. 그러나 이제 우리에게도 새로운 희망의 시대가 열리고 있습니다. 세계의 변방으로 머물러 왔던 동북아시아가 북미·유럽 지역과 함께 세계 경제의 3대 축으로 떠오르고 있습니다.

① ㉮-㉯-㉰-㉱
② ㉮-㉱-㉯-㉰
③ ㉯-㉮-㉱-㉰
④ ㉯-㉱-㉰-㉮

192 다음 글의 '동기화 단계 조직'에 따라 〈보기〉의 ㉮~㉲를 배열한 것으로 가장 적절한 것은?　　　　　2022 국가직 9급

　설득하는 말하기의 메시지를 조직하는 방법으로 '동기화 단계 조직'이 있다. 이 방법의 세부 단계는 다음과 같다.

1단계: 주제에 대한 청자의 주의나 관심을 환기한다.
2단계: 특정 문제를 청자와 관련지어 설명함으로써 청자의 요구나 기대를 자극한다.
3단계: 해결 방안을 제시하여 청자의 이해와 만족을 유도한다.
4단계: 해결 방안이 청자에게 어떤 도움이 되는지 구체화한다.
5단계: 구체적인 행동의 내용과 방법을 제시하여 특정 행동을 요구한다.

〈보기〉

㉮ 지난주 제 친구는 일을 마친 후 자전거를 타고 집으로 돌아오다가 사고를 당해 머리를 다쳤습니다.

㉯ 여러분이 자전거를 탈 때 헬멧을 착용하면 머리를 보호할 수 있습니다.

㉰ 아마 여러분도 가끔 자전거를 타는 경우가 있을 것입니다. 그런데 매년 2천여 명이 자전거를 타다가 머리를 다쳐 고생한다고 합니다.

㉱ 만약 자전거를 타는 모든 사람이 헬멧을 착용한다면 자전거 사고를 당해도 뇌 손상을 비롯한 신체 피해를 75% 줄일 수 있습니다. 또 자전거 타기가 주는 즐거움과 편리함을 안전하게 누릴 수 있습니다.

㉲ 자전거를 탈 때는 안전을 위해서 반드시 헬멧을 착용하시기 바랍니다.

① ㉮ - ㉯ - ㉰ - ㉱ - ㉲
② ㉮ - ㉰ - ㉯ - ㉱ - ㉲
③ ㉮ - ㉰ - ㉱ - ㉯ - ㉲
④ ㉮ - ㉱ - ㉰ - ㉯ - ㉲

SOLUTION

해설

㉮ 친구가 자전거 사고를 당했다는 사실을 언급하여 '자전거 사고로 인한 머리 부상 예방법'이라는 주제에 대한 청자의 관심을 환기하고 있다. 이는 동기화 단계 조직의 1단계에 해당한다.

㉯ 자전거 사고로 머리를 다치는 문제를 해결하기 위한 방안으로 '자전거를 탈 때 헬멧을 착용하자'는 방안을 제시하고 있다. 이는 동기화 단계 조직의 3단계에 해당한다.

㉰ 청자인 '여러분'도 가끔 자전거를 탈 것이라 말하고, 매년 적지 않은 사람들이 자전거 사고로 머리를 다쳐 고생한다는 점을 언급하고 있다. 즉 '자전거 사고로 인한 머리 부상'이라는 문제가 청자와 무관하지 않을 수 있다는 점을 설명함으로써 청자의 요구나 기대를 자극하고 있으므로, 동기화 단계 조직의 2단계에 해당한다.

㉱ 헬멧을 착용하고 자전거를 탄다면 자전거 사고 시 신체 피해를 줄이고 자전거 타기의 즐거움을 안전하게 누릴 수 있다고 말하고 있다. 자전거를 탈 때 헬멧 착용이라는 해결 방안이 청자에게 어떤 도움을 주는지를 구체적으로 언급하고 있으므로 동기화 단계 조직의 4단계에 해당한다.

㉲ 자전거를 탈 때에는 반드시 헬멧을 착용하라는 특정 행동을 요구하고 있으므로 동기화 단계 조직의 5단계에 해당한다.

이를 동기화 단계 조직에 따라 배열하면 ㉮ - ㉰ - ㉯ - ㉱ - ㉲이다.

정답률 80%　**정답** ②

193 다음 글의 전개 순서로 가장 자연스러운 것은? 2022 지방직 7급

㉮ 젊은이들 가운데 약삭빠르고 방탕하여 어딘가에 얽매이는 것을 싫어하는 자들이 이 말을 듣고 제 세상 만난 듯 기뻐하여 앉고 서고 움직이는 예절을 마음에 내키는 대로 한다.

㉯ 성인께서도 사람을 가르치실 때 먼저 겉모습부터 단정히 해야만 바야흐로 자신의 마음을 안정시킬 수 있다고 하시었다. 세상에 비스듬히 눕고 기대서서 멋대로 말하고 멋대로 보면서 주경존심(主敬存心)*할 수 있는 사람은 없다.

㉰ 근래 어떤 자가 반관(反觀)*으로 이름을 떨쳐 겉모습을 단정하게 꾸미는 것을 가식이요, 허위라고 한다.

㉱ 나도 예전에 이 병에 깊이 걸렸던 터라 늙어서까지 예절을 익히지 못했으니 비록 후회해도 고치기가 어렵다.

㉲ 지난번 너를 보니 옷깃을 가지런히 하여 똑바로 앉는 것을 즐기지 않아 장중하고 엄숙한 기색을 조금도 볼 수 없었는데, 이는 내 병통이 한 바퀴 돌아 네가 된 것이다.

— 정약용, 〈두 아들에게 부침〉

* 주경존심: 공경하는 마음을 간직함.
* 반관: 남들이 하는 대로 보지 않고 거꾸로 보거나 반대로 생각하는 것

① ㉮-㉯-㉰-㉱-㉲
② ㉯-㉱-㉲-㉰-㉮
③ ㉰-㉮-㉱-㉲-㉯
④ ㉲-㉱-㉮-㉯-㉰

194 ㉠~㉤의 전개 순서로 가장 자연스러운 것은? 2021 국가직 9급

폭설, 즉 대설이란 많은 눈이 시간적, 공간적으로 집중되어 내리는 현상을 말한다.

㉠ 그런데 눈은 한 시간 안에 5cm 이상 쌓일 수 있어 순식간에 도심 교통을 마비시키는 위력을 가지고 있다.
㉡ 또한, 경보는 24시간 신적설이 20cm 이상 예상될 때이다.
㉢ 다만, 산지는 24시간 신적설이 30cm 이상 예상될 때 발령된다.
㉣ 이때 대설의 기준으로 주의보는 24시간 새로 쌓인 눈이 5cm 이상이 예상될 때이다.
㉤ 이뿐만 아니라 운송, 유통, 관광, 보험을 비롯한 서비스 업종과 사회 전반에 영향을 미친다.

① ㉠-㉤-㉡-㉢-㉣
② ㉠-㉣-㉡-㉢-㉡
③ ㉣-㉡-㉢-㉠-㉤
④ ㉣-㉠-㉤-㉢-㉡

195 ㉮~㉱를 문맥에 맞게 순서대로 바르게 나열한 것은?

2021 서울시 기술직

> 생물의 동면을 결정하는 인자 중에서 온도는 매우 중요하다. 하지만 이상 기온이 있듯이 기온은 변덕이 심해서 생물체가 속는 일이 많다.
>
> ㉮ 하지만 위험은 날씨에 적응하지 못하고 얼어 죽는 것만이 아니다. 동면에 들어가기 위해서는 신체를 특정한 상태로 만들어야 하므로 이 과정에서 많은 에너지가 필요하다. 또 동면에서 깨어나는 것도 에너지 소모가 매우 많다.
>
> ㉯ 이런 위험을 피하려면 날씨의 변덕에 구애를 받지 않고 조금 더 정확한 스케줄에 따라 동면에 들어가고 깨어날 필요가 있다. 일부 동물들은 계절 변화에 맞추어진 생체 시계나 일광 주기를 동면의 신호로 사용한다는 것이 밝혀졌다.
>
> ㉰ 박쥐의 경우 동면하는 동안 이를 방해해서 깨우면 다시 동면에 들어가더라도 대다수는 깨어나지 못하고 죽어 버린다. 잠시나마 동면에서 깨어나면서 에너지를 너무 많이 소모해 버리기 때문이다.
>
> ㉱ 흔히 '미친 개나리'라고 해서 제철도 아닌데 날씨가 조금 따뜻하다고 꽃을 피웠다가 날씨가 추워져 얼어 죽는 일이 종종 있다. 이상 기온에 속기는 동물들도 마찬가지다. 겨울이 되었는데도 날씨가 춥지 않아 벌레들이 다시 나왔다가 얼어 죽기도 한다.

① ㉯-㉰-㉱-㉮ ② ㉯-㉰-㉮-㉱
③ ㉱-㉮-㉰-㉯ ④ ㉱-㉮-㉯-㉰

정답 ③

---

196 다음 글을 미괄식 문단으로 구성하고자 할 때, ㉠~㉤의 전개 순서로 가장 옳은 것은?

2021 해양 경찰 2차

> ㉠ 숨 쉬고 마시는 공기와 물은 이미 심각한 수준으로 오염된 경우가 많고, 자원의 고갈, 생태계의 파괴는 더 이상 방치할 수 없는 지경에 이르고 있다.
> ㉡ 현대인들은 과학 기술이 제공하는 물질적 풍요와 생활의 편리함의 혜택 속에서 인류의 미래를 낙관적으로 전망하기도 한다.
> ㉢ 자연환경의 파괴뿐만 아니라 다양한 갈등으로 인한 전쟁의 발발 가능성은 도처에서 높아지고 있어서, 핵전쟁이라도 터진다면 인류의 생존은 불가능해질 수도 있다.
> ㉣ 이런 위기들이 현대 과학 기술과 밀접한 관계에 있다는 사실을 알게 되는 순간, 과학 기술에 대한 지나친 낙관적 전망이 얼마나 위험한 것인가를 깨닫게 된다.
> ㉤ 오늘날 주변을 돌아보면 낙관적인 미래 전망이 얼마나 가벼운 것인지를 깨닫게 해 주는 심각한 현상들을 쉽게 찾아볼 수 있다.

① ㉠-㉢-㉤-㉣-㉡ ② ㉡-㉣-㉤-㉠-㉢
③ ㉡-㉤-㉠-㉢-㉣ ④ ㉤-㉣-㉠-㉢-㉡

정답 ③

197 다음 글의 전개 순서로 가장 자연스러운 것은? 2020 지방직 9급

> ㉮ 1700년대 중반에 이미 미국 이주민들의 평균 소득은 영국인들의 평균 소득을 넘어섰다.
> ㉯ 그러나 미국은 사실 그러한 분야에서는 다른 산업 국가들에 비해 특별한 우위를 갖고 있지 않았다.
> ㉰ 미국 이주민들의 평균 소득이 높아지게 된 배경에는 좋은 환경으로부터 비롯된 낙관성과 자신감이 있었다. 이후로도 다소 불안정하기는 했지만 미국인들의 소득은 계속해서 크게 증가했다.
> ㉱ 대부분의 미국인들은 남북 전쟁 이후 급속히 경제가 성장한 이유를 농업적 환경뿐만 아니라 19세기의 과학적, 기술적 대전환, 기업가 정신과 규제가 없는 시장 경제 때문이라고 단순하게 생각하는 경향이 있다.
> ㉲ 미국인들이 이처럼 초기 정착기에 풍요로움을 누릴 수 있었던 것은 비옥한 토지, 풍부한 천연자원, 흑인 노동력에 힘입은 농산물 수출 덕분이었다.

① ㉮-㉰-㉲-㉱-㉯
② ㉮-㉱-㉰-㉯-㉲
③ ㉱-㉯-㉲-㉮-㉰
④ ㉱-㉲-㉯-㉰-㉮

---

198 다음 글의 전개 순서로 가장 자연스러운 것은? 2020 국가직 7급

> ㉠ 이처럼 면 대 면 소통에는 시간과 공간의 제약이 따른다.
> ㉡ 인간의 소통 방식 중 가장 오래되고 직접적인 것은 면 대 면 소통이다.
> ㉢ 그러나 점차 매체가 발달함에 따라 현대 사회에서는 인간이 시간과 공간의 제약을 벗어나 전신, 전파, 인터넷 등을 통해 의미를 주고받는 다양한 소통 방식이 가능해졌다.
> ㉣ 면 대 면 소통은 소통에 참여하는 사람들이 같은 시간과 공간에 존재하면서 음성, 몸짓, 표정 등을 통해 의미를 주고받는 방식으로 이루어진다.

① ㉡-㉣-㉠-㉢
② ㉡-㉣-㉢-㉠
③ ㉣-㉠-㉡-㉢
④ ㉣-㉡-㉢-㉠

199 ㉠~㉣의 전개 순서로 가장 자연스러운 것은?

2020 지방직 7급

> 1900년대 이후로 다른 문자를 지양하고 한글로만 문자 생활을 영위하고자 하는 경향이 나타났다.
>
> ㉠ 이에 따라 각급 학교 교재에 한자는 괄호 안에 넣는 조치를 취했다.
>
> ㉡ 그 과정에서 그들이 가장 고심했던 일은 우리말 어휘의 반 이상을 차지하는 한자어를 어떻게 처리하느냐 하는 것이었다.
>
> ㉢ 한글학회의 《큰사전》에서는 모든 단어의 표제어는 한글로 적었고 괄호 속에 한자, 로마자 등 다른 문자를 병기하였다.
>
> ㉣ 이로 인해 1930년대 이후에 우리 어문 연구가들은 맞춤법과 외래어 표기법을 제정하고 표준어를 사정하였으며 이를 바탕으로 사전 편찬 사업을 추진했다.

① ㉡-㉠-㉢-㉣   ② ㉡-㉢-㉠-㉣
③ ㉣-㉡-㉢-㉠   ④ ㉣-㉡-㉠-㉢

02 | 생략된 문장의 배열

200 다음 문장이 들어가기에 가장 적절한 곳을 ㉠~㉣에서 고르면?

2024 국가직 9급

> 나라에 위기가 닥쳤을 때 제 몸을 희생해 가며 나라 지키기에 나섰으되 역사책에 이름 한 줄 남기지 못한 이들이 이순신의 일기에는 뚜렷하게 기록된 것이다.

> 《난중일기》의 진면목은 7년 동안 전란을 치렀던 이순신의 인간적 고뇌가 가감 없이 드러나 있다는 데 있다. ㉠ 왜군이라는 외부의 적은 물론이고 임금과 조정의 끊임없는 경계와 의심이라는 내부의 적과도 싸우며, 영웅이기 이전에 한 사람의 인간으로서 느낀 극심한 심리적 고통이 잘 나타나 있다. ㉡ 전란 중 겪은 원균과의 갈등도 적나라하게 드러나 있어 그가 완벽한 인간이 아니라 감정에 휘둘리는 보통의 인간이었음을 보여 준다. ㉢ 그뿐만 아니라 이순신은 《난중일기》에서 사랑하는 가족의 이름과 함께 휘하 장수에서부터 병졸들과 하인, 백성들의 이름까지도 언급하고 있다. ㉣ 《난중일기》의 위대함은 바로 여기에 있다.

① ㉠   ② ㉡
③ ㉢   ④ ㉣

SOLUTION

해설 학교 교재에서 한자를 괄호 안에 넣게 된 과정을 설명한 글이다. 연결어의 쓰임을 잘 살펴야 한다.

1900년대 이후로 한글로만 문자 생활을 영위하고자 하는 경향이 나타났다. → ㉣ 이로 인해 어문 연구가들은 사전 편찬 사업을 추진했다. → ㉡ 그 과정에서 한자어를 어떻게 처리하느냐를 가장 고심했다. → ㉢ 한글학회의 《큰사전》에서는 모든 표제어는 한글로 적고 괄호 속에 다른 문자를 병기하였다. → ㉠ 이에 따라 학교 교재에 한자는 괄호 안에 넣게 되었다.

정답률 69%   정답 ③

SOLUTION

해설 ㉣ 앞에 《난중일기》에서 휘하 장수에서부터 병졸들과 하인, 백성들의 이름까지도 언급하고 있다는 내용이 있다. 제시된 문장은 이들에 대한 부연 설명이며, '이것이 《난중일기》의 위대함'이라는 뒤의 내용과도 자연스럽게 이어지므로 ㉣ 다음에 오는 것이 적절하다.

정답률 91%   정답 ④

201 다음 글이 〈보기〉의 ㉠~㉣ 중 들어가기에 가장 적절한 곳은?
2024 군무원 9급

> 서양인이나 중동인은 해부학적으로 측면의 얼굴이 인상적인 이미지를 남긴다. 그래서 서양 미술에서는 사람의 측면만 그리는 '프로필(프로파일)'이라는 미술 장르가 발달했다. 프로필이라는 말이 인물 소개를 뜻하게 된 것도 이 때문이다.

/ 보기 /

어떤 이집트 그림에서는 사람의 얼굴은 측면, 눈은 정면, 목은 측면, 가슴은 정면, 허리와 발은 측면으로 그려지곤 한다. 인간의 신체가 자연 상태에서 이렇게 보이는 경우란 있을 수 없다. 해부학적으로 불가능한 자세인 것이다.

그럼에도 이 그림을 처음 볼 때 우리는 별로 어색한 느낌이 들지 않는다. 왜 그럴까? 그것은 신체의 각 부위가 그 특징이 가장 잘 드러나는 부분 위주로 봉합되어 있기 때문이다. 넓은 가슴이나 눈은 정면에서 보았을 때 그 특징이 잘 살아난다. ㉠

이렇게 각 부위의 중요한 면 위주로 조합된 인체상은 이상적인 부분끼리의 조합이므로 완전하고 완벽하며 장중한 형상이라는 느낌을 준다. 그러니까 흠 없는 인간, 영원히 썩지 않고 스러지지 않을 초월적 존재라는 인상을 준다. ㉡

이집트 그림에서는 신과 파라오, 귀족만이 이렇게 그려지고 평범한 사람들은 곧잘 이런 법칙과 관계없이 꽤 사실적으로 그려졌다. ㉢ 이는 신과 파라오, 나아가 귀족은 오로지 '존재하는 자'이고, 죽을 운명의 범인들은 그저 '행위하는 자'라는 생각이 반영된 것이다.

범인들이 일하는 모습을 그릴 때 사실적으로, 그러니까 얼굴이 측면이면 가슴도 측면으로 자연스럽게 그리는 것은, 그들은 썩어 없어질 '찰나의 인생'이기 때문이다. ㉣ 반면 고귀한 신분은 삼라만상의 변화와 관계없이 영원한 세계의 이상을 반영하는 존재이므로 이상적 규범에 따라 불변의 양식으로 그려진다.

① ㉠
② ㉡
③ ㉢
④ ㉣

---

202 〈보기 1〉을 〈보기 2〉에 삽입하려고 할 때 문맥상 가장 적절한 곳은?
2024 서울시 기술직

/ 보기 1 /

그런데 괴델의 불완전성에 대한 증명이 집합론을 붕괴로 이끌지 않았다. 마치 평행선 공리의 부정이 유클리드 기하학을 붕괴시키지 않고, 오히려 그것이 새로운 기하학의 탄생과 부흥을 가져왔던 것처럼, 공리계의 불완전성은 수학자의 작업이 결코 종결될 수 없음을 뜻했다.

/ 보기 2 /

미국의 수학자 코엔은 칸토어의 연속체 가설과 선택 공리라는 잘 알려진 공리가 집합론의 공리계에 대해 결정 불가능한 명제라는 것을 증명했다. 이로써, "산술 체계를 포함하여 모순이 없는 모든 공리계에는 참이지만 증명할 수 없는 명제가 존재하며 또한 그 공리계는 자신의 무모순성을 증명할 수 없다."라는 괴델의 정리는 수학의 가장 기초적인 영역인 집합론 자체 안에서 수학적 확증을 얻게 된다. ① 결정 불가능한 명제, 진리가 끝나기에 수학이 끝나는 지점이 아니라 반대로 진리라는 이름으로 봉인되었던 기존의 체계를 벗어나서 새로운 수학이 시작되는 지점이 되었다. 이런 결정 불가능한 명제는 주어진 공리계 안에서 참임을 증명할 수 없는 명제지만 반대로 거짓임을 증명할 수도 없는 명제다. ② 다시 말해 그 공리계 안에서 반드시 모순을 일으키지 않는 명제다. 따라서 이런 명제를 공리로 채택한다면 그 공리계 안으로 포섭할 수 있다. 모순을 일으키지 않으니 차라리 쉬운 셈이다. 하지만 여기서 중요한 사실을 하나 추가해야만 한다. ③ 이처럼 결정 불가능한 명제를 공리로 추가한다고 그 공리계가 완전한 것이 되지 않는다는 것이다. 새로운 공리계에 대해서도 또다시 결정 불가능한 명제가 있다는 것이 괴델 정리의 또 다른 의미이기 때문이다. ④

203 ㉠~㉣ 중 〈보기〉가 들어가기에 가장 적절한 위치는?
2023 군무원 9급

〈보기〉

공감의 출발은 상대방의 이야기를 경청하면서 상대방의 감정과 느낌이 어떠했을까를 헤아리며 그것을 이해하도록 노력하는 것이다. 그리고 상대방의 입장을 이해한다는 것을 언어적, 비언어적으로 표현하는 것이 중요하다.

㉠ 공감은 상대방의 생각과 느낌을 자신의 생각과 느낌처럼 받아들이고 이해하는 것이다. ㉡ 상대방이 나를 분석하거나 판단하지 않고, 있는 그대로 나의 감정을 이해하고 있다고 느끼게 될 때 사람들은 그 상대방을 나를 이해하는 사람, 나를 알아주는 사람으로 여기게 된다.
판단 기준과 가치관이 다른 사람의 생각과 느낌을 공감을 하면서 이해하는 것은 여간 어려운 일이 아니다. ㉢ 사람은 누구나 자신의 느낌과 생각을 바탕으로 말하고 판단하고 일을 결정하게 되므로, 상대방의 입장을 헤아리고 그의 느낌과 생각을 내가 그렇게 생각하고 느끼는 것처럼 이해하기가 어렵다. ㉣ 상대방의 말투, 표정, 자세를 관찰하면서 그와 같은 관점, 심정, 분위기 또는 태도로 맞추는 것도 공감에 도움이 된다.

① ㉠
② ㉡
③ ㉢
④ ㉣

204 다음 문장이 들어가기에 가장 적절한 곳을 ㉠~㉣에서 고르면?
2022 국가직 9급

신분에 따라 문체를 고착화하는 것을 인정하지 않았던 것이다.

유럽이 교회로부터 정신적으로 해방된 것은 그리스와 로마의 고대 작가들에 대한 재발견을 통해서였다. ㉠ 그 이후 고대 작가들의 문체는 귀족 중심의 유럽 문화에서 모범으로 여겨졌다. ㉡ 이러한 상황은 대략 1770년대에서 시작되는 낭만주의에서부터 변화하기 시작했다. ㉢ 이 낭만주의 시기에 평등과 민주주의를 꿈꿨던 신흥 시민 계급은 문학에서 운문과 영웅적 운명을 귀족에게만 전속시키고 하층민에게는 산문과 우스꽝스러운 상황을 배정하는 전통 시학을 거부했다. ㉣ 고전 문학은 더 이상 문학의 규범이 아니었으며, 문학을 현실의 모방으로 인식하는 태도도 포기되었다.

① ㉠
② ㉡
③ ㉢
④ ㉣

10 개요 작성

풀이 전략
- '문제 – 해결' 또는 '문제 – 원인 – 해결책' 등을 **1:1로 대응**시켜 내용의 적절성을 파악한다.
- 개요의 내용이 〈지침〉 또는 〈조건〉에서 제시한 내용들을 빠짐없이 지키고 있는지 확인한다.

대표 〈지침〉에 따라 〈개요〉를 작성할 때 ㉠~㉣에 들어갈 내용으로 적절하지 않은 것은? 인혁처 1차 예시 문제

지침
- 서론은 중심 소재의 개념 정의와 문제 제기를 1개의 장으로 작성할 것
- 본론은 제목에서 밝힌 내용을 2개의 장으로 구성하되 각 장의 하위 항목끼리 대응되도록 작성할 것
- 결론은 기대 효과와 향후 과제를 1개의 장으로 작성할 것

개요

제목: 복지 사각지대의 발생 원인과 해소 방안

Ⅰ. 서론
 1. 복지 사각지대의 정의
 2. ㉠

Ⅱ. 복지 사각지대의 발생 원인
 1. ㉡
 2. 사회복지 담당 공무원의 인력 부족

Ⅲ. 복지 사각지대의 해소 방안
 1. 사회적 변화를 반영하여 기존 복지 제도의 미비점 보완
 2. ㉢

Ⅳ. 결론
 1. ㉣
 2. 복지 사각지대의 근본적이고 지속가능한 해소 방안 마련

① ㉠: 복지 사각지대의 발생에 따른 사회 문제의 증가
② ㉡: 사회적 변화를 반영하지 못한 기존 복지 제도의 한계
③ ㉢: 사회복지 업무 경감을 통한 공무원 직무 만족도 증대
④ ㉣: 복지 혜택의 범위 확장을 통한 사회 안전망 강화

SOLUTION

해설 〈지침〉에 따라 본론은, 제목인 '복지 사각지대의 발생 원인과 해소 방안'에 대한 내용을 각 장의 하위 항목끼리 대응되도록 작성해야 한다. 따라서 ㉢에는 Ⅱ-2. '사회복지 담당 공무원의 인력 부족'을 해소하는 방안이 들어가야 한다. 그런데 공무원의 직무 만족도를 증대하는 내용은 인력 부족 문제를 해소하는 방안이 아니므로 ㉢에 들어갈 내용으로 적절하지 않다.

정답률 89% **정답** ③

205 〈개요〉의 빈칸에 들어갈 내용으로 적절하지 않은 것은?
2025 국가직 9급

┌─ 개요 ─┐

제목: 청소년 아르바이트의 실태와 노동 문제 개선 방안

Ⅰ. 청소년 아르바이트의 실태
  1. 열악한 노동 환경 및 복지 혜택 부족
  2. 임금 체불 및 최저 임금제 위반
  3. 사업장 내의 빈번한 폭언 및 폭행 발생

Ⅱ. 청소년 아르바이트의 노동 문제 발생 원인
  1. 청소년의 노동 환경에 대한 실효성 있는 제도 부족
  2. 노동 관계법에 관한 청소년 고용 업주의 인식 부족
  3. 청소년 노동자의 인권을 존중하지 않는 사회의 통념

Ⅲ. 청소년 아르바이트의 노동 문제 개선 방안
  [   ]

① 청소년의 노동 환경 개선을 위한 제도 정비
② 청소년 고용 업주에 대한 노동 관계법 교육과 지도 확대
③ 청소년 노동자의 인권 보호를 위한 사회적 교육 기관 설립
④ 청소년 고용 업체 규모 축소를 위한 정부의 지속적인 감독과 단속

SOLUTION

[해설] 제시된 개요는 실태와 원인의 하위 항목들이 인과 관계로 연결되어 있다. 즉 Ⅰ-1~3과 Ⅱ-1~3은 각 하위 항목이 일대일로 대응하고 있다. 그런데 '청소년 고용 업체 규모 축소를 위한 정부의 감독과 단속'을 개선 방안으로 이끌어 낼 수 있는 실태와 문제 발생 원인은 제시문에 나오지 않는다.

[오답 풀이] ① '청소년 아르바이트 실태'는 청소년 아르바이트의 노동 문제에 해당한다. 이러한 노동 문제를 발생시키는 원인을 해소하는 방안이 빈칸에 들어가야 한다. 따라서 노동 환경 개선을 위한 제도 정비는 Ⅱ-1을 개선할 방안이므로 적절하다.
② 청소년 고용 업주에 대한 노동 관계법 교육과 지도를 확대하는 것은 Ⅱ-2를 개선할 방안이므로 적절하다.
③ 청소년 노동자의 인권을 보호하기 위한 사회적 교육 기관을 설립하는 것은 Ⅱ-3을 개선할 방안이므로 적절하다.

정답률 94% **정답** ④

206 〈지침〉에 따라 〈개요〉를 작성할 때 ㉠~㉣에 들어갈 내용으로 적절하지 않은 것은?
2025 지방직 9급

┌─ 지침 ─┐
- 서론은 보고서 작성의 배경과 필요성을 포함할 것
- 본론은 제목에서 밝힌 내용을 2개의 장으로 구성하되, 2장의 하위 항목이 3장의 하위 항목과 서로 대응하도록 할 것
- 결론은 기대 효과와 향후 과제를 순서대로 제시할 것

┌─ 개요 ─┐

제목: 국내 방송 산업의 친환경 제작 현황과 그 확산을 위한 정책 지원 방안

1장 서론
  1. 환경 위기에 대응하기 위한 해외 방송 산업의 정책 변화
  2. [㉠]

2장 국내 방송 산업의 친환경 제작 현황
  1. [㉡]
  2. 국내 친환경 방송 제작 관련 전문 인력 부재

3장 국내 방송 산업의 친환경 제작 확산을 위한 정책 지원 방안
  1. 국내 방송 산업의 특성을 반영한 친환경 제작 지침의 마련
  2. [㉢]

4장 결론
  1. [㉣]
  2. 현장 적용을 위한 정책 실행의 단계적 평가 및 개선

① ㉠: 국내 방송 산업의 친환경 제작 전략의 필요성
② ㉡: 국내 방송 산업 내 친환경 제작을 위한 지침 부재
③ ㉢: 국내 친환경 방송 제작 관련 전문 인력 채용의 제도화
④ ㉣: 친환경 방송 제작을 위한 세부 지침과 인력 채용 방안 제시

SOLUTION

[해설] 〈지침〉에 따라 4장-2에 향후 과제가 제시되었으므로, ㉣에는 기대 효과가 들어가야 한다. 그런데 '친환경 방송 제작을 위한 세부 지침과 인력 채용 방안 제시'는 국내 방송 산업의 친환경 제작 확산을 위한 정책 지원 방안이지, 기대 효과가 아니다. 따라서 ㉣에 들어갈 내용으로 적절하지 않다.

[오답 풀이] ① 1장-1에 보고서 작성의 배경이 나오므로, ㉠에는 보고서 작성의 필요성이 들어가야 한다. 따라서 '국내 방송 산업의 친환경 제작 전략의 필요성'은 ㉠에 들어갈 내용으로 적절하다.
② 〈지침〉에 따라 ㉡은 3장-1과 대응한다. 국내 방송 산업의 특성을 반영한 친환경 제작 지침의 마련이 지원 방안일 수 있는 이유는, 그러한 지침이 없기 때문이다. 따라서 '국내 방송 산업 내 친환경 제작을 위한 지침 부재'는 ㉡에 들어갈 내용으로 적절하다.
③ 〈지침〉에 따라 ㉢은 2장-2와 대응한다. 국내 친환경 방송 제작 관련 전문 인력이 부재한 상황은 그러한 전문 인력을 채용함으로써 해결될 수 있다. 따라서 '국내 친환경 방송 제작 관련 전문 인력 채용의 제도화'는 ㉢에 들어갈 내용으로 적절하다.

정답률 85% **정답** ④

207 ㉠~㉣에 들어갈 말로 적절하지 않은 것은? 2024 지방직 7급

제목: 소음 공해의 문제점 및 개선 방안

Ⅰ. ㉠
Ⅱ. ㉡
  1. 교통 소음
  2. 산업 소음
  3. 생활 소음
  4. 기타
Ⅲ. ㉢
  1. 수면 장애로 인한 건강 악화
  2. 청력 손상 및 난청 유발
  3. 생활 및 학습 환경 조성 불가
  4. 사회적 갈등 야기
Ⅳ. 소음 공해의 개선 방안
  1. 개인 차원의 개선 방안
  2. 지역 사회 차원의 개선 방안
  3. ㉣

① ㉠: 소음 공해의 개념과 심각성
② ㉡: 원인에 따른 소음 공해의 유형
③ ㉢: 소음 공해가 신체에 미치는 영향
④ ㉣: 정부 차원의 개선 방안

[해설] '소음 공해가 신체에 미치는 영향'은 Ⅲ의 하위 항목 중 1, 2만 포괄하므로 ㉢에 들어갈 말로 적절하지 않다. ㉢에는 제목인 '소음 공해의 문제점 및 개선 방안'을 반영한 '소음 공해의 문제점'이 들어가야 적절하다.

[오답 풀이] ① Ⅰ은 서론에 해당하므로, ㉠에는 제목을 반영한 '소음 공해의 개념과 심각성'이 들어가야 적절하다.
② Ⅱ에는 소음 공해를 일으키는 원인과 유형이 하위 항목으로 나와 있으므로, ㉡에 '원인에 따른 소음 공해의 유형'이 들어가는 것은 적절하다.
④ Ⅳ의 1과 2는 각각 Ⅲ의 1, 2와 3에 대한 개선 방안이다. 따라서 ㉣에는 'Ⅲ-4. 사회적 갈등 야기'의 개선 방안인 '정부 차원의 개선 방안'이 들어가야 적절하다.

정답 ③

208 ㉠~㉣에 들어갈 말로 적절하지 않은 것은? 2021 지방직 7급

제목: ○○ 청소기 관련 고객 만족도 제고 방안

Ⅰ. 고객 불만 현황
  1. ㉠
  2. 인터넷 고객 문의 접수 및 처리 지연
Ⅱ. ㉡
  1. 해외 공장에서 제작한 모터 품질 불량
  2. 인터넷 고객 지원 서비스 시스템의 잦은 오류
Ⅲ. ㉢
  1. 동종 제품 전량 회수 후 수리 또는 신제품으로 교환
  2. 고객 지원 서비스 시스템 최신화 및 관리 인력 충원
Ⅳ. ㉣
  1. 제품에 대한 고객 민원 해결 및 회사 이미지 제고
  2. 품질 결함 최소화를 위한 품질 관리 체계의 개선 방향

① ㉠: 소음 과다 및 흡입력 미흡
② ㉡: 고객 불만 발생의 원인
③ ㉢: 고객 지원 센터의 지원 인력 부족
④ ㉣: 기대 효과와 향후 과제

[해설] ㉢의 하위 항목인 Ⅲ-1과 Ⅲ-2는 각각 Ⅱ-1과 Ⅱ-2를 해결하는 구체적 방안이다. 따라서 ㉢에는 '고객 불만의 해소 방안', '○○ 청소기 관련 문제의 해결 방안' 정도가 들어가야 적절하다. '고객 지원 센터의 지원 인력 부족'은 'Ⅰ-2. 인터넷 고객 문의 접수 및 처리 지연'의 원인 중 하나이므로, Ⅱ의 하위 항목에 들어가는 것이 적절하다.

[오답 풀이] ① ㉠의 상위 항목은 ○○ 청소기 관련 고객의 불만 현황이다. '소음 과다 및 흡입력 미흡'은 'Ⅱ-1'의 청소기 '모터 품질 불량'으로 발생할 수 있는 고객들의 불만 사항에 해당하므로 ㉠에 들어갈 수 있다.
② 'Ⅰ-2. 인터넷 고객 문의 접수 및 처리 지연'과, 'Ⅱ-2. 인터넷 고객 지원 서비스 시스템의 잦은 오류'라는 두 항목이 결과와 원인으로 대응되고 있으므로 ㉡에는 '고객 불만 발생의 원인'이 들어가야 적절하다.
④ ㉣에는 하위 항목인 'Ⅳ-1'과 'Ⅳ-2'를 포괄하는 내용이 들어가야 한다. Ⅳ-1은 문제를 해결했을 때의 기대 효과에 해당하고 Ⅳ-2는 향후 과제에 해당하므로 ㉣에는 '기대 효과와 향후 과제'가 들어가는 것이 적절하다.

정답률 93% **정답 ③**

209 ㉠~㉣에 들어갈 내용으로 적절하지 않은 것은?

2020 지방직 7급

제목: 인터넷 범죄 증가의 원인

1. 국가적 측면: [㉠] 때문에 인터넷 범죄를 처벌하는 관련 규정이 신속하게 제정되지 않는다.

2. 개인적 측면
   (1) [㉡] 때문에 개인 컴퓨터의 백신 프로그램 설치가 미흡하다.
   (2) [㉢] 때문에 인터넷상에서 개인 신상 정보 취급이 소홀하게 다루어진다.

3. 기술적 측면: [㉣] 때문에 컴퓨터 보안 프로그램 개발이 미흡하다.

---

① ㉠: 인터넷 범죄 처벌 규정의 제정 과정이 지나치게 복잡하기
② ㉡: 인터넷 사용 시 백신 프로그램을 중요하게 생각하지 않기
③ ㉢: 자신의 개인 정보는 범죄에 이용되지 않을 것이라고 안이하게 생각하기
④ ㉣: 컴퓨터 판매량을 늘리기 위한 인프라가 제대로 구축되어 있지 않기

---

210 다음은 '도농(都農) 교류 활성화 방안'을 주제로 하는 보고서의 개요이다. 〈보기〉의 내용을 고려할 때, ㉠~㉣ 중 가장 적절한 것은?

2008 국가공무원 5급 PSAT 변형

/ 보기 /
• 본론 Ⅰ을 바탕으로 본론 Ⅱ의 항목들을 구성할 것
• 본론 Ⅰ의 내용 순서에 맞춰서 이에 대응하는 본론 Ⅱ의 내용을 제시할 것

---

1. 서론: 도농 교류 제도의 현황과 필요성

2. 본론 Ⅰ: 현재 실시되고 있는 도농 교류 제도의 문제점
   (1) 소규모의 일회성 사업 난립
   (2) 지속적이고 안정적인 농림부 예산 확보 미비
   (3) 농림부 내 일원화된 추진 체계 미흡
   (4) 도시민들의 농촌에 대한 부정적 인식

3. 본론 Ⅱ: 도농 교류 활성화를 위한 추진 과제
   (1) [㉠]
   (2) [㉡]
   (3) [㉢]
   (4) [㉣]

4. 결론

---

① ㉠: 개별 도농 교류 사업 추진 건수에 따른 지방 교부금 배정
② ㉡: 지역별 브랜드화 전략을 통한 농촌 이미지 제고
③ ㉢: 도농 교류 책임 기관으로서 농림부 직속의 도농 교류 센터 신설
④ ㉣: 농촌 기초 지자체와 대도시 자치구의 연계 사업을 위한 장기적 정책 지원금 확보

글의 전개 방식

풀이 전략
- 정의, 대조, 비교, 유추, 분류, 분석 등 **글의 전개 방식에 대한 개념**을 익힌다.
- 분류와 분석, 비교와 유추 등의 전개 방식이 지닌 차이점을 정확히 이해한다.

대표 다음 글에 사용된 주된 전개 방식이 나타난 것은? 2015 민경채 PSAT 변형

> 시간에 따라 변화하는 이동 통신의 품질을 극복하기 위해 개발된 것이 A 기술이다. 이 기술을 사용하면 하나의 송신기로부터 전송된 하나의 신호가 다중 경로를 통해 안테나에 수신된다. 이때 안테나에 수신된 신호들 중 일부 경로를 통해 수신된 신호의 크기가 작더라도 나머지 다른 경로를 통해 수신된 신호의 크기가 크면 수신된 신호들 중 가장 큰 것을 선택하여 안정적인 송수신을 이루려는 것이 A 기술이다. A 기술은 마치 한 종류의 액체를 여러 배수관에 동시에 흘려보내 가장 빨리 나오는 배수관의 액체를 선택하는 것과 같다. 여기서 액체는 신호에 해당하고, 배수관은 경로에 해당한다.

① 설날 아침 햇살이 행궁 지붕에 닿으면 골기와에 덮인 눈이 부풀어 보였다. 흰 봉우리들을 스쳐 오는 햇살에는 푸른 기가 돌았다. 달 없는 밤의 어둠 속에서 보이지 않던 성벽은 아침마다 세상으로 끌려나오듯 빛과 어둠의 경계를 따라서 능선 위로 드러났다.

② 고대 그리스 로마 사람들은, 사람은 '말'을 함으로써 사람다운 존재가 된다고 믿었다. 이런 점에서 글 또한 사람을 사람답게 만들어 주는 도구라 할 수 있다.

③ 해외 오리지널 뮤지컬의 한국어 공연 라이선스는 일반적으로 논레플리카와 레플리카 방식으로 나뉜다. 전자는 원작자로부터 가대본과 오케스트라 혹은 음악에 대한 사용권을 허락받고, 이를 바탕으로 공연에 필요한 제반 요소를 자체적으로 창작하는 방식이다. 후자는 한국어로 번안한 대본을 제외한 모든 공연의 요소를 오리지널 뮤지컬과 동일하게 제작하는 방식이다.

④ 식물 생활의 근본이 되는 땅이 흙과 물이 합한 것이듯이, 인간 생활의 근거가 되는 사실은 인생적인 면과 역사적인 면 둘로 되어 있다. 물 없는 흙이 없고 흙을 떠난 물이 없듯이, 역사 없는 인생도 없고 인생을 내놓은 역사도 없다.

SOLUTION

해설 A 기술의 원리를 배수관에 흘려보낸 액체를 선택하는 일에서 유추하여 설명하고 있다. ④ 역시 인간 생활을 식물 생활에서 유추하여 설명하고 있다.

오답 풀이 ① 묘사 ② 비교 ③ 분류(구분), 정의, 대조

정답 ④

211 다음 글에 사용된 설명 방법으로 가장 적절한 것은?

2025 군무원 9급

> 설날의 대표적인 세시 풍속으로 차례를 들 수 있다. 각 가정에서는 아침 일찍 제사상에 설음식을 두루 갖추어 놓고 차례를 지낸다.

① 정의
② 예시
③ 분류
④ 비교

SOLUTION

[해설] 설날의 대표적인 세시 풍속의 예로 '차례'를 들어 설명하고 있으므로, 예시의 방식이 사용되었다.

정답률 88% | 정답 ②

보충자료 — 글의 전개 방식

서사	사건의 진행 과정이나 움직임, 변화를 시간의 흐름에 따라 진술하는 방법
과정	어떠한 결말이나 결과를 야기하는 일련의 변화, 작용 등에 초점을 두어 설명하는 방법
인과	어떤 결과를 가져오게 한 힘과 결과를 중심으로 설명하는 방법
정의	단어의 의미를 명확히 하여 개념을 한정하는 것
예시	세부적인 예를 들어 일반적이고 추상적인 진술을 구체화하는 설명 방법
비교	둘 이상의 사물을 공통되는 성질이나 유사성을 중심으로 설명하는 방법
대조	둘 이상의 사물의 특성을 차이점을 들어 설명하는 방법
분류	어떤 대상들이나 생각들을 공통적인 특성에 근거하여 묶거나 나누는 것
분석	어떤 대상을 구성 요소나 부분으로 나누어 각 부분들의 관계를 설명하는 방법
유추	생소한 개념이나 복잡한 주제를 보다 친숙하고 단순한 것과 비교하여 설명하는 방법

212 다음 글의 글쓰기 방식에 대한 설명으로 가장 적절한 것은?

2024 지방직 9급

> 인간을 움직이게 하는 두 축은 당근과 채찍, 즉 보상과 처벌이다. 우리가 의욕을 갖는 것은 당근 때문이다. 채찍을 피하기 위해서 살아가는 것도 한 방법일 테지만, 그건 너무 가혹할 것이다. 가끔이라도 웃음을 주고 피로를 풀어 주는 당근, 즉 긍정적 보상물이 있기에 고단한 일상을 감수한다. 어떤 부모에게는 아이가 꾹꾹 눌러 쓴 "엄마 아빠, 사랑해요."라는 카드가 당근이다. 어떤 직장인에게는 주말마다 떠나는 여행이 당근이다.

① 예시를 사용하여 독자의 이해를 돕고 있다.
② 전문가의 의견을 인용하여 글의 신뢰성을 높이고 있다.
③ 묻고 답하는 형식을 사용해 독자의 관심을 끌고 있다.
④ 비유를 사용하여 문제의 심각성을 강조하고 있다.

SOLUTION

[해설] 인간을 움직이게 두 축인 '보상과 처벌'을 설명하고 있다. 마지막 부분인 '어떤 부모에게는 아이가 ~ 여행이 당근이다'에서 인간에게 의욕을 주는 긍정적 보상물에 대한 구체적 사례를 제시하고 있다.

[오답 풀이] ②·③ '전문가의 의견', '묻고 답하는 형식'은 제시문에 나오지 않는다.
④ 인간을 움직이게 하는 두 축인 보상과 처벌을 각각 '당근'과 '채찍'에 비유하고 있다. 하지만 이를 통해 문제의 심각성을 강조하고 있지는 않다.

정답률 93% | 정답 ①

213 다음 글의 논지 전개 방식에 대한 설명으로 적절한 것은?

2024 지방직 7급

> 과학에는 사물의 근본적 원리라고 하는 의미가 강하게 내포되어 있다. 세상에 우연이란 없고 개개의 사건들을 관통하여 지배하는 원리가 있기 마련이라는 세계관이 자리 잡고 있는 것이다. 그러한 원리는 법칙 혹은 이론이라는 형태로 표현되며, 복잡해 보이는 세상사도 그러한 법칙과 이론을 깨닫고 나면 더 이상 거칠 것 없이 통달한 상태가 된다고 보는 것이다. 기술은 과학보다는 하위의 지적 상태를 지칭하는 의미가 꽤 강하다. 기술은 유용한 것이긴 하지만 과학이라고 부를 정도의 근본적인 원리에까지는 도달하지 못한 것들을 나타낸다. 과학 지상주의의 입장에서 보자면 기술이 과학보다 하위인 이유는 과학은 자신의 내적인 논리를 따르는 반면 기술은 실제적인 응용을 염두에 두는 것이기 때문이다. 쓸모가 있어야 한다는 전제가 있기에 열등한 상태라는 것이다.

① 비슷한 것에 빗대어 개념을 제시하고 있다.
② 둘 이상의 대상을 차이점을 중심으로 설명하고 있다.
③ 구체적 대상의 모습을 그림 그리듯이 서술하고 있다.
④ 어떤 말이나 사물의 뜻을 명백히 밝혀 규정하고 있다.

214 다음 글 중에서 유추(類推)를 통해 주제문을 구체화하고 있는 것은?

2024 군무원 7급

① 음악은 인간의 행동을 지배하는 힘을 가졌다. 전제적인 왕정에 반대하기 위하여 일어선 파리의 시민들이, '라 마르세예즈'의 노래를 부르며 총검을 향하여 돌진한 사실을 보더라도, 음악이 얼마나 큰 힘을 지녔는지를 알 수 있다.

② 학문을 하는 목적과 방식의 응용이 사람마다 다르다. 학문을 하는 목적이 진리를 추구하는 그 자체에 있을 수 있고, 또한 진리를 추구함으로써 자기 개인이나 자기 민족이나 나아가 인류 전체에 공헌하려는 데에 있을 수도 있다.

③ 예술은 공간 예술과 시간 예술로 나눌 수 있다. 공간 예술은 작품이 일정한 공간을 통해 표현되어 정지된 모습으로 존재하는 것들이고, 시간 예술은 시간적 흐름 속에서 앞부분이 사라지고 뒷부분이 나타나는 연속적 흐름으로 실현되는 것이다.

④ 전달하고자 하는 정보가 무엇인가에 따라 글의 형식도 달라져야 한다. 운동을 하는 데는 평상복보다 체육복을 입는 것이 편안하다. 또한 아무리 훌륭한 야구 선수라 해도, 아이스하키 선수처럼 옷을 입고 스케이트를 신는다면 제 기량을 발휘할 수 없을 것이다.

SOLUTION

해설 과학은 사물의 근본적 원리이며, 과학의 법칙과 이론을 깨닫고 나면 통달한 상태가 되는 반면, 기술은 과학과 달리 실제적인 응용을 염두에 두기 때문에 과학보다는 하위의 지적 상태를 지칭한다는 것이 제시문의 내용이다. 따라서 과학과 기술이라는 대상들의 차이점을 중심으로 설명한다는 것이 제시문의 논지 전개 방식으로 적절하다.

오답 풀이 ①·③·④ 모두 제시문에 나오지 않는 전개 방식이다.

정답 ②

SOLUTION

해설 유추는 서로 다른 범주에 속하는 사물 간의 유사성을 통해 주어진 대상을 추리하는 전개 방식이다. ④에서는 운동에 따라 입는 옷도 달라져야 한다는 데에서 유추하여 전달하는 정보에 따라 글의 형식도 달라져야 한다는 주제를 구체화하고 있다.

오답 풀이 ① 노래를 부르며 전제 왕정에 반대한 파리 시민들의 사례를 통해 '음악은 인간의 행동을 지배하는 힘을 가졌다'라는 주제를 구체화하고 있다.
② 학문 목적의 다양성을 사례로 들어 뒷받침하고 있다.
③ 예술을 공간 예술과 시간 예술로 구분(분류)하고, 공간 예술과 시간 예술의 개념을 대조하여 설명하고 있다.

정답 ④

215 다음 글의 전개 방식에 대한 설명으로 적절한 것은?

2021 국회직 8급

부여의 정월 영고, 고구려의 10월 동맹, 동예의 10월 무천 등은 모두 하늘에 제사를 지내고, 나라 안 사람들이 모두 모여서 음주 가무를 하였던 일종의 공동 의례였다. 이것은 상고 시대 부족들의 종교·예술 생활이 담겨 있는 제정일치의 표현이라고 볼 수 있다. 제천 행사는 힘든 농사일과 휴식의 관계 속에서 형성된 농경 사회의 풍속이다. 씨뿌리기가 끝나는 5월과 추수가 끝난 10월에 각각 하늘에 제사를 지냈는데, 이때는 온 나라 사람이 춤추고 노래 부르며 즐겼다. 농사일로 쌓인 심신의 피로를 풀며 모든 사람들이 마음껏 즐겼던 일종의 공동체적 축제이자 동시에 풍년을 기원하고 추수를 감사하는 의식이었던 것이다.

이러한 고대의 축제는 국가적 공의(公儀)와 민간인들의 마을굿으로 나뉘어 전해 내려오게 되었다. 이것은 사졸들의 위령제였던 신라의 '팔관회'를 거쳐 고려조에서는 일종의 추수 감사제 성격의 공동체 신앙으로 10월에 개최된 '팔관회'와, 새해 농사의 풍년을 기원하는 성격으로 정월 보름에 향촌 사회를 중심으로 향촌 구성원을 결속시켰던 '연등회'라는 두 개의 형식으로 구분되어서 전해 내려오게 되었다. 팔관회는 지배 계층의 결속을 강화하는 역할을 하였고, 연등회는 농경의례적인 성격의 종교 집단 행사였다고 볼 수 있다. 오늘날의 한가위 추석도 이런 제천 의식에서 그 유래를 찾을 수 있다.

조선조에서는 연등회나 팔관회가 사라지고 중국의 영향을 받아 산대잡극이 성행했다. 즉 광대줄 타기, 곡예, 재담, 음악 등이 연주되었다. 즉 공연자와 관람자가 분명히 구분되었고, 직접 연행을 벌이는 사람들의 사회적 지위는 그들을 관람하는 사람들보다 낮은 것으로 평가되었다. 그러나 민간 차원에서는 마을굿이나 두레가 축제적 고유 성격을 유지하였다. 즉 도당굿, 별신굿, 단오굿, 동제 등이 지역민을 묶어 주는 역할을 하였다는 것이다.

① 두 개념의 장단점을 비교하여 서술하고 있다.
② 시대별로 비판을 제시하며 대안을 서술하고 있다.
③ 다양한 사례를 제시하여 개념을 정당화하고 있다.
④ 두 개의 이론을 제시하고 새로운 이론을 도출하고 있다.
⑤ 시대별로 중심 화제의 성격 변화를 서술하고 있다.

216 ⊙과 ⓒ에 대한 진술 방식으로 적절하지 않은 것은?

2020 지방직 7급

⊙ 예술의 본질은 무엇인가를 표현하는 것이다. 이 말은 예술이 ⓒ 과학과 마찬가지로 일종의 설명적 기능을 하고 있다는 것이다. 예술가는 자신의 언어를 통해서 대상에 대한 자신의 생각이나 느낌을 전달한다. 특히 낭만적인 예술가들은 예술의 기능을 본질적으로 표현에 있다고 보고, 예술의 기능이 과학의 기능과 질적으로 다르지 않다고 하였다. 과학이나 예술은 다 같이 우리들이 경험하고 있는 사물 현상에 질서를 주는 방법이라는 것이다. 과학이나 예술의 목적이 진리를 밝히는 데 있으며, 그들의 언어가 갖는 의미는 그 언어가 가리키는 지시 대상에서 찾아진다는 것이다.

그러나 예술의 언어가 과학의 언어처럼 지시적 기능을 갖고 있다는 사실은 예술에 대한 오해에서 비롯된 것이다. 다빈치의 <모나리자>는 모나리자라는 여인을 모델로 했다고 하더라도, 그러한 인물을 지시하고 표현했기 때문에 예술이 되는 것은 아니다. 이 예술 작품은 실재 인물과 상관없이 표현의 결과물로서 존재한다. 이처럼 예술 작품은 의미를 갖는 언어 뭉치로서 존재하는 것이다. 예술이 '말할 수 없는 것을 말하는 것'이라는 견해도 여기에서 비롯된다.

① ⊙에 대한 예시를 들고 있다.
② ⊙에 대한 개념을 밝히고 있다.
③ ⊙과 ⓒ의 공통점을 기술하고 있다.
④ ⊙과 ⓒ을 인과적으로 분석하고 있다.

12 화법

풀이 전략
- 근거 제시, 반박, 일부 인정, 화제 전환 등의 말하기 방식을 묻는 문제가 자주 출제된다.
- 내용 일치 유형과 말하기 방식을 혼합해서 물어보는 경우, 대화 내용까지 꼼꼼하게 파악한다.

대표 다음 대화를 분석한 내용으로 가장 적절한 것은?

인혁처 1차 예시 문제

갑: 전염병이 창궐했을 때 마스크를 착용하는 것은 당연한 일인데, 그것을 거부하는 사람이 있다니 도대체 이해가 안 돼.
을: 마스크 착용을 거부하는 사람들을 무조건 비난하지 말고 먼저 왜 그러는지 정확하게 이유를 파악하는 것이 필요해.
병: 그 사람들은 개인의 자유가 가장 존중받아야 하는 기본권이라고 생각하기 때문일 거야.
갑: 개인의 자유로운 선택이 타인의 생명을 위협한다면 기본권이라 하더라도 제한하는 것이 보편적 상식 아닐까?
병: 맞아. 개인이 모여 공동체를 이루는데 나의 자유만을 고집하면 결국 사회는 극단적 이기주의에 빠져 붕괴하고 말 거야.
을: 마스크를 쓰지 않는 행위를 윤리적 차원에서만 접근하지 말고, 문화적 차원에서도 고려할 필요가 있어. 어떤 사회에서는 얼굴을 가리는 것이 범죄자의 징표로 인식되기도 해.

① 화제에 대해 남들과 다른 측면에서 탐색하는 사람이 있다.
② 자신의 의견이 반박되자 질문을 던져 화제를 전환하는 사람이 있다.
③ 대화가 진행되면서 논점에 대한 찬반 입장이 바뀌는 사람이 있다.
④ 사례의 공통점을 종합하여 자신의 주장을 강화하는 사람이 있다.

✓ SOLUTION

해설 감염병 예방을 위한 마스크 착용을 윤리적 차원으로 바라본 갑, 병과 달리 을은 '마스크를 쓰지 않는 행위를 ~ 문화적 차원에서도 고려할 필요가 있어'에서 문화적 측면에서 탐색하고 있다.

오답 풀이 ② 갑이 전염병 예방을 위한 마스크 착용을 거부한 사람을 비판하자, 을은 '무조건 비난하지 말고'라며 반박하고 있다. 그러자 갑은 "개인의 자유로운 ~ 보편적 상식 아닐까?"에서 질문의 형식을 통해 자신의 견해를 다시 강조하고 있다. 하지만 '마스크를 쓰지 않는 행위'라는 화제를 전환하고 있지는 않다.
③ 갑, 을, 병은 전염병이 창궐했을 때 마스크를 쓰지 않는 행위에 관한 각자의 입장을 고수하고 있다. 찬반 입장을 바꾸는 사람은 없다.
④ '어떤 사회에서는 ~ 인식되기도 해'에서 을은 마스크 착용을 문화적 차원으로 바라본 사례를 제시하여 '마스크 착용을 거부하는 사람들을 무조건 비난할 수는 없다'라는 자신의 주장을 강화하고 있다. 그러나 사례의 공통점을 종합하고 있지는 않다.

정답률 63% **정답** ①

217 다음 대화를 분석한 내용으로 적절하지 않은 것은?

2025 국가직 9급

> 보은: 기차가 달리고 있는 선로에 다섯 명의 인부가 일하고 있고, 그들에게 그 기차를 피할 시간적 여유는 없어. 그런데 스위치를 눌러서 선로를 변경하면 다섯 명의 인부 대신 다른 선로에 있는 한 사람이 죽게 돼. 이 선택의 딜레마 상황에서 너희들은 어떻게 할 거야?
> 소현: 이런 경우엔 행위에 따른 결과가 선택의 기준이 된다고 생각해. 그래서 나는 스위치를 눌러서 한 명이 죽더라도 다섯 명을 살리는 선택을 할 거야. 그건 결과적으로 봤을 때 불가피한 조치 아니겠어?
> 은주: 글쎄, 행위에 따른 결과보다 행위 자체의 도덕성을 기준에 두어야 하는 거 아니야? 행위 자체의 도덕성을 따진다면, 스위치를 눌러서 사람을 '죽이는 것'과 아무것도 하지 않고 '죽게 내버려 두는 것' 중에 당연히 살인에 해당하는 전자가 더 나쁘지.
> 보은: 나도 그렇게 생각해. 스위치를 누르면 살인이고, 누르지 않으면 방관일 텐데, 법적인 측면에서 보더라도 전자는 후자보다 무겁게 처벌되잖아. 게다가 생명의 가치는 수량화할 수 없으니 한 사람보다 다섯 사람이 가지는 생명의 가치가 더 크다고 말할 수 없어.
> 영민: 생명의 가치를 수량화할 수 없다는 데 원론적으로는 나도 동의해. 하지만 지금처럼 불가피한 선택의 상황에서 무엇보다 우선해야 할 것은 명확한 기준을 세우는 일이야. 나는 이 상황에서 어떻게 하면 죽는 사람의 수를 최소화하는가가 그 기준이 되어야 한다고 생각해.

① 스위치를 누르는 일을 살인으로 본다는 점에 대해 은주는 보은과 견해를 같이한다.
② 생명의 가치를 수량화할 수 없다는 점에 대해 영민은 원론적으로는 보은과 견해를 같이한다.
③ 선택의 딜레마 상황에서 소현은 행위에 따른 결과를, 은주는 행위 자체의 도덕성을 선택의 기준으로 삼는다.
④ 인명 피해가 불가피한 선택의 상황에 놓인다면, 영민은 죽는 사람의 수를 최소화하는 선택을 하고, 소현은 그렇게 하지 않는다.

SOLUTION

[해설] 영민은 불가피한 선택 상황에서 '죽는 사람의 수를 최소화'하는 것이 그 선택의 기준이라고 주장한다. 또한 소현도 '한 명이 죽더라도 다섯 명을 살리는 선택'을 할 거라고 주장한다. 이는 소현도 영민과 같이 죽는 사람의 수를 최소화하는 선택을 한 것이다.

[오답풀이] ① 은주는 스위치를 눌러서 사람을 '죽이는 것'이 살인에 해당하므로 아무것도 하지 않고 '죽게 내버려 두는 것'보다 나쁘다고 주장한다. 보은 또한 여기에 동의하며, 스위치를 누르면 살인이라고 주장한다.
② 보은이 '생명의 가치는 수량화할 수 없으니~'라고 한 것에 대해 영민이 생명의 가치를 수량화할 수 없다는 데 원론적으로는 동의한다고 말한 데에서 알 수 있다.
③ 선로 위의 다섯 명을 구하는 것과 스위치를 눌러 다른 선로의 한 사람을 죽이는 선택적 딜레마 상황에서 소현은 '행위에 따른 결과가 선택의 기준이 된다'라고 말하고 있다. 반면 은주는 '행위 자체의 도덕성을 기준에 두어야 옳다고 말하고 있다.

정답률 91% 정답 ④

218 〈보기〉의 내용을 분석한 것으로 적절하지 않은 것은?

2025 서울시 기술직

> / 보기 /
> ㉠ 사회자: 우리나라의 교통 체증 문제는 매우 심각합니다. 이 문제에 대한 해결 방안을 마련하고자 여러 분야의 권위자를 모셨습니다. 각자 의견을 말해 주십시오.
> ㉡ 김 국장: 교통 체증은 자동차가 너무 많아서 발생합니다. 승용차 십부제와 같은 방법을 생각해 볼 수 있습니다.
> ㉢ 윤 사장: 돈이 많은 회사는 번호판이 다른 차를 하나 더 구입하면 되겠지만 영세한 사업가들이 하루 동안 차량 운행을 못한다면 매우 큰 손실이 발생합니다.
> ㉣ 사회자: 두 가지 의견을 조금 조정하면 어떻습니까? 예를 들어 승용차 십부제 운행에서 상업용은 제외한다든지 하는 식으로 말입니다.

① ㉠에서 사회자는 교통 체증 해결 방안이라는 토의 과제를 설명한다.
② ㉡에서 김 국장은 승용차 십부제를 실시하자는 주장을 한다.
③ ㉢에서 윤 사장은 상대의 의견에 반대하고 다른 해결 방안을 제시한다.
④ ㉣에서 사회자는 현안에 대한 조정안을 제안한다.

SOLUTION

[해설] 김 국장이 교통 체증 문제를 해결하기 위해 승용차 십부제를 언급하자, ㉢에서 윤 사장은 이 방법의 문제점을 말하고 있다. 즉 윤 사장이 상대 의견에 반대하면서 다른 해결 방안을 제시한 것은 아니다.

[오답풀이] ④ 사회자가 김 국장과 윤 사장의 의견을 조정하여 승용차 십부제 운행에서 상업용은 제외하는 방안을 제안하는 데서 알 수 있다.

정답 ③

219 진행자의 말하기 방식에 대한 설명으로 적절하지 않은 것은?

2024 국가직 9급

> 진행자: 우리 시에서도 다음 달부터 시내 도심부에서의 제한 속도를 조정하기로 했습니다. 이와 관련하여, 강□□ 교수님 모시고 말씀 듣겠습니다. 교수님, 안녕하세요?
> 강 교수: 네, 안녕하세요?
> 진행자: 바뀌는 제도의 내용을 좀 더 구체적으로 설명해 주시죠.
> 강 교수: 네, 시내 도심부 간선 도로에서의 제한 속도를 기존의 70km/h에서 60km/h로 낮추는 정책입니다.
> 진행자: 시의회에서 이 정책 도입에 중요한 역할을 하신 것으로 아는데, 어떤 효과를 얻을 것이라고 주장하셨나요?
> 강 교수: 차량 간 교통사고 발생 가능성을 줄이고 보행자 안전을 확보할 수 있다고 했습니다.
> 진행자: 그런데 일각에서는 그런 효과는 미미하고 오히려 교통 체증을 유발하여 대기 오염이 심화될 것이라며 이 정책에 반대합니다. 이에 대해 말씀해 주시겠어요?
> 강 교수: 그렇지 않습니다. ○○시가 작년에 7개 구간을 대상으로 이 제도를 시험 적용해 보니, 차가 막히는 시간은 2분 정도밖에 증가하지 않았습니다. 그런데 중상 이상의 인명 사고는 26.2% 감소했습니다. 또 이산화 질소와 미세 먼지 같은 오염 물질도 각각 28%, 21%가량 오히려 감소한다는 연구 결과가 있습니다.
> 진행자: 아, 그러니까 속도를 10km/h 낮출 때 2분 정도 늦어지는 것이라면 인명 사고의 예방과 오염 물질 감소를 위해 충분히 감수할 만한 시간이라는 말씀이시군요.
> 강 교수: 네, 맞습니다.
> 진행자: 교통사고를 줄이고 보행자 안전을 확보할 수 있다는 점, 교통 체증 유발은 미미할 것이라는 점, 오염 물질 배출이 감소할 것이라는 점에서 이번의 제한 속도 조정 정책은 훌륭한 정책이라는 것이군요, 맞습니까?
> 강 교수: 네, 그렇게 정리할 수 있겠습니다.

① 상대방이 통계 수치를 제시한 의도를 자기 나름대로 풀어 설명한다.
② 상대방의 견해를 요약하며 자신이 이해한 바가 맞는지를 확인한다.
③ 상대방의 주장에 대한 이견을 소개하고 그에 대한 의견을 요청한다.
④ 상대방이 설명한 내용을 뒷받침할 수 있는 자신의 경험을 예시한다.

SOLUTION

해설 진행자가 자신의 경험을 예로 들어 강 교수가 설명한 내용을 뒷받침하는 내용은 제시문에 나오지 않는다.

오답풀이 ① 강 교수가 제시한 통계 자료에 대해 진행자가 '속도를 10km/h 낮출 때 ~ 말씀이시군요'라고 말하는 데서 알 수 있다.
③ 진행자는 정책 도입에 반대하는 일각의 주장을 제시하고 '이에 대해 말씀해 주시겠어요?'라며 강 교수에게 의견을 요청하고 있다.

정답률 94% | 정답 ④

220 다음 대화를 분석한 내용으로 가장 적절한 것은?

2024 국가직 9급

> 갑: 고대 노예제 사회나 중세 봉건 사회는 타고난 신분에 따라 사회적 지위가 결정되는 계급 사회였지만, 현대 사회는 계급 사회가 아니라고 많이들 말해. 그런데 과연 그런지 의문이야.
> 을: 현대 사회는 고대나 중세만큼은 아니지만 귀속 지위가 성취 지위를 결정하는 면이 없다고 할 수 없어. 빈부 격차에 따라 계급이 나뉘고 그에 따른 불평등이 엄연히 존재하잖아. '금수저', '흙수저'라는 유행어에서 볼 수 있듯 빈부 격차가 대물림되면서 개인의 계급이 결정되고 있어.
> 병: 현대 사회가 빈부 격차로 인해 계급이 나누어지는 것처럼 보인다고 해서 계급 사회라고 단정할 수는 없어. 계급 사회라고 말하려면 계급 체계 자체가 인간의 생활을 전적으로 규정할 수 있어야 하는데, 오늘날 각종 문화나 생활 방식 전체를 특정한 계급 논리만으로는 설명할 수 없어. 따라서 현대 사회를 계급 사회로 보기는 어려워.
> 갑: 현대 사회의 문화가 다양하다는 것은 맞아. 하지만 인간 생활의 근간은 결국 경제 활동이고, 경제적 계급 논리로 현대 사회의 문화를 충분히 설명하고 규정할 수 있어. 또한 현대 사회에서 인간의 사회적 지위는 부모의 경제력과 직결되기 때문에 계급 사회라고 말할 수 있어.

① 갑은 을의 주장 중 일부는 수용하고 일부는 반박한다.
② 을의 주장은 갑의 주장과 대립하지 않는다.
③ 갑과 병은 상이한 전제에서 유사한 결론을 도출하고 있다.
④ 병의 주장은 갑의 주장과는 대립하지 않지만 을의 주장과는 대립한다.

SOLUTION

해설 을은 빈부 격차에 따라 계급이 나뉘고 이것이 대물림되면서 개인의 계급이 결정된다는 점을 근거로 현대 사회가 계급 사회라고 주장하고 있다. 마찬가지로 갑도 현대 사회가 계급 사회가 아니라는 주장에 의문을 갖고, 부모의 경제력에 의해 사회적 지위가 결정되는 현대 사회는 계급 사회라고 주장하고 있다. 따라서 을의 주장과 갑의 주장은 대립하지 않는다.

오답풀이 ① 갑과 을은 모두 현대 사회가 계급 사회라고 주장한다. 따라서 갑은 을의 주장을 수용한 것이며, 갑이 을의 주장 중 일부를 반박하는 내용도 제시문에 나오지 않는다.
③ 갑은 '경제적 계급 논리로 현대 사회의 문화를 충분히 설명하고 규정할 수 있다. 따라서 현대 사회는 계급 사회이다'라는 결론을 내리고 있다. 반면 병은 '특정한 계급 논리만으로 오늘날 각종 문화나 생활 방식 전체를 설명할 수 없다. 따라서 현대 사회는 계급 사회가 아니다'라는 결론을 내리고 있다. 따라서 갑과 병은 상이한 전제에서 유사한 결론을 도출하고 있지 않다.
④ 현대 사회를 계급 사회로 보기 어렵다는 병의 주장은 현대 사회를 계급 사회로 보는 갑과 을 모두의 주장과 대립한다.

정답률 84% | 정답 ②

221 강연자의 말하기 방식에 대한 설명으로 적절하지 않은 것은?
2024 지방직 9급

안녕하세요? 오늘 강연을 맡은 ○○○입니다. 저는 '사회 역학'이라는 학문을 공부하고 있는데요, 혹시 '사회 역학'이라는 단어를 들어 보신 적 있으신가요? 네, 별로 없네요. 간단히 말씀드리면, 질병 발생의 원인에 대한 사회적 요인을 탐구하는 분야입니다. 여러분들 표정을 보니 더 모르겠다는 표정인데요, 오늘 강연을 듣고 나면 제가 어떤 공부를 하는지 조금 더 알게 되실 겁니다.

흡연을 예로 들어서 말씀드릴게요. 저소득층에게 흡연은 적은 비용으로 스트레스를 해소할 수 있는 방편이 됩니다. 위험한 작업 환경에서 일하는 노동자에게 담배를 피우면 10년 뒤에 폐암이 발생할 수 있으니 당장 금연해야 한다고 말한다면, 이 말은 그렇게 설득력이 있지는 않을 것입니다. 저소득층이 열악한 사회적 환경에서 살아남기 위해 나름의 이유로 흡연할 경우, 그 점을 고려하지 않은 금연 정책은 효과를 보기 어렵다는 의미입니다.

이러한 주장을 뒷받침하는 연구 결과가 있습니다. 하버드 보건대학원의 글로리안 소런슨 교수 팀은 제조업 사업체 15곳의 노동자 9,019명을 대상으로 연구를 진행하면서 다음과 같은 질문을 던집니다. "안전한 사업장에서 일하는 노동자가 금연할 가능성이 더 높지 않을까? 그렇다면 산업 안전 프로그램을 진행한 사업장의 금연율은 어떻게 다를까?" 이 프로그램이 진행되고 6개월 뒤에 흡연 상태를 측정했을 때 산업 안전 프로그램을 진행한 사업장의 금연율이, 금연 프로그램만 진행한 사업장 노동자들의 금연율보다 2배 가까이 높게 나타났습니다.

① 청중의 반응을 살피면서 발표를 진행하고 있다.
② 전문가의 연구 결과를 제시하여 신뢰성을 높이고 있다.
③ 시각 자료를 제시하여 청중의 주의를 끌고 있다.
④ 특정한 상황을 가정하여 내용의 이해를 돕고 있다.

222 다음 대화를 분석한 내용으로 적절하지 않은 것은?
2024 지방직 9급

박 과장: 오늘은 우리 시에서 후원하는 '벚꽃 축제'의 홍보 방법을 논의하겠습니다. 타 지역 사람들이 축제에 찾아오게 하는 홍보 방법을 제안해 주세요.
김 주무관: 지역 주민들이 SNS로 정보도 얻고 소통도 하니까 우리도 SNS를 통해 홍보하는 것은 어떨까요? 지역 주민들이 많이 가입한 SNS를 선별해서 홍보하면 입소문이 날 테니까요.
이 주무관: 파급력을 생각하면 지역 주민보다는 대중이 널리 이용하는 라디오 광고로 홍보하는 방법이 좋을 것 같습니다. 라디오는 다양한 연령과 계층이 듣기 때문에 광고 효과가 더 클 것입니다.
윤 주무관: 어떤 홍보든 간에 가장 쉬운 방법이 제일 좋습니다. 우리 기관의 누리집에 홍보 자료를 올리는 방법을 추천합니다.
박 과장: 네, 윤 주무관의 생각에 저도 동의합니다. 우리 기관의 누리집에 홍보 자료를 올리면 시간도 적게 들고 홍보 효과도 크겠네요.

① 축제의 홍보 방안에 대해 구성원들이 토의하는 과정을 보여 주고 있다.
② 김 주무관은 지역 주민들이 SNS를 즐겨 이용한다는 사실을 근거로 제시하고 있다.
③ 이 주무관은 라디오 광고가 SNS보다 홍보 효과가 클 것이라고 추측하고 있다.
④ 박 과장은 김 주무관, 이 주무관, 윤 주무관의 제안을 비교하여 의견을 절충하고 있다.

SOLUTION

[해설] 강연자가 시각 자료를 제시하는 내용은 제시문에 나오지 않는다.

[오답 풀이] ① 1문단에서 알 수 있다. 즉 청중에게 질문한 뒤 그에 대한 청중의 반응을 언급하는 데에서, 강연자가 청중의 반응을 살피면서 발표를 진행하고 있음을 알 수 있다.
② 마지막 문단에서 알 수 있다.
④ 2문단의, 위험한 작업 환경에서 일하는 노동자의 예를 가정해서 말하는 부분에서 알 수 있다.

정답률 95% 정답 ③

SOLUTION

[해설] 박 과장이 김 주무관, 이 주무관, 윤 주무관의 제안을 비교하여 의견을 절충하는 내용은 제시문에 나오지 않는다. 박 과장은 마지막 부분에서, 기관 누리집에 홍보 자료를 올리자는 윤 주무관의 제안만을 언급하며 이를 축제 홍보 방안으로 긍정하고 있다.

[오답 풀이] ① 토의란 어떤 문제에 대하여 두 사람 이상이 모여 집단 사고의 과정을 거쳐 합리적으로 문제를 해결하고자 하는 담화 유형이다. 제시문은 벚꽃 축제 홍보 방안에 관해 여러 사람이 모여 논의하는 과정을 보여 주고 있으므로 '축제의 홍보 방안에 대해 구성원들이 토의하는 과정'에 해당한다.
② 김 주무관은 지역 주민들이 SNS로 정보도 얻고 소통도 한다는 점을 근거로 SNS를 통한 벚꽃 축제 홍보 방안을 제시하고 있다.
③ '파급력을 생각하면 ~ 좋을 것 같습니다'라는 이 주무관의 말에서 알 수 있다.

정답률 91% 정답 ④

223 다음 강연에 대한 분석으로 가장 적절한 것은?

2024 지방직 7급

> 사회적으로 성공하는 사람들은 IQ도 높을까요? 미국 ○○대학 연구 결과에 따르면 그들의 IQ는 성인 평균을 넘지 않는다고 합니다. 즉, 인간의 지능이 곧 그 사람의 성공을 보장하지는 않는다는 것입니다. 인지 심리학자 골먼에 따르면 인간의 능력은 상황적이고 사회적이라는 데에 강점이 있습니다. 자신의 환경을 이해하고 성공적으로 반응하는 능력 덕분에 우리는 변화하는 환경에 적응해 나갈 수 있는 것입니다. 과학 기술 영역에서도 가장 성공적인 사람들은 괜찮은 수준의 IQ를 사회적 기술 및 인간이 가진 여타의 역량들과 잘 결합하는 사람들입니다.

① 강연의 순서를 안내함으로써 청중의 이해를 돕고 있다.
② 청중의 반응을 확인함으로써 강연 내용을 조정하고 있다.
③ 시청각 자료를 활용하여 화제의 특성을 구체적으로 소개하고 있다.
④ 강연 화제와 관련된 전문가의 견해를 인용하여 신뢰성을 높이고 있다.

SOLUTION

[해설] 강연자는 '사회적으로 성공하는 사람들은 IQ도 높을까?'라는 화제에 대해 인지 심리학자 골먼의 견해를 인용하여 '인간의 지능이 곧 그 사람의 성공을 보장하지는 않는다'라는 자신의 주장의 신뢰성을 높이고 있다.

[오답 풀이] ①·③ 강연의 순서를 안내하거나 시청각 자료를 활용하는 내용은 제시문에 나오지 않는다.
② "사회적으로 성공하는 사람들은 IQ도 높을까요?"라고 질문하고 있지만 이에 대해 스스로 답변하고 있을 뿐, 청중의 반응을 확인하지는 않는다.

[정답] ④

---

224 다음 대화에 나타난 말하기 방식을 설명한 것으로 적절하지 않은 것은?

2023 국가직 9급

> 백 팀장: 이번 워크숍 장면을 사내 게시판에 올리는 게 좋겠어요. 워크숍 내용을 공유하면 좋을 것 같아서요.
> 고 대리: 전 반대합니다. 사내 게시판에 영상을 공개하는 것은 부담스러워요. 타 부서와 비교될 것 같기도 하고요.
> 임 대리: 저도 팀장님 말씀대로 정보를 공유한다는 취지는 좋다고 생각해요. 다만 다른 팀원들의 동의도 구해야 할 것 같고, 여러 면에서 우려되긴 하네요. 팀원들 의견을 먼저 들어 보고, 잘된 것만 시범적으로 한두 개 올리는 것이 어떨까요?

① 백 팀장은 팀원들에 대한 유대감을 드러내는 표현을 사용하며 자신의 바람을 전달하고 있다.
② 고 대리는 백 팀장의 제안에 반대하는 이유를 명시적으로 밝히며 백 팀장의 요청을 거절하고 있다.
③ 임 대리는 발언 초반에 백 팀장 발언의 취지에 공감하여 백 팀장의 체면을 세워 주고 있다.
④ 임 대리는 대화 참여자의 의견을 묻는 의문문을 사용하여 자신의 의견을 간접적으로 드러내고 있다.

SOLUTION

[해설] 백 팀장은 워크숍 내용을 공유하면 좋을 것 같다는 점을 근거로 하여 자신의 바람을 전달하고 있다. 그러나 팀원들에 대한 유대감을 드러내는 표현은 사용하지 않았다.

[오답 풀이] ② 고 대리는 워크숍 영상을 공개하는 데에 대한 부담과 타 부서와의 비교라는 명시적인 이유를 들어 백 팀장의 요청을 거절하고 있다.
③ 임 대리는 발언 초반에 '저도 팀장님 ~ 좋다고 생각해요'에서 워크숍 내용을 공유하면 좋을 것 같다는 백 팀장의 취지에 공감하며 백 팀장의 체면을 세워 주고 있다.
④ 임 대리는 '팀원들 의견을 ~ 어떨까요?'에서 질문을 통해 워크숍 장면의 사내 게시판 공개에 대한 팀원들의 의견을 먼저 파악하자는 의견을 간접적으로 드러내고 있다.

정답률 82% [정답] ①

225 다음 대화를 분석한 내용으로 적절하지 않은 것은?

2023 지방직 9급

> 은지: 최근 국민 건강 문제와 관련해 '설탕세' 부과 여부가 논란인데, 나는 설탕세를 부과해야 한다고 생각해. 그러면 당 함유 식품의 소비가 감소하게 되고, 비만이나 당뇨병 등의 질병이 예방되니까 국민 건강 증진에 도움이 되기 때문이야.
> 운용: 설탕세를 부과하면 당 소비가 감소한다고 믿을 만한 근거가 있니?
> 은지: 세계 보건 기구 보고서를 보면 당이 포함된 음료에 설탕세를 부과하면 이에 비례해 소비가 감소한다고 나와 있어.
> 재윤: 그건 나도 알아. 그런데 설탕세 부과가 질병을 예방한다는 것은 타당하지 않아. 여러 연구 결과를 보면 당 섭취와 질병 발생은 유의미한 상관관계가 없어.

① 은지는 첫 번째 발언에서 화제를 제시하고 있다.
② 운용은 은지의 주장에 반대하고 있다.
③ 은지는 두 번째 발언에서 자신의 주장에 대한 근거를 제시하고 있다.
④ 재윤은 은지가 제시한 주장의 근거를 부정하고 있다.

226 ㉮~㉰의 말하기 전략으로 적절하지 않은 것은?

2023 지역인재 9급

> ㉮ 지난달 제 친구는 퇴근 후 오토바이를 타고 집으로 돌아가다가 사고를 당했습니다. 그 친구는 어떻게 사고가 일어났는지도 기억하지 못할 정도로 심한 뇌진탕을 입어 2개월 동안 병원에서 치료를 받았습니다.
>
> ㉯ 매년 2천여 명이 오토바이를 타다가 머리를 다쳐 심각한 정도의 두뇌 손상을 입고 고생합니다. 오토바이 사망 사고 원인의 80%가 두뇌 손상입니다. 콘크리트 지면에서는 30cm 이하의 높이에서도 뇌진탕을 일으킬 수 있습니다.
>
> ㉰ 오토바이를 타는 사람은 헬멧을 착용하여 머리를 보호할 수 있습니다. 헬멧의 착용은 두뇌 손상의 위험을 90% 정도 줄여 줍니다. 저는 헬멧을 쓰는 것이 보기에도 좋지 않고 거추장스럽다고 여겼습니다. 그렇지만 친구의 사고 후 헬멧을 쓰는 것이 현명한 일이라고 생각하여 오토바이를 탈 때면 항상 헬멧을 착용합니다.
>
> ㉱ 만약 오토바이를 타는 모든 사람이 헬멧을 착용한다면 오토바이 사고로 인한 신체 피해를 75% 줄일 수 있습니다. 여러분은 오토바이가 주는 즐거움과 편리함을 안전하게 누릴 수 있게 됩니다. 안전을 위해서 헬멧을 반드시 착용하시기 바랍니다.

① ㉮는 실제 사건을 사례로 들어 청자의 주의를 끌고 있다.
② ㉯는 통계 정보를 제시하여 문제의 심각성을 부각하고 있다.
③ ㉰는 헬멧을 썼을 때의 긍정적인 면보다 부정적인 면을 강조하고 있다.
④ ㉱는 문제 해결 방안에 따른 청자의 이익과 청자에게 요구하는 행동을 명확하게 제시하고 있다.

227 다음 대화에서 나타난 '지민'의 의사소통 방식으로 가장 적절한 것은?

2022 국가직 9급

> 정수: 지난번에 너랑 같이 들었던 면접 전략 강의가 정말 유익했어.
> 지민: 그랬어? 나도 그랬는데.
> 정수: 특히 아이스크림 회사의 면접 내용이 도움이 많이 됐어.
> 지민: 맞아. 그중에서도 두괄식으로 답하라는 첫 번째 내용이 정말 인상적이더라. 핵심 내용을 먼저 말하는 전략이 면접에서 그렇게 효과적일 줄 몰랐어.
> 정수: 어! 그래? 나는 두 번째 내용이 훨씬 더 인상적이었는데.
> 지민: 그랬구나. 하긴 아이스크림 매출 증가에 관한 통계 자료를 인용해서 답변한 전략도 설득력이 있었어. 하지만 초두 효과의 효용성도 크지 않을까 해.
> 정수: 그렇긴 해.

① 자신의 면접 경험을 예로 들어 상대방을 설득하고 있다.
② 상대방의 약점을 공략하며 상대방의 이견을 반박하고 있다.
③ 상대방의 견해를 존중하면서 자신의 의견을 제시하고 있다.
④ 상대방과의 갈등 해소를 위해 자신의 감정을 표현하고 있다.

228 다음 대화에 대한 설명으로 가장 적절한 것은?

2022 지방직 9급

> A: 예은 씨. 오늘 회의 내용을 팀원들에게 공유해 주시면 좋겠네요.
> B: 네. 알겠습니다. 팀장님, 오늘 회의 내용을 요약 정리해서 메일로 공유하면 되겠지요?
> A: (고개를 끄덕이며) 맞습니다.
> B: 네. 그럼 회의 내용은 개조식으로 요약하고, 팀장님을 포함해서 전체 팀원에게 메일로 보내도록 하겠습니다.
> A: 예은 씨. 그런데 개조식으로 회의 내용을 요약하는 방식에는 문제가 있지 않을까요?
> B: (고개를 끄덕이며) 그렇겠네요. 개조식으로 요약할 경우 회의 내용이 과도하게 생략되어 이해가 어려울 수 있겠네요.

① A는 B에게 내용 요약 방식을 제안하고 있다.
② A와 B는 대화 중에 공감 표지를 드러내며 상대방의 말을 듣고 있다.
③ B는 회의 내용 요약 방식에 대한 A의 문제 제기에 대해 자신이 다른 입장임을 드러내고 있다.
④ A는 개조식 요약 방식이 회의 내용을 과도하게 생략하여 이해에 어려움을 줄 수 있다고 명시하고 있다.

229 다음 대화에 대한 설명으로 적절한 것은? 2021 지방직 9급

A: 지난번 제안서 프레젠테이션을 마친 후 "검토하고 연락드리겠습니다."라고 답변을 받았는데 아직 별다른 연락이 없어서 고민이에요.
B: 어떤 연락을 기다리신다는 거예요?
A: 해당 사업에 관하여 제 제안서를 승낙했다는 답변이잖아요. 그런데 후속 사업 진행을 위해 지금쯤 연락이 와야 할 텐데 싶어서요.
B: 글쎄요. 보통 그런 상황에서는 완곡하게 거절하는 의사 표현이라 볼 수 있어요. 그리고 해당 고객이 제안서 내용은 정리가 잘되었지만, 요즘 같은 코로나 시기에는 이전과 동일한 사업적 효과가 있을지 궁금하다고 말한 것을 보면 알 수 있죠.
A: 네, 기억납니다. 하지만 궁금하다고 말한 것이지 사업을 수용하지 않는다는 것은 아니지 않나요? 답변을 할 때도 굉장히 표정도 좋고 박수도 쳤는데 말이죠. 목소리도 부드러웠고요.

① A와 B는 고객의 답변에 대해 제안서 승낙이라는 의미로 동일하게 이해한다.
② A는 동일한 사업적 효과가 있을지 궁금하다는 표현을 제안한 사업에 대한 부정적 평가라고 판단한다.
③ B는 고객이 제안서에 의문을 제기한 내용을 근거로 고객의 답변에 대해 판단한다.
④ A는 비언어적 표현을 바탕으로 하여 고객의 답변을 제안서에 대한 완곡한 거절로 해석한다.

SOLUTION

해설 B는 고객이 제안서의 사업적 효과에 의문을 제기한 것을 근거로 고객의 답변을 '완곡하게 거절하는 의사 표현'이라고 판단하고 있다.

오답 풀이 ① A는 "검토하고 연락드리겠습니다"라는 고객의 답변을 제안서 승낙의 의미로 받아들인 반면 B는 거절의 의미로 이해하고 있다.
② A가 '궁금하다고 말한 것이지 사업을 수용하지 않는다는 것은 아니지 않나요?'라고 말한 것으로 보아, A는 고객의 의문을 사업에 대한 부정적 평가라고 판단한 것이 아니다.
④ A는 표정, 박수 등의 비언어적 표현을 바탕으로 고객의 답변을 제안서에 대한 긍정적 신호로 해석하고 있다.

정답률 90% **정답** ③

230 다음 토의에 대한 설명으로 적절하지 않은 것은? 2021 국가직 9급

사회자: 오늘의 토의 주제는 '통일 시대의 남북한 언어가 나아갈 길'입니다. 먼저 최○○ 교수님께서 '남북한 언어 차이와 의사소통'이라는 제목으로 발표해 주시겠습니다.
최 교수: 남한과 북한의 말은 비슷하지만 다른 점이 있습니다. 남한과 북한의 어휘 차이가 대표적입니다. 남한과 북한의 어휘 차이를 분석한 결과, [중략] 앞으로도 남북한 언어 차이에 대한 연구가 지속되어야 합니다.
사회자: 이로써 최 교수님의 발표를 마치겠습니다. 다음은 정○○ 박사님의 '남북한 언어의 동질성 회복 방안'에 대한 발표가 있겠습니다.
정 박사: 앞으로 통일을 대비해 남북한 언어의 다른 점을 줄여 나가는 노력이 필요합니다. 실제로도 남한과 북한의 학자들로 구성된 '겨레말큰사전 편찬 위원회'에서는 남북한 공통의 사전인 《겨레말큰사전》을 만들며 서로의 차이를 이해하고 받아들이기 위한 노력을 하고 있습니다. [중략]
사회자: 그러면 질의응답이 있겠습니다. 시간상 간략하게 질문해 주시기 바랍니다.
청중 A: 두 분의 말씀 잘 들었습니다. 남북한 언어의 차이와 이를 극복하는 방안을 말씀하셨는데요. 그렇다면 통일 시대에 대비한 언어 정책에는 무엇이 있을까요?

① 학술적인 주제에 대한 발표 형식으로 진행되고 있다.
② 사회자는 발표자 간의 이견을 조정하여 의사 결정을 유도하고 있다.
③ 발표자는 주제에 대한 자신의 견해를 밝혀 청중에게 정보를 제공하고 있다.
④ 청중 A는 발표자의 발표 내용을 확인하고 주제와 관련된 질문을 하고 있다.

SOLUTION

해설 사회자가 발표자인 최 교수와 정 박사 간의 서로 다른 의견을 조정하거나 의사 결정을 유도하는 내용은 제시문에 나오지 않는다. 또한 이견을 조정하여 의사 결정을 유도하는 것은 토의에서 사회자가 하는 역할도 아니다.

오답 풀이 ① '통일 시대의 남북한 언어가 나아갈 길'이라는 학술적 주제에 대해 최 교수와 정 박사가 각각 발표하는 형식으로 토의가 진행되고 있다.
③ 최 교수는 남북한 언어가 어휘에서 차이가 나기 때문에 앞으로 이 부분에 대한 연구가 지속되어야 한다는 견해를, 정 박사는 남북한 공통의 사전을 만드는 것과 같이 남북한 언어의 차이를 줄여 가는 노력이 필요하다는 견해를 밝히며 청중에게 남북한 언어에 대한 정보를 제공하고 있다.
④ 청중 A는, "남북한 언어의 차이와 이를 극복하는 방안을 말씀하셨는데요"에서 최 교수와 정 박사의 발표 내용을 확인하고 있다. 이어서 '통일 시대에 대비한 언어 정책에는 무엇이 있을까요?'라고 질문하는데, 이는 '통일 시대의 남북한 언어가 나아갈 길'이라는 토의 주제와 관련된다.

정답률 95% **정답** ②

231 진행자 'A'의 대화 진행 전략으로 적절하지 않은 것은?
2020 국가직 9급

A: 여러분, 안녕하세요? 한 지방 자치 단체가 의료 취약 계층을 위한 의약품 공급 정보망 구축 사업을 진행해 오고 있는데요, 오늘은 그 관계자 한 분을 모시고 말씀을 들어 보기로 하겠습니다. 과장님, 안녕하세요?
B: 네, 안녕하세요.
A: 의약품 공급 정보망이라는 말이 다소 생소한데 이게 무슨 말인가요?
B: 네, 약국이나 제약 회사가 의약품을 저희에게 기탁하면, 이 약품을 필요한 사회 복지 시설이나 국내외 의료 봉사 단체에 무상으로 줄 수 있도록 연결하는 사이버상의 네트워크입니다.
A: 그렇군요. 그동안 이 사업에 성과가 있었다면 그럴 만한 이유가 있을 텐데요, 이에 대해 말씀해 주세요.
B: 그렇습니다. 약국이나 제약 회사에서는 판매되지 않은 의약품을 기탁하고 세금 혜택을 받습니다. 그리고 복지 시설이나 봉사 단체에서는 필요한 의약품을 무상으로 지원받을 수 있습니다.
A: 그렇군요. 혹시 이 사업에 걸림돌은 없나요?
B: 의약품을 의사의 처방에 따라서 주는 것이 아니라 수요자가 요구하면 주는 방식이어서 전문 의약품을 제공하는 과정에 어려움이 있습니다. 처방전 발급을 부탁할 수도 없고…….
A: 그러니까 앞으로 이런 문제를 해결하기 위한 제도 정비나 의료 전문가의 지원이 좀 더 필요하다는 말씀인 것 같군요. 끝으로 이 사업에 참여하려면 어떻게 해야 하나요?
B: 그건 생각보다 쉽습니다. 저희 홈페이지에 접속하셔서 회원으로 가입하시면 기부하실 때나 받으실 때나 모두 쉽게 참여하실 수 있습니다.
A: 네, 간편해서 좋군요. 모쪼록 이 의약품 공급 정보망 사업이 확대되어 국내외 의료 취약 계층에 많은 도움이 되기를 바랍니다. 감사합니다.

① 상대방의 말을 들었다는 반응을 보인다.
② 상대방의 대답에서 모순점을 찾아 논리적으로 대응한다.
③ 대화의 화제가 된 일을 홍보할 수 있는 대답을 유도한다.
④ 상대방의 말을 대화의 흐름에 맞게 해설하여 상대방의 말을 보충한다.

SOLUTION

해설 A가 B의 대답에서 모순점을 찾아 거기에 논리적으로 대응하는 내용은 제시문에 나오지 않는다.

오답풀이 ① A가 B의 말을 듣고는 "그렇군요", "네, 간편해서 좋군요" 등으로 반응을 보이는 데서 알 수 있다.
③ A는 화제에 대해 생소한 용어의 의미, 사업이 성과를 보게 된 원인, 사업에 참여할 수 있는 방법 등을 B에게 물어봄으로써 B가 이 사업을 홍보할 수 있도록 유도하고 있다.
④ A가 B의 생각을 들은 뒤 "그러니까 앞으로 이런 문제를 해결하기 위한 ~ 좀 더 필요하다는 말씀인 것 같군요"라고 상대방의 말을 해설하고 보충하는 데서 알 수 있다.

정답률 95% **정답** ②

232 토론자들의 말하기 방식에 대한 설명으로 적절한 것은?
2019 국가직 9급

사회자: 학교 폭력 문제가 나날이 심각해지고 있습니다. 이와 관련해 오늘은 '학교 폭력을 방관한 학생에게도 책임을 물어야 한다.'를 주제로 토론을 해 보도록 하겠습니다. 먼저 찬성 측 말씀해 주시죠.
찬성 측: 친구가 학교 폭력에 의해 희생되고 있는데도 자신에게 피해가 올까 두려워 아무런 조치를 취하지 않은 학생들이 많다고 합니다. 이러한 행동으로 인해 학교 폭력은 점점 확산되고 있습니다. 학교 폭력을 행하는 것을 목격했음에도 어떤 조치도 취하지 않은 것은 폭력에 대해 묵시적으로 동의한 것과 같습니다. 폭력을 직접 행사하는 행위뿐 아니라, 불의에 저항하지 않는 정의롭지 못한 행위에 대해서도 합당한 책임을 물어야 할 것입니다.
사회자: 다음으로 반대 측 의견 말씀해 주시죠.
반대 측: 특정 학생에게 폭력을 직접 행사해서 피해를 준 사실이 명백할 때에만 책임을 물을 수 있을 것입니다. 또한 사건에 대한 개입과 방관은 개인의 자율적 의지에 달린 문제이므로 외부에서 규제할 성질의 문제가 아닙니다.
사회자: 그럼 이번에는 반대 측부터 찬성 측에 대해 반론해 주시지요.
반대 측: 과연 누구까지를 학교 폭력의 방관자라고 규정지을 수 있을까요? 집에 가는 길에 우연히 폭력을 목격했을 경우, 자신의 친구로부터 폭력에 관련된 소문을 접했을 경우 등 방관자로 규정하기에는 애매한 경우가 많습니다. 어떠한 행위를 처벌하려면 확고한 기준이 필요한데, 방관자의 범위부터 규정하기가 불명확하다고 볼 수 있습니다.
찬성 측: 불의를 방관한 행위에 대해 사회가 책임을 묻지 않는다면 이후로도 사람들은 아무런 죄책감 없이 불의를 모른 체하고 방관할 것입니다. 결국 이는 사회 전체의 건전성과 도덕성을 떨어뜨릴 것이고, 정의에 근거한 시민의 고발정신까지 약화시킬 것입니다.

① 찬성 측은 친숙한 상황을 빗대어 자신의 견해를 펼치고 있다.
② 찬성 측은 자신의 경험을 제시하여 논지를 보충하고 있다.
③ 반대 측은 윤리적 방법으로 해결책을 제시하고 있다.
④ 반대 측은 논제에 의문을 제기하여 주장을 강화하고 있다.

SOLUTION

해설 반대 측은 논제 중 '학교 폭력의 방관자'의 범위를 규정하기가 애매하다는 문제를 제기하고 있다. 이는 학교 폭력을 방관한 학생에게 책임을 물을 수 없다는 반대 측 주장을 뒷받침하는 근거가 된다.

오답풀이 ①·② 찬성 측이 친숙한 상황에 빗대거나 자신의 경험을 제시한 내용은 제시문에 나오지 않는다.
③ 반대 측은 학교 폭력 사건에 대한 개입과 방관은 개인의 자율적 의지에 따르는 것이므로 학교 폭력 방관을 외부에서 규제하여 처벌할 수 없다는 입장이다. 따라서 반대 측이 윤리적 방법으로 학교 폭력 방관 문제에 대한 해결책을 제시한 것은 아니다.

정답률 88% **정답** ④

233 진행자의 말하기 방식에 대한 설명으로 적절하지 않은 것은?
2019 지방직 9급

> **진행자**: 안녕하십니까? 오늘은 고령자의 운전면허 자진 반납 제도에 대해 홍○○ 교수님 모시고 말씀 들어 보겠습니다.
> **홍 교수**: 네, 반갑습니다.
> **진행자**: 나와 주셔서 감사합니다. 우선 이 제도가 어떤 제도인가요?
> **홍 교수**: 지자체마다 조금씩 다르기는 하지만 고령 운전자들이 운전면허를 자발적으로 반납하게 유도하여 고령 운전자에 의한 교통사고를 줄이고자 하는 제도입니다.
> **진행자**: 고령 운전자에 의한 교통사고가 심각한가요? 뒷받침할 만한 자료가 있나요?
> **홍 교수**: 네, 도로 교통 공단의 통계에 따르면, 전체 교통사고 대비 고령 운전자에 의한 교통사고 비율이 2014년에는 9.0%였으나 매년 조금씩 증가하여 2017년에는 12.3%를 차지하고 있습니다.
> **진행자**: 그렇군요. 아무래도 고령화 사회로 진입하다 보니 전체 운전자 중에서 고령 운전자에 해당하는 비율이 늘었기 때문인 것 같은데요.
> **홍 교수**: 네, 그렇습니다. 이전보다 차량 성능이 월등히 좋아진 점도 하나의 요인이 될 것입니다.
> **진행자**: 그렇다고 해도 무작정 운전면허를 반납하라고만 할 수는 없을 테고, 뭔가 보완책이 있나요?
> **홍 교수**: 네, 지자체마다 차이가 있지만 소정의 교통비를 지급함으로써 대중교통 이용을 권장하고 있습니다.
> **진행자**: 취지 자체만으로는 긍정적으로 평가할 수 있을 것 같은데, 혹시 제도 시행상의 문제점은 없나요?
> **홍 교수**: 일회성이 문제라고 생각합니다.
> **진행자**: 아, 운전면허를 반납한 당시에만 교통비가 한 차례 지원된다는 말씀이군요.
> **홍 교수**: 네, 이분들이 더 이상 운전을 하지 않아도 이동권을 확보할 수 있도록 지속적인 지원이 이루어져야, 이 제도가 효과를 얻을 수 있습니다.
> **진행자**: 그에 더해 장기적으로는 고령자 친화적인 대중교통 인프라를 구축하는 일도 필요할 듯합니다. 교수님, 오늘 말씀 감사합니다.

① 상대방의 의견이 합리적이지 않음을 지적하며 인터뷰를 마무리 짓는다.
② 상대방이 인용한 통계 자료에 대해 자기 나름대로의 해석을 제시한다.
③ 상대방이 제시한 정보 이외에 추가적인 정보를 요구한다.
④ 상대방에게 해당 제도의 시행 배경에 대한 객관적인 근거를 요구한다.

해설 진행자는 인터뷰의 마지막 부분에서 홍 교수의 의견에 대해, '장기적으로는 고령자 친화적인 대중교통 인프라를 구축하는 일도 필요'하다는 자신의 의견을 덧붙이며 홍 교수의 의견을 보완하고 있다. 따라서 진행자가 상대방의 의견이 합리적이지 않음을 지적하며 인터뷰를 마무리한 것은 아니다.

오답 풀이 ② 홍 교수가 도로 교통 공단의 통계 자료를 인용하자, 진행자는 "아무래도 고령화 사회로 진입하다 보니 ~ 고령 운전자에 해당하는 비율이 늘었기 때문인 것 같은데요"라고 해석하고 있다.
③ 진행자는 "~ 뭔가 보완책이 있나요?"에서 홍 교수에게 '고령자의 운전면허 자진 반납 제도'의 보완책이라는 추가 정보를 요구하고 있다.
④ "고령 운전자에 의한 교통사고가 심각한가요? 뒷받침할 만한 자료가 있나요?"에서 진행자는 '고령자의 운전면허 자진 반납 제도'의 시행 배경에 대한 객관적인 근거 자료를 홍 교수에게 요구하고 있다.

정답률 89% **정답** ①

공무원 국어의 독보적 기준
2026 예상 기출서

선재국어

PART 2

사고의 힘
논리

논리, 이렇게 대비하라

◆ 인혁처 1·2차 예시 문제 & 2025 국가직 9급·지방직 9급 문항 분석표

	인혁처 1차 예시 문제	인혁처 2차 예시 문제	국가직 9급	지방직 9급
명제 논리: 타당한 결론의 도출	1	1	2	1
명제 논리: 생략된 전제 찾기	0	0	1	0
술어 논리: 타당한 결론의 도출	1	1	0	0
술어 논리: 생략된 전제 찾기	1	0	0	2

출제 기조 전환이 발표되고 신유형 문제가 출제된 지금, 논리는 공무원 시험을 처음 접하는 수험생들이 가장 어려움을 느끼는 영역입니다. 그리고 이를 반영하듯, 인혁처 예시 문제부터 2025년도 국가직 9급과 지방직 9급 시험까지, 논리 문제는 모두 오답률 최상위권에 올랐습니다. 즉 시험 문제가 어떻게 나오든, **논리는 현재 공무원 국어 시험에서 가장 변별력 있는 문제 유형**이라는 것입니다.

이렇게 변별력 있는 영역임에도 불구하고, 아직까지도 많은 수험생들이 논리 문제를 단순히 언어적 감으로 찍거나 효율적이지 않은 방법을 사용하여 문제 풀이 시간을 허비하는 안타까운 모습을 보이고 있습니다. **논리는 체계적으로 이론을 익히고 훈련하면, 정말로 빠르고 정확하게 문제를 풀 수 있는 영역**입니다. 그렇기 때문에 문제 풀이 속도가 느린 수험생일수록 이 영역에서 시간을 줄여서 독해를 풀 수 있는 시간을 확보해야 합니다.

전략 1 문제를 바르게 푸는 이론을 학습하자

논리를 정복하기 위해서는 논리의 체계를 익히고 이론을 학습하는 것이 필요합니다. 수험 논리에서 우선적으로 필요한 것은 제시된 명제를 기호화하는 방법, 이를 바탕으로 추론식을 세워 체계적으로 문제를 푸는 방법을 익히는 것입니다. 그리고 이를 바탕으로 다양한 유형의 문제를 풀어 보는 훈련을 해야 합니다.

전략 2 문제를 빠르게 푸는 훈련을 하자

논리 이론을 이해한 다음에는 유형을 파악하여 빠르게 푸는 방식을 익혀야 합니다. 《예상 기출서》는 출제 가능한 영역을 고루 훈련할 수 있는, 다양하고도 질이 좋은 문제들을 수록하여 실전 훈련을 충분히 하여 문제 풀이 속도를 높이도록 구성되었습니다. 이 책에 실린 양질의 문제를 충실히 학습하면, 반드시 정확하고 빠르게 푸는 실력을 갖출 수 있을 것입니다.

선재국어만의
논리에 특화된 강의와 교재

《예상 기출서》 문제를 풀기 전! 아직 논리 개념을 학습하지 않았다면,
논리의 핵심 이론을 한 번에 정리할 수 있는 《발등의 불 논리 특강》 또는 《수비니겨 논리》 강의를 추천합니다!!

01 발등의 불 논리 특강 무료

빠르고 압축적인
핵심 정리 특강

[발등의 불]
선재국어 인혁처 논리 3유형 뽀개기 특강
(프린트 제공)

- 논리 이론을 아직도 마스터 하지 못하고 막연한 불안감을 갖고 있는 수험생
- 논리의 기초 개념을 쉽게 정리하고 대표 유형 문제까지 한 번에 정리하고자 하는 수험생
- 새롭게 개편된 공무원 국어 시험에서 고득점을 얻고자 하는 수험생

02 《수비니겨 논리》

[기본＋심화]
2026 선재국어 수비니겨 논리 훈련

- 논리 영역에 막연한 불안감을 갖고 있는 수험생
- 논리의 개념을 가장 쉽게 정리하고 문제 풀이까지 한 번에 학습하고자 하는 수험생
- 확실한 이론 정리와 문제 공략법을 통해 시간 단축 훈련을 하고자 하는 수험생
- 2026 공무원 국어 시험에서 고득점을 얻고자 하는 수험생

01 명제 논리와 추론 규칙

풀이 전략
- 연역 논증과 귀납 논증을 구분한다.
- 진리표를 학습하여 복합 명제의 참과 거짓을 이해한다.
- 함축 규칙과 동치 규칙을 비롯한 추론 규칙을 익힌다.

대표 ㉮~㉰를 전제로 할 때 빈칸에 들어갈 결론으로 가장 적절한 것은? 2025 국가직 9급

㉮ 인공 일반 지능이 만들어지거나 인공 지능 산업이 쇠퇴한다.
㉯ 인공 일반 지능이 만들어지면, 인간의 생활이 편리해지는 동시에 많은 사람이 직장을 잃는다.
㉰ 인공 지능 산업이 쇠퇴하면, 많은 사람이 직장을 잃는 동시에 세계 경제가 침체된다.
따라서 _____.

① 세계 경제가 침체된다
② 인간의 생활이 편리해진다
③ 많은 사람이 직장을 잃는다
④ 인간의 생활이 편리해지고 세계 경제가 침체된다

SOLUTION

해설 제시문을 기호화하면 다음과 같다.

㉮ 인공 일반 지능 ∨ 인공 지능 쇠퇴
㉯ 인공 일반 지능 → (생활 편리 ∧ 직장 잃음)
㉰ 인공 지능 쇠퇴 → (직장 잃음 ∧ 경제 침체)
∴ ____

㉮, ㉯, ㉰에서 양도 논법을 통해 '(생활 편리 ∧ 직장 잃음) ∨ (직장 잃음 ∧ 경제 침체)'가 도출된다. 이는 분배 법칙에 따라 '직장 잃음 ∧ (생활 편리 ∨ 경제 침체)'와 논리적 동치이다. 그러면 연언지 단순화에 따라 [직장 잃음], 즉 '많은 사람이 직장을 잃는다'가 타당하게 도출된다.

오답 풀이 ①·② '직장 잃음 ∧ (생활 편리 ∨ 경제 침체)'에서 연언지 단순화로 '생활 편리 ∨ 경제 침체'를 도출할 수 있을 뿐이다. [생활 편리], [경제 침체] 각각의 참·거짓 여부는 알 수 없다.
④ '생활 편리 ∨ 경제 침체'를 도출할 수 있을 뿐 '생활 편리 ∧ 경제 침체'를 도출할 수는 없다.

정답률 77% **정답** ③

01 | 연역 논증과 귀납 논증

001 전제의 참이 결론의 참을 절대적으로 보장하는 논증을 고르면?

① 대부분의 학생들은 지하철을 타고 통학을 한다. 영희는 학생이다. 그러므로 영희는 아마도 지하철을 타고 통학을 할 것이다.

② 독서는 우리의 정신을 성장시킨다. 만화책을 읽는 것도 독서이다. 그러므로 내가 만화책을 읽는 것은 내 정신을 성장시킨다.

③ 동생이 아스피린을 먹었더니 두통이 완화되었다. 엄마도 아스피린을 먹었더니 두통이 완화되었다. 따라서 환자가 아스피린을 먹으면 두통이 완화될 것이다.

④ 베트남은 강수량이 많아 농사가 잘 된다. 태국도 강수량이 많다. 따라서 태국도 농사가 잘될 것이다.

002 전제가 참일 경우 결론을 지지하는 추론의 강도가 아래의 논증과 같은 것은? 2005 국가공무원 5급 PSAT 변형

> 우리 등산 동우회 회원은 모두 여덟 명이다. 따라서 우리 동우회 회원 중 같은 요일에 태어난 사람이 적어도 두 명은 된다.

① 지금까지 해가 서쪽에서 뜬 적은 없었다. 따라서 내일도 해는 서쪽에서 뜨지 않을 것이다.

② 철수는 바로 아래 동생 영수와 닮았고, 영수는 막내 길수와 닮았다. 따라서 철수가 길수와 닮았음은 당연하다.

③ 올림픽 대회와 세계 선수권 대회 모두에서 우승한 사람만이 유도의 일인자이다. 그런데 갑수는 올림픽 대회에 출전한 적이 없으므로 유도의 일인자는 아니다.

④ X 백과사전에는 공생 관계에 대한 항목이 있다. Y 백과사전도 X 백과사전처럼 매우 좋은 백과사전이다. 따라서 Y 백과사전에도 공생 관계에 대한 항목이 있을 것이다.

SOLUTION

해설 '전제의 참이 결론의 참을 절대적으로 보장하는 논증'은 연역 논증이다.

② 1. 독서 → 성장
   2. 만화책 → 독서
   ∴ 만화책 → 성장

1, 2에서 가언 삼단 논법에 의해 '만화책 → 성장'이 타당하게 도출된다. 즉 전제가 참일 때, 결론도 반드시 참인 연역 논증이다.

오답 풀이 ① '모든' 학생들이 아니라 '대부분'의 학생들에 대해 이야기하고 있다. 따라서 영희가 학생이더라도 그 대부분에 속하지 않을 수 있다. 결론이 참일 가능성은 있지만, 반드시 참이라고는 할 수 없는 귀납 논증이다.

③ 동생과 엄마의 예시를 통해 결론 내리고 있다. 그러나 이 두 명의 예시만을 가지고 모든 환자가 아스피린을 먹으면 두통이 완화될지는 알 수 없으므로, 귀납 논증에 해당한다.

④ 태국과 베트남 둘 다 강수량이 많다는 유사성을 가지고 다른 측면에서도 비슷할 것이라고 추론하는 유추의 논증 방식을 사용하고 있다. 전제가 참이라고 해도 반례가 가능한 논증 방식이므로, 귀납 논증에 속한다.

정답 ②

SOLUTION

해설 등산 동우회 회원은 여덟 명이고, 일주일은 7일이다. 따라서 같은 요일에 태어난 사람은 적어도 두 명이다. 전제가 참일 때 결론이 필연적으로 참이므로, 이는 연역 논증이다.

③의 첫 번째 문장은 '유도의 일인자 → 올림픽과 세계 선수권 모두 우승'으로 기호화된다. 'A만이 B'는 'B → A'로 기호화한다. 따라서 이 조건문에 대우 규칙을 적용한 '~올림픽과 세계 선수권 모두 우승 → ~유도의 일인자'는 반드시 참이므로, ③은 제시된 논증과 같은 연역 논증이다.

오답 풀이 ① 지금까지 그래왔다고 하여 내일도 그럴 것인지는 확신할 수 없다. 내일도 해가 서쪽에서 뜨지 않을 것이라는 결론은 참일 개연성이 높은 것이지, 필연적으로 참이라고는 할 수 없는 것이다.

② '닮았다'는 '똑같다'가 아니므로, 철수가 영수와 닮고 영수가 길수와 닮았다 하여 철수가 길수와 닮았을지는 알 수 없다. 결론이 필연적으로 참이라고는 할 수 없다.

④ Y 백과사전이 좋은 백과사전이기는 해도, 공생 관계에 대한 항목이 없을 수도 있다. 결론이 필연적으로 참이라고는 할 수 없다.

정답 ③

02 | 진릿값 판별

003 ㉠~㉢에 들어갈 말을 알맞게 짝 지은 것은?

- '물가가 오른다.'가 참이고 '임금이 오른다.'도 참일 때, '물가가 오르지 않으면 임금이 오른다.'는 ㉠ 이다.
- '물가가 오른다.'가 참이고 '임금이 오른다.'는 거짓일 때, '물가가 오르거나 임금이 오른다.'는 ㉡ 이다.
- '물가가 오른다.'가 거짓이고 '임금이 오른다.'도 거짓일 때, '물가가 오르지 않으면 임금이 오르지 않는다.'는 ㉢ 이다.

	㉠	㉡	㉢		㉠	㉡	㉢
①	참	참	참	②	참	참	거짓
③	거짓	참	거짓	④	거짓	거짓	참

SOLUTION

해설 ㉠ '물가가 오른다'가 참이고 '임금이 오른다'가 참일 때, '~물가 → 임금'은 참이다. 조건문의 전건이 거짓인 경우 조건문은 항상 참이다.
㉡ '물가가 오른다'가 참이고 '임금이 오른다'가 거짓일 때, '물가 ∨ 임금'은 참이다. 선언문은 선언지 중 하나만 참이어도 참이다.
㉢ '물가가 오른다'가 거짓이고 '임금이 오른다'가 거짓일 때, '~물가 → ~임금'은 참이다. 조건문의 전건이 참, 후건도 참인 경우 조건문은 참이다.

정답 ①

---

004 다음 진술이 참일 때, 반드시 참인 것을 고르면?

'서울에 비가 오고, 제주도에도 비가 온다.'는 사실이다.

① '서울에 비가 오거나 제주도에 비가 오지 않는다.'는 거짓이다.
② '서울에 비가 오면 제주도에는 비가 오지 않는다.'는 참이다.
③ '제주도에 비가 오고 서울에는 비가 오지 않는다.'는 참이다.
④ '서울에 비가 오지 않으면 제주도에도 비가 오지 않는다.'는 참이다.

SOLUTION

해설 주어진 진술은 '서울 비 ∧ 제주도 비'로 기호화된다. 연언문은 연언지가 모두 참이어야 참이다. 따라서 [서울 비]도 참, [제주도 비]도 참이다.
'서울에 비가 오지 않으면 제주도에도 비가 오지 않는다'는 '~서울 비 → ~제주도 비'로 기호화된다. 전건이 거짓, 후건이 거짓인 조건문이므로, 참이다.

오답 풀이 ① '서울 비 ∨ ~제주도 비'로 기호화되는 선언문이다. 참인 선언지가 있으므로, 이 선언문은 거짓이 아니라 참이다.
② '서울 비 → ~제주도 비'로 기호화되는 조건문이다. 전건이 참, 후건이 거짓인 조건문이므로, 이 조건문은 참이 아니라 거짓이다.
③ '제주도 비 ∧ ~서울 비'로 기호화되는 연언문이다. 연언지 중 거짓이 있으므로, 이 연언문은 참이 아니라 거짓이다.

정답 ④

005 다음 중 틀린 판단을 모두 고른 것은?

㉠ '훈민이 논리 수업을 듣는다.'가 참이고 '정음이 영어 수업을 듣는다.'가 거짓이면, '훈민은 논리 수업을 듣고 정음은 영어 수업을 듣는다.'는 참이다.

㉡ '훈민이 논리 수업을 듣는다.'가 거짓이고 '정음이 영어 수업을 듣는다.'도 거짓이면, '훈민이 논리 수업을 들으면 정음은 영어 수업을 듣는다.'는 참이다.

㉢ '훈민이 논리 수업을 듣는다.'가 거짓이고 '정음이 영어 수업을 듣는다.'가 참이면, '훈민이 논리 수업을 들으면 정음은 영어 수업을 듣는다.'는 거짓이다.

① ㉠
② ㉠, ㉡
③ ㉠, ㉢
④ ㉡, ㉢

선재 쌤의 핵심 정리

* **복합 명제의 진리표**

단순 명제		복합 명제				
P	Q	P∧Q	P∨Q	P→Q	P≡Q	~P
T	T	T	T	T	T	F
T	F	F	T	F	F	F
F	T	F	T	T	F	T
F	F	F	F	T	T	T

SOLUTION

[해설] ㉠ 연언문은 연언지가 모두 참일 때에만 참이다. 따라서 [훈민 논리]가 참이어도 [정음 영어]가 거짓이면, '훈민 논리 ∧ 정음 영어'는 참이 아니라 거짓이다.
㉢ 조건문이 거짓일 때는 전건이 참이고 후건이 거짓인 경우밖에 없다. 따라서 [훈민 논리]가 거짓이고 [정음 영어]가 참이면, '훈민 논리 → 정음 영어'는 거짓이 아니라 참이다.

[오답 풀이] ㉡ 조건문이 거짓일 때는 전건이 참이고 후건이 거짓인 경우밖에 없다. 따라서 [훈민 논리]가 거짓이고 [정음 영어]가 거짓이면 '훈민 논리 → 정음 영어'는 참이다.

[정답] ③

03 | 추론 규칙 — 함축 규칙과 동치 규칙

006 '진이의 논증'에 대해서 가장 올바르게 평가한 사람은?

> [진이의 논증]
> 아침에 일찍 일어나는 학생은 모두 공부를 잘해. 수업 시간에 졸지 않는 학생도 모두 공부를 잘하지. 그러니까 아침에 일찍 일어나는 모든 학생은 수업 시간에 졸지 않아.

① 미래: '진이의 논증'에 사용된 전제가 참일 때 그 결론도 참이므로, '진이의 논증'은 받아들일 만해.

② 영훈: 공부를 잘하는데도 수업 시간에 자주 조는 친구가 있어. 즉 '진이의 논증'에 사용된 전제는 거짓이므로, '진이의 논증'은 받아들일 수 없어.

③ 현재: 짝수는 정수이고, 홀수도 정수이므로 짝수는 홀수라는 논증을 받아들일 수는 없을 거야. 따라서 '진이의 논증'도 받아들일 수 없어.

④ 지은: 아침에 일찍 일어나는 학생은 수업 시간에 졸지 않고, 그러니 공부를 잘할 확률이 커. 따라서 '진이의 논증'은 받아들일 만해.

SOLUTION

해설 '진이의 논증'을 기호화하면 다음과 같다.

> 1. 아침 일찍 → 공부 잘함
> 2. ~수업 졺 → 공부 잘함
> ────────────────
> ∴ 아침 일찍 → ~수업 졺

짝수도 정수, 홀수도 정수라고 하여 짝수는 홀수라고 이야기할 수는 없다. 이는 '진이의 논증'과 같은 형식이면서 결론이 부당하다는 것이 명백하게 드러난다. 적절한 반례를 들어 '진이의 논증'을 받아들이지 못하는 이유를 설명하고 있으므로 현재의 평가가 가장 올바르다.

오답 풀이 ①·④ 부당한 논증인데도 받아들일 만하다고 잘못 평가하고 있다.
② 공부를 잘하는데도 수업 시간에 자주 조는 친구가 있다는 것은, 수업 시간에 졸지 않는 학생은 모두 공부를 잘한다는 전제와 동시에 참일 수 있다. 즉 영훈이 제시한 근거로는 '진이의 논증'에 사용된 전제가 거짓임이 밝혀지지 않는다.

정답 ③

007 전제가 참일 때 결론이 반드시 참인 논증은?

① 갑이 서울에 살지 않거나, 을이 부산에 살지 않아. 그런데 을은 부산에 살지 않아. 그러므로 갑은 서울에 살아.

② 갑과 을이 서울에 살거나, 병이 전주에 살지 않아. 그런데 병은 전주에 살고 있어. 그러므로 갑과 을 모두 서울에 살아.

③ 갑이 서울에 살면, 을이 부산에 살거나 병이 전주에 살아. 그런데 병은 전주에 살지 않거든. 따라서 갑은 서울에 살지 않아.

④ 갑과 을이 부산에 살면, 병도 부산에 살아. 그런데 병은 부산이 아닌 서울에 살아. 따라서 을은 부산에 살지 않아.

SOLUTION

해설

②
> 1. (갑 서울 ∧ 을 서울) ∨ ~병 전주
> 2. 병 전주
> ────────────────
> ∴ 갑 서울 ∧ 을 서울

2로 인해 1에서 선언지가 제거되어 '갑 서울 ∧ 을 서울'이 타당하게 도출된다.

오답 풀이

①
> 1. ~갑 서울 ∨ ~을 부산
> 2. ~을 부산
> ────────────────
> ∴ 갑 서울

선언지 긍정의 오류를 범한 추론이다. 선언문의 선언지 하나가 긍정된다고 하여 다른 하나가 부정되는 것은 아니다.

③
> 1. 갑 서울 → (을 부산 ∨ 병 전주)
> 2. ~병 전주
> ────────────────
> ∴ ~갑 서울

[~병 전주]만으로는 1의 후건이 부정되지 않는다. 선언문은 선언지 모두가 거짓이어야 거짓이다. 따라서 1의 전건 부정인 [~갑 서울]이 확정적으로 도출될 수는 없다.

④
> 1. (갑 부산 ∧ 을 부산) → 병 부산
> 2. ~병 부산
> ────────────────
> ∴ ~을 부산

2로 인해 1의 후건이 부정되어 '~갑 부산 ∨ ~을 부산'이 도출된다. 그런데 이 선언문의 선언지 중 무엇이 참일지는 알 수 없다. 따라서 [~을 부산]이라고 확정적으로 결론 내릴 수 없다.

정답 ②

008 〈보기〉와 동일한 논증 형식을 가지고 있는 것은?

/ 보기 /
갑은 공무원이 아니거나 회사원이다. 갑은 공무원이다. 그러므로 갑은 회사원이다.

① 을은 과묵하다. 따라서 을은 과묵하거나 세종시에 거주한다.
② 이번 독해 시험에는 사고력을 요하거나 추리력을 요하는 문제가 출제된다. 이번 독해 시험에는 추리력을 요하는 문제가 출제되었다. 따라서 이번 독해 시험에 사고력을 요하는 문제는 출제되지 않았다.
③ 소도시가 발전하면 사람들은 소도시로 이주할 것이다. 사람들은 소도시로 이주하지 않았다. 따라서 소도시는 발전하지 않았을 것이다.
④ 그녀는 영화를 즐겨 보지 않거나 뮤지컬을 즐겨 보지 않는다. 그런데 그녀는 영화를 즐겨 본다. 그러므로 그녀는 뮤지컬은 즐겨 보지 않는다.

009 다음 중 타당한 논증을 펼치는 사람을 모두 고르면?

갑: 식료품의 값이 비싸지면 식료품의 판매량이 줄어든다. 소비자가 가격에 부담을 느끼면 식료품의 판매량이 줄어들기 때문이다. 또한 식료품의 값이 비싸지면 소비자가 가격에 부담을 느끼기 때문이다.

을: 철수가 친구를 만났다면 도서관에는 가지 않았을 것이다. 철수는 친구를 만나지 않았다. 따라서 도서관에는 갔을 것이다.

병: 영희는 기분이 좋거나 한가할 것이다. 만일 영희가 기분이 좋다면 소설을 읽을 것이다. 만일 영희가 한가하다면 소설을 읽을 것이다. 따라서 영희는 소설을 읽을 것이다.

정: 민수가 주전으로 뛰었거나 민수의 팀이 우승했다는 소문은 사실이 아니다. 따라서 민수는 주전으로 뛰지 않았고, 민수의 팀이 우승하지도 않았다.

① 갑　　　　　　　　② 을, 병
③ 갑, 병, 정　　　　　④ 을, 병, 정

SOLUTION

해설 〈보기〉를 기호화하면 다음과 같다.

1. ~공무원 ∨ 회사원
2. 공무원
∴ 회사원

〈보기〉는 선언지 제거법이 활용된 논증이다. ④ 역시 '~영화 ∨ ~뮤지컬'에서 [영화]이므로 [~뮤지컬]이라고 결론 내리고 있으므로, 선언지 제거법이 활용된 논증이다.

오답 풀이 ① [과묵함]이므로 '과묵함 ∨ 세종시 거주'라고 결론 내리고 있다. 이는 선언지 첨가법이 활용된 논증이다.
② '사고력 ∨ 추리력'에서 [추리력]이므로 [~사고력]이라고 결론 내리고 있다. 이는 선언지 긍정의 오류를 범한 논증이다.
③ '소도시 발전 → 소도시로 이주'에서 [~소도시로 이주]이므로 [~소도시 발전]이라고 결론 내리고 있다. 이는 후건 부정식이 활용된 논증이다.

정답 ④

SOLUTION

해설

· 갑
1. 소비자 부담 느낌 → 식료품 판매량 줄어듦
2. 식료품 값 비쌈 → 소비자 부담 느낌
∴ 식료품 값 비쌈 → 식료품 판매량 줄어듦

1, 2로부터 가언 삼단 논법에 의해 '식료품 값 비쌈 → 식료품 판매량 줄어듦'이 타당하게 도출된다.

· 병
1. 기분 좋음 ∨ 한가함
2. 기분 좋음 → 소설
3. 한가함 → 소설
∴ 소설

1·2·3에서 단순 양도 논법에 의해 [소설]이 타당하게 도출된다.

· 정
~(주전 ∨ 우승) ≡ ~주전 ∧ ~우승

드모르간 법칙에 의해 결론이 타당하게 도출된다.

오답 풀이
· 을
1. 친구 만남 → ~도서관 감
2. ~친구 만남
∴ 도서관 감

전건 부정의 오류를 범한 부당한 논증이다.

정답 ③

010 전제가 참일 때, 결론이 반드시 참인 논증을 펼친 사람만을 모두 고르면?

2013 민경채 PSAT 변형

> **영희**: 갑이 A 부처에 발령을 받으면, 을은 B 부처에 발령을 받아. 그런데 을이 B 부처에 발령을 받지 않았어. 그러므로 갑은 A 부처에 발령을 받지 않았어.
>
> **철수**: 갑이 A 부처에 발령을 받으면, 을도 A 부처에 발령을 받아. 그런데 을이 B 부처가 아닌 A 부처에 발령을 받았어. 따라서 갑은 A 부처에 발령을 받았어.
>
> **현주**: 갑이 A 부처에 발령을 받지 않거나, 을과 병이 C 부처에 발령을 받아. 그런데 갑이 A 부처에 발령을 받았어. 그러므로 을과 병 모두 C 부처에 발령을 받았어.

① 영희
② 영희, 철수
③ 영희, 현주
④ 철수, 현주

011 다음 중 논증 형식이 같은 것끼리 묶인 것은?

2006 견습직원선발 PSAT 변형

> ㉠ A 교수가 국립 대학 교수라면 그는 대통령에 의해 임용되었을 것이다. 그러나 그는 대통령에 의해 임용되지 않았다. 따라서 A 교수는 국립 대학 교수가 아니다.
>
> ㉡ 여당 지도부의 지지 없는 새로운 증세안은 국무 회의에서 기각될 것이다. 그러나 국무 회의에서 새로운 증세안이 통과되었다. 따라서 여당 지도부는 증세안을 지지했음에 틀림없다.
>
> ㉢ 축구 대회에 참가한 모든 팀은 조별 리그에서 최소 1승을 한 경우에만 본선 2라운드에 진출할 수 있다. B 팀은 조별 리그에서 1승을 했다. 따라서 B 팀은 본선 2라운드에 진출하였다.
>
> ㉣ 논리학 과목에서 총 강의 시간의 1/4 이상 결석한 학생은 모두 그 과목에서 F학점을 받는다. C군은 지난 학기 논리학 과목에서 F학점을 받았다. 그는 지난 학기 그 과목에서 1/4 이상 결석했음에 틀림없다.

① ㉠,㉡ / ㉢,㉣
② ㉠,㉢ / ㉡,㉣
③ ㉠,㉣ / ㉡,㉢
④ ㉡ / ㉠,㉢,㉣

✓ SOLUTION

해설

- 영희
  1. 갑 A → 을 B
  2. ~을 B
  ∴ ~갑 A

  후건 부정식이 사용된 타당한 논증이다.

- 현주
  1. ~갑 A ∨ (을 C ∧ 병 C)
  2. 갑 A
  ∴ 을 C ∧ 병 C

  선언지 제거법이 사용된 타당한 논증이다.

오답 풀이

- 철수
  1. 갑 A → 을 A
  2. 을 A
  ∴ 갑 A

  후건 긍정의 오류를 범한 부당한 논증이다.

정답 ③

✓ SOLUTION

해설

㉠
  1. 국립 대학 → 대통령
  2. ~대통령
  ∴ ~국립 대학

후건 부정식이 사용된 타당한 논증이다.

㉡
  1. ~여당 지지 → 증세안 기각
  2. ~증세안 기각
  ∴ 여당 지지

후건 부정식이 사용된 타당한 논증이다.

㉢
  1. 2라운드 → 1승
  2. 1승
  ∴ 2라운드

'p인 경우에만 q이다'는 'q → p'로 기호화한다. 후건 긍정의 오류를 범한 부당한 논증이다.

㉣
  1. 1/4 이상 결석 → F
  2. F
  ∴ 1/4 이상 결석

후건 긍정의 오류를 범한 부당한 논증이다.

따라서 후건 부정식으로 결론을 이끌어 낸 ㉠·㉡과 후건 긍정의 오류를 범한 ㉢·㉣로 묶을 수 있다.

정답 ①

04 | 충분조건과 필요조건

012 다음 중 옳지 않은 진술은?

① 개나리가 피는 것의 충분조건이 봄이 되는 것이라면, 봄이 되면 반드시 개나리가 핀다.
② 한여름에 장시간 야외 활동을 하는 것은 열사병에 걸리는 충분조건이다. 따라서 열사병에 걸리지 않았다면 한여름에 장시간 야외 활동을 하지 않은 것이다.
③ 영어를 잘하는 것이 취업하기 위한 필요조건이지만 충분조건은 아니라면, 영어를 잘한다고 해서 반드시 취업하는 것은 아니다.
④ 영희가 그 가게에 가지 않았더라면 사은품을 받지 못했을 것이다. 따라서 사은품을 받게 된 것은 영희가 그 가게에 간 것의 필요조건이다.

SOLUTION

해설 '~가게 감 → ~사은품 받음'의 대우는 '사은품 받음 → 가게 감'이다. 따라서 [사은품 받음]이 [가게 감]의 충분조건이라는 것만 알 수 있을 뿐, 필요조건인지는 알 수 없다.

오답 풀이 ① '봄이 됨 → 개나리 핌'이라고 했으므로 [봄이 됨]이면 [개나리 핌]은 옳은 진술이다.
② '장시간 야외 활동 → 열사병'이라고 했다. 이의 대우는 '~열사병 → ~장시간 야외 활동'이므로 [~열사병]이면 [~장시간 야외 활동]은 옳은 진술이다.
③ '취업 → 영어 잘함'이지만 '영어 잘함 → 취업'은 성립하지 않는다고 했다. 따라서 [영어 잘함]이라고 해서 반드시 [취업]은 아니라는 것은 옳은 진술이다.

정답 ④

013 다음 중 옳지 않은 진술은?

① 오직 의사고시에 통과한 사람만이 의사가 될 수 있다. 따라서 의사고시 통과는 의사가 되기 위한 필요조건이다.
② 올바른 양치질 습관은 건강한 치아를 위해 충분한 조건이지, 필요한 조건은 아니다. 그러므로 올바른 양치질 습관을 갖지 않는다면 건강한 치아를 가질 수 없다.
③ 좋은 인간관계가 행복한 생활을 위한 필요조건이고, 건강한 신체는 행복한 생활을 위한 충분조건이다. 따라서 건강한 신체를 가진 사람이면 좋은 인관계를 가지고 있다.
④ 충분한 수분 섭취는 노폐물 배출에 필요한 조건이다. 따라서 충분한 수분을 섭취하지 않은 사람들은 노폐물 배출이 잘 되지 않을 것이다.

SOLUTION

해설 '올바른 양치질 습관은 건강한 치아를 위해 충분한 조건'은 '올바른 양치질 습관 → 건강한 치아'로 기호화된다. '올바른 양치질 습관을 갖지 않는다면 건강한 치아를 가질 수 없다'는 이 조건문에서 전건 부정의 오류를 범한 것이기 때문에 옳지 않다.

오답 풀이 ① '오직 의사고시에 통과한 사람만이 의사가 될 수 있다'는 '의사 → 의사고시 통과'로 기호화된다. 따라서 [의사고시 통과]는 [의사]의 필요조건이다.
③ "좋은 인간관계~행복한 생활을 위한 충분조건이다"는 '행복한 생활 → 좋은 인간관계'와 '건강한 신체 → 행복한 생활'로 기호화된다. 이 조건문들로부터 가언 삼단 논법에 의해 '건강한 신체 → 좋은 인간관계'가 타당하게 도출된다.
④ "충분한 수분 섭취는 노폐물 배출에 필요한 조건이다."는 '노폐물 배출 → 충분한 수분 섭취'로 기호화된다. 따라서 이의 대우인 '~충분한 수분 섭취 → ~노폐물 배출'은 참이다.

정답 ②

014 다음 글로부터 옳게 추론한 것은?

> 개미가 모래 위에서 방향을 이리저리 틀기도 하고 가로지르기도 하여 형성된 모양이 아주 우연히도 이순신 장군의 모습과 유사한 그림같이 되었다고 하자. 이 경우 그 개미가 이순신 장군의 그림을 그렸다고 할 수 있는가? 개미는 단순히 어떤 모양의 자국을 남긴 것이다. 선 그 자체는 어떤 것도 표상하지 않는다. 이순신 장군의 모습과 단순히 유사하다고 해서 그것이 바로 이순신 장군을 표상하거나 지시한다고 할 수 없다.

① 어떤 것을 표상하기 위해 유사성은 충분조건이다.
② 유사성은 어떤 것을 표상하기 위한 충분조건이 아니다.
③ 어떤 것을 표상하기 위해 유사성은 필요조건이다.
④ 유사성은 어떤 것을 표상하기 위한 필요조건이 아니다.

SOLUTION

해설 "이순신 장군의 모습과 ~ 지시 한다고 할 수 없다"는, [유사성]이라고 해서 반드시 [표상]이라고 할 수는 없다는 의미이다. 따라서 [유사성]은 [표상]의 충분조건이 아니라는 것이 옳은 추론이다.

오답풀이 ③·④ '표상 → 유사성'의 참 거짓은 알 수 없으므로, [유사성]이 [표상]의 필요조건인지, 아닌지는 알 수 없다.

정답 ②

015 ㉠~㉣에 들어갈 말로 바르게 짝 지어진 것은?

> 인과 관계를 지닌다는 것은 특정한 사건이 원인이 되어 다른 사건에 영향을 미친다는 것을 의미한다. 하지만 두 변수 간에 일정한 관련성이 입증된다 하더라도 상관관계는 인과 관계의 ㉠ 일 뿐 ㉡ 이 아니다. 즉 상관관계가 없는 변수들 간에는 인과 관계도 없는 것이다. 'A이면 B이다.'라는 명제가 성립할 때, A이면 반드시 B이기 때문에 A는 B가 성립하기 위한 ㉢ 이지만, B라고 해서 반드시 A가 되는 것은 아니기에 B는 A가 성립하기 위한 ㉣ 이다. 따라서 상관관계를 지닌 두 변수 사이에 인과 관계가 반드시 성립하지는 않는다는 것을 알 수 있다.

	㉠	㉡	㉢	㉣
①	필요조건	충분조건	충분조건	필요조건
②	필요조건	필요조건	충분조건	충분조건
③	충분조건	필요조건	필요조건	충분조건
④	충분조건	필요조건	충분조건	필요조건

SOLUTION

해설 상관관계가 없는 변수들 간에는 인과 관계도 없다는 것은 'A가 아니라면 B도 아니다'로 나타낼 수 있다. 따라서 상관관계는 인과 관계의 '필요조건(㉠)'일 뿐 '충분조건(㉡)'이 아니다. 또한 'A이면 B이다'에서 A는 B이기 위한 충분조건이며, B는 A이기 위한 필요조건이다. 따라서 ㉢에는 '충분조건'이, ㉣에는 '필요조건'이 들어가야 한다.

정답 ①

05 | 명제들의 대당 관계

016 첫 번째 문장이 참이라면, 두 번째와 세 번째 문장은 각각 참인가, 거짓인가?

- 모든 예술가는 낭만주의자가 아니다.
- 어떤 예술가는 낭만주의자이다.
- 모든 예술가는 낭만주의자이다.

	두 번째 문장	세 번째 문장
①	알 수 없다	참
②	참	알 수 없다
③	알 수 없다	거짓
④	거짓	거짓

SOLUTION

[해설] • 첫 번째 문장은 전칭 부정 명제이다. 전칭 부정 명제가 참인 경우라고 전제하고 다른 문장들을 판단하면 된다.
• 두 번째 문장은 특칭 긍정 명제이다. 둘은 모순 관계이므로 동시에 참일 수도, 거짓일 수도 없다. 따라서 전칭 부정 명제가 참일 때, 특칭 긍정 명제는 항상 거짓이다.
• 세 번째 문장은 전칭 긍정 명제이다. 둘은 반대 관계이므로 동시에 거짓일 수는 있지만 참일 수는 없다. 따라서 전칭 부정 명제가 참일 때, 전칭 긍정 명제는 항상 거짓이다.

[정답] ④

017 다음 중 반드시 참이라고는 할 수 없는 것은?

- ㉠ 우리 반 학생들은 모두 망고를 좋아한다.
- ㉡ 우리 반 학생들 중 몇몇은 망고를 좋아한다.
- ㉢ 어떤 사람들은 돼지고기를 먹지 않는다.
- ㉣ 모든 사람들은 돼지고기를 먹는다.
- ㉤ 휴대폰을 사용하는 사람들은 모두 무선 이어폰을 사용한다.
- ㉥ 휴대폰을 사용하는 사람들은 모두 무선 이어폰을 사용하지 않는다.

① ㉠이 참이면 ㉡도 참이다.
② ㉡이 참이면 ㉠도 참이다.
③ ㉢이 참이면 ㉣은 거짓이다.
④ ㉤이 참이면 ㉥은 거짓이다.

SOLUTION

[해설] ㉠은 전칭 긍정 명제이고 ㉡은 특칭 긍정 명제로, 둘은 함축 관계이다. 함축 관계에서 전칭이 참이면 특칭도 참이고, 특칭이 거짓이면 전칭도 거짓이다. 그런데 ㉡이 참이면 ㉠의 진릿값은 참인지 거짓인지 알 수 없다. 따라서 반드시 참이라고는 할 수 없다.

[오답 풀이] ③ ㉢은 특칭 부정 명제이고 ㉣은 전칭 긍정 명제로, 둘은 모순 관계이다. 모순 관계에서 두 명제의 진릿값은 항상 반대이다. 따라서 ㉢이 참이면 ㉣은 반드시 거짓이다.
④ ㉤은 전칭 긍정 명제이고 ㉥은 전칭 부정 명제로, 둘은 반대 관계이다. 반대 관계에서 두 명제는 동시에 거짓일 수는 있지만 참일 수는 없다. 따라서 ㉤이 참이면 ㉥은 반드시 거짓이다.

[정답] ②

018 〈보기〉의 명제 ㉠~㉣의 관계에 대해 올바르게 추론한 사람을 모두 고르면?

／보기／
㉠ 모든 직원은 휴가를 냈다.
㉡ 모든 직원은 휴가를 내지 않았다.
㉢ 어떤 직원은 휴가를 냈다.
㉣ 어떤 직원은 휴가를 내지 않았다.

갑: ㉠과 ㉣의 관계에 대해서는 ㉡과 ㉢의 관계에 대한 을의 추론을 그대로 적용할 수 있다.
을: ㉡이 참이면 ㉢은 거짓이고, ㉢이 참이면 ㉡은 거짓이다.
병: ㉣이 참일 경우 ㉢은 항상 거짓이다.

① 병
② 갑, 을
③ 을, 병
④ 갑, 을, 병

SOLUTION

해설 • 갑: ㉠은 전칭 긍정 명제이고 ㉣은 특칭 부정 명제이다. 둘은 ㉡, ㉢의 관계처럼 모순 관계이다. 따라서 을의 추론을 ㉠, ㉣에도 그대로 적용할 수 있다.
• 을: ㉡은 전칭 부정 명제이고 ㉢은 특칭 긍정 명제이다. 둘은 모순 관계이므로 진릿값이 항상 반대이다. 즉 하나가 참이면 다른 하나가 거짓이므로 옳은 추론이다.

오답풀이 • 병: ㉢은 특칭 긍정 명제이고 ㉣은 특칭 부정 명제이다. 둘은 소반대 관계이므로, 동시에 참은 될 수 있지만 동시에 거짓은 될 수 없다. 따라서 ㉣이 참일 경우 ㉢의 진릿값은 알 수 없다.

정답 ②

선재 쌤의 핵심 정리

001~005 다음 명제들의 관계를 파악하고, 참과 거짓 여부를 판단하시오.

001 '모든 s는 p이다.'와 '모든 s는 p가 아니다.'는 ① _____ 관계이므로, ② _____ 일 수는 없지만, ③ _____ 일 수는 있다.

002 '어떤 s는 p가 아니다.'가 참이면 '모든 s는 p가 아니다.'는 _____ 관계이므로, 참과 거짓을 알 수 없다.

003 '모든 s는 p가 아니다.'가 참이면 '어떤 s는 p가 아니다.'는 ① _____ 관계이므로, 무조건 ② _____ 이다.

004 '모든 s는 p가 아니다.'가 참이면 '어떤 s는 p가 아니다.'는 참/거짓 이다.

005 '모든 s는 p이다.'가 참이면 '어떤 s는 p가 아니다.'는 참/거짓 이다.

SOLUTION

정답
001 ① 반대   ② 동시에 참   ③ 동시에 거짓
002 함축
003 ① 함축   ② 참
004 참
005 거짓

06 | 명제 논리 — 타당한 결론의 도출

019 다음 진술이 모두 참일 때 반드시 참인 것은? 2025 국가직 9급

- 갑이 제주도 출장을 가면, 을은 제주도 출장을 가지 않는다.
- 을이 제주도 출장을 가지 않으면, 병은 휴가를 내지 않는다.
- 병이 휴가를 낸다.

① 갑이 제주도 출장을 가지 않는다.
② 을이 제주도 출장을 가지 않는다.
③ 갑이 제주도 출장을 가고 병은 휴가를 낸다.
④ 을이 제주도 출장을 가고 병은 휴가를 내지 않는다.

SOLUTION

해설 주어진 진술을 기호화하면 다음과 같다.

1. 갑 제주도 → ~을 제주도
2. ~을 제주도 → ~병 휴가
3. 병 휴가

3으로 인해 2의 후건이 부정되어 [을 제주도]가 도출된다. 그러면 1의 후건도 부정되어 [~갑 제주도]가 도출된다.
따라서 '갑이 제주도 출장을 가지 않는다'가 반드시 참이다.

정답률 89% 정답 ①

020 다음 진술이 모두 참일 때 반드시 참인 것은? 2025 지방직 9급

- 영희가 친구 혹은 선생님을 만났다면, 영희는 커피를 마셨다.
- 영희는 친구 혹은 선배를 만났다.
- 영희는 커피를 마신 적이 없다.

① 영희는 선배를 만났다.
② 영희는 친구를 만났다.
③ 영희는 선생님을 만났다.
④ 영희는 선배와 선생님을 모두 만났다.

SOLUTION

해설 주어진 진술을 기호화하면 다음과 같다.

1. (친구 ∨ 선생님) → 커피
2. 친구 ∨ 선배
3. ~커피

3으로 인해 1의 후건이 부정되어 '~(친구 ∨ 선생님)'이 도출된다. 이는 드모르간 법칙에 의해 '~친구 ∧ ~선생님'과 동치이고, 여기서 연언지 단순화로 [~친구], [~선생님]이 도출된다. 그러면 [~친구]로 인해 2의 선언지가 제거되어 [선배]가 도출된다.
따라서 '영희는 선배를 만났다'가 반드시 참이다.

정답률 92% 정답 ①

021 다음 진술이 모두 참일 때 반드시 참인 것은?

인혁처 1차 예시 문제

- 오 주무관이 회의에 참석하면, 박 주무관도 참석한다.
- 박 주무관이 회의에 참석하면, 홍 주무관도 참석한다.
- 홍 주무관이 회의에 참석하지 않으면, 공 주무관도 참석하지 않는다.

① 공 주무관이 회의에 참석하면, 박 주무관도 참석한다.
② 오 주무관이 회의에 참석하면, 홍 주무관은 참석하지 않는다.
③ 박 주무관이 회의에 참석하지 않으면, 공 주무관은 참석한다.
④ 홍 주무관이 회의에 참석하지 않으면, 오 주무관도 참석하지 않는다.

022 다음 빈칸에 들어갈 말로 가장 적절한 것은?

인혁처 2차 예시 문제

갑, 을, 병, 정 네 학생의 수강 신청과 관련하여 다음과 같은 사실들이 알려졌다.

- 갑과 을 중 적어도 한 명은 〈글쓰기〉를 신청한다.
- 을이 〈글쓰기〉를 신청하면 병은 〈말하기〉와 〈듣기〉를 신청한다.
- 병이 〈말하기〉와 〈듣기〉를 신청하면 정은 〈읽기〉를 신청한다.
- 정은 〈읽기〉를 신청하지 않는다.

이를 통해 갑이 ☐☐☐를 신청한다는 것을 알 수 있게 되었다.

① 〈말하기〉
② 〈듣기〉
③ 〈읽기〉
④ 〈글쓰기〉

SOLUTION

해설 주어진 진술을 기호화하면 다음과 같다.

1. 오 주무관 → 박 주무관
2. 박 주무관 → 홍 주무관
3. ~홍 주무관 → ~공 주무관

1과 2에서 가언 삼단 논법에 따라 '오 주무관 → 홍 주무관'이 도출되고, 이것의 대우는 '~홍 주무관 → ~오 주무관'이다.
따라서 '홍 주무관이 회의에 참석하지 않으면, 오 주무관도 참석하지 않는다'는 반드시 참이다.

오답풀이 ① 3의 대우는 '공 주무관 → 홍 주무관'이다. 2도 고려할 때, [공 주무관]이나 [박 주무관]일 경우 [홍 주무관]임을 알 수 있다. 하지만 [공 주무관]과 [박 주무관]의 관계는 알 수 없다.
② 1과 2에서 가언 삼단 논법에 따라 '오 주무관 → 홍 주무관'이 도출되므로, 반드시 참이 아니다.
③ [~박 주무관]이면 [공 주무관]인지는 알 수 없다.

정답률 60% **정답** ④

SOLUTION

해설 제시문을 기호화하면 다음과 같다.

1. 갑 글쓰기 ∨ 을 글쓰기
2. 을 글쓰기 → (병 말하기 ∧ 병 듣기)
3. (병 말하기 ∧ 병 듣기) → 정 읽기
4. ~정 읽기
∴ 갑 ☐☐☐☐

4로 의해 3의 후건이 부정되어 '~(병 말하기 ∧ 병 듣기)'가 도출된다. 이로 인해 2의 후건도 부정되어 [~을 글쓰기]가 도출되고, 그러면 1에서 선언지가 제거되어 [갑 글쓰기]가 도출된다.
따라서 빈칸에 들어갈 말은 '〈글쓰기〉'이다.

정답률 69% **정답** ④

023 다문화 사회에 맞는 정책을 만들기 위해 적절한 이론을 채택하고자 한다. 이 상황에서 다음 〈조건〉에 따를 때, 반드시 참인 것은?

― 조건 ―
- 샐러드볼 이론이 채택되지 않으면 모자이크 이론이 채택된다.
- 샐러드볼 이론이 채택되면 용광로 이론은 채택되지 않는다.
- 샐러드볼 이론이 채택되면 모자이크 이론은 채택되지 않는다.

① 모자이크 이론이 채택되면 용광로 이론도 채택된다.
② 용광로 이론이 채택되지 않으면 샐러드볼 이론이 채택된다.
③ 모자이크 이론이 채택되지 않으면 용광로 이론도 채택되지 않는다.
④ 샐러드볼 이론이 채택되지 않으면 용광로 이론이 채택된다.

024 이번 인구 총조사 대상자들에 관해 다음과 같은 사실이 밝혀졌다. 이 사실에 따라 대상자를 모두 고르면?

- 철수가 대상이면, 영희도 대상이다.
- 수지가 대상이거나 영희가 대상이다.
- 길동이 대상이 아니거나 철수가 대상이다.
- 영희는 대상이 아니다.

① 길동
② 수지
③ 수지, 철수
④ 길동, 수지

SOLUTION

해설 〈조건〉을 기호화하면 다음과 같다.

1. ~샐러드볼 → 모자이크
2. 샐러드볼 → ~용광로
3. 샐러드볼 → ~모자이크

1의 대우인 '~모자이크 → 샐러드볼'과 2로부터 가언 삼단 논법에 의해 '~모자이크 → ~용광로'가 도출된다.
따라서 '모자이크 이론이 채택되지 않으면 용광로 이론도 채택되지 않는다'가 반드시 참이다.

오답풀이 ① [모자이크]가 참이라면 3의 후건이 부정되어 [~샐러드볼]이 도출될 뿐이다. 이를 통해 2에서 [용광로]를 도출할 수는 없다. 이는 전건 부정의 오류를 범한 추론이다.
② 2에서 후건 긍정의 오류를 범한 추론이다.
④ 2에서 전건 부정의 오류를 범한 추론이다.

정답 ③

SOLUTION

해설 제시문을 기호화하면 다음과 같다.

1. 철수 → 영희
2. 수지 ∨ 영희
3. ~길동 ∨ 철수
4. ~영희

4로 인해 1의 후건이 부정되어 [~철수]가 도출된다. 이로 인해 3에서 선언지가 제거되어 [~길동]이 도출된다. 또한 4로 인해 2에서도 선언지가 제거되어 [수지]가 도출된다.
따라서 [~영희], [~철수], [~길동], [수지]이므로, 대상자는 '수지'이다.

정답 ②

025 명지는 철학과 학생이다. 다음 조건에 따라 명지가 수강을 신청할 과목을 모두 고른 것은?

- 논리학은 신청한다.
- 언어 철학을 신청하면 논리학은 신청하지 않는다.
- 과학 철학을 신청하면 언어 철학도 신청한다.
- 인식론을 신청하지 않으면 논리학과 과학 철학을 모두 신청하지 않는다.

① 논리학, 과학 철학
② 논리학, 인식론
③ 논리학, 언어 철학, 인식론
④ 논리학, 과학 철학, 인식론

026 다음 조건에 따라 기념회 참석자가 결정된다고 할 때, 갑~정 중 참석하는 사람을 모두 묶은 것은?

- 갑과 병 중에 적어도 한 명은 참석한다.
- 갑이 참석한다면 을도 참석한다.
- 을은 참석하지 않는다.
- 정이 참석하지 않는다면 병도 참석하지 않는다.

① 갑
② 갑, 병
③ 병, 정
④ 갑, 병, 정

SOLUTION

해설 주어진 조건을 기호화하면 다음과 같다.

1. 논리학
2. 언어 철학 → ~논리학
3. 과학 철학 → 언어 철학
4. ~인식론 → (~논리학 ∧ ~과학 철학)

1로 인해 2의 후건이 부정되어 [~언어 철학]이 도출된다. 또한 1로 인해 4의 후건도 부정되어 [인식론]도 도출된다. 앞서 도출된 [~언어 철학]으로 인해 3의 후건이 부정되어 [~과학 철학]이 도출된다.

따라서 [논리학], [~언어 철학], [인식론], [~과학 철학]이므로, 명지가 수강을 신청할 과목은 '논리학, 인식론'이다.

정답 ②

SOLUTION

해설 주어진 조건을 기호화하면 다음과 같다.

1. 갑 ∨ 병
2. 갑 → 을
3. ~을
4. ~정 → ~병

3으로 인해 2의 후건이 부정되어 [~갑]이 도출되고, 이로 인해 1에서 선언지가 제거되어 [병]이 도출된다. 그러면 4의 후건도 부정되어 [정]이 도출된다.

따라서 [~갑], [~을], [병], [정]이므로, 기념회에 참석할 사람은 '병, 정'이다.

정답 ③

027 영희는 매일 아침 다음 조건에 따라 지하철을 타고 출근한다. 다음 중 영희가 탈 지하철 호선의 개수는?

> ㉠ 2호선을 탄다.
> ㉡ 4호선이나 2호선을 타면, 3호선도 탄다.
> ㉢ 5호선을 타면 2호선은 타지 않는다.
> ㉣ 4호선을 타면 5호선도 탄다.

① 1개 ② 2개
③ 3개 ④ 4개

SOLUTION

해설 ㉠~㉣을 기호화하면 다음과 같다.

> ㉠ 2호선
> ㉡ (4호선 ∨ 2호선) → 3호선
> ㉢ 5호선 → ~2호선
> ㉣ 4호선 → 5호선

㉠으로 인해 ㉡의 전건이 긍정되어 [3호선]이 도출된다. 또한 ㉠으로 인해 ㉢의 후건이 부정되어 [~5호선]이 도출된다. 이로 인해 ㉣의 후건도 부정되어 [~4호선]이 도출된다.

따라서 [2호선], [3호선], [~4호선], [~5호선]이므로, 영희가 탈 지하철 호선의 개수는 '2개'이다.

정답 ②

028 다음 〈조건〉이 모두 참일 때, 반드시 참인 것은?

> /조건/
> A 위원회에서는 갑, 을, 병, 정 신임 사무관의 배치 여부를 결정하고자 한다. 신임 사무관은 다음과 같은 조건으로 배치된다.
> • 갑이 배치되거나 병이 배치되지 않는다.
> • 갑이 배치된다면, 정도 배치된다.
> • 을이 배치되지 않는다면, 갑이 배치된다.

① 병이 배치되지 않는다면, 갑이 배치된다.
② 을이 배치되지 않는다면, 병이 배치된다.
③ 정이 배치되지 않는다면, 병도 배치되지 않는다.
④ 정이 배치된다면, 을이 배치되지 않는다.

SOLUTION

해설 〈조건〉을 기호화하면 다음과 같다.

> 1. 갑 ∨ ~병
> 2. 갑 → 정
> 3. ~을 → 갑

[~정]이면, 2의 후건이 부정되어 [~갑]이 도출된다. 이로 인해 1에서 선언지가 제거되어 [~병]이 도출된다.

따라서 '정이 배치되지 않는다면, 병도 배치되지 않는다'는 반드시 참이다.

오답 풀이 ① [~병]이면, 1의 선언지가 제거되지 않으므로 [갑]이 반드시 참이라고 단정할 수는 없다.
② [~을]이면, 3의 전건이 긍정되어 [갑]이 도출된다. 하지만 이를 통해 1에서 [병]을 도출한다면 선언지 긍정의 오류를 범한 것이다.
④ 2, 3으로부터 가언 삼단 논법에 의해 '~을 → 정'이 도출된다. 이를 통해 '정 → ~을'이 참이라고 한다면 후건 긍정의 오류를 범한 것이다.

정답 ③

029 철수는 정책안 A~D에 대하여 찬성과 반대 둘 중 하나의 의견을 제시한다. 철수가 다음과 같이 행동할 때, 철수가 찬성하는 정책안은 이 중 몇 개인가?

> ㉠ A나 D 중 적어도 하나를 반대하면, C도 반대한다.
> ㉡ B를 반대하면, A는 찬성하고 D는 반대한다.
> ㉢ B를 찬성하면, C도 찬성한다.
> ㉣ D는 반드시 찬성한다.

① 1개　　② 2개
③ 3개　　④ 4개

030 다음 조건에 따라 제작부의 출장 여부가 결정될 때, 가장 옳은 것은?

> ㉠ 민 사원이나 최 사원이 출장을 가면, 김 사원도 출장을 간다.
> ㉡ 조 사원이 출장을 가지 않으면, 최 사원은 출장을 간다.
> ㉢ 김 사원이 출장을 가면, 조 사원은 출장을 가지 않는다.
> ㉣ 최 사원이 출장을 가면, 조 사원도 출장을 간다.

① 김 사원과 조 사원은 출장을 가지 않는다.
② 조 사원과 민 사원은 출장을 간다.
③ 조 사원은 출장을 가고 최 사원은 출장을 가지 않는다.
④ 민 사원은 출장을 가지 않고 최 사원은 출장을 간다.

SOLUTION (029)

해설 ㉠~㉣을 기호화하면 다음과 같다.

> ㉠ (~A ∨ ~D) → ~C
> ㉡ ~B → (A ∧ ~D)
> ㉢ B → C
> ㉣ D

㉣로 인해 ㉡의 후건이 부정되어 [B]가 도출된다. 이로 인해 ㉢의 전건이 긍정되어 [C]가 도출된다. 그러면 ㉠의 후건이 부정되어 '~(~A ∨ ~D)'가 도출되고, 이는 드모르간 법칙에 의해 'A ∧ D'와 동치이다. 여기에서 연언지 단순화로 [A]가 도출된다.

따라서 [A], [B], [C], [D]이므로, 철수가 찬성하는 정책안은 '4개'이다.

정답 ④

SOLUTION (030)

해설 ㉠~㉣을 기호화하면 다음과 같다.

> ㉠ (민 사원 ∨ 최 사원) → 김 사원
> ㉡ ~조 사원 → 최 사원
> ㉢ 김 사원 → ~조 사원
> ㉣ 최 사원 → 조 사원

㉡, ㉣로부터 가언 삼단 논법에 의해 '~조 사원 → 조 사원'이 도출된다. 이 명제는 모순이므로 귀류법에 의해 전제가 부정되어 [조 사원]이 도출된다. 이로 인해 ㉢의 후건이 부정되어 [~김 사원]이 도출된다. 그러면 ㉠의 후건도 부정되어 '~(민 사원 ∨ 최 사원)'이 도출되고, 이는 드모르간 법칙에 의해 '~민 사원 ∧ ~최 사원'과 동치이다. 여기서 연언지 단순화로 [~민 사원], [~최 사원]이 도출된다.

따라서 [조 사원], [~김 사원], [~민 사원], [~최 사원]이므로, '조 사원은 출장을 가고 최 사원은 출장을 가지 않는다'가 가장 옳다.

정답 ③

031 과학이 고도로 발전한 먼 미래에 우주 건설 계획이 세워졌다. 다음 〈조건〉에 따를 때, 도시가 세워질 행성을 모두 고르면?

조건
- 금성과 목성 두 행성 모두에 도시를 세울 수는 없다.
- 금성에 도시를 세우지 않으면, 천왕성에 도시를 세운다.
- 수성에 도시를 세우지 않으면, 목성에 도시를 세운다.
- 천왕성에는 도시를 세우지 않는다.

① 금성
② 금성, 수성
③ 목성, 수성
④ 금성, 수성, 목성

032 다음은 철수를 지켜보고 알아낸 사실이다. 이 사실이 모두 참일 때, 철수에 대해 옳게 추론한 것은?

- 철수가 바둑 학원을 다닌다면, 철수는 차분하다.
- 철수가 피아노 학원을 다닌다면, 철수의 아이큐는 낮지 않다.
- 철수가 논리적이지 않으면, 철수는 차분하지 않다.
- 철수의 아이큐가 낮지 않으면, 철수는 논리적이다.

① 철수가 피아노 학원을 다닌다면, 철수는 차분하다.
② 철수가 바둑 학원이나 피아노 학원을 다닌다면, 철수는 논리적이다.
③ 철수가 논리적이면, 철수는 바둑 학원과 피아노 학원 둘 다 다닌다.
④ 철수가 차분하면, 철수의 아이큐는 낮지 않다.

SOLUTION

해설 〈조건〉을 기호화하면 다음과 같다.

1. ~(금성 ∧ 목성)
2. ~금성 → 천왕성
3. ~수성 → 목성
4. ~천왕성

1은 드모르간 법칙에 따라 '~금성 ∨ ~목성'과 동치이다. 4로 인해 2의 후건이 부정되어 [금성]이 도출된다. 그러면 1에서 선언지가 제거되어 [~목성]이 도출되고, 이로 인해 3의 후건이 부정되어 [수성]이 도출된다.

따라서 [~천왕성], [금성], [~목성], [수성]이므로, 도시가 세워질 행성은 '금성, 수성'이다.

정답 ②

SOLUTION

해설 제시문을 기호화하면 다음과 같다.

1. 바둑 → 차분
2. 피아노 → ~아이큐 낮음
3. ~논리적 → ~차분
4. ~아이큐 낮음 → 논리적

1, 그리고 3의 대우인 '차분 → 논리적'에서 가언 삼단 논법에 의해 '바둑 → 논리적'이 도출된다. 또한 2, 4에서 가언 삼단 논법에 의해 '피아노 → 논리적'이 도출된다.

따라서 '철수가 바둑 학원이나 피아노 학원을 다닌다면, 철수는 논리적이다'가 옳은 추론이다.

오답풀이 ① 2, 4에서 가언 삼단 논법에 의해 '피아노 → 논리적'이 도출된다. 그러나 이를 통해 3에서 [차분]을 도출한다면 전건 부정의 오류를 범한 것이다.
③ '논리적 → (바둑 ∧ 피아노)'는 참인지 알 수 없다.
④ [차분]이 참이면, 3의 후건이 부정되어 [논리적]이 도출된다. 그러나 이를 통해 4에서 [~아이큐]를 도출한다면 후건 긍정의 오류를 범한 것이다.

정답 ②

033 한 공무원이 한글, 워드, 엑셀, 포토샵 중에서 업무에 사용할 프로그램을 고르려고 한다. 다음 〈조건〉에 따를 때, 반드시 참이라고 할 수는 없는 것은?

조건

- 엑셀을 사용하면 한글도 사용한다.
- 한글을 사용하면 워드도 사용한다.
- 워드를 사용하면 포토샵은 사용하지 않는다.
- 한글을 사용하면 엑셀도 사용한다.
---

① 한글을 사용하면, 총 3개의 프로그램을 사용한다.
② 엑셀을 사용하면, 총 3개의 프로그램을 사용한다.
③ 워드를 사용하면, 총 1개의 프로그램을 사용한다.
④ 포토샵을 사용하면, 총 1개의 프로그램을 사용한다.

034 다음은 과거(科擧)에 합격한 선비들에 관한 사실들이다. 이에 따를 때, 반드시 참인 것만을 〈보기〉에서 모두 고른 것은?

- 생원이 합격하면, 선달도 합격한다.
- 첨지가 합격하지 못하면, 선달도 합격하지 못한다.
- 선달이 합격하거나 첨지가 합격한다.
- 생원과 선달 중 적어도 한 명은 합격하지 못한다.

보기

㉠ 생원은 합격하지 못한다.
㉡ 선달은 합격한다.
㉢ 첨지는 합격한다.
---

① ㉠
② ㉠, ㉢
③ ㉡, ㉢
④ ㉠, ㉡, ㉢

SOLUTION

해설 〈조건〉을 기호화하면 다음과 같다.

1. 엑셀 → 한글
2. 한글 → 워드
3. 워드 → ~포토샵
4. 한글 → 엑셀

[워드]가 참이면 3의 전건이 긍정되어 [~포토샵]이 도출된다. 엑셀이나 한글의 사용 여부는 알 수 없다.
따라서 '워드를 사용하면, 총 1개의 프로그램을 사용한다'는 반드시 참이라고 할 수 없다.

오답 풀이 ① [한글]이 참이면 2의 전건이 긍정되어 [워드]가 도출되고, 이로 인해 3의 전건이 긍정되어 [~포토샵]이 도출된다. 또한 4의 전건도 긍정되어 [엑셀]이 도출된다. 따라서 한글, 워드, 엑셀 총 3개의 프로그램을 사용하게 된다.
② [엑셀]이 참이면 1의 전건이 긍정되어 [한글]이 도출된다. 이로 인해 2의 전건도 긍정되어 [워드]가 도출된다. 그러면 3의 전건이 긍정되어 [~포토샵]이 도출된다. 따라서 엑셀, 한글, 워드 총 3개의 프로그램을 사용하게 된다.
④ [포토샵]이 참이면 3의 후건이 부정되어 [~워드]가 도출되고, 이로 인해 2의 후건도 부정되어 [~한글]이 도출된다. 그러면 1의 후건도 부정되어 [~엑셀]이 도출된다. 따라서 포토샵 1개의 프로그램만 사용하게 된다.

정답 ③

SOLUTION

해설 제시문을 기호화하면 다음과 같다.

1. 생원 → 선달
2. ~첨지 → ~선달
3. 선달 ∨ 첨지
4. ~생원 ∨ ~선달

㉠ **풀이 1**
1의 대우는 '~선달 → ~생원'이다. 이와 4가 연결되어 '~생원 ∨ ~생원'이 도출된다. 이는 동어 반복이므로 결국 '생원은 합격하지 못한다'가 참임을 알 수 있다.

풀이 2
[생원]이 참이라 가정하면 1의 전건이 긍정되어 [선달]이 도출되고, 이로 인해 4에서 선언지가 제거되어 [~생원]이 도출된다. 이는 전제인 [생원]과 모순되므로 전제는 거짓이라는 것, 즉 [~생원]이 확정된다.

㉢ 2의 대우는 '선달 → 첨지'이다. 이와 3이 연결되어 '첨지 ∨ 첨지'가 도출되고, 이는 동어 반복이므로 결국 [첨지]가 참임을 알 수 있다.

오답 풀이 ㉡ [선달]의 참, 거짓은 알 수 없다.

정답 ②

035 다음 글의 내용이 모두 참일 때, 반드시 참인 것은?

- '방학이 시작되면 도시에 사람들이 붐빈다.'라는 말은 거짓이다.
- 도시에 사람들이 붐비지 않거나 차가 막힌다.
- 방학이 시작되면 차가 막히지 않는다.

① 차가 막히지 않는다.
② 도시에 사람들이 붐빈다.
③ 방학이 시작되지 않는다.
④ 차가 막히지 않으면 도시에 사람들이 붐빈다.

SOLUTION

해설 제시문을 기호화하면 다음과 같다.

1. ~(방학 → 도시 붐빔)
2. ~도시 붐빔 ∨ 차 막힘
3. 방학 → ~차 막힘

1은 단순 함축에 의해 '방학 ∧ ~도시 붐빔'과 동치이다. 여기에서 연언지 단순화로 [방학], [~도시 붐빔]이 도출된다. [방학]으로 인해 3의 전건이 긍정되어 [~차 막힘]이 도출된다.
따라서 '차가 막히지 않는다'가 반드시 참이다.

오답풀이 ②·③ 1에 따르면, [~도시 붐빔], [방학]이다.
④ [~차 막힘]이면 2에서 선언지가 제거되어 [~도시 붐빔]이 도출된다.

정답 ①

036 〈조건〉에 따라 갑, 을, 병, 정 중에서 주말 당직을 정한다고 한다. 이때 당직을 맡는 사람을 모두 고른 것은?

／ 조건 ／
- 갑과 병이 당직을 하면 을도 당직을 한다.
- 정이 당직을 하지 않으면 병이 당직을 한다.
- 갑이 당직을 하면 을도 당직을 한다는 말은 사실이 아니다.

① 갑, 을
② 갑, 정
③ 을, 병
④ 정, 병

SOLUTION

해설 〈조건〉을 기호화하면 다음과 같다.

1. (갑 ∧ 병) → 을
2. ~정 → 병
3. ~(갑 → 을)

3은 단순 함축에 의해 '갑 ∧ ~을'과 동치이다. 여기에서 연언지 단순화로 [갑], [~을]이 도출된다. [~을]로 인해 1의 후건이 부정되어 '~갑 ∨ ~병'이 도출된다. 여기에서 [갑]으로 인해 선언지가 제거되어 [~병]이 도출된다. 이로 인해 2의 후건이 부정되어 [정]까지 도출된다.
따라서 [갑], [~을], [~병], [정]이므로, 주말 당직을 맡는 사람은 '갑, 정'이다.

정답 ②

037 다음 〈조건〉에 따를 때, 열차가 지나갈 곳을 모두 고르면?

/ 조건 /
- 대전역을 지나면 목포역도 지난다.
- 서울역이나 광주역을 지나지만, 서울역과 광주역을 모두 지나지는 않는다.
- 목포역은 지나지 않는다.
- 광주역을 지나지 않으면 대전역은 지난다.

① 서울역
② 광주역
③ 대전역, 광주역
④ 광주역, 서울역

038 한 식당에서 다음의 〈조건〉에 따라 음료수를 제공한다. 이에 따를 때, 반드시 참인 것만을 〈보기〉에서 모두 고른 것은?

/ 조건 /
- 홍차나 사이다를 제공한다.
- 사이다를 제공하면 커피도 제공한다.
- 홍차를 제공하지 않거나 사이다를 제공하지 않는다.

/ 보기 /
㉠ 홍차나 사이다 중 반드시 하나만 제공한다.
㉡ 커피를 제공하지 않으면 홍차는 제공한다.
㉢ 홍차를 제공하면 사이다와 커피는 제공하지 않는다.

① ㉡
② ㉠, ㉡
③ ㉡, ㉢
④ ㉠, ㉡, ㉢

SOLUTION

해설 〈조건〉을 기호화하면 다음과 같다.

1. 대전역 → 목포역
2. 서울역 ∨ 광주역(배타적 선언)
3. ~목포역
4. ~광주역 → 대전역

2를 통해 [서울역]과 [광주역] 중 정확히 하나만 참임을 알 수 있다. 즉 둘은 **배타적 선언** 관계이다.
3으로 인해 1의 후건이 부정되어 [~대전역]이 도출된다. 이로 인해 4의 후건도 부정되어 [광주역]이 도출된다. 그러면 2로 인해 [~서울역]이 도출된다.
따라서 [~목포역], [~대전역], [광주역], [~서울역]이므로, 열차가 지나갈 곳은 '광주역'이다.

정답 ②

SOLUTION

해설 〈조건〉을 기호화하면 다음과 같다.

1. 홍차 ∨ 사이다
2. 사이다 → 커피
3. ~홍차 ∨ ~사이다

㉠ 1은 홍차와 사이다 둘 가운데 적어도 하나가 제공된다는 것을 뜻하고, 3은 둘 다 제공되는 것은 아니라는 의미이다. 이들이 동시에 성립하려면 홍차와 사이다 중 정확히 하나만 제공되어야 한다. 따라서 반드시 참이다.
㉡ [~커피]이면 2의 후건이 부정되어 [~사이다]가 도출된다. 그러면 1에서 선언지가 제거되어 [홍차]가 도출된다. 따라서 '~커피 → 홍차'는 반드시 참이다.

오답풀이 ㉢ [홍차]이면 3에서 선언지가 제거되어 [~사이다]가 도출된다. 그러나 이로 인해 2에서 [~커피]를 도출한다면 전건 부정의 오류를 범한 것이다.

정답 ②

039 먼 은하계에 X, 알파, 베타, 감마, 델타 다섯 행성이 있다. X 행성은 매우 호전적이어서 기회만 있으면 다른 행성을 식민지화하고자 한다. 다음 진술이 참이라고 할 때, X 행성이 침공할 행성을 모두 고르면?
2005 국가공무원 5급 PSAT 변형

> ㉠ X 행성은 델타 행성을 침공하지 않는다.
> ㉡ X 행성은 베타 행성을 침공하거나 델타 행성을 침공한다.
> ㉢ X 행성이 감마 행성을 침공하지 않는다면 알파 행성을 침공한다.
> ㉣ X 행성이 베타 행성을 침공한다면 감마 행성을 침공하지 않는다.

① 베타 행성
② 알파와 베타 행성
③ 알파와 감마 행성
④ 알파와 베타와 감마 행성

040 다음은 범인에 대한 김 형사와 이 형사의 추리이다. 이 내용이 참일 때, 범인에 대한 정보로 반드시 참인 것은?

> 김 형사: 범인은 안경을 쓰지 않았어. 그리고 만약 범인이 야구 모자를 썼다면 샌들은 신지 않았어.
> 이 형사: 그런가? 범인은 안경을 썼거나 야구 모자를 썼어. 그리고 샌들을 신지 않았다면 배낭을 멨지.

① 야구 모자를 쓰지 않았다.
② 샌들을 신고 배낭을 멨다.
③ 야구 모자를 쓰고 배낭을 멨다.
④ 샌들을 신고 야구 모자를 썼으며, 배낭을 멨다.

SOLUTION

해설 ㉠~㉣을 기호화하면 다음과 같다.

> ㉠ ~델타
> ㉡ 베타 ∨ 델타
> ㉢ ~감마 → 알파
> ㉣ 베타 → ~감마

㉠으로 인해 ㉡에서 선언지가 제거되어 [베타]가 도출된다. 그러면 ㉣의 전건이 긍정되어 [~감마]가 도출되고, 이로 인해 ㉢의 전건도 긍정되어 [알파]가 도출된다.
따라서 [알파], [베타], [~감마], [~델타]이므로, X 행성이 침공할 행성은 '알파와 베타 행성'이다.

정답 ②

SOLUTION

해설 주어진 대화를 기호화하면 다음과 같다.

> 1. ~안경
> 2. 야구 모자 → ~샌들
> 3. 안경 ∨ 야구 모자
> 4. ~샌들 → 배낭

1로 인해 3에서 선언지가 제거되어 [야구 모자]가 도출된다. 이로 인해 2의 전건이 긍정되어 [~샌들]이 도출되고, 그러면 4의 전건도 긍정되어 [배낭]이 도출된다.
따라서 [~안경], [야구 모자], [~샌들], [배낭]이므로, 범인은 '야구 모자를 쓰고 배낭을 멨다'.

정답 ③

041 갑, 을, 병, 정 중에 교환 학생이 선발된다. 다음 조건에 따를 때, 반드시 선발되는 학생의 수는?

- 갑은 선발된다.
- 갑과 을이 모두 선발된다는 말은 사실이 아니다.
- 을이 선발되지 않으면 병이 선발된다.
- 정이 선발되면 갑은 선발되지만 병은 선발되지 않는다.

① 1명　　② 2명
③ 3명　　④ 4명

042 다음은 선재 버거에서 이번에 출시할 제품에 대한 정보이다. 다음 정보가 참일 때, 출시될 제품을 모두 고른 것은?

- 더블 치킨 버거는 출시하지 않는다.
- 새우 버거를 출시하지 않으면, 더블 치킨 버거를 출시한다.
- 새우 버거를 출시하지 않거나 치즈 스틱을 출시한다.
- 트러플 버거를 출시하지 않으면 치즈 스틱도 출시하지 않는다.

① 새우 버거
② 새우 버거, 트러플 버거
③ 치즈 스틱, 트러플 버거
④ 새우 버거, 치즈 스틱, 트러플 버거

SOLUTION

해설 주어진 조건을 기호화하면 다음과 같다.

1. 갑
2. ~(갑 ∧ 을)
3. ~을 → 병
4. 정 → (갑 ∧ ~병)

2는 드모르간 법칙에 의해 '~갑 ∨ ~을'과 동치이다. 1로 인해 여기서 선언지가 제거되어 [~을]이 도출된다. 이로 인해 3의 전건이 긍정되어 [병]이 도출된다. 그러면 4의 후건이 부정되어 [~정]이 도출된다.
따라서 [갑], [~을], [병], [~정]이므로, 선발될 학생은 '2명'이다.

정답 ②

SOLUTION

해설 주어진 정보를 기호화하면 다음과 같다.

1. ~더블 치킨 버거
2. ~새우 버거 → 더블 치킨 버거
3. ~새우 버거 ∨ 치즈 스틱
4. ~트러플 버거 → ~치즈 스틱

1로 인해 2의 후건이 부정되어 [새우 버거]가 도출된다. 이로 인해 3에서 선언지가 제거되어 [치즈 스틱]이 도출되고, 그러면 4의 후건이 부정되어 [트러플 버거]가 도출된다.
따라서 [~더블 치킨 버거], [새우 버거], [치즈 스틱], [트러플 버거]이므로, 출시되는 제품은 '새우 버거, 치즈 스틱, 트러플 버거'이다.

정답 ④

실력

043 A, B, C, D 네 개의 국책 사업 추진 여부를 두고, 정부가 다음과 같은 기본 방침을 정했다. 이를 따를 때, 반드시 참이라고는 할 수 없는 것은?

2011 민경채 PSAT 변형

- A를 추진한다면, B도 추진한다.
- C를 추진한다면, D도 추진한다.
- A나 C 가운데 적어도 한 사업은 추진한다.

① 적어도 두 가지 사업은 추진한다.
② A를 추진하지 않기로 결정한다면, 추진하는 사업은 정확히 두 개이다.
③ B를 추진하지 않기로 결정한다면, C는 추진한다.
④ D를 추진하지 않기로 결정한다면, 다른 세 사업의 추진 여부도 모두 정해진다.

실력

044 다음을 참이라고 가정할 때, 회의를 반드시 개최해야 하는 날의 수는?

2016 민경채 PSAT 변형

- 회의는 다음 주에 개최한다.
- 월요일에는 회의를 개최하지 않는다.
- 화요일과 목요일에 회의를 개최하거나 월요일에 회의를 개최한다.
- 금요일에 회의를 개최하지 않으면, 화요일에도 회의를 개최하지 않고 수요일에도 개최하지 않는다.

① 1
② 2
③ 3
④ 4

✓ SOLUTION

해설 제시문을 기호화하면 다음과 같다.

1. A → B
2. C → D
3. A ∨ C

[~A]이면 3에서 선언지가 제거되어 [C]가 도출된다. 그러면 2의 전건이 긍정되어 [D]도 도출된다. 그런데 B의 추진 여부는 알 수 없다. 만약 B가 추진된다면 최대 세 개가 추진될 것이다. 따라서 추진하는 사업이 정확히 두 개라고 할 수는 없다.

오답풀이 ① 3에 따르면 A, C 중 적어도 하나는 추진된다. 그런데 A가 추진되면 B가 추진되고, C가 추진되면 D가 추진된다. 따라서 적어도 두 가지 사업은 추진된다.
③ [~B]가 참이라면, 1의 후건이 부정되어 [~A]가 도출된다. 이로 인해 3에서 선언지가 제거되어 [C]가 도출되므로 이 경우 C는 추진된다.
④ [~D]가 참이라면, 2의 후건이 부정되어 [~C]가 도출된다. 그러면 3에서 선언지가 제거되어 [A]가 도출되고, 이어 1의 전건이 긍정되어 [B]가 도출된다. 즉 다른 세 사업의 추진 여부가 모두 정해진다.

정답 ②

✓ SOLUTION

해설 제시문을 기호화하면 다음과 같다.

1. ~월
2. (화 ∧ 목) ∨ 월
3. ~금 → (~화 ∧ ~수)

1로 인해 2에서 선언지가 제거되어 '화 ∧ 목'이 도출된다. 여기서 연언지 단순화로 [화], [목]이 도출된다. [화]로 인해 3의 후건이 부정되어 [금]도 도출된다. [수]의 참, 거짓은 알 수 없다.

따라서 [~월], [화], [목], [금]이므로, 회의를 반드시 개최해야 하는 날의 수는 '3'이다.

정답 ③

07 | 명제 논리 — 생략된 전제 찾기

045 다음 대화의 빈칸에 들어갈 말로 가장 적절한 것은?

2025 국가직 9급

> 갑: 설명회는 다음 달 셋째 주 목요일이나 넷째 주 목요일에 개최해야 합니다.
> 을: 설명회를 ☐.
> 병: 설명회를 다음 달 셋째 주 목요일에 개최하면, 홍보 포스터 제작을 이번 주 안에 완료해야 합니다.
> 정: 여러분의 의견대로 하자면, 반드시 이번 주 안에 홍보 포스터 제작을 완료해야 하겠군요.

① 다음 달 넷째 주 목요일에 개최해야 합니다
② 다음 달 셋째 주 목요일에 개최할 수 없습니다
③ 다음 달 넷째 주 목요일에 개최할 수 없습니다
④ 다음 달 넷째 주 목요일에 개최하면, 이번 주 안에 홍보 포스터 제작을 완료하지 않아도 됩니다

046 결론이 항상 참일 때, 빈칸에 들어갈 내용으로 가장 적절한 것은?

> • 만일 갑이 간다면, 을도 갈 것이다.
> • ☐.
> • 병이 가지 않는다면, 갑은 갈 것이다.
> **결론**. 정이 간다면, 을도 갈 것이다.

① 갑이 가지 않으면, 병은 갈 것이다
② 정이 가지 않으면, 갑도 가지 않는다
③ 병이 간다면, 정은 가지 않는다
④ 병이 가지 않으면, 정은 갈 것이다

SOLUTION

해설 주어진 대화를 기호화하면 다음과 같다.

1. 셋째 주 ∨ 넷째 주
2. ☐
3. 셋째 주 → 홍보 포스터
∴ 홍보 포스터

주어진 결론인 [홍보 포스터]를 도출하려면 3의 전건이 긍정되어야 하므로 [셋째 주]가 필요하다. [셋째 주]는 1에서 [넷째 주]를 제거하면 도출할 수 있다. 따라서 [~넷째 주]인 '다음 달 넷째 주 목요일에 개최할 수 없습니다'가 빈칸에 들어갈 말로 가장 적절하다.

오답 풀이 ② [~셋째 주]가 추가되면 1에서 선언지가 제거되어 [넷째 주]가 도출될 뿐이다. 이는 주어진 결론과 다르다.
④ '넷째 주 → ~홍보 포스터'가 추가되면 1, 3과 연결되어 '홍보 포스터 ∨ ~홍보 포스터'가 도출될 뿐이다. 이는 주어진 결론과 다르다.

정답률 89% **정답** ③

SOLUTION

해설 제시문을 기호화하면 다음과 같다.

1. 갑 → 을
2. ☐
3. ~병 → 갑
∴ 정 → 을

1, 3으로부터 가언 삼단 논법에 의해 '~병 → 을'이 도출된다. 여기서 결론을 도출하려면 [~병]과 [정]을 이어줘야 한다. 그런데 결론의 전건이 [정]이므로, '정 → ~병'이 들어가야 하고, 이의 대우는 '병 → ~정'이다.

따라서 '병이 간다면, 정은 가지 않는다'가 빈칸에 들어갈 내용으로 가장 적절하다.

오답 풀이 ① '~갑 → 병'은 3의 대우로, 동어 반복일 뿐이다.
② '~정 → ~갑'은 이의 대우인 '갑 → 정'과 3으로부터 가언 삼단 논법에 의해 '~병 → 정'을 도출할 수 있을 뿐이다.

정답 ③

047 다음 글의 밑줄 친 결론을 이끌어 내기 위해 추가해야 할 전제는?

> 면접관이 잠재력을 중시한다면, 기술 점수는 평가 기준에서 제외된다. 하지만 기술 점수와 태도 점수 중 적어도 하나는 반드시 평가 기준에 포함된다. 만약 태도 점수가 평가 기준에 포함된다면, 철수는 면접에서 합격한다. 그러므로 <u>면접관이 잠재력을 중시하지 않은 것이 분명하다.</u>

① 철수는 면접에서 합격하지 못했다.
② 태도 점수는 평가 기준에 포함되었다.
③ 기술 점수는 평가 기준에서 제외되었다.
④ 기술 점수가 평가 기준에 포함된다면, 철수는 면접에서 합격한다.

✓ SOLUTION

해설 제시문을 기호화하면 다음과 같다.

1. 잠재력 중시 → ~기술 점수
2. 기술 점수 ∨ 태도 점수
3. 태도 점수 → 철수 합격
4. ☐
∴ ~잠재력 중시

[~잠재력 중시]가 도출되려면 1의 후건이 부정되어야 하므로 [기술 점수]가 필요하다. 이를 위해 2에서 선언지가 제거되어야 하므로 [~태도 점수]가 필요하다. 그러면 이를 위해 3의 후건이 부정되어야 하므로 [~철수 합격]이 필요하다. 따라서 추가해야 할 전제는 '철수는 면접에서 합격하지 못했다'이다.

오답 풀이 ② [태도 점수]가 추가된다면 3의 전건이 긍정되어 [철수 합격]만 도출될 뿐이다.
③ [~기술 점수]가 추가된다면 2에서 선언지가 제거되어 [태도 점수]가 도출되고, 이로 인해 3의 전건이 긍정되어 [철수 합격]이 도출될 뿐이다.
④ '기술 점수 → 철수 합격'이면 2, 3과 연결되어 단순 양도 논법에 의해 [철수 합격]이 도출될 뿐이다.

정답 ①

048 다음 추론이 타당하기 위해 추가로 필요한 진술은?

> 기차가 1번 승강장으로 들어왔다면 서울을 지나왔을 것이다. 기차가 서울을 지나왔다면 종점에서 출발했고 탑승 시간이 지연되었을 것이다. 따라서 기차는 1번 승강장으로 들어오지 않았다.

① 기차의 탑승 시간은 지연되었을 것이다.
② 기차는 종점에서 출발했을 것이다.
③ 기차는 서울을 지나왔을 것이다.
④ 기차의 탑승 시간은 지연되지 않았을 것이다.

✓ SOLUTION

해설 제시문을 기호화하면 다음과 같다.

1. 1번 → 서울
2. 서울 → (종점 출발 ∧ 탑승 지연)
3. ☐
∴ ~1번

1, 2에서 가언 삼단 논법에 의해 '1번 → (종점 출발 ∧ 탑승 지연)'이 도출된다. 여기서 [~1번]이 도출되려면 후건이 부정되어야 하므로 '~종점 출발 ∨ ~탑승 지연'이 필요하다.
선언문은 선언지 중 하나만 참이어도 참이므로 '기차의 탑승 시간은 지연되지 않았을 것이다'가 추가로 필요한 진술이다.

정답 ④

049 다음 글의 밑줄 친 결론을 이끌어 내기 위해 추가해야 할 전제는?

> 이번 실험이 성공한다면, 첫 번째 가설이 옳다. 한편, 첫 번째 가설과 두 번째 가설이 동시에 옳을 수는 없다. 그런데 만약 기존 연구 결과에 오류가 있다는 것이 밝혀진다면, 두 번째 가설이 옳다. 따라서 <u>기존 연구 결과에는 어떤 오류도 없다.</u>

① 첫 번째 가설이 옳지 않다.
② 두 번째 가설이 옳다.
③ 이번 실험은 성공했다.
④ 기존 연구 결과에 오류가 있다면, 첫 번째 가설도 옳지 않다.

050 태희는 도서관의 책에서 다음과 같은 메모를 발견하였다. 태희가 이 메모를 보고 "아, 진석이가 나를 좋아하는구나!"라고 믿기 위하여 보충되어야 할 전제는?

> 진석이 태희를 좋아하지 않는다면, 민수도 태희를 좋아하지 않아. 민수가 태희를 좋아하거나 성빈이 태희를 좋아하지 않아. 성빈이 태희를 좋아할 경우에만, 강우는 태희를 좋아해.

① 성빈이 태희를 좋아하면, 민수는 태희를 좋아하지 않는다.
② 강우가 태희를 좋아한다.
③ 민수는 태희를 좋아하지 않는다.
④ 성빈은 태희를 좋아하지 않는다.

SOLUTION

해설 제시문을 기호화하면 다음과 같다.

1. 실험 성공 → 첫 번째
2. ~(첫 번째 ∧ 두 번째)
3. 오류 → 두 번째
4. ☐
   ────────────
   ∴ ~오류

[~오류]를 결론으로 이끌어 내려면, 3의 후건이 부정되어야 하므로 [~두 번째]가 필요하다. [~두 번째]를 도출하려면, 2에 드모르간 법칙이 적용된 '~첫 번째 ∨ ~두 번째'에서 선언지가 제거되어야 하므로 [첫 번째]가 필요하다. 이를 위해 1의 전건이 긍정되어야 하므로, [실험 성공]이 필요하다.
따라서 '이번 실험은 성공했다'가 전제로 추가되어야 한다.

오답 풀이 ① [~첫 번째]가 추가되면 1의 후건이 부정되어 [~실험 성공]이 도출될 뿐이다.
② [두 번째]가 추가되면 2에서 선언지가 제거되어 [~첫 번째]가 도출되고, 이로 인해 1의 후건이 부정되어 [~실험 성공]이 도출될 뿐이다.
④ '오류 → ~첫 번째'는 1·2·3 중 어느 것과도 연결되지 않는다.

정답 ③

SOLUTION

해설 제시문을 기호화하면 다음과 같다.

1. ~진석 → ~민수
2. 민수 ∨ ~성빈
3. 강우 → 성빈
4. ☐
   ────────────
   ∴ 진석

[진석]을 도출하려면, 1의 후건이 부정되어야 하므로 [민수]가 필요하다. [민수]를 도출하려면 2에서 선언지가 제거되어야 하므로 [성빈]이 필요하다. [성빈]을 도출하려면 3의 전건이 긍정되어야 하므로 [강우]가 필요하다.
따라서 '강우가 태희를 좋아한다'가 전제로 보충되어야 한다.

정답 ②

051 ㉠에 들어갈 말로 가장 적절한 것은?

김 형사: 이제까지 알아낸 사실을 말해 주지. 그 범죄에 을이 가담했다면, 갑도 가담했을 거야. 하지만 갑이 가담하지 않았다면, 병도 가담하지 않았을 거야.
박 형사: 정말인가? 그렇다면 갑이 범죄에 가담한 게 확실해.
김 형사: 당신은 [　　㉠　　]고 생각하고 있군?

① 병이 가담하지 않았다
② 을이 가담했다면, 병도 가담했다
③ 을이나 병이 가담했다
④ 을이나 병이 가담하지 않았다

SOLUTION

해설 주어진 대화를 기호화하면 다음과 같다.

1. 을 → 갑
2. ~갑 → ~병
3. ㉠
∴ 갑

2의 대우는 '병 → 갑'이다. 즉 1과 '병 → 갑'을 통해 [갑]을 도출해 내려면, 두 전제의 전건인 [을]이나 [병]이 긍정되어야 한다.
따라서 ㉠에는 '을이나 병이 가담했다'가 들어가야 적절하다.

오답 풀이 ② '을 → 병'이면 2의 대우인 '병 → 갑'과 함께 가언 삼단 논법에 의해 '을 → 갑'이 도출될 뿐이다.

정답 ③

052 다음 글의 내용이 참일 때, '결정적 정보'에 해당하는 것은?

- 갑과 병 가운데 적어도 한 사람의 증언은 참이다.
- 을과 정 가운데 적어도 한 사람의 증언은 참이다.
- 병의 증언이 참이면, 정의 증언은 참이 아니다.

이때, '결정적 정보'가 추가된다면 '갑의 증언은 참이다.'라는 사실이 확실해진다.

① 병의 증언은 참이다.
② 을의 증언은 참이 아니다.
③ 정의 증언은 참이 아니다.
④ 정의 증언이 참이면, 을의 증언도 참이다.

SOLUTION

해설 제시문을 기호화하면 다음과 같다.

1. 갑 ∨ 병
2. 을 ∨ 정
3. 병 → ~정
4. 결정적 정보
∴ 갑

[갑]을 도출하려면, 일단 1에서 선언지가 제거되어야 하므로 [~병]이 필요하다. 이를 위해 3의 후건이 부정되어야 하므로 [정]이 필요하다. [정]을 도출하려면 2에서 선언지가 제거되어야 하므로 [~을]이 필요하다.
따라서 결정적 정보는 '을의 증언은 참이 아니다'이다.

오답 풀이 ① [병]이면 3의 전건이 긍정되어 [~정]이 도출되고, 이로 인해 2에서 선언지가 제거되어 [을]이 도출될 뿐이다.
③·④ [~정]이면 2에서 선언지가 제거되어 [을]이 도출된다. 또한 '정 → 을'이 추가되면 2와 연결되어 '을 ∨ 을', 즉 [을]이 도출될 뿐이다.

정답 ②

053 다음 글의 밑줄 친 결론을 이끌어 내기 위해 추가해야 할 전제는?

> 이번 연구에서는 질문지 조사 방법과 면접 조사 방법 중 적어도 하나가 선택된다. 면접 조사 방법이 선택된다면, 박 교수가 연구에 참여한다. 만일 박 교수가 연구에 참여하면, 박 교수는 학과장이 되지 못한다. 그러므로 <u>박 교수는 학과장이 되지 못할 것이다.</u>

① 강 교수가 연구에 참여한다.
② 면접 조사 방법이 선택되지 않는다.
③ 질문지 조사 방법이 선택되지 않는다.
④ 질문지 조사 방법이 선택되면, 박 교수가 연구에 참여하지 않는다.

054 다음 추론이 타당하기 위해 빈칸에 들어갈 내용으로 가장 적절한 것은?

> - 음식이 맛있고 실내 장식이 독특한 식당은 사람들로 붐빈다.
> - A 식당이나 B 식당이 사람들로 붐비면 C 지역의 관광객이 늘어난다.
> - _____.
>
> 따라서 C 지역의 관광객이 늘어났다.

① A 식당은 음식이 맛있거나 실내 장식이 독특하다
② A 식당이나 B 식당은 음식이 맛있다
③ B 식당은 음식이 맛있고 실내 장식이 독특하다
④ B 식당의 실내 장식이 독특하지 않으면 사람들로 붐비지 않는다

SOLUTION

해설 제시문을 기호화하면 다음과 같다.

1. 질문지 ∨ 면접
2. 면접 → 박 연구
3. 박 연구 → ~박 학과장
4. _____
∴ ~박 학과장

[~박 학과장]을 도출하려면 3의 전건이 긍정되어야 하므로 [박 연구]가 필요하다. 이를 위해 2의 전건이 긍정되어야 하므로 [면접]이 필요하다. [면접]은 1에서 선언지가 제거되면 도출될 수 있으므로 [~질문지]가 필요하다.
따라서 추가되어야 할 전제는 '질문지 조사 방법이 선택되지 않는다'이다.

오답풀이 ④ '질문지 → ~박 연구'가 추가되면 1, 2와 연결되어 '~박 연구 ∨ 박 연구'가 도출될 뿐이다. 둘 중 어느 것이 참일지는 알 수 없으므로, 주어진 결론도 도출할 수 없다.

정답 ③

SOLUTION

해설 제시문을 기호화하면 다음과 같다.

1. (음식 ∧ 실내 장식) → 붐빔
2. (A 붐빔 ∨ B 붐빔) → C 관광객
3. _____
∴ C 관광객

2의 전건이 긍정되면 결론인 [C 관광객]이 도출되므로, 'A 붐빔 ∨ B 붐빔'이 필요하다. 1의 전건이 긍정되면 [붐빔]이 도출되므로, '음식 ∧ 실내 장식'이 필요하다. 즉 '(A 음식 ∧ A 실내 장식) ∨ (B 음식 ∧ B 실내 장식)'이 필요하다. 선언문이므로 선언지 중 하나만 참이어도 참이 된다.
따라서 'B 식당은 음식이 맛있고 실내 장식이 독특하다'가 빈칸에 들어갈 내용으로 가장 적절하다.

정답 ③

055 다음은 선재 수산에 대한 정보이다. 밑줄 친 결론을 이끌어 내기 위해 추가해야 할 전제는?

> - 연어를 팔거나 광어를 판다.
> - 만일 민어를 판다면 오징어도 판다.
> - 하지만 민어를 팔지 않으면, 연어를 팔지 않는다.
> - 따라서 <u>선재 수산에서는 광어를 팔 것이다.</u>

① 민어를 판다.
② 오징어는 팔지 않는다.
③ 연어를 판다.
④ 민어를 팔거나 광어를 판다.

◆ SOLUTION

해설 제시문을 기호화하면 다음과 같다.

1. 연어 ∨ 광어
2. 민어 → 오징어
3. ~민어 → ~연어
4. ☐
   ∴ 광어

[광어]가 도출되려면 1에서 선언지가 제거되어야 하므로 [~연어]가 필요하다. 이를 위해 3의 전건이 긍정되어야 하므로, [~민어]가 필요하다. [~민어]는 2의 후건이 부정되면 도출되므로, [~오징어]가 필요하다.
따라서 '오징어는 팔지 않는다'가 추가되어야 할 전제이다.

정답 ②

술어 논리와 복합 문제

풀이 전략
- 술어 논리의 기호화 방법을 학습한다.
- 추론 규칙을 적용하여 타당한 결론을 도출하는 연습을 한다.
- 생략된 전제를 찾는 문제를 연습한다.

대표 ㉮와 ㉯를 전제로 결론을 이끌어 낼 때, 빈칸에 들어갈 말로 가장 적절한 것은?   인혁처 2차 예시 문제

㉮ 축구를 잘하는 사람은 모두 머리가 좋다.
㉯ 축구를 잘하는 어떤 사람은 키가 작다.
따라서 _____.

① 키가 작은 어떤 사람은 머리가 좋다
② 키가 작은 사람은 모두 머리가 좋다
③ 머리가 좋은 사람은 모두 축구를 잘한다
④ 머리가 좋은 어떤 사람은 키가 작지 않다

SOLUTION

해설 제시문을 기호화하면 다음과 같다.

㉮ 축구 잘함 → 머리 좋음
㉯ 축구 잘함a ∧ 키 작음a
∴ _____

㉯에서 연언지 단순화로 [축구 잘함a], [키 작음a]가 도출된다. [축구 잘함a]로 인해 ㉮의 전건이 긍정되어 [머리 좋음a]가 도출되고, 이를 [키 작음a]와 연언화하면 '키 작음a ∧ 머리 좋음a'가 도출된다.
따라서 '키가 작은 어떤 사람은 머리가 좋다'가 빈칸에 들어가야 적절하다.

정답률 83% **정답** ①

01 | 술어 논리 — 타당한 결론의 도출

056 ㉮와 ㉯를 전제로 할 때 빈칸에 들어갈 결론으로 가장 적절한 것은?

인혁처 1차 예시 문제

> ㉮ 노인 복지 문제에 관심이 있는 사람 중 일부는 일자리 문제에 관심이 있는 사람이 아니다.
> ㉯ 공직에 관심이 있는 사람은 모두 일자리 문제에 관심이 있는 사람이다.
> 따라서 _____.

① 노인 복지 문제에 관심이 있는 사람 중 일부는 공직에 관심이 있는 사람이 아니다
② 공직에 관심이 있는 사람 중 일부는 노인 복지 문제에 관심이 있는 사람이 아니다
③ 공직에 관심이 있는 사람은 모두 노인 복지 문제에 관심이 있는 사람이 아니다
④ 일자리 문제에 관심이 있지만 노인 복지 문제에 관심이 없는 사람은 모두 공직에 관심이 있는 사람이 아니다

✓ SOLUTION

해설 제시문을 기호화하면 다음과 같다.

> ㉮ 노인 복지a ∧ ~일자리a
> ㉯ 공직 → 일자리
> ∴ _____

㉮에서 연언지 단순화로 [노인 복지a], [~일자리a]가 도출된다. [~일자리a]로 인해 ㉯의 후건이 부정되어 [~공직a]가 도출되고, 이를 [노인 복지a]와 연언화하면 '노인 복지a ∧ ~공직a'가 도출된다.
따라서 '노인 복지에 관심이 있는 어떤 사람은 공직에 관심이 있는 사람이 아니다'가 결론으로 가장 적절하다.

정답률 31% | **정답** ①

---

057 ㉮와 ㉯를 전제로 결론을 이끌어 낼 때, 빈칸에 들어갈 말로 가장 적절한 것은?

2025 군무원 7급

> ㉮ 고속버스로 갈 수 있는 도시는 모두 승용차로 갈 수 있다.
> ㉯ 고속버스로 갈 수 있는 도시 가운데는 KTX로 갈 수 없는 도시도 있다.
> 따라서 _____.

① 승용차로 갈 수 있는 도시 가운데는 KTX로 갈 수 없는 도시도 있다
② 승용차로 갈 수 있는 도시는 모두 고속버스로 갈 수 있다
③ 승용차로 갈 수 있는 모든 도시는 KTX로 갈 수 있다
④ 고속버스로 갈 수 있는 어떤 도시는 승용차로 갈 수 없다

✓ SOLUTION

해설 제시문을 기호화하면 다음과 같다.

> ㉮ 고속버스 → 승용차
> ㉯ 고속버스a ∧ ~KTXa
> ∴ _____

㉯에서 연언지 단순화로 [고속버스a], [~KTXa]가 도출된다. [고속버스a]로 인해 ㉮의 전건이 긍정되어 [승용차a]가 도출되고, 이를 [~KTXa]와 연언화하면 '승용차a ∧ ~KTXa'가 도출된다.
따라서 '승용차로 갈 수 있는 도시 가운데는 KTX로 갈 수 없는 도시도 있다'가 빈칸에 들어갈 말로 가장 적절하다.

정답 ①

058 다음으로부터 추론한 것으로 옳은 것은?

- 외국어 시험에 합격했고 인턴 경력이 있는 학생은 모두 취업을 했다.
- 학점이 높은 학생은 모두 인턴 경력이 있다.
- 취업을 하지 못한 학생은 모두 학점이 높지 않다.

① 학점이 높지 않은 학생은 모두 취업을 하지 못했다.
② 인턴 경력은 없지만 취업을 한 학생은 모두 외국어 시험에 합격했다.
③ 취업을 하지 못했다면 외국어 시험에 합격하지 못했거나 인턴 경력이 없다.
④ 인턴 경력이 없는 학생은 모두 취업을 하지 못했다.

059 다음 중 옳지 않은 논증을 펼치는 사람을 모두 고르면?

갑: 초대권이 없는 사람은 입장하지 못해. 그런데 인터넷으로 참가 신청을 하지 않은 사람은 모두 초대권이 없어. 따라서 입장하는 사람은 모두 인터넷으로 참가 신청을 했어.

을: 편두통을 앓는 사람은 모두 차멀미를 해. 그런데 차멀미를 하지 않는 사람이라면 배멀미도 하지 않아. 따라서 편두통을 앓는 사람이면 배멀미를 할 거야.

병: 숲을 사랑하는 사람은 모두 동물을 사랑해. 그런데 이기적인 사람은 모두 숲을 사랑하지 않아. 그렇다면 이기적인 사람은 모두 동물을 사랑하지 않아.

① 갑 ② 을
③ 갑, 병 ④ 을, 병

SOLUTION

해설 제시문을 기호화하면 다음과 같다.

1. (외국어 ∧ 인턴) → 취업
2. 학점 → 인턴
3. ~취업 → ~학점

[~취업]이면 1의 후건이 부정되어 '~외국어 ∨ ~인턴'이 도출된다.
따라서 '취업을 하지 못했다면 외국어 시험에 합격하지 못했거나 인턴 경력이 없다'는 반드시 참이다.

오답풀이 ① 3에서 후건 긍정의 오류를 범한 추론이다.
④ [~인턴]이면 2의 후건이 부정되어 [~학점]이 도출된다. 그러나 이를 통해 3에서 [~취업]을 도출한다면 후건 긍정의 오류를 범한 것이다.

정답 ③

SOLUTION

해설

- 을
  1. 편두통 → 차멀미
  2. ~차멀미 → ~배멀미
  ∴ 편두통 → 배멀미

1과, 2의 대우인 '배멀미 → 차멀미'에서 [편두통]과 [배멀미]는 서로 연결될 수 없으므로 주어진 결론도 도출할 수 없다.

- 병
  1. 숲 사랑 → 동물 사랑
  2. 이기적 → ~숲 사랑
  ∴ 이기적 → ~동물 사랑

1의 대우인 '~동물 사랑 → ~숲 사랑'과 2에서 [~동물 사랑]과 [이기적]은 연결될 수 없으므로 주어진 결론도 도출할 수 없다.

오답풀이 • 갑의 논증을 기호화하면 다음과 같다.

- 갑
  1. ~초대권 → ~입장
  2. ~참가 신청 → ~초대권
  ∴ 입장 → 참가 신청

1과 2로부터 가언 삼단 논법에 의해 '~참가 신청 → ~입장'이 도출된다. 따라서 이의 대우인 '입장하는 사람은 모두 인터넷으로 참가 신청을 했어'는 옳은 논증이다.

정답 ④

060 ㉮와 ㉯를 전제로 할 때 빈칸에 들어갈 결론으로 가장 적절한 것은?

> ㉮ 국제법을 수강하지 않는 학생은 모두 행정법을 수강하지 않는다.
> ㉯ 행정법을 수강하는 어떤 학생은 헌법을 수강한다.
> 따라서 _____.

① 헌법을 수강하는 학생은 모두 국제법을 수강한다
② 국제법을 수강하는 어떤 학생은 헌법을 수강한다
③ 행정법을 수강하는 어떤 학생은 헌법을 수강하지 않는다
④ 헌법을 수강하지만 행정법을 수강하지 않는 학생은 모두 국제법을 수강하지 않는다

061 다음 세 가지 명제를 통해 얻을 수 있는 결론으로 가장 타당한 것은?

> • 자재부에서 근무하는 모든 직원은 오늘 야근을 한다.
> • 오늘 약속이 없는 어떤 직원은 야근을 한다.
> • 자재부에서 근무하는 어떤 직원은 오늘 약속이 있다.

① 자재부에서 근무하지 않는 모든 직원은 오늘 야근을 하지 않는다.
② 오늘 약속이 없는 어떤 직원은 자재부의 직원이다.
③ 오늘 약속이 있는 직원은 모두 자재부의 직원이다.
④ 오늘 야근을 하는 어떤 직원은 약속이 있다.

SOLUTION

해설 제시문을 기호화하면 다음과 같다.

> ㉮ ~국제법 → ~행정법
> ㉯ 행정법a ∧ 헌법a
> ∴ ☐

㉯에서 연언지 단순화로 [행정법a], [헌법a]가 도출된다. [행정법a]로 인해 ㉮의 후건이 부정되어 [국제법a]가 도출되고, 이를 [헌법a]와 연언화하면 '국제법a ∧ 헌법a'가 타당하게 도출된다.
따라서 '국제법을 수강하는 어떤 학생은 헌법을 수강한다'가 빈칸에 들어갈 결론으로 가장 적절하다.

오답 풀이 ①·④ 전제에 특칭 명제가 있으므로, 결론이 전칭 명제가 될 수 없다.

정답 ②

SOLUTION

해설 제시문을 기호화하면 다음과 같다.

> 1. 자재부 → 야근
> 2. ~약속a ∧ 야근a
> 3. 자재부a ∧ 약속a

3에서 연언지 단순화로 [자재부a], [약속a]가 도출된다. [자재부a]로 인해 1의 전건이 긍정되어 [야근a]가 도출되고, 이를 [약속a]와 연언화하면 '야근a ∧ 약속a'가 도출된다.
따라서 '오늘 야근을 하는 어떤 직원은 약속이 있다'가 결론으로 가장 타당하다.

오답 풀이 ① 1을 통해 '~자재부 → ~야근'이 참이라고 한다면 전건 부정의 오류를 범한 것이다.
③ 3을 통해 '자재부a ∧ 약속a'임을 알 수 있을 뿐, '약속 → 자재부'가 참일지는 알 수 없다.

정답 ④

062 다음 글의 내용이 참일 때, 반드시 참인 것을 〈보기〉에서 모두 고르면?

모든 편의점은 커피를 판다. 또한 모든 편의점은 도시락을 판다. 그러나 어떤 베이커리도 도시락을 팔지 않는다. 그리고 커피를 파는 베이커리가 존재한다.

보기
㉠ 편의점이 아니면서 커피를 파는 곳이 있다.
㉡ 커피를 파는 곳은 모두 도시락을 판다.
㉢ 베이커리는 모두 커피를 판다.

① ㉠
② ㉡
③ ㉠, ㉡
④ ㉡, ㉢

063 다음 글의 내용이 참일 때, 반드시 참인 것은?

겨울을 좋아하는 어떤 사람은 여름을 좋아한다. 가을을 좋아하지 않는 사람은 아무도 봄을 좋아하지 않는다. 여름을 좋아하는 모든 사람은 봄을 좋아한다.

① 여름을 좋아하는 사람은 모두 겨울을 좋아한다.
② 가을을 좋아하는 사람은 모두 여름을 좋아한다.
③ 겨울을 좋아하는 어떤 사람은 가을을 좋아한다.
④ 겨울을 좋아하지 않는 어떤 사람은 봄을 좋아하지 않는다.

SOLUTION

[해설] 제시문을 기호화하면 다음과 같다.

1. 편의점 → 커피
2. 편의점 → 도시락
3. 베이커리 → ~도시락
4. 커피a ∧ 베이커리a

㉠ 2의 대우인 '~도시락 → ~편의점'과 3으로부터 가언 삼단 논법에 의해 '베이커리 → ~편의점'이 도출된다. 4에서 연언지 단순화로 [커피a], [베이커리a]가 도출된다. [베이커리a]로 인해 '베이커리 → ~편의점'의 전건이 긍정되어 [~편의점a]가 도출되고, 이를 [커피a]와 연언화하면 '~편의점a ∧ 커피a'가 도출된다.
따라서, '편의점이 아니면서 커피를 파는 곳이 있다'는 반드시 참이다.

[오답 풀이] ㉡ 4에서 연언지 단순화로 [커피a], [베이커리a]가 도출된다. [베이커리a]로 인해 3의 전건이 긍정되어 [~도시락a]가 도출되고, 이를 [커피a]와 연언화하면 '커피a ∧ ~도시락a'가 도출된다. 이는 '커피 → 도시락'과 모순이므로, 반드시 거짓이다.
㉢ 4에서 '베이커리 → 커피'가 참인지 거짓인지는 알 수 없다.

정답 ①

SOLUTION

[해설] 제시문을 기호화하면 다음과 같다.

1. 겨울a ∧ 여름a
2. ~가을 → ~봄
3. 여름 → 봄

2의 대우인 '봄 → 가을'과 3으로부터 가언 삼단 논법에 의해 '여름 → 가을'이 도출된다. 1에서 연언지 단순화로 [겨울a], [여름a]가 도출되는데, [여름a]로 인해 '여름 → 가을'의 전건이 긍정되어 [가을a]가 도출되고, 이를 [겨울a]와 연언화하면 '겨울a ∧ 가을a'가 도출된다.
따라서 '겨울을 좋아하는 어떤 사람은 가을을 좋아한다'는 반드시 참이다.

[오답 풀이] ① 1에서 '여름 → 겨울'이 참인지는 알 수 없다.
② 앞서 도출된 '여름 → 가을'로 '가을 → 여름'이 참이라고 말한다면 후건 긍정의 오류를 범한 것이다.
④ 1과 3으로부터 '겨울a ∧ 봄a'가 도출될 뿐, '~겨울a ∧ ~봄a'가 참인지는 알 수 없다.

정답 ③

064 다음 논증 중 논리적으로 타당한 것은?

① 모든 실존주의자는 형이상학자이다. 어떤 현상학자는 형이상학자이다. 그러므로 어떤 현상학자는 실존주의자이다.

② 미혼인 사원은 모두 우리 부서 소속이고, 유학파인 사원도 모두 우리 부서 소속이다. 따라서 미혼인 사원 중에 유학파인 사원이 있다.

③ 어떠한 택시 운전자도 과속으로 적발되지 않는다. 과속으로 적발된 어떤 사람은 과태료를 낸다. 따라서 과태료를 내는 어떤 사람은 택시 운전자가 아니다.

④ 고서(古書)를 가지고 있는 자는 모두 국문학 교수이고, 국문학 교수는 모두 자산이 부족하지 않다. 따라서 자산이 부족하지 않은 자는 모두 고서를 가지고 있다.

065 ㉮~㉰를 전제로 할 때, 빈칸에 들어갈 결론으로 가장 적절한 것은?

㉮ 과학서를 소장한 어떤 도서관은 철학서를 소장하고 있다.
㉯ 역사서를 소장한 도서관은 모두 문학서를 소장하고 있다.
㉰ 철학서를 소장한 도서관은 모두 역사서를 소장하고 있다.
따라서 _____.

① 과학서를 소장하고 있는 도서관은 모두 역사서를 소장하고 있다

② 문학서를 소장하고 있는 도서관은 모두 철학서를 소장하고 있다

③ 과학서를 소장하고 있는 어떤 도서관은 문학서를 소장하고 있다

④ 철학서를 소장하지 않은 어떤 도서관은 과학서를 소장하고 있지 않다

SOLUTION

해설

③
1. 택시 운전사 → ~과속
2. 과속a ∧ 과태료a
   ────────────────
   ∴ 과태료a ∧ ~택시 운전사a

2에서 연언지 단순화로 [과속a], [과태료a]가 도출된다. [과속a]로 인해 1의 후건이 부정되어 [~택시 운전사a]가 도출되고, 이를 [과태료a]와 연언화하면 '과태료a ∧ ~택시 운전사a'가 도출되므로, 타당한 논증이다.

오답 풀이

①
1. 실존주의자 → 형이상학자
2. 현상학자a ∧ 형이상학자a
   ────────────────
   ∴ 현상학자a ∧ 실존주의자a

1에서 '형이상학자 → 실존주의자'도 참이라고 생각하여 결론을 도출하고 있다. 이는 1에서 후건 긍정의 오류를 범한 것이다.

②
1. 미혼 → 우리 부서
2. 유학파 → 우리 부서
   ────────────────
   ∴ 미혼a ∧ 유학파a

1과 2는 연결되지 않으므로 주어진 결론이 도출되지 않는다.

④
1. 고서 → 국문학
2. 국문학 → ~자산
   ────────────────
   ∴ ~자산 → 고서

1과 2로부터 가언 삼단 논법에 의해 '고서 → ~자산'이 도출된다. '~자산 → 고서'는 여기서 후건 긍정의 오류를 범한 추론이다.

정답 ③

SOLUTION

해설 제시문을 기호화하면 다음과 같다.

㉮ 과학서a ∧ 철학서a
㉯ 역사서 → 문학서
㉰ 철학서 → 역사서
   ────────────────
   ∴ _____

㉯와 ㉰로부터 가언 삼단 논법에 의해 '철학서 → 문학서'가 도출된다. ㉮에서 연언지 단순화로 [과학서a], [철학서a]가 도출된다. [철학서a]로 인해 '철학서 → 문학서'의 전건이 긍정되어 [문학서a]가 도출되고, 이를 [과학서a]와 연언화하면 '과학서a ∧ 문학서a'가 도출된다.

따라서 '과학서를 소장하고 있는 어떤 도서관은 문학서를 소장하고 있다'가 빈칸에 들어갈 결론으로 가장 적절하다.

오답 풀이 ① ㉮, ㉰로부터 '과학서a ∧ 역사서a'가 도출될 뿐 '과학서 → 역사서'는 도출되지 않는다.

② ㉯, ㉰로부터 가언 삼단 논법에 의해 '철학서 → 문학서'만 도출될 뿐 '문학서 → 철학서'는 도출되지 않는다.

④ ㉮를 통해 '~철학서a ∧ ~과학서a'가 참일지는 알 수 없다.

정답 ③

066 〈보기〉의 내용이 모두 참일 때, 반드시 참인 것은?

> ─ 보기 ─
> - 선재 아파트에는 1~4동 모두 네 개의 동이 있다. 1동에는 20대, 2동에는 30대, 3동에는 40대, 4동에는 50대가 산다.
> - 1동 사람은 모두 3동 사람과 친하다.
> - 2동 사람은 모두 4동 사람과 같은 분리수거장을 이용한다.
> - 2동 사람이나 3동 사람은 모두 직장에 다닌다.

① 만약 내가 20대라면, 나는 30대와 친하다.
② 내가 4동 사람과 같은 분리수거장을 이용하지 않는다면, 나는 40대가 아니다.
③ 만약 내가 직장에 다니지 않고 50대가 아니라면, 나는 20대이다.
④ 만약 내가 직장에 다니고 3동에 살지 않는다면, 나는 30대이다.

067 다음 명제 사이의 관계에 대한 올바른 판단을 〈보기〉에서 모두 고르면?

> ㉠ 영화를 즐겨보는 사람 중에 뮤지컬은 즐겨 보지 않는 사람이 있다.
> ㉡ 영화를 즐겨보는 사람 중에 콘서트에 가지 않는 사람이 있다.
> ㉢ 콘서트에 가지 않는 사람은 모두 뮤지컬을 즐겨 보지 않는다.
> ㉣ 콘서트에 가는 사람은 모두 뮤지컬을 즐겨 본다.

> ─ 보기 ─
> ㉮ ㉠, ㉡이 참이라면 ㉢도 반드시 참이다.
> ㉯ ㉠, ㉣이 참이라면 ㉡도 반드시 참이다.
> ㉰ ㉡, ㉢이 참이라면 ㉠도 반드시 참이다.

① ㉮
② ㉯
③ ㉯, ㉰
④ ㉮, ㉯, ㉰

SOLUTION

해설 〈보기〉를 기호화하면 다음과 같다.

> 1. 1동 - 20대, 2동 - 30대, 3동 - 40대, 4동 - 50대
> 2. 1동 → 3동 친함
> 3. 2동 → 4동 분리수거장
> 4. (2동 ∨ 3동) → 직장 다님

[~직장 다님]이면 4의 후건이 부정돼 '~2동 ∧ ~3동'이 도출된다. 나아가 50대가 아니라면, 나는 [~4동]이다. 결국 나는 남은 [1동]에 살 것이기 때문에, [20대]일 것이다.
따라서 '만약 내가 직장에 다니지 않고 50대가 아니라면, 나는 20대이다'가 반드시 참이다.

오답풀이 ① 내가 20대라면, [1동]이다. 그러면 2의 전건이 긍정되어 [3동 친함] 즉 40대와 친할 것이다. 30대와 친한지는 알 수 없다.
② [~4동 분리수거장]이면 3의 후건이 부정되어 [~2동]이 도출될 뿐이다. [~3동], 즉 40대가 아닌지는 알 수 없다.
④ 내가 [직장 다님], [~3동]이라고 해서 [2동], 즉 30대인지는 알 수 없다.

정답 ③

SOLUTION

해설 ㉠~㉣을 기호화하면 다음과 같다.

> ㉠ 영화a ∧ ~뮤지컬a
> ㉡ 영화a ∧ ~콘서트a
> ㉢ ~콘서트 → ~뮤지컬
> ㉣ 콘서트 → 뮤지컬

㉯ ㉠에서 연언지 단순화로 [영화a], [~뮤지컬a]가 도출된다. [~뮤지컬a]로 인해 ㉣의 후건이 부정되어 [~콘서트a]가 도출되고, 이를 [영화a]와 연언화하면 '영화a ∧ ~콘서트a'가 도출된다. 따라서 ㉡도 반드시 참이다.
㉰ ㉡에서 연언지 단순화로 [영화a], [~콘서트a]가 도출된다. [~콘서트a]로 인해 ㉢의 전건이 긍정되어 [~뮤지컬a]가 도출되고, 이를 [영화a]와 연언화하면 '영화a ∧ ~뮤지컬a'가 도출된다. 따라서 ㉠도 반드시 참이다.

오답풀이 ㉮ 전제가 모두 특칭 명제이면 결론을 도출할 수 없다.

정답 ③

068 이번 학기에는 경제학, 법학, 철학 세 가지 중에서만 수강이 가능했다. 학생들의 수강 내역을 조사해 보니 다음과 같았다. 이때 반드시 참인 것은?

> - 경제학을 들으면서 법학도 듣는 학생이 있었다.
> - 경제학은 듣지만 철학은 듣지 않는 학생이 있었다.
> - 법학을 듣는 학생은 모두 철학을 들었다.

① 한 과목만 듣는 학생이 있었다.
② 세 과목 이상 듣는 학생은 없었다.
③ 법학은 듣지만 철학은 듣지 않는 학생이 있었다.
④ 철학을 듣지만 경제학은 듣지 않는 학생이 있었다.

069 다음 중 전제가 참일 때, 결론이 반드시 참인 논증만 모두 고르면?

> ㉠ 보편적으로 수용될 수 있는 판단만이 합리적 판단이다. 그리고 이성적 판단만이 보편적으로 수용될 수 있는 판단이다. 따라서 이성적 판단은 모두 합리적 판단이다.
>
> ㉡ 철수가 먹은 것 중에 영희가 먹지 않은 것은 하나도 없다. 또한 영희가 먹은 것 중에 길동이 먹지 않은 것도 있다는 것은 거짓말이다. 따라서 철수가 먹은 것은 모두 길동도 먹은 것이다.
>
> ㉢ 졸업 학년은 모두 정치학을 듣는다는 주장은 사실이 아니다. 그러나 정치학과 경제학을 둘 다 듣는 사람이 있다는 주장은 사실이다. 따라서 경제학을 듣는 어떤 사람은 졸업 학년이 아니다.

① ㉡
② ㉠, ㉡
③ ㉠, ㉢
④ ㉡, ㉢

SOLUTION

해설 제시문을 기호화하면 다음과 같다.

> 1. 경제학a ∧ 법학a
> 2. 경제학a ∧ ~철학a
> 3. 법학 → 철학

3의 대우인 '~철학 → ~법학'과 2가 연결되어 '경제학a ∧ (~철학a → ~법학a)'가 도출된다. 즉 경제학은 듣지만 철학을 듣지 않는 학생은, 법학도 듣지 않는 것이다.
따라서 경제학, 철학, 법학 중 경제학만 듣는 어떤 학생이 있으므로 '한 과목만 듣는 학생이 있었다'는 반드시 참이다.

오답 풀이 ② 1과 3으로부터 '경제학a ∧ (법학a → 철학a)'가 도출된다. 즉 세 과목 모두 듣는 어떤 학생이 있었다.
③ '법학a ∧ ~철학a'은 3과 모순이므로 거짓이다.

정답 ①

SOLUTION

해설 ㉡을 기호화하면 다음과 같다.

> ㉡
> 1. ~(철수a ∧ ~영희a)
> 2. ~(영희a ∧ ~길동a)
> ∴ 철수 → 길동

1은 단순 함축에 의해 '철수 → 영희'와 동치이고, 2도 단순 함축에 의해 '영희 → 길동'과 동치이다. 이로부터 가언 삼단 논법에 의해 '철수 → 길동'이 타당하게 도출된다.

오답 풀이

> ㉠
> 1. 합리적 → 보편적
> 2. 보편적 → 이성적
> ∴ 이성적 → 합리적

1과 2로부터 가언 삼단 논법에 의해 '합리적 → 이성적'이 도출된다. '이성적 → 합리적'은 여기에서 후건 긍정의 오류를 범한 것이다.

> ㉢
> 1. ~(졸업 학년 → 정치학)
> 2. 정치학a ∧ 경제학a
> ∴ 경제학a ∧ ~졸업 학년a

1은 단순 함축에 의해 '졸업 학년a ∧ ~정치학a'와 동치이다. 그러면 1과 2 모두 특칭 명제이므로 연결되지 못한다. 따라서 주어진 결론도 타당하게 도출할 수 없다.

정답 ①

070 ㉠~㉣의 조건이 주어졌을 때, 반드시 참인 진술은?

> ㉠ 우리 회사의 모든 사원은 내근과 외근 중 하나만 한다.
> ㉡ 외근을 하면서 미혼인 사원은 모두 적금에 가입해 있다.
> ㉢ 내근을 하면서 미혼인 사원은 모두 자동차로 출근한다.
> ㉣ 우리 회사의 김 사원은 미혼이다.

① 김 사원이 내근을 한다면, 그는 적금에 가입해 있지 않다.
② 김 사원이 자동차로 출근하지 않는다면, 그는 내근을 한다.
③ 김 사원이 적금에 가입해 있다면, 그는 외근을 한다.
④ 김 사원이 적금에 가입해 있지 않다면, 그는 자동차로 출근한다.

071 다음으로부터 추론한 것으로 옳은 것만을 〈보기〉에서 모두 고르면?

> 한 가게에서 소금, 설탕, 식초, 간장, 후추 5가지 재료의 활용에 대해 조사해보니 다음과 같았다.
>
> • 소금이 들어간 음식은 설탕과 간장도 들어갔다.
> • 식초와 간장이 함께 들어간 음식은 하나도 없다.
> • 후추가 들어간 제품은 설탕과 간장이 들어가지 않았다.

／ 보기 ／
㉠ 소금이 들어간 음식은 후추가 들어가지 않았다.
㉡ 식초가 들어간 음식 중에 소금이 들어간 음식은 없다.
㉢ 간장이 들어가지 않은 음식은 식초가 들어갔다.

① ㉠   ② ㉠, ㉡
③ ㉡, ㉢   ④ ㉠, ㉡, ㉢

SOLUTION

해설 ㉠~㉣을 기호화하면 다음과 같다.

> ㉠ 내근 ∨ 외근 (배타적 선언)
> ㉡ (외근 ∧ 미혼) → 적금
> ㉢ (내근 ∧ 미혼) → 자동차
> ㉣ 미혼(김 사원)

[~적금]이면 ㉡의 후건이 부정되어 '~외근 ∨ ~미혼'이 도출된다. 그런데 김 사원은 [미혼]이므로, 선언지가 제거되어 [~외근]이 도출된다. 그러면 ㉠에 따라 김 사원은 [내근]이다. 즉 김 사원은 '내근 ∧ 미혼'이므로, ㉢의 전건이 긍정되어 [자동차]까지 도출된다.
따라서 '김 사원이 적금에 가입해 있지 않다면, 그는 자동차로 출근한다'는 반드시 참이다.

오답 풀이 ① 김 사원이 [내근]이라면, ㉢의 전건이 긍정되어 [자동차]가 도출될 뿐이다. [적금]에 대해서는 알 수 없다.
② 김 사원이 [~자동차]라면, ㉢의 후건이 부정되어 '~내근 ∨ ~미혼'이 도출된다. 그런데 김 사원은 [미혼]이므로, 선언지가 제거되어 [~내근]이 도출된다. 즉 김 사원이 [~자동차]이면 [외근]이다.
③ ㉡에서 후건 긍정의 오류를 범한 추론이다.

정답 ④

SOLUTION

해설 제시문을 기호화하면 다음과 같다.

> 1. 소금 → (설탕 ∧ 간장)
> 2. 식초 → ~간장
> 3. 후추 → (~설탕 ∧ ~간장)

㉠ [소금]이 참이면 1의 전건이 긍정되어 '설탕 ∧ 간장'이 도출된다. 이로 인해 3의 후건이 부정되어 [~후추]가 도출된다. 따라서 반드시 참이다.
㉡ [식초]가 참이면 2의 전건이 긍정되어 [~간장]이 도출된다. 이로 인해 1의 후건이 부정되어 [~소금]이 도출된다. 따라서 반드시 참이다.

오답 풀이 ㉢ 2에서 후건 긍정의 오류를 범한 추론이다.

정답 ②

072 다음 논증 중 타당하지 않은 것은?
2008 국가공무원 5급 PSAT 변형

① 과학자인 동시에 수학자인 사람은 모두 천재이다. 어떤 수학자도 천재가 아니다. 그러므로 수학자인 동시에 과학자인 사람은 아무도 없다.

② 만일 직녀가 부산 영화제에 참석한다면 광주의 동창회에는 불참할 것이다. 만일 직녀가 광주의 동창회에 불참한다면, 견우를 만나지 못할 것이다. 그러므로 직녀는 부산 영화제에 참석하지 않거나 견우를 만나지 못할 것이다.

③ 외국어 학원에 다니는 사람들은 모두 외국 문화에 관심이 있다. 외국 문화에 관심을 가지는 사람들 중 한 번도 외국에 가 본 적이 없는 사람들이 있다. 그러므로 외국에 한 번도 가 본 적이 없는 사람들 중 일부는 외국어 학원에 다니지 않는다.

④ 철준이 선미도 사랑하고 단이도 사랑한다는 것은 사실이 아니다. 그러나 철준은 선미를 사랑하거나 단이를 사랑한다. 그러므로 철준이 선미를 사랑하지 않으면 철준은 단이를 사랑하고, 철준이 단이를 사랑하면 철준은 선미를 사랑하지 않는다.

---

073 우리 회사에는 갑과 을, 2개의 부서만 있다. 다음과 같은 조건이 주어졌을 때, 반드시 참인 진술은?

> ㉠ 영희는 우리 회사 사원이고, 경기도에 산다.
> ㉡ 갑 부서에서 경기도에 살지 않는 사람들은 모두 주말에 등산을 한다.
> ㉢ 갑 부서에서 경기도에 사는 사람들은 모두 주말에 낚시를 한다.
> ㉣ 을 부서에서 경기도에 사는 사람들은 모두 주말에 등산을 하지 않는다.

① 영희는 주말에 낚시를 하지 않는다.
② 만일 영희가 을 부서라면, 영희는 주말에 등산을 한다.
③ 만일 영희가 갑 부서라면, 영희는 주말에 등산을 한다.
④ 만일 영희가 주말에 낚시를 하지 않는다면, 영희는 주말에 등산을 하지 않는다.

SOLUTION

[해설]

③
1. 외국어 학원 → 외국 문화
2. 외국 문화a ∧ ~외국a
∴ ~외국a ∧ ~외국어 학원a

1과 2는 연결되지 않으므로 주어진 결론도 도출되지 않는다.

[오답 풀이]

①
1. (과학자 ∧ 수학자) → 천재
2. 수학자 → ~천재
∴ ~(수학자 ∧ 과학자)

1과, 2의 대우인 '천재 → ~수학자'로부터 가언 삼단 논법에 의해 '(과학자 ∧ 수학자) → ~수학자'가 도출되는데, 이는 모순이다. '과학자이면서 수학자인 사람은 수학자가 아니다'는 성립이 불가능하기 때문이다. 따라서 귀류법에 의해 전제인 '(과학자 ∧ 수학자)'가 거짓임을 알 수 있다. 즉 '~(수학자 ∧ 과학자)'가 타당하게 도출된다.

②
1. 부산 → ~광주
2. ~광주 → ~견우
∴ ~부산 ∨ ~견우

1과 2로부터 가언 삼단 논법에 의해 '부산 → ~견우'가 도출된다. 이는 단순 함축에 의해 '~부산 ∨ ~견우'와 동치이다.

④
1. ~(선미 ∧ 단이)
2. 선미 ∨ 단이
∴ (~선미 → 단이) ∧ (단이 → ~선미)

철준은 선미와 단이 모두 사랑하진 않지만, 선미나 단이를 사랑한다고 한다. 즉 둘 중 정확히 하나를 선택해야 하는 배타적 선택 관계이다. 이는 '선미 ≡ ~단이'로 기호화된다. 따라서 '(~선미 → 단이) ∧ (단이 → ~선미)'라는 결론이 타당하게 도출된다.

[정답] ③

SOLUTION

[해설] ㉠~㉣을 기호화하면 다음과 같다.

㉠ (회사 ∧ 경기도) (영희)
㉡ (갑 ∧ ~경기도) → 등산
㉢ (갑 ∧ 경기도) → 낚시
㉣ (을 ∧ 경기도) → ~등산

[갑]과 [을]은 배타적 선언 관계이다.
영희가 [~낚시]이면 ㉢의 후건이 부정되어 '~갑 ∨ ~경기도'가 도출된다. 그런데 ㉠에 따르면 영희는 [경기도]이므로, 선언지가 제거되어 [~갑]이 도출된다. 즉 영희는 [~갑]이므로 [을]이다. 그렇다면 영희는 '을 ∧ 경기도'이므로 ㉣의 전건이 긍정되어 [~등산]이 도출된다.

따라서 '만일 영희가 주말에 낚시를 하지 않는다면, 영희는 주말에 등산을 하지 않는다'는 반드시 참이다.

[오답 풀이] ① 영희는 [경기도]이기 때문에 ㉢과 ㉣에 따라 [낚시] 혹은 [~등산]이 도출될 수밖에 없다. 따라서 '영희는 주말에 낚시를 하지 않는다'는 참이라고 할 수 없다.
② 영희가 [을]이라면, ㉣의 전건이 긍정되어 [~등산]이 도출된다.
③ 영희가 [갑]이라면, ㉢의 전건이 긍정되어 [낚시]가 도출될 뿐이다. [등산]인지는 알 수 없다.

[정답] ④

074 다음 사실이 지방 소도시 X에서 성립한다고 가정하자. 철수가 X시에 살고 있는 왼손잡이라고 할 때, 반드시 참인 것은?

2004 외무고등고시 PSAT 변형

> ㉠ 이 도시에는 남구와 북구, 두 개의 구가 있다.
> ㉡ 아파트에 사는 사람들은 모두 오른손잡이다.
> ㉢ 남구에서 아파트에 사는 사람들은 모두 의심이 많다.
> ㉣ 남구에서 아파트에 살지 않는 사람들은 모두 가난하다.
> ㉤ 북구에서 아파트에 살지 않는 사람들은 의심이 많지 않다.

① 철수는 가난하지 않다.
② 철수는 의심이 많은 사람이 아니다.
③ 만일 철수가 가난하지 않다면, 철수는 의심이 많지 않다.
④ 만일 철수가 북구에서 산다면, 철수는 의심이 많다.

SOLUTION

해설 ㉠~㉤을 기호화하면 다음과 같다.

㉠ 남구 ∨ 북구(배타적 선언)
㉡ 아파트 → 오른손잡이
㉢ (남구 ∧ 아파트) → 의심
㉣ (남구 ∧ ~아파트) → 가난
㉤ (북구 ∧ ~아파트) → ~의심

철수는 왼손잡이다. 이는 [~오른손잡이]와 같으므로 ㉡의 후건이 부정되어 철수는 [~아파트]임이 도출된다.
이때 철수가 [~가난]이라면 ㉣의 후건이 부정되어 '~남구 ∨ 아파트'가 도출된다. 그런데 철수는 [~아파트]이므로 선언지가 제거되어 [~남구]이고, ㉠에 따라 [북구]이다. 따라서 철수는 '북구 ∧ ~아파트'이므로 ㉤의 전건이 긍정되어 [~의심]이다.
따라서 '만일 철수가 가난하지 않다면, 철수는 의심이 많지 않다'가 반드시 참이다.

오답풀이 ①·② 주어진 조건만으로는 철수가 [~아파트]라는 것만 알 수 있을 뿐 '북구' 혹은 '남구'의 정보를 알 수 없으므로 [~가난], [~의심]을 도출할 수 없다.
④ 철수가 [북구]라면 '북구 ∧ ~아파트'이므로 ㉤의 전건이 긍정되어 [~의심]일 것이다.

정답 ③

---

02 | 술어 논리 — 생략된 전제 찾기

075 다음 글의 밑줄 친 결론을 이끌어 내기 위해 추가해야 할 것은?

2025 지방직 9급

> 마라톤을 하는 사람은 모두 식단을 조절하거나 근력 운동을 한다. 근력 운동을 하는 사람은 모두 건강하다. 따라서 <u>마라톤을 하는 사람은 모두 건강하다.</u>

① 건강한 사람은 모두 식단을 조절한다.
② 식단을 조절하는 사람은 모두 건강하다.
③ 식단을 조절하는 사람 중에 근력 운동을 하는 사람은 없다.
④ 식단 조절과 근력 운동을 병행하는 사람 중에 건강하지 않은 사람은 없다.

SOLUTION

해설 제시문을 기호화하면 다음과 같다.

1. 마라톤 → (식단 조절 ∨ 근력 운동)
2. 근력 운동 → 건강
3. _____
∴ 마라톤 → 건강

풀이 1 2와, '식단 조절 → 건강'을 1에 적용하면 '마라톤 → [(식단 조절 → 건강) ∨ (근력 운동 → 건강)]', 즉 '마라톤 → (건강 ∨ 건강)'이 도출된다. 이는 주어진 결론인 '마라톤 → 건강'과 동치이다.
따라서 '식단을 조절하는 사람은 모두 건강하다'를 추가해야 한다.

풀이 2 1과 결론의 전건이 모두 [마라톤]이므로, '(식단 조절 ∨ 근력 운동)'과 [건강]을 이어 주면 된다. 즉 '(식단 조절 ∨ 근력 운동) → 건강'이 추가되면 1과 가언 삼단 논법에 의해 결론인 '마라톤 → 건강'이 도출된다. 그런데 '(식단 조절 ∨ 근력 운동) → 건강'은 '(식단 조절 → 건강) ∧ (근력 운동 → 건강)'과 동치이다. 여기서 연언지 단순화로 '식단 조절 → 건강'과 '근력 운동 → 건강'이 도출되는데, 후자는 이미 2에 있으므로 '식단 조절 → 건강'을 추가하면 된다.
따라서 '식단을 조절하는 사람은 모두 건강하다'가 추가되어야 한다.

오답풀이 ① '건강 → 식단 조절'이 추가되면 2와 가언 삼단 논법에 의해 '근력 운동 → 식단 조절'이 도출된다. 이를 1에 적용하면 '마라톤 → (식단 조절 ∨ 식단 조절)' 즉 '마라톤 → 식단 조절'이 도출된다. 이는 주어진 결론과 다르다.
③ '식단 조절 → ~근력 운동'이 추가되면 1, 2에서 '마라톤 → (~근력 운동 ∨ 건강)'이 도출된다. 이는 주어진 결론과 다르다.
④ '(식단 조절a ∧ 근력 운동a) → 건강'은 1과 가언 삼단 논법으로 연결되지 않는다. 1의 후건은 선언문이고 '식단 조절a ∧ 근력 운동a'는 연언문으로, 둘은 서로 같지 않기 때문이다.

정답률 66% **정답** ②

076 다음 대화의 ㉠에 들어갈 말로 적절한 것은? 2025 지방직 9급

> 갑: 공무원은 공직자이고 공직자는 그 직책만으로 국가나 사회에 영향을 미치는 공인이야. 모든 공무원은 공인이니까 공인으로서의 사명감을 가질 의무가 있어. 하지만 공무원이 아닌 사람이라면 그게 누구든 그런 사명감을 가질 의무는 없지.
> 을: 모든 사람이 죽는다고 죽는 것들이 모두 사람인 것은 아니잖아. 네가 "공무원이 아닌 모든 사람은 공인으로서의 사명감을 가질 의무가 없다."라는 주장을 하려면 "㉠."가 참이어야 해.

① 몇몇 공인은 공인으로서의 사명감을 가질 의무가 없다
② 모든 공무원은 공인으로서의 사명감을 가질 의무가 없다
③ 공인으로서의 사명감을 가질 의무가 있는 사람은 모두 공무원이다
④ 공인으로서의 사명감을 가질 의무가 없는 사람은 모두 공무원이 아니다

077 다음 글의 밑줄 친 결론을 이끌어 내기 위해 추가해야 할 것은? 인혁처 1차 예시 문제

> 문학을 좋아하는 사람은 모두 자연의 아름다움을 좋아하는 사람이다. 자연의 아름다움을 좋아하는 어떤 사람은 예술을 좋아하는 사람이다. 따라서 예술을 좋아하는 어떤 사람은 문학을 좋아하는 사람이다.

① 자연의 아름다움을 좋아하는 사람은 모두 문학을 좋아하는 사람이다.
② 문학을 좋아하는 어떤 사람은 자연의 아름다움을 좋아하는 사람이다.
③ 예술을 좋아하는 어떤 사람은 자연의 아름다움을 좋아하는 사람이다.
④ 예술을 좋아하지만 문학을 좋아하지 않는 사람은 모두 자연의 아름다움을 좋아하는 사람이다.

SOLUTION

해설 주어진 대화를 기호화하면 다음과 같다.

> 1. 공무원 → 공인
> 2. 공인 → 사명감
> 3. ㉠
> ∴ ~공무원 → ~사명감

1, 2에서 가언 삼단 논법에 의해 '공무원 → 사명감'이 도출된다. 결론인 '~공무원 → ~사명감'은 여기서 전건 부정의 오류를 범한 것이므로, 도출될 수 없다. 그러나 '사명감 → 공무원'이 추가되면, 후건 부정식을 적용하여 '~공무원 → ~사명감'이 타당하게 도출된다.

따라서 '공인으로서의 사명감을 가질 의무가 있는 사람은 모두 공무원이다'가 ㉠에 들어갈 말로 적절하다.

오답풀이 ① '공인a ∧ ~사명감a'는 2와 모순 관계이므로, 동시에 참일 수 없다. 따라서 ㉠에 들어갈 말로 적절하지 않다.
② '공무원 → ~사명감'은 1, 2에서 도출된 '공무원 → 사명감'과 반대 관계이므로, 동시에 참일 수 없다. 따라서 ㉠에 들어갈 말로 적절하지 않다.
④ '~사명감 → ~공무원'은 1, 2에서 도출된 '공무원 → 사명감'의 대우로, 전제의 동어 반복일 뿐이다.

정답률 68% **정답** ③

SOLUTION

해설 제시문을 기호화하면 다음과 같다.

> 1. 문학 → 자연
> 2. 자연a ∧ 예술a
> 3. _____
> ∴ 예술a ∧ 문학a

2와 결론에 모두 [예술a]가 있으므로 [자연a]를 통해 [문학a]를 도출할 수 있도록 '자연 → 문학'을 추가해야 한다.

따라서 추가해야 할 전제는 '자연의 아름다움을 좋아하는 사람은 모두 문학을 좋아하는 사람이다'이다.

정답률 20% **정답** ①

078 다음 글의 내용이 참일 때, 빈칸에 들어갈 말로 가장 적절한 것은?

> 건강을 중요시하는 어떤 사람도 흡연자가 아니다. 그리고 _____. 따라서 운동을 자주 하는 어떤 사람도 흡연자가 아니다.

① 어떤 흡연자는 운동을 자주하지 않는다
② 건강을 중요시하는 사람은 모두 운동을 자주한다
③ 운동을 자주 하는 어떤 사람은 건강을 중요시한다
④ 운동을 자주 하는 사람은 모두 건강을 중요시한다

079 결론이 항상 참일 때, ㈏에 들어갈 내용으로 가장 적절한 것은?

> ㈎ 근무 평점이 높은 어떤 공무원은 근무한 날짜가 300일 이상이다.
> ㈏ _____.
> 따라서 공무원 교육 자료 집필에 참여한 어떤 공무원은 근무한 날짜가 300일 이상이다.

① 근무 평점이 높은 어떤 공무원은 공무원 교육 자료 집필에 참여했다
② 공무원 교육 자료 집필에 참여한 공무원은 모두 근무 평점이 높다
③ 근무 평점이 높은 공무원은 모두 공무원 교육 자료 집필에 참여했다
④ 근무한 날짜가 300일 이상인 공무원은 모두 근무 평점이 높거나 공무원 교육 자료 집필에 참여했다

SOLUTION

해설 제시문을 기호화하면 다음과 같다.

1. 건강 중요 → ~흡연자
2. _____
∴ 운동 자주 → ~흡연자

전제와 결론이 모두 전칭 명제이므로, 빈칸에 들어갈 명제도 전칭 명제여야 한다. 전제와 결론에 모두 [~흡연자]가 있으니 [건강 중요]와 [운동 자주]를 연결해 주어야 한다. 또한 결론의 전건이 [운동 자주]이므로, 추가될 전제는 '운동 자주 → 건강 중요'가 되어야 한다.
따라서 '운동을 자주 하는 사람은 모두 건강을 중요시한다'가 빈칸에 들어갈 말로 가장 적절하다.

오답풀이 ①·③ 결론이 전칭 명제이므로 전제가 특칭 명제일 수 없다.
② '건강 중요 → 운동 자주'는 1과 연결되지 않는다.

정답 ④

SOLUTION

해설 제시문을 기호화하면 다음과 같다.

㈎ 근무 평점a ∧ 300일a
㈏ _____
∴ 교육 자료 집필a ∧ 300일a

㈎와 결론이 모두 특칭 명제이므로, ㈏는 전칭 명제여야 한다. 또한 ㈎와 결론에 모두 [300일a]가 있으니 [근무 평점a]에서 [교육 자료 집필a]를 이끌어 내 줄 전제가 필요하다. 즉 '근무 평점 → 교육 자료 집필'이 ㈏에 들어가야 한다.
따라서 '근무 평점이 높은 공무원은 모두 공무원 교육 자료 집필에 참여했다'가 ㈏에 들어갈 내용으로 가장 적절하다.

오답풀이 ① 전제가 모두 특칭 명제이면, 결론을 도출할 수 없다.
② '교육 자료 집필 → 근무 평점'은 ㈎와 연결되지 못하므로 결론을 도출할 수 없다.
④ [300일]이 참이라고 해서 [교육 자료 집필]도 반드시 참이라고는 확신할 수 없다. 따라서 '교육 자료 집필a ∧ 300일a'라는 결론을 도출할 수 없다.

정답 ③

080 결론이 항상 참일 때, 전제 ㉮에 들어갈 내용으로 가장 적절한 것은?

> ㉮ _____.
> ㉯ 자연이 아름답지만 상업은 발달하지 않은 도시가 있다.
> 따라서 교통이 열악하지만 자연이 아름다운 도시가 있다.

① 교통이 열악하지 않은 도시는 모두 상업이 발달했다
② 상업이 발달하지 않은 도시는 모두 자연이 아름답다
③ 상업이 발달했지만 교통이 열악한 도시가 있다
④ 자연이 아름답고 교통이 열악하지 않은 도시가 있다

081 다음 글의 밑줄 친 결론을 이끌어 내기 위해 추가해야 할 내용은?

> 어른을 공경하는 자 중에 예를 무시하는 자는 없다. 또한 인생을 자유롭게 사는 자 중에 예를 무시하지 않는 자가 있다. 그러므로 <u>어른을 공경하는 자 중에 인생을 자유롭게 사는 자가 있다.</u>

① 예를 무시하지 않는 자는 모두 어른을 공경하는 자이다.
② 어른을 공경하는 자 중에 예를 무시하지 않는 자가 있다.
③ 예를 무시하는 자는 모두 인생을 자유롭게 사는 자이다.
④ 인생을 자유롭게 사는 자 중에 예를 무시하는 자가 있다.

◆ SOLUTION

해설 제시문을 기호화하면 다음과 같다.

> ㉮ _____
> ㉯ 자연a ∧ ~상업a
> ∴ 교통 열악a ∧ 자연a

전제와 결론에 [자연a]가 공통적으로 있으므로, [~상업a]에서 [교통 열악a]를 이끌어 내 줄 전제가 필요하다. 즉 '~상업 → 교통 열악'이 필요하다. 이는 대우인 '~교통 열악 → 상업'과 동치이다.
따라서 '교통이 열악하지 않은 도시는 모두 상업이 발달했다'가 ㉮에 들어갈 내용으로 가장 적절하다.

 ② '~상업 → 자연'이 추가되면, ㉯와 연결되어 '자연a ∧ 자연a'라는 결론이 도출될 뿐이다.
③·④ 전제가 모두 특칭 명제이면 결론을 도출할 수 없다.

정답 ①

◆ SOLUTION

해설 제시문을 기호화하면 다음과 같다.

> 1. 어른 공경 → ~예 무시
> 2. 인생 자유a ∧ ~예 무시a
> 3. _____
> ∴ 어른 공경a ∧ 인생 자유a

1과 2는 서로 연결되지 않는다. 그런데 2와 주어진 결론에 모두 [인생 자유a]가 있다. 따라서 [~예 무시a]에서 [어른 공경a]를 이끌어 낼 수 있는 '~예 무시 → 어른 공경'이 추가되면 된다.
따라서 '예를 무시하지 않는 자는 모두 어른을 공경하는 자이다'가 전제로 추가되어야 한다.

오답 풀이 ② '어른 공경a ∧ ~예 무시a'가 추가되면, 1과 연결되어 '~예 무시a ∧ ~예 무시a'가 도출될 뿐이다.
③ '예 무시 → 인생 자유'는 1, 2 어느 것과도 연결되지 않는다.
④ '인생 자유a ∧ 예 무시a'가 추가되면, 1과 연결되어 '인생 자유a ∧ ~어른 공경a'가 도출될 뿐이다.

정답 ①

082 다음 글의 밑줄 친 결론을 이끌어 내기 위해 추가해야 할 내용은?

> 직원들을 대상으로 미국, 중국, 일본 중에서 자신이 선호하는 출장지를 모두 고르라는 설문 조사를 실시했는데, 다음과 같은 사실이 밝혀졌다.
>
> • 일본을 선호하는 사람은 모두 미국을 선호한다. 또한 미국을 선호하지만 중국은 선호하지 않는 사람이 있다. 그러므로 <u>미국만 선호하는 사람이 적어도 한 명 있다</u>.

① 중국을 선호하는 사람은 누구도 일본을 선호하지 않는다.
② 중국을 선호하는 사람은 모두 일본을 선호한다.
③ 미국을 선호하는 사람은 누구도 일본을 선호하지 않는다.
④ 미국을 선호하는 사람은 모두 일본을 선호한다.

083 다음의 논증이 타당하기 위해 보충되어야 할 전제는?

> 오직 일을 즐기는 자만이 성공할 수 있다. 자기 자신을 믿는 자는 일을 즐기는 자다. 그러므로 성공할 수 있는 자는 자기 자신을 믿는 자다.

① 자기 자신을 믿는 자는 성공할 수 있는 자이다.
② 오직 성공할 수 있는 자만이 일을 즐긴다.
③ 일을 즐기는 자는 자기 자신을 믿는 자이다.
④ 일을 즐기지 못하는 자는 자기 자신을 믿지 못하는 자이다.

SOLUTION

해설 제시문을 기호화하면 다음과 같다.

1. 일본 → 미국
2. 미국a ∧ ~중국a
3. _____
∴ 미국a ∧ ~중국a ∧ ~일본a

2의 '미국a ∧ ~중국a'인 직원이 [~일본]인 전제를 찾으면 된다. 즉 '미국 → ~일본'이나 '~중국 → ~일본'이 추가되면 된다.

따라서 '미국을 선호하는 사람은 누구도 일본을 선호하지 않는다'를 추가해야 한다.

오답 풀이 ① '중국 → ~일본'은 1, 2 어느 것과도 연결되지 못한다.
② '중국 → 일본'이 추가되면 1과 가언 삼단 논법으로 연결되어 '중국 → 미국'이 도출될 뿐이다.
④ '미국 → 일본'이 추가되면 2와 연결되어 '(미국a → 일본a) ∧ ~중국a'가 도출될 뿐이다.

정답 ③

SOLUTION

해설 제시문을 기호화하면 다음과 같다.

1. 성공 → 일 즐김
2. 자신 믿음 → 일 즐김
3. _____
∴ 성공 → 자신 믿음

1과 2는 서로 연결되지 않는다. 그런데 1과 결론에 모두 [성공]이 있으므로 [일 즐김]과 [자신 믿음]을 연결해 주어야 한다. 그런데 결론에서 [자신 믿음]이 후건이므로, 추가될 전제도 이를 후건으로 하는 '일 즐김 → 자신 믿음'이어야 한다.

따라서 '일을 즐기는 자는 자기 자신을 믿는 자이다'를 추가해야 한다.

오답 풀이 ① '자신 믿음 → 성공'이 추가되면 1과 연결되어 2와 같은 '자신 믿음 → 일 즐김'이 도출될 뿐이다.
② '일 즐김 → 성공'이 추가되면 2와 연결되어 '자신 믿음 → 성공'이 도출될 뿐이다.
④ '~일 즐김 → ~자신 믿음'은 대우인 '자신 믿음 → 일 즐김'과 동치이다. 이는 2와 같으므로, 제시문 내용의 반복일 뿐이다.

정답 ③

084 ㉠과 ㉡에 들어갈 말을 알맞게 짝 지은 것은?

> 갑: 어떤 신입 요원은 정보 보호 팀에 지원했습니다. 그리고 ㉠   .
> 을: 그 말에 따르면, 어떤 신입 요원은 아랍어가 가능하다는 결론이 나오는군요.
> 갑: 맞습니다. 아차, 잠깐만요. 제가 잘못 말씀드린 게 있었습니다. 어떤 신입 요원이 정보 보호 팀에 지원했다는 것은 맞는데, 그 다음이 틀렸습니다. 정보 보호 팀 지원자 모두 아랍어가 가능하지 않다고 말씀드려야 했습니다.
> 을: 괜찮습니다. 그렇다면 아까와 달리 ㉡   는 결론이 나오네요.

① ㉠: 아랍어 가능자는 모두 정보 보호 팀에 지원했습니다
　 ㉡: 신입 요원은 모두 아랍어가 가능하지 않다
② ㉠: 정보 보호 팀 지원자는 모두 아랍어가 가능합니다
　 ㉡: 어떤 신입 요원은 아랍어가 가능하지 않다
③ ㉠: 정보 보호 팀 지원자는 모두 아랍어가 가능합니다
　 ㉡: 어떤 아랍어 가능자는 신입 요원이 아니라
④ ㉠: 아랍어 가능자는 모두 정보 보호 팀에 지원했습니다
　 ㉡: 어떤 신입 요원은 아랍어가 가능하지 않다

✓ SOLUTION

해설 주어진 대화를 기호화하면 다음과 정리할 수 있다.

> 1. 신입 요원a ∧ 정보 보호a
> 2. ㉠
> ∴ 신입 요원a ∧ 아랍어 가능a

> 1. 신입 요원a ∧ 정보 보호a
> 2. 정보 보호 → ~아랍어 가능
> ∴ ㉡

㉠ 첫 번째 박스에서 주어진 결론을 도출하려면, [정보 보호a]에서 [아랍어 가능a]를 이끌어 내 줄 전제가 필요하다. 따라서 '정보 보호 → 아랍어 가능'을 뜻하는 '정보 보호 팀 지원자는 모두 아랍어가 가능합니다'가 들어가야 한다.
㉡ 1에서 연언지 단순화로 [신입 요원a], [정보 보호a]가 도출된다. [정보 보호a]로 인해 2의 전건이 긍정되어 [~아랍어 가능a]가 도출되고, 이를 [신입 요원a]와 연언화하면 '신입 요원a ∧ ~아랍어 가능a'가 도출된다. 따라서 '어떤 신입 요원은 아랍어가 가능하지 않다'가 들어가야 한다.

오답풀이 ①·④ '아랍어 가능 → 정보 보호'가 ㉠에 들어가면 1과 연결되지 못하므로 주어진 결론 도출이 불가능하다.
③ 정보 시정 이후 '신입 요원a ∧ ~아랍어 가능a'이 도출될 뿐, '아랍어 가능a ∧ ~신입 요원a'가 참인지는 알 수 없다.

정답

논리의 오류

풀이 전략
- 형식적 오류와 비형식적 오류의 유형을 익힌다.
- 독해 지문에 적용하여 문제를 푸는 훈련을 한다.

대표 ㉠~㉣의 예를 추가할 때 가장 적절한 것은?

> 논리학에서 비형식적 오류 유형에는 우연의 오류, 애매어의 오류, 결합의 오류, 분해의 오류 등이 있다.
> 우선 ㉠ <u>우연의 오류</u>란 거의 대부분의 경우에 적용되는 일반적인 원리나 규칙을 우연적인 상황으로 인해 생긴 예외적인 특수한 경우에까지도 무차별적으로 적용할 때 생기는 오류이다. 그 예로 "인간은 이성적인 동물이다. 중증 정신 질환자는 인간이다. 그러므로 중증 정신 질환자는 이성적인 동물이다."를 들 수 있다. ㉡ <u>애매어의 오류</u>는 동일한 한 단어가 한 논증에서 맥락마다 서로 다른 의미를 지니는 것으로 사용될 때 생기는 오류를 말한다. "김 씨는 성격이 직선적이다. 직선적인 모든 것들은 길이를 지닌다. 고로 김 씨의 성격은 길이를 지닌다."가 그 예이다. 한편 각각의 원소들이 개별적으로 어떤 성질을 지니고 있다는 내용의 전제로부터 그 원소들을 결합한 집합 전체도 역시 그 성질을 지니고 있다는 결론을 도출하는 경우가 ㉢ <u>결합의 오류</u>이고, 반대로 집합이 어떤 성질을 지니고 있다는 내용의 전제로부터 그 집합의 각각의 원소들 역시 개별적으로 그 성질을 지니고 있다는 결론을 도출하는 경우가 ㉣ <u>분해의 오류</u>이다. 전자의 예로는 "그 연극단 단원들 하나하나가 다 훌륭하다. 고로 그 연극단은 훌륭하다."를, 후자의 예로는 "그 연극단은 일류급이다. 박 씨는 그 연극단 일원이다. 그러므로 박 씨는 일류급이다."를 들 수 있다.

① ㉠: 모든 사람은 죽는다. 소크라테스는 사람이다. 그러므로 소크라테스는 죽는다.
② ㉡: 부패하기 쉬운 것들은 냉동 보관해야 한다. 세상은 부패하기 쉽다. 고로 세상은 냉동 보관해야 한다.
③ ㉢: 미국 아이스하키 선수단이 이번 올림픽에서 금메달을 차지했다. 그러므로 미국 선수 각자는 세계 최고 기량을 갖고 있다.
④ ㉣: 그 학생의 논술 시험 답안은 탁월하다. 그의 답안에 있는 문장 하나하나가 탁월하기 때문이다.

SOLUTION

해설 '부패하다'의 의미를 혼동하여 씀으로써 오류가 발생한 예이므로 ㉡ '애매어의 오류'의 예로 적절하다. '애매어의 오류'란 동일한 단어가 한 논증에서 맥락마다 서로 다른 의미를 지니는 것으로 사용될 때 생기는 오류이다. 즉 '부패하기 쉬운 것들은 냉동 보관해야 한다'에서 '부패하다'는 과학적 의미로 쓰였는데, 이 의미를 '세상은 부패하기 쉽다'에도 동일하게 적용함으로써 '세상은 냉동 보관해야 한다'라는 오류를 범한 것이다.

오답 풀이 ① 정언 삼단 논법에 따라 논리를 전개한 예이다. 즉 '모든 사람은(p는) 죽는다(q이다) → 소크라테스는(r은) 사람이다(p이다) → 그러므로 소크라테스는(r은) 죽는다(q이다)'의 논리 전개를 보인다.
③ '선수단'이라는 집합이 지닌 성질을 그 집합의 원소들인 선수 역시 지니고 있다고 결론 내린 것이므로 ㉣ '분해의 오류'의 예로 적절하다.
④ 답안의 문장이라는 각각의 원소들이 지닌 개별적인 성질을, 그 원소들을 결합한 집합인 답안 전체도 지니고 있다고 결론 내리는 ㉢ '결합의 오류'의 예로 적절하다.

정답 ②

085 다음 글과 논증 방식이 가장 가까운 것은?

> 기존의 틀을 벗어나려면 새로운 가치가 필요하다. 운동선수가 뜀틀을 넘으려면 도약대가 있어야 하듯, 낡은 사고, 인습, 그리고 변화에 저항하는 틀을 뛰어넘기 위해서는 믿고 따를 분명한 디딤판이 필요하다. 또한, 기존의 틀을 벗어나려면 운동선수가 뜀틀을 향해 달려가는 것처럼 변화하고자 하는 의지도 필요하다. 도전하려는 의지가 수반될 때에 뜀틀 너머의 새로운 사회를 만날 수 있다.

① 미국 헌법은 미국 시민의 투표권을 보장한다. 미국 여성은 미국 시민이다. 그러므로 미국 헌법은 미국 여성의 투표권을 보장한다.

② 나는 유해한 모든 일을 피하려고 한다. 전자파가 유해하다는 것은 널리 알려진 사실이다. 전자레인지는 전자파를 방출하는 대표적인 기기이다. 따라서 나는 전자레인지 사용을 자제하려고 한다.

③ 전선을 통한 전기의 흐름은 도관을 통한 물의 흐름과 유사하다. 지름이 큰 도관은 지름이 작은 도관에 비해 많은 양의 물을 전달할 수 있다. 따라서 큰 지름의 전선은 작은 지름의 전선보다 많은 양의 전기를 전달할 수 있을 것이다.

④ 주말이면 동네에서 크고 작은 문화 행사를 한다. 박물관에는 다양한 문화재들이 항상 전시되어 있으며, 대학로의 소극장이나 예술의 전당 같은 문화 공간에서는 다양한 공연이 열리고 있다. 문화는 우리 생활 구석구석에 스며들어 있다.

086 다음 글의 논리적 오류와 같은 종류의 오류가 있는 것은?

> 규칙적인 생활을 하고 운동을 열심히 하는 사람은 건강합니다. 왜냐하면, 건강한 사람은 규칙적인 생활을 하고 운동을 열심히 하기 때문입니다.

① 분열은 화합으로 극복할 수 있다. 화합한 사회에서는 분열이 일어나지 않는다.

② 미확인 비행 물체[UFO]가 없다는 주장이 입증되지 않았으므로 미확인 비행 물체는 존재한다.

③ 지금 서른 분 가운데 열 분이 손을 들어 반대하셨습니다. 손을 안 드신 분은 모두 제 의견에 찬성하는 것으로 알겠습니다.

④ A 지역에서 생산한 사과도 맛이 없고, B 지역에서 생산한 사과도 맛이 없습니다. 따라서 올해는 맛있는 사과를 맛볼 수 없을 것입니다.

SOLUTION

해설 제시문은 운동선수의 뜀틀 넘기와 기존 사고의 틀 벗어나기의 유사성을 바탕으로, 운동선수의 뜀틀을 향한 달리기와 인간의 변화하려는 의지가 유사하다는 것을 유추해 내고 있다. 이는 귀납 추론 중 유비 추론이 사용된 것이다. 유비 추론이란 두 대상 사이의 유사성을 바탕으로 나머지 요소들의 동일성을 추론하는 방법이다. ③ 역시 전선을 통한 전기의 흐름과 도관을 통한 물의 흐름이 유사하다는 것을 바탕으로, 지름의 크기에 따른 물과 전기의 전달량이 유사하다는 것을 유추해 내고 있으므로, 유비 추론을 사용한 것이다

오답풀이 ①·② 연역 추론 중 'p는 q이다 → r은 p이다 → 그러므로 r은 q이다'의 정언 삼단 논법이 적용되었다. 즉 '미국 시민은(p는) 미국의 헌법에서 투표권을 보장받는다(q이다) → 미국 여성은(r은) 미국 시민이다(p이다) → 그러므로 미국 여성은(r은) 미국의 헌법에서 투표권을 보장받는다(q이다)'로 논리가 전개된다. 또한 '유해한 것은(p는) 내가 피하는 것이다(q이다) → 전자레인지가 지닌 전자파는(r은) 유해하다(p이다) → 그러므로 전자파를 지닌 전자레인지는(r은) 내가 피하는 것이다(q이다)'로 논리가 전개된다.
④ 개별적인 여러 사실들로부터 일반적인 결론을 이끌어 내는 귀납 추론이 사용되었다. 즉 주말마다 동네에서 문화 행사가 열림, 박물관에 다양한 문화재들이 항상 전시되어 있음 등의 사실에서 '문화는 우리 생활 구석구석에 스며들어 있다'라는 일반론을 이끌어 내고 있다.

정답 ③

SOLUTION

해설 제시문은 순환 논증의 오류를 범한 것이다. '규칙적인 생활을 하고 운동을 열심히 하는 사람은 건강하다'는 주장의 근거로 '건강한 사람은 규칙적인 생활을 하고 운동을 열심히 하기 때문에'를 들고 있는데, 이는 말만 바꾸어 같은 내용을 되풀이한 것이다. ① 역시 '화합하면 분열이 일어나지 않는다'는 내용을 근거 제시 없이 되풀이하고 있으므로 순환 논증의 오류를 범한 것이다.

오답풀이 ② UFO가 없다는 증거가 없으므로 UFO는 존재한다는 주장이므로, 무지에 호소하는 오류를 범한 예이다. 무지에 호소하는 오류란 증명할 수 없거나 알 수 없는 사실을 근거로 들어 자신의 주장을 정당화하는 오류이다.
③ 손을 들면 반대이고 손을 안 들면 찬성이라는 생각이므로, 흑백 사고의 오류를 범한 예이다. 흑백 사고의 오류란 논의되는 집합의 원소가 이것 아니면 저것으로, 두 개밖에 없다고 판단하는 오류이다.
④ A, B 지역의 사과 맛으로 올해 사과 맛 전체를 판단하고 있으므로 성급한 일반화의 오류를 범한 예이다. 성급한 일반화의 오류란 불충분한 통계 자료, 제한된 정보, 대표성을 결여한 자료 등을 부당하게 이용하여 특수한 사례를 일반화한 오류이다.

정답 ①

087 〈보기〉와 같은 유형의 논리적 오류에 해당하는 것은?

/ 보기 /
네가 내게 한 약속을 지키지 않은 것은 곧 나를 사랑하지 않는다는 증거야.

① 항상 보면 이등병들이 말썽이더라.
② 내 부탁을 거절하다니, 넌 나를 싫어하는구나.
③ 김 씨는 참말만 하는 사람이다. 왜냐하면 그는 거짓말을 하지 않는 사람이기 때문이다.
④ 거짓말을 하는 것은 죄악이다. 그러므로 의사가 환자에게 거짓말을 하는 것은 당연히 죄악이다.

088 다음 글과 같은 유형의 논리적 오류가 나타난 것은?

이 식당은 요즘 SNS에서 굉장히 뜨고 있어. 그러니까 엄청 맛있을 거야.

① 이 식당 음식을 꼭 먹어 보도록 해. 만나는 사람들마다 이 집 이야기를 하는 걸 보니 맛이 괜찮은가 봐.
② 누구도 이 식당이 맛없다고 말한 사람은 없어. 그러니까 엄청 맛있는 집이란 소리지.
③ 여기는 유명한 개그맨이 맛있다고 한 식당이니까 당연히 맛있겠지. 그러니까 꼭 여기서 먹어야 해.
④ 이번에는 이 식당에서 밥을 먹자. 내가 얼마나 여기서 먹어 보고 싶었는지 몰라. 꼭 한번 오게 되기를 간절히 바랐어.

✓ SOLUTION

[해설] 〈보기〉는 '약속을 지키면 나를 사랑하는 것이고, 약속을 지키지 않으면 나를 사랑하지 않는 것'이라는 식으로 이것 아니면 저것이라고 단정 짓고 있으므로 흑백 사고의 오류에 해당한다. 흑백 사고의 오류는 논의되는 대상은 세 가지 이상으로 나뉠 수 있는데 두 개밖에 인정하지 않는 오류이다. ② 역시 '나를 좋아하면 부탁을 들어주고, 싫어하면 부탁을 거절한다'라고 단정 지은 것이므로 흑백 사고의 오류에 해당한다.

[오답 풀이] ① 몇몇 이등병의 특수한 사례를 일반화하여 전체 이등병을 잘못 판단하였으므로 성급한 일반화의 오류에 해당한다. 성급한 일반화의 오류는 불충분한 통계 자료, 제한된 정보, 대표성을 결여한 자료 등을 부당하게 이용하여 특수한 사례를 일반화한 오류이다.
③ '김 씨는 참말만 한다'라는 주장을 '김 씨는 거짓말을 하지 않는다'라는 근거로 제시하여 같은 내용을 반복하고 있다. 따라서 같은 내용을 말만 바꾸어 되풀이하여 순환적으로 논증하는 순환 논증의 오류에 해당한다.
④ 의사와 환자 간의 특수한 상황을 고려하지 않고 일반적인 규칙을 그대로 적용하는 데에서 빚어지는 우연의 오류에 해당한다. 우연의 오류는 일반적인 규칙이 특수한 경우에도 그대로 적용될 수 없음에도 적용함으로써 빚어지는 오류로서 예외를 인정하지 않아서 발생한다.

[정답] ②

✓ SOLUTION

[해설] 제시문은 온라인상의 인기를 근거로 특정 식당의 음식이 맛있다고 판단한 것이므로 대중에 호소하는 오류를 범한 것이다. 대중에 호소하는 오류란 논지를 따르는 대중의 규모에 비추어 참을 주장하거나, 대중의 편견 등을 자극하여 자신의 주장을 받아들이게 하는 오류이다. ① 역시 그 식당에 관한 이야기를 하는 사람이 많다는 것을 근거로 그 식당을 평가한 것이므로 대중에 호소하는 오류에 해당한다.

[오답 풀이] ② 이 식당의 음식이 맛없다고 말한 사람이 없다는 것을 근거로 이 식당의 음식이 맛있다고 판단하고 있으므로 무지에 호소하는 오류를 범한 것이다. 무지에 호소하는 오류란 반증을 제시하지 못했다고 하여 그 논제가 참이라고 단정하는 오류를 말한다.
③ 유명 개그맨, 즉 '맛'과 관련 없는 비전문가의 평가를 근거로 식당 음식의 맛을 판단하고 있으므로 부적합한 권위에 호소하는 오류를 범한 것이다. 부적합한 권위에 호소하는 오류란 논지와 관계없는 분야에 있는 전문가의 의견을 빌려 와 논지가 참임을 주장하는 오류를 말한다.
④ 개인적인 감정을 강조하여 상대방이 자신의 주장을 받아들이도록 요구하고 있으므로 연민(동정)에 호소하는 오류를 범한 것이다. 연민(동정)에 호소하는 오류란 연민이나 동정 등의 감정을 이용하여 자신의 논지를 받아들이게 하는 오류를 말한다.

[정답] ①

089 〈보기〉에서 보이는 오류의 유형과 같은 오류가 있는 것은?

> 보기
> "그놈은 나쁜 놈이니 사형을 당해야 해. 사형을 당하는 걸 보면 나쁜 놈이야."

① 분열은 화합으로 극복할 수 있다. 그러므로 우리는 분열을 치유하기 위해 모두가 하나 되는 사회를 만들어야 한다.
② 국민의 67%가 사형 제도에 찬성했다. 그러므로 사형 제도는 정당하다.
③ 하나를 보면 열을 안다고, 국어 성적이 좋은 걸 보니 혜림이는 공부를 잘하는 학생이구나.
④ 이번 학생회장 선거에서 나를 뽑지 않은 것으로 보아 너는 나를 아주 싫어하는구나.

090 논증의 과정에서 범할 수 있는 오류와 그 예를 연결한 것으로 적절하지 않은 것은?

① 정선, 김홍도, 신윤복, 강희안, 장승업 등은 모두 탁월한 화가들이다. 그러므로 한민족은 세계에서 가장 뛰어난 미술적 재능을 지닌 민족이다. → 성급한 일반화의 오류
② 지난 학기에 학사 경고를 받은 학생은 모두 26명이다. 그중 남학생이 18명이고 여학생이 8명이다. 그러므로 남학생들이 여학생들보다 학업에 소홀했다. → 원천 봉쇄의 오류
③ 참된 능력은 언제나 드러나기 마련이다. 능력 있는 자는 자신이 내세우지 않아도 그 재능을 인정받는다. 그러므로 능력 있는 자는 자신의 재능을 알리려고 애쓸 필요가 없다. → 순환 논증의 오류
④ 우리 사회 특히 산업 현장에서는 대학이 유능한 전문 기능인을 길러 주기를 원한다. 다시 말해 전인 교육보다 기능 교육이 중시되기를 사회는 대학에게 요청하고 있다. 그러나 대학이 기능 교육만을 담당할 수는 없다. 대학은 학문을 하는 곳이며, 학문이란 진리를 탐구하는 일이다. 대학이 진리 탐구를 포기하고 권력의 시녀가 되었을 때 상아탑의 이념은 없어지고 만다. → 논점 일탈의 오류

SOLUTION

해설 〈보기〉는 '나쁜 놈은 사형을 당해야 한다'는 앞 문장의 주장을 타당한 근거 제시 없이 뒤의 문장에서 말만 바꾸어 반복한 것이므로 순환 논증의 오류를 범한 것이다. 순환 논증의 오류란, 증명하고자 하는 결론이 참인 근거는 그 전제에 근거하고 그 전제가 참인 근거는 결론에 의존하여 순환적으로 논증하게 되는 오류를 말한다. 즉 같은 내용을 말만 바꾸어 되풀이하는 경우가 이에 해당한다.
① 역시 두 문장이 같은 내용을 가지고 반복되고 있으므로 순환 논증의 오류를 범한 것이다.

오답풀이 ② 국민 과반수가 찬성했다는 것을 근거로 어떤 일을 참이라고 판단하고 있으므로 대중(다수)에 호소하는 오류를 범한 것이다. 대중에 호소하는 오류는 논지를 따르는 대중의 규모에 비추어 참을 주장하거나, 대중의 편견 등을 자극하여 자신의 주장을 받아들이게 하는 오류이다.
③ 한 과목의 성적으로 전체 성적을 판단하고 있으므로 성급한 일반화의 오류를 범한 것이다. 성급한 일반화의 오류란 불충분한 통계 자료, 제한된 정보, 대표성을 결여한 자료 등을 부당하게 이용하여 특수한 사례를 일반화하는 오류이다.
④ '뽑으면 좋아하는 것이고 뽑지 않으면 싫어하는 것이다'와 같이 이것이 아니면 저것뿐이라고 판단하고 있으므로 흑백 사고의 오류를 범한 것이다. 흑백 사고의 오류란 논의되는 집합의 원소가 두 개밖에 없다고 판단하는 오류이다.

정답 ①

SOLUTION

해설 ②에서는 특정 학기에 학사 경고를 받은 남녀 비율로 남학생과 여학생의 학업 집중도를 단정하고 있다. 따라서 원천 봉쇄의 오류가 아니라, 성급한 일반화의 오류를 범한 것이다. 원천 봉쇄의 오류란 반론의 가능성을 원천적으로 봉쇄하여 반론 제기를 불가능하게 만드는 오류이다.

오답풀이 ① 몇몇 화가의 경우만으로 한민족에게 미술적 재능이 있다고 일반화하고 있으므로, 성급한 일반화의 오류를 범한 예로 적절하다.
③ 순환 논증의 오류란 결론은 전제에 의존하고 전제는 결론에 의존하여 순환적으로 논증하게 되는 오류로, 같은 내용을 말만 바꾸어 되풀이하는 경우를 말한다. 이 선택지는 전제를 '그러므로' 이후의 결론에서 반복하고 있으므로 순환 논증의 오류를 범한 예이다.
④ 논점 일탈의 오류란 논점과 관계없는 문제들을 거론하여 논쟁을 회피하거나 본래 논의되던 논지와 무관한 결론을 이끌어 내는 오류이다. 이 글의 논점은 '대학에서의 기능 교육 강화'인데, 글쓴이는 대학에서 기능 교육을 강화하는 것을 진리 탐구를 포기하고 권력의 시녀가 되는 것으로 단정하며 비판하고 있으므로 논점 일탈의 오류를 범하고 있다.

정답 ②

공무원 국어의 독보적 기준
2026 예상 기출서
선재국어

PART 3

개념 중심
문법 독해

음운론

풀이 전략
- **음운**과 **음절의 개념**을 익히고, 음절 형성의 원리를 학습한다.
- **음운 변화의 유형**을 학습한 뒤, 원리를 설명할 수 있도록 한다.

대표 다음 글에서 추론한 내용으로 적절하지 않은 것은?　　　　　　　　　　2025 국가직 9급

　국어의 〈표준 발음법〉 규정에서는 이중 모음의 발음과 관련한 여러 조항들을 찾을 수 있다. 이중 모음은 기본적으로 글자 그대로 발음해야 하지만, 글자와 다르게 발음하는 원칙이 덧붙은 경우도 있다. 이중 모음 'ㅢ'의 발음에는 세 가지 원칙이 적용된다. 첫째, 초성이 자음인 음절의 'ㅢ'는 단모음 [ㅣ]로 발음해야 한다. 둘째, 첫음절 이외의 음절에서 'ㅢ'는 이중 모음 [ㅢ]로 발음하는 것이 원칙이나 단모음 [ㅣ]로도 발음할 수 있다. 셋째, 조사 '의'는 이중 모음 [ㅢ]로 발음하는 것이 원칙이나 단모음 [ㅔ]로도 발음할 수 있다.

　이 세 가지 원칙을 적용하여 발음하려 할 때 원칙 간에 충돌이 발생할 때가 있다. '무늬'의 경우, 첫째 원칙에 따르면 [무니]로 발음해야 하는데 둘째 원칙에 따르면 [무늬]도 가능하고 [무니]도 가능하게 된다. 이렇게 첫째와 둘째가 충돌할 때에는 첫째 원칙을 따른다. 하지만 물어본다는 뜻의 명사 '문의(問議)'처럼 앞 음절의 받침이 뒤 음절의 초성으로 오게 되는 경우에는 첫째 원칙이 적용되지 않고 둘째 원칙이 적용된다. '문의 손잡이'에서의 '문의' 역시 받침이 이동하여 발음되기는 하지만 조사 '의'가 포함되어 있다. 이처럼 둘째와 셋째가 충돌하는 상황에서는 셋째 원칙을 따른다.

① '꽃의 향기'에서 '꽃의'는 두 가지 발음이 가능하다.
② '거의 끝났다'에서 '거의'는 한 가지 발음만 가능하다.
③ '편의점에 간다'에서 '편의점'은 두 가지 발음이 가능하다.
④ '한 칸을 띄고 쓴다'에서 '띄고'는 한 가지 발음만 가능하다.

✓ SOLUTION

해설　거의[거의/거이]: 1문단에 따르면, 첫음절 이외의 음절에서 'ㅢ'는 [ㅢ]로 발음하는 것이 원칙이나 [ㅣ]로도 발음할 수 있다. 따라서 '거의'의 '의'는 [ㅢ]나 [ㅣ]로 발음할 수 있으므로, '거의'는 한 가지 발음만 가능하다는 설명은 적절하지 않다.

오답풀이　① 꽃의[꼬치/꼬체]: 1문단에 따르면, 조사 '의'는 [ㅢ]로 발음하는 것이 원칙이나 [ㅔ]로도 발음할 수 있다. 또한, 2문단에 따르면, '문의 손잡이'에서의 '문의'와 같이 앞 음절의 받침이 뒤 음절의 초성으로 오더라도 조사 '의'는 [ㅢ]나 [ㅔ]로 발음하는 원칙이 적용된다. 따라서 '꽃의'에서 조사 '의'는 [ㅢ]나 [ㅔ]로 발음하므로, '꽃의'는 두 가지 발음이 가능하다는 설명은 적절하다.
③ 편의점[펴늬점/펴니점]: 2문단에 따르면, 명사 '문의(問議)'처럼 앞 음절의 받침이 뒤 음절의 초성으로 오게 되는 경우에는 [ㅢ]나 [ㅣ]로 발음하는 원칙이 적용된다. 따라서 '편의점'의 '의'는 [ㅢ]나 [ㅣ]로 발음할 수 있으므로, '편의점'은 두 가지 발음이 가능하다는 설명은 적절하다.
④ 띄고[띠고]: 1문단에 따르면, 초성이 자음인 음절의 'ㅢ'는 [ㅣ]로 발음해야 한다. 따라서 '띄고'의 'ㅢ'는 초성이 자음이므로, '띄고'는 한 가지 발음만 가능하다는 설명은 적절하다.

정답률 67%　**정답** ②

01 | 음운의 개념과 종류

001 다음 글을 읽고 이해한 내용으로 옳지 않은 것은?
2019 서울시 9급 변형

음성은 말의 뜻을 구별해 주는 변별적 기능이 없고, 사람에 따라 다르게 인식되는 소리이다. 반면에 음운은 말의 뜻을 구별해 주는 기능이 있고, 사람들이 같은 소리로 인식하는 추상적인 소리로, 음성과 구별된다.

음운은 언어에 따라 차이가 있기 때문에 어떤 언어에서는 하나의 음운으로 받아들이는 소리들이 다른 언어에서는 별개의 음운으로 인식되기도 한다. 가령 영어를 사용하는 외국인은 '고기'의 첫 번째 'ㄱ'은 [k]로, 두 번째 'ㄱ'은 [g]로, 즉 서로 다른 음운으로 인식한다. 그렇지만 우리말에서는 이 두 소리를 'ㄱ'이라는 하나의 음운으로 받아들인다. 이처럼 한 언어에서 단어의 의미 차이에 기여하지 못하고 하나의 음운에 속하는 소리를 변이음이라고 한다.

한편 '둘'과 '달'이 서로 다른 단어가 되는 것은 이들 단어 속의 모음 'ㅜ'와 'ㅏ'의 차이 때문이다. 이처럼 하나의 음운이 달라짐으로써 서로 대립하는 단어들의 쌍을 '최소 대립쌍'이라고 한다. 최소 대립쌍으로부터 우리는 국어의 음운을 찾아낼 수 있고, 이렇게 찾아낸 국어의 음운들을 종합하여 정리한 것이 국어의 음운 체계이다. 이러한 음운은 음소와 운소로 나뉜다. 음소는 분절할 수 있는 소리로 자음과 모음이 이에 속한다. 운소는 분절할 수 없는 소리로 음의 길이, 높낮이, 강세 등이 이에 해당한다.

① 소리의 강약이나 고저 등은 분절되지 않으므로 음운이라고 할 수 없다.
② 음운은 의미를 구별해 주는 최소의 단위이므로 최소 대립쌍을 통해 한 언어의 음운 목록을 확인할 수 있다.
③ 음운은 몇 개의 변이음으로 구성되어 있어서 실제로 들리는 소리가 다른 경우에도 하나의 음운으로 인정할 수 있다.
④ 음운은 실제적인 소리라기보다는 관념적이고 추상적인 기호라고 보아야 한다.

SOLUTION

출전 전은주 외, 고등학교 《화법과 언어》 교과서, 천재교과서, 수정 / 우한용 외, 고등학교 《국어Ⅰ》 교과서, 비상교육, 수정

해설 마지막 문단에 따르면, 음운은 음소와 운소로 나뉘는데, 이 중 비분절음인 운소에는 음의 길이, 높낮이, 강세 등이 있다. 따라서 소리의 강약이나 고저 등이 분절되지 않으므로 음운이라고 할 수 없다는 설명은 옳지 않다.

오답 풀이 ② 마지막 문단에 따르면, 하나의 음운이 달라짐으로써 서로 대립하는 단어들의 쌍을 '최소 대립쌍'이라고 하며, 이러한 최소 대립쌍을 통해 국어의 음운을 찾아낼 수 있다.
③ 2문단에 따르면, 한 언어에서 단어의 의미 차이에 기여하지 못하고 하나의 음운에 속하는 소리를 변이음이라고 한다. 즉 '고기'의 경우와 같이, 실제 들리는 소리는 [k]와 [g]로 다르더라도 한국어 화자는 모두 'ㄱ'으로 인식하는 것이다.
④ 1문단에 따르면, 음운은 사람들이 같은 소리로 인식하는 추상적인 소리이다.

정답률 61% **정답** ①

002 다음 글을 바탕으로 할 때, 〈보기〉에서 알 수 있는 '나'의 이름은?
2019 소방직 변형

자음은 소리를 낼 때 입안에서 공기의 흐름에 장애가 생기면서 나오는 소리로, 조음 위치와 조음 방법에 따라 나눌 수 있다. 조음 위치에 따라서는 양순음, 치조음, 경구개음, 연구개음, 후음으로 나뉜다. 두 입술 사이에서 나는 소리인 양순음에는 'ㅂ, ㅃ, ㅍ, ㅁ'이, 혀끝이 윗잇몸이 닿아서 나는 소리인 치조음에는 'ㄷ, ㄸ, ㅌ, ㅅ, ㅆ, ㄴ, ㄹ'이, 센입천장과 혓바닥 사이에서 나는 소리인 경구개음에는 'ㅈ, ㅉ, ㅊ'이, 여린입천장과 혀의 뒷부분 사이에서 나는 소리인 연구개음에는 'ㄱ, ㄲ, ㅋ, ㅇ'이, 목청에서 나는 소리인 후음에는 'ㅎ'이 있다. 또한 조음 방법에 따라서는 파열음, 마찰음, 파찰음, 비음, 유음으로 나뉜다. 파열음에는 'ㄱ, ㄲ, ㅋ, ㄷ, ㄸ, ㅌ, ㅂ, ㅃ, ㅍ'이, 마찰음에는 'ㅅ, ㅆ, ㅎ'이, 파찰음에는 'ㅈ, ㅉ, ㅊ'이, 비음에는 'ㄴ, ㅁ, ㅇ'이, 유음에는 'ㄹ'이 있다.

모음은 공기가 입안에서 장애를 받지 않고 만들어지는 소리이다. 발음하는 동안 입술 모양이나 혀의 위치가 변하는 경우는 이중 모음, 변하지 않고 고정되어 있는 경우는 단모음이라고 한다. 이 중 단모음은 혀의 높낮이, 앞뒤 위치, 입술 모양에 따라 나눌 수 있다. 혀의 높낮이에 따라 'ㅣ, ㅟ, ㅡ, ㅜ'는 고모음, 'ㅔ, ㅚ, ㅓ, ㅗ'는 중모음, 'ㅐ, ㅏ'는 저모음이라고 한다. 또한 혀의 앞뒤 위치에 따라 'ㅣ, ㅟ, ㅔ, ㅚ, ㅐ'는 전설 모음, 'ㅡ, ㅜ, ㅓ, ㅗ, ㅏ'는 후설 모음이라고 하며, 입술 모양에 따라 'ㅣ, ㅔ, ㅐ, ㅡ, ㅓ, ㅏ'는 평순 모음, 'ㅟ, ㅚ, ㅜ, ㅗ'는 원순 모음이라고 한다.

〈보기〉

안녕하세요? 제 소개를 하겠습니다. 먼저 제 이름은 아랫입술과 윗입술이 맞닿아서 나는 소리가 한 개 들어 있습니다. 파열음이나 파찰음은 없고 비음이 포함되어 있어서 발음하기 부드럽습니다. 제 이름을 발음할 때 혀의 위치는 가장 높았다가 낮게 내려가면서 저절로 미소가 지어지기도 합니다. 제 이름은 무엇일까요?

① 민애 ② 진주
③ 하은 ④ 정빈

SOLUTION

출전 한철우 외, 고등학교 《국어Ⅰ》 교과서, 비상교육, 수정

해설 • 아랫입술과 윗입술이 맞닿아서 나는 소리인 '양순음(ㅂ, ㅃ, ㅍ, ㅁ)'이 한 개 들어 있다.
• 파열음이나 파찰음은 없고 비음(ㄴ, ㅁ, ㅇ)이 포함되어 있다.
• 혀의 위치는 가장 높았다가(고모음: ㅣ, ㅟ, ㅡ, ㅜ) 낮게 내려가면서 미소가 저절로 지어진다고 했으므로, 평순 모음(ㅣ, ㅔ, ㅐ, ㅡ, ㅓ, ㅏ)이다.
이 조건들을 정리하면 이름 중 자음에는 양순음이면서 파열음과 파찰음이 아닌 'ㅁ'이 한 개 들어 있어야 하고 'ㅁ'을 포함한 비음이 들어 있어야 한다. 모음은 고모음 다음에 중모음이나 저모음으로 내려가야 하고, 평순 모음이어야 한다.
따라서 가장 적절한 이름은 '민애'이다. 'ㅁ'은 양순음이자 비음이고, 'ㄴ'은 비음이다. 'ㅣ'는 고모음이면서 평순 모음이고, 'ㅐ'는 저모음이면서 평순 모음이다.

정답 ①

003 ㉠에 들어갈 말로 적절하지 않은 것은?

2019학년도 대학수학능력시험 변형

선생님: 최소 대립쌍이란 하나의 소리로 인해 뜻이 구별되는 단어의 짝을 말해요. 가령 최소 대립쌍 '살'과 '쌀'은 'ㅅ'과 'ㅆ'으로 인해 뜻이 달라지는데, 이때의 'ㅅ', 'ㅆ'은 음운의 자격을 얻게 되죠. 이처럼 최소 대립쌍을 이용해 음운들을 추출하면 음운 체계를 수립할 수 있어요. 이제 고유어들을 모은 [A]에서 최소 대립쌍들을 찾아 음운들을 추출하고, 그 음운들을 [B]에서 확인해 봅시다.

[A] 쉬리, 마루, 구실, 모래, 소리, 구슬, 머루

[B] 국어의 단모음 체계

혀의 위치 입술의 모양 혀의 높이	전설 모음		후설 모음	
	평순 모음	원순 모음	평순 모음	원순 모음
고모음	ㅣ	ㅟ	ㅡ	ㅜ
중모음	ㅔ	ㅚ	ㅓ	ㅗ
저모음	ㅐ		ㅏ	

[학생의 탐구 내용]
추출된 음운들 중 [㉠]을 확인할 수 있군.

① 2개의 전설 모음
② 2개의 중모음
③ 3개의 평순 모음
④ 4개의 후설 모음

SOLUTION

해설 제시문에 따르면 '최소 대립쌍'이란 하나의 소리로 인해 뜻이 구별되는 단어의 짝이다. [A]에 제시된 단어들에서 최소 대립쌍을 찾으면, '쉬리 - 소리'는 'ㅟ/ㅗ', '마루 - 머루'는 'ㅏ/ㅓ', '구실 - 구슬'은 'ㅣ/ㅡ'에 의해서 뜻이 구별되므로 이 단어들을 최소 대립쌍으로 볼 수 있다. 여기서 추출된 'ㅟ/ㅗ/ㅏ/ㅓ/ㅣ/ㅡ'를 국어의 단모음 체계에 따라 분류할 때 평순 모음은 4개(ㅏ/ㅓ/ㅡ/ㅣ)이므로, '3개의 평순 모음'은 ㉠에 들어갈 말로 적절하지 않다.

오답 풀이 ① 전설 모음: ㅟ/ㅣ
② 중모음: ㅓ/ㅗ
④ 후설 모음: ㅏ/ㅓ/ㅗ/ㅡ

정답 ③

02 | 음운의 변화

004 ㉠~㉣에 대한 설명으로 적절하지 않은 것은?

2022 법원직 9급

음운의 변동은 한 음운이 다른 음운으로 바뀌는 교체, 한 음운이 없어지는 탈락, 새로운 음운이 생기는 첨가, 두 음운이 하나의 음운으로 합쳐지는 축약으로 구분된다. 한 단어가 발음될 때 이 네 가지 변동 중 둘 이상이 나타나는 경우도 있고 하나의 음운이 두 번 이상 음운 변동을 겪기도 한다.

㉠ 꽃잎[꼰닙]
㉡ 맏며느리[만며느리]
㉢ 닫혔다[다쳗따]
㉣ 넓죽하다[넙쭈카다]

① ㉠~㉣은 모두 음운이 교체되는 현상이 일어난다.
② ㉠과 ㉡에서는 공통적으로 음운의 첨가가 일어난다.
③ ㉢에서는 두 개의 음운이 하나로 축약되는 현상이 일어난다.
④ ㉣에서는 음운의 탈락과 축약이 일어난다.

SOLUTION

해설
㉠ 꽃잎: [꼳입](음절의 끝소리 규칙 - 교체) → [꼳닙](ㄴ 첨가 - 첨가) → [꼰닙](비음화 - 교체)
㉡ 맏며느리: [만며느리](비음화 - 교체)
㉢ 닫혔다: [다텯다](자음 축약 - 축약 & 음절의 끝소리 규칙 - 교체) → [다쳗다](구개음화 - 교체) → [다쳗따](된소리되기 - 교체)
  * 용언의 활용형에서 나타나는 '져, 쪄, 쳐'는 [저, 쩌, 처]로 발음한다.
㉣ 넓죽하다: [넙죽하다](자음군 단순화 - 탈락) → [넙쭈카다](된소리되기 - 교체 & 자음 축약 - 축약)

㉠에서는 음운의 첨가가 일어나지만 ㉡에서는 음운의 첨가가 일어나지 않는다.

정답 ②

보충자료 주요 음운 변동 현상

교체 (대치)	한 음운이 다른 음운으로 바뀌는 현상으로, 음절의 끝소리 규칙, 비음화, 유음화, 구개음화, 된소리되기 등이 있다. **예** • 숲[숩] (음절의 끝소리 규칙) • 국물[궁물] (비음화) / 진리[질리] (유음화) • 같이[가치] (구개음화)
축약	두 음운이 합쳐져 하나의 음운으로 줄어드는 현상으로, 자음 축약과 모음 축약이 있다. **예** • 놓고[노코] / 법학[버팍] / 앉히다[안치다] (자음 축약) • 보아 → 봐 / 가꾸어 → 가꿔 (모음 축약) * '모음 축약'을 교체로 보는 의견도 있음.
탈락	두 개의 음운이 만날 때 어느 한 음운이 발음되지 않는 현상으로, 자음군 단순화, 'ㄹ' 탈락, 'ㅎ' 탈락, 'ㅡ' 탈락 등이 있다. **예** • 흙[흑] (자음군 단순화) • 아들+님 → 아드님 / 울+는 → 우는 ('ㄹ' 탈락) • 좋은[조ː은] ('ㅎ' 탈락) • 기쁘+어 → 기뻐 ('ㅡ' 탈락)
첨가	없던 음운이 덧붙는 현상으로, 'ㄴ' 첨가, 사잇소리 현상 등이 있다. **예** • 솜이불[솜ː니불] ('ㄴ' 첨가) • 초+불 → 촛불[촏뿔/초뿔] (사잇소리 현상)

005 〈보기 1〉을 고려하여 〈보기 2〉의 밑줄 친 부분의 표준 발음을 해석한 것으로 가장 적절한 것은?
2025 서울시 기술직

/ 보기 1 /

㉠ 받침소리로는 'ㄱ, ㄴ, ㄷ, ㄹ, ㅁ, ㅂ, ㅇ'의 7개의 자음만 발음한다.

㉡ 받침 'ㄲ, ㅋ', 'ㅅ, ㅆ, ㅈ, ㅊ, ㅌ', 'ㅍ'은 어말 또는 자음 앞에서 각각 대표음 [ㄱ, ㄷ, ㅂ]으로 발음한다.

㉢ 홑받침이나 쌍받침이 모음으로 시작된 조사나 어미, 접미사와 결합되는 경우에는 제 음가대로 뒤 음절 첫소리로 옮겨 발음한다.

㉣ 받침 뒤에 모음 'ㅏ, ㅓ, ㅗ, ㅜ, ㅟ' 들로 시작되는 실질 형태소가 연결되는 경우에는, 대표음으로 바꾸어서 뒤 음절 첫소리로 옮겨 발음한다.

/ 보기 2 /

아들 내외가 부엌에서 식사 준비를 하고 있다.

① ㉠에 따라 [부어게서]라고 발음한다.
② ㉡에 따라 [부어게서]라고 발음한다.
③ ㉢에 따라 [부어케서]라고 발음한다.
④ ㉣에 따라 [부어케서]라고 발음한다.

SOLUTION

해설 '부엌에서'는 홑받침 'ㅋ' 뒤에 모음으로 시작하는 조사 '에서'가 결합하는 경우이므로, 제 음가대로 뒤 음절 첫소리로 옮겨 발음한다는 ㉢에 따라 [부어케서]라고 발음한다.

정답 ③

006 〈보기〉의 ㉠~㉢에 해당하는 예를 바르게 짝 지은 것은?
2025 법원직 9급

/ 보기 /

하나의 자음으로 끝나는 말 뒤에 모음으로 시작하는 형식 형태소가 결합할 경우 ㉠ 받침을 그대로 옮겨 뒤 음절 초성으로 발음하는 모습이 나타나고 이를 연음이라 한다. 만약 받침을 가진 말 뒤에 모음으로 시작하는 실질 형태소가 온다면 ㉡ 받침이 대표음으로 바뀐 후 뒤 음절의 초성으로 이동하는 모습을 보인다. 대부분의 말들은 위 두 원칙을 따르지만 ㉢ 위 두 원칙을 따르지 않는 예외적인 경우도 존재한다.

	㉠	㉡	㉢
①	앞으로	맛없다	좋은
②	무릎이	옆얼굴	웃어른
③	꽃을	젖어미	덮이다
④	부엌이	웃음	강으로

SOLUTION

해설 ㉠ 앞으로[아프로]: 받침 'ㅍ'이 모음으로 시작되는 형식 형태소 '으로'와 결합하는 경우이다. 이때에는 받침을 제 음가대로 뒤 음절 첫소리로 옮겨 발음하므로, ㉠의 예로 적절하다.

㉡ 맛없다[마덥따]: 받침 'ㅅ' 뒤에 모음으로 시작되는 실질 형태소 '없다'가 연결되는 경우이다. 이때에는 받침 'ㅅ'을 대표음 [ㄷ]으로 바꾸어 뒤 음절 첫소리로 옮겨 발음하므로, ㉡의 예로 적절하다.

㉢ 좋은[조:은]: '좋은'은 'ㅎ'을 발음하지 않는다. 즉 ㉠과 ㉡을 모두 따르지 않는 예외적인 경우에 해당하므로 ㉢의 예로 적절하다.

오답 풀이 ② • 무릎이[무르피]: 받침 'ㅍ'이 형식 형태소 '이'와 결합되는 경우이므로, ㉠의 예로 적절하다.

• 옆얼굴[여벌굴]: 받침 'ㅍ'이 모음으로 시작되는 실질 형태소 '얼굴'과 연결되는 경우이므로, ㉡의 예로 적절하다.

• 웃어른[우더른]: 받침 'ㅅ'이 모음으로 시작되는 실질 형태소 '어른'과 연결되는 경우이므로, ㉡의 예에 해당한다.

③ • 꽃을[꼬츨]: 받침 'ㅊ'이 형식 형태소 '을'과 결합되는 경우이므로, ㉠의 예로 적절하다.

• 젖어미[저더미]: 받침 'ㅈ'이 모음으로 시작되는 실질 형태소 '어미'와 연결되는 경우이므로 ㉡의 예로 적절하다.

• 덮이다[더피다]: 받침 'ㅍ'이 형식 형태소 '-이-'와 결합되는 경우이므로, ㉠의 예에 해당한다.

④ • 부엌이[부어키]: 받침 'ㅋ'이 형식 형태소 '이'와 결합되는 경우이므로, ㉠의 예로 적절하다.

• 웃음[우슴]: 받침 'ㅅ'이 형식 형태소 '-음'과 결합되는 경우이므로, ㉠의 예에 해당한다.

• 강으로[강으로]: 'ㅇ'으로 끝나는 말은, 'ㅇ'은 초성으로 발음할 수 없다는 국어의 발음상 제약 때문에 연음되지 않으므로, ㉢의 예로 적절하다.

정답 ①

007 〈보기〉의 〈표준 발음법〉을 가장 바르게 적용한 것은?

2025 법원직 9급

／ 보기 ／

㉠ 받침 'ㄷ, ㅌ'이 조사의 모음 'ㅣ'와 결합하는 경우에는, [ㅈ, ㅊ]으로 바꾸어서 뒤 음절 첫소리로 옮겨 발음한다.
예 솥이[소치]

㉡ 받침 'ㄷ, ㅌ(ㄾ)'이 접미사의 모음 'ㅣ'와 결합되는 경우에는, [ㅈ, ㅊ]으로 바꾸어서 뒤 음절 첫소리로 옮겨 발음한다.
예 미닫이[미:다지]

㉢ 받침 'ㄷ' 뒤에 접미사 '히'가 결합되어 '티'를 이루는 것은 [치]로 발음한다.
예 묻히다[무치다]

① '끝이 보인다'의 '끝이'는 ㉠에 따라 'ㅌ'을 [ㅊ]으로 바꿔 [끄치]로 발음해야겠군.

② '그 집의 밭이 크다'의 '밭이'는 ㉡에 따라 'ㅌ'을 [ㅊ]으로 바꿔 [바치]로 발음해야겠군.

③ '비누를 굳히다'의 '굳히다'는 ㉡에 따라 '티'를 [치]로 바꿔 [구치다]로 발음해야겠군.

④ '스티커를 붙이다'의 '붙이다'는 ㉢에 따라 '티'를 [치]로 바꿔 [부치다]로 발음해야겠군.

008 ㉠에 들어갈 말로 가장 적절한 것은?

2020학년도 대학수학능력시험 변형

선생님: 음절은 발음할 수 있는 최소의 언어 단위인데, 음절의 유형은 크게 분류하면 '① 모음, ② 자음 + 모음, ③ 모음 + 자음, ④ 자음 + 모음 + 자음'이 있어요. 예를 들면 '꽃[꼳]'은 ④, '잎[입]'은 ③에 속하지요. 그런데 복합어 '꽃잎'은 음운 변동이 일어나 '꼰닙'으로 발음돼요. 이때 [닙]은 ④에 해당되며 음운의 첨가로 음절 유형이 바뀐 것이지요. 이제 아래 단어들을 탐구해 봅시다.

집일(집 + 일), 의복함(의복 + 함), 국물(국 + 물), 화살(활 + 살)

학생: ㉠ .
선생님: 네, 맞아요.

① '집일[짐닐]'에서의 [닐]은 교체의 결과이고, 음절 유형이 단일어인 '일[일]'과 달라졌어요

② '의복함[의보캄]'에서의 [캄]은 축약의 결과이고, 음절 유형이 단일어인 '함[함]'과 달라졌어요

③ '국물[궁물]'에서의 [궁]은 교체의 결과이고, 음절 유형이 단일어인 '국[국]'과 같아요

④ '화살[화살]'에서의 [화]는 탈락의 결과이고, 음절 유형이 단일어인 '활[활]'과 같아요

009 ㉮의 위치에서 음운 변동이 일어난 예만을 〈보기〉에서 고른 것은?

2023학년도 대학수학능력시험 6월 모의평가 변형

음운은 그 자체로는 뜻이 없다. 음운이 하나 이상 모여 뜻을 가지면 의미의 최소 단위인 형태소가 된다. 그리고 우리는 이러한 형태소를 결합하여 단어를 만들고 말을 한다. 이때 ㉮ 형태소와 형태소가 만나는 경계에서 음운이 다양하게 배열되고 발음이 결정되는데, 여기에 음운 규칙이 관여한다. 예컨대 국어에서는 '국물[궁물]'처럼 '파열음 – 비음' 순의 음운 배열이 만들어지면, 파열음은 동일 조음 위치의 비음으로 교체된다. 그런데 이런 음운 규칙도 모든 언어에 적용되는 것은 아니어서 영어에서는 'nickname[nikneim]'처럼 '파열음(k) – 비음(n)'이 배열되어도 비음화가 일어나지 않는다.

〈보기〉
㉠ 앞일[암닐]   ㉡ 장미꽃[장미꼳]
㉢ 넣고[너ː코]   ㉣ 걱정[걱쩡]
㉤ 굳이[구지]

① ㉠, ㉡, ㉢
② ㉠, ㉢, ㉤
③ ㉡, ㉢, ㉣
④ ㉡, ㉣, ㉤

010 ㉠에 들어갈 말로 가장 적절한 것은?

2023학년도 대학수학능력시험 9월 모의평가 변형

학생: 선생님, 〈표준 발음법〉 제18항을 보다가 궁금한 점이 생겼어요. 이 조항에서 'ㄱ, ㄷ, ㅂ' 옆의 괄호 안에 다른 받침들이 포함된 것은 무엇을 나타내나요?

> 제18항 받침 'ㄱ(ㄲ, ㅋ, ㄳ, ㄺ), ㄷ(ㅅ, ㅆ, ㅈ, ㅊ, ㅌ, ㅎ), ㅂ(ㅍ, ㄼ, ㄿ, ㅄ)'은 'ㄴ, ㅁ' 앞에서 [ㅇ, ㄴ, ㅁ]으로 발음한다.

선생님: 좋은 질문이에요. 그건 받침이 'ㄱ, ㄷ, ㅂ'이 아니더라도, 음운 변동의 결과로 그 발음이 [ㄱ, ㄷ, ㅂ]으로 바뀌면 비음화 현상이 적용될 수 있다는 사실을 나타낸 거예요.

학생: 아, 그렇다면 ㉠ 비음화 현상이 적용된 거네요?

선생님: 네, 맞아요.

① '밖만[방만]'은 자음군 단순화가 적용된 후
② '폭넓다[퐁널따]'는 자음군 단순화가 적용된 후
③ '값만[감만]'은 음절의 끝소리 규칙이 적용된 후
④ '겉늙다[건늑따]'는 음절의 끝소리 규칙이 적용된 후

형태론

풀이 전략
- **형태소의 개념과 종류**를 학습한다.
- 품사를 정확하게 구별할 수 있도록 연습하고, 특히 **품사 통용에 주의**한다.
- **합성어와 파생어를 구별**할 수 있도록 단어의 형성 방법을 익힌다.

대표 다음 글에서 추론한 내용으로 적절하지 않은 것은? 인혁처 1차 예시 문제

'밤하늘'은 '밤'과 '하늘'이 결합하여 한 단어를 이루고 있는데, 이처럼 어휘 의미를 띤 요소끼리 결합한 단어를 합성어라고 한다. 합성어는 분류 기준에 따라 여러 방식으로 나눌 수 있다. 합성어의 품사에 따라 합성 명사, 합성 형용사, 합성 부사 등으로 나누기도 하고, 합성의 절차가 국어의 정상적인 단어 배열법을 따르는지의 여부에 따라 통사적 합성어와 비통사적 합성어로 나누기도 하고, 구성 요소 간의 의미 관계에 따라 대등 합성어와 종속 합성어로 나누기도 한다.
합성 명사의 예를 보자. '강산'은 명사(강)+명사(산)로, '젊은이'는 용언의 관형사형(젊은)+명사(이)로, '덮밥'은 용언 어간(덮)+명사(밥)로 구성되어 있다. 명사끼리의 결합, 용언의 관형사형과 명사의 결합은 국어 문장 구성에서 흔히 나타나는 단어 배열법으로, 이들을 통사적 합성어라고 한다. 반면 용언 어간과 명사의 결합은 국어 문장 구성에 없는 단어 배열법인데 이런 유형은 비통사적 합성어에 속한다. '강산'은 두 성분 관계가 대등한 관계를 이루는 대등 합성어인데, '젊은이'나 '덮밥'은 앞 성분이 뒤 성분을 수식하는 종속 합성어이다.

① 아버지의 형을 이르는 '큰아버지'는 종속 합성어이다.
② '흰머리'는 용언 어간과 명사가 결합한 합성 명사이다.
③ '늙은이'는 어휘 의미를 지닌 두 요소가 결합해 이루어진 단어이다.
④ 동사 '먹다'의 어간인 '먹'과 명사 '거리'가 결합한 '먹거리'는 비통사적 합성어이다.

SOLUTION

해설 '흰'은 용언 '희다'의 어간에 관형사형 어미 '-ㄴ'이 붙은 용언의 관형사형이다. 따라서 '흰머리'는 용언의 관형사형(흰)+명사(머리)로 구성된 합성 명사로, 통사적 합성어이다.

오답 풀이 ① '큰아버지'는 용언의 관형사형(큰)+명사(아버지)로 구성된 합성 명사로, 앞 성분이 뒤 성분을 수식하는 종속 합성어이다. 용언의 관형사형과 명사의 결합은 국어 문장 구성에서 나타나는 배열법이므로 통사적 합성어에 속한다.
③ '늙은이'는 용언 '늙다'의 관형사형(늙은)+'사람'의 뜻을 나타내는 명사(이)로 구성된 통사적 합성어이다.
④ '먹거리'는 용언의 어간(먹)+의존 명사(거리)로 구성된 합성 명사이다. 용언 어간과 명사의 결합은 국어 문장 구성에 없는 배열법이므로 비통사적 합성어에 속한다.

정답률 45% **정답** ②

01 | 형태소와 단어

011 다음 글에서 추론한 내용으로 적절하지 않은 것은?

> 의미를 가진 것 가운데 가장 작은 언어 단위를 형태소라고 한다. 형태소는 다른 말의 도움 없이 혼자 쓰일 수 있는 자립 형태소와 반드시 다른 말에 기대서만 쓰일 수 있는 의존 형태소로 나눌 수 있다. 자립 형태소는 앞뒤에 다른 형태소가 직접 연결되지 않아도 문장에서 쓰일 수 있지만, 의존 형태소는 앞이나 뒤에 적어도 하나의 형태소가 연결되어야만 문장에서 쓰일 수 있다. 체언, 수식언, 독립언으로 분류되는 형태소들은 자립 형태소이고, 용언의 어간과 어미, 조사, 접사로 분류되는 형태소들은 의존 형태소이다.
>   형태소는 실질적인 의미를 가진 실질 형태소와 문법적인 의미를 가진 형식 형태소로 분류할 수도 있다. 체언, 수식언, 독립언, 용언의 어간으로 분류되는 형태소는 실질 형태소라 할 수 있고, 체언이나 용언에 연결되어 문법적 의미를 표시하는 조사나 어미, 그리고 단어 형성에 참여하는 접사는 형식 형태소라 할 수 있다.

① 수식언은 다른 말의 도움 없이 혼자 쓰일 수 있으며 실질적인 의미를 가지고 있다.
② '어머니의 미소가 따뜻했다.'에서 '의'는 앞말 '어머니'에 붙어 있는 의존 형태소이자 형식 형태소이다.
③ '하늘이 푸르다.'에서 '푸르다'는 의존 형태소 '푸르-'에 의존 형태소 '-다'가 붙은 구조로, 모두 실질 형태소로만 이루어져 있다.
④ '나는 밥을 먹었다.'에서 '나는'과 '밥을'은 각각 두 개의 형태소로 구성되며, 자립 형태소와 의존 형태소가 결합된 구조이다.

SOLUTION

출전 이삼형, 고등학교 《언어와 매체》 교과서, 지학사, 수정

해설 제시문에 따르면, 용언의 어간은 의존 형태소이면서 실질 형태소에 해당하고, 용언의 어미는 의존 형태소이자 형식 형태소에 해당한다. 용언의 어간인 '푸르-'는 의존 형태소이자 실질 형태소이지만, 용언의 어미인 '-다'는 의존 형태소이자 형식 형태소이다.

오답 풀이 ① 1문단에 따르면, 다른 말의 도움 없이 혼자 쓰일 수 있는 자립 형태소에는 체언, 수식언, 독립언이 있다. 또한 2문단에 따르면, 실질적인 의미를 가지는 실질 형태소에는 체언, 수식언, 독립언, 용언의 어간이 있다. 따라서 수식언은 다른 말의 도움 없이 혼자 쓰일 수 있으며 실질적인 의미를 가지고 있음을 추론할 수 있다.
② '의'는 체언인 '어머니' 뒤에 붙은 조사이다. 조사는 자립하여 쓰일 수 없어 다른 말에 기대어 쓰이는 의존 형태소이자, 실질 형태소에 붙어서 문법적인 기능을 나타내는 형식 형태소이다.
④ '나는'은 '나/는', '밥을'은 '밥/을'과 같이 형태소 2개가 결합된 구성으로 각각 체언인 '나'와 '밥'이라는 자립 형태소와 조사인 '는'과 '을'이라는 의존 형태소로 구성되어 있다.

정답 ③

012 다음 글을 읽고 이해한 내용으로 적절하지 않은 것은?

> 단어가 문장 안에서 어떤 기능을 하는지에 따라 체언, 용언, 관계언, 수식언, 독립언으로 나뉜다. 그중 체언은 주어 자리에 올 수 있으며, 때로는 목적어나 보어 자리에 오기도 한다. 이들은 조사와 결합할 수 있으며 일반적으로 형태에 변화가 없다. 또한 체언은 '나는 민아에게 책 하나를 건네었다.'에서 '민아', '책'과 같이 대상의 이름을 나타내는 명사, '나'와 같이 대상의 이름을 대신하여 가리키는 대명사, '하나'와 같이 사물의 수량이나 순서를 나타내는 수사로 나뉜다.
>   명사에는 '민아'와 같이 특정 대상을 다른 개체와 구별하여 붙인 이름인 고유 명사와 '책'과 같이 공통된 특성을 지닌 대상들을 아울러 대표하는 보통 명사가 있다. 또한 '책 한 권'에서 '책'과 같이 혼자 자립적으로 쓰일 수 있는 자립 명사와 '권'과 같이 반드시 그 앞에 꾸며 주는 말인 관형어가 있어야만 쓰일 수 있는 의존 명사가 있다.
>   대명사에는 사물이나 장소를 가리키는 지시 대명사와 사람을 가리키는 인칭 대명사가 있다. '이것, 저것, 여기, 저기' 등이 전자에 해당하고 '나, 너, 그' 등이 후자에 해당한다.
>   수사에는 '하나, 둘, 일, 이' 등과 같이 수량을 나타내는 양수사와 '첫째, 둘째, 제일, 제이' 등과 같이 순서를 나타내는 서수사가 있다. 다만 '수술 환자를 다룰 때는 첫째, 마취를 제대로 할 수 있어야 한다.'와 같이 쓰일 때는 '첫째'가 차례를 나타내는 수사이지만, '김 선생네는 첫째가 벌써 초등학교 5학년이다.'와 같이 '첫째'가 사람을 지칭할 때는 명사이다.

① 명사는 조사와 결합하여 문장에서 주어, 목적어, 보어의 역할을 한다.
② '이 일을 한 사람이 당신이오?'에서 '당신'은 듣는 사람을 지칭하는 인칭 대명사이다.
③ '우리 집 첫째는 선생님이고 둘째는 회사원이다.'에서 '첫째'와 '둘째'는 순서를 나타내는 수사이다.
④ '마실 것을 가져다주었다.'에서 '것'은 홀로 쓰이지 못하고, 뒤에 조사가 결합하였으므로 의존 명사이다.

SOLUTION

출전 이관규 외, 고등학교 《언어와 매체》 교과서, 비상교육, 수정

해설 마지막 문단에 따르면, '첫째'가 사람을 지칭할 때는 명사이다. 따라서 '첫째는 선생님이고 둘째는 회사원이다'에서 '첫째'와 '둘째'는 사람을 지칭하는 명사이다.

오답 풀이 ① 1문단에 따르면, 체언에는 명사, 대명사, 수사가 있는데, 이러한 체언은 조사와 결합할 수 있으며, 주어·목적어·보어 자리에 올 수 있다.
② 3문단에 따르면, 대명사에는 사람을 가리키는 인칭 대명사가 있다. '이 일을 한 사람이 당신이오?'에서 '당신'은 듣는 이를 가리키는 2인칭 대명사이다.
④ 2문단에 따르면, 명사에는 반드시 그 앞에 꾸며 주는 말인 관형어가 있어야만 쓰일 수 있는, 즉 홀로 쓰일 수 없는 의존 명사가 있다. '마실 것을'에서 '것'은 '마실'이라는 관형어가 없이는 쓰일 수 없으며 뒤에 조사 '을'이 결합하였으므로 의존 명사임을 알 수 있다.

정답 ③

013 ㉠과 ㉡의 예를 바르게 짝 지은 것은?
2017 기상직 7급

'있다, 없다'는 동사 성격과 형용사 성격을 모두 공유하고 있는데, 이를 중요시하여 따로 존재사를 설정하는 경우가 있다. 예컨대, 동사에는 관형사형 어미 '-는'이 붙을 수 있고, 형용사에는 '-는'이 붙지 못하는 특성이 있는데, '있다, 없다'는 '있는, 없는'에서 보는 것처럼 둘 다 가능하다는 것이다. 그렇다고 이 둘이 의미상으로 동작의 움직임이나 과정을 나타내는 동사인가 하면, 그렇지도 않으니, 동사·형용사 품사 배정에 어려움이 있다는 것이다. 따라서 동사·형용사 두 가지 특성을 보이는 새로운 품사로 존재사라는 것을 설정하자는 것이다. 그러나 이 두 단어 때문에 새로운 품사를 설정하는 것은 바람직하지 않다고 본다. 예컨대, '있다'는 '있는다, 있어라'라는 표현이 가능한 점이 있으나 '없다'는 '없는다, 없어라'가 불가능하니, 각각 동사와 형용사로 인정하는 게 나으리라 판단된다. 학교 문법에서는 의미상의 분류를 그 기준으로 하고 있어 '있다, 없다' 둘 다 형용사로 나누고 있는 실정이다. 하긴, '있다'를 자세히 보면 ㉠ 동사로서의 '있다'와 ㉡ 형용사로서의 '있다'로 나뉜다고도 할 수 있을 것이다.

① ㉠: 나는 신이 있다고 믿는다.
㉡: 그는 내일 집에 있는다고 했다.

② ㉠: 오늘 회식이 있으니 모두 참석하세요.
㉡: 그는 있는 집 자손이다.

③ ㉠: 떠들지 말고 얌전하게 있어라.
㉡: 우리 모두 함께 있자.

④ ㉠: 앞으로 사흘만 있으면 추석이다.
㉡: 그는 서울에 있다.

SOLUTION

해설 '있다'는 동사와 형용사 모두로 쓰일 수 있으므로 형태상으로 구별하는 것이 쉽지 않다. 따라서 문장에서 쓰이는 의미와 어미의 형태로 구별해야 한다. ④의 ㉠ '있으면'은 '얼마의 시간이 경과하다'의 의미로 쓰여 주체의 변화를 나타내는 동사이고, ㉡ '있다'는 '사람이나 동물이 어느 곳에 머무르거나 사는 상태이다'를 의미하여 주체의 상태를 나타내는 형용사이다.

오답풀이 ① ㉠ 신이 있다고: '있다고'는 '사람, 동물, 물체 따위가 실제로 존재하는 상태이다'의 의미로 주체의 상태를 나타내는 형용사이다. 어미 '-다고'는 형용사 어간이나 어미 '-으시-', '-었-', '-겠-' 뒤에 붙는다.
㉡ 집에 있는다고: '있는다고'는 '사람이나 동물이 어느 곳에서 떠나거나 벗어나지 아니하고 머물다'의 의미로, 주체의 움직임이나 과정을 나타내는 동사이다. 동사 뒤에 붙는 현재 시제 선어말 어미 '-는-'을 통해서도 알 수 있다.

② ㉠ 회식이 있으니: '있으니'는 '어떤 일이 이루어지거나 벌어질 계획이다'의 의미로 주체의 상태를 나타내는 형용사이다.
㉡ 있는 집: '있는'은 '재물이 넉넉하거나 많다'의 의미로 주체의 성질이나 상태를 나타내는 형용사이다. 현재 관형사형 어미 '-는'은 동사뿐 아니라 형용사 '있다, 없다' 뒤에서도 결합이 가능하므로 이때에는 문장에서 쓰이는 의미로 품사를 구별해야 한다.

③ ㉠·㉡ 얌전하게 있어라, 함께 있자: '있어라'와 '있자'는 모두 동사로 '사람이나 동물이 어떤 상태를 계속 유지하다'라는 주체의 움직임이나 작용, 변화를 나타낸다. ㉠ '-어라'와 같은 명령형이나 ㉡ '-자'와 같은 청유형 어미가 붙을 수 있다는 점에서 동사임을 알 수 있다.

정답 ④

014 〈보기 1〉의 ㉠~㉣에 해당하는 가장 적절한 예를 〈보기 2〉에서 고른 것은?
2020학년도 4월 고3 전국연합학력평가 변형

보기 1

용언의 활용은 규칙 활용과 불규칙 활용으로 나눌 수 있다. ㉠ 규칙 활용은 용언이 활용될 때 어간과 어미의 기본 형태가 바뀌지 않거나, 어간이나 어미의 기본 형태가 바뀌는 모습을 일정한 규칙으로 설명할 수 있다. 한편 불규칙 활용은 용언이 활용될 때 어간이나 어미의 기본 형태가 바뀌는 이유를 일정한 규칙으로 설명할 수 없다. 불규칙 활용에는 ㉡ 어간이 불규칙적으로 바뀌는 경우, ㉢ 어미가 불규칙적으로 바뀌는 경우, ㉣ 어간과 어미가 모두 불규칙적으로 바뀌는 경우가 있다.

보기 2

- 놀이터에서 놀다 보니 옷에 흙이 묻었다.
- 나는 동생에게 출발 시간을 일러 주었다.
- 우리는 한라산 정상에 이르러 잠시 쉬었다.
- 드디어 사람들은 그를 우러러 섬기게 되었다.
- 하늘은 맑고 강물은 파래 기분이 정말 상쾌했다.

	㉠	㉡	㉢	㉣
①	묻었다	이르러	일러, 우러러	파래
②	일러	이르러, 파래	묻었다	우러러
③	이르러	묻었다, 우러러	파래	일러
④	묻었다, 우러러	일러	이르러	파래

SOLUTION

해설 ㉠ • 묻었다: '묻다'는 '묻어 – 묻으니 – 묻는'과 같이 활용할 때 어간과 어미의 형태 변화가 없이 규칙 활용을 하므로 ㉠에 해당한다.
• 우러러: '우러르다'는 '우러러 – 우러르니'로 활용하는 '一' 탈락 용언이다. '一' 탈락 용언은 어미 '-아/-어' 앞에서 '一'가 탈락하는 것을 일정한 규칙으로 설명할 수 있으므로 ㉠에 해당한다.

㉡ 일러: '이르다'가 '무엇이라고 말하다 / 미리 알려 주다' 등의 의미일 경우, '일러 – 이르니'로 활용하는 '르' 불규칙 용언이다. '르' 불규칙 용언은 어간의 끝음절 '르'가 어미 '-아/-어' 앞에서 'ㄹㄹ'로 바뀌므로 ㉡에 해당한다.

㉢ 이르러: '이르다'가 '어떤 장소나 시간에 닿다' 등의 의미일 경우, '이르러 – 이르니'로 활용하는 '러' 불규칙 용언이다. '러' 불규칙 용언은 어미의 첫소리 '-어'가 '-러'로 바뀌므로 ㉢에 해당한다.

㉣ 파래: '파랗다'는 '파랗소 – 파라니 – 파래'로 활용하는 'ㅎ' 불규칙 용언이다. 'ㅎ' 불규칙 용언은 어미 '-아/-어'와 결합할 때 어간의 'ㅎ'이 탈락하고 어미 '-아/-어'가 '-애/-에'로 바뀌므로 ㉣에 해당한다.

정답 ④

015 다음 글을 바탕으로 하여 밑줄 친 부분을 분석한 내용으로 적절하지 않은 것은?
2022학년도 6월 고2 전국연합학력평가 변형

> 조사는 일반적으로 체언 뒤에 붙어서 문법적인 관계를 나타내거나 의미를 추가하는 의존 형태소로서, 기능과 의미에 따라 격 조사, 접속 조사, 보조사로 나눌 수 있다.
>
> 격 조사는 체언이 문장 안에서 일정한 자격을 가지게 해 주는 조사로서, 주격, 목적격, 관형격, 부사격, 서술격, 보격, 호격 조사로 나눌 수 있다. 주격 조사는 '이/가, 에서' 등으로, 체언이 주어의 자격을 가지게 하며, 목적격 조사는 '을/를'로, 체언이 목적어의 자격을 가지게 한다. 관형격 조사는 '의'로, 체언이 관형어의 자격을 가지게 하며, 부사격 조사는 '에, 에게, 에서, (으)로, 와/과' 등으로, 체언이 부사어의 자격을 가지게 한다. 보격 조사는 '이/가'로, 서술어 '되다, 아니다' 앞에 오는 체언이 보어의 자격을 가지게 한다. 서술격 조사는 '이다'로 체언이 서술어의 자격을 가지게 하고, 호격 조사는 '아/야, (이)시여' 등으로 체언이 호칭어가 되게 하는 조사이다.
>
> 접속 조사는 두 단어를 같은 자격으로 이어 주는 조사로 '와/과'가 대표적이며 '하고, (이)며' 등이 여기에 속한다. 보조사는 특별한 의미를 덧붙여 주는 조사로 '도, 만, 까지, 요' 등이 속한다. 보조사는 체언 뒤는 물론이고, 여러 문장 성분 뒤에도 나타날 수 있다.

① '비가 오는데 바람까지 분다.'의 '까지'는 다시 그 위에 더한다는 의미를 가진 보조사이다.
② '나는 아버지보다 어머니와 닮았다.'의 '와'는 '어머니'와 '닮았다'를 이어 주는 접속 조사이다.
③ '우리 동아리에서 학교 축제에 참가하였다.'의 '에서'는 단체 명사 뒤에 쓰이는 주격 조사이다.
④ '신이시여, 우리를 보살피소서.'의 '이시여'는 어떤 대상을 정중하게 부를 때 쓰는 호격 조사이다.

016 〈보기 1〉을 바탕으로 〈보기 2〉에 대해 이해한 내용으로 가장 적절하지 않은 것은?
2025 법원직 9급

/보기 1/
> 관형사는 형태가 변하지 않는 불변어로 체언을 꾸며 주는 역할을 한다. 뒤에 오는 체언의 모양, 성질, 상태를 명확하게 해 주는 성상 관형사, 특정한 대상을 지시하여 가리키는 지시 관형사, 수량을 나타내는 수 관형사로 구분할 수 있다.

/보기 2/
> 희진: ㉠이 공원에 ㉡새 동상이 생겼어!
> 시현: 그러게, 못 보던 동상이 ㉢두 개나 있네!
> 희진: ㉣예쁜 천사 동상이야! 누가 만들었을까?

① ㉠은 '공원'을 꾸며 주는 지시 관형사이다.
② ㉡은 체언인 '동상'의 상태를 나타낸다.
③ ㉢은 수량을 나타내는 수 관형사이다.
④ ㉣은 형태가 변하지 않는 성상 관형사이다.

SOLUTION
[해설] '어머니와 닮았다'의 '와'는 '닮았다' 앞에서 다른 것과 비교하거나 기준으로 삼는 대상임을 나타내는 부사격 조사로 쓰였다.

[오답 풀이] ① '바람까지'의 '까지'는 이미 어떤 것이 포함되고 그 위에 더함의 뜻을 나타내는 보조사이다.
③ '우리 동아리에서'의 '에서'는 단체를 나타내는 명사 뒤에 붙어 체언이 주어의 자격을 가지게 하는 주격 조사이다.
④ '신이시여'의 '이시여'는 체언이 호칭어가 되게 하는 호격 조사이다.

[정답] ②

SOLUTION
[해설] ㉣ '예쁜'은 사물의 성질이나 상태를 나타내는 형용사인 '예쁘다'의 활용형이므로, 형태가 변하지 않는 성상 관형사라는 설명은 적절하지 않다.

[오답 풀이] ① ㉠ '이'는 특정한 대상인 '공원'을 지시하여 가리키는 지시 관형사이다.
② ㉡ '새'는 뒤에 오는 체언 '동상'의 상태를 명확하게 해 주는 성상 관형사이다.
③ ㉢ '두'는 '동상'의 수량을 나타내는 수 관형사이다.

[정답] ④

017 〈보기 1〉의 내용을 참고할 때, 〈보기 2〉에서 관형사를 모두 골라 바르게 묶은 것은?
2020 법원직 9급

/ 보기 1 /

관형사는 체언 앞에서 그 체언의 뜻을 분명하게 제한하는 품사이다. 특히 관형사는 체언을 꾸며 주면서도 형태 변화를 하지 않는다는 특징을 가진다. 또한 관형사는 용언이 아니므로 어미를 가지지 않음은 물론 보조사를 포함한 어떤 조사와도 결합하지 않는다.

/ 보기 2 /

㉠ 도대체 무슨 말을 하는 거야?
㉡ 모든 사람들이 너를 보고 있어.
㉢ 빠른 일 처리가 무척 맘에 드는군.
㉣ 눈앞에 아름다운 풍경이 펼쳐졌다.

① ㉠, ㉡   ② ㉠, ㉣
③ ㉡, ㉢   ④ ㉢, ㉣

018 ㉠에 해당하는 사례로 적절한 것은?
2025 지방직 9급

하나의 단어는 하나의 품사에 속하는 것이 일반적이지만 어떤 단어는 두 가지 이상의 품사에 속할 수 있다. 예를 들어 '밝다'의 경우 '날이 밝았다.'에서는 '밤이 지나고 환해지며 새날이 오다.'라는 의미의 동사이지만, '햇살이 밝은 날'에서는 '불빛 따위가 환하다.'라는 의미의 형용사이다. 이렇듯 하나의 단어가 둘 이상의 품사로 사용되는 것을 품사 통용이라고 한다. 품사 통용은 동음이의 현상과 구별된다. 즉 품사 통용은 서로 관련된 두 의미가 같은 형태로 나타난 것인 반면, ㉠ 동음이의 현상은 먹는 '배'와 타는 '배'가 구별되는 것과 같이 서로 무관한 두 의미가 우연히 같은 형태로 나타난 것이다.

① · 그는 여러 문화를 비교적 관점에서 연구했다.
   · 삼촌은 교통이 비교적 편리한 곳에 산다.
② · 내가 언니보다 키가 더 크다.
   · 이번 여름에는 비가 많이 와서 마당의 풀이 잘 큰다.
③ · 오늘이 드디어 기다리던 시험일이다.
   · 친구는 국립 박물관에 오늘 갈 것이라 한다.
④ · 나는 어제 산 모자를 쓰고 나갔다.
   · 형님은 시를 쓰고 누님은 그림을 그렸다.

019 다음에서 설명하는 '품사의 통용'에 해당하는 예시로 가장 적절한 것은?
2025 군무원 9급

> 명사, 대명사, 수사, 조사, 동사, 형용사, 관형사, 부사, 감탄사 등 9품사는 각 부류에 해당하는 단어들의 문법적 성질이 일정하다고 생각하고 분류한 것이다. 그런데 이들 단어 가운데는 하나 이상의 문법적 성질을 가지고 있는 것이 있는데, 이를 **품사의 통용**이라 한다.

① ・푸른 하늘에 하얀 구름이 떠간다.
　・하늘은 푸르고 구름은 하얗다.
② ・그 애는 열을 배우면 백을 안다.
　・열 사람이 백 말을 한다.
③ ・뛰는 친구와 걷는 친구 모두 제자리에 멈췄다.
　・저 친구들은 뛰었고, 이 친구들은 걸었다.
④ ・철수가 얻은 만큼이 얼마이고 영수가 잃은 만큼이 얼마인지 알아보자.
　・오늘 우리는 그 팀들이 할 만큼만 하고, 내일은 저 팀들이 할 만큼만 하면 된다.

SOLUTION

[해설] '열'과 '백'은 모두 수사로도, 관형사로도 쓰인다. '그 애는 열을 배우면 백을 안다'에서 '열'과 '백'은 뒤에 조사가 붙었으므로 수사이다. '열 사람이 백 말을 한다'에서 '열'과 '백'은 각각 뒤에 오는 명사 '사람'과 '말'을 수식하므로 관형사이다. 따라서 하나의 단어가 두 가지 이상의 품사로 처리되는 품사의 통용의 예로 적절하다.

[오답 풀이] ① '푸르다'와 '하얗다'는 모두 형용사로 쓰였다.
③ '뛰다'와 '걷다'는 모두 동사로 쓰였다.
④ '얻은 만큼, 잃은 만큼'과 '할 만큼'의 '만큼'은 모두 의존 명사로 쓰였다. 참고로 '만큼'이 체언 뒤에 붙을 경우에는 조사이고, 용언의 관형사형 뒤에 쓰일 경우에는 의존 명사이다.

정답률 72%　**정답** ②

020 ㉠의 사례로 적절하지 않은 것은?
2021 법원직 9급

> 하나의 단어는 보통 하나의 품사 부류에 속한다. 하지만 하나의 단어가 문장에서의 쓰임에 따라 여러 가지 품사의 역할을 할 때가 있다. 이런 단어는 사전에서도 두 가지 이상의 품사로 처리된다. 예를 들어 "마라톤을 좋아하는 사람 다섯이 대회에 참가했다."에서의 '다섯'은 수사이지만 "마라톤을 좋아하는 다섯 사람이 대회에 참가했다."에서의 '다섯'은 관형사이다. 이처럼 하나의 단어가 두 가지 이상의 품사로 처리되는 것을 ㉠**품사의 통용**이라고 한다.

① ・나도 철수만큼 잘할 수 있다.
　・각자 먹을 만큼 먹어라.
② ・뉴스에서 내일의 날씨를 예보하고 있다.
　・오늘은 이만하고 내일 다시 시작합시다.
③ ・어느새 태양이 솟아 밝은 빛을 비춘다.
　・벽지가 밝아 집 안이 환해 보인다.
④ ・키가 큰 나무는 우리에게 그늘을 주었다.
　・철수야, 키가 몰라보게 컸구나.

SOLUTION

[해설] 한 단어가 둘 이상의 품사로 쓰이는 경우를 '품사의 통용'이라 한다. 형태가 같더라도 문장 내에서 다른 문법적 성질을 지닐 수 있으므로, 품사를 판단할 때에는 형태만이 아니라 문장에서의 기능과 의미를 잘 고려해야 한다.
'밝다'는 동사로도, 형용사로도 쓰인다. '밝은 빛'에서 '밝다'는 '불빛 따위가 환하다'의 의미로 쓰인 형용사이다. '벽지가 밝아'에서 '밝다' 또한 '빛깔의 느낌이 환하고 산뜻하다'의 의미로 쓰인 형용사이다. 따라서 품사는 모두 형용사이므로 하나의 단어가 두 가지 이상의 품사로 처리되는 품사의 통용의 예로 적절하지 않다.

[오답 풀이] ① '만큼'은 의존 명사로도, 조사로도 쓰인다.
　・철수만큼: '만큼'이 체언 뒤에 붙을 경우에는 조사이다.
　・먹을 만큼: '만큼'이 용언의 관형사형 뒤에 쓰일 경우에는 의존 명사이다.
② '내일'은 명사로도, 부사로도 쓰인다.
　・내일의 날씨: '내일' 뒤에 조사가 붙었으므로 명사이다.
　・내일 다시 시작합시다: '내일'이 뒤에 오는 용언을 수식할 경우에는 부사이다.
④ '크다'는 동사로도, 형용사로도 쓰인다.
　・키가 큰 나무: '사람이나 사물의 외형적 길이, 넓이, 높이, 부피 따위가 보통 정도를 넘다'의 의미로 쓰인 형용사이다.
　・키가 컸구나: '동식물이 몸의 길이가 자라다'의 의미로 쓰인 동사이다.

정답 ③

021 다음 글을 바탕으로 하여 〈보기〉의 ㉠~㉥을 탐구한 내용으로 적절한 것은?
2024학년도 3월 고3 전국연합학력평가 변형

> 단어의 품사를 분류할 때 단어가 가지는 의미로 인해 품사를 혼동할 수 있다. 예컨대, '이것은 보관하고, 나머지는 파기해라.'에서 '나머지'가 '이것'을 제외한 다른 것들을 가리킨다고 생각하여 '이것'과 같은 품사라고 생각할 수 있다. 하지만 '이것'은 대명사로서 말하는 이에게 가까이 있는 어떤 사물이든 대신할 수 있는 반면에, '나머지'는 명사로서 '어떤 한도에 차고 남은 부분'이라는 의미를 일정하게 가지고 있다.
>
> 한 단어가 두 가지 이상의 품사로 쓰일 수 있다는 점도 품사 분류 시에 유의해야 한다. '박자가 늦다.'에서 '늦다'는 속도가 느림을 나타내는 형용사로 쓰였다. 하지만 '그는 약속 시간에 항상 늦는다.'에서는 어간 '늦-'에 어미 '-는-'이 결합하여 전형적인 동사의 특성이 나타난다. 따라서 '늦다'는 형용사, 동사의 두 가지 품사로 쓰인다. 다른 사례로 '열'은 조사와 결합할 수 있으며, 정확한 수량을 나타내므로 수사로만 분류하기 쉽다. 하지만 '열 명이 왔다.'에서 '열'은 관형사인 '한'이나 '두'와 같이, 뒤에 오는 체언을 꾸며 주고 조사와 결합하지 않는다는 점에서 관형사로 분류하는 것이 일반적이다. 이와 마찬가지로 '그보다는 낫다.'의 '그'는 대명사로 분류하고, '그 책보다는 낫다.'의 '그'는 관형사로 분류한다.

/ 보기 /
- ㉠이 장소에서도 잘 ㉡크는 식물이 ㉢둘이 있다.
- 크기가 ㉣큰 무가 ㉤여러 개가 있어서 ㉥반씩 나누었다.

① ㉠과 ㉤은 뒤에 오는 체언을 꾸며 주고 조사와 결합하지 않는다는 점에서 같은 품사로 분류할 수 있겠군.
② ㉠과 ㉥은 어떤 사물을 가리킨다는 의미를 가진다는 점에서 같은 품사로 분류할 수 있겠군.
③ ㉡과 ㉣은 어간에 동일한 형태의 어미가 결합하고 있다는 점에서 같은 품사로 분류할 수 있겠군.
④ ㉢과 ㉥은 대상의 수량을 정확하게 나타낸다는 점에서 같은 품사로 분류할 수 있겠군.

SOLUTION

해설 ㉠, ㉤은 뒤에 오는 체언을 꾸며 주고 조사와 결합하지 않는다는 점에서 모두 관형사로 분류할 수 있다.

오답 풀이 ② ㉠은 뒤에 오는 체언을 꾸며 준다는 점에서 관형사로 분류할 수 있고, ㉥은 의미를 일정하게 가지고 있다는 점에서 명사로 분류할 수 있다.
③ '크다'는 동사로도, 형용사로도 쓰일 수 있다. ㉡은 어간에 현재 관형사형 어미 '-는'이 결합하였다는 점에서 동사로 분류할 수 있고, ㉣은 어간에 현재 관형사형 어미 '-ㄴ'이 결합하였다는 점에서 형용사로 분류할 수 있다.
④ ㉢은 정확한 수량을 나타내고 조사와 결합하므로 수사로 분류할 수 있고, ㉥은 정확한 수량을 나타내는 것이 아니라 '둘로 똑같이 나눈 것의 한 부분' 등과 같이 일정한 의미를 가지고 있으므로 명사로 분류할 수 있다.

정답 ①

---

022 〈보기 1〉을 바탕으로 〈보기 2〉에 대해 탐구한 것 중에서 올바른 것은?
2018 법원직 9급

/ 보기 1 /

'-ㅁ/-음'에 대하여
- **명사형 어미**: 동사의 어간 뒤에 붙어서 동사를 명사형이 되게 하는 역할을 한다. 동사의 명사형은 서술성이 있어 주어를 서술하며 품사가 변하지 않는다. 앞에 부사적 표현이 쓰일 수 있다.
- **접미사**: 동사의 어간 뒤에 붙어서 동사를 명사로 파생시킨다. 파생된 명사는 서술성이 없으므로 앞에 부사적 표현이 쓰일 수 없고, 관형어가 올 수 있다.

/ 보기 2 /
㉠ 그의 선조들은 불우한 삶을 살았다.
㉡ 겨울이어서 노면에 얼음이 자주 얼었다.
㉢ 영희는 깊은 잠¹을 잠²으로써 피로를 풀었다.
㉣ 진행자가 크게 웃음으로써 분위기를 바꾸었다.

① ㉠의 '삶'의 '-ㅁ'은 명사형 어미이다.
② ㉡의 '얼음'은 '얼다'라는 동사에서 파생된 명사이다.
③ ㉢의 '잠¹'의 '-ㅁ'은 명사형 어미이고, '잠²'의 '-ㅁ'은 접미사이다.
④ ㉣의 '웃음'은 '크게'의 수식을 받으므로 '웃음'의 '-음'은 접미사이다.

SOLUTION

해설 〈보기 1〉에 따르면 '-ㅁ/-음'은 명사형 어미와 접미사로 모두 쓰인다. ㉡의 '얼음'은 주어 자리에 쓰여 서술성이 없으므로 동사 '얼다'의 어간 '얼-'에 접미사 '-음'이 붙어서 파생된 명사로 본다.

오답 풀이 ① **불우한 삶**: '삶'은 관형어 '불우한'의 수식을 받는 파생 명사이므로 '삶'의 '-ㅁ'은 접미사이다.
③ **깊은 잠¹을 잠²으로써**: 잠¹과 잠²는 모두 동사 '자다'의 어간 '자-'와 '-ㅁ'이 결합한 형태이다.
- 잠¹: 관형어 '깊은'의 수식을 받는 파생 명사이므로 '잠¹'의 '-ㅁ'은 접미사이다.
- 잠²: (잠을) 자다라는 서술성이 있으므로 '잠²'의 '-ㅁ'은 명사형 어미이다.
④ **크게 웃음으로써**: 부사어 '크게'의 수식을 받고 서술성이 있는 용언의 명사형이므로 '웃음'의 '-음'은 명사형 어미이다.

정답 ②

02 | 단어의 형성

023 ㉠과 ㉡에 들어갈 말을 적절하게 나열한 것은?

2025 국가직 9급

두 개 이상의 형태소로 이루어진 단어를 복합어라 한다. 복합어를 처음 두 개로 쪼갰을 때의 구성 요소를 직접 구성 요소라고 한다. 이 직접 구성 요소를 분석한 결과, 둘 중 어느 하나가 접사이면 파생어이고, 둘 다 어근이면 합성어이다. 즉 합성어는 '어근 + 어근'의 구성인데, 이는 합성어를 구성하는 두 구성 요소 중 어느 것도 접사가 아니라는 말이다.

그런데 '쓴웃음'과 같은 단어에는 접사 '-음'이 있으니까 ㉠ 가 아니냐고 반문할 수 있다. 그러나 이는 복합어 구분의 기준을 온전히 이해하지 못했기 때문에 나올 수 있는 진술이다. 전술한 바와 같이 복합어가 파생어인지 합성어인지를 결정하는 기준은 처음 두 개로 쪼갰을 때 두 구성 요소의 성격이며, 2차, 3차로 쪼갠 결과는 복합어 구분에 관여하지 않는다. 즉 '쓴웃음'의 두 구성 요소 중의 하나인 '웃음'은 파생어이지만 이 '웃음'이 또 다른 단어 형성에 참여할 때는 ㉡ (으)로 참여하는 것이다.

	㉠	㉡
①	합성어	접사
②	합성어	어근
③	파생어	접사
④	파생어	어근

SOLUTION

해설 ㉠ 1문단에 따르면, 직접 구성 요소를 분석한 결과, 둘 중 하나가 접사이면 파생어이다. '쓴웃음'에는 접사 '-음'이 있으니까 ㉠이라는 문맥이므로, ㉠에는 '파생어'가 들어가야 한다.

㉡ '웃음'은 파생어이지만 '쓴웃음'이라는 단어 형성에 참여할 때는 ㉡으로 참여하는 것이므로 '쓴웃음'이 파생어가 아니라는 문맥이다. 1문단에 따르면, 합성어는 '어근 + 어근'의 구성이므로, ㉡에는 '어근'이 들어가야 한다.

정답률 88% **정답** ④

024 ㉠과 ㉡에 해당하는 예끼리 짝 지어진 것은?

2022학년도 대학수학능력시험 예시 문항 변형

둘 이상의 어근이 결합하여 형성된 단어를 합성어라고 한다. 합성어는 '어근들의 결합 방식'과 '어근들 간의 의미 관계'에 따라 분류할 수 있다.

어근들의 결합 방식이 일반적인 문장 구성 방식과 같은 합성어를 통사적 합성어라고 하고 그렇지 않은 합성어를 비통사적 합성어라고 한다. 예를 들어, ㉠ 둘 이상의 용언이 연결 어미로 이어지는 것, 용언의 관형사형이 명사를 수식하는 것, 주어나 목적어 뒤에 서술어가 결합하는 것, ㉡ 명사나 관형사가 명사를 수식하는 것, 부사가 용언을 수식하는 것 등은 일반적인 문장 구성 방식이므로 이러한 방식으로 어근들이 결합한 합성어는 통사적 합성어이다. 따라서 '산나물', '바로잡다'는 통사적 합성어이고 '뾰족구두', '높푸르다'는 비통사적 합성어이다.

	㉠	㉡
①	먹고살다	새색시
②	뛰놀다	먹거리
③	걸어오다	큰아버지
④	빛나다	돌다리

SOLUTION

해설 ㉠ **먹고살다**: 연결 어미로 이어진 통사적 합성어이므로 ㉠의 예로 적절하다.
㉡ **새색시**: 관형사가 체언을 수식하는 형태인 통사적 합성어이므로 ㉡의 예로 적절하다.

오답풀이 ② ㉠ **뛰놀다**: 연결 어미가 생략된 형태인 비통사적 합성어이다.
㉡ **먹거리**: 관형사형 어미가 생략된 형태인 비통사적 합성어이다.
③ ㉠ **걸어오다**: 연결 어미로 이어진 통사적 합성어이므로 ㉠의 예로 적절하다.
㉡ **큰아버지**: 용언의 관형사형이 명사를 수식하는 형태인 통사적 합성어이다.
④ ㉠ **빛나다**: 주어 뒤에 서술어가 결합한 통사적 합성어이다.
㉡ **돌다리**: 명사가 명사를 수식하는 형태인 통사적 합성어이므로 ㉡의 예로 적절하다.

정답 ①

025 〈보기〉를 바탕으로 하여 추론한 내용으로 적절한 것은?
2024학년도 대학수학능력시험 9월 모의평가 변형

／ 보기 ／

복합어는 합성과 파생을 통해 형성된 합성어와 파생어로 나뉜다. 의미를 고려하여 어떤 말을 둘로 나누었을 때 그 둘 각각을 직접 구성 요소라 하는데, 합성어는 직접 구성 요소가 모두 어근인 단어이고, 파생어는 직접 구성 요소가 어근과 접사인 단어이다. 그리고 한 개의 형태소가 직접 구성 요소가 되기도 하고 두 개 이상의 형태소가 모여 직접 구성 요소가 되기도 한다. 예를 들어 '꿀벌'은 그 직접 구성 요소 '꿀'과 '벌'이 모두 어근이므로 합성어이다. 그리고 '꿀'과 '벌'은 각각 한 개의 형태소이다.

① '용꿈'의 직접 구성 요소는 모두, 한 개의 자립 형태소로 이루어진 어근이군.
② '봄날'과 '망치질'은 모두, 직접 구성 요소 중 하나가 접사이므로 파생어이군.
③ '놀이방'과 '단맛'의 직접 구성 요소 중에는 의존 형태소만으로 이루어진 것이 있군.
④ '꽃으로 장식한 고무신'을 뜻하는 '꽃고무신'을 직접 구성 요소로 분석하면 '꽃고무'와 '신'으로 분석할 수 있군.

026 ㉮에 따를 때, 〈보기〉의 ㉠~㉣ 중 그 내부 구조가 동일한 단어끼리 묶은 것은?
2023학년도 대학수학능력시험 변형

합성 명사는 직접 구성 요소가 모두 어근인 명사이다. 합성 명사의 어근은 복합어일 수도 있는데 '갈비찜'을 그 예로 들 수 있다. '갈비찜'의 직접 구성 요소는 '갈비'와 '찜'이다. 그런데 '갈비찜'을 형태소 단위까지 분석하면 '갈비', '찌-', '-ㅁ'이라는 형태소를 확인할 수 있다. 이처럼 합성 명사 내부에 복합어가 있을 때, ㉮ 합성 명사를 형태소 단위까지 분석하면 합성 명사의 내부 구조를 세밀히 알 수 있다.

／ 보기 ／

· 동생은 오늘 ㉠새우볶음을 많이 먹었다.
· 우리는 결코 ㉡집안싸움을 하지 않겠다.
· 요즘 농촌은 ㉢논밭갈이에 여념이 없다.
· 우리 마을은 ㉣탈춤놀이가 참 유명하다.

① ㉠, ㉡
② ㉡, ㉢
③ ㉢, ㉣
④ ㉠, ㉡, ㉣

SOLUTION

[해설]
· (놀-+-이)+방: '놀이방'의 직접 구성 요소 중 (놀-+-이)는 모두 의존 형태소만으로 이루어졌다. 용언의 어간 '놀-'은 자립하여 쓰일 수 없는 의존 형태소이고, 접사 '-이' 역시 의존 형태소이다.
· (달-+-ㄴ)+맛: '단맛'의 직접 구성 요소 중 (달-+-ㄴ)은 모두 의존 형태소만으로 이루어졌다. '단'은 의존 형태소인 용언의 어간 '달-'이 관형사형 어미 '-ㄴ'과 결합할 때 'ㄹ'이 탈락된 형태이고, 관형사형 어미 '-ㄴ' 역시 의존 형태소이다.

[오답풀이] ① 용+(꾸-+-ㅁ): '용꿈'의 직접 구성 요소 중 '용'은 한 개의 자립 형태소로 이루어진 어근이지만, '꿈'은 의존 형태소인 용언의 어간 '꾸-'에 의존 형태소인 접사 '-ㅁ'이 결합된 형태이므로 한 개의 자립 형태소만으로 이루어졌다고 볼 수 없다.
② · 봄+날: '봄날'은 직접 구성 요소가 모두 어근인 합성어이다.
· 망치+-질: '망치질'은 직접 구성 요소 중 하나가 접사인 파생어이다.
④ 꽃+(고무+신): '꽃고무신'을, 의미를 고려하여 직접 구성 요소로 분석하면 '꽃'과 '고무신'으로 분석할 수 있다.

[정답] ③

SOLUTION

[해설] ㉡ (집+안)+(싸우-+-ㅁ)
㉢ (논+밭)+(갈-+-이)
㉡과 ㉢은 (명사+명사)+(어근+접사)의 구성으로 동일한 내부 구조를 가졌다.

[오답풀이] ㉠ 새우+(볶-+-음): 명사+(어근+접사)의 구조이다.
㉣ [탈+(추-+-ㅁ)]+(놀-+-이): [명사+(어근+접사)]+(어근+접사)의 구조이다.

[정답] ②

027 다음 글을 읽고 이해한 내용으로 적절하지 않은 것은?

> 단어를 형성할 때 실질적인 의미를 나타내는 중심 부분을 어근이라고 하고, 어근에 붙어 그 뜻을 제한하는 주변 부분을 접사라고 한다. 그리고 '잠꾸러기', '놀이', '맨입', '치솟다'와 같이 어근과 접사가 결합하여 이루어진 단어를 파생어라고 한다.
>
> 이러한 파생어 중 접사가 어근 앞에 붙어서 이루어진 단어를 접두 파생어라고 한다. 이때 어근 앞에 붙는 접사가 접두사이다. 접두사는 어근에 특정한 뜻을 더하거나 강조하는 역할을 한다. 예를 들어 '맨입'의 '맨-'은 '다른 것이 없는'의 뜻을 더하는 접두사이고, '치솟다'의 '치-'는 '위로 향하게' 또는 '위로 올려'의 뜻을 더하는 접두사이다.
>
> 반면 접사가 어근 뒤에 붙어서 이루어진 단어를 접미 파생어라고 하며, 이때 어근 뒤에 붙는 접사는 접미사이다. 일반적으로 접두사는 어근의 품사를 바꿀 수 없지만 접미사는 어근의 품사를 바꾸기도 한다. 예컨대 '잠꾸러기'의 '-꾸러기'는 어근인 명사 '잠'의 품사를 바꾸지 않는 접미사이지만, '놀이'의 '-이'는 동사 '놀다'의 어근 '놀-'의 품사를 명사로 바꾼 접미사이다.

① 접두사는 접미사와 달리 결합한 어근의 품사를 바꾸지 못한다.
② '장난꾸러기'에서 실질적인 의미를 나타내는 부분은 '-꾸러기'이다.
③ '새-'는 '매우 짙고 선명하게'의 뜻을 더하므로 '새파랗다'는 접두 파생어이다.
④ '지우개'의 '-개'는 어근의 품사를 바꾸는 접미사이다.

028 다음 글을 바탕으로 할 때, 〈보기〉의 ㉠과 ㉡에 들어갈 말로 가장 적절한 것은?

> 합성어는 접사 없이 둘 이상의 어근이 결합하여 이루어진 단어이다. 합성어는 어근과 어근의 연결 방식에 따라 통사적 합성어와 비통사적 합성어로 나눌 수 있다. '새해'는 관형사에 명사가 결합한 단어로, 일반적인 단어 배열 방식과 같은 방법으로 어근과 어근이 이어져 있다. 이러한 단어를 통사적 합성어라고 하며, 그 예로 '밤낮, 본받다, 뛰어가다' 등이 있다. 반면 '덮밥'은 동사의 어간 '덮-'에 관형사형 어미 '-은' 없이 바로 명사 '밥'이 연결되어 있다. 이처럼 문장에서의 일반적인 단어 배열 방식에서 어긋난 방법으로 형성된 단어를 비통사적 합성어라고 한다. 그 예로 '높푸르다, 검붉다, 꺾쇠' 등이 있다.

〈보기〉

'어린이'는 관형사형 어미가 생략되지 않은 형태의 '어린'이 명사 '이'과 결합하여 이루어진 단어이다. 이는 일반적인 문장 내 어순과 동일한 방식으로 어근이 결합한 예이므로, ㉠ 에 해당한다. '힘들다'는 '힘'과 '들다'가 조사 없이 직접 결합한 예이므로 ㉡ 에 해당한다.

	㉠	㉡
①	통사적 합성어	비통사적 합성어
②	비통사적 합성어	통사적 합성어
③	통사적 합성어	통사적 합성어
④	비통사적 합성어	비통사적 합성어

통사론

풀이 전략
- **문장 성분**과 **서술어의 자릿수**의 개념을 이해한다.
- 홑문장과 겹문장, 특히 **안은문장**과 **이어진문장**의 구성 원리를 익힌다.
- 종결법, 시제법, 사동과 피동법, 높임법 등 문법 요소의 실현 방법을 학습한다.

대표 ㈀의 사례가 포함되어 있지 않은 것은?   인혁처 1차 예시 문제

> 존경 표현에는 주어 명사구를 직접 존경하는 '직접 존경'이 있고, 존경의 대상과 긴밀한 관련을 가지는 인물이나 사물 등을 높이는 ㈀ '간접 존경'도 있다. 전자의 예로 "할머니는 직접 용돈을 마련하신다."를 들 수 있고, 후자의 예로는 "할머니는 용돈이 없으시다."를 들 수 있다. 전자에서 용돈을 마련하는 행위를 하는 주어는 할머니이므로 '마련한다'가 아닌 '마련하신다'로 존경 표현을 한 것이다. 후자에서는 용돈이 주어이지만 할머니와 긴밀한 관련을 가진 사물이라서 '없다'가 아니라 '없으시다'로 존경 표현을 한 것이다.

① 고모는 자식이 다섯이나 있으시다.
② 할머니는 다리가 아프셔서 병원에 다니신다.
③ 언니는 아버지가 너무 건강을 염려하신다고 말했다.
④ 할아버지는 젊었을 때부터 수염이 많으셨다고 들었다.

SOLUTION

해설 ㈀ '간접 존경'은 주체 높임법 중 간접 높임을 말한다. 문장의 주체와 밀접하게 연관이 있는 주어를 높임으로써 주체를 간접적으로 높이는 표현법이다. '아버지가 건강을 너무 염려하시다'에서 주어는 '아버지'이고 서술어인 '염려하시다'는 '앞일에 대하여 여러 가지로 마음을 써서 걱정하다'의 의미인 '염려하다'에 주체 높임 선어말 어미 '-시-'가 쓰인 것이다. 따라서 ㈀ '간접 존경'이 아니라 주어를 직접 존경하는 직접 존경이 쓰인 것이다. 나머지 ①·②·④는 모두 ㈀의 사례에 해당한다.

오답 풀이 ① 고모는 자식이 있으시다: '자식'이 주어이지만 존경의 대상인 '고모'와 긴밀한 관련을 가지는 인물이므로 '있다'가 아니라 '있으시다'로 간접 존경 표현을 했다.
② 할머니는 다리가 아프셔서: '다리'가 주어이지만 존경의 대상인 '할머니'와 긴밀한 관련을 가지는 신체 부위이므로 '아프다'가 아니라 '아프시다'로 간접 존경 표현을 했다.
④ 할아버지는 수염이 많으셨다고: '수염'이 주어이지만 존경의 대상인 '할아버지'와 긴밀한 관련을 가지는 신체 부위이므로 '많다'가 아니라 '많으시다'로 간접 존경 표현을 했다.

정답률 64%   **정답** ③

01 | 문장 성분의 이해

029 다음 글에서 추론한 내용으로 적절하지 않은 것은?

> 문장에서 일정한 문법적 기능을 하는 각 부분을 문장 성분이라고 한다. 문장 성분은 문장을 이루는 데 골격이 되는 주성분, 주로 주성분의 내용을 수식하는 부속 성분, 다른 문장 성분과는 직접적인 관련이 없는 독립 성분으로 나뉜다. 주성분에는 주어, 서술어, 목적어, 보어가 있고, 부속 성분에는 관형어와 부사어가 있으며, 독립 성분에는 독립어가 있다.
> 관형어와 부사어는 다른 말을 수식하는 문장 성분이다. 관형어는 문장에서 명사와 같은 체언을 수식하고, 부사어는 주로 동사, 형용사와 같은 용언을 수식한다. 관형어가 체언을 수식하는 방법에는 여러 가지가 있다. 관형사는 그대로 관형어가 되고, 체언에 관형격 조사 '의'가 결합되어 관형어로 쓰이거나 용언의 관형사형이 관형어로 쓰이는 경우도 흔하다. 이때 관형격 조사는 생략되기도 한다.
> 부사어는 주로 용언을 수식하지만 관형어나 다른 부사어, 문장을 수식하기도 하고 문장이나 단어를 이어 주기도 한다. 서술어, 관형어, 부사어와 같이 문장 속의 특정한 성분을 수식하는 것을 성분 부사어라고 하고, 문장 전체를 수식하는 것은 문장 부사어라고 한다. 문장 부사어에는 문장을 이어 주는 부사어인 접속 부사어도 있다.

① '사람들이 학교 운동장에 가득 모였다.'에서 '학교'는 체언이 관형어로 쓰인 경우이다.
② '나는 자리에서 일어났다. 그리고 창문을 열었다.'에서 '그리고'는 다른 성분과 직접적인 관계가 없는 독립어이다.
③ '그는 새 컴퓨터로 일을 빨리 끝냈다.'에는 관형어와 부사어가 모두 들어 있다.
④ '아기가 작은 방에서 노래를 불렀다.'에서 부속 성분은 '작은'과 '방에서'이다.

SOLUTION

출전 이삼형 외, 고등학교 《언어와 매체》 교과서, 지학사, 수정

해설 마지막 문단에 따르면, 문장을 이어 주는 부사어는 접속 부사어이다. '그리고'는 '나는 자리에서 일어났다'와 '창문을 열었다' 두 문장을 이어 주는 역할을 하므로 접속 부사어임을 추론할 수 있다.

오답풀이 ① 2문단에 따르면, 체언에 관형격 조사 '의'가 결합되어 관형어로 쓰이기도 하는데, 이때 관형격 조사는 생략되기도 한다. '학교 운동장'에서는 체언인 '학교'가 뒤에 오는 체언인 '운동장'을 수식하는데, 이때 '학교'는 관형격 조사가 생략된 형태의 관형어임을 추론할 수 있다.
③ '새'는 체언인 '컴퓨터'를 수식하는 관형어이고, '컴퓨터로'와 '빨리'는 용언인 '끝내다'를 수식하는 부사어이다.
④ '작은'은 체언인 '방'을 수식하는 관형어이고, '방에서'는 용언인 '불렀다'를 수식하는 부사어이다. 1문단에 따르면, 관형어와 부사어는 부속 성분에 해당한다.

정답 ②

030 ㉠~㉢을 설명한 내용으로 적절하지 않은 것은?

2023 지방직 9급

> • ㉠지원은 자는 동생을 깨웠다.
> • 유선은 도자기를 ㉡만들었다.
> • 물이 ㉢얼음이 되었다.
> • ㉣어머나, 현지가 언제 이렇게 컸지?

① ㉠: 동작의 주체를 나타내는 주어이다.
② ㉡: 주어와 목적어를 요구하는 서술어이다.
③ ㉢: 서술어를 꾸며 주는 부사어이다.
④ ㉣: 문장의 다른 성분과 직접적으로 관련을 맺지 않는 독립어이다.

SOLUTION

해설 ㉢ '얼음이'는 서술어인 '되었다'를 보충해 주는 보어이다. 보어는 '되다', '아니다' 앞에 오는 문장 성분으로, 보격 조사인 '이/가'나 보조사를 취한다.

오답풀이 ① 보조사는 격 조사로 바꾸어 보면 문장 성분을 쉽게 구별할 수 있다. 이 문장은 '지원은(지원이가) 자는 동생을 깨웠다'와 같이 주격 조사가 들어가는 것이 자연스러우므로 ㉠ '지원은'은 동작의 주체를 나타내는 주어이다.
② ㉡ '만들었다'의 기본형인 '만들다'는 '(주어)이/가 (목적어)를/을 만들다'의 형태로 쓰이는 두 자리 서술어이다. '서술어의 자릿수'는 서술어가 필수적으로 요구하는 문장 성분의 개수로, 《표준국어대사전》의 문형 정보에 제시되어 있다.
④ ㉣ '어머나'는 '어머'를 강조하여 내는 소리인 감탄사이다. 감탄사는 문장의 다른 성분과 직접적으로 관련을 맺지 않는 독립어이다.

정답률 90% 정답 ③

보충자료 문장 성분의 갈래

주성분	주어	체언+주격 조사(이/가, 께서, 인원수+서, 단체+에서), 체언+보조사
	서술어	동사, 형용사, 체언+서술격 조사(이다)
	목적어	체언+목적격 조사(을/를), 체언+보조사
	보어	체언+보격 조사(이/가), 체언+보조사
부속 성분	관형어	관형사, 체언+관형격 조사(의), 체언 단독, 용언의 관형사형
	부사어	부사, 체언+부사격 조사[에(게), (으)로, 와/과 등], 용언의 부사형
독립 성분	독립어	감탄사, 체언+호격 조사

031 [학습 활동]을 수행한 결과로 가장 적절한 것은?
2021학년도 대학수학능력시험 9월 모의평가 변형

[학습 활동]
품사는 다양한 방식을 통해 문장 성분으로 실현된다. 품사가 어떻게 문장 성분으로 실현되는지 다음 밑줄 친 부분을 중심으로 알아보자.
㉠ <u>빵은</u> 동생이 간식으로 제일 좋아한다.
㉡ 형은 <u>아주</u> 옛 물건만 항상 찾곤 했다.
㉢ 나중에 <u>어른</u> 돼서 우리 다시 만나자.
㉣ 친구가 내게 준 선물은 <u>장미였다</u>.

① ㉠: 명사가 격 조사와 결합해 목적어로 쓰였다.
② ㉡: 부사가 관형사를 수식하는 부사어로 쓰였다.
③ ㉢: 명사가 조사와 결합 없이 주어로 쓰였다.
④ ㉣: 명사가 어미와 직접 결합해 서술어로 쓰였다.

032 〈보기〉에서 밑줄 친 서술어의 자릿수에 대한 설명으로 가장 적절하지 않은 것은?
2025 군무원 9급

/ 보기 /
서술어는 그 의미적 특성에 따라 각기 다른 수의 성분을 요구하는데, 자릿수에 따라 '한 자리 서술어, 두 자리 서술어, 세 자리 서술어' 등으로 나뉜다. 서술어의 자릿수가 모두 채워지지 않으면 문장은 불완전한 것이 된다.
㉠ 눈이 한없이 <u>내린다</u>.
㉡ 경미가 입김을 <u>분다</u>.
㉢ 눈이 비로 <u>변한다</u>.
㉣ 영수가 어른이 <u>되었다</u>.

① ㉠: '내린다'는 자동사로서 한 자리 서술어
② ㉡: '분다'는 타동사로서 한 자리 서술어
③ ㉢: '변한다'는 부사어가 필요한 두 자리 서술어
④ ㉣: '되었다'는 보어가 필요한 두 자리 서술어

SOLUTION

[해설] ㉡ 부사 '아주'가 뒤에 오는 관형사 '옛'을 수식하는 부사어로 쓰였다. 부사는 주로 용언을 수식하지만, 때로는 다른 부사나 관형사를 수식하기도 한다.

[오답 풀이] ① ㉠ 명사 '빵'이 보조사 '은'과 결합하여 목적어로 쓰였다.
③ ㉢ 명사 '어른'이 조사와 결합 없이 '되다' 앞에서 보어로 쓰였다.
④ ㉣ 명사 '장미'가 서술격 조사 '이다'와 결합하여 문장에서 서술어로 쓰였다.

정답 ②

SOLUTION

[해설] ㉡ '경미가 입김을 분다'에서 '분다'의 기본형인 '불다'는 '…을 불다'의 형태로 쓰이는 두 자리 서술어이다. 또한 '타동사'는 '동작의 대상인 목적어를 필요로 하는 동사'를 뜻하므로, 타동사 '불다'가 '한 자리 서술어'라는 설명은 적절하지 않다.

[오답 풀이] ① ㉠의 '내리다'는 주어만을 필수적으로 요구하는 한 자리 서술어이다.
③ ㉢의 '변하다'는 '…으로 변하다'의 형태로 쓰이는 두 자리 서술어이다.
④ ㉣의 '되다'는 '…이 되다'의 형태로 쓰이는 두 자리 서술어이다.

정답률 81% 정답 ②

033 밑줄 친 부분이 ㉠에 해당하는 것으로 가장 적절하지 않은 것은?
2020 경찰 2차

> 생각이나 감정을 완결된 내용으로 표현하는 최소의 언어 형식을 문장이라 한다. 그런데 문장을 구성하는 ㉠ 필수적 문장 성분이 제대로 갖추어지지 않으면 전달하려는 의미를 정확하게 표현하기 어렵다. 이때 필수적 문장 성분을 생략하면 문장이 성립되지 않는다.

① 형은 아빠와 많이 닮았다.
② 누나는 동생에게 선물을 주었다.
③ 나는 종일 집에서 동생과 놀았다.
④ 그녀는 자신의 행운을 당연하게 여겼다.

SOLUTION

해설 문장 형성에 필요한 필수 성분으로는 주어, 서술어, 목적어, 보어 등이 있다. 다만, 부사어의 경우 원래는 부속 성분이지만 생략하면 비문이 되어 필수 성분으로 쓰이는 부사어가 있는데 이는 서술어의 성격에 따라 결정된다.
①~④의 밑줄 친 부분은 모두 부사어인데, ③의 '놀다'는 '놀이나 재미있는 일을 하며 즐겁게 지내다' 등을 뜻하는 한 자리 서술어로, 부사어를 반드시 필요로 하지 않는다. 또한 '나는 (동생과) 놀았다'와 같이 부사어를 생략해도 문장이 성립한다는 점에서, '동생과'를 필수적인 성분으로 보기 어렵다. 참고로 '놀다'는 '-게 놀다 / …을 놀다'와 같이 두 자리 서술어로도 쓰인다.

오답풀이 ① 형은 아빠와 (많이) 닮았다.: '닮다'는 '…과 닮다', '…을 닮다'의 형태로 쓰이는 두 자리 서술어이므로 '아빠와'는 필수적 문장 성분이다.
② 누나는 동생에게 선물을 주었다.: '주다'는 '…에/에게 …을 주다'의 형태로 쓰이는 세 자리 서술어이므로 '동생에게'는 필수적 문장 성분이다.
④ 그녀는 (자신의) 행운을 당연하게 여겼다.: '여기다'는 이 문장에서는 '…을 -게 여기다'의 형태인 세 자리 서술어로 쓰였으므로 '당연하게'는 필수적 문장 성분이다.

정답 ③

02 | 문장의 종류

034 다음 글을 읽고 추론한 내용으로 가장 적절한 것은?

> 문장에서 주어와 서술어의 관계가 한 번 나타나면 홑문장이고, 두 번 이상 나타나면 겹문장이다. 겹문장은 결합 방식에 따라 홑문장과 홑문장이 나란히 이어지는 이어진문장과, 홑문장이 다른 문장 안에서 문장 성분으로 쓰이는 안은문장으로 나눌 수 있다.
> 이어진문장은 둘 이상의 절이 연결 어미로 이어지는 방식에 따라 대등하게 이어진 문장과 종속적으로 이어진 문장으로 나뉜다. 대등하게 이어진 문장은 앞뒤 절이 '나열(-고), 대조(-지만), 선택(-거나)' 등의 의미를 지니며, 종속적으로 이어진 문장은 종속된 절이 '조건(-면), 양보(-더라도), 의도(-려고)' 등의 의미를 갖는다.
> 안은문장은 안고 있는 절의 형식에 따라 명사절, 서술절, 관형사절, 부사절, 인용절로 나뉜다. 명사절은 명사형 어미 '-(으)ㅁ', '-기'가 붙어 만들어지며, 조사 '이/가', '을/를', '에' 등이 결합하여 문장에서 주어, 목적어, 부사어 등의 역할을 한다. 서술절은 절 전체가 서술어의 역할을 하는데, 다른 절들과 달리 절의 표지가 없다. 관형사절은 관형사형 어미 '-(으)ㄴ', '-는', '-(으)ㄹ', '-던'이 붙어 만들어지며, 뒤에 오는 명사를 수식하는 관형어의 기능을 한다. 부사절은 '-도록', '-게' 등이 붙어 만들어지며, 절 전체가 서술어를 수식하는 부사어로 기능한다. 인용절은 다른 사람의 말이나 글을 인용한 것으로, '라고'로 연결된 절을 직접 인용절이라고 하고 '고'로 연결된 절을 간접 인용절이라고 한다.

① 이어진문장은 홑문장이 다른 문장 속에서 하나의 문장 성분으로 쓰이는 것이다.
② 관형사절은 '-는', '-던' 등이 결합하여 뒤에 오는 서술어를 꾸며 준다.
③ '봄이 오면 꽃이 핀다.'는 조건의 의미를 지닌 대등하게 이어진 문장의 예이다.
④ '나는 그가 노력하고 있음을 잘 알고 있다.'에서 명사절은 조사와 결합하여 목적어의 역할을 한다.

SOLUTION

출전 이관규 외, 고등학교 《언어와 매체》 교과서, 비상교육, 수정

해설 나는 [그가 노력하고 있음]을 잘 알고 있다.: 명사절로 안긴 문장인 '그가 노력하고 있음'이 조사 '을'과 결합하여 목적어의 기능을 하고 있다.

오답풀이 ① 1문단에 따르면, 홑문장이 다른 문장 안에서 문장 성분으로 쓰이는 것은 안은문장이다.
② 마지막 문단에 따르면, 관형사절은 관형사형 어미 '-(으)ㄴ', '-는', '-(으)ㄹ', '-던'이 붙어 만들어지며, 뒤에 오는 명사를 수식하는 관형어의 기능을 한다.
③ '-면'은 일반적으로 분명한 사실을 어떤 일에 대한 조건으로 말할 때 쓰는 연결 어미이다. 따라서 '봄이 오면 꽃이 핀다'는 종속적으로 이어진 문장이다.

정답 ④

035 〈보기〉의 ㉠~㉢에 들어갈 내용으로 가장 적절한 것은?

2024 법원직 9급

/ 보기 /

[학습 활동]
주어와 서술어의 관계가 두 번 이상 나타난 문장을 겹문장이라고 한다. 홑문장보다 복잡한 겹문장의 구조를 잘 파악하려면 각 절의 주어와 서술어를 잘 파악하는 것이 중요하다.

이를 바탕으로 아래 문장의 구조를 파악해 보자.

형이 저지른 잘못이 빌미가 되었음을 동생이 밝혔다.

[학습 활동 수행 결과]
문장 전체에 주어와 서술어의 구조는 3회 나타난다. 먼저 문장 전체의 서술어는 '밝혔다'이고, 이에 해당하는 주어는 ㉠ 이다. 명사절의 서술어는 '되었음'이고, 이에 해당하는 주어는 ㉡ 이다. 관형사절의 서술어는 '저지른'이고, 이에 해당하는 주어는 ㉢ 이다.

	㉠	㉡	㉢
①	동생이	잘못이	형이
②	동생이	빌미가	형이
③	형이	잘못이	빌미가
④	형이	빌미가	잘못이

SOLUTION

해설 [형이 저지른] [잘못이 빌미가 되었음]을 동생이 밝혔다.: '형이 저지른'이 뒤에 오는 체언 '잘못'을 수식하는 관형사절로 안긴 문장이고, '잘못이 빌미가 되었음'은 문장에서 목적어의 역할을 하는 명사절로 안긴 문장이다.
㉠ 문장 전체의 서술어인 '밝혔다'의 주체가 되는 주어는 '동생이'이다.
㉡ 명사절 '잘못이 빌미가 되었음'의 서술어는 '되었음'이고, 주어는 '잘못이'이다.
㉢ 관형사절 '형이 저지른'의 서술어는 '저지른'이고, 주어는 '형이'이다.

오답풀이 ㉡ 빌미가: '되다', '아니다' 앞에 조사 '이', '가'를 취하여 나타내는 문장 성분은 보어이다.

정답 ①

036 〈보기〉의 ㉠~㉣에 해당하는 문장으로 적절하지 않은 것은?

2020학년도 대학수학능력시험 9월 모의평가 변형

/ 보기 /

[학습 활동]
겹문장은 홑문장보다 복잡한 생각을 효과적으로 표현할 수 있다는 장점이 있다. [자료]에 제시된 홑문장을 활용하여 [조건]에 해당하는 겹문장을 만들어 보자.

[자료]	[조건]
• 날씨가 춥다.	㉠ 명사절을 안은 문장
• 형은 물을 마셨다.	㉡ 관형절을 안은 문장
• 동생은 얼음을 먹었다.	㉢ 인용절을 안은 문장
• 형은 동생에게 불평을 했다.	㉣ 대등하게 이어진 문장

① ㉠: 동생은 추운 날씨에도 얼음을 먹었다.
② ㉡: 형은 얼음을 먹는 동생에게 불평을 했다.
③ ㉢: 형은 동생에게 날씨가 춥다고 불평을 했다.
④ ㉣: 형은 물을 마셨지만 동생은 얼음을 먹었다.

SOLUTION

해설 '날씨가 춥다'와 '동생은 얼음을 먹었다'라는 문장을 활용하여 겹문장을 만들었다. '날씨가 춥다'는 관형절로 안긴 문장인 '(날씨가) 추운'으로 쓰였으므로 ㉠의 조건에 해당하지 않는다.

오답풀이 ② '형은 동생에게 불평을 했다'와 '동생은 얼음을 먹었다'라는 문장을 활용하여 겹문장을 만들었다. '동생은 얼음을 먹었다'는 관형절로 안긴 문장인 '(동생이) 얼음을 먹는'으로 쓰였으므로 ㉡의 조건에 해당한다.
③ '형은 동생에게 불평을 했다'와 '날씨가 춥다'라는 문장을 활용하여 겹문장을 만들었다. '날씨가 춥다'는 인용격 조사인 '고'를 사용하여 인용절로 안긴 문장인 '날씨가 춥다고'로 쓰였으므로 ㉢의 조건에 해당한다.
④ '형은 물을 마셨다'라는 문장과 '동생은 얼음을 먹었다'라는 문장을 활용하여 겹문장을 만들었다. 연결 어미 '-지만'을 사용하여 대등하게 이어진 문장인 '형은 물을 마셨지만 동생은 얼음을 먹었다'를 만들었으므로 ㉣의 조건에 해당한다.

정답 ①

037 ㉠~㉣에 대한 설명으로 적절하지 않은 것은?

2023학년도 3월 고2 전국연합학력평가 변형

안은문장은 한 절이 다른 절을 문장 성분의 일부로 안고 있는 문장으로, 이때 안겨 있는 절을 안긴문장이라고 한다. 안긴문장의 종류에는 명사절, 관형사절, 부사절, 서술절, 인용절이 있다. 안긴문장은 문장의 필수 성분을 일부 갖추지 않기도 하는데, 안은문장이 만들어지는 과정에서 안긴문장과 안은문장에 공통되는 요소는 생략되기 때문이다.

- ㉠ 여행을 가기 전에 나는 짐을 챙겼다.
- ㉡ 우리는 그녀가 착함을 아주 잘 안다.
- ㉢ 학생들은 수업이 끝나기를 기다렸다.
- ㉣ 조종사가 된 소년이 고향을 방문했다.

① ㉠의 안긴문장에는 주어가 생략되어 있다.
② ㉡의 안긴문장의 주어는 안은문장의 주어와 다르다.
③ ㉡과 ㉢의 안긴문장은 조사와 결합하여 목적어로 쓰이고 있다.
④ ㉢과 ㉣의 안긴문장에는 필수 성분이 생략되어 있다.

038 [학습 활동]을 수행한 결과로 적절하지 않은 것은?

2021학년도 대학수학능력시험 변형

[학습 활동]

겹문장은 다른 문장 속에 들어가 안긴문장으로 쓰일 수 있다. 또한 겹문장은 안은문장에서 다양한 문장 성분으로도 쓰인다. 다음 밑줄 친 겹문장 ㉠~㉣의 쓰임을 설명해 보자.

- 기상청은 ㉠ 내일은 따뜻하지만 비가 온다는 예보를 했다.
- 시민들은 ㉡ 공원이 많고 거리가 깨끗한 도시를 만들었다.
- 나는 나중에야 ㉢ 그녀는 왔으나 그가 안 왔음을 깨달았다.
- 삼촌은 주말에 ㉣ 꽃이 피고 새가 지저귀는 들판을 거닐었다.

① ㉠은 인용절로 쓰이고 있다.
② ㉡은 관형절로 쓰이고 있다.
③ ㉢은 조사와 결합하여 주성분으로 쓰이고 있다.
④ ㉣은 조사와 결합 없이 부속 성분으로 쓰이고 있다.

SOLUTION

해설

- ㉠ [(내가) 여행을 가기] 전에 나는 짐을 챙겼다.
- ㉡ 우리는 [그녀가 착함]을 아주 잘 안다.
- ㉢ 학생들은 [수업이 끝나기]를 기다렸다.
- ㉣ [(소년이) 조종사가 된] 소년이 고향을 방문했다.

㉣의 관형사절로 안긴 문장에는 필수 성분인 주어 '소년이'가 생략되어 있다. '조종사가'는 주어가 아니라 '되다' 앞에 놓인 보어이다. 하지만 ㉢의 명사절로 안긴 문장에는 생략된 문장 성분이 없다.

오답 풀이 ① ㉠의 명사절로 안긴 문장인 '여행을 가기'에는 주어 '내가'가 생략되어 있다.
② ㉡의 명사절로 안긴 문장인 '그녀가 착함'의 주어는 '그녀가'이고, 안은문장의 주어는 '우리는'이므로 안긴문장의 주어와 안은문장의 주어는 다르다.
③ ㉡의 명사절로 안긴 문장인 '그녀가 착함'은 목적격 조사 '을'과 결합하여 목적어로 쓰이고 있고, ㉢의 명사절로 안긴 문장인 '수업이 끝나기'도 목적격 조사 '를'과 결합하여 목적어로 쓰이고 있다.

정답 ④

SOLUTION

해설 ㉠은 관형사형 어미 '-는'과 결합하여 뒤에 오는 체언인 '예보'를 수식하는 관형절로 쓰였다. 인용절에는 조사 '고, 라고'가 쓰인다.

오답 풀이 ② ㉡은 관형사형 어미 '-ㄴ'이 결합하여 뒤에 오는 체언인 '도시'를 수식하는 관형절이다.
③ ㉢은 명사형 어미 '-음'이 결합한 명사절로, 조사 '을'과 결합하여 문장에서 목적어로 쓰이고 있다. 문장의 주성분은 주어, 목적어, 보어, 서술어이고 부속 성분은 관형어, 부사어이므로 적절한 설명이다.
④ ㉣은 관형사형 어미 '-는'이 결합한 관형절이다. 조사와 결합 없이 뒤에 오는 체언인 '들판'을 수식하는 관형어(부속 성분)로 쓰였다.

정답 ①

03 시제 표현

039 다음은 우리말의 어순(배열 순서)에 관한 설명이다. 밑줄 친 부분의 어순이 ㉠~㉣에 들어갈 예시로 가장 적절하지 않은 것은?   2025 군무원 7급

> 시간 관련어의 어순(배열 순서)은 기본적으로 생각의 순서를 반영한다. 문법적으로 대등한 자격을 가진 요소들이 나란히 배열될 때는 일정한 원칙이 있다.
> (1) 기준(발화시)이 없을 때는 자연 시간의 순서에 따른다. ··· ㉠
> (2) 기준(발화시)이 있을 때는 가까운 것이 앞서고 멀어질수록 뒤로 간다. ······ ㉡
> (3) 이동이나 상태의 변화를 나타내는 동사는 시간적으로 먼저 일어날 것이 앞선다. ······ ㉢
> (4) 특별히 강조하거나 초점이 놓이면 시간적 순서가 반대가 된다. ······ ㉣

① ㉠: 우리나라에는 <u>봄 – 여름 – 가을 – 겨울</u>의 네 계절이 있다.
② ㉡: 이 문제를 해결하는 데 <u>사활</u>을 걸었다.
③ ㉢: 날씨가 좋아 강변에는 <u>나들이</u> 온 사람들로 붐볐다.
④ ㉣: 잡음이 많아 무슨 소린지 <u>알아들을</u> 수가 없구나.

040 다음은 《표준국어대사전》에서 가져온 것이다. 빈칸에 들어갈 예문으로 가장 적절하지 않은 것은?   2018 경찰 3차

> -았-「어미」
> (끝음절의 모음이 'ㅏ, ㅗ'인 용언의 어간 뒤에 붙어), (다른 어미 앞에 붙어)
> 「1」 이야기하는 시점에서 볼 때 사건이 이미 일어났음을 나타내는 어미
> 예전에는 명절에 선물로 설탕을 받았다. / 동생은 어제 하루종일 텔레비전을 보았다.
> 「2」 이야기하는 시점에서 볼 때 완료되어 현재까지 지속되거나 현재에도 영향을 미치는 상황을 나타내는 어미
> 예 야, 눈이 왔구나. / 물건값이 많이 올랐다.
> 「3」 이야기하는 시점에서 볼 때 미래의 사건이나 일을 이미 정하여진 사실인 양 말할 때 쓰는 어미
> 예

① 비가 와서 내일 소풍은 다 갔네.
② 빚쟁이가 도망가고 없네. 돈은 이제 다 받았군.
③ 안 본 사이에 그 증상에서 말끔히 벗어났구나.
④ 서재가 왜 이리 어지럽니? 넌 이제 아버지께 혼났다.

SOLUTION

[해설] '사활'은 '죽기와 살기라는 뜻으로, 어떤 중대한 문제를 비유적으로 이르는 말'이므로, 기준이 있을 때는 가까운 것이 앞서고 멀어질수록 뒤로 가는 ㉡의 예시로 적절하지 않다. 즉 발화시를 기준으로 '사는 것'이 가깝고 '죽는 것'은 먼 것이므로, '사활'은 이 순서가 뒤바뀐 것이다.

[오답 풀이] ① '봄-여름-가을-겨울'은 자연 시간의 순서에 따른 어순이므로 ㉠의 예시로 적절하다.
③ '나들이'에서 '나들-'은 '나다'의 어간과 '들다'의 어간이 결합한 것으로, 나가고 들어가는 것 중 시간적으로 먼저 일어난 것이 앞선 것이므로 ㉢의 예시로 적절하다.
④ '알아듣다'는 '알다'와 '듣다'가 결합한 것으로, 듣고 아는 것 중 '알다'를 강조하여 시간적 순서가 반대가 된 것이므로 ㉣의 예시로 적절하다.

정답 ②

SOLUTION

[해설] '벗어났구나'의 '-았-'은 이야기하는 시점에서 볼 때 완료되어 현재까지 지속되거나 현재에도 영향을 미치는 상황을 나타내는 어미로 볼 수 있다. 따라서 ③은 빈칸에 들어갈 예문으로 적절하지 않다. 나머지 ① '갔네', ② '받았군', ④ '혼났다'의 '-았-'은 모두 이야기하는 시점에서 볼 때 미래의 사건이나 일을 이미 정하여진 사실인 양 말할 때 쓰는 어미로 볼 수 있으므로 빈칸에 들어갈 예문으로 적절하다.

 ③

04 | 사동 표현과 피동 표현

041 다음에서 설명하는 사동에 해당하는 예시로 가장 적절하지 않은 것은?

2025 군무원 9급

> **사동**이란 남으로 하여금 어떤 동작을 하게 하는 것으로서 동사나 형용사에 사동의 접미사 '-이-, -히-, -리-, -기-, -우-, -구-, -추-' 등이 붙어서 이뤄진 타동사이다.

① 앞마당에 눈들이 잔뜩 쌓여 갔다.
② 그 고기는 충분히 익혀 먹어야 한다.
③ 결국에 그 아이를 울리고 말았다.
④ 더 이상 나사를 돌리지 말아라.

042 다음 설명을 바탕으로 할 때 가장 자연스러운 것은?

2025 군무원 7급

> 영어에서는 동사의 유형을 바꿈으로써 능동문과 피동문이 자유롭게 구사되고, 무생물을 주어로 쓰는 데 익숙해 있다. 그러나 우리말에서는 피동형을 쓰면 문장이 어색해질 뿐 아니라 행위의 주체가 잘 드러나지 않아 뜻이 모호해지고 전체적으로 글의 힘이 떨어진다. 불가피하거나 완곡하게 표현하는 경우를 제외하고는 능동형을 쓰는 것이 좋다.

① 시장 상황에 따라 제품 수급이 적절하게 조절되어야 한다.
② 이제 본격적으로 정보 사회에 대비한 체계적인 정책이 수립되어야 한다.
③ 인간이 초래한 생태계의 인위적 변화로 자연계에 돌연변이가 일어나고 있다.
④ 미개척 시장을 선점하기 위해서는 현지 진출이 적극적으로 검토되어야 할 것으로 보인다.

SOLUTION

해설 '앞마당에 눈들이 잔뜩 쌓여 갔다'에서 '쌓이다'는 '여러 개의 물건이 겹겹이 포개어 얹어 놓이다'의 의미로, '쌓다'의 피동사이다. 나머지 ②·③·④는 모두 남으로 하여금 어떤 동작을 하게 하는 사동의 예시에 해당한다.

오답풀이 ② **고기를 익히다**: 고기나 채소, 곡식 따위의 날것에 뜨거운 열을 가하여 그 성질과 맛을 달라지게 하다. '익다'의 사동사
③ **아이를 울리다**: 억누르기 힘든 감정이나 참기 어려운 아픔으로 눈물을 흘리게 하다. 또는 그렇게 눈물을 흘리면서 소리를 내게 하다. '울다'의 사동사
④ **나사를 돌리다**: 물체를 일정한 축을 중심으로 원을 그리면서 움직이게 하다. '돌다'의 사동사

정답률 74% 정답 ①

SOLUTION

해설 제시문에서는 불가피하거나 완곡하게 표현하는 경우를 제외하고는 능동형을 쓰는 것이 좋다고 설명하고 있다. 이러한 내용에 부합하는 능동형 문장을 쓴 것은 ③이다. 나머지 ①·②·④는 모두 피동형 문장이다.

오답풀이 ①·②·④ ①의 '조절되어야', ②의 '수립되어야', ④의 '검토되어야'는 모두 (일부 명사 뒤에 붙어) '피동'의 뜻을 더하고 동사를 만드는 접미사 '-되다'가 붙은 형태의 피동사이다. 제시문에서 불가피하거나 완곡하게 표현하는 경우를 제외하고는 능동형을 쓰는 것이 좋다고 하였으므로, 각각 '수급을 적절하게 조절해야 한다', '정책을 수립해야 한다', '현지 진출을 적극적으로 검토해야 할'과 같이 능동형을 쓰는 것이 자연스럽다.

정답 ③

043 ㉠에 들어갈 문장으로 가장 적절한 것은? 2021 법원직 9급

교사: 능동문의 목적어가 피동문의 주어가 되는 것이니까 피동문에는 목적어가 없는 것이 원칙이야. 그건 너도 잘 알고 있지?
학생: 예, 선생님, 그런데 '원칙'이라고 하셨으면, 원칙의 예외가 되는 문장도 있다는 말씀이신가요?
교사: 응, 그래. 드물지만 피동문에 목적어가 나타날 때가 있어. 어떤 문장이 있을지 한번 말해 볼래?
학생: "㉠"와 같은 문장이 그 예에 해당하겠네요.

① 형이 동생에게 짐을 안겼다.
② 동생은 집 밖으로 짐을 옮겼다.
③ 동생이 버스 안에서 발을 밟혔다.
④ 그 사람이 동생에게 상해를 입혔다.

SOLUTION

해설 '밟히다'는 '발에 닿아 눌리다'의 뜻으로 쓰인 '밟다'의 피동사이다. 일반적으로 목적어의 유무로 사동사와 피동사를 구별할 수 있다. 하지만 '동생이 버스 안에서 발을 밟혔다'와 같이 피동문이지만 '발을'과 같은 목적어가 나타나는 경우도 있다. 나머지 ①·②·④는 모두 목적어가 나타난 사동문이다.

오답 풀이 ① 짐을 안겼다: '안기다'는 '두 팔로 감싸게 하거나 그렇게 하여 품안에 있게 하다'의 의미로, '안다'의 사동사이다.
② 짐을 옮겼다: '옮기다'는 '어떤 곳에서 다른 곳으로 자리를 바꾸게 하다'의 의미로, '옮다'의 사동사이다.
④ 상해를 입혔다: '입히다'는 '받거나 당하게 하다'의 의미로, '입다'의 사동사이다.

정답 ③

044 ㉠, ㉡에 해당하는 것은? 2020 법원직 9급

우리말의 용언 중에는 피동사와 사동사의 형태가 동일한 것이 있다. 예를 들어, '글을 보고 거기에 담긴 뜻을 헤아려 알다.'의 뜻인 '읽다'에서 파생된 사동사와 피동사의 형태는 모두 '읽히다'로, 그 형태가 같다.
- 사동사: 부하 장수들에게 병서를 읽혔다.
- 피동사: 이 책은 비교적 쉽게 읽힌다.

이때 ㉠ 사동사인지, ㉡ 피동사인지의 구별은 문장에서의 의미와 쓰임을 통해 이루어진다.

① ㉠: 성탄절에는 교회에서 종을 울렸다.
   ㉡: 형이 장난감을 뺏어 동생을 울렸다.
② ㉠: 동생이 새 시계를 내게 보였다.
   ㉡: 멀리 건물 사이로 하늘이 보였다.
③ ㉠: 우리는 난로 앞에서 몸을 녹였다.
   ㉡: 따스한 햇살이 고드름을 서서히 녹였다.
④ ㉠: 나는 손에 짐이 들려 문을 열 수가 없다.
   ㉡: 부부 싸움을 한 친구에게 꽃을 들려 집에 보냈다.

SOLUTION

해설 '읽히다'와 같이 피동사와 사동사의 형태가 동일한 동사는 문맥상의 의미나 문장의 형식 등을 통하여 파악해야 한다.
㉠ 시계를 내게 보였다: '보이다'는 '눈으로 대상의 존재나 형태적 특징을 알게 하다'의 의미로, '보다'의 사동사로 쓰였다.
㉡ 하늘이 보였다: '보이다'는 '눈으로 대상의 존재나 형태적 특징을 알게 되다'의 의미로, '보다'의 피동사로 쓰였다.

오답 풀이 ① ㉠ 종을 울렸다: '울리다'는 '종이나 천둥, 벨 따위가 소리를 내게 하다'의 의미로, '울다'의 사동사로 쓰였다.
㉡ 동생을 울렸다: '울리다'는 '억누르기 힘든 감정이나 참기 어려운 아픔으로 눈물을 흘리게 하다. 또는 그렇게 눈물을 흘리면서 소리를 내게 하다'의 의미로, '울다'의 사동사로 쓰였다.
③ ㉠ 몸을 녹였다: '녹이다'는 '추워서 굳어진 몸이나 신체 부위를 풀리게 하다'의 의미로, '녹다'의 사동사로 쓰였다.
㉡ 고드름을 녹였다: '녹이다'는 '얼음이나 얼음같이 매우 차가운 것을 열로 액체가 되게 하다'의 의미로, '녹다'의 사동사로 쓰였다.
④ ㉠ 손에 짐이 들려: '들리다'는 '손에 가지게 되다'의 의미로, '들다'의 피동사로 쓰였다.
㉡ 친구에게 꽃을 들려: '들리다'는 '손에 가지게 하다'의 의미로, '들다'의 사동사로 쓰였다.

정답 ②

045 〈보기〉에 대한 이해로 적절하지 않은 것은?

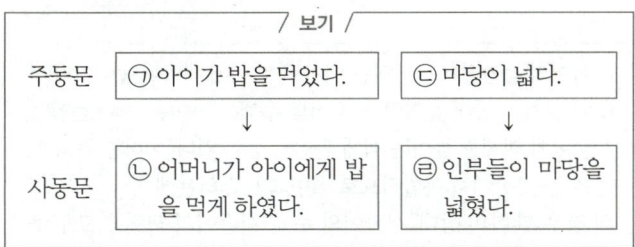

① ㉡, ㉣을 보니, 사동문에는 두 가지 유형이 있군.
② ㉡, ㉣을 보니, 주동문의 주어는 사동문에서 다른 문장 성분으로 나타날 수 있군.
③ 〈보기〉를 보니, 동사만 사동화될 수 있군.
④ 〈보기〉를 보니, 주동문을 사동문으로 바꾸면 서술어의 자릿수가 변화할 수 있군.

046 〈보기〉를 참고할 때, ㉠의 예로 적절하지 않은 것은?

2021학년도 6월 고2 전국연합학력평가 변형

> **학생**: 선생님, '잊혀진 계절'과 '잊힌 계절'의 차이점이 뭔가요?
> **선생님**: '잊혀진'은 피동 표현을 두 번 겹쳐 쓴 ㉠ <u>이중 피동 표현</u>이야. 피동 접미사 '-이-', '-히-', '-리-', '-기-'와 '-아/-어지다'를 같이 쓰는 경우가 많이 있어. '잊혀진'의 경우 기본형 '잊다'의 어근 '잊-'에 피동 접미사 '-히-'만 붙어도 피동의 의미를 드러낼 수 있는데, '-어지다'까지 불필요하게 붙여 쓰고 있는 거지.

① 안개에 가려진 풍경이 서서히 드러났다.
② 칠판에 쓰여진 글씨가 잘 보이지 않는다.
③ 예쁜 그릇에 담겨진 음식이 먹음직스럽다.
④ 아이는 살짝 열려진 문틈에 바짝 다가섰다.

SOLUTION

해설 〈보기〉에서 동사 '먹다'는 어간에 보조 용언 '-게 하다'가 붙어 '먹게 하였다'와 같이 사동화되었고, 형용사 '넓다'는 어간에 사동 접사 '-히-'가 붙어 동사 '넓히다'로 사동화되었다. 따라서 동사만 사동화될 수 있다는 설명은 적절하지 않다.

오답 풀이 ① ㉡은 용언의 어간에 보조 용언 '-게 하다'가 붙은 통사적 사동문이고, ㉣은 용언의 어간에 사동 접사 '-히-'가 붙은 파생적 사동문이다.
② ㉠과 같은 주동문에서 주동사가 타동사이면 ㉡과 같이 사동문이 되었을 때 주동문의 주어는 사동문의 부사어가 된다. 또 ㉢과 같은 주동문에서 주동사가 형용사 또는 자동사이면, ㉣과 같이 사동문이 되었을 때 주동문의 주어는 사동문의 목적어가 된다. 따라서 주동문의 주어는 사동문에서 다른 문장 성분으로 나타날 수 있다.
④ ㉠의 주동문에서는 서술어가 두 자리 서술어이지만, ㉡과 같이 사동문이 되면 주동문의 주어는 사동문의 부사어가 되기 때문에 세 자리 서술어로 바뀐다. 또 ㉢의 주동문에서는 서술어가 한 자리 서술어이지만, ㉣과 같이 사동문이 되면 주동문의 주어는 사동문의 목적어가 되므로 서술어는 두 자리 서술어로 바뀌게 된다.

정답 ③

SOLUTION

해설 '가려지다'는 기본형 '가리다'의 어근에 '-어지다'가 결합한 말인 '가리어지다'의 준말이므로 이중 피동 표현으로 볼 수 없다. 나머지 ②·③·④는 모두 이중 피동 표현의 예이다.

오답 풀이 ② '쓰여지다(×)'는 기본형 '쓰다'의 어근에 피동 접미사 '-이-'와 '-어지다'가 붙은 이중 피동 표현이다.
③ '담겨지다(×)'는 기본형 '담다'의 어근에 피동 접미사 '-기-'와 '-어지다'가 붙은 이중 피동 표현이다.
④ '열려지다(×)'는 기본형 '열다'의 어근에 피동 접미사 '-리-'와 '-어지다'가 붙은 이중 피동 표현이다.

정답 ①

05 | 높임 표현

047 ㉠~㉣ 중 〈보기〉의 밑줄 친 부분에 해당하지 않는 것은?

2023 법원직 9급

/ 보기 /

높임 표현은 높임의 대상에 따라 주체 높임, 객체 높임, 상대 높임으로 나눌 수 있다. 이 중 객체 높임은 목적어나 부사어가 나타내는 대상, 즉 <u>서술의 객체를 높이는 방법</u>으로 주로 특수 어휘나 부사격 조사 '께'에 의해 실현된다.

지우: 민주야, 너 내일 뭐 할 거니?
민주: 응, 내일 할머니 생신이라서 할머니 ㉠<u>모시고</u> 영화관에 가기로 했어.
지우: 와, 오랜만에 할머니도 뵙고 좋겠다.
민주: 응, 그렇지. 오늘은 할머니께 편지도 써야 할 것 같아.
지우: ㉡<u>할머니께 드릴</u> 선물은 샀어?
민주: 응, 안 그래도 할머니가 허리가 아프셔서 엄마가 안마 의자를 사서 ㉢<u>드린대</u>. 나는 용돈을 조금 보태기로 했어.
지우: 아, 할머니께서 ㉣<u>편찮으셨구나</u>.

① ㉠
② ㉡
③ ㉢
④ ㉣

048 빈칸에 들어갈 문장으로 적절한 것은?

2019 국가직 9급

국어의 높임법에는 말하는 이가 듣는 이에 대하여 높이거나 낮추어 말하는 상대 높임법, 서술어의 주체를 높이는 주체 높임법, 서술어의 객체를 높이는 객체 높임법 등이 있다. 이러한 높임 표현은 한 문장에서 복합적으로 실현되기도 하는데, "＿＿＿＿＿"의 경우, 대화의 상대, 서술어의 주체, 서술어의 객체를 모두 높인 표현이다.

① 아버지께서 할머니를 모시고 댁에 들어가셨다.
② 제가 어머니께 그렇게 말씀을 드리면 될까요?
③ 어머니께서 아주머니께 이 김치를 드리라고 하셨습니다.
④ 주민 여러분께서는 잠시만 제 이야기에 귀를 기울여 주시기 바랍니다.

SOLUTION

해설 대화의 상대, 서술어의 주체, 서술어의 객체를 모두 높인 표현이 있는 것은 ③이다.
- 대화의 상대를 높이는 표현은 서술어 '하셨습니다'에 쓰인 종결 어미 '-습니다'에서 찾아볼 수 있다. '-습니다'는 상대 높임법 중 높임말인 하십시오체의 어미로, 현재 계속되는 동작이나 상태를 있는 그대로 나타내는 종결 어미이다.
- 서술어의 주체를 높이는 표현은 주체인 '어머니'를 높이는 조사 '께서'와 '하셨습니다'에서 쓰인 주체 높임 선어말 어미 '-시-'에서 찾아볼 수 있다.
- 서술어의 객체를 높이는 표현은 객체인 '아주머니'를 높이는 조사 '께'와 객체를 높이는 특수 어휘인 '드리다'에서 찾아볼 수 있다.

오답 풀이 ① • 서술어의 주체를 높이는 표현은 '아버지'를 높이는 조사 '께서'와 '들어가셨다'에 쓰인 주체 높임 선어말 어미 '-시-'에서 찾아볼 수 있다.
  • 서술어의 객체를 높이는 표현은 객체인 '할머니'를 높이는 특수 어휘인 '모시다'에서 찾아볼 수 있다.
  • 대화의 상대를 높인 표현은 찾아볼 수 없다. '들어가셨다'에 쓰인 종결 어미 '-다'는 상대 높임법 중 반말인 해라체의 종결 어미이다.
② • 대화의 상대를 높인 표현은 서술어 '될까요'에 쓰인 보조사 '요'에서 찾아볼 수 있다. '요'는 (주로 해할 자리에 쓰이는 종결 어미나 일부 하게할 자리에 쓰이는 종결 어미 뒤에 붙어) 청자에게 존대의 뜻을 나타내는 보조사이다.
  • 서술어의 객체를 높이는 표현은 객체인 '어머니'를 높이는 조사 '께'와 특수 어휘인 '드리다'에서 찾아볼 수 있다.
  • 서술어의 주체인 '저(제)'를 높인 표현은 찾아볼 수 없다.
④ • 대화의 상대를 높인 표현은 서술어 '바랍니다'에 쓰인 '-ㅂ니다'에서 찾아볼 수 있다. '-ㅂ니다'는 상대 높임법 중 높임말인 하십시오체의 종결 어미이다.
  • 서술어의 주체인 '주민 여러분'을 높인 표현은 조사 '께서'와 '주시다'에 쓰인 주체 높임 선어말 어미 '-시-'에서 찾아볼 수 있다.
  • 서술어의 객체를 높인 표현은 찾아볼 수 없다.

정답률 73% **정답** ③

SOLUTION

해설 ㉣ '편찮으시다'는 주체인 '할머니'를 높이는 주체 높임 표현이다. 나머지 ㉠·㉡·㉢은 모두 객체 높임을 나타낸다.

오답 풀이 ① '모시다'는 객체를 높이는 특수 어휘이다.
② 조사 '께'를 써서 객체인 '할머니'를 높이고 있다.
③ '드리다'는 객체를 높이는 특수 어휘이다.

정답률 24% **정답** ④

049 ㉠~㉢을 이해한 내용으로 적절한 것은?

2023학년도 3월 고3 전국연합학력평가 변형

주체 높임은 화자가 문장의 주체, 곧 주어가 지시하는 대상에 대해 높임의 태도를 나타내는 표현으로, 선어말 어미, 조사나 특수한 어휘 등을 통해 실현된다. 그리고 상대 높임은 화자가 청자, 곧 말을 듣는 상대에게 높임이나 낮춤의 태도를 나타내는 표현으로, 주로 종결 어미를 통해 실현된다. 또한 객체 높임은 화자가 문장의 객체, 곧 목적어나 부사어가 지시하는 대상에 대해 높임의 태도를 나타내는 표현으로, 조사나 특수한 어휘를 통해 실현된다.

㉠ (아버지가 아들에게) 네가 할머니께 여쭈러 가거라.
㉡ (점원이 손님에게) 제가 손님을 모시고 가겠습니다.
㉢ (동생이 형님에게) 저 기다리지 마시고 형님은 먼저 주무십시오.

① ㉠에서는 부사어가 지시하는 대상을 높이기 위해, 조사와 특수한 어휘가 사용되었다.
② ㉢에서는 주어가 지시하는 대상을 높이기 위해, 조사와 선어말 어미가 사용되었다.
③ ㉠과 ㉡에서는 모두 주어가 지시하는 대상을 높이기 위해, 특수한 어휘가 사용되었다.
④ ㉡과 ㉢에서는 모두 말을 듣는 상대를 높이기 위해, 조사와 종결 어미가 사용되었다.

선재 쌤의 핵심 정리

1. 주체 높임법

(1) 높임의 실현

주체 높임 선어말 어미 '-시-'나 특수 어휘 등을 사용하여 문장의 주체를 높이는 표현법

예) 아버지께서 진지를 드신다.

(2) 간접 높임

문장의 주체와 밀접하게 연관이 있는 주어를 높임으로써 주체를 간접적으로 높이는 표현법

예) 우리 할머니께서는 귀가 밝으시다.

(3) 압존법

가족이나 사제지간 같은 사적 관계에서, 청자 중심주의가 적용되는 높임법

예) 할아버지, 아버지가 왔습니다.

2. 객체 높임법

목적어나 부사어를 높이는 것으로, 조사 '께'와 특수 어휘(뵙다, 드리다, 모시다, 여쭙다)를 통해 실현됨.

예) 나는 할머니께 용돈을 드렸다.

3. 상대 높임법

청자에 대해 높이거나 낮추어 말하는 표현법으로, 격식체와 비격식체를 나타내는 종결 어미로 표현된다.

SOLUTION

해설 ㉠에서는 부사어가 지시하는 대상인 '할머니'를 높이기 위해 조사 '께'와 특수 어휘 '여쭈다'가 사용되었다.

오답 풀이 ② ㉢에서는 주어가 지시하는 대상인 '형님'을 높이기 위해 '기다리지 마시고'에서 주체 높임 선어말 어미 '-시-'와 특수한 어휘인 '주무시다'가 사용되었지만 조사는 사용되지 않았다.
③ ㉠에서는 부사어가 지시하는 대상인 '할머니'를 높이기 위해 특수 어휘 '여쭈다'가 사용되었고, ㉡에서는 목적어가 지시하는 대상인 '손님'을 높이기 위해 특수 어휘 '모시다'가 사용되었다.
④ ㉡에서는 말을 듣는 상대인 '손님'을 높이기 위해 하십시오체 종결 어미 '-습니다'가 사용되었다. ㉢에서도 말을 듣는 상대인 '형님'을 높이기 위해, 하십시오체 종결 어미 '-십시오'가 사용되었다 하지만 ㉡과 ㉢ 모두 조사는 사용되지 않았다.

정답 ①

공무원 국어의 독보적 기준
2026 예상 기출서
선재국어

PART

4

실무 중심
공문서 수정하기

공문서 수정

풀이 전략
- 국어 시험을 통해 '실용적 능력을 평가'하겠다는 출제 기조에 맞추어 **새롭게 출제된 문제 유형**이다.
- 〈공공 언어 바로 쓰기 원칙〉에 따라 **공문서에서 잘못 작성된 문장이나 표기를 올바르게 고치는 법**을 익힌다.
- **주술 호응, 병렬 관계 등에 유의**하여 올바른 구조의 문장을 쓰도록 한다.

대표 〈공공 언어 바로 쓰기 원칙〉에 따라 〈공문서〉의 ㉠~㉣을 수정한 것으로 적절하지 않은 것은? `2025 국가직 9급`

〈공공 언어 바로 쓰기 원칙〉
- 생소한 외래어나 외국어는 우리말로 다듬을 것
- 주어와 서술어의 관계를 명확하게 표현할 것
- 문맥에 맞는 정확한 어휘를 사용할 것
- 지나친 명사 나열을 피하고 적절한 조사와 어미를 활용하여 문장을 구성할 것

〈공문서〉

□□개발 연구원

수신 수신처 참조

제목 종합 성과 조사 협조 요청

1. 귀 기관의 무궁한 발전을 기원합니다.

2. 본원은 디지털 교육 ㉠ 마스터플랜 수립을 위해 종합 성과 조사를 실시합니다. 본 조사의 대상은 지난 3년간 □□개발 연구원의 주요 사업을 수행한 ㉡ 기업을 대상으로 합니다.

3. 별도의 전문 평가 기관에 조사를 ㉢ 위탁하며, 이 조사 결과를 바탕으로 ㉣ 학교 현장 교수 학습 환경 개선 정책 개발 및 디지털 교육 문화를 정착시키는 데에 기여하고자 합니다. 귀 기관의 협조를 부탁드립니다.

① ㉠: 기본 계획
② ㉡: 기업입니다
③ ㉢: 수주하며
④ ㉣: 학교 현장의 교수 학습 환경을 개선하는 정책을 개발하고

✓ SOLUTION

해설 '위탁(委託)하다'는 '남에게 사물이나 사람의 책임을 맡기다'라는 뜻이고, '수주(受注)하다'는 '주문을 받다'라는 뜻이다. 문맥상 평가 기관에 조사를 맡기는 것이므로, ㉢ '위탁하며'는 고치지 않고 그대로 두어야 한다.

오답 풀이 ① 생소한 외래어나 외국어는 우리말로 다듬어야 하므로, ㉠ '마스터플랜'을 '기본 계획'으로 수정한 것은 적절하다.
② ㉡ '기업을 대상으로 합니다'와 호응하는 주어가 '본 조사의 대상은'이므로, 주어와 서술어의 관계를 명확하게 표현하여 ㉡을 '기업입니다'로 수정한 것은 적절하다.
④ ㉣은 명사만 나열하여 표현이 부자연스럽고 의미를 정확하게 파악하기 어렵다. 따라서 적절한 조사와 어미를 사용하여, ㉣을 '학교 현장의 교수 학습 환경을 개선하는 정책을 개발하고'와 같이 수정한 것은 적절하다.

정답률 84%   **정답** ③

001 〈공공 언어 바로 쓰기 원칙〉에 따라 수정한 것으로 적절하지 않은 것은?
2025 지방직 9급

〈공공 언어 바로 쓰기 원칙〉

• 표현의 정확성
  ㉠ 의미에 맞는 정확한 단어 쓰기
  ㉡ 부적절한 피·사동 표현에 유의함.
• 여러 뜻으로 해석되는 표현 삼가기
  ㉢ 하나의 뜻으로 해석되는 문장을 사용함.
• 대등한 것끼리 접속
  ㉣ '-고', '-(으)며', '와/과' 등으로 접속되는 말에는 구조가 같은 표현을 사용함.

① "납세자의 결정 세액이 기납부 세액보다 적은 경우 그 차이만큼 납세자에게 환급할 예정이다."를 ㉠에 따라 "납세자의 결정 세액이 기납부 세액보다 적은 경우 그 차이만큼 납세자에게 환수할 예정이다."로 수정한다.

② "경제 성장에 방해가 되는 요소를 배제시켜야 한다."를 ㉡에 따라 "경제 성장에 방해가 되는 요소를 배제해야 한다."로 수정한다.

③ "시 의회는 관련 단체와 시민들을 초청하기로 결정하였다."를 ㉢에 따라 "시 의회는 관련 단체와 협의하여 시민들을 초청하기로 결정하였다."로 수정한다.

④ "사업 전체 목표 수립과 세부 사업별 추진 전략을 제시한다."를 ㉣에 따라 "사업 전체 목표를 수립하고 세부 사업별 추진 전략을 제시한다."로 수정한다.

SOLUTION

[해설] '환수(還收)하다'가 '도로 거두어들이다'라는 뜻이므로 문맥에 맞지 않는다. ㉠에 따라 '도로 돌려주다'의 의미인 '환급(還給)하다'를 고치지 않고 그대로 쓰는 것이 적절하다.

[오답풀이] ② '-하다'를 쓸 수 있는 말에 무리하게 '-시키다'를 결합하지 않는다. 따라서 ㉡에 따라 '배제시켜야'를 '배제해야'로 수정한 것은 적절하다.
③ 수정 전 문장은 시 의회가 [관련 단체와 시민들]을 초청하기로 결정한 것인지, 시 의회가 관련 단체와 함께 [시민들]을 초청하기로 결정한 것인지 명확하지 않다. 따라서 ㉢에 따라 '시 의회는 관련 단체와 협의하여 시민들을 초청하기로 결정하였다'로 수정한 것은 적절하다.
④ 대등한 것끼리 접속할 때는 구조가 같은 표현을 사용해야 하므로, ㉣에 따라 '사업 전체 목표를 수립하고 세부 사업별 추진 전략을 제시한다'와 같이 앞뒤의 문장 구조를 맞추어 수정한 것은 적절하다.

정답률 77% **정답** ①

002 〈공공 언어 바로 쓰기 원칙〉에 따라 〈공문서〉의 ㉠~㉣을 수정한 것으로 적절하지 않은 것은?
인혁처 1차 예시 문제

〈공공 언어 바로 쓰기 원칙〉

• 중복되는 표현을 삼갈 것
• 대등한 것끼리 접속할 때는 구조가 같은 표현을 사용할 것
• 주어와 서술어를 호응시킬 것
• 필요한 문장 성분이 생략되지 않도록 할 것

〈공문서〉

한국의약품정보원

수신: 국립국어원
(경유)
제목: 의약품 용어 표준화를 위한 자문 회의 참석 ㉠안내 알림

1. ㉡표준적인 언어생활의 확립과 일상적인 국어 생활을 향상하기 위해 일하시는 귀 원의 노고에 감사드립니다.
2. 본원은 국내 유일의 의약품 관련 비영리 재단 법인으로서 의약품에 관한 ㉢표준 정보가 제공되고 있습니다.
3. 의약품의 표준 용어 체계를 구축하고 ㉣일반 국민도 알기 쉬운 표현으로 개선하여 안전한 의약품 사용 환경을 마련하기 위해 자문 회의를 개최하니 귀 원의 연구원이 참석해 주시기를 바랍니다.

① ㉠: 안내
② ㉡: 표준적인 언어생활을 확립하고 일상적인 국어 생활의 향상을 위해
③ ㉢: 표준 정보를 제공하고 있습니다
④ ㉣: 의약품 용어를 일반 국민도 알기 쉬운 표현으로 개선하여

SOLUTION

[해설] 대등한 것끼리 접속할 때에는 구조가 같은 표현을 사용해야 한다. 따라서 ㉡은 '표준적인 언어생활을 확립하고 일상적인 국어 생활을 향상하기 위해'와 같이 앞뒤의 문장 구조를 맞추어 수정해야 한다.

[오답풀이] ① 안내 알림(×) → 안내(○)/알림(○): 중복되는 표현은 삼가야 한다. '안내'는 '어떤 내용을 소개하여 알려 줌. 또는 그런 일'을 뜻하고, '알림'은 '알게 하는 일. 또는 그 내용'을 뜻한다. '안내'와 '알림'이 비슷한 뜻이므로 둘 중 하나만 쓴다.
③ 주어와 서술어를 호응시켜야 한다. 따라서 주어인 '본원은'과 호응할 수 있도록 '표준 정보를' '제공하고로' 고친 것은 적절하다.
④ 필요한 문장 성분이 생략되지 않도록 해야 한다. '개선하다'는 '…을 개선하다'의 형태로 쓰이므로 '의약품 용어를 ~ 알기 쉬운 표현으로 개선하여'와 같이 '개선하다' 앞에 적절한 목적어를 넣어 주어야 한다.

정답률 59% **정답** ②

003 〈공공 언어 바로 쓰기 원칙〉에 따라 수정한 것으로 적절하지 않은 것은?
인혁처 2차 예시 문제

〈공공 언어 바로 쓰기 원칙〉

- 주어와 서술어의 호응
  - ㉠ 능동과 피동의 관계를 정확하게 사용함.
- 여러 뜻으로 해석되는 표현 삼가기
  - ㉡ 중의적인 문장을 사용하지 않음.
- 명료한 수식 어구 사용
  - ㉢ 수식어와 피수식어의 관계를 분명하게 표현함.
- 대등한 구조를 보여 주는 표현 사용
  - ㉣ '-고', '와/과' 등으로 접속될 때에는 대등한 관계를 사용함.

① "이번 총선에서 국회 의원 ○○○명을 선출되었다."를 ㉠에 따라 "이번 총선에서 국회 의원 ○○○명이 선출되었다."로 수정한다.

② "시장은 시민의 안전에 관하여 건설업계 관계자들과 논의하였다."를 ㉡에 따라 "시장은 건설업계 관계자들과 시민의 안전에 관하여 논의하였다."로 수정한다.

③ "5킬로그램 정도의 금 보관함"을 ㉢에 따라 "금 5킬로그램 정도를 담은 보관함"으로 수정한다.

④ "음식물의 신선도 유지와 부패를 방지해야 한다."를 ㉣에 따라 "음식물의 신선도를 유지하고, 부패를 방지해야 한다."로 수정한다.

004 다음 공문서의 밑줄 친 부분을 수정한 것으로 가장 적절하지 않은 것은?
2025 군무원 9급 변형

1. 시정 발전에 협조해 주시는 <u>귀사</u>의 무궁한 발전을 기원합니다.
2. ○○시는 해마다 취업 박람회 개최를 통해 <u>구인·구직자간</u> 만남의 장을 마련하고 취업 알선, <u>구직자의 채용 기회</u>, 기업에 일자리 홍보 기회를 제공하고 있습니다.
3. 지역의 우수한 청년 인재들의 외부 유출을 막고, 고용 <u>거버넌스</u> 구축을 위해 취업 박람회 개최 시 지역 기업 홍보관을 운영하고자 합니다.

① 귀사 → 귀 사
② 구인·구직자간 → 구인·구직자 간
③ 구직자의 채용 기회 → 구직자의 취업 기회
④ 거버넌스 → 협치

[해설] 중의적 문장이란 여러 가지 뜻으로 해석될 수 있는 문장을 말한다. ②에서 ㉡에 따라 수정한 문장은, 시장이 [건설업계 관계자들과 시민 모두의 안전]에 관하여 논의한 것인지, 건설업계 관계자들과 함께 [시민의 안전]에 관하여 논의한 것인지 명확하지 않다. 따라서 ②는 원래의 문장이 중의적으로 해석되지 않고 자연스러운 문장이므로 고치지 않고 그대로 두어야 한다.

[오답 풀이] ① 능동과 피동의 관계를 정확하게 사용하여 주어와 서술어의 관계를 명확하게 표현해야 한다. 따라서 ㉠에 따라 '~ ○○○명이 선출되었다'로 수정한 것은 적절하다. '~ ○○○명을 선출하였다'로 고칠 수도 있다.
③ 수식 어구가 무엇을 수식하는지를 분명히 알 수 있는 표현을 사용해야 한다. 따라서 '5킬로그램 정도'가 수식하는 것이 명확하도록 ㉢에 따라 '금 5킬로그램 정도를 담은 보관함'으로 수정한 것은 적절하다. 내용에 따라 '금을 담은 5킬로그램 정도의 금 보관함'으로 고칠 수도 있다.
④ 대등한 구조를 보여 주는 표현을 사용해야 한다. 따라서 ㉣에 따라 '음식물의 신선도를 유지하고, 부패를 방지해야 한다'와 같이 앞뒤의 문장 구조를 맞추어 수정한 것은 적절하다.

정답률 73% **정답** ②

[해설] 귀사(○)/귀∨사(×): '주로 편지글에서, 상대편의 회사를 높여 이르는 말'인 '귀사'는 한 단어이므로 붙여 쓴다.

[오답 풀이] ② 구인·구직자간(×) → 구인·구직자∨간(○): '간'이 '관계'의 뜻을 나타내는 의존 명사로 쓰였으므로 앞말과 띄어 쓴다.
③ '채용'은 기업이 하는 것이므로, '구직자의 채용 기회'를 '구직자의 취업 기회'로 수정한 것은 적절하다. '기업의 채용 기회'로 수정할 수도 있다.
④ 될 수 있으면 외래어나 외국어를 쓰지 않고 우리말로 바꾸어 쓴다. 따라서 '거버넌스'를 '협치'로 수정한 것은 적절하다. '거버넌스'는 '민관 협력, 협치, 관리, 정책' 등으로 다듬어 쓸 수 있다.

정답률 74% **정답** ①

005 어려운 표현을 쉬운 말로 고쳐 쓴 것으로 가장 적절하지 않은 것은?   2025 군무원 9급

① 소관(→ 담당) 부서에서는 구체적인 실천 계획을 수립해 주시기 바랍니다.
② 감염 확산 방지를 위한 적의(→ 예방) 조치를 취한 후 이를 통보해 주시기 바랍니다.
③ 기(→ 이미) 통보한 신종 플루 대응 복무 지침을 철저히 숙지하기 바랍니다.
④ 감염 확산 방지에 철저를 기하여 주시기 바라며(→ 감염 확산 방지를 철저히 해 주시기 바라며)

SOLUTION

[해설] 어렵고 상투적인 한문 투 표현을 피하고 쉬운 우리말 표현으로 바꾸어 쓰는 것이 좋다. 그런데 '적의(適宜)'는 '무엇을 하기에 알맞고 마땅함'의 의미이므로, 이를 '예방'으로 고쳐 쓴 것은 적절하지 않다. '적의'는 '필요한, 적절한' 정도로 고쳐 쓸 수 있다.

[오답 풀이] ① '소관(所管)'은 '맡아 관리하는 바. 또는 그 범위'라는 뜻이므로, 이를 '담당'으로 고쳐 쓴 것은 적절하다.
③ '기(旣)'는 '그것이 이미 된' 또는 '그것을 이미 한'의 뜻을 더하는 접두사이다. 따라서 '기'를 '이미'로 고쳐 쓴 것은 적절하다.
④ '감염 확산 방지에 철저를 기하여 주시기 바라며'를 '감염 확산 방지를 철저히 해 주시기 바라며'로 고쳐 쓴 것은 적절하다. '철저(徹底)'는 '속속들이 꿰뚫어 미치어 밑바닥까지 빈틈이나 부족함이 없음'이라는 뜻이고, '기(期)하다'는 '이루어지도록 노력하다'라는 뜻이다.

정답률 67% **정답** ②

---

006 〈공공 언어 바로 쓰기 원칙〉에 따라 〈보기〉의 ㉠~㉣을 수정한 것으로 가장 적절하지 않은 것은?   2025 군무원 7급

〈공공 언어 바로 쓰기 원칙〉
• 어문 규범을 지킬 것
• 문장을 문법에 맞게 쓸 것
• 중복적인 표현은 간결하게 고칠 것
• 조사나 어미를 지나치게 생략하지 않을 것

／ 보기 ／

안녕하십니까?
통계청과 법무부에서 ㉠공동 실시하는 '이민자 체류 실태 및 고용 조사'를 위한 안내입니다. 만일 조사 협조문을 ㉡받지 못하셨다면 이 자료를 보시기 바랍니다.
㉢법무부는 여러분의 외국인 등록, 귀화 신청 등을 담당하는 정부 기관으로 잘 알고 계실 것입니다. 통계청은 국가의 주요 통계를 작성하는 중앙 정부 기관입니다.
법무부와 통계청에서 진행하는 ㉣조사 내용은 모든 표본을 대상으로 조사하는 공통 조사 항목과 체류 자격에 따라 추가로 조사하는 항목들이 있습니다.

① ㉠: 공동으로 실시하는
② ㉡: 받지 못 하셨다면
③ ㉢: 법무부는 여러분의 외국인 등록, 귀화 신청 등을 담당하는 정부 기관입니다
④ ㉣: 조사 내용은 공통 조사 항목과 체류 자격에 따른 조사 항목으로 구성되어 있습니다

SOLUTION

[해설] 받지 못하셨다면(○)/받지 못∨하셨다면(×): '-지 못하다' 구성으로 쓰이는 보조 용언 '못하다'는 한 단어이므로 붙여 쓴다. 따라서 ㉡은 고치지 않고 그대로 두어야 한다.

[오답 풀이] ① 체언인 '공동'이 용언인 '실시하는'을 수식하는 것은 어색하다. 따라서 ㉠의 '공동'을 '공동으로'와 같이 부사어의 형태로 수정한 것은 적절하다.
③ ㉢은 주어 '법무부는'과 서술어 '잘 알고 계실 것입니다'의 호응이 자연스럽지 않다. 따라서 '법무부는'과 호응하도록 서술어를 '정부 기관입니다'로 수정한 것은 적절하다.
④ '공통 조사 항목'은 모든 대상이 조사받는 항목을 뜻하므로, '모든 표본을 대상으로 조사하는'과 의미가 중복된다. 따라서 ㉣을 '조사 내용은 공통 조사 항목과 체류 자격에 따른 조사 항목으로 구성되어 있습니다'와 같이 간결하게 다듬은 것은 적절하다.

정답 ②

007 다음은 공문서의 일부이다. ㉠~㉣을 수정한 내용으로 적절하지 않은 것은?

> **제목**: 일반 경쟁 입찰 안내
>
> 1. 우리 청에서 시행하는 일반 경쟁 입찰 참가 등록은 ㉠ 등록이 수시로 가능하며, 등록하시기 전에 종합 지원 센터에 비치되어 있는 등록 안내서, 등록 신청서 등을 먼저 열람하시기 바랍니다.
> 2. 제안서 및 과업 지시서는 입찰 참가 ㉡ 신청자에게 한하여 교부합니다.
> 3. 입찰자는 사전에 ㉢ 제한 사항 확인 및 입찰 등록 장소에 비치되어 있는 입찰 유의 사항, 계약서 등을 열람한 후 응찰하시기 바라며 ㉣ 확인하지 못한 책임은 입찰자에게 있습니다.

① ㉠: '등록이'는 주어가 불필요하게 중복된 표현이므로 삭제한다.
② ㉡: '신청자에게'는 조사의 쓰임이 적절하지 않으므로 '신청자에'로 고친다.
③ ㉢: 과도한 명사화 구성이므로 문맥에 맞게 '제한 사항의 확인'으로 고친다.
④ ㉣: 필요한 문장 성분이 생략되었으므로 '확인하지' 앞에 '이를'과 같이 적절한 목적어를 넣어 고친다.

008 ㉠~㉣에 대한 설명으로 적절하지 않은 것은?

> **제목**: 20○○년 정기 대관 신청 승인 및 계약 안내
>
> 1. 우리 박물관에서는 지역민들에게 현대 미술에 대한 ㉠ 다양한 지식과 정보 제공을 위하여 '박물관에서 만나는 현대 미술'을 주제로 ㉡ 박물관 대학을 진행하고 있습니다.
> 2. 귀하께서 우리 극장에 요청하신 2024년도 정기 대관 신청을 승인하오니 붙임의 승인 조건을 숙지하시고 문서 접수일로부터 5일 이내에 ㉢ 우리 극장과 체결하여 주시기 바랍니다.
> 3. ㉣ 작성 내용의 정정 또는 신청인의 서명이 없는 서류는 무효임을 알려드리니 착오 없으시기 바랍니다.

① ㉠: '다양한 지식을 위하여'로 해석될 수 있으므로 '다양한 지식과 정보를 제공하기 위하여'로 고친다.
② ㉡: 주어가 '박물관 대학'이므로 '박물관 대학이 진행되고 있습니다'와 같이 고친다.
③ ㉢: 서술어와의 호응이 필요한 목적어가 누락되었으므로 '체결하여' 앞에 '대관 계약을'을 넣는다.
④ ㉣: 주어와 호응하는 서술어가 생략되었으므로 '작성 내용의 정정이 있거나 신청인의 서명이 없는'과 같이 고친다.

SOLUTION

[해설] '㉢ 제한 사항 확인 및 ~ 계약서 등을 열람한 후'는 문장의 앞뒤 구조가 맞지 않는다. 대등하게 연결되는 문장 구조의 경우, 앞뒤의 문장 구조를 맞춰 주어야 하므로 ㉢은 '제한 사항을 확인하고' 정도로 수정하는 것이 적절하다.

[오답 풀이] ① '~ 참가 등록은 등록이 수시로 가능하며(할 수 있으며)'는 주어가 불필요하게 중복된 표현이므로 ㉠의 '등록이'는 생략하는 것이 자연스럽다.
② '어떤 조건, 범위에 제한되거나 국한되다'의 의미인 '한하다'는 '…에 한하다'의 형태로 쓰인다. 따라서 ㉡의 '신청자에게'를 '신청자에'로 고치는 것은 적절하다.
④ '확인하다'는 '…을 확인하다'의 형태로 쓰인다. 따라서 ㉣에는 '이를'과 같이 적절한 목적어를 넣어 주어야 한다.

정답 ③

SOLUTION

[해설] ㉡이 포함된 문장의 주어는 '우리 박물관에서는'이므로 주술 호응에 맞게 '우리 박물관에서는 ~ 박물관 대학을 진행하고 있습니다'를 고치지 않고 그대로 두어야 한다.

[오답 풀이] ① '다양한 지식을 위하여'로 해석될 수 있으므로 ㉠을 '다양한 지식과 정보를 제공하기 위하여'로 고치는 것은 적절하다.
③ '체결하다'는 '계약이나 조약 따위를 공식적으로 맺다'의 의미로, '…과 …을 체결하다'의 형태로 쓰인다. 따라서 ㉢에는 '우리 극장과 대관 계약을 체결하여'와 같이 적절한 목적어를 넣어 주어야 한다.
④ '작성 내용의 정정'과 호응하는 서술어가 생략되었으므로 ㉣에는 '작성 내용의 정정이 있거나'와 같이 적절한 서술어을 넣어 주어야 한다.

정답 ②

009 ⟨공공 언어 바로 쓰기 원칙⟩에 따라 ⟨보도 자료⟩의 ㉠~㉣을 수정한 것으로 적절하지 않은 것은?

⟨공공 언어 바로 쓰기 원칙⟩

- 대등한 구조를 보여 주는 표현을 사용할 것
- 주어와 서술어의 관계를 명확하게 표현할 것
- 문맥에 맞는 정확한 조사를 사용할 것
- 필요한 문장 성분이 생략되지 않도록 할 것

⟨보도 자료⟩

1. ○○청은 제도 혁신의 하나로 주요 정부 정책에 대해 ㉠ 국민의 알권리 보장과 국민과 소통을 강화할 수 있는 20○○년 ○○청 정책 실명제를 실시한다고 밝혔다. ㉡ ○○청은 정책의 투명성과 책임성을 높이고자 시행하고 있다.

2. 또한 ○○청은 올해부터 국민이 직접 정책 실명의 공개 과제를 요청하는 ㉢ '국민 실명 신청제'가 분기별로 시행될 예정이다.

3. ○○○ 기획 조정관은 "㉣ 국민 실명 신청제를 분기별로 실시함으로서 지식 재산 정책에 대한 국민의 관심도가 증가하기를 희망한다."라고 밝혔다.

① ㉠: 국민의 알권리를 보장하고 국민과 소통을 강화할 수 있는
② ㉡: ○○청은 정책의 투명성과 책임성을 높이고자 시행하고 있는 것이다
③ ㉢: '국민 실명 신청제'를 분기별로 시행할 예정이다
④ ㉣: 국민 실명 신청제를 분기별로 실시함으로써

SOLUTION

출전 국립국어원, 《한눈에 알아보는 공공 언어 바로 쓰기》, 수정

해설 '시행하다'는 '…을 시행하다'의 형태로 쓰이므로 ㉡에는 '이 제도를'과 같은 적절한 목적어를 넣어 주어야 한다. '○○청은 ~ 시행하고 있는 것이다'로 수정하는 것은 적절하지 않다.

오답 풀이 ① 대등한 것끼리 접속할 때는 구조가 같은 표현을 사용해야 한다. 따라서 ㉠을 '국민의 알권리를 보장하고 국민과 소통을 강화할 수 있는'과 같이 앞뒤의 문장 구조를 맞추어 수정한 것은 적절하다.
③ ㉢을 포함하는 문장의 주어가 '○○청은'이므로 서술어가 이와 호응할 수 있도록 ㉢을 "국민 실명 신청제'를 분기별로 시행할 예정이다'로 수정한 것은 적절하다.
④ 실시함으로서(×) → 실시함으로써(○): ㉣에는 재료나 수단, 도구 등을 나타내는 조사인 '으로써'를 쓰는 것이 적절하다. '으로서'는 지위나 신분, 자격 등을 나타내며, '군인으로서 국가에 헌신한다'와 같이 쓴다.

정답 ②

010 ⟨공공 언어 바로 쓰기 원칙⟩에 따라 ㉠~㉣을 수정한 내용으로 적절하지 않은 것은?

⟨공공 언어 바로 쓰기 원칙⟩

- 문맥에 맞는 정확한 단어를 사용할 것
- 과도한 사동이나 피동 표현은 삼갈 것
- 필요한 문장 성분이 생략되지 않도록 할 것
- 비슷하거나 같은 뜻을 나타내는 표현을 반복하여 쓰지 말 것

20○○년 대한민국 재난 안전 연구 개발 대상 공모

1. ○○○부는 5월 15일(목)부터 6월 18일(수)까지 '20○○ 재난 안전 연구 개발 지원' 대상을 공모한다.

2. '재난 안전 연구 개발 지원'은 ㉠ 재난 안전 분야 연구자의 자긍심과 기술 개발을 촉진하기 위해 ○○○부가 20○○년부터 매년 실시하고 있다.

3. 지원을 희망하는 사람은 추천서와 신청 서류를 작성해 ○○○부 담당자에게 ㉡ 전자 문서로 접수하면 된다.

4. ㉢ 정부의 동일한 사업이나 유사한 다른 사업에서 동일 기간에 중복으로 지원을 받는 사람은 지원할 수 없다.

5. 특히, 올해부터는 ㉣ 대상 인원과 지원금을 확대시켜 대상자 혜택을 강화했다.

① ㉠: 재난 안전 분야 연구자의 자긍심을 높이고 기술 개발을 촉진하기 위해
② ㉡: 전자 문서로 수납하면 된다
③ ㉢: 정부의 동일한 사업이나 유사한 다른 사업에서 같은 기간에
④ ㉣: 대상 인원과 지원금을 확대하여

SOLUTION

출전 행정 안전부, 〈'2025 대한민국 재난 안전 연구 개발 대상' 공모〉, 수정

해설 접수하면(×) → 제출하면(○): '접수(接受)하다'는 '신청이나 신고 따위를 구두(口頭)나 문서로 받다 / 돈이나 물건 따위를 받다'의 의미이다. 하지만 수정한 문장의 '수납(收納)하다'도 '돈이나 물품 따위를 받아 거두어들이다'의 의미이므로 적절하지 않다. 지원자의 입장에서는 서류를 내는 것이므로 ㉡에는 '문안(文案)이나 의견, 법안(法案) 따위를 내다'를 뜻하는 '제출(提出)하다'를 쓰는 것이 적절하다.

오답 풀이 ① '자긍심'은 '스스로에게 긍지를 가지는 마음'을 뜻하는데, '촉진하다'는 '다그쳐 빨리 나아가게 하다'의 의미이므로 '자긍심을 촉진하다'는 어색한 표현이다. 따라서 ㉠에는 '자긍심을 높이고'와 같이 적절한 서술어를 넣어 주어야 한다.
③ 비슷하거나 같은 뜻을 나타내는 표현은 반복하여 쓰지 않는다고 하였으므로 ㉢에 '동일한'을 반복적으로 쓰지 않고 '같은 기간에'와 같이 수정한 것은 적절하다.
④ 확대시켜(×) → 확대해(○): '-시키다'는 사동의 뜻을 더하고 동사를 만드는 접미사로, '-시키다'를 '-하다'로 바꾸어도 의미의 변화가 없으면 과도한 사동 표현으로 본다. '대상 인원과 지원금을 확대하다'로 써도 의미의 변화가 없으므로 ㉣의 '확대시켜'를 '확대하여'로 수정한 것은 적절하다.

정답 ②

011 다음은 공문서의 일부이다. ㉠~㉣을 수정하기 위한 방안으로 적절하지 않은 것은?

> - 향로는 몸체와 받침 사이를 연결하는 ㉠ 부분을 금으로 장식하였다.
> - 제출하는 자료에 허위 사실을 기재한 경우에는 ㉡ 선정 취소 등을 제재 조치합니다.
> - 선정 평가 방법은 '서면 평가'로 대체될 수 있으며, ㉢ 제출한 서류는 일절 반환하지 않습니다.
> - 사업장이 다수인 개인 사업자는 ㉣ 주된 사업장 소재지를, 사업을 하지 않는 개인은 공란으로 두시면 됩니다.

① ㉠: 주어와 서술어가 호응할 수 있도록 '부분이 금으로 장식되었다'로 수정한다.
② ㉡: 수식어와 피수식어를 명료하게 표현하여 '선정 취소 등의 제재 조치를 합니다'로 수정한다.
③ ㉢: 문맥에 맞는 정확한 어휘를 사용하여 '일절'은 '일체'로 수정한다.
④ ㉣: 생략된 문장 성분을 보충하여 '주된 사업장 소재지를 적고'로 수정한다.

SOLUTION

출전 국립국어원, 《쉬운 공문서 쓰기 길잡이》, 수정

해설 '일절(一切)'은 '아주, 전혀, 절대로'의 뜻으로, 흔히 행위를 그치게 하거나 어떤 일을 하지 않을 때에 쓰는 말이다. 문맥에 맞게 쓰였으므로 ㉢의 '일절'은 고치지 않고 그대로 두어야 한다. '일체(一切)'는 '모든 것을 다'를 뜻한다.

오답풀이 ① 주어 '향로'는 행위를 스스로 수행할 수 없는 무정물이므로 서술어를 피동형으로 수정하는 것이 자연스럽다. 따라서 ㉠을 '부분이 금으로 장식되었다'로 수정한 것은 적절하다.
② '선정 취소'는 뽑아서 정한 것을 거두어 들인다는 의미이다. 따라서 문맥에 맞게 '제재 조치'를 수식하는 형태로 써서 ㉡을 '선정 취소 등의 제재 조치를 합니다'로 수정한 것은 적절하다.
④ 목적어인 '주된 사업장 소재지를'과 서술어 '두다'는 호응이 어색하다. 따라서 '주된 사업장 소재지를 적고'와 같이 생략된 문장 성분인 서술어 '적고'를 보충하여 수정한 것은 적절하다.

정답 ③

---

012 〈공공 언어 바로 쓰기 원칙〉에 따라 〈보도 자료〉의 ㉠~㉣을 수정한 것으로 적절하지 않은 것은?

> 〈공공 언어 바로 쓰기 원칙〉
> - 주어와 서술어의 호응
>   - 능동과 피동의 관계를 정확하게 사용함.
> - 대등한 구조를 보여 주는 표현 사용
>   - '와/과' 등으로 접속될 때에는 대등한 관계를 사용함.
> - 우리말다운 표현 쓰기
>   - 과도한 사동·피동 표현을 쓰지 않음.
> - 어법에 맞는 문장 쓰기
>   - 적절한 조사 및 어미를 사용함.

> 〈보도 자료〉
> **제목**: 여름철 자연 재난 총력 대응 태세 돌입
> - 기상청에 따르면, 올여름은 평년보다 기온이 높고 무더운 날이 많으며, 대기 불안정과 저기압의 영향으로 ㉠ 많은 비가 내릴 전망이다.
> - 최근 ㉡ 발생 빈도 증가와 인명 피해의 우려가 있는 3대 유형(산사태, 하천 재해, 지하 공간 침수)을 중점적으로 관리한다.
>   - 산사태·급경사지 위험 지역(9만 5천여 개소)을 전수 점검하고, 산사태 예측 정보와 위험도를 ㉢ 지자체와 주민들에게 실시간 제공한다.
>   - 반지하 주택은 물막이 시설을 배치하고, 집중 호우 시 ㉣ 거주민을 즉시 대피시키는 대피 조력자를 지정한다.

① ㉠: 많은 비가 내릴 것으로 전망된다
② ㉡: 발생 빈도가 증가하고 인명 피해의 우려가 있는
③ ㉢: 지자체와 주민들에게 실시간으로 제공한다
④ ㉣: 거주민을 즉시 대피하는

SOLUTION

출전 행전안전부, 〈여름철 자연 재난 총력 대응 태세 돌입〉, 수정

해설 '-시키다'는 '사동'의 뜻을 더하고 동사를 만드는 접미사이다. '대피하다'에는 행위의 대상인 거주민을 대피하도록 한다는 사동의 의미가 없으므로, ㉣에는 사동의 의미를 더해 주는 '대피시키다'를 그대로 써야 한다.

오답풀이 ① 전망을 하는 주체는 사람이므로 '올 여름은 ~ 전망이다'는 주술 호응이 맞지 않는다. 따라서 ㉠을 '많은 비가 내릴 것으로 전망된다'와 같이 피동형으로 수정한 것은 적절하다.
② 대등한 것끼리 접속할 때는 구조가 같은 표현을 사용해야 한다. 따라서 ㉡을 '발생 빈도가 증가하고 인명 피해의 우려가 있는'과 같이 앞뒤의 문장 구조를 맞추어 수정한 것은 적절하다.
③ '실시간(實時間)'은 '실제 흐르는 시간과 같은 시간'을 뜻하는 명사이다. 체언이 용언인 '제공한다'를 수식하는 것은 어법에 맞지 않으므로 ㉢의 '실시간'을 '실시간으로'와 같이 부사어의 형태로 수정한 것은 적절하다.

정답 ④

013 〈보기〉에 따라 수정한 것으로 적절하지 않은 것은?

> ─── 보기 ───
> - 우리말다운 표현 쓰기
>   - ㉠ 과도한 피동이나 사동 표현을 쓰지 않음.
>   - ㉡ 어려운 한자어 대신 쉬운 우리말을 사용함.
> - 간결하고 명료한 표현 사용
>   - ㉢ 지나친 명사 나열을 피함.
> - 대등한 구조를 보여 주는 표현 사용
>   - ㉣ '-고', '와/과' 등으로 접속될 때에는 구조가 같은 표현을 사용함.

① "국내 건설 경기는 최근 들어 본격적인 하강 국면으로 들어서는 것으로 보여짐."은 ㉠에 따라 "국내 건설 경기는 최근 들어 본격적인 하강 국면으로 들어서는 것으로 보임."으로 수정한다.

② "장애인 편의 시설에 대한 사회적 이해 촉진과 편의 증진을 도모하기 위해"는 ㉡에 따라 "장애인 편의 시설에 대한 사회적 이해를 높이고, 편의를 증진하기 위해"로 수정한다.

③ "○○청장은 '일하는 방식 혁신' 추진이 단순 업무 효율성 향상에만 그치지 않도록 노력하겠다고 밝혔다."를 ㉢에 따라 "○○청장은 '일하는 방식 혁신' 추진이 단순히 업무 효율성을 향상하는 데에만 그치지 않도록 노력하겠다고 밝혔다."로 수정한다.

④ "○○청은 보안 사고 방지와 청 이미지를 높이기 위해 워크숍을 개최하였다."를 ㉣에 따라 "○○청은 보안 사고 방지 및 청 이미지를 높이기 위해 워크숍을 개최하였다."로 수정한다.

014 다음은 공문서의 일부이다. ㉠~㉣을 수정한 내용으로 적절하지 않은 것은?

> 제목: 폐의약품은 우체통에 버리고, 생활 속 탄소 중립 실천으로 환경도 포인트도 챙겨요
>
> 1. ○○○부는 '환경의 날'을 맞이하여 폐의약품의 안전하고 편리한 처리 방법을 소개하고, 일상 속 탄소 배출 감축 실천에 참여하면 현금과 같은 포인트를 받을 수 있는 '탄소 중립 포인트제'를 ㉠ 이달의 추천 공공 서비스로 선정했다.
>
> 2. 폐의약품은 무분별하게 버려질 경우, 토양·수질 오염은 물론이고 생태계 교란까지 일으킬 수 있어 '생활계 유해 폐기물'에 속하지만, 대부분 일반 쓰레기로 ㉡ 수거하는 경우가 많다.
>
> 3. 관계자는 "정부는 일상 속 작은 실천으로 환경을 지킬 수 있는 다양한 방법을 마련하고 있다."라며, "앞으로도 ㉢ 혁신적인 공공 서비스 제공과 구체적인 실천 계획을 세워, 국민의 작은 실천이 더 큰 변화로 이어지도록 ㉣ 노력하겠다."고 말했다.

① ㉠: 주어와 서술어의 호응을 맞추어 '이달의 추천 공공 서비스로 선정했다'를 '이달의 추천 공공 서비스로 선정됐다'로 바꾼다.

② ㉡: 문맥상 의미에 맞는 단어를 사용하여 '수거하는'을 '배출하는'으로 바꾼다.

③ ㉢: 대등한 구조를 보여 주는 표현을 사용하여 '혁신적인 공공 서비스 제공과 구체적인 실천 계획을 세워'를 '혁신적인 공공 서비스를 제공하고 구체적인 실천 계획을 세워'로 바꾼다.

④ ㉣: 어문 규범에 맞게 '노력하겠다."고'는 '노력하겠다."라고'로 바꾼다.

SOLUTION (013)

해설 대등한 것끼리 접속할 때는 구조가 같은 표현을 사용해야 한다. 그런데 수정한 문장 역시 이러한 문제점이 해결되지 않았다. 제시된 문장은 '○○청은 보안 사고를 방지하고 청 이미지를 높이기 위해'와 같이 앞뒤의 문장 구조를 맞추어 수정해야 한다.

오답 풀이 ① 보여짐(×) → 보임(○): '보여지다(×)'는 피동 접사 '-이-'와 통사적 피동문의 표현인 '-어지다'를 중복하여 사용한 이중 피동 표현이므로, '보여짐(×)'을 '보임'으로 수정한 것은 적절하다.
② '촉진(促進)'은 '다그쳐 빨리 나아가게 함'이라는 뜻이고, '도모(圖謀)하다'는 '어떤 일을 이루기 위하여 대책과 방법을 세우다'라는 뜻이다. 어려운 한자어 대신 쉬운 우리말을 사용하여 '~ 사회적 이해를 높이고, 편의를 증진하기 위해'로 수정한 것은 적절하다.
③ '단순 업무 효율성 향상'은 단순히 명사를 나열하고 있어서 뜻이 명확하지 않다. '단순'이 '업무'를 수식하여 '단순한 업무의 효율성 향상'을 뜻하는 문장으로 오해할 수 있으므로, '단순'을 '단순히'와 같은 부사형으로 수정하여 '단순히 업무 효율성을 향상하는'으로 문장의 의미를 명확하게 수정한 것은 적절하다.

정답 ④

SOLUTION (014)

출전 행정 안전부, 〈6월의 추천 공공 서비스〉, 수정

해설 ㉠이 포함된 문장의 주어가 '○○○부는'이므로 주술 호응을 맞추기 위해서는 ㉠의 '선정했다'를 바꾸지 않고 그대로 두는 것이 적절하다.

오답 풀이 ② '수거(收去)하다'는 '버리거나 내놓은 물건 따위를 거두어 가다'의 의미이다. 문맥상 ㉡은 폐의약품을 일반 쓰레기로 내놓는다는 의미로 쓰인 것이므로, ㉡을 '안에서 밖으로 밀어 내보내다'를 뜻하는 '배출(排出)하는'으로 바꾼 것은 적절하다.
③ 대등한 것끼리 접속할 때는 구조가 같은 표현을 사용해야 한다. 따라서 ㉢을 '혁신적인 공공 서비스를 제공하고 구체적인 실천 계획을 세워'와 같이 앞뒤의 문장 구조를 맞추어 바꾼 것은 적절하다.
④ 앞말이 직접 인용 되는 말임을 나타내는 격 조사는 '라고'이다. '고'는 앞말이 간접 인용 되는 말임을 나타낸다.

정답 ①

015 다음은 〈공문서〉의 일부이다. ㉠~㉣을 수정한 것으로 적절하지 않은 것은?

> 1. ○○○부는 ㉠ 157개 수도권 소재 공공 기관의 지방 이전을 추진하고 있으며, 〈지역 발전 정책 추진 전략 보고 회의〉 등에서 여러 차례 공공 기관의 지방 이전에 대한 확고한 추진 의지를 밝힌 바 있습니다.
> 2. 최근 ㉡ 혁신 도시 건설 사업의 지연 또는 중단될 우려 등이 제기되고 있습니다만, ○○○부는 혁신 도시 건설 및 공공 기관 지방 이전 사업을 ㉢ 최초 계획대로 추진한다는 점을 다시 한번 명확히 밝힙니다.
> 3. 아울러, 이 건은 공공 기관 예산 조기 집행과 직결된 사항이므로 신속히 검토하여 우리 부가 상반기 중에 조기 집행 계획을 ㉣ 달성할 수 있도록 협조하여 주시기 바랍니다.

① ㉠: 수도권에 있는 157개의 공공 기관을 지방으로 이전하는 일을
② ㉡: 혁신 도시 건설 사업이 지연되거나 중단될 우려 등이 제기되고 있습니다만
③ ㉢: 최초 계획대로 추진된다는 점
④ ㉣: 이행할

---

016 〈공공 언어 바로 쓰기 원칙〉에 따라 수정한 내용으로 적절하지 않은 것은?

> 〈공공 언어 바로 쓰기 원칙〉
> ㉠ 중복적이거나 중의적인 표현을 삼갈 것
> ㉡ 과도한 사동·피동 표현을 삼갈 것
> ㉢ 대등한 구조를 보여 주는 표현을 사용할 것
> ㉣ 생소한 외래어나 어려운 한자어를 우리말로 다듬을 것

① "20여 년 전 사고로 반 이상이 무너졌던 건물이 다시 재건되었다."를 ㉠에 따라 "20여 년 전 사고로 반 이상이 무너졌던 건물이 재건되었다."로 수정한다.
② "정부는 외환 위기를 초래한 기존의 차관 경제 구조를 투자 경제 체제로 전환시켰다."를 ㉡에 따라 "정부는 외환 위기를 초래한 기존의 차관 경제 구조를 투자 경제 체제로 전환하였다."로 수정한다.
③ "○○청은 공사 대금의 즉시 지급과 중소기업의 계약 관련 민원을 신속하게 처리하기 위해 노력했다."를 ㉢에 따라 "○○청은 공사 대금을 즉시 지급하고 중소기업의 계약 관련 민원의 신속한 처리를 위해 노력했다."로 수정한다.
④ "교원 능력 제고를 위한 인프라 구축을 즉시 추진한다."는 ㉣에 따라 "교원 능력을 높이기 위한 기반 구축을 즉시 추진한다."로 수정한다.

SOLUTION

[출전] 국립국어원, 《한눈에 알아보는 공공 언어 바로 쓰기》, 수정

[해설] 주어가 '○○○부는'이므로 주술 호응을 맞추기 위해서는 ㉢의 '추진한다는'을 수정하지 않고 그대로 두는 것이 적절하다.

[오답 풀이] ① 명사가 지나치게 많이 나열되어 있으므로 ㉠을 의미 전달이 명료하도록 수정한 것은 적절하다.
② 대등한 것끼리 접속할 때는 구조가 같은 표현을 사용해야 한다. 따라서 ㉡을 '혁신 도시 건설 사업이 지연되거나 중단될 우려 등이 제기되고 있습니다만'과 같이 앞뒤의 문장 구조를 맞추어 수정한 것은 적절하다.
④ 계획은 '이행'하는 것이고 목표는 '달성'하는 것이다. '계획'이 목적어이므로 ㉣을 '이행할'로 수정한 것을 적절하다.
* 이행(履行)하다: 실제로 행하다
* 달성(達成)하다: 목적한 것을 이루다

[정답] ③

SOLUTION

[해설] 대등한 것끼리 접속할 때는 구조가 같은 표현을 사용해야 한다. 하지만 수정한 문장인 '공사 대금을 즉시 지급하고 중소기업의 계약 관련 민원의 신속한 처리를 위해' 또한 대등한 구조로 볼 수 없다. '공사대금을 즉시 지급하고 중소기업의 계약 관련 민원을 신속하게 처리하기 위해'와 같이 앞뒤의 문장 구조를 맞추어 수정해야 한다.

[오답 풀이] ① '재건(再建)되다'에는 '허물어진 건물이나 조직 따위가 다시 일으켜져 세워지다'의 의미가 있다. '다시'와 의미가 중복되므로, ㉠에 따라 '다시'를 생략한 것은 적절하다.
② '-시키다'는 '사동'의 뜻을 더하고 동사를 만드는 역할을 하는데, '-하다'를 쓸 수 있는 말에 무리하게 '-시키다'를 결합하지 않는다. 따라서 '전환시켰다'를 ㉡에 따라 '전환하였다'로 수정한 것은 적절하다.
④ 생소한 외래어나 어려운 한자어는 우리말로 다듬으라고 했으므로 ㉣에 따라 '교원 능력을 높이기 위한 기반 구축으로' 수정한 것은 적절하다. '제고(提高)'는 '수준이나 정도 따위를 끌어올림'이라는 뜻이고, '인프라'는 '기반 (시설)'로 다듬어 쓸 수 있다.

[정답] ③

017 〈공공 언어 바로 쓰기 원칙〉에 따라 수정한 내용으로 적절하지 않은 것은?

> 〈공공 언어 바로 쓰기 원칙〉
>
> • 명료한 수식 어구 사용
>   - ㉠ 수식 어구가 무엇을 수식하는지를 분명히 알 수 있는 표현을 사용함.
> • 어려운 한자어 남용하지 않기
>   - ㉡ 어려운 한자어를 쉬운 우리말로 표현함.
> • 중복적 표현 삼가기
>   - ㉢ 비슷하거나 같은 뜻을 나타내는 표현을 반복해서 쓰지 않음.
> • 대등한 것끼리 접속
>   - ㉣ '-고', '-(으)며', '와/과' 등으로 접속되는 말에는 구조가 같은 표현을 사용함.

① "이것은 많은 복을 기원하는 의미로 문 앞에 걸어 두곤 하는 대나무로 만든 물건이다."는 ㉠에 따라 "이것은 대나무로 만든 물건으로, 많은 복을 기원하면서 문 앞에 걸어 두곤 하는 것이다."로 수정한다.

② "○○ 소방서는 폭염에 대비해 구급대원들에게 응급 처치에 필요한 제반 사항을 수시로 교육할 계획이다."를 ㉡에 따라 "○○ 소방서는 폭염에 대비해 구급대원들에게 응급 처치에 필요한 중요한 사항을 수시로 교육할 계획이다."로 수정한다.

③ "감염 관리실에서 일하는 모든 사람은 매년 해마다 관련 교육을 이수해야 한다."를 ㉢에 따라 "감염 관리실에서 일하는 모든 사람은 매년 관련 교육을 이수해야 한다."로 수정한다.

④ "본 사업은 지역 경제 활성화와 취약 계층을 지원하기 위해 추진된다."를 ㉣에 따라 "본 사업은 지역 경제를 활성화하고 취약 계층을 지원하기 위해 추진된다."로 수정한다.

SOLUTION

[해설] '제반(諸般)'은 '어떤 것과 관련된 모든 것'이라는 의미이므로 '제반'을 '중요한'으로 쉽게 표현하여 수정했다는 것은 적절하지 않다. '제반 사항'은 '모든 사항' 또는 '여러 사항' 등으로 표현할 수 있다.

[오답 풀이] ① 첫 번째 문장은 '물건'을 수식하는 관형절이 지나치게 길어, '문 앞에 걸어 두곤'이 '대나무'를 수식하는 것인지 '대나무로 만든 물건'을 수식하는 것인지 불분명하다. ㉠에 따라 '이것은 대나무로 만든 물건으로, 많은 복을 기원하면서 문 앞에 걸어 두곤 하는 것이다'로 수정하여 문장의 의미를 파악하기 쉽게 수정한 것은 적절하다.
③ '매년(每年)'은 '해마다'라는 뜻이므로 '매년 해마다'는 같은 뜻을 나타내는 표현을 반복하여 사용한 것이다. ㉢에 따라 '매년 해마다'를 '매년'으로 수정한 것은 적절하다. '해마다'로 수정해도 된다.
④ 대등한 것끼리 접속할 때는 구조가 같은 표현을 사용해야 한다. 따라서 ㉣에 따라 '본 사업은 지역 경제를 활성화하고 취약 계층을 지원하기 위해 추진된다'와 같이 앞뒤의 문장 구조를 맞추어 수정한 것은 적절하다.

정답 ②

018 〈공공 언어 바로 쓰기 원칙〉에 따라 수정한 것으로 적절하지 않은 것은?

> 〈공공 언어 바로 쓰기 원칙〉
>
> • 주어와 서술어의 호응
>   - ㉠ 주어와 서술어의 관계를 명확하게 표현함.
> • 어휘의 정확성
>   - ㉡ 문맥에 맞는 정확한 어휘를 사용함.
> • 어법에 맞는 문장 쓰기
>   - ㉢ 필요한 문장 성분이 생략되지 않도록 함.
> • 적절한 시제 표현 사용
>   - ㉣ 문맥의 선후 관계를 고려해 시제를 표현함.

① "관련 기관은 사회 기관 또는 개인이 그 자료를 지속적으로 이용할 수 있도록 해야 한다."는 ㉠에 따라 "관련 기관은 사회 기관 또는 개인이 그 자료가 지속적으로 이용될 수 있도록 해야 한다."로 수정한다.

② "원문 정보 서비스는 국립 중앙 도서관의 디지털 도서관 서비스를 농어촌 지역 주민에게 확산하기 위해 실시된다."는 ㉡에 따라 "원문 정보 서비스는 국립 중앙 도서관의 디지털 도서관 서비스를 농어촌 지역 주민에게 확대하기 위해 실시된다."로 수정한다.

③ "2025년 말 개통 예정이던 공항 도로 공사를 1개월 앞당겨 11월에 도로를 개통할 예정입니다."를 ㉢에 따라 "2025년 말 개통 예정이던 공항 도로 공사를 1개월 앞당겨 마무리하고 11월에 도로를 개통할 예정입니다."로 수정한다.

④ "선정 결과에 이의가 있는 때에는 결과 통보일로부터 15일 이내에 이의를 제기할 수 있다."를 ㉣에 따라 "선정 결과에 이의가 있을 때에는 결과 통보일로부터 15일 이내에 이의를 제기할 수 있다."로 수정한다.

SOLUTION

[해설] 주어인 '사회 기관 또는 개인이'와 호응할 수 있도록 '그 자료를 지속적으로 이용할'은 수정하지 않고 그대로 두어야 한다.

[오답 풀이] ② '확산(擴散)하다'는 '흩어져 널리 퍼지다'의 의미이므로 국립 중앙 도서관의 디지털 도서관 서비스를 농어촌 지역 주민들에게까지 널리 이용할 수 있도록 한다는 문맥에는 어색한 표현이다. ㉡에 따라 '확산하기'를 '모양이나 규모 따위를 더 크게 하다'의 의미인 '확대(擴大)하기'로 수정한 것은 적절하다.
③ '공항 도로 공사를'과 '개통하다'는 호응이 맞지 않는다. 따라서 ㉢에 따라 '공항 도로 공사를 1개월 앞당겨 마무리하고 11월에 도로를 개통할 예정입니다'와 같이 생략된 서술어를 넣어 수정한 것은 적절하다.
④ 선정 결과에 이의가 있을 미래의 상황을 가정하고 있으므로, ㉣에 따라 미래 시제의 표현인 '있을'로 수정한 것은 적절하다.

정답 ①

PART 4 실무 중심 **공문서 수정하기**

019 〈공공 언어 바로 쓰기 원칙〉에 따라 ㉠~㉣을 수정한 것으로 적절하지 않은 것은?

〈공공 언어 바로 쓰기 원칙〉

- 표현의 정확성
  - 의미에 맞는 정확한 단어 쓰기
  - 필요한 문장 성분을 생략하지 않기

- 간단하고 명료한 문장 사용
  - 주어와 서술어를 호응시키기

- 여러 뜻으로 해석되는 표현 삼가기
  - 하나의 뜻으로 해석되는 문장을 사용하기

한국어를 잘 모르는 외국인도
언어 장벽 없이 민원 신청을 쉽게 할 수 있어요

1. ○○○부는 한국에 거주하고 있는 외국인이 민원 서비스를 보다 정확하고 쉽게 이용할 수 있도록, 외국인이 자주 사용하는 민원 서식 235종을 ㉠ <u>10개 언어로 번역해 제공된다고 밝혔다.</u>

2. 일부 행정 기관에서 개별적으로 번역본을 제공하기도 했으나, 그 범위가 제한적이어서 외국인은 민원 신청 과정에서 ㉡ <u>많은 불편과 별도의 번역 비용을 부담해야 했다.</u>

3. ○○○부는 ㉢ <u>관련 단체와 외국인이 자주 이용하는 서식을 조사하고</u> 가족 관계 등록, 주민 등록, 출입국 및 고용 등 외국인이 빈번히 사용하는 민원 서식 235종을 최종 선정했다.

4. 이번 번역본은 외국인 민원을 주로 처리하는 지자체·중앙 행정 기관·공공 기관·다문화 센터 등에 ㉣ <u>배포될</u> 예정이며, 포털에서도 누구나 쉽게 내려받기할 수 있다.

---

① ㉠: 10개 언어로 번역해 제공한다고 밝혔다
② ㉡: 많은 불편을 겪고 별도의 번역 비용을 부담해야 했다
③ ㉢: 관련 단체를 대상으로 외국인이 자주 이용하는 서식을 조사하고
④ ㉣: 수거될

🔍 기출로 연습하기

020 다음 글을 퇴고할 때, ㉠~㉣ 중 어법상 수정할 필요가 있는 것은?
2024 국가직 9급

> 주지하듯이 ㉠ 기후 위기는 날이 갈수록 심각해지고 있다. 극지방의 빙하가 녹고, 유럽에는 사상 최악의 폭염과 가뭄이 발생하고 그 반대편에서는 감당하기 어려울 정도의 폭우가 쏟아져 많은 사람이 고통받고 있다. ㉡ 우리의 삶을 지속적으로 위협하는 이러한 기상 재해 앞에서 기후학자로서 자괴감이 든다. 무엇이 문제인지, 상황이 얼마나 심각한지 잘 알고 있으면서도 지구의 위기를 그저 바라만 볼 수밖에 없다.
>
> 그러나 우리가 기후 문제에 관심을 가지고 적극적으로 대처한다면 아직 희망이 있다. 크게는 신재생 에너지와 관련하여 ㉢ 국가 정책 수립과 국제 협약을 체결하기 위해 힘을 기울여야 한다. 작게는 일상생활에서 불필요한 소비를 줄이고 에너지 절약을 습관화해야 한다. 만시지탄(晚時之歎)일 수는 있겠으나, ㉣ 지구가 파국으로 치닫는 것을 막을 기회는 아직 남아 있다. 우리 모두 힘을 모아 지구의 위기를 극복하여야 한다.

① ㉠ ② ㉡
③ ㉢ ④ ㉣

✓ SOLUTION

해설 ㉢은 문장의 병렬 관계가 맞지 않는 표현이다. 이러한 유형은 대등하게 연결되는 문장 구조의 앞뒤를 확인하여, 병렬 관계를 살펴보아야 한다. 따라서 앞뒤의 문장 구조를 맞추어 '국가 정책을 수립하고 국제 협약을 체결하기 위해'와 같이 수정하는 것이 자연스럽다. 나머지 ㉠·㉡·㉣은 모두 어법상 바르게 쓰였다.

정답률 78% **정답** ③

---

021 다음 중 밑줄 친 부분의 설명이 적용될 수 있는 예로 가장 적절한 것은?
2024 군무원 9급

> 우리말 표현 중에는 문장의 의미가 두 가지 이상으로 해석될 수 있어 의사소통에 어려움을 초래하는 경우가 많다. 그중 하나가 비교 구문에서 나타나는 중의성(重義性)인데, 이는 비교 대상을 분명하게 하지 않아 발생하는 현상이다.

① 나는 내일 철수와 선생님을 만난다.
② 결혼식장에 손님들이 다 들어오지 않았다.
③ 그녀는 눈물을 흘리며 아버지의 그림을 어루만졌다.
④ 글쎄, 남편은 나보다 축구 중계를 더 좋아한다니까.

✓ SOLUTION

해설 ④는 남편이 나를 좋아하는 것보다 축구 중계를 더 좋아한다는 것인지, 내가 축구 중계를 좋아하는 것보다 남편이 더 축구 중계를 좋아한다는 것인지 명확하지 않다. 따라서 비교 대상이 명확하지 않아 발생하는 중의성의 예로 적절하다.

오답풀이 ① 내가 철수와 선생님 모두를 만난다는 것인지, 나와 철수가 함께 선생님을 만난다는 것인지 명확하지 않다. 이는 서술어의 주체를 누구로 보느냐에 따라 중의성을 갖게 된 것으로 볼 수 있다.
② 손님들이 아무도 들어오지 않은 것인지, 들어오긴 했는데 모두 들어오지는 않은 것인지 명확하지 않다. 이는 부정이 미치는 범위 때문에 생기는 중의성의 예에 해당한다.
③ 관형격 조사 '의'는 중의성을 지닌 경우가 많다. '아버지의 그림'의 경우, 아버지가 그린 그림인지, 아버지가 소유한 그림인지, 아버지를 그린 그림인지 모호하다.

정답률 82% **정답** ④

📖 보충자료 중의적 표현

어휘적 중의성	한 단어가 둘 이상의 의미를 지니는 경우. 동음이의어, 다의어에서 주로 나타난다. 예 이모가 차를 준비했습니다. – 차: 차나무의 어린잎을 달이거나 우린 물 – 차: 바퀴가 굴러서 나아가게 되어 있는, 사람이나 짐을 실어 옮기는 기관
은유적 중의성	은유적 표현이 둘 이상의 의미로 해석되는 경우 예 그 선생님은 호랑이야. – 호랑이처럼 무섭다. / (연극에서) 호랑이 역을 맡았다.
구조적 중의성	① 한 문장이 문장 성분의 수식 구조 또는 문법적 성질 때문에 둘 이상의 의미로 해석되는 경우 ② 수식어를 피수식어 바로 앞으로 옮기거나, 보조사를 활용하여 의미를 한정하거나, 쉼표(,)를 이용하여 수식 구조를 명확히 해야 한다. 예 • 한결같이 어려운 이웃을 돕는 사람들이 많습니다. • 남편은 나보다 비디오를 더 좋아한다. • 생일잔치에 초대한 친구가 다 오지 않았어요.

022 ㉠~㉣을 고쳐 쓴 것으로 옳지 않은 것은? 2022 국가직 9급

> ㉠ 오빠는 생김새가 나하고는 많이 틀려.
> ㉡ 좋은 결실이 맺어졌으면 하는 바램입니다.
> ㉢ 내가 오직 바라는 것은 네가 잘됐으면 좋겠어.
> ㉣ 신은 인간을 사랑하기도 하지만 시련을 주기도 한다.

① ㉠: 오빠는 생김새가 나하고는 많이 달라.
② ㉡: 좋은 결실을 맺었으면 하는 바램입니다.
③ ㉢: 내가 오직 바라는 것은 네가 잘됐으면 좋겠다는 거야.
④ ㉣: 신은 인간을 사랑하기도 하지만 인간에게 시련을 주기도 한다.

SOLUTION

해설 '어떤 일이 이루어지기를 기다리는 간절한 마음'의 뜻으로는 '바람'이 바른 표기이므로 '바람입니다'를 '바램입니다(×)'로 고치는 것은 적절하지 않다. '바램(×)'은 '바람'의 잘못된 표기이다. 또한 우리말은 되도록 능동 표현으로 쓰는 것이 자연스러우므로 '좋은 결실이 맺어졌으면'은 '좋은 결실을 맺었으면'으로 고쳐 쓸 수 있다. 다만, '좋은 결실을 맺다'를 의미의 중복으로 보는 견해도 있다.
* **결실(結實)**: 식물이 열매를 맺거나 맺은 열매가 여묾. 또는 그런 열매 / 일의 결과가 잘 맺어짐. 또는 그런 성과

오답 풀이 ① '비교가 되는 두 대상이 서로 같지 아니하다'의 의미로는 '다르다'를 쓴다. '다르다'는 차이를, '틀리다'는 오류를 나타낸다.
③ '내가 오직 바라는 것은 ~ 좋겠어'는 주어와 서술어의 호응이 맞지 않는 문장이므로 '좋겠어'를 '좋겠다는 거야'로 고쳐 쓴 것은 적절하다.
④ 서술어 '주다'는 '…에/에게 …을 주다'의 형태로 쓰이므로 '인간에게 시련을 주기도 한다'와 같이 부사어를 넣어 고쳐 쓴 것은 적절하다.

정답률 90% **정답** ②

023 가장 자연스러운 문장은? 2021 국가직 9급

① 날씨가 선선해지니 역시 책이 잘 읽힌다.
② 이렇게 어려운 책을 속독으로 읽는 것은 하늘의 별 따기이다.
③ 내가 이 일의 책임자가 되기보다는 직접 찾기로 의견을 모았다.
④ 그는 시화전을 홍보하는 일과 시화전의 진행에 아주 열성적이다.

SOLUTION

해설 앞 절의 '날씨가 선선해지다'나 뒤 절의 '책이 읽히다'의 주술 호응이 각각 자연스러운 문장이다. '읽히다'의 경우 '읽다'의 피동사로 적절하게 쓰였다. 또한 '-니'는 앞말이 뒷말의 원인이나 근거, 전제 따위가 됨을 나타내는 연결 어미로, '날씨가 선선해지니 역시 책이 잘 읽힌다'는 자연스럽게 연결된 절이다.

오답 풀이 ② 주어인 '책을 속독으로 읽는 것은'과 서술어인 '하늘의 별 따기이다'가 'A = B이다'의 구조를 보이고 있으므로, 이 문장에서는 '이렇게 어려운 책을 속독으로 읽는 것은 하늘의 별 따기와 같은 일이다' 정도로 고쳐 쓰는 것이 자연스럽다.
* '속독(速讀)'은 '책 따위를 빠른 속도로 읽음'이라는 뜻으로, '속독으로 읽는'을 의미의 중복으로 볼 수도 있다. 다만 《표준국어대사전》에 '속독으로 책을 읽어 내려간다'와 같은 문장이 있으므로 참고한다.
③ '찾다'는 '…을 찾다' 혹은 '…에서/에게서 …을 찾다'의 형태로 쓰인다. 이 문장에서는 '직접 책임자를 찾기로'와 같이 적절한 목적어를 넣어 주는 것이 자연스럽다.
④ 앞뒤 문장의 병렬 구조가 어색한 문장이다. 앞뒤의 문장 구조를 맞추어 '그는 시화전을 홍보하는 일과 (시화전을) 진행하는 일에 아주 열성적이다' 혹은 '시화전의 홍보와 (시화전의) 진행에 아주 열성적이다' 정도로 고쳐 쓰는 것이 자연스럽다.

정답률 59% **정답** ①

024 ⊙~@의 고쳐쓰기 방안으로 적절하지 않은 것은?

2021 지방직 9급

> ⊙ 현재 우리 구청 조직도에는 기획실, 홍보실, 감사실, 행정국, 복지국, 안전국, 보건소가 있었다.
> ⓒ 오늘은 우리 시청이 지양하는 '누구나 행복한 ○○시'를 실현하기 위한 추진 방안을 논의합니다.
> ⓒ 지난달 수해로 인한 준비 기간이 짧았기 때문에 지역 축제는 예년보다 규모가 줄어들었다.
> ② 공과금을 기한 내에 지정 금융 기관에 납부하지 않으면 연체료를 내야 한다.

① ⊙: '있었다'는 문맥상 시제 표현이 적절하지 않으므로 '있다'로 고쳐 쓴다.
② ⓒ: '지양'은 어떤 목표로 뜻이 쏠리어 향한다는 의미인 '지향'으로 고쳐 쓴다.
③ ⓒ: '지난달 수해로 인한'은 '준비 기간'을 수식하는 절이 아니므로 '지난달 수해로 인하여'로 고쳐 쓴다.
④ ②: '납부'는 맥락상 금융 기관이 돈이나 물품 따위를 받아 거두어들인다는 '수납'으로 고쳐 쓴다.

SOLUTION

해설 '납부(納付/納附)'는 '세금이나 공과금 따위를 관계 기관에 냄'의 의미이고 '수납(收納)'은 '돈이나 물품 따위를 받아 거두어들임'의 의미이다. 문맥상 (개인이) 공과금을 금융 기관에 '내는' 것이므로, '납부'를 '수납'으로 고쳐 쓰는 것은 적절하지 않다. 따라서 ②의 '공과금을 ~ 금융 기관에 납부하지 않으면'은 고치지 않고 그대로 두어야 한다.

오답 풀이 ① ⊙은 '현재'라는 단어로 시작되고 있으므로 과거 시제를 나타내는 선어말 어미 '-었-'이 결합한 '있었다'와 자연스럽게 호응하지 않는다. '현재 우리 구청 조직도에는 ~ 안전국, 보건소가 있다'와 같이 고쳐 쓰는 것이 적절하다.
② '지양(止揚)'은 '더 높은 단계로 오르기 위하여 어떠한 것을 하지 아니함'의 의미이다. ⓒ에서는 시청이 실현하기 위해 추진하는 목표가 제시되고 있으므로, '어떤 목표로 뜻이 쏠리어 향함'을 뜻하는 '지향(志向)'으로 고쳐 쓰는 것이 적절하다.
③ '지난달 수해로 인한'이 뒤의 '준비 기간'을 수식하는 것은 문맥상 적절하지 않다. 수해 때문에 준비 기간이 짧았던 것이므로, ⓒ의 '지난달 수해로 인한'을 까닭이나 근거 따위를 나타내는 연결 어미인 '-여'를 써서 '지난달 수해로 인하여'로 고쳐 쓰는 것이 적절하다.

정답률 86% **정답** ④

025 한 가지 뜻으로만 해석되는 것은?

2021 국회직 9급

① 영수는 모임에 혼자 안 갔다고 말했다.
② 그릇의 얼음이 다 녹을 때까지 가열하지 마세요.
③ 숲속에서 사슴 한 마리가 포수에게 쫓긴다.
④ 동생은 웃으며 떠나는 누나를 배웅했다.
⑤ 군사 기밀을 적에게 넘긴 대령의 애인에 관한 이야기다.

SOLUTION

해설 ③은 문장 내에서 중의성이 발견되지 않는다.

오답 풀이 ① 영수가 모임에 자기 혼자만 안 간 것인지, 혼자서 안 가고 다른 사람과 함께 간 것인지 분명하지 않다.
② 얼음이 전부 다 녹을 때까지 가열하는 행위를 아예 하지 말라는 것인지, 가열하긴 하는데 얼음이 전부 녹기 전까지만 가열하라는 것인지 분명하지 않다.
④ 동생이 웃으며 누나를 배웅한 것인지, 누나가 웃으며 떠난 것인지 분명하지 않다.
⑤ '군사 기밀을 적에게 넘긴' 사람이 대령인지, 대령의 애인인지 분명하지 않다.

정답 ③

026 우리말의 어법에 맞고, 의미가 정확한 문장은?
2021 국회직 9급 변형

① 지하철 공사가 이제 시작됐으니, 언제 개통될지는 불투명하다.
② 수출 증대를 위해서는 이 제품의 장점과 단점을 보완해야 한다.
③ 그 문제를 논의하기 위해 오후에는 팀원 전체가 모여 회의를 가질 겁니다.
④ 다행히 비상문이 열려져 있어 인명 피해가 크지 않았습니다.
⑤ 선배가 농담으로 한 말이 그에게 큰 상처를 입혔습니다.

027 〈보기〉의 내용을 근거로 하여 잘못된 문장을 수정한 예로 적절하지 않은 것은?
2021 경찰 1차

/ 보기 /
서술어의 자릿수는 문법적으로 정확하지 않은 문장을 수정하는 데 고려해야 할 중요한 기준이다. 서술어가 요구하는 문장 성분이 빠져 있으면 문법적으로 정확하지 않은 문장이 되므로 그 성분을 보충하여야 한다.

① 내가 오직 바라는 일은 네가 잘됐으면 좋겠다.
 → 내가 오직 바라는 일은 네가 잘됐으면 하는 것이다.
② 형사들은 도피 중인 범죄자로 간주하고 문초하기 시작했다.
 → 형사들은 그를 도피 중인 범죄자로 간주하고 문초하기 시작했다.
③ 인간은 자연에 복종하기도 하고 지배하기도 하면서 살아간다.
 → 인간은 자연에 복종하기도 하고 자연을 지배하기도 하면서 살아간다.
④ 그는 손을 넣고 걷다가 눈길에 미끄러졌다.
 → 그는 호주머니에 손을 넣고 걷다가 눈길에 미끄러졌다.

SOLUTION

해설 '선배가 한 말'이 그에게 상처를 입게 했다는 의미이므로, '입다'의 사동사인 '입히다'로 표현한 것은 적절하다.

오답 풀이 ① '지하철 공사가'라는 주어는 '시작되다'라는 서술어와만 호응한다. '개통되다'와 호응하는 주어가 없으므로 '지하철이 언제 개통될지는'과 같이 적절한 주어를 넣어 주어야 한다.
② '보완하다'는 '모자라거나 부족한 것을 보충하여 완전하게 하다'의 의미이므로 '장점'을 보완한다는 표현은 적절하지 않다. '이 제품의 장점은 살리고 단점을 보완해야 한다' 정도로 고치는 것이 자연스럽다.
③ '회의를 가지다'는 번역 투의 표현이므로 '회의를 가질 겁니다'는 '회의할 겁니다'로 고쳐 써야 한다.
④ '열려져'는 피동 접사인 '-리-'와 통사적 피동문의 표현인 '-어지다'를 중복하여 사용한 이중 피동 표현이다. 따라서 '비상문이 열려 있어' 또는 '비상문이 열어져 있어'와 같이 고쳐 써야 한다.

정답 ⑤

SOLUTION

해설 ①은 '내가 오직 바라는 일은 ~ 좋겠다'의 주술 호응이 잘못되어 수정한 문장이므로 필요한 문장 성분이 빠져 있어 잘못된 문장을 수정한 예로 적절하지 않다. 나머지 ②·③·④는 모두 서술어가 요구하는 문장 성분이 빠져 있어 그 성분을 보충하여 수정한 예로 적절하다.

오답 풀이 ② '간주하다'는 '…을 …으로 간주하다 / …을 -고 간주하다 / -고 간주하다' 등의 형태로 쓰이므로, '그를'과 같이 빠진 목적어를 보충하여 수정하였다.
③ '복종하다'는 '…에/에게 복종하다'의 형태로 쓰여 '자연에 복종하기도'와 같이 부사어를 요구하지만, '지배하다'는 '…을 지배하다'의 형태로 쓰이므로 '자연을'과 같이 빠진 목적어를 보충하여 수정하였다.
④ '넣다'는 '…에 …을 넣다'의 형태로 쓰이므로, '호주머니에'와 같이 빠진 부사어를 보충하여 수정하였다.

정답 ①

028 ㉠~㉣의 고쳐쓰기 방안으로 적절하지 않은 것은?

2020 국가직 9급

> ㉠ 공사하는 기간 동안 안전사고가 일어나지 않도록 유의해 주십시오.
> ㉡ 오늘 오후에 팀 전체가 모여 회의를 갖겠습니다.
> ㉢ 비상문이 열려져 있어 신속하게 대피할 수 있었다.
> ㉣ 지난밤 검찰은 그를 뇌물 수수 혐의로 구속했다.

① ㉠: '기간'과 '동안'은 의미가 중복되므로 '공사하는 기간 동안'은 '공사하는 동안'으로 고쳐 쓴다.
② ㉡: '회의를 갖겠습니다'는 번역 투이므로 '회의하겠습니다'로 고쳐 쓴다.
③ ㉢: '열려져'는 '-리-'와 '-어지다'가 결합한 이중 피동 표현이므로 '열려'로 고쳐 쓴다.
④ ㉣: 동작의 대상에게 행위의 효력이 미친다는 의미를 제시해야 하므로 '구속했다'는 '구속시켰다'로 고친다.

SOLUTION

해설 '구속하다'는 문맥상 '법원이나 판사가 피의자나 피고인을 강제로 일정한 장소에 잡아 가두다'의 의미이다. 이처럼 '구속하다'의 의미 자체가 '강제로 ~ 잡아 가두다'이므로, 동작의 대상에게 행위의 효력이 미치고 있음을 제시하고 있다고 볼 수 있다. 따라서 '구속하다'를 그대로 써도 의미가 통하므로 이를 '구속시키다'로 고쳐 쓸 필요가 없다. '-하다'를 쓸 수 있는 말에 무리하게 '-시키다'를 결합하지 않는다.

오답풀이 ① '기간(어느 때부터 다른 어느 때까지의 동안 / 어느 일정한 시기부터 다른 어느 일정한 시기까지의 사이)'과 '동안(어느 한때에서 다른 한때까지 시간의 길이)'의 의미가 중복된다. 따라서 '공사하는 기간 동안'을 '공사하는 동안'으로 고쳐 쓰는 것이 적절하다.
② '회의를 갖겠습니다'는 영어를 직역한 번역 투의 표현이다. 따라서 '회의하겠습니다'처럼 고쳐 쓰는 것이 적절하다.
③ '열려져'는 피동 접사인 '-리-'와 통사적 피동문의 표현인 '-어지다'를 중복하여 사용한 이중 피동 표현이다. 따라서 '열려'와 같이 피동 접사만을 사용한 표현으로 고쳐 쓰는 것이 적절하다.

정답률 91% **정답** ④

029 문장 성분의 호응이 자연스러운 것은?

2020 국가직 9급

① 내가 강조하고 싶은 점은 우리가 고유 언어를 가졌다.
② 좋은 사람과 대화하며 함께한 일은 즐거운 시간이었다.
③ 내 생각은 집을 사서 이사하는 것이 좋겠다고 결정했다.
④ 그는 내 생각이 옳지 않다고 여러 사람 앞에서 말을 하였다.

SOLUTION

해설 '그는 내 생각이 옳지 않다고 여러 사람 앞에서 말을 하였다'는 문장 성분 간의 호응이 맞고 자연스럽게 쓰인 문장이다.

오답풀이 ① 주어인 '~ 강조하고 싶은 점은'과 서술어인 '가졌다'의 호응이 자연스럽지 않으므로 '내가 강조하고 싶은 점은 우리가 고유 언어를 가졌다는 점(것)이다'와 같이 고쳐 쓴다.
② 주어인 '~ 일은'과 서술어인 '시간이었다'의 호응이 자연스럽지 않으므로 '좋은 사람과 대화하며 함께한 일은 즐거운 일이었다' 또는 '좋은 사람과 대화하며 함께한 시간은 즐거웠다' 정도로 고치는 것이 자연스럽다.
③ 주어인 '내 생각은'과 서술어인 '결정했다'의 호응이 맞지 않으므로 '내 생각은 ~ 좋겠다는 것이다' 또는 '나는 집을 사서 ~ 좋겠다고 결정했다' 정도로 고치는 것이 자연스럽다.

정답률 93% **정답** ④

030 ㉠~㉣에 해당하는 사례로 적절하지 않은 것은?

2020 국가직 7급

> 문장 오류의 유형으로 ㉠ 서술어와 주어가 서로 호응하지 않는 경우, ㉡ 서술어와의 호응이 필요한 보어가 누락된 경우, ㉢ 서술어와의 호응이 필요한 목적어가 누락된 경우, ㉣ 서술어와의 호응이 필요한 필수적 부사어가 누락된 경우 등이 종종 관찰된다.

① ㉠: 내 말의 요점은 지속 가능한 기후 환경을 조성하기 위하여 우리 모두 열심히 노력하자.
② ㉡: 나는 이 일의 적임자를 찾는 것보다 내가 직접 되기로 결심했다.
③ ㉢: 겁이 많았던 나는 혼자 해외로 여행을 가는 것이 못내 무서워 동행하였다.
④ ㉣: 우리와 함께 살아가는 동물은 사람을 경계하기도 하지만 때때로 의지하기도 한다.

SOLUTION

해설 ㉢의 사례로는 서술어와 호응하는 목적어가 누락된 문장을 들어야 한다. 그런데 제시된 문장에서 서술어 '동행하다'는 '…과 동행하다'의 형태로 쓰인다. 필수적 부사어가 누락된 경우이므로, '혼자 해외로 여행을 가는 것이 못내 무서워 친구와 동행하였다'처럼 적절한 부사어를 넣어 주어야 한다. 따라서 ㉢의 예로는 적절하지 않다.

오답풀이 ① '내 말의 요점은 ~ 노력하자는 것이다'와 같이 주어와 서술어의 호응을 맞춰 주어야 한다.
② 서술어 '되다' 앞에는 '…이/가 되다'와 같이 보어가 와야 하므로, '내가 직접 적임자가 되기로'처럼 적절한 보어를 넣어 주어야 한다.
④ 서술어 '의지하다'는 '…에/에게 의지하다'의 형태로 쓰이므로 '때때로 사람에게 의지하기도 한다'처럼 적절한 부사어를 넣어 주어야 한다. 다만 '의지하다'는 '…을 의지하다'의 형태로도 쓰여, '어머니는 아들 하나만을 의지하고 살았다'처럼 앞에 목적어가 올 수도 있음을 참고한다.

정답 ③

031 우리말 어법에 맞고 가장 자연스러운 문장은?

2020 군무원 9급

① 그의 하루 일과를 일어나자마자 아침 신문을 읽는 데서 시작한다.
② 저녁노을이 지는 들판에서 농부 내외가 조용히 기도하는 모습이 멀리 보였다.
③ 졸업한 형도 못 푸는 문제인데, 하물며 네가 풀겠다고 덤볐다.
④ 제가 여러분에게 당부하고 싶은 것은 주변 환경을 탓하지 마시기 바랍니다.

SOLUTION

해설 '보이다'는 문맥상 '눈으로 대상의 존재나 형태적 특징을 알게 되다'의 의미이다. '농부 내외가 조용히 기도하는'은 뒤의 체언 '모습'을 수식하는 관형절로, '~ 모습이 멀리 보였다'처럼 쓰는 것은 자연스럽다.

오답풀이 ① 주술 호응이 자연스럽도록 '그의'를 '그는'으로 바꾸고 문장의 주어로 제시하여 '그는 하루 일과를 ~ 데서 시작한다'처럼 고치거나 '그의 하루 일과는 ~ 데서 시작된다' 정도로 고치는 것이 좋다.
③ '하물며'는 '그도 그러한데 더욱이. 앞의 사실이 그러하다면 뒤의 사실은 말할 것도 없다는 뜻의 접속 부사'이다. '-랴, -ㄴ가?' 등의 표현과 호응하여 앞의 사실과 비교하여 뒤의 사실에 더 강한 긍정을 나타낸다. 따라서 '하물며 네가 풀 수 있으랴' 정도로 고치는 것이 좋다.
④ 주어와 서술어의 호응이 맞지 않는 문장이다. '당부하고 싶은 것은 ~ 탓하지 마시라는 것입니다' 정도로 고치는 것이 자연스럽다. 주어가 '관형어+체언'으로 이루어진 경우, 서술어도 이에 맞추는 것이 좋다.

정답 ②

032 〈보기〉는 올바르지 않은 문장 유형에 대한 설명이다. ㉠~㉣의 예로 가장 적절하지 않은 것은?   2020 경찰 2차

〈보기〉
올바르지 않은 문장의 유형으로는, ㉠문장 성분끼리 호응하지 않는 경우, 문장의 성분이 누락되어 있는 경우, ㉡불필요하게 의미가 중복된 경우, ㉢중의적인 표현이 사용된 경우, ㉣조사나 어미가 의미에 맞게 사용되지 않은 경우 등이 있다.

① ㉠: 그날 밤중에 잠을 깬 사람은 비단 나뿐이었다.
② ㉡: 그것은 오래전에 불리던 노래이다.
③ ㉢: 손님들이 다 오지 않았어.
④ ㉣: 발등의 불이 떨어졌다.

SOLUTION

해설 '그것은 오래전에 불리던 노래이다'에는 불필요하게 의미가 중복된 경우가 발견되지 않는다.

오답 풀이 ① '비단'은 부정하는 말 앞에서 '다만', '오직'의 뜻으로 쓰이는 말이다. 따라서 구조어의 호응을 고려하여 '비단 나뿐이 아니었다' 정도로 고쳐 쓰는 것이 적절하다.
③ '손님들이 다 오지 않았어'는 손님들이 아무도 오지 않은 것인지, 오긴 했는데 모두 오지는 않은 것인지 불분명한 중의적인 문장이다.
④ '떨어지다'는 '…에/…으로 떨어지다'의 형태로 쓰이며, '발등에 불(이) 떨어지다'라는 관용 표현도 있다. 따라서 '발등의(×)'는 '발등에'로 고치는 것이 적절하다.
* 발등에 불(이) 떨어지다: 일이 몹시 절박하게 닥치다.

정답 ②

033 ㉠~㉣에 대한 수정 의견으로 적절하지 않은 것은?   2020 해양 경찰 3차

〈공고문〉
이곳은 ㉠개인이 소유하고 있는 사유지입니다. 따라서 외부인이 ㉡이곳을 마음대로 출입하거나 쓰레기를 무단으로 투기하는 행위는 법에 ㉢접촉되오니 ㉣삼가 주시기 바랍니다. 향후 이와 같은 일이 발생할 경우 고발 조치를 할 것임을 엄중하게 경고하는 바입니다.
20○○년 ○○월 ○○일 주인 백

① ㉠: 의미가 중복되므로 '개인이 소유하고 있는 토지'로 표현하는 게 좋겠어.
② ㉡: 문장 성분의 자연스러운 호응을 위해 '이곳을'을 '이곳에'로 수정하는 게 좋겠어.
③ ㉢: 맥락상 적절하지 못한 단어이므로 '저촉'으로 수정하는 게 좋겠어.
④ ㉣: 어법에 맞게 '삼가해 주시기'로 수정하는 게 좋겠어.

SOLUTION

해설 삼가 주시기(○)/삼가해 주시기(×): '삼가하다(×)'는 비표준어이므로 활용형인 '삼가해(×)'도 어법에 맞는 표현이 아니다. 원래대로 '삼가다'에 '- 아 주다'가 결합한 형태인 '삼가 주시기'를 그대로 쓰는 것이 적절하다.

오답 풀이 ① '사유지(私有地)'는 '개인 또는 사법인이 가진 땅'이라는 뜻이다. 따라서 '개인이 소유하고 있는'과 의미 중복을 피하기 위해 '토지'로 바꾸어 쓰는 것이 좋다. '이곳은 사유지입니다 / 이곳은 개인이 소유하고 있는 토지입니다' 정도로 고쳐 쓴다.
② '출입하다'는 '어느 곳을 드나들다'라는 뜻으로는 앞에 '…에', '…을'과 같은 필수 부사어 또는 목적어가 온다. 그런데 뒤에 '쓰레기를 무단으로 투기하는 행위는'이라는 문장이 이어지므로 이 문장의 서술어인 '투기하다'와도 호응할 수 있는 적절한 부사어를 넣어 '이곳에 마음대로 출입하거나 쓰레기를 무단으로 투기하는 행위는'처럼 고쳐 쓰는 것이 자연스럽다.
③ 문맥상 '법률이나 규칙 따위에 위반되거나 어긋남'을 뜻하는 '저촉(抵觸)'이 오는 것이 적절하다. '접촉(接觸)'은 '서로 맞닿음 / 가까이 대하고 사귐' 등의 의미이다.

정답 ④

034 어법에 어긋난 문장을 수정하고 설명한 예로 적절하지 않은 것은?　2019 지방직 9급

① 유사한 내용의 제안이 접수되었을 때에는 먼저 접수된 것이 우선한다.
→ '접수되었을 때에는'은 사건이나 행위가 완료된 상황을 나타내므로 '접수될 때에는'으로 바꾼다.

② 안내서 및 과업 지시서 교부는 참가 신청자에게만 교부한다.
→ '과업 지시서 교부'와 서술어 '교부한다'는 의미상 중복되며 호응하지 않으므로 앞의 '교부'를 삭제한다.

③ 해안선에서 200미터 이내의 수역을 제외된 상태에서 논의를 진행하겠습니다.
→ 목적어 '수역을'과 서술어 '제외되다'는 호응하지 않으므로 '제외된'은 '제외한'으로 바꾼다.

④ 관련 도서는 해당 부서에 비치하고 관계자에게 열람한다.
→ 서술어 '열람하다'는 부사어 '관계자에게'와 호응하지 않으므로 '열람하게 한다'와 같이 바꾼다.

035 의미 중복이 없는 문장은?　2019 지방직 7급

① 투고한 원고는 돌려주지 않습니다.
② 나는 아무 생각 없이 길거리를 도보로 걸었다.
③ 요즈음 남자들의 절반은 담배를 피우지 않는다.
④ 버스 안에 탄 승객은 우리와 자매결연을 맺은 분들이다.

SOLUTION

해설 '접수되다'는 '신청이나 신고 따위가 구두(口頭)나 문서로 받아들여지다'의 의미로, '접수되었을'과 같이 '-었-'과 결합하여 이미 그러한 상태로 되었음을 나타낼 수 있다. 따라서 '유사한 내용의 제안이 접수되었을 때에는 먼저 접수된 것이 우선한다'와 같이 써도 어색하지 않으므로 어법에 어긋난다고 보기 어렵다. 다만 '접수되다'는 '…에/에게 접수되다'처럼 쓰이고, '우선하다'는 '…보다/…에 우선하다'의 형태로 쓰이므로 '유사한 내용의 제안이 기관에 접수되었을 때에는 먼저 접수된 것이 그에 우선한다'처럼 쓰는 것이 보다 자연스럽다.

오답 풀이 ② '과업 지시서 교부'가 서술어에서 '교부하다'로 다시 나타나고 있으므로 앞의 것을 삭제하여 '안내서 및 과업 지시서는 참가 신청자에게만 교부한다'처럼 고치는 것은 자연스럽다. '교부하다'는 '…을 …에/에게 교부하다'의 형태로 쓰이므로 '참가 신청자에게'처럼 쓰는 것은 적절하다.
③ '제외되다'는 '…에서 제외되다'의 형태로 쓰이는 단어이므로, 앞에 목적어를 넣어 '수역을 제외된 상태에서'처럼 쓰는 것은 어색하다. '제외하다'의 경우는 '…을 …에서 제외하다'처럼 쓰므로 앞에 목적어가 올 수 있다. 따라서 '해안선에서 ~ 수역을 제외한 상태에서'처럼 쓰는 것은 자연스럽다.
④ '열람하다'는 '…을 열람하다'의 형태로 쓰이므로 '…에게'와 '열람하다'는 서로 호응하지 않는다. '관계자에게 관련 도서를 훑어보거나 조사하면서 보게 시킨다'라는 의미이므로 '앞말의 행동을 시키거나 앞말이 뜻하는 상태가 되도록 함을 나타내는 말'인 보조 동사 '하다'를 써서 '…에게 -게 하다'의 형태인 '관계자에게 (이를) 열람하게 한다' 정도로 고치는 것이 자연스럽다.

정답률 68%　**정답** ①

SOLUTION

해설 '요즈음 남자들의 절반은 담배를 피우지 않는다'는 의미 중복이 없는 문장이다.

오답 풀이 ① '투고'와 '원고'의 의미가 중복되었다.
* **투고(投稿)**: 의뢰를 받지 아니한 사람이 신문이나 잡지 따위에 실어 달라고 원고를 써서 보냄. 또는 그 원고
② '도보'와 '걸었다'의 의미가 중복되었다.
* **도보(徒步)**: 탈것을 타지 않고 걸어감.
④ '타다'와 '승객'의 의미가 중복되었고, '자매결연'과 '맺은'의 의미가 중복되었다.
* **승객(乘客)**: 차, 배, 비행기 따위의 탈것을 타는 손님
* **자매결연(姉妹結緣)**: 자매의 관계를 맺는 일 / 한 지역이나 단체가 다른 지역이나 단체와 서로 돕거나 교류하기 위하여 친선 관계를 맺는 일

정답률 75%　**정답** ③

036 어법에 가장 맞는 것은?
2019 서울시 9급

① 금융 당국은 내년 금리가 올해보다 더 오를 것으로 내다보면서 대출 이자율이 2% 이상 오를 것으로 예측하였다.
② 작성 내용의 정정 또는 신청인의 서명이 없는 서류는 무효입니다.
③ 12월 중에 한 - 중 정상 회담이 다시 한번 열릴 것으로 보여집니다.
④ 그의 목표는 세계 최고의 축구 선수가 되는 것이었고, 그래서 단 하루도 연습을 쉬지 않았다.

037 어법에 어긋나는 문장을 수정하고 설명한 예로 옳지 않은 것은?
2018 지방직 9급

① 전철 내에서 뛰지 말고, 문에 기대거나 강제로 열려고 하지 마십시오.
  → '열다'는 타동사이므로 '강제로'와 '열려고' 사이에 목적어 '문을'을 보충하여야 한다.
② ○○시에서 급증하는 생활용수를 안정적으로 공급하기 위하여 시행하는 사업임.
  → 생활용수에 대한 수요가 급증하는 것이지 생활용수가 급증하는 것이 아니므로, '급증하는 생활용수의 수요에 대응하여 생활용수를 안정적으로 공급하기 위하여'로 고쳐야 한다.
③ 사고 원인 파악과 재발 방지 대책을 조속히 마련하여
  → '사고 원인 파악을 마련하여'로 해석될 수 있으므로 앞의 명사구를 '사고 원인을 파악하고'로 고쳐 절과 절의 접속으로 바꾸어야 한다.
④ 도량형은 미터법 사용을 원칙으로 하되, 각종 증빙 서류 등을 미터법 이외의 도량형으로 작성할 경우 미터법으로 환산한 수치를 병기함.
  → '하되'는 앞뒤 문장의 내용을 연결하는 어미로 적합하지 않으므로 '하며'로 고쳐야 한다.

SOLUTION

해설 '내다보다'는 '앞일을 미리 헤아리다'의 의미로는, '…으로 내다보다', '-고 내다보다'의 형태로 쓰인다. 또한 '예측하다'는 '미리 헤아려 짐작하다'의 의미로는 '…을 (…으로) 예측하다 / (…을) -고 예측하다'의 형태로 쓰인다. 따라서 '금융 당국은 ~ 것으로 내다보면서 대출 이자율이 ~ 것으로 예측하였다'는 어법에 맞는 표현이다.

오답 풀이 ② '작성 내용의 정정'과 호응하는 서술어가 생략된 문장이다. '작성 내용의 정정 또는 신청인의 서명'이 서술어 '없다'와 호응하고 있는데, '작성 내용의 정정이 없다'는 호응이 자연스럽지 않다. 따라서 '작성 내용의 정정이 있거나 신청인의 서명이 없는'과 같이 적절한 서술어를 넣어 주어야 한다.
③ 보여집니다(×) → 보입니다(○): '보여지다(×)'는 피동 접사 '-이-'와 통사적 피동문의 표현인 '-어지다'를 중복하여 사용한 이중 피동 표현이다.
④ 뒤 문장의 서술어인 '쉬지 않았다'와 호응할 수 있는 주어가 생략된 문장이므로 '그래서 그는 단 하루도'와 같이 적절한 주어를 넣어 주어야 한다.

정답률 52% **정답** ①

SOLUTION

해설 '-되'의 앞부분은 미터법을 사용하는 도량형을 원칙으로 제시하고 있고, '-되'의 뒷부분은 미터법 이외의 방식을 사용하는 도량형의 경우를 제시하고 있다. 따라서 '-되'는 '대립적인 사실을 잇는 데 쓰는 연결 어미 / 어떤 사실을 서술하면서 그와 관련된 조건이나 세부 사항을 뒤에 덧붙이는 뜻을 나타내는 연결 어미'로 바르게 쓰였으므로 고치지 않고 그대로 둔다.

오답 풀이 ① '문에 기대거나 열려고'에서 '문에'가 '기대다'와 '열다'에 모두 호응하는 구조인데, '열다'는 '…을 열다'의 형태로 쓰이므로 앞에 '문을'과 같은 적절한 목적어를 넣어 주어야 한다.
② '급증하다'의 주체가 '생활용수'가 아니라 '(생활용수에 대한) 수요'임을 명확히 밝히기 위하여, 앞에 '급증하는 생활용수의 수요에 대응하여'와 같은 절을 넣어 주어야 한다.
③ 원래의 문장은 '마련하다'가 '사고 원인 파악'과 '재발 방지 대책'에 모두 호응하는 것으로 해석될 수 있다. 따라서 앞의 명사구를 '사고 원인을 파악하고'처럼 서술형으로 끝나도록 고쳐, 앞뒤의 문장 구조를 맞춰 주는 것이 자연스럽다.

정답률 80% **정답** ④

038 ㉠~㉣의 표현에 대한 설명으로 가장 적절하지 않은 것은?

2018 경찰 1차

> ㉠ 용감한 그의 아버지는 적군을 향해 돌진했다.
> ㉡ 아버지는 어머니의 초상화를 팔았다.
> ㉢ 선생님이 보고 싶은 학생이 많다.
> ㉣ 철이와 영선이는 결혼했다.

① ㉠은 '용감한'이 '그'를 꾸미는지, '그의 아버지'를 꾸미는지 불분명하다.
② ㉡은 '어머니가 그린 초상화'인지, '어머니를 그린 초상화'인지, '어머니가 소유한 초상화'인지 불분명하다.
③ ㉢은 '선생님이 보고 싶어 하는 학생'인지, '선생님을 보고 싶어 하는 학생'인지 불분명하다.
④ ㉣은 '철이'가 '영선'이와 결혼했다는 의미로 명확한 의미의 문장이다.

SOLUTION

해설 ㉣은 철이가 영선이와 결혼했다는 것인지 철이와 영선이가 각각 다른 사람과 결혼했다는 것인지 불분명한 중의적인 문장이다.

정답 ④

039 ㉠~㉣의 고쳐쓰기에 대한 설명으로 적절하지 않은 것은?

> ㉠ '클래식 입문' ─ 두려워하지 마세요.
> 클래식이라고 하면 너무 어렵게 생각하는 사람들이 있다. 그러나 클래식은 결코 그런 것이 아니다. ㉡ 티케트를 구한 후 별도의 준비 없이도 공연 현장에서 곧바로 감상할 수 있는 것이 클래식이다.
> 물론 좀 더 쉽고 재미있게 즐기기 위해서는 어느 정도의 '예습'이 필요하다. 가장 좋은 방법은 공연장에 가기 전에 감상할 음악의 전곡(全曲) 음반을 구해 ㉢ 미리 들어 볼 수 있어야 한다. 물론 작곡가나 연주자 그리고 지휘자 등에 대해 미리 살펴보는 것도 좋다. 같은 곡을 다른 사람이 연주한 것을 들어 보는 것도 좋다.
> 그리고 공연장에서 연주가 끝날 때에는 뜨거운 갈채를 보낸다. 연주가 만족스럽게 느껴졌을 때도 박수를 칠 수 있다. 매우 감동한 경우에는 '앙코르!', '브라보!' 등의 환호를 보내도 ㉣ 올바르다.

① ㉠: 제목을 '클래식 예절 ─ 꼭 지켜야 할 것들'로 바꾸자.
② ㉡: 〈외래어 표기법〉에 맞게 '티케트'를 '티켓'으로 고치자.
③ ㉢: 서술어를 '미리 들어 보는 것이다'로 고쳐야겠어.
④ ㉣: '올바르다'는 '무방하다'로 바꾸는 것이 좋겠어.

SOLUTION

해설 제시문은 클래식 입문자들에게 클래식을 너무 어렵게 생각할 필요가 없으며 어느 정도의 준비만 하면 공연을 즐길 수 있게 된다고 말하고 있다. 따라서 '클래식 입문 ─ 두려워하지 마세요'라는 원래의 제목을 그대로 두는 것이 적절하다. '클래식 예절 ─ 꼭 지켜야 할 것들'의 경우, 제시문의 주된 내용이 클래식 예절을 지키자는 것도 아니고, 입문자들이 클래식을 더 어렵게 느끼게 만들 수 있으므로 글의 본래의 취지와도 거리가 있다.

오답풀이 ② 티케트(×) → 티켓(○): 'ticket'은 '티켓'이 올바른 표기이다.
③ 주술 호응에 맞추어 '가장 좋은 방법은 ~ 미리 들어 보는 것이다'로 고쳐 쓴 것은 적절하다.
④ '올바르다'는 '말이나 생각, 행동 따위가 이치나 규범에서 벗어남이 없이 옳고 바르다'의 의미이다. 이 문맥에서는 연주에 감동한 경우에는 환호를 보내도 괜찮다는 내용이므로 '거리낄 것이 없이 괜찮다'의 의미인 '무방(無妨)하다'를 쓰는 것이 더 자연스럽다.

정답 ①

040 어법에 맞게 쓰인 것은?

① 한편에서는 올림픽의 상업성과 여성을 상품화한다는 비난이 있지만 비치 발리볼은 이번에도 큰 인기를 누리고 있습니다.
② 혐오 시설인 장례식장의 경우 주변 환경과 미관이 오염될 우려가 높다며 허가를 해 주지 않았습니다.
③ 미세 먼지를 제외한 환경 기준성 오염 물질들은 평년 수준 또는 약간 감소한 것으로 나타났습니다.
④ 시공에 정성을 다하고 최대한 공사 기간을 단축하여 고가 차도 공사를 2020년 12월까지 마치겠습니다.

SOLUTION

해설 ④는 서술어에 맞게 조사를 사용하였고, 병렬 구조도 바른 문장이다.

오답풀이 ① 문장의 병렬 구조가 맞지 않는다. '올림픽의 상업성과 여성을 상품화한다는'은 앞뒤 문장의 구조를 맞춰, '올림픽을 상업화하고 여성을 상품화한다는' 정도로 고치는 것이 좋다.
② 주어와 호응하는 서술어가 생략된 문장이다. 서술어 '오염되다'와 호응하는 주어는 '주변 환경'만 해당되므로 '미관'과 호응할 수 있는 서술어를 넣어 '주변 환경과 미관이 오염될'은 '주변 환경이 오염되고 미관도 훼손될 / 주변 환경을 오염시키고 미관도 해칠' 정도로 바꾸는 것이 좋다. 또한 문장 전체의 주어를 넣어 '정부는 혐오 시설인 ~ 허가를 해 주지 않았습니다'처럼 고쳐 쓴다.
  * 미관(美觀): 아름답고 훌륭한 풍경
③ '평년 수준'과 '약간 감소한 것'은 '또는'으로 연결될 수 있는 대등한 성분이 아니므로, '평년 수준 또는 약간 감소한'은 '평년 수준과 비슷하거나 약간 감소한 것으로 / 평년 수준이거나 또는 평년 수준에서 약간 감소한 것으로'처럼 고친다.

정답 ④

041 다음 밑줄 친 부분의 오류를 지적하고 바로잡은 것으로 옳지 않은 것은?

> 평소에도 우리 부서의 과장님께서는 골치 아픈 일을 <u>자칭해서</u> 떠맡기 <u>일쑤</u>입니다. 따라서 그가 이번 일의 적임자임을 알 수 있지 않겠습니까? 여러분께서 다른 방안이 없다면 과장님을 추천하고 싶습니다. 우리에게는 <u>과반수 이상</u>의 찬성표가 <u>필요함으로</u> 긍정적인 분위기를 조성해 주십시오.

① '자칭해서'는 의미상 문맥에 맞지 않으므로 자발적으로 나서서 업무를 맡는다는 의미의 '자청해서'로 고쳐 쓴다.
② '일쑤'는 소리 나는 대로 적은 표기이므로 '일수'로 고쳐 쓴다.
③ '과반수 이상'은 의미의 중복 사용이므로 '반수 이상'으로 고쳐 쓴다.
④ '함으로'는 수단이나 방법의 의미인 '~하는 것으로써'를 나타내므로 '하므로'로 고쳐 쓴다.

SOLUTION

해설 '일쑤'는 ['-기(가) 일쑤이다' 구성으로 쓰여] '흔히 또는 으레 그러는 일'을 뜻하는 표준어이다. 따라서 고치지 않고 그대로 두어야 한다.

오답풀이 ① 자칭해서(×) → 자청해서(○): '자칭(自稱)하다'는 '자기 자신이나 자기가 한 일을 스스로 칭찬하다 / 자기 자신을 스스로 일컫다' 등의 의미로 쓰이므로 문맥에 맞지 않는다. 따라서 '어떤 일에 나서기를 스스로 청하다'라는 의미인 '자청(自請)해서'로 고쳐 쓰는 것은 적절하다.
③ 과반수 이상(×) → 반수 이상(○)/과반수(○): '과반수(過半數)'가 '절반이 넘는 수'를 뜻하므로 '이상(以上)'과 의미 중복을 피하기 위해서는 '반수 이상'으로 고쳐 쓰는 것은 적절하다. '과반수'로 써도 된다.
④ 필요함으로(×) → 필요하므로(○): 앞 문장이 뒤 문장의 근거가 되어야 문맥이 자연스럽게 연결된다. '-(으)므로'는 까닭이나 근거를 나타내는 연결 어미이다.

정답 ②

042 다음 밑줄 친 부분을 고친 것 중 가장 적절한 것은?

> <u>사업자는</u> 절전형 기기 보급 제도가 <u>에너지를</u> 합리적이고 효율적인 이용을 증진하여 에너지 소비로 인한 환경 피해를 <u>줄임으로써</u> 국민 경제의 건전한 <u>발전과</u> 국민 복지의 증진에 이바지한다는 것에 동의한다.

① 사업자는 → 사업자의
② 에너지를 → 에너지의
③ 줄임으로써 → 줄임으로서
④ 발전과 → 발전보다

043 문장 성분의 연결이 자연스러운 것은?

① 이 도시의 바람직한 모습은 이 지방의 행정, 문화, 교육 분야의 중심 기능을 담당해야 한다.
② 노사 간에 지속적인 대화를 시도하고 있으나, 불필요한 공방으로 인하여 기약 없이 지연되고 있다.
③ 예전에 한국인은 양만 따진다는 말이 있었으나, 이제는 양뿐 아니라 질을 아울러 따질 수 있게 되었다.
④ 해외여행이나 좋은 영화나 뮤지컬 등은 빼놓지 않고 관람하는 것이 이른바 골드 미스의 전형적인 생활 양식이다.

SOLUTION

해설 제시문은 '절전형 기기 보급 제도가 ~ 이용을 증진하여'의 구성으로 쓰였으며 '이용을'이 목적어이므로, '에너지를'은 이 목적어를 수식하는 '<u>에너지의</u>'의 형태로 고치는 것이 적절하다. 나머지 ①·③·④는 고치지 않고 그대로 쓰는 것이 어법에 맞다.

오답 풀이 ① '사업자는 ~ 이바지한다는 것에 동의한다'의 형태는 주어와 서술어의 호응이 올바른 문장이다.
③ 어떤 일의 수단이나 도구를 나타내는 격 조사인 '<u>으로써</u>'를 쓴다. '으로서'는 지위나 신분 또는 자격을 나타낸다.
④ 둘 이상의 사물이나 사람을 같은 자격으로 이어 주는 <u>접속 조사인 '과'</u>를 쓴다.

정답 ②

SOLUTION

해설 ③은 예전에는 한국인이 양만 따졌으나 이제는 질도 아울러 따진다는 내용이므로, 앞 절의 내용과 뒤 절의 내용이 서로 다름을 나타내는 어미 '-으나'로 자연스럽게 연결되어 있다. 또한 '…뿐 아니라'가 뒤의 '…을 아울러 따지다'와 자연스럽게 호응하고 있다.

오답 풀이 ① 이 문장의 주어는 '모습은'인데 이것이 '담당해야 한다'와 자연스럽게 호응하지 않는다. '이 도시의 바람직한 모습은 ~ 담당<u>하는 것이다</u>' 정도로 고쳐 쓴다.
② 뒤 문장에 적절한 주어가 없다. '~ 공방으로 인하여 <u>협상이</u> 기약 없이 지연되고 있다'처럼 적절한 주어를 넣어 주어야 한다.
④ '관람하다'라는 서술어는 '영화나 뮤지컬'과만 호응한다. '해외여행'에 적절히 호응하는 서술어가 없으므로, '해외여행을 <u>하거나</u> 좋은 영화나 뮤지컬 등은 빼놓지 않고 관람하는 것이'처럼 고친다.

정답 ③

044 공공 기관 홈페이지에서 볼 수 있는 글이다. 밑줄 친 부분을 고쳐 쓴 것으로 적절하지 않은 것은?

① 이번 개편을 통해 부서 간 협조가 원활하도록 조직이 짜여 있어 이제 시민 여러분들이 보다 쉽게 건의를 할 수 있게 되었습니다. → 조직이 짜여져 있어

② 이 게시판은 인터넷을 통하여 국민의 생생한 현장의 목소리를 듣고 이를 국정에 반영하고자 개설하였습니다. → 이를 국정에 반영하고자 개설한 것입니다

③ 저희 ○○○는 모든 국민의 삶의 질을 향상시키기 위하여 다음과 같은 정책 과제를 중점 추진하겠습니다. → 다음과 같은 정책 과제를 중점적으로 추진하겠습니다

④ 저희는 제반 법률적·행정적 조치 기한을 충실하게 준수하되, 가능한 신속히 조사를 마치도록 노력하겠습니다. → 가능한 한 신속히 조사를 마치도록

기출로 연습하기 ― 문장 부호

045 다음은 〈한글 맞춤법〉의 문장 부호 사용법에 대한 설명이다. 이 설명에 어긋나는 예문은? 2023 군무원 9급

> 물음표(?)
> (1) 의문문이나 의문을 나타내는 어구의 끝에 쓴다.
>   [붙임] 한 문장 안에 몇 개의 선택적인 물음이 이어질 때는 맨 끝의 물음에만 쓰고, 각 물음이 독립적일 때는 각 물음의 뒤에 쓴다.
> (2) 특정한 어구의 내용에 대하여 의심, 빈정거림 등을 표시할 때, 또는 적절한 말을 쓰기 어려울 때 소괄호 안에 쓴다.
> (3) 모르거나 불확실한 내용임을 나타낼 때 쓴다.

① 너는 중학생이냐? 고등학생이냐?

② 이번에 가시면 언제 돌아오세요?

③ 주말 내내 누워서 텔레비전만 보고 있는 당신도 참 대단(?)하네요.

④ 노자(?~?)는 중국 춘추 시대의 사상가로 도를 좇아서 살 것을 역설하였다.

SOLUTION

해설 '짜여져'는 '짜이어지어'의 준말로 '짜이다'가 '짜다'의 피동사인데, 다시 통사적 피동문의 표현인 '-어지다'를 붙인 이중 피동 표현으로 볼 수 있다. 따라서 '짜여지다(×)'는 올바르지 못한 표기이므로, '조직이 짜여 있어'는 고치지 않고 그대로 두어야 한다.

오답풀이 ② 올바른 주술 호응이 이루어지지 않아 이를 바르게 고쳐 썼다.
③·④ 수식 어구의 오류를 보인다. '중점'은 뒤에 '추진하다'라는 동사가 있으므로 '중점적으로'와 같은 형태로 고쳐 쓰는 것이 자연스럽다. '가능한'은 형용사의 관형사형으로 뒤에 오는 체언을 꾸며야 하므로 명사 '한'을 넣어 '가능한 한'의 형태로 고쳐 쓰는 것이 적절하다.

정답 ①

SOLUTION

해설 너는 중학생이냐? 고등학생이냐?(×) → 너는 중학생이냐, 고등학생이냐?(○): 한 문장 안에 몇 개의 선택인 물음이 이어질 때는 맨 끝의 물음에만 물음표를 쓴다.

오답풀이 ② **언제 돌아오세요?**(○): 의문문이나 의문을 나타내는 어구의 끝에 물음표를 쓴다.
③ **당신도 참 대단(?)하네요**(○): 특정한 어구의 내용에 대하여 의심, 빈정거림 등을 표시할 때, 또는 적절한 말을 쓰기 어려울 때 소괄호 안에 물음표를 쓴다.
④ **노자(?~?)**(○): 모르거나 불확실한 내용임을 나타낼 때 물음표를 쓴다.

정답률 54% 정답 ①

046 문장 부호의 사용이 옳지 않은 것은?   2020 국회직 8급

① '1919년 3월 1일'은 '1919. 3. 1.'로도 쓸 수 있다.
② 놀이공원 입장료는 4,000원/명이다.
③ 그는 최선을 다했다. 그러나 성공할지는…….
④ 저번 동창회의 불참자는 이○○, 박○○ 등 4명이었다.
⑤ 나라들이 무역 장벽을 제거하여 무역을 자유롭게 하는 협정이 자유 무역 협정(FTA)이다.

---

047 문장 부호의 용법 설명 중 옳은 것은?

> 제목: 3 / 4 분기 경력 사원 모집에 대한 안내
> 1. 분야: 총무 관리
> 2. 대상: 남·여, 나이[年齡] 제한 없음.
> 3. 기한: 2015. 9. 19
> 4. 인원: ○명
> 5. 조건: 근무 경력에 따라 연봉 결정

① 쌍점은 앞말과 뒷말을 각각 띄어 써야 한다.
② '3 / 4 분기'에서 빗금의 띄어쓰기는 옳게 사용된 것이다.
③ '나이[年齡]'에서 고유어에 대응하는 한자어를 보일 때에는 대괄호를 사용한다.
④ '2015. 9. 19'에서 연월일을 숫자로만 쓸 때에는 마지막에 마침표를 찍지 않는다.

[해설] 자유 무역 협정(FTA)(×) → 자유 무역 협정[FTA](○): 고유어나 한자어에 대응하는 외래어나 외국어 표기임을 나타낼 때에는 대괄호([ ])를 쓴다.

[오답 풀이]
① 1919. 3. 1.(○): 아라비아 숫자만으로 연월일을 표시할 때에는 마침표(.)를 쓴다.
② 4,000원/명(○): 기준 단위당 수량을 표시할 때 해당 수량과 기준 단위 사이에 빗금(/)을 쓴다. 이때 빗금의 앞뒤는 붙여 쓴다.
③ 성공할지는…….(○): 할 말을 줄였음을 나타낼 때는 줄임표(……)를 쓴다. 줄임표로써 문장이 끝나는 것이므로 줄임표 뒤에는 마침표(.)를 찍는 것이 원칙이다. 점은 가운데에 찍는 대신 아래쪽에 찍을 수도 있다.
④ 이○○, 박○○ 등(○): 비밀을 유지해야 하거나 밝힐 수 없는 사항임을 나타낼 때에는 숨김표(○)를 쓴다.

정답 ⑤

[해설] 나이[年齡](○): 대괄호([ ])는 '나이[年齡]'와 같이 고유어에 대응하는 한자어를 함께 보일 때 쓴다. 그 외에 괄호 안에 또 괄호를 쓸 필요가 있을 때 바깥쪽의 괄호로 쓰거나, 원문에 대한 이해를 돕기 위해 설명이나 논평 등을 덧붙일 때 쓴다.

[오답 풀이]
① 쌍점(:)의 앞은 붙여 쓰고 뒤는 띄어 쓴다. 다만 시와 분, 장과 절을 구별할 때 쓰거나 의존 명사 '대'가 쓰일 자리에 쓰는 경우에는 쌍점의 앞뒤를 붙여 쓴다.
② 3 / 4분기(×) → 3/4분기(○): 빗금(/)의 앞뒤는 붙여 쓴다. 따라서 '3/4 분기'로 쓰는 것이 옳다.
④ 2015. 9. 19(×) → 2015. 9. 19.(○): 아라비아 숫자만으로 연월일을 표시할 때에는 '2015. 9. 19.'와 같이 마지막에도 마침표(.)를 찍는다.

정답 ③

048 〈보기 1〉을 참고할 때, 〈보기 2〉의 ㉠~㉣에 대한 설명으로 적절하지 않은 것은?

/보기 1/
1. 마침표(.)는 아라비아 숫자만으로 연월일을 표시할 때 쓴다. '일'을 나타내는 마침표는 생략해서는 안 된다.
2. 대괄호([ ])는 괄호 안에 또 괄호를 쓸 필요가 있을 때 바깥쪽의 괄호로 쓰거나 고유어에 대응하는 한자어를 함께 보일 때 쓴다.
3. 소괄호(( ))는 주석이나 보충적인 내용을 덧붙일 때 쓰거나 우리말 표기와 원어 표기를 아울러 보일 때 쓴다.
4. 겹낫표(『 』)와 겹화살괄호(《 》)는 책의 제목이나 신문 이름 등을 나타낼 때 쓰고, 홑낫표(「 」)와 홑화살괄호(〈 〉)는 소제목, 그림이나 노래와 같은 예술 작품의 제목, 상호, 법률, 규정 등을 나타낼 때 쓴다.

/보기 2/
수요 특강 안내
1. 날짜: ㉠2024. 7. 31. 수요일
2. 대상: ㉡우리말(國語)를 사랑하는 ○○구민
3. 장소: ○○구민 회관 2층 대강당. 구민 회관 휴관 기간 ㉢[7. 29.(월)~8. 2.(금)]에도 대강당은 개방할 예정입니다.
4. 주제: ㉣《하늘과 바람과 별과 시》에 나타난 윤동주의 삶과 사상

① ㉠: 아라비아 숫자만으로 연월일을 표시할 때에는 마지막에도 '일'을 나타내는 마침표를 쓴다.
② ㉡: 우리말 표기와 원어 표기를 아울러 보일 때에는 소괄호를 쓴다.
③ ㉢: 괄호 안에 또 괄호를 쓸 필요가 있을 때에는 바깥쪽의 괄호로 대괄호를 쓴다.
④ ㉣: 책의 제목이나 신문 이름 등을 나타낼 때에는 겹화살괄호를 쓴다.

SOLUTION

해설 우리말(國語)(×) → 우리말[國語](○): 고유어에 대응하는 한자어를 함께 보일 때에는 대괄호([ ])를 쓴다.

오답 풀이 ① 2024. 7. 31. 수요일(○): 아라비아 숫자만으로 연월일을 표시할 때에는 한글로 쓰인 '년, 월, 일'을 생략하고 그 자리에 마침표(.)를 쓴다. 이때 '일'을 나타내는 마침표는 생략해서는 안 된다.
③ [7. 29.(월)~8. 2.(금)](○): 소괄호(( )) 안에 다시 소괄호를 써야 하는 경우에는 바깥쪽의 괄호로 대괄호([ ])를 쓴다.
④ 《하늘과 바람과 별과 시》(○): 문장 안에서 책의 제목이나 신문 이름 등을 나타낼 때는 그 앞뒤에 겹낫표(《 》)나 겹화살괄호(『 』)를 쓰는 것이 원칙이고 큰따옴표(" ")를 쓰는 것도 허용된다.

정답 ②

049 다음은 문장 부호에 관한 규정 중 일부이다. 이를 이해한 것으로 적절하지 않은 것은?

• 마침표(.)
(1) 서술, 명령, 청유 등을 나타내는 문장의 끝에 쓴다. 다만, 제목이나 표어에는 쓰지 않음을 원칙으로 한다.
(2) 아라비아 숫자만으로 연월일을 표시할 때 쓴다.
(3) 특정한 의미가 있는 날을 표시할 때 월과 일을 나타내는 아라비아 숫자 사이에 쓴다.
[붙임] 이때는 마침표 대신 가운뎃점(·)을 쓸 수 있다.

• 물음표(?)
(1) 의문문이나 의문을 나타내는 어구의 끝에 쓴다.
[붙임] 한 문장 안에 몇 개의 선택적인 물음이 이어질 때는 맨 끝의 물음에만 쓰고, 각 물음이 독립적일 때는 각 물음의 뒤에 쓴다.
(2) 특정한 어구의 내용에 대하여 의심, 빈정거림 등을 표시할 때, 또는 적절한 말을 쓰기 어려울 때 소괄호 안에 쓴다.

① 책 제목인 '압록강은 흐른다'의 끝에는 마침표를 쓰지 않겠군.
② 1919년 3월 1일에 일어난 '삼일 운동'은 '3.1 운동' 또는 '3·1 운동'으로 쓸 수 있겠군.
③ '2024년 7월 22일(월)'은 '2024. 7. 22.(월)'로 쓸 수 있겠군.
④ '너는 언제 왔니? 어디서 왔니?'는 '너는 언제 왔니, 어디서 왔니?'로 고쳐야겠군.

SOLUTION

해설 너는 언제 왔니? 어디서 왔니?(○)/너는 언제 왔니, 어디서 왔니?(×): 한 문장 안에서 각 물음이 독립적일 때는 각 물음의 뒤에 물음표(?)를 쓴다.

오답 풀이 ① 제목이나 표어에는 마침표(.)를 쓰지 않음을 원칙으로 한다.
② 3.1 운동(○)/3·1 운동(○): 특정한 의미가 있는 날을 표시할 때 월과 일을 나타내는 아라비아 숫자 사이에 마침표(.)를 쓰고, 대신 가운뎃점(·)을 쓸 수 있다.
③ 2024. 7. 22.(월)(○): 아라비아 숫자만으로 연월일을 표시할 때 한글로 쓰인 '년, 월, 일'을 생략하고 그 자리에 마침표(.)를 쓴다.

정답 ④

공무원 국어의 독보적 기준
2026 예상 기출서
선재국어

PART 5

유추의 힘
어휘

01 단어의 문맥적 의미

풀이 전략
- 독해 문제와 같은 지문 안에서 **세트 문제로 출제되는 문제 유형**이다. 따라서 독해와 병행하여 연습하도록 한다.
- 동음이의어와 다의어를 변별하여 단어의 문맥적 의미를 정확하게 유추하도록 한다.

대표 문맥상 ㉠의 의미와 가장 가까운 것은? 2025 지방직 9급

> 천상계와 지상계로 나누어진 영웅 소설의 세계 구조에서 서사적으로 중요한 것은 지상계의 일이지만 인과론적 구도로는 천상계가 우위에 있다. 천상계의 의지나 그 대리자의 개입에 의해서 지상계의 서사가 결정되기 때문이다. 천상계는 지상에서 ㉠ 일어나는 모든 사건의 발생과 귀결을 지배하는 초월적 세계로서, 일시적으로 고난에 빠졌던 주인공이 세상에 창궐한 악을 물리치고 승리하도록 해 주는 근거로 작용한다. 지상의 혼란이나 세계 질서의 모순은 일시적인 것일 뿐 현실의 구체적 갈등에 뿌리를 둔 것이 아니어서 초월적 세계가 이미 설계한 바에 따라 쉽사리 해소된다. 이런 모습의 세계 구조를 '이원적 세계상'이라고 부른다.

① 언니는 뽀얗게 <u>일어나는</u> 물보라에 손을 대었다.
② 그는 가까스로 <u>일어나는</u> 불꽃을 바라보고 있었다.
③ 아침 일찍 <u>일어나는</u> 습관을 들이는 것이 중요하다.
④ 싸움이 <u>일어나는</u> 동안 그는 숨어 있을 수밖에 없었다.

SOLUTION

해설 ㉠ '일어나다'는 '어떤 일이 생기다'의 뜻으로 쓰였다. 이와 가장 가까운 의미로 쓰인 것은 ④이다.

오답 풀이 ① **물보라가 일어나다**: 위로 솟거나 부풀어 오르다.
② **불꽃이 일어나다**: 약하거나 희미하던 것이 성하여지다.
③ **아침 일찍 일어나다**: 잠에서 깨어나다.

정답률 92% **정답** ④

001 문맥상 ㉠의 의미와 가장 가까운 것은?
인혁처 1차 예시 문제

> '크로노토프'는 그리스어로 시간과 공간을 뜻하는 두 단어를 결합한 것으로, 시공간을 통합적으로 이해하기 위한 개념이다. 크로노토프의 관점에서 보면 고소설과 근대 소설의 차이를 명확하게 파악할 수 있다.
> 고소설에는 돌아가야 할 곳으로서의 원점이 존재한다. 그것은 영웅 소설에서라면 중세의 인륜이 원형대로 보존된 세계이고, 가정 소설에서라면 가장을 중심으로 가족 구성원들이 평화롭게 공존하는 가정이다. 고소설에서 주인공은 적대자에 의해 원점에서 분리되어 고난을 겪는다. 그들의 목표는 상실한 원점을 회복하는 것, 즉 그곳에서 향유했던 이상적 상태로 ㉠돌아가는 것이다. 주인공과 적대자 사이의 갈등이 전개되는 시간을 서사적 현재라 한다면, 주인공이 도달해야 할 종결점은 새로운 미래가 아니라 다시 도래할 과거로서의 미래이다. 이러한 시공간의 배열을 '회귀의 크로노토프'라고 한다.

① 전쟁은 연합군의 승리로 돌아갔다.
② 사과가 한 사람 앞에 두 개씩 돌아간다.
③ 그는 잃어버린 동심으로 돌아가고 싶었다.
④ 그녀는 자금이 잘 돌아가지 않는다며 걱정했다.

SOLUTION

해설 ㉠ '돌아가다'는 '원래의 있던 곳으로 다시 가거나 다시 그 상태가 되다'의 의미로 쓰였다. 이와 가장 가까운 의미로 쓰인 것은 ③이다.

오답풀이 ① 승리로 돌아가다: 일이나 형편이 어떤 상태로 끝을 맺다.
② 두 개씩 돌아가다: 차례나 몫, 승리, 비난 따위가 개인이나 단체, 기구, 조직 따위의 차지가 되다.
④ 자금이 돌아가다: 돈이나 물건 따위의 유통이 원활하다.

정답률 97% **정답** ③

002 밑줄 친 표현이 문맥상 ㉠의 의미와 가장 가까운 것은?
인혁처 2차 예시 문제

> 방각본 출판은 책을 목판에 새겨 대량으로 찍어 내는 방식이다. 이 경우 소수의 작품으로 많은 판매 부수를 올리는 것이 유리하다. 즉, 하나의 책으로 500부를 파는 것이 세 권의 책으로 합계 500부를 파는 것보다 이윤이 높다. 따라서 방각본 출판업자는 작품의 종류를 늘리기보다는 시장성이 좋은 작품을 집중적으로 출판하였다. 또한 작품의 규모가 커서 분량이 많은 경우에는 생산 비용이 ㉠올라가 책값이 비싸지기 때문에 자연스럽게 분량이 적은 작품을 선호하였다. 이에 따라 방각본 출판에서는 규모가 큰 작품을 기피하였으며, 일단 선택된 작품에도 종종 축약적 윤색이 가해지고는 하였다.

① 습도가 올라가는 장마철에는 건강에 유의해야 한다.
② 내가 키우던 반려견이 하늘나라로 올라갔다.
③ 그녀는 승진해서 본사로 올라가게 되었다.
④ 그는 시험을 보러 서울로 올라갔다.

SOLUTION

해설 ㉠ '올라가다'는 '값이나 통계 수치, 온도, 물가가 높아지거나 커지다'의 의미로 쓰였다. 이와 가장 가까운 의미로 쓰인 것은 ①이다.

오답풀이 ② 하늘나라로 올라가다: '죽다'를 비유적으로 이르는 말
③ 본사로 올라가다: 지방 부서에서 중앙 부서로, 또는 하급 기관에서 상급 기관으로 자리를 옮기다.
④ 서울로 올라가다: 지방에서 중앙으로 가다.

정답률 94% **정답** ①

003 ㉠의 문맥적 의미와 가장 가까운 것은?
2021 법원직 9급

달에 갈 때는 편도 3일 정도 걸리지만, 화성에 갈 때는 편도 8개월 정도 걸린다. 또 달에서는 언제든지 돌아올 수 있지만, 화성의 경우에는 곧바로 지구로 귀환할 수 있는 것이 아니다. 긴 경우에는 500일이나 머물러야만 지구로 돌아올 수 있다. 그래서 화성 유인 비행은 500일 내지 1,000일 정도가 걸린다.

이렇게 장기간에 걸친 우주 비행을 위해서는 물이나 식료품, 산소뿐 아니라 화성에서 사용할 기지, 화성에 이착륙하기 위한 로켓, 귀환용 우주선 등도 필요하다. 나사 탐사 시스템 부서의 더글러스 쿡에 따르면 그 무게의 합계는 470톤이나 된다. 나사의 우주 탐사 설계사인 게리 마틴은 "이 화물의 운반이 화성 유인 비행에서 가장 큰 ㉠문제일 것이다."라고 말했다.
- 《뉴턴 코리아》 (2013. 7.)

① 문제의 영화가 드디어 오늘 개봉된다.
② 그는 어디를 가나 문제를 일으키곤 했다.
③ 출산율 감소는 우리나라만의 문제가 아니다.
④ 연습을 반복하면 어려운 문제도 척척 풀게 된다.

SOLUTION

해설 ㉠ '문제'는 '해결하기 어렵거나 난처한 대상. 또는 그런 일'의 의미로 쓰였다. 이와 가장 가까운 의미로 쓰인 것은 ③이다.

오답 풀이 ① 문제의 영화: 논쟁, 논의, 연구 따위의 대상이 되는 것
② 문제를 일으키다: 귀찮은 일이나 말썽
④ 문제를 풀다: 해답을 요구하는 물음

정답 ③

004 ㉠의 문맥적 의미와 가장 가까운 것은?
2020 소방직

문화의 특성도 인간의 성격도 크게 나누어 보면 '심근성(深根性)'과 '천근성(淺根性)'으로 ㉠나누어 볼 수 있다. 심근성의 문화는 이념이나 정통에 깊이 뿌리를 박고 있는 대륙형 문화이며, 천근성의 문화는 이식과 수용·적응이 잘되는 해양성 섬 문화이다. 소나무 가지는 한번 꺾이고 부러지면 재생 불가능이지만 버들은 아무 데서나 새 가지가 돋는다. 이렇게 고지식하고 융통성이 없는 깐깐한 소나무 문화와는 달리 버드나무는 뿌리가 얕으므로 오히려 덕을 본다.

① 우리는 그 문제에 대해서 의견을 나누었으나 결론을 내지는 못했다.
② 학생들은 청군과 백군으로 나누어 편을 갈랐다.
③ 형제란 한 부모의 피를 나눈 사람들이다.
④ 이 사과를 세 조각으로 나누자.

SOLUTION

해설 ㉠ '나누다'는 '여러 가지가 섞인 것을 구분하여 분류하다'의 의미로 쓰였다. 이와 가장 가까운 의미로 쓰인 것은 ②이다.

오답 풀이 ① 의견을 나누다: 말이나 이야기, 인사 따위를 주고받다.
③ 피를 나누다: 같은 핏줄을 타고나다.
④ 조각으로 나누다: 하나를 둘 이상으로 가르다.

정답 ②

005 밑줄 친 말과 가장 가까운 의미로 쓰인 것은?

> 그 한 해의 절반은 내가 석대의 유일한 적대자였기 때문에, 그리고 다른 절반은 내가 그의 한 팔처럼 되었기 때문에 속을 터놓고 지낼 친구들을 얻을 수가 없었고, 그래서 어디엔가 불의(不義)가 존재한다는 막연한 느낌뿐, 교실 구석에서 은밀하게 벌어지는 일들은 잘 알 수가 없었던 것이다.
> – 이문열, 〈우리들의 일그러진 영웅〉

① 그녀와 사이가 벌어진 지가 오래되었다.
② 그들 사이에 찬반 논쟁이 벌어졌다.
③ 갈수록 그와 실력 차이가 벌어지고 있다.
④ 그들은 떡 벌어진 술상을 차렸다.

✓ SOLUTION

해설 제시문의 '벌어지다'는 '어떤 일이 일어나거나 진행되다'의 의미로 쓰였다. 이와 가장 가까운 의미로 쓰인 것은 ②이다.

오답 풀이 ① **사이가 벌어지다**: 사람의 사이에 틈이 생기다.
③ **실력 차이가 벌어지다**: 차이가 커지다.
④ **술상이 벌어지다**: 음식 따위를 번듯하게 차리다.

정답 ②

006 ㉠과 가장 유사한 의미로 쓰인 것은?

> 아닌 게 아니라 날이라도 좀 밝은 다음이었으면 좋았겠는데, 날이 밝기를 기다려 동네를 나서는 건 노인이나 나나 생각을 안 했다. 그나마 그 어둠을 ㉠타고 마을을 나서는 것이 노인이나 나나 마음이 편했다.
> – 이청준, 〈눈길〉

① 철호 가족의 가슴 아픈 사연이 방송을 타면서 수많은 독지가들이 성금을 보내왔다.
② 우리는 함양에서 출발하여 지리산 줄기를 타고 남원으로 내려가려 하였다.
③ 꽃가루는 바람을 타고 이곳저곳으로 퍼진다.
④ 소매치기는 사람들이 복닥거리는 틈을 탄 여자의 가방에서 지갑을 훔쳤다.

✓ SOLUTION

해설 ㉠ '타다'는 '어떤 조건이나 시간, 기회 등을 이용하다'의 의미로 쓰였다. 이와 가장 유사하게 쓰인 것은 ④이다.

오답 풀이 ①·③ **방송을 타다·바람을 타다**: 바람이나 물결, 전파 따위에 실려 퍼지다.
② **지리산 줄기를 타다**: 도로, 줄, 산, 나무, 바위 따위를 밟고 오르거나 그것을 따라 지나가다.

정답 ④

기출로 연습하기

007 다음 글을 바탕으로 〈보기〉를 설명한 것 중 가장 적절한 것은?
2025 군무원 7급

> 하나의 단어는 형태, 즉 음성 기호와 의미로 구성된다. 그런데 형태와 의미는 일대일의 대응 관계는 아니다. 하나의 형태에 여러 개의 의미가 대응되기도 한다. 이때 서로 다른 의미를 지니는 별개의 단어이지만 형태가 같은 경우도 있고 반대로 하나의 단어가 여러 개의 의미를 가지기도 한다. 전자의 경우에 해당하는 단어를 동음어라고 하고 후자의 경우에 해당하는 단어는 다의어라고 한다. 다음 문장에는 모두 '쓰다'라는 단어가 사용되고 있다. 그러나 형태는 같지만 의미 관계는 다양하다.

〈보기〉
㉠ 그는 요즘 신문에 연재소설을 쓰고 있다.
㉡ 그는 억울하게 누명을 썼다.
㉢ 그는 아무에게나 반말을 쓴다.
㉣ 감기를 앓았더니 입맛이 쓰다.
㉤ 이 일에는 경험이 많은 사람을 쓰기로 했다.

① ㉠, ㉡, ㉢의 '쓰다'는 동음어라고 할 수 있다.
② ㉠, ㉡, ㉤의 '쓰다'는 다의어라고 할 수 있다.
③ ㉠, ㉢, ㉤의 '쓰다'는 동음어라고 할 수 있다.
④ ㉡, ㉢, ㉣의 '쓰다'는 다의어라고 할 수 있다.

008 다음은 다의어 '알다'의 뜻풀이 중 일부이다. ㉠~㉣의 예로 적절하지 않은 것은?
2024 국가직 9급

> ㉠ 어떤 일을 할 능력이나 소양이 있다.
> ㉡ 다른 사람과 사귐이 있거나 인연이 있다.
> ㉢ 어떤 일에 대하여 관여하거나 관심을 가지다.
> ㉣ 어떤 일을 어떻게 할지 스스로 정하거나 판단하다.

① ㉠: 그 외교관은 무려 7개 국어를 할 줄 안다.
② ㉡: 이 두 사람은 서로 알고 지낸 지 오래이다.
③ ㉢: 그 사람이 무엇을 하든 내가 알 바 아니다.
④ ㉣: 나는 그 팀이 이번 경기에서 질 줄 알았다.

SOLUTION

해설 제시문에 따르면, 동음어는 서로 다른 의미를 지니는 별개의 단어이지만 형태가 같은 것이고, 다의어는 하나의 단어가 여러 개의 의미를 가진 것이다. ㉠ '연재소설을 쓰고'의 '쓰다'는 '머릿속의 생각을 종이 혹은 이와 유사한 대상 따위에 글로 나타내다'를 뜻하는 '쓰다¹'의 의미로, ㉡ '누명을 썼다'의 '쓰다'는 '사람이 죄나 누명 따위를 가지거나 입게 되다'를 뜻하는 '쓰다²'의 의미로, ㉢ '반말을 쓴다'의 '쓰다'는 '어떤 말이나 언어를 사용하다'를 뜻하는 '쓰다³'의 의미로 쓰였다. 따라서 ㉠·㉡·㉢의 '쓰다'는 동음어라고 할 수 있다.

오답 풀이 ③ ㉤ '사람을 쓰기로'의 '쓰다'는 '사람에게 어떤 일을 하게 하다'를 뜻하는 '쓰다³'의 의미로 쓰였다. 즉 ㉢과 ㉤은 다의어이다.
④ ㉣ '입맛이 쓰다'의 '쓰다'는 '몸이 좋지 않아서 입맛이 없다'를 뜻하는 '쓰다⁶'의 의미로 쓰였다. 즉 ㉡·㉢·㉣의 '쓰다'는 동음어이다.

정답 ①

SOLUTION

해설 '질 줄 알았다'의 '알다'는 '어떠한 사실에 대하여 그러하다고 믿거나 생각하다'의 의미로 쓰였으므로 ㉣의 예로 적절하지 않다. ㉣의 예로는 '이 문제는 자네가 알아서 처리해 주게' 정도를 들 수 있다.

오답 풀이 ① 7개 국어를 할 줄 알다: (주로 '-을 줄 알다' 구성으로 쓰여) 어떤 일을 할 능력이나 소양이 있다.
② 두 사람이 서로 알다: 다른 사람과 사귐이 있거나 안면이 있다.
③ 내가 알 바 아니다: (주로 '알 바 아니다' 구성으로 쓰여) 어떤 일에 대하여 관여하거나 관심을 가지다.

정답률 93% 정답 ④

009 밑줄 친 단어와 의미가 같은 것은? 2024 지방직 9급

> 아이가 말을 참 잘 <u>듣는다</u>.

① 이 약은 나에게 잘 <u>듣는다</u>.
② 학교에 가면 선생님 말씀을 잘 <u>들어라</u>.
③ 이번 학기에는 여섯 과목을 <u>들을</u> 계획이다.
④ 브레이크가 말을 <u>듣지</u> 않아 사고가 날 뻔했다.

010 밑줄 친 말의 문맥적 의미가 ㉠과 가장 가까운 것은? 2024 지방직 7급

> 그는 좋은 이웃을 ㉠<u>만나</u> 많은 도움을 받았다.

① 하늘과 수평선이 저곳에서 <u>만났다</u>.
② 새 직장에서 좋은 상사를 <u>만났다</u>.
③ 과일이 제철을 <u>만났다</u>.
④ 배가 풍랑을 <u>만났다</u>.

✓ SOLUTION

[해설] 제시문의 '듣다'는 '다른 사람의 말을 받아들여 그렇게 하다'의 의미로 쓰였다. 이와 같은 의미로 쓰인 것은 ②이다.

[오답풀이] ① 약이 잘 듣다: 주로 약 따위가 효험을 나타내다.
③ 여섯 과목을 듣다: 수업이나 강의 따위에 참여하여 어떤 내용을 배우다.
④ 브레이크가 말을 듣지 않다: 기계, 장치 따위가 정상적으로 움직이다.

정답률 87% [정답] ②

✓ SOLUTION

[해설] 제시문의 ㉠ '만나다'는 '인연으로 어떤 관계를 맺다'의 의미로 쓰였다. 이와 가장 가까운 의미로 쓰인 것은 ②이다.

[오답풀이] ① 하늘과 수평선이 만나다: 선이나 길, 강 따위가 서로 마주 닿다.
③ 제철을 만나다: 어떤 때를 당하다.
④ 풍랑을 만나다: 어디를 가는 도중에 비, 눈, 바람 따위를 맞다.

[정답] ②

011 밑줄 친 단어가 다의어 관계로 묶인 것은? 2022 지방직 7급

① • 무를 강판에 갈아 즙을 내었다.
　• 고장 난 전등을 새것으로 갈아 끼웠다.
② • 안개에 가려서 앞이 잘 안 보인다.
　• 음식을 가리지 말고 골고루 먹어야 한다.
③ • 긴장이 되면 입술이 바짝바짝 탄다.
　• 벽난로에서 장작불이 활활 타고 있다.
④ • 이 경기에서 지면 결승 진출이 좌절된다.
　• 모닥불이 지면 한기가 느껴지기 시작한다.

012 다음의 '기르다'와 같은 의미로 쓰인 것은? 2022 간호직 8급

인내심을 기르다.

① 그녀는 아이를 잘 기른다.
② 그는 취미로 화초를 기르고 있다.
③ 병을 기르면 치료하기 점점 어렵다.
④ 나는 체력을 기르기 위해 매일 운동한다.

SOLUTION

해설 소리도 같고 의미도 서로 밀접한 **다의어** 관계에 있는 것은 ③이다. '입술이 탄다'에서 '타다'는 '물기가 없어 바싹 마르다'의 의미이고, '장작불이 타고'에서 '타다'는 '불씨나 높은 열로 불이 붙어 번지거나 불꽃이 일어나다'의 의미이다. 나머지 ①·②·④는 모두 소리는 같지만 의미적으로는 관련이 없는 **동음이의** 관계로 묶였다.

오답 풀이 ① • 무를 갈다: 잘게 부수기 위하여 단단한 물건에 대고 문지르거나 단단한 물건 사이에 넣어 으깨다.
• 전등을 새것으로 갈다: 이미 있는 사물을 다른 것으로 바꾸다.
② • 안개에 가리다: 보이거나 통하지 못하도록 막히다.
• 음식을 가리다: 음식을 골라서 먹다.
④ • 경기에서 지다: 내기나 시합, 싸움 따위에서 재주나 힘을 겨루어 상대에게 꺾이다.
• 모닥불이 지다: 불이 타 버려 사위어 없어지거나 빛이 희미하여지다.

정답률 56%　**정답** ③

SOLUTION

해설 제시문의 '기르다'는 '육체나 정신을 단련하여 더 강하게 만들다'의 의미로 쓰였다. 이와 같은 의미로 쓰인 것은 ④이다.

오답 풀이 ① 아이를 기르다: 아이를 보살펴 키우다.
② 화초를 기르다: 동식물을 보살펴 자라게 하다.
③ 병을 기르다: 병을 제때에 치료하지 않고 증세가 나빠지도록 내버려두다.

정답 ④

013 ㉠의 단어와 의미가 같은 것은?
2021 국가직 9급

> 친구에게 줄 선물을 예쁜 포장지에 ㉠싼다.

① 사람들이 안채를 겹겹이 싸고 있다.
② 사람들은 봇짐을 싸고 산길로 향한다.
③ 아이는 몇 권의 책을 싼 보퉁이를 들고 있다.
④ 내일 학교에 가려면 책가방을 미리 싸 두어라.

014 다음 단어의 의미에 맞게 쓴 문장으로 적절하지 않은 것은?
2021 지방직 7급 변형

단어	의미	문장
풀다	모르거나 복잡한 문제 따위를 알아내거나 해결하다.	㉠
	어려운 것을 알기 쉽게 바꾸다.	㉡
	긴장된 상태를 부드럽게 하다.	㉢
	금지되거나 제한된 것을 할 수 있도록 터놓다.	㉣

① ㉠: 나는 형이 낸 수수께끼를 풀다가 결국 포기하고 말았다.
② ㉡: 선생님은 난해한 말을 알아들을 수 있게 풀어 설명하셨다.
③ ㉢: 막내도 잘못을 뉘우치니, 아버지도 그만 얼굴을 푸세요.
④ ㉣: 경찰을 풀어서 행방불명자를 백방으로 찾으려 하였다.

SOLUTION

해설 제시문의 ㉠ '싸다'는 '물건을 안에 넣고 보이지 않게 씌워 가리거나 둘러 말다'의 의미로 쓰였다. 이와 같은 의미로 쓰인 것은 ③이다.

오답 풀이 ① **안채를 싸다**: 어떤 물체의 주위를 가리거나 막다.
②·④ **봇짐을 싸다 · 책가방을 싸다**: 어떤 물건을 다른 곳으로 옮기기 좋게 상자나 가방 따위에 넣거나 종이나 천, 끈 따위를 이용해서 꾸리다.

정답률 78% **정답** ③

SOLUTION

해설 ④의 '풀다'는 '사람을 동원하다'의 의미이므로, ④는 '금지되거나 제한된 것을 할 수 있도록 터놓다'의 의미에 맞게 쓴 문장으로 적절하지 않다. ㉣에 들어갈 문장으로는 '구금을 풀다 / 통금을 풀다' 정도를 들 수 있다.

정답률 92% **정답** ④

015 밑줄 친 '타다'의 의미가 나머지 셋과 다른 것은?
2021 서울시 기술직

① 연이 바람을 <u>타고</u> 하늘로 올라간다.
② 부동산 경기를 <u>타고</u> 건축 붐이 일었다.
③ 착한 일을 한 덕분에 방송을 <u>타게</u> 됐다.
④ 그녀는 아버지의 음악적 소질을 <u>타고</u> 태어났다.

016 밑줄 친 단어와 의미가 같은 것은?
2021 국회직 9급 변형

> 그 녀석은 생긴 <u>품</u>이 제 아버지를 닮았다.

① 허름한 옷을 입은 여인의 <u>품</u>에는 두어 살가량 난 애가 안겨 있었다.
② 겨울옷은 <u>품</u>이 넉넉해야 다른 옷을 껴입을 수 있다.
③ 옷 입는 <u>품</u>을 보면 그 사람을 알 수 있다.
④ 어머니는 이 집 저 집에 <u>품</u>을 팔아 우리 가족의 생계를 꾸려 나가셨다.

SOLUTION

해설 ④와 나머지 ①·②·③은 소리는 같되 의미가 서로 관련이 없는 말로 사전에서 별개의 표제어로 등재된 동음이의어이다. ④의 '타다'는 '복이나 재주, 운명 따위를 선천적으로 지니다'의 의미로 쓰였다. 나머지 ①·②·③은 서로 의미가 밀접한 관련이 있는 다의 관계에 있는 단어들이다.

오답 풀이 ①·③ **바람을 타다·방송을 타다**: 바람이나 물결, 전파 따위에 실려 퍼지다.
② **부동산 경기를 타다**: 어떤 조건이나 시간, 기회 등을 이용하다.

정답 ④

SOLUTION

해설 제시문의 '품'은 '행동이나 말씨에서 드러나는 태도나 됨됨이'의 의미로 쓰였다. 이와 같은 의미로 쓰인 것은 ③이다.

오답 풀이 ① **여인의 품**: 두 팔을 벌려서 안을 때의 가슴
② **겨울옷은 품이 넉넉하다**: 윗옷의 겨드랑이 밑의 가슴과 등을 두르는 부분의 넓이
④ **품을 팔다**: 삯을 받고 하는 일

정답 ③

017 밑줄 친 단어가 다의어로 묶인 것은?
2020 국가직 7급

① · 그는 의심하는 <u>눈</u>으로 나를 쳐다보았다.
　· 봄이 오니 나뭇가지에 <u>눈</u>이 튼다.
② · 얘가 글씨를 또박또박 잘 <u>쓴다</u>.
　· 어른에게는 존댓말을 <u>써야</u> 한다.
③ · 어머니가 아끼시던 화초가 <u>죽었다</u>.
　· 아저씨의 거칠던 성질이 요즈음은 많이 <u>죽었다</u>.
④ · 폭풍우가 <u>치는</u> 바람에 배가 출항하지 못한다.
　· 나무가 가지를 많이 <u>쳐서</u> 제법 무성하다.

018 밑줄 친 부분과 문맥적 의미가 가장 가까운 것은?
2020 서울시 기술직

> 현재 그녀는 건강이 매우 <u>좋다</u>.

① 그녀의 성격은 더할 수 없이 <u>좋다</u>.
② 서울 간 길에 한 번 뵈올 땐 혈색이 <u>좋으셨는데</u>?
③ 다음 주 토요일은 결혼식을 하기에는 매우 <u>좋은</u> 날이다.
④ 대화를 하는 그의 말투는 기분이 상쾌할 정도로 <u>좋았다</u>.

SOLUTION

[해설] '다의어'는 소리가 같고 의미도 서로 밀접한 관련이 있는 단어를 말한다. '화초가 죽었다'의 '죽다'는 '생명이 없어지거나 끊어지다'의 의미이고, '성질이 죽었다'의 '죽다'는 '성질이나 기운 따위가 꺾이다'의 의미로, 이 두 단어는 다의어로 묶인 것이다. 나머지 ①·②·④는 모두 소리는 같으나 뜻이 다른 동음이의어로 묶였다.

[오답 풀이] ① · 의심하는 <u>눈</u>: ('눈으로' 꼴로 쓰여) 무엇을 보는 표정이나 태도
· 나뭇가지에 <u>눈</u>이 트다: 새로 막 터져 돋아나려는 초목의 싹. 꽃눈, 잎눈 따위이다.
② · 글씨를 잘 <u>쓰다</u>: 붓, 펜, 연필과 같이 선을 그을 수 있는 도구로 종이 따위에 획을 그어서 일정한 글자의 모양이 이루어지게 하다.
· 존댓말을 <u>쓰다</u>: 어떤 말이나 언어를 사용하다.
④ · 폭풍우가 <u>치다</u>: 바람이 세차게 불거나 비, 눈 따위가 세차게 뿌리다.
· 가지를 <u>치다</u>: 식물이 가지나 뿌리를 밖으로 돋아 나오게 하다.

정답률 68% | 정답 ③

SOLUTION

[해설] 제시문의 '좋다'는 '신체적 조건이나 건강 상태가 보통 이상의 수준이다'의 의미로 쓰였다. 이와 가장 가까운 의미로 쓰인 것은 ②이다.

[오답 풀이] ① 성격이 <u>좋다</u>: 성품이나 인격 따위가 원만하거나 선하다.
③ 결혼식하기에 날이 <u>좋다</u>: 날짜나 기회 따위가 상서롭다.
　* 상서(祥瑞)<u>롭다</u>: 복되고 길한 일이 일어날 조짐이 있다.
④ 말투가 <u>좋다</u>: 말씨나 태도 따위가 상대의 기분을 언짢게 하지 아니할 만큼 부드럽다.

정답 ②

019 다음 단어의 의미에 맞게 쓴 문장으로 적절하지 않은 것은?

2019 지방직 9급 변형

단어	의미	문장
살다	경기나 놀이 따위에서, 상대편에게 잡히지 않고 제 기능을 하다.	㉠
	어떤 직분이나 신분의 생활을 하다.	㉡
	마음이나 의식 속에 남아 있거나 생생하게 일어나다.	㉢
	움직이던 물체가 멈추지 않고 제 기능을 하다.	㉣

① ㉠: 장기에서 포는 죽고 차만 살아 있다.
② ㉡: 그는 벼슬을 살기 싫어 속세를 버렸다.
③ ㉢: 옷에 풀기가 아직 살아 있다.
④ ㉣: 그렇게 세게 부딪혔는데도 시계가 살아 있다.

SOLUTION

해설 ③의 '살다'는 '본래 가지고 있던 색깔이나 특징 따위가 그대로 있거나 뚜렷이 나타나다'의 의미이므로 '마음이나 의식 속에 남아 있거나 생생하게 일어나다'라는 의미에 맞게 쓴 문장으로 적절하지 않다. ㉢에 들어갈 문장으로는 '어렸을 때 배운 노래 한 구절이 머릿속에 아직도 살아 있다' 정도를 들 수 있다.

정답률 91% 정답 ③

020 밑줄 친 말과 같은 의미로 사용된 것은?

2019 국회직 9급

범인은 경찰의 손이 미치지 않는 곳으로 도망갔다.

① 요즘에는 손이 부족하다.
② 그 일은 손이 많이 간다.
③ 그는 두 손 모아 기도한다.
④ 그는 장사꾼의 손에 놀아났다.
⑤ 그 일은 선배의 손에 떨어졌다.

SOLUTION

해설 제시문의 '손'은 '어떤 사람의 영향력이나 권한이 미치는 범위'의 의미로 쓰였다. 이와 같은 의미로 사용된 것은 ⑤이다.

오답풀이 ① 손이 부족하다: 일을 하는 사람
② 손이 가다: 어떤 일을 하는 데 드는 사람의 힘이나 노력, 기술
③ 손(을) 모으다: 사람의 팔목 끝에 달린 부분
④ 손에 놀아나다: 사람의 수완이나 꾀

정답 ⑤

021 밑줄 친 말의 문맥적 의미와 가장 가까운 것은?

2018 국가직 7급

> 나는 우리 회사의 장래를 너에게 걸었다.

① 이 작가는 이번 작품에 생애를 걸었다.
② 우리나라는 첨단 산업에 승부를 걸었다.
③ 마지막 전투에 주저 없이 목숨을 걸었다.
④ 그는 친구를 보호하기 위해 자신의 직위를 걸었다.

SOLUTION

해설 제시문의 '걸다'는 '앞으로의 일에 대한 희망 따위를 품거나 기대하다'의 의미로 쓰였다. 이와 가장 가까운 의미로 쓰인 것은 ②이다.

오답풀이 ①·③·④ 생애를 걸다·목숨을 걸다·직위를 걸다: 목숨, 명예 따위를 담보로 삼거나 희생할 각오를 하다.

정답 ②

022 밑줄 친 부분과 같은 의미로 사용된 것은?

2018 지방직 9급

> 지도 위에 손가락을 짚어 가며 여행 계획을 설명하였다.

① 이마를 짚어 보니 열이 있었다.
② 그는 두 손으로 땅을 짚어야 했다.
③ 그들은 속을 짚어 낼 수가 없는 사람들이었다.
④ 시험 문제를 짚어 주었는데도 성적이 좋지 않다.

SOLUTION

해설 제시문의 '짚다'는 '여럿 중에 하나를 꼭 집어 가리키다'의 의미로 쓰였다. 이와 같은 의미로 쓰인 것은 ④이다.

오답풀이 ① 이마를 짚다: 손으로 이마나 머리 따위를 가볍게 눌러 대다.
② 땅을 짚다: 바닥이나 벽, 지팡이 따위에 몸을 의지하다.
③ 속을 짚다: 상황을 헤아려 어떠할 것으로 짐작하다.

정답률 38% 정답 ④

023 〈보기〉의 밑줄 친 단어와 동일한 의미를 가진 것은?
2018 국회직 9급

/ 보기 /
우리는 그 회사에 원자재를 대고 있습니다.

① 그 친구는 벽에 등을 대고 서 있었다.
② 영수는 아프다는 핑계를 대고 회사에 결근했다.
③ 그 녀석이 숨어 있는 곳을 바른 대로 대라.
④ 네가 대학을 졸업할 때까지 모든 학비는 내가 대마.
⑤ 아버지는 논에 물을 대러 나가셨다.

024 밑줄 친 말의 문맥적 의미가 같은 것은?
2017 국가직 9급

고장 난 시계를 고치다.

① 부엌을 입식으로 고치다.
② 상호를 순우리말로 고치다.
③ 정비소에서 자동차를 고치다.
④ 국민 생활에 불편을 주는 낡은 법을 고치다.

SOLUTION

해설 〈보기〉의 '대다'는 '돈이나 물건 따위를 마련하여 주다'의 의미로 쓰였다. 이와 동일한 의미로 쓰인 것은 ④이다.

오답 풀이 ① 벽에 등을 대다: 무엇을 덧대거나 뒤에 받치다.
② 핑계를 대다: 이유나 구실을 들어 보이다.
③ 바른 대로 대다: 어떤 사실을 드러내어 말하다.
⑤ 논에 물을 대다: 어떤 곳에 물을 끌어 들이다.

정답 ④

SOLUTION

해설 제시문의 '고치다'는 '고장이 나거나 못 쓰게 된 물건을 손질하여 제대로 되게 하다'의 의미로 쓰였다. 이와 같은 의미로 쓰인 것은 ③이다.

오답 풀이 ① 부엌을 입식으로 고치다: 본디의 것을 손질하여 다른 것이 되게 하다.
②·④ 상호를 고치다·법을 고치다: 이름, 제도 따위를 바꾸다.

정답률 95% **정답** ③

025 밑줄 친 단어가 다음에서 설명한 동음어로 묶인 것은?

2017 국가직 7급

> 동음어는 의미상 서로 관련이 없거나 역사적으로 기원이 다른데 소리만 우연히 같게 된 말들의 집합이며, 국어사전에는 서로 다른 표제어로 등재된다.

① · 지수는 빨래를 할 때 합성 세제를 <u>쓰지</u> 않는다.
　· 이 일은 인부를 <u>쓰지</u> 않으면 하기 어렵다.
② · 새로 구입한 의자는 <u>다리</u>가 튼튼하다.
　· 박물관에 가려면 한강 <u>다리</u>를 건너야 한다.
③ · 이 방은 너무 <u>밝아서</u> 잠자기에 적당하지 않다.
　· 그는 계산에 <u>밝은</u> 사람이다.
④ · 그 영화는 <u>뒤</u>로 갈수록 재미가 없었다.
　· 너의 일이 잘될 수 있도록 내가 <u>뒤</u>를 봐주겠다.

026 밑줄 친 단어의 의미 관계가 〈보기〉의 ㉠, ㉡과 유사한 것은?

　　　　　　　／ 보기 ／
· 민수는 점심을 많이 먹어서 ㉠<u>배</u>가 불렀다.
· 바다를 향해 힘차게 나아가는 ㉡<u>배</u>를 보아라.

① · 철수는 다방면으로 <u>발</u>이 넓다.
　· 그는 <u>발</u>을 재촉하며 걸었다.
② · 고향으로 가는 <u>길</u>이 수월했다.
　· 그 문제는 풀어낼 <u>길</u>이 없다.
③ · 심한 운동을 해서 <u>다리</u>에 쥐가 났다.
　· 영희는 아슬아슬하게 <u>다리</u>를 건넜다.
④ · 그는 <u>손</u>을 힘껏 뻗어 물건을 집었다.
　· 이번 일은 <u>손</u>이 부족하여 힘이 든다.

SOLUTION

해설 제시문에 따르면, 동음어는 소리는 같되 의미상 서로 관련이 없는 말로, 사전에는 서로 다른 표제어로 등재된다. '의자 다리'에서 '다리'는 '물체의 아래쪽에 붙어서 그 물체를 받치거나 직접 땅에 닿지 아니하게 하거나 높이 있도록 버티어 놓은 부분'을 의미하며 표제어 '다리¹「2」'의 용례이다. 한편, '한강 다리'에서 '다리'는 '물을 건너거나 또는 한편의 높은 곳에서 다른 편의 높은 곳으로 건너다닐 수 있도록 만든 시설물'을 의미하며 표제어 '다리²「1」'의 용례이므로 이 두 단어는 서로 동음어이다. 나머지 ①·③·④는 각각 하나의 표제어에 함께 속해 있으며 의미상 연관이 있는 다의어라고 할 수 있다.

오답 풀이 ① · 세제를 쓰다: 어떤 일을 하는 데에 재료나 도구, 수단을 이용하다.
　· 인부를 쓰다: 사람에게 어떤 일을 하게 하다.
③ · 이 방은 밝다: 불빛 따위가 환하다. / 빛깔의 느낌이 환하고 산뜻하다.
　· 계산에 밝다: 어떤 일에 대하여 잘 알아 막히는 데가 없다.
④ · 뒤로 갈수록: 일의 끝이나 마지막이 되는 부분
　· 뒤를 봐주다: 어떤 일을 할 수 있게 이바지하거나 도와주는 힘

정답률 51%　**정답** ②

SOLUTION

해설 〈보기〉에서 ㉠ '배'는 '복부(腹部)'를 의미하고, ㉡ '배'는 '선박(船舶)'을 의미한다. 따라서 ㉠과 ㉡은 소리는 같지만 뜻이 다른 동음이의어이다. 이와 같이 두 단어가 동음이의어 관계인 것은 ③으로, '다리에 쥐가 났다'의 '다리'는 사람 신체의 부분을 의미하지만, '다리를 건넜다'의 '다리'는 '물을 건너거나 또는 한편의 높은 곳에서 다른 편의 높은 곳으로 건너다닐 수 있도록 만든 시설물'을 의미한다. 나머지 ①·②·④는 모두 소리가 같고 의미도 서로 밀접하게 관련된 다의어 관계에 있는 단어들이다.

오답 풀이 ① · 발이 넓다: 사귀어 아는 사람이 많아 활동하는 범위가 넓다.
　· 발을 재촉하다: '걸음'을 비유적으로 이르는 말
② · 가는 길: 걷거나 탈것을 타고 어느 곳으로 가는 노정(路程)
　· 풀어낼 길: (주로 '-는/-을 길' 구성으로 쓰여) 방법이나 수단
④ · 손을 뻗다: 사람의 팔목 끝에 달린 부분
　· 손이 부족하다: 일을 하는 사람. =일손

정답 ③

027 밑줄 친 단어가 다의어 관계인 것은?

① • 이 방은 볕이 잘 들어 늘 따뜻하다.
　• 형사는 목격자의 증언을 증거로 들었다.
② • 난초의 향내가 거실에 가득 차 있었다.
　• 그는 손목에 찬 시계를 자꾸 들여다보았다.
③ • 운동을 하지 못해서 군살이 올랐다.
　• 아이가 갑자기 열이 올라 해열제를 먹였다.
④ • 그는 조그마한 수첩에 일기를 써 왔다.
　• 대부분의 사람이 문서 작성에 컴퓨터를 쓴다.

028 밑줄 친 부분의 의미와 가장 가까운 것은?

> 농악에는 우리 민족의 정서가 배어 있다.

① 욕이 입에 배어 큰일이다.
② 그는 속이 너무 배어 큰 인물은 못 된다.
③ 갓난아이 몸에는 항상 젖내가 배어 있다.
④ 이 책에는 아이에 대한 부모의 고민과 애정이 배어 있다.

SOLUTION

[해설] '군살이 올랐다'의 '오르다'와 '열이 올라'의 '오르다'는 각각 '몸 따위에 살이 많아지다', '값이나 수치, 온도, 성적 따위가 이전보다 많아지거나 높아지다'의 의미로 모두 양이나 정도가 많아짐을 의미하는 다의어 관계이다. 나머지 ①·②·④는 모두 음은 같지만 의미는 다른 동음이의어 관계이다.

[오답 풀이] ① • **볕이 들다**: 빛, 볕, 물 따위가 안으로 들어오다.
　• **증거로 들다**: 설명하거나 증명하기 위하여 사실을 가져다 대다.
② • **향내가 차다**: 일정한 공간에 사람, 사물, 냄새 따위가 더 들어갈 수 없이 가득하게 되다.
　• **시계를 차다**: 물건을 몸의 한 부분에 달아매거나 끼워서 지니다.
④ • **일기를 쓰다**: 머릿속의 생각을 종이 혹은 이와 유사한 대상 따위에 글로 나타내다.
　• **컴퓨터를 쓰다**: 어떤 일을 하는 데에 재료나 도구, 수단을 이용하다.

[정답] ③

SOLUTION

[해설] 제시문의 '배다'는 '느낌, 생각 따위가 깊이 느껴지거나 오래 남아 있다'의 의미로 쓰였다. 이와 가장 유사한 의미로 쓰인 것은 ④이다.

[오답 풀이] ① **욕이 입에 배다**: 버릇이 되어 익숙해지다.
② **속이 배다**: 생각이나 안목이 매우 좁다.
③ **젖내가 배다**: 냄새가 스며들어 오래도록 남아 있다.

[정답] ④

029 밑줄 친 부분의 의미와 가장 가까운 것은?

> 회초리 맞은 자리에 멍이 들었다.

① 높은 자리에 있는 사람을 만났다.
② 금 간 자리를 흙으로 말끔히 메웠다.
③ 그는 적성에 맞는 자리를 구하고 있다.
④ 방이 좁아서 책상을 들여놓을 자리가 없다.

030 밑줄 친 단어의 의미와 가장 가까운 것은?

> 하루 종일 백화점을 돌아다녀도 마음에 드는 옷을 고르지 못했다.

① 몸은 늙었지만 마음은 아직 청춘이다.
② 안 좋은 일을 마음에 담아 두면 병이 된다.
③ 아이가 공부에는 마음이 없고 노는 데만 정신이 팔렸다.
④ 많이 아는 사람보다는 마음이 어진 사람을 사귀어야 한다.

✓ SOLUTION

[해설] 제시문의 '자리'는 '사람의 몸이나 물건이 어떤 변화를 겪고 난 후 남은 흔적'을 의미한다. 이와 가장 유사한 의미로 쓰인 것은 ②이다.

[오답 풀이] ① 높은 자리: 일정한 조직체에서의 직위나 지위
③ 적성에 맞는 자리: 일정한 조건의 사람을 필요로 하는 곳. 흔히 일자리나 혼처를 이른다.
④ 책상을 들여놓을 자리: 사람이나 물체가 차지하고 있는 공간

정답 ②

✓ SOLUTION

[해설] 제시문의 '마음'은 '사람이 어떤 일에 대하여 가지는 관심'을 뜻한다. 이와 가장 가까운 의미로 쓰인 것은 ③이다.

[오답 풀이] ① 마음은 청춘이다: 사람이 다른 사람이나 사물에 대하여 감정이나 의지, 생각 따위를 느끼거나 일으키는 작용이나 태도
② 마음에 담다: 사람의 생각, 감정, 기억 따위가 생기거나 자리 잡는 공간이나 위치
④ 마음이 어질다: 사람이 본래부터 지닌 성격이나 품성

정답 ③

독해와 함께 나오는 주요 한자 어휘

풀이 전략
- '단어의 문맥적 의미'와 마찬가지로 독해 문제와 같은 지문 안에서 **세트 문제로 출제되는 문제 유형**이다.
- 고유어를 문맥에 맞는 한자어로 바꾸거나 한자어를 고유어로 바꾸는 문제가 출제된다. 따라서 꾸준한 독해 훈련을 통해 어휘력을 높여야 한다.

대표 ㉠~㉣과 바꿔 쓸 수 있는 유사한 표현으로 적절하지 않은 것은?
2025 국가직 9급

　동물이 신체의 내부 온도를 정상 범위 안에서 유지하는 과정을 '체온 조절'이라고 한다. 체온 조절을 위하여 동물은 신체 내부의 물질대사를 통해 열을 발생시키거나 외부 환경에서부터 열을 ㉠획득한다. 조류나 포유류는 체내의 물질대사에 의하여 생성된 열로 체온을 유지하기 때문에 '내온 동물'이라고 부른다. 대부분의 내온 동물은 외부 온도가 변화해도 안정적으로 체온을 유지한다. 추운 환경에 노출되어도 내온 동물은 충분한 열을 생성해서 주변보다 더 따뜻하게 체온을 유지할 수 있다.
　이와 달리 양서류나 많은 종류의 파충류와 어류는 열을 외부에서부터 획득하기 때문에 '외온 동물'이라고 부른다. 외온 동물은 체온 조절을 위한 충분한 열을 생성하지는 않지만 그늘을 찾거나 햇볕을 쬐는 것과 같은 행동을 통해 체온을 ㉡조절한다. 외온 동물은 열을 외부에서 얻기 때문에 체내의 물질대사를 통해 큰 에너지를 생성할 필요가 없어서 동일한 크기의 내온 동물보다 먹이를 적게 섭취한다.
　한편 체온의 안정성을 기준으로 동물을 '항온 동물'과 '변온 동물'로 ㉢구분하기도 한다. 주위 환경과 관계없이 비교적 일정한 체온을 유지하는 동물을 항온 동물, 주위 환경에 따라서 체온이 변하는 동물을 변온 동물이라고 부른다. 한때는 내온 동물과 외온 동물을 각각 항온 동물과 변온 동물이라고 부르기도 했다.
　그런데 체온 조절을 위해 열을 획득하는 방식과 체온의 안정성을 유지하는 것은 별개의 문제이다. 외온 동물에 속하는 많은 종류의 해양 어류는 일정한 온도가 유지되는 물에서 ㉣서식하기 때문에 체온이 크게 변하지 않는다. 반대로 어떤 내온 동물은 체온의 변화가 급격하게 일어나기도 한다. 내온 동물과 외온 동물을 구분하는 방식과 항온 동물과 변온 동물을 구분하는 방식 사이에는 어떠한 상관관계도 없다.

① ㉠: 얻는다
② ㉡: 올린다
③ ㉢: 나누기도
④ ㉣: 살기

SOLUTION

[해설] '조절(調節)하다'는 '균형이 맞게 바로잡다. 또는 적당하게 맞추어 나가다'의 의미이다. 따라서 ㉡ '조절한다'를 '올린다'로 바꾸어 쓰는 것은 적절하지 않다.

[오답 풀이] ① '획득(獲得)하다'는 '얻어 내거나 얻어 가지다'의 의미이다. 따라서 ㉠ '획득한다'는 '얻는다'로 바꾸어 쓸 수 있다.
③ '구분(區分)하다'는 '일정한 기준에 따라 전체를 몇 개로 갈라 나누다'의 의미이다. 따라서 ㉢ '구분하기도'는 '나누기도'로 바꾸어 쓸 수 있다.
④ '서식(棲息)하다'는 '생물 따위가 일정한 곳에 자리를 잡고 살다'의 의미이다. 따라서 ㉣ '서식하기'는 '살기'로 바꾸어 쓸 수 있다.

정답률 96%　**정답** ②

031 ㉠~㉣과 바꿔 쓸 수 있는 유사한 표현으로 적절하지 않은 것은?

2025 지방직 9급

이광수와 김동인은 한국 근대 문학 초기의 대표적인 소설가로, 이 둘의 작품은 표준어와 사투리의 사용에서 두드러진 차이를 보인다. 이광수의 대표작 〈무정〉에서는 작중 배경과 등장인물의 출신지가 서울이 아닌데도 인물들이 주고받는 대화가 표준어로 되어 있다. 반면 김동인의 대표작 〈배따라기〉에서 인물들의 대화는 출신지와 작중 배경에 ㉠맞는 사투리로 이루어진다. 작품의 리얼리티를 얼마나 잘 구현했는가를 기준으로 본다면, 〈무정〉보다 〈배따라기〉가 더 뛰어나다고 볼 수 있다.

그러나 이광수의 〈무정〉을 리얼리티의 구현 정도를 기준으로 낮잡아 평가하는 것은 곤란하다. [중략] 당대의 지식인들은 표준어가 교양, 문화, 지식, 과학, 공적 영역 등의 근대적 가치를 나타내는 것으로, 사투리는 야만, 비문화, 무지, 비과학, 사적 영역 등의 전근대적인 가치를 ㉡나타내는 것으로 인식하였다. 이광수가 계몽주의의 신봉자였음을 ㉢떠올리면, 그가 〈무정〉에서 표준어를 사용한 것은 근대적 가치를 실현하기 위한 의도적인 선택이었다.

이처럼 표준어의 사용은 작가의 의도를 드러내는 기능을 한다. [중략] 박경리의 〈토지〉에서 대부분의 인물들은 경상도나 함경도 사투리를 사용한다. 하지만 주인공 '서희'는 사투리를 구사하지 않는다. 이는 작품의 리얼리티 형성에 방해가 되지만 해당 인물의 고고함과 차가움을 드러내는 데에 더할 수 없이 적절한 기능을 한다. 〈토지〉에 사용된 표준어는 인물의 성격을 ㉣뚜렷하게 보여 주는 효과를 지닌다.

① ㉠: 영합(迎合)하는
② ㉡: 표상(表象)하는
③ ㉢: 상기(想起)하면
④ ㉣: 분명(分明)하게

032 ㉠~㉣과 바꿔 쓸 수 있는 유사한 표현으로 적절하지 않은 것은?

인혁처 1차 예시 문제

한국 신화에 보이는 신과 인간의 관계는 다른 나라의 신화와 ㉠견주어 볼 때 흥미롭다. 한국 신화에서 신은 인간과의 결합을 통해 결핍을 해소함으로써 완전한 존재가 되고, 인간은 신과의 결합을 통해 혼자 할 수 없었던 존재론적 상승을 이룬다.

한국 건국 신화에서 주인공인 신은 지상에 내려와 왕이 되고자 한다. 천상적 존재가 지상적 존재가 되기를 ㉡바라는 것인데, 인간들의 왕이 된 신은 인간 여성과의 결합을 통해 자식을 낳음으로써 결핍을 메운다. 무속 신화에서는 인간이었던 주인공이 신과의 결합을 통해 신적 존재로 ㉢거듭나게 됨으로써 존재론적으로 상승하게 된다. 이처럼 한국 신화에서 신과 인간은 서로의 존재를 필요로 한다는 점에서 상호 의존적이고 호혜적이다.

다른 나라의 신화들은 신과 인간의 관계가 한국 신화와 달리 위계적이고 종속적이다. 히브리 신화에서 피조물인 인간은 자신을 창조한 유일신에 대해 원초적 부채감을 지니고 있으며, 신이 지상의 모든 일을 관장한다는 점에서 언제나 인간의 우위에 있다. 이러한 양상은 북유럽이나 바빌로니아 등에 ㉣퍼져 있는 신체 화생 신화에도 유사하게 나타난다. 신체 화생 신화는 신이 죽음을 맞게 된 후 그 신체가 해체되면서 인간 세계가 만들어지게 된다는 것인데, 신의 희생 덕분에 인간 세계가 만들어질 수 있었다는 점에서 인간은 신에게 철저히 종속되어 있다.

① ㉠: 비교해
② ㉡: 희망하는
③ ㉢: 복귀하게
④ ㉣: 분포되어

033 ㉠~㉣과 바꿔 쓰기에 적절하지 않은 것은?

2018 교육행정직 9급

> 빅 데이터는 그 규모가 매우 큰 데이터를 말하는데, 이는 단순히 데이터의 양이 매우 많다는 것뿐 아니라 데이터의 복잡성이 매우 높다는 의미도 ㉠내포되어 있다. 데이터의 복잡성이 높다는 말은 데이터의 구성 항목이 많고 그 항목들의 연결 고리가 함께 ㉡수록되어 있다는 것을 의미한다. 데이터의 복잡성이 높으면 다양한 파생 정보를 끌어낼 수 있다. 데이터로부터 정보를 ㉢추출할 때에는, 구성 항목을 독립적으로 이용하기도 하고, 두 개 이상의 항목들의 연관성을 이용하기도 한다. 일반적으로 구성 항목이 많은 데이터는 한 번에 얻기 어렵다. 이런 경우에는, 따로 수집되었지만 연결 고리가 있는 여러 종류의 데이터들을 ㉣연결하여 사용한다.

① ㉠: 담겨
② ㉡: 들어
③ ㉢: 섞을
④ ㉣: 이어

해설 '추출할'은 문맥상 데이터에서 특정 정보를 뽑아낸다는 의미이므로 '두 가지 이상의 것을 한데 합치다'의 의미인 '섞을'로 바꾸어 쓰는 것은 적절하지 않다.
* **추출(抽出)하다**: 전체 속에서 어떤 물건, 생각, 요소 따위를 뽑아내다.

오답 풀이 ① **내포(內包)되다**: 어떤 성질이나 뜻 따위가 속에 품어지다.
② • **수록(收錄)되다**: 모아져 기록되다. / 책이나 잡지에 실리다.
  • **수록(蒐錄)되다**: 어떤 자료가 찾아져 모여 기록되다.
④ **연결(連結)하다**: 사물과 사물을 서로 잇거나 현상과 현상이 관계를 맺게 하다.

정답 ③

034 문맥상 ㉠~㉣과 바꿔 쓰기에 가장 적절한 것은?

2024학년도 대학수학능력시험 변형

> 데이터를 처리할 때 데이터의 정확성은 매우 중요하다. 그런데 데이터에 결측치와 이상치가 포함되면 데이터의 특징을 제대로 ㉠나타내기 어렵다.
> 결측치는 데이터값이 ㉡빠져 있는 것이다. 결측치를 처리하는 방법 중 하나인 대체는 다른 값으로 결측치를 채우는 것인데, 대체하는 값으로는 평균, 중앙값, 최빈값을 많이 사용한다.
> 이상치는 데이터의 다른 값에 비해 유달리 크거나 작은 값으로, 데이터를 수집할 때 측정 오류 등에 의해 주로 ㉢생긴다. 그러나 정상적인 데이터라도 데이터의 특징을 왜곡하는 데이터값이 있을 수 있다. 또한 평면상에 있는 점들의 위치를 나타내는 데이터에서도 이상치를 발견할 수 있다. 대부분의 점들이 가상의 직선 L 주위에 모여 있다면 이 직선은 데이터의 특징을 잘 나타낸다고 할 수 있다. 그런데 직선 L로부터 멀리 떨어진 위치에도 몇 개의 점이 있다. 이 점들이 이상치이다.
> 이상치를 포함하는 데이터에서 직선 L을 찾는다고 하자. 이때 사용할 수 있는 기법의 하나인 A 기법은 두 점을 무작위로 골라 정상치 집합으로 가정하고, 이 두 점을 ㉣지나는 후보 직선을 그어 나머지 점들과 후보 직선 사이의 거리를 구한다. 이 거리가 허용 범위 이내인 점들을 정상치 집합에 추가한다.

① ㉠: 형성(形成)하기
② ㉡: 누락(漏落)되어
③ ㉢: 도래(到來)한다
④ ㉣: 투과(透過)하는

해설 '빠지다'는 '차례를 거르거나 일정하게 들어 있어야 할 곳에 들어 있지 아니하다'의 의미로 사용되었다. 따라서 ㉡을 '누락되다'로 바꾸어 쓰는 것은 적절하다. 나머지 ①·③·④는 모두 바꾸어 쓰기에 적절하지 않다.
* **누락(漏落)되다**: 기입되어야 할 것이 기록에서 빠지다.

오답 풀이 ① • **나타내다**: 보이지 아니하던 어떤 대상이 모습을 드러내다. / 어떤 일의 결과나 징후를 겉으로 드러내다. 등
  • **형성(形成)하다**: 어떤 형상을 이루다.
③ • **생기다**: 없던 것이 새로 있게 되다. / 어떤 일이 일어나다. 등
  • **도래(到來)하다**: 어떤 시기나 기회가 닥쳐오다.
④ • **지나다**: 시간이 흘러 그 시기에서 벗어나다. / 어디를 거치어 가거나 오거나 하다. 등
  • **투과(透過)하다**: 장애물에 빛이 비치거나 액체가 스미면서 통과하다.

정답 ②

035 문맥상 ㉠~㉣과 바꾸어 쓰기에 적절하지 않은 것은?

2025학년도 7월 고3 전국연합학력평가 변형

> 아리스토텔레스는 인간을 로고스를 가진 유일한 동물이자 정치적 동물이라 정의한다. '로고스'는 이성을 기반으로 하는 말을 의미한다. 그에 따르면 인간은 로고스를 통해 무엇이 좋고 나쁜지 ㉠<u>분별할</u> 수 있으며, 자연이 인간마다 다르게 부여한 목적에 ㉡<u>부합하는</u> 삶인 '좋은 삶'을 추구할 수 있다. 또 아리스토텔레스는 인간은 본성적으로 공동체를 구성하며, 완전한 공동체인 폴리스 안에서 로고스를 통해 공동의 일을 결정함으로써 최상의 좋음에 ㉢<u>도달할</u> 수 있는 정치적 동물이라 보았다.
> 한나 아렌트 역시 인간의 진정한 행복을 위해서는 폴리스와 같이 여러 사람이 모인 공적 공간에서 로고스를 통해 공동의 생활에 참여해야 한다고 생각했다. 그녀는 공적 공간에서 공동의 생활에 참여하는 것을 '행위'라고 규정했으며, 모든 사람은 자유로운 발언을 통해 공적 문제를 결정함으로써 정치적 자유를 ㉣<u>향유할</u> 수 있다고 보았다.

① ㉠: 가를
② ㉡: 맞서는
③ ㉢: 다다를
④ ㉣: 누릴

036 문맥상 ㉠~㉣과 바꾸어 쓰기에 가장 적절한 것은?

2025학년도 대학수학능력시험 변형

> 리프킨은 사회적 상호 작용에서의 자기표현은 본질적으로 연극적이며, 표면 연기와 심층 연기로 ㉠<u>이루어진다고</u> 언급했다. 표면 연기는 내면의 자연스러운 감정보다 의례적인 표현과 같은 형식에 집중하여 연기하는 것이고, 심층 연기는 내면의 솔직한 정서를 ㉡<u>불러내어</u> 자신의 진정성을 보여 주는 것이다. 인터넷에서의 커뮤니케이션에 주목한 리프킨은 가상 공간에서 자기표현이 더욱 활발히 이루어진다고 보았다.
> 가상 공간의 특성에 주목한 연구자들은 사람들과의 관계 속에서 드러나는 고유한 존재로서의 위상을 뜻하는 자기 정체성이 가상 공간에서 다양하게 ㉢<u>나타난다고</u> 본다. 가상 공간에서는 익명성이 작동하므로 현실에서 위축되는 사람도 적극적으로 자기표현을 할 수 있다. 아울러 현실에서의 자기 정체성을 ㉣<u>감추고</u> 다른 인격체로 활동하거나 현실에서 억압된 정서를 공격적으로 드러내기도 한다. 게임 아이디, 닉네임, 아바타 등 가상 공간에서 개별적 대상으로 인식되는 '인터넷 ID'에 대한 사이버 폭력이 넘쳐 나는 현실도 이와 무관하지 않다.

① ㉠: 완성(完成)된다고
② ㉡: 요청(要請)하여
③ ㉢: 표출(表出)된다고
④ ㉣: 기만(欺瞞)하고

037 문맥상 ㉠~㉣과 바꾸어 쓰기에 적절하지 않은 것은?
2025학년도 3월 고3 전국연합학력평가 변형

레보비츠는 12음 기법의 등장을 음악사의 혁신으로 평가하고 후설의 현상학을 적용하여 그 의미를 ㉠규명했다. 후설은 우리가 당연시하는 전제에 대한 '판단 중지'를 통해 사물의 본질에 도달할 수 있다고 보았다. 이는 경험을 있는 그대로 받아들이는 '자연적 태도'에서 벗어나, 의식 속에 나타나는 현상만을 ㉡탐구하는 '현상학적 태도'로 전환하는 것을 의미한다. 후설은 이러한 전환을 현상학적 환원이라 불렀다.

이러한 관점에서 레보비츠는 쇤베르크가 12음 기법을 통해 음악의 본질에 다가섰다고 평가했다. 조성 음악의 질서를 당연시하는 자연적 태도에 대한 판단 중지를 통해 보편적 음악 질서를 확립했다는 것이다.

그러나 쇤베르크가 주장한 범조성은 현상학적 환원과 괴리된다. 현상학은 모든 전제에 대한 판단을 중지하고 의식에 직접 주어지는 현상 그 자체를 포착하려 하지만, 쇤베르크는 조성이라는 기존의 규범을 거부하면서도 모든 음의 동등한 사용이라는 새로운 규범을 ㉢제시했기 때문이다. 또한 쇤베르크는 음높이와 음길이처럼 악보상 음표의 위치로 표현되는 거시적 구조로만 음악을 조망함으로써, 음색과 강세 등 개별 음에 대한 미시적 체험의 중요성을 ㉣간과했다. 이는 후설이 말한 현상학적 잔여의 개념과 어긋난다. 현상학적 잔여, 즉 현상학적 환원 이후에 남는 것은 현상 그 자체여야 하지만, 쇤베르크의 음악은 곡의 거시적인 구조에 치중함으로써 순수 현상에는 이르지 못했기 때문이다.

① ㉠: 밝혀냈다
② ㉡: 가늠하는
③ ㉢: 내놓았기
④ ㉣: 지나쳤다

038 문맥상 ㉠~㉣과 바꾸어 쓰기에 적절하지 않은 것은?
2025학년도 6월 고1 전국연합학력평가 변형

지진은 지구 내부에서 일어나는 지각 변동으로 인해 땅이 ㉠흔들리는 현상이다. 그리고 이러한 지진에 저항할 수 있도록 건물을 설계하는 것을 내진 설계라고 한다. 내진 설계에는 내진 구조, 제진 구조, 면진 구조의 세 유형이 있다. 내진 구조는 내진 벽과 같은 부자재를 설치하여 강한 흔들림에도 무너지지 않고 ㉡버티는 내구성이 높아지도록 건물을 짓는 것이다. 이는 단순히 건물의 내구력만을 높인 것이라 지진 발생 시 건물이 무너지지 않더라도 건물 구조에 심각한 손상이 생길 수 있다.

이에 비해 제진 구조는 건물의 흔들림 방향과 반대 방향으로 건물을 지지하여 건물의 붕괴를 ㉢막는 구조이다. 건물에 X자 등의 제진 장치를 보강하여 건물 전체를 보호하는 것이다. 현재 대부분의 고층 건물은 이러한 방식을 사용하여, 내진 구조에 비해 상대적으로 더 안전하다고 볼 수 있다.

앞선 두 구조가 건물이 지진력을 버티는 데 초점을 두었다면, 면진 구조는 건물에 전달되는 지진력 자체를 줄이는 데 중점을 둔다. 보통 지면 위에 바로 건물을 세우는 것과 달리 면진 구조는 건물과 땅 사이에 고무 스프링 등을 설치해 흔들림이 건물로 전해지는 것을 막는 방식이다. 건물 자체와 지면을 떨어뜨리면 진동이 줄어들어 전달되기 때문에 아주 강한 지진이 ㉣일어나더라도 건물 내부에 있는 구조물이 쓰러지지 않아 지진에 대비할 수 있는 효과적인 공법으로 평가받고 있다.

① ㉠: 진동(震動)하는
② ㉡: 지탱(支撑)하는
③ ㉢: 보완(補完)하는
④ ㉣: 발생(發生)하더라도

039 문맥상 ㉠~㉣과 바꾸어 쓰기에 적절하지 않은 것은?

연합형 게임은 경제 주체들이 연합을 형성하여 ㉠협력한 결과를 공정하게 ㉡분배하는 방법을 ㉢모색하는 경제학 이론이다. 여기서 연합이란 경제 주체들이 공동의 목적을 위해 경제 주체의 전체나 일부가 형성한 집단으로, 연합의 경제 주체들은 협력의 결과를 분배하기 위한 기준을 정할 수 있다. 그 대표적인 기준으로 섀플리 값이 있다.

섀플리 값은 연합의 경제 주체들이 분담할 총비용을 각 경제 주체가 연합에 ㉣기여한 정도에 따라 공정하게 분배할 수 있는 기준이다. 이 기준은 경제 주체들이 연합을 형성할 수 있는 모든 경우의 수를 고려한다는 측면에서 기회 균등성을, 경제 주체들이 연합에 참여함으로써 발생하는 총비용의 증가분에 비례하여 비용을 분담하게 한다는 측면에서 기여 공정성을 가진다.

① ㉠: 주고받은
② ㉡: 나누는
③ ㉢: 찾는
④ ㉣: 이바지한

040 문맥상 ㉠~㉣과 바꾸어 쓰기에 가장 적절한 것은?

공리주의는 공리의 실천을 통한 최대 행복의 원리를 중시한다. 공리란 이익과 효용을 뜻하는 것으로 공리주의에서 행복이란 공리를 극대화하는 것, 즉 고통을 피하고 쾌락을 추구하는 것이다.

밀 이전의 공리주의는 최대 행복 추구와 이기심이 ㉠상충할 때 법률, 여론 등과 같은 외적 제재가 개인의 이기적 본성을 ㉡제어할 수 있다는 입장을 드러냈다. 하지만 밀은 이것이 근본적인 해결책은 아니라고 생각했다. 그는 외적 제재가 최대 행복의 원리에 부합하는 행동을 하게 할 수는 있지만, 자발적으로 그러한 행동을 하도록 이끄는 힘은 아니라고 생각했다. 그는 내적 제재인 양심을 강조했는데, 양심은 우리의 마음 안에서 ㉢형성되는 일종의 도덕적 의무감으로 이를 어기면 내면에 고통을 준다. 양심은 구성원들과 일체감을 이루고자 하는 타고난 사회적 감정에 토대를 두고, 교육과 외적 제재 등의 후천적인 경험을 통해 ㉣함양된다. 이를 통해 비로소 인간은 자기 이익 지향성을 극복하고 최대 행복의 원리에 따르는 삶을 실현할 수 있다고 보았다.

① ㉠: 어긋날
② ㉡: 바로잡을
③ ㉢: 깨어나는
④ ㉣: 주어진다

기출로 연습하기

041 ㉠~㉣과 바꿔 쓸 수 있는 유사한 표현으로 적절하지 않은 것은?
2023 지방직 9급

> • 서구의 문화를 ㉠ 맹종하는 이들이 많다.
> • 안일한 생활에서 ㉡ 탈피하여 어려운 일에 도전하고 싶다.
> • 회사의 생산성을 ㉢ 제고하기 위해 노력하자.
> • 연못 위를 ㉣ 부유하는 연잎을 바라보며 여유를 즐겼다.

① ㉠: 무분별하게 따르는
② ㉡: 벗어나
③ ㉢: 끌어올리기
④ ㉣: 헤엄치는

042 ㉠~㉣에 들어갈 단어로 적절하지 않은 것은? 2023 지방직 9급

> • 우리 회사는 올해 최고 수익을 창출해서 전성기를 ㉠ 하고 있다.
> • 그는 오래 살아온 자기 명의의 집을 ㉡ 하려 했는데 사려는 사람이 없다.
> • 그들 사이에 ㉢ 이 심해서 중재자가 필요하다.
> • 제가 부족하니 앞으로 많은 ㉣ 을 부탁드립니다.

① ㉠: 구가(謳歌)
② ㉡: 매수(買受)
③ ㉢: 알력(軋轢)
④ ㉣: 편달(鞭撻)

SOLUTION (041)

해설 '부유하다'는 '물 위나 물속, 또는 공기 중에 떠다니다'의 의미이다. 따라서 ㉣ '부유하는'을 '헤엄치는'으로 바꾸어 쓰는 것은 적절하지 않다.
* **부유(浮遊/浮游)하다**: 물 위나 물속, 또는 공기 중에 떠다니다. / 행선지를 정하지 아니하고 이리저리 떠돌아다니다.

오답 풀이 ① **맹종(盲從)하다**: 옳고 그름을 가리지 않고 남이 시키는 대로 덮어놓고 따르다.
② **탈피(脫皮)하다**: 껍질이나 가죽을 벗기다. / 파충류, 곤충류 따위가 자라면서 허물이나 껍질을 벗다. / 일정한 상태나 처지에서 완전히 벗어나다.
③ **제고(提高)하다**: 수준이나 정도 따위를 끌어올리다.

정답률 89% 정답 ④

SOLUTION (042)

해설 '매수(買受)'는 '물건을 사서 넘겨받음'을 뜻한다. 그가 자기 명의의 집을 팔려고 하는데 사려는 사람이 없다는 것이므로 '매수'를 쓰는 것은 적절하지 않다. 이 문장에서는 '값을 받고 물건의 소유권을 다른 사람에게 넘김'을 뜻하는 '매도(賣渡)', '물건을 팔고 사는 일'을 뜻하는 '매매(賣買)' 등을 쓸 수 있다.
* '매매(賣買)'와 같은 뜻인 '매수(賣售)'를 쓸 수도 있다.

오답 풀이 ① **구가(謳歌)**: 여러 사람이 입을 모아 칭송하여 노래함. / 행복한 처지나 기쁜 마음 따위를 거리낌 없이 나타냄. 또는 그런 소리
③ **알력(軋轢)**: 수레바퀴가 삐걱거린다는 뜻으로, 서로 의견이 맞지 아니하여 사이가 안 좋거나 충돌하는 것을 이르는 말
④ **편달(鞭撻)**: 채찍으로 때림. / 종아리나 볼기를 침. / 경계하고 격려함.

정답률 72% 정답 ②

043 ㉠~㉢을 풀이한 것으로 가장 옳지 않은 것은?

2023 서울시 기술직

> 한때 우리나라에서는 우리의 대표적 음식이라고 할 수 있는 된장과 김치를 ㉠ 폄하한 적이 있었다. 곰팡이균으로 만드는 된장은 암을 유발한다고 해서 ㉡ 기피하고, 맵고 짠 김치도 건강에 해롭다고 했다. 이러한 발상이 나왔던 것은 어떤 의미에서는 현대 과학의 선두 주자인 서구 지향적인 가치관이 그 배경으로 깔려 있었기 때문이다. 그러나 이제는 김치 연구소까지 생기고, 마늘은 새로운 형태로 변모하면서 건강식품으로 등장하고, 된장(청국장) 또한 항암 효과까지 있다고 ㉢ 각광을 받는다. 그리고 비빔밥은 다이어트 음식으로서만이 아니라, 그 맛도 이제는 국제적으로 알려졌다. 굳이 신토불이라는 말을 들먹이지 않더라도 우리의 일상적인 식문화에서 가치 있는 것을 추출해 ㉣ 천착할 필요가 있다.

① ㉠: 가치를 깎아내린
② ㉡: 꺼리거나 피하고
③ ㉢: 사회적으로 관심을
④ ㉣: 잘못된 것을 바로잡을

044 밑줄 친 부분의 쓰임이 적절하지 않은 것은? 2022 지역인재 9급

① 선생님은 아이의 소질을 계발(啓發)하였다.
② 그 장소에는 그가 말한 물건이 실재(實在)하였다.
③ 상사는 부하 직원의 휴가 서류를 결재(決裁)하였다.
④ 새 기계를 사용하여 서울 공장의 생산량을 재고(再考)하였다.

SOLUTION

해설 '천착(穿鑿)하다'에는 '어떤 원인이나 내용 따위를 따지고 파고들어 알려고 하거나 연구하다'의 의미가 있다. 따라서 ㉣ '천착할'을 '잘못된 것을 바로잡을'로 풀이한 것은 적절하지 않다.

오답 풀이 ① 폄하(貶下)하다: 가치를 깎아내리다.
② 기피(忌避)하다: 꺼리거나 싫어하여 피하다.
③ 각광(脚光): 사회적 관심이나 흥미

정답률 94% 정답 ④

SOLUTION

해설 재고(再考)(×) → 제고(提高)(○): '재고(再考)'는 '어떤 일이나 문제 따위에 대하여 다시 생각함'을 뜻하므로 문맥에 맞지 않는다. '수준이나 정도 따위를 끌어올림'의 의미인 '제고(提高)'를 써서 '생산성을 제고(提高)하였다' 정도로 고치는 것이 좋다.

오답 풀이 ① 계발(啓發)(○): 슬기나 재능, 사상 따위를 일깨워 줌.
② 실재(實在)(○): 실제로 존재함.
③ 결재(決裁)(○): 결정할 권한이 있는 상관이 부하가 제출한 안건을 검토하여 허가하거나 승인함.

정답 ④

045 ㉠과 바꿔 쓰기에 가장 적절한 것은? `2020 군무원 9급`

> 킬트의 독특한 체크무늬가 각 씨족의 상징으로 자리 잡은 것은, 1822년에 영국 왕이 방문했을 때 성대한 환영 행사를 마련하면서 각 씨족장들에게 다른 무늬의 킬트를 입도록 종용하면서부터이다. 이때 채택된 독특한 체크무늬가 각 씨족을 대표하는 의상으로 ㉠ 자리를 잡게 되었다.

① 정돈(整頓)되었다
② 정제(精製)되었다
③ 정리(整理)되었다
④ 정착(定着)되었다

046 밑줄 친 단어에 대한 설명으로 옳지 않은 것은? `2019 경찰 2차`

> - 고전의 반열에 올라 있는 책들은 수많은 사람들에 의해서 전승되고 있다는 점에서 역사 그 자체라고 할 수 있습니다.
> - 미디어의 변화는 시서화(詩書畫)의 세계마저 영상 서사로 바꾸어 가고 있는 것이 오늘의 현실입니다. 책과 종이 그리고 독서의 종말을 예단하기도 합니다.
> - 사실 왜곡과 여론 호도가 끊임없이 시도되고 있습니다.
> - 기술이 우리에게 미치는 영향을 반추할 여유를 잃어서는 안 됩니다.

① 반열(班列): 품계나 신분, 등급의 차례
② 예단(豫斷): 미리 짐작하여 판단함.
③ 호도(糊塗): 경망스럽게 떠벌림.
④ 반추(反芻): 어떤 일을 되풀이하여 음미함.

SOLUTION

해설 관용구인 ㉠ '자리(를) 잡다'는 '일정한 지위나 공간을 차지하다 / 생각이 마음속에 뿌리를 박은 듯 계속 남아 있다'의 의미로 쓰인다. 따라서 이와 바꾸어 쓰기에 가장 적절한 것은 '정착되다'이다.

* 정착(定着)되다: 일정한 곳에 자리를 잡아 붙박이로 있거나 머물러 살게 되다. / 다른 물건에 단단하게 붙어 있게 되다. / 새로운 문화 현상, 학설 따위가 당연한 것으로 사회에 받아들여지다.

오답 풀이 ① 정돈(整頓)되다: 어지럽게 흩어진 것이 규모 있게 고쳐져 놓이거나 가지런히 바로잡혀 정리되다.
② 정제(精製)되다: 정성이 들어가 정밀하게 잘 만들어지다. / 물질에 섞인 불순물이 없어져 그 물질이 더 순수하게 되다.
③ 정리(整理)되다: 흐트러지거나 혼란스러운 상태에 있는 것이 한데 모아지거나 치워져서 질서 있는 상태가 되다. / 체계적으로 분류되고 종합되다. 등

정답 ④

SOLUTION

해설 '호도(糊塗)'는 '풀을 바른다는 뜻으로, 명확하게 결말을 내지 않고 일시적으로 감추거나 흐지부지 덮어 버림을 비유적으로 이르는 말'이다.

오답 풀이 ① 반열(班列): 품계나 신분, 등급의 차례
② 예단(豫斷): 미리 판단함. 또는 그 판단
④ 반추(反芻): 한번 삼킨 먹이를 다시 게워 내어 씹음. 또는 그런 일 / 어떤 일을 되풀이하여 음미하거나 생각함. 또는 그런 일

정답 ③

047 밑줄 친 고유어 '느낌'에 대한 유의어를 한자어로 바꾸었을 때, 적절하지 않은 것은?　　　　　　　　　　　　2018 소방직

① 나도 잘 알지, 그 느낌이 어떤 건지. → 기분(氣分)

② 그 책에 대한 느낌은 정말 신선한 충격이었어. → 소감(所感)

③ 전학 가는 보람이를 배웅하는데 서운한 느낌이 들었다. → 감정(感情)

④ 어딘지 모르게 그들의 행동에서 미심쩍은 느낌을 지울 수가 없다. → 감회(感懷)

048 ㉠~㉢에 들어갈 말로 가장 적절한 것은?

- 외래문화의 무분별한 수입은 가치관의 ㉠ 을 초래하였다.
- 지역 간, 세대 간의 갈등을 ㉡ 하고 희망찬 미래로 나아갑시다.
- 아름다운 자연을 관광 자원으로 ㉢ 하려고 한다.

	㉠	㉡	㉢
①	혼돈	지양	개발
②	혼돈	지향	계발
③	혼동	지양	개발
④	혼동	지향	계발

▼ SOLUTION

해설 '느낌'은 '몸의 감각이나 마음으로 깨달아 아는 기운이나 감정'을 뜻한다. 하지만 '감회(感懷)'는 '지난 일을 돌이켜 볼 때 느껴지는 회포'를 뜻하는 말로, 문맥상 '미심쩍다'와 어울려 '미심쩍은 감회'로 쓰는 것은 어색하다.
＊ 미심쩍다: 분명하지 못하여 마음이 놓이지 않는 데가 있다

오답풀이 ① **기분(氣分)**: 대상·환경 따위에 따라 마음에 절로 생기며 한동안 지속되는, 유쾌함이나 불쾌함 따위의 감정 / 주위를 둘러싸고 있는 상황이나 분위기 등
② **소감(所感)**: 마음에 느낀 바
③ **감정(感情)**: 어떤 현상이나 일에 대하여 일어나는 마음이나 느끼는 기분

정답 ④

▼ SOLUTION

해설 ㉠ '마구 뒤섞여 있어 갈피를 잡을 수 없음. 또는 그런 상태'를 의미하는 '혼돈(混沌/渾沌)'을 쓴다.
㉡ '더 높은 단계로 오르기 위하여 어떠한 것을 하지 아니함'의 의미인 '지양(止揚)'을 쓴다.
㉢ '토지나 천연자원 따위를 유용하게 만듦'을 의미하는 '개발(開發)'을 쓴다.

오답풀이 ㉠ **혼동(混同)**: 구별하지 못하고 뒤섞어서 생각함. 예 그는 현실과 꿈 사이에서 혼동을 일으켰다.
㉡ • **지향(志向)**: 어떤 목표로 뜻이 쏠리어 향함. 또는 그 방향이나 그쪽으로 쏠리는 의지 예 평화 통일 지향
　• **지향(指向)**: 작정하거나 지정한 방향으로 나아감. 또는 그 방향 예 길을 잃고 지향 없이 헤매다.
㉢ **계발(啓發)**: 슬기나 재능, 사상 따위를 일깨워 줌. 예 상상력 계발

정답 ①